南山大学学術叢書

地上の楽園の観光と宗教の合理化

——バリそして沖縄の 100 年の歴史を振り返る——

Rationalizations of Tourism and Religion at the Paradises on Earth: Return to History of the Last Hundred Years of Bali, and Okinawa

吉田竹也

人間社

地上の楽園の観光と宗教の合理化

——バリそして沖縄の一〇〇年の歴史を振り返る——

目次

はじめに …… 5
序論　問題と方法 …… 9
第一部　理論的枠組みの検討 …… 45
第一章　歴史の叙述と合理化の探求 …… 46
第一節　ヴェーバーの解釈学的認識基盤 …… 46
第二節　ギアツのバリ宗教合理化論再考 …… 66
第三節　合理化の複合性とパラドクス …… 85
第二章　合理化しリスク化する現代社会 …… 93
第一節　消費社会化と余暇活動の興隆 …… 94
第二節　合理化と生活世界の植民地化 …… 98
第三節　再帰性・個人化・監視社会化 …… 102
第四節　合理化論とリスク社会論の接合 …… 109
第三章　島嶼の楽園観光地の構造的特徴 …… 117
第一節　全体的社会事実としての観光 …… 117
第二節　近代における楽園観光の成立 …… 127
第三節　楽園観光地の脆弱性とリスク …… 132
第二部　バリの一〇〇年を振り返る …… 147
第四章　植民地状況下での楽園観光地化 …… 148
第一節　南海のヒンドゥー王国の末路 …… 148
第二節　植民地体制下における宗教の発見 …… 155
第三節　支配の精髄からの楽園の誕生 …… 168

第四節　合理化において残された部分……177
第五章　未完の企てとしての宗教合理化……183
第一節　近代化を模索する知識人……183
第二節　アガマとしてのヒンドゥー……192
第三節　戦後の宗教改革の当座の帰結……199
第四節　バリ人自身の神の発見……213
第六章　現代バリの観光・宗教・リスク……219
第一節　シミュラークルの楽園への転換……219
第二節　観光の発展と宗教の再呪術化……234
第三節　観光と宗教の相克と妥協……255
第四節　楽園の日本人と観光のリスク……265
結論　バリの観光と宗教の関係性……287
補論　沖縄の一〇〇年を振り返る
――地上戦の煉獄から観光の楽園へ――……303
第一節　楽園沖縄の宗教・観光・戦禍……305
第二節　戦後の死者祭祀と慰霊の体制化……315
第三節　戦跡観光地から慰霊観光地へ……327
第四節　慰霊観光地から楽園観光地へ……337
第五節　地上の煉獄と楽園のはざま……352
おわりに……359
参考文献……422
索引……430

装幀　伊藤道子

はじめに

本書は、「楽園」のイメージで知られる観光地バリの過去一〇〇年ほどを回顧し、この社会の観光と宗教の「合理化」の過程を、マックス・ヴェーバーとクリフォード・ギアツの合理化論との対話を通して、探求しようとする研究である。なお、補論として、沖縄の事例についても取り上げる。

本研究の議論は二部構成である。第一部は、観光と宗教の「合理化」という問いの設定に関わる理論的枠組みの検討である。序論ではその肝要な諸点を先行してまとめるが、あらためて第一部で詳述した議論を提示する。第二部は、この第一部に示す認識・理論的枠組み・理念型をもとにした、バリの一〇〇年にわたる観光と宗教の関係に関する民族誌的記述である。そして、バリほど質量ある記述をなしえないが、バリと対比しその特徴を再確認するために、補論で沖縄の観光と宗教の関係について記述する。

第一章第一節で触れるように、ヴェーバーは、諸社会の合理化に関する記述とその記述の基盤となる理論や方法とをそれぞれ別の著作にまとめたといえる。しかし、本来、前者は後者に照らしてはじめて理解できるものである。そもそも、歴史や民族誌の叙述は、適切な視点・理論・概念・理念型等なしにはおこなえない。本書は、この二つを二部構成というかたちで一冊にまとめる体裁を取っている。民族誌的事実にもっぱら関心がある読者においても、できるだけ第一部で論じる一般理論的考察と現代社会に関する論点整理を踏まえて、第二部の議論そして補論に向かっていただければと思う。

本書は、私がこれまで取り組んできた、バリ宗教論［吉田 2005］およびバリと沖縄の楽園観光論［吉田 2013b］という二つの拙書にそれぞれまとめた研究を、創発的な視点にもとづき統合した、いわば三部作の完結編という位置づけになる。それゆえ、議論は、この二つの拙書や直近の拙論を新たな文献・資料によって補足・改訂した部分がすくなくない。その対応関係については、各章や節の冒頭で触れる。ただ、本研究の新規性は、観光と宗教の関係をアプリオリな認識からではなくアポステリオリな認識から問うという議論設定自体にあると考えている。この点については、序論であらためて論じる。私は、バリの観光と宗教に関しては、このアポステリオリな認識にもとづく記述的理解こそ適合的な方法であり、またそれを具体的な議論として提示することが学術的に意義あるものとなる、と考えるにいたった。その場合、「合理化」という概念ないし理念型を現代社会理論と突き合わせ彫琢することにより、観光と宗教の関係を記述する上での有効な理論的枠組みを得られる、と考えた。この彫琢とは、ヴェーバーの合理化論やこれを受けたギアツのバリ宗教合理化論を、現代社会理論における再帰的近代化論やリスク社会論と交差させることに存する。このように、本研究は、合理化概念を創発的な水準において組み換え、その視点をもってバリの観光地化つまり観光の合理化と、宗教の合理化についての事実関係を整理し、バリの、そして沖縄の、観光と宗教の関係について理解しようとする試みである。

もうひとつ触れておきたい点がある。本研究は、おもに人類学を基盤としているが、特定のひとつのディシプリンに寄り掛かることはしないというスタンスを取ろうとしている。ギデンズは、再帰的近代における人類学と社会学は区別がつかなくなっていると述べた［Giddens 1997a（1994）:186-187］。私はこの指摘に首肯する。たとえば、橋爪は人類学と社会学を異文化研究と自文化研究という観点から線引きするが［橋爪 2016:20-21］、こうした区分はグローバル化と再帰的近代化の進む現代においてすでに失効しているのではないだろうか。本研究は、ギデンズのいうような社会学＝人類学、そして、社会理論、島嶼学、ポストコロニアル研究、一部の現代思想などを融合し、人新世（anthroposcene）――ここでは、工業化とくに原子力利用後の、ヒトの環境への影響が創発的な転換を遂げた時代であると理解しておく――における新たな観光研究を目指した試みでもある［cf. Elliott & Urry 2016（2010）:209; Jensen 2017; Harari 2018（2016）:94-97; 嘉数 2017; 森田敦 2015:37-40; 村松 2016:6-7; 日本第四紀学会　町田・岩田・小野昭（編）2007; 大村 2017; 大澤 2016; 沢野 2016; 立川 2019］。

研究情報と表記について述べる。本研究は基本的に文献にもとづくが、一部の記述は、私が一九九〇年代からバリで、また補論については二〇〇〇年代から沖縄で、参与観察やインタビューにより収集した情報にもとづいている。バリでは内陸部のウブドを拠点に継続的に定点観測的な情報収集をし、沖縄では本島南部・本島周辺離島・宮古・八重山の各地域でそれぞれ比較的短期間の集中的な情報収集を積み重ねた。情報収集については、南山大学「人を対象とする研究」倫理ガイドラインにしたがい、南山大学「人を対象とする研究」倫理審査委員会において審査・承認を受けた。審査を受けた研究は、「バリ島と与論・沖縄の観光地に関する人類学的研究」（研究期間二〇〇九～二〇一四年度）および「楽園観光地における宗教と観光の合理化に関する研究」（研究期間二〇一四年二月〜二〇二四年三月）であり、本研究はこれら二つの連動的研究の中核を占めるものである。なお、とくに断りがなければ、記述における「現在」は二〇一九年八月である。

民族誌的データの表記について一点述べる。現地語を記す場合、おなじ意味の語を並列する際は「／」をもちいたが、一部のバリ語に関しては「／」で語のカスト（Kasta）差を示している。その場合、より下側がより上位のカストにおける名称である。文献リストの記載形式は、二つの著書とくに二〇一三年の著書とおなじスタイルとした［吉田 2005, 2013b］。

読者各位には、本研究における民族誌的データを読むに当たって、プライバシーの保護と尊重にたいする配慮をお願いする次第である。

*

二〇二〇年はヴェーバーの死後一〇〇年に当たる。もうすこし早い時期の完成を目指して努力をしたのだが、諸般の事情とくに大学業務の多忙さから、結果的にこの年の出版となった。

本研究をまとめるに当たって、バリでは過去約三〇年、沖縄では過去約二〇年にわたる、現地在住のおおくの方々に助けていただいた。また、各地の資料館・博物館・図書館での資料探索・情報収集も、本研究にとって不可欠であった。おひとりおひとりのお名前は挙げずませんが、お世話になった方々に、ここに深甚の感謝を申し上げます。そして、『反楽園観光論』以来、私を励ましつづけてくれた樹林舎の折井さん、大学の関係者、そして私を支えてくれる家族とくに妻ロシに、あらためて感謝したい。

なお、本研究は、ＪＳＰＳ科研費 19K12593 および二〇一九年度南山大学パッヘ研究奨励金 I-A-2 の助成にもとづく研究成果の一部である。

序論　問題と方法

本書は、インドネシアのバリ社会の過去およそ一〇〇年の観光と宗教の関わり合いとその展開を、「合理化」を切り口に考察しようとする研究であり、この本論に加え、沖縄の観光と宗教の関係に関する考察を補論として付したものである。

バリ社会の合理化について論じた先行研究としては、「同時代のバリにおける「内在的改宗」」[Geertz 1973d (1964)] というギアツの論考がある。以下では、これを〈改宗論文〉と略記し、『文化の解釈学』に所収された一九七三年版を参照することにする。さて、しかし、バリの宗教合理化を論じたこの論考は、理論面でも民族誌的記述の面でもいくつかの難点を抱えている。それについては第一章第二節で詳述するが、その議論の根本的な問題は、バリにおける宗教合理化を単独で切り取り論じた点にあると、私は考えるようになった。私自身、バリ宗教の合理化過程には以前から関心があったが[吉田 1991, 2005]、本来、宗教の合理化はバリの社会文化の諸領域におよぶ複合的な合理化の過程の中に位置づけられ捉えられるべきものである。本研究では、ヴェーバーの合理化論から再帰的近代化論・リスク社会論までを再整理することを通して、この複合的な合理化を主題化するための理論的枠組みを獲得する（第一部）。とともに、バリの過去一〇〇年の合理化過程の基軸の部分を観光と宗教の合理化の関係に見出し、これを記述的に理解しようとする（第二部）。いわばギアツのバリ宗教合理化論を換骨奪胎し、ヴェーバーとも異なる新たな合理化論の枠組みでもって、バリ社会の現在にいたる合理化の主要部分を観光と宗教の関係に焦点を当てて再把握すること、そしてその枠組みを踏まえつつ沖縄の事例についても補足的に考察すること、これが本研究の主題である。

観光は、山下が述べるように、経済、産業、政治、文化、その他さまざまな社会的領域と結びつく総合的な現象であり、モースにならっていえば「全体的社会事実」である（第三章第一節）[モース 2014 (1923-1924); 山下 2011; 吉田 2013b:72-111]。それゆえ、観光が宗教と結びつくことはままある。ただし、本研究では、「はじめに」でも触れたように、観光と宗教をアプリオリに設定するのではなく、アポステリオリな認識からこれらについて考察しようとする。以下、本研究の導入として、観光と宗教の概念設定や本研究の認識および議論選択について論じる。そして、具体的な視点や枠組みの要点にあらかじめ触れ、各章の議論構成について述べ、主たる対象となるバリの概要について記述することにする。

観光宗教論の潜在的広がり

まず、観光と宗教に関する問いの広がりを、先行研究を簡単に振り返って確認することから、議論をはじめたい。この種の研究として、人類学やその周辺領域におおく見られるのは、聖地を訪れる巡礼観光を主題としたものである。巡礼は現代の多様な観光形態のひとつの源流でもある。ファン・ヘネップやターナーらが開拓した巡礼研究は、当初観光論との接点をもたなかったが、一九七〇年代以降の観光研究の興隆を受けて、巡礼観光論といいうる諸論が、社会学・人類学・宗教学などの諸ディシプリンを横断しつつ、質の高い成果を生み出すようになった[ex. 浅川 2008; Bremer 2004; Cohen 1998:1; Coleman & Eade（ed.）2004; 土井 2015; Gennep 2012（1909）; 門田 2013; 松井圭 2013; 岡本亮 2012, 2015; Raj & Morpeth（ed.）2007; Smith 1977（ed.）; Timothy & Olsen（ed.）2006; Turner 1976（1969）, 1981（1974）; Turner & Turner 2001（1978）; 山中弘（編）2012; 安田 2016]。

ただし、この巡礼や聖地訪問といったトピックをこえて、幅広くまた体系的に、観光と宗教の関係が論じられてきたとはいえない。端的にいって、巡礼観光論は「観光＝宗教」であるような行為や現象を主題とする。しかし、「観光と宗教」という意味での観光宗教論は、本来そうしたものだけを射程とするものではない。いわゆる世俗的な観光と神聖な宗教行為との関わりは、観光宗教論の主題に十分なりうる。これが第一点である。その種の先行研究も、むろんある。たとえば、コーエンやシュタウスベルグは、総合的な観光宗教論ないし宗教観光論の可能性を探求している[Cohen 1998, 2005（1996/1979）; Stausberg 2011]。もっとも、射程を広げれば、議論は網羅的ではあっても浅いものにとどまってしまう。その点では、特定の現象や地域に議論を絞った集約的研究を積み上げていくことが重要である。

ところで、巡礼の中にも、世俗的な観光形態が一部混在していると考えられる。たとえば、マッカ（メッカ）は別としても、伊勢神宮であれサンティアゴ・デ・コンポステーラであれ、聖地への来訪者の中には、宗教的な動機と世俗的な動機とを共在させた人々がいる[土井 2015:11-27]。そうした人々に注目すれば、参詣者や巡礼者と世俗的観光者との間を線引きすることはなかなか難しいであろう。その点では、巡礼においても世俗的な観光の要素や局面の介在を考慮すべきところがある。これが第二点である。

観光は、ゲスト側の人々とホスト側の人々との相互作用の中に出来する社会的事実である[吉田 2020b]。観光者つまりはゲスト側だけではなく、観光者を迎え入れるホスト側の主体にも目を向け、ホスト側の宗教実践と観光者の観光実践との関係に目を向ける議論選択もありうる。これが第三点である。既存の巡礼研究の中にも、ホスト側たる巡礼地や巡礼対象に注目した記述や論点を含むものはある。たとえば、浅川[浅川 2008]は、解釈学的観点を導入しつつ、巡礼される側の地域社会の日常を主題化するという新たな巡礼研究の視野を開拓している。ただ、この浅川の議論も、巡礼者を受け入れる側の人々が巡礼者をいかに認識し実践的対応を取っているかに焦点を当てている。総じて、巡礼論は、巡礼する主体であるゲスト側に重きをおく視点の上に成立する観光宗教論であるといえる。一方、観光人類学や観光社会学においては、ホストや、ホストとゲストとを媒介するミドルマンやブローカーの役割に注目しつつ、観光と宗教や宗教的現象について論じた議論の蓄積がある［ex. Cukier 2011（1998）; 遠藤・堀野（編）2004; Graburn 1989（2018）; 橋本 1999:56-85, 2010; 橋本・佐藤（編）2003; 星野・山中・岡本（編）2012; Salazar & Graburn（ed.）2014a; Smith（ed.）1977, 2018（1989）a; Smith & Brent（ed.）2001; Stausberg 2011; 須藤・遠藤 2005; 山下 1988, 1996（編）, 1999］。しかし、拙論で述べたように、ホスト&ゲストの枠組みを提起したヴァレン・スミスの観光の定義を含め、既存の観光人類学的研究にも観光者中心主義的な偏向がないとはいえない［吉田 2013b:78-83, 107-108］。

私は、これら観光者側に焦点を当てる傾向をもつ先行研究の視座にたいして、拙論［吉田 2013b］とおなじく、ホスト側の人々の生活世界――ハーバーマスの論じる意味での（第二章第二節）――に焦点を当てる視座から、観光と宗教の関係を主題化するオルタナティヴな議論を探求したいと考える。すなわち、ホスト社会の宗教と、ゲストの来訪によって成立する観光との関係を主題とする議論である。

その場合、押さえておくべき重要な論点がひとつある。観光や宗教をいかに定義するかによって、観光宗教論の射程が変わりうる、という点である。ウルリッヒ・ベックは、宗教と宗教的生の過程との関係を主題化したジンメルから示唆を得て、「宗教」と「宗教的」とを区別する［Beck 2011（2008）:76-77, 186-197; Simmel 1981（1912）:7-17］。デューイやテイラーらアメリカのプラグマティストも、また大塚も、同様の視点をもつ［Dewey 2011（1934）; James 2010（1907）:271-302; 大塚 2015（2000）; Taylor 2009（2002）］。「宗教」を、その外延たる「宗教的」なものをも含めて捉えるならば、観光「宗教」論の射程はさらに広がる。たとえば、死者を弔う儀礼は「宗教」行為であるが、死者への哀悼の思いに根差した宗教色を欠く営みや儀礼は「宗教的」行為といえる（補論参照）。また、本章脚注9で触れるインドネシア人の宗教生活の中の非本質的部分や、宗教から派生した芸能芸術なども、「宗教的」なものの例である。さらに、リッツァは、観光の興隆を含む消費社会化の帰結として、社会の新たな宗教化ないし呪術化が生じるとする。この指摘は、いわゆる「聖地巡礼」現象をはじめ、世俗的で「宗教的」といいうる観光現象の理解にとって示唆的である。このように、世俗的な観光の中にもさまざまな「宗教的」

なものを看取することは可能である［Asad 2004（1993）:31-59; 平井 2008; 門田 2013:10-19; Luhmann 2016（2000）:4; 増渕 2010; 中谷哲 2004:184; 岡本健 2010, 2014, 2018, 2019（編）; 岡本亮 2012:12-13, 26-32, 2015; Ritzer 2009（2005/1999）; 須藤 2012:157-158; 山中弘（編）2012; 安田 2016］。重要なのは、この広がりを視野に収めつつ、議論の対象と視点を明確にし、主題を画定する作業である。

ここまでを三点にまとめよう。①巡礼つまり宗教上の目的に根差した観光にもっぱら焦点を当ててきた従来の研究の外には、観光と宗教の関係を論じる議論の広大な領野が潜在的に広がっている。②本研究では、ホスト社会の宗教と、ゲストの来訪によって成立する観光との関係を主題とする議論方向性を選択する。③ただ、観光宗教論の領野の広さに加え、「宗教」の定義の設定如何もあって、観光と宗教の関係を論じる上での視点と議論範囲の画定が重要となる。そこで、次に、「宗教」および「観光」の概念に関する本研究の立場について論じ、具体的な視点と議論対象の画定へと向かうことにしよう。

意味システムとしての観光と宗教

本研究でいう「観光」や「宗教」とは何か。新は、諸要素が相互に関係ないし作用し合い、その関係性に一定の規則性や法則性がみられ、そうした関係性のまとまりがもつ集合的な特徴ないし性質にたいして認識上の価値を認めうる場合、この集合的な単位事象をシステムと定義できる、とする［新 2004:93］。新の議論は、デュルケームやパーソンズからルーマンにいたるシステム論的思考を圧縮し整理したものである。私は、観光や宗教をこうした意味でのシステムと考えることから、議論を出発させたいと考える。つまり、本研究は、観光地となった社会の宗教システムと、ホストとゲストとの接触を本来的な契機として内包する観光というシステムとの関係性を主題とするのである。その場合、三つの点が議論の論理的な基盤をなす。

第一は、システムはそれをシステムとみなす特定の観察と不可分である、という点である。デカルトやカントは主体の意識を問う構えにおいて人間の認識について省察したが、私的言語がないのと同様、私的な認識もまたありえず、認識つまりは観察は、社会論的に再定式化されねばならない。その場合、主体がおこなう観察／認識にさしあたり二つの次元を設定できる。ひとつは、宗教なら宗教を「宗教」として捉える、相互主観的に構成される特定の意味にもとづく観察／認識の次元であり、いまひとつは、それら特定の意味にもとづく観察を「観察」として捉える、メタレベルないし再帰的な観察／認識の次元である。このオブジェクトレベルとメタレベルにある二つの観察／認識は、ルーマンのいう第一次観察

（ファーストオーダーの観察）と第二次観察（セカンドオーダーの観察）にそれぞれ対応すると考えてよい。なお、ルーマンは、人に加えて社会システムも観察の主体であると措定する。さまざまな主体の観察やアクションが相互作用し影響し合って、社会の営みが回転しているのである［Borch 2014（2011）; Luhmann 1993（1984）, 1995（1984）, 2009a（1997）, 2009b（1997）, 2014（1991）:30-31, 2016（2000）:319; Moeller 2018（2012）:128-133; Wittgenstein 2013（1953）; 吉田 2005:13-14］。

第二は、宗教にせよ観光にせよ、あるいは芸術などにせよ、それらは、個別社会の内部または外部の諸システムとの連関において、特定の歴史過程の中で、はじめてひとつのシステムとしての形相を帯びまた変容していくものと理解される、という点である。諸システムは、（特定の観察によって捉えられる）通時的・共時的な関係性の布置や力学に即して理解されなくてはならない。ヴェーバーとルーマン——いずれも死後に編集された「宗教社会学」と『社会の宗教』をそれぞれ残した——は、まさにこの観点から、前者は歴史に着目しつつ、後者はパーソンズの諸概念をより精緻化しつつ、宗教を含む諸システムの関係性とその偶有性を論じた。モースは、歴史性を保留しつつも、「全体的社会事実」の概念によって諸システムの総体性を民族誌的研究の水準において定式化し、フーコーは性・生・権力に関する、またアサドは宗教に関する、系譜学的考察によって諸システムの社会的歴史的過程について論じた。ウォーラーステインの世界システム理論は、西欧に発する力学による個別社会の諸システムの近代における一体化の過程を記述したものである。彼らの議論はいずれも、宗教なら宗教、権力なら権力を、事実関係の束からいわば先験的に切り出すのではなく、具体的な社会的・歴史的事実の総体の中にそれらが占める位相に配慮しつつ捉えようとしている。人類学や社会学の主題は、それぞれの時代や社会において独自の相互連関性をもって生成し変容し結び合うそうした諸システムのあり様を、理論と事実の水準において把握することにあるといってよい。本研究は、この全体的社会事実の中にある観光と宗教の関係性に焦点を当てようとする［Asad 2004（1993）; Foucault 1977（1975）, 1986（1976）; 橋本 2018; 昼間 2011; 市野川 2016; Luhmann 1983, 1993（1984）, 1995（1984）, 2016（2000）; Mauss 2014（1923-1924）; Moeller 2018（2012）; Picard 2011a; Wallerstein 1993a（1980）, 1993b（1991）, 1999（1998）, 2004（2003）, 2015（2004）; Weber 1976（1972/1922）:3; 渡辺 2011; 吉田 1992, 2005, 2013b］。

第三は、これら二点の論理的な帰結でもあるが、観察対象となる社会的事実は、時と場合により、また主体により、異なる意味の様相をもって立ちあらわれることがある、という点である。たとえば、コーエンは、観光経験が、余暇の追求（彼のいうリクリエーションモード）から現地の人々の文化や精神との深い一体化（彼のいう実存モード）まで、いいかえれば、レジャーといいうるものから宗教体験といいうるものまでの、相当な幅の中にあることを指摘した［Cohen 2005（1996/1979）; cf. 鈴木謙 2013:187］。コーエンの議論は、ある時代のある観光者集団にとっての「観光」が、別の観光者集団にとっては「宗教」とみなされうることを示している。さらに、ある観光地のある集団にとっての「宗教」が、別の主体にとっては別の意味をもつこともありうる。バリ島では、火葬（ngaben/plebon）（写真0-1～0-5）や寺院祭礼（odalan）とそこでの奉納舞踊（写真0-6～0-11）は、かつてもいまもバリ人にとって神聖な宗教活動の一環にほかならないが、他方でそれらは、外国人観光者にとって記録や記憶にとどめるべき印象的な観光のスペクタクルであり、観光振興をはかる行政や事業者にとっては重要な経済的資源である。一九九五年に世界文化遺産に記載されたラオスのルアンパバーンでは、夜明けとともに托鉢に回る僧たちとこれに食事を喜捨する村人の姿を写真に収めようとする観光者が集団と化し、観光者に喜捨用の食事を売るビジネスまで出現している。単純化したい方をすれば、現地の人々にとっての「宗教」を、観光者は「観光」の対象として消費するのである。観光がゲストとホストのコンタクトゾーンにおいて成り立つ社会的事実であるとすれば、この主体の間にありうる意味のずれに注目することで、「観光と宗教」を論じる新たなひとつの論理的可能性を切り拓くことができると考えられる（写真0-12, 0-13）［Debord 1993（1983）; Geertz 1980; Goris & Dronkers 1953:126; 川森 2018:216; Salazar & Graburn 2014b:13-16; 佐滝 2019:197-198; Swellengrebel 1960:33; cf. Wright 2015:184］。

なお、ここでは、ゲストとホスト（あるいはミドルマン）を異なる主体と断定した議論を展開したいのではない。むしろ、それぞれの内部における多様性や、ゲストがホスト化したりホスト側の人々がゲスト側の認識枠組みやハビトゥスを内面化・身体化したりしていく過程に、注目することが重要であると、私は考える。ただ、両者の間にどの程度の差異や同質性があるのか、あるいはその差異や同質性が社会過程の中でどの程度拡大したり収縮したりするのかは、個別の事例によって異なるであろう。それゆえ、そうした事例の蓄積にまずは取り組むべきであろう。この点で、本研究は民族誌的事実の記述を重視する立場に立つ。ただし、その記述は、ヴェーバーやギアツの認識、あるいは民族誌のフィクショナリティや権威性をめぐる議論を参照するまでもなく［Clifford & Marcus（ed.）1996（1986）; Marcus & Fischer 1989（1986）; 吉田 2003, 2005］、一定の理論的・方法的探求に支えられなければならない。本研究が、第一部に理論に関する厚めの議論を盛り込

0-1

0-2

0-3

0-4

0-5

写真 0-1 ～ 0-5　火葬（2014 年、ウブド）
火葬は、バリ人にとってもっとも重要で入念な儀礼的手続きを要するとともに、多大な出費をともなう儀礼である。火葬当日、正午をめどに、集落の男性が総出で遺体などを墓地に運び、聖水などで清めたのちに荼毘に付す。供物や儀礼具も燃やされ、大量の廃棄物が出る。夕刻、遺灰となった死者の霊に供物をささげ、浄化儀礼をおこなう。儀礼をつかさどるのはプラフマノ司祭である。儀礼の最後に祈りをささげる。神への祈りは手を頭上におくが（写真 0-4）、火葬などの死者儀礼では、最後に死者の霊にたいして祈る。このときは、合わせた手は胸の位置におく（写真 0-5）。その後、遺灰と供物を海や川に流しに行く。写真はウブド王宮の成員の火葬であり、豪華ではありながら短期間で供物を準備した（第 6 章第 2 節）。

写真 0-6（左），0-7（右）　オダラン（2014 年、ブラバトゥ村）
この寺院（Pura Dalem Maya）のオダランは、ウク暦にしたがい、210 日ごとにめぐってくる。このときは通常よりも盛大なオダランとなり、豪華な装飾と供物で彩られた。

写真 0-8　オダランでの祈り（2013 年、バンリ、クフン寺院）

写真 0-9（上），0-10（下）　寺院祭礼の奉納舞踊（2006 年、ペジェン）
写真上はバリス（baris）と呼ばれる戦士の舞踊である。写真下は、神にささげる仮面舞踊の最後に登場するシダカルヨ（Sidakarya）と呼ばれる仮面の舞踊である。

写真 0-11　踊りの練習風景を見る観光者（2015 年、ウブド王宮）
毎週日曜の朝に、ウブド王宮外庭では子供たちの踊りの練習がおこなわれる。観光者たちは、これをカメラやビデオに収めようとする。

んだのは、これを重視するからである。

また、その場合、観光する側とされる側とがフラットで均質な社会的空間の中に存在するという前提からではなく、両者が支配や抑圧をともなった不均衡な社会的空間の中にそれぞれの足場をもっているのではないかという前提から、議論を出発させることも重要である。たしかに、近現代のグローバル化の中でそうした差異が均質化・標準化に向かう側面もあるが、一方では、その差異がいっそう際立ち、またその差異が隠蔽される側面もある［厚東 2006:109-110; Tomlinson 2000(1999):115; cf. 岡本亮 2012:10-13］。私は、こうしたモダニティの均質化と差異化が織りなす複雑な動向に照らしつつ、観光地化された社会において観光と宗教とがどのような邂逅を遂げ、接合・反発・相互浸透など、いかなる社会的連関性を示すのかを、ある程度の時間軸の中で記述し考察してみたい、と考える。

楽園バリの観光と宗教

では、議論対象の画定に入っていこう。本研究は、先述のような観光宗教論を、楽園観光地を具体的な事例として検討しようとする。主要な研究対象はバリである。「楽園」イメージにもとづくバリの観光地化は一九一〇年代に幕を開け、

写真 0-12, 0-13　火葬を見学する観光者（2016 年、プリアタン）
写真上は、プリアタン王宮の盛大な火葬を手伝うそろいの服を着た周辺集落の人々に交じって、観光者たちも王宮から墓地へと移動するところである。写真下は、その後、墓地で火葬の準備を見守るバリ人と観光者である。このときは、バリ人・観光者あわせて千人をこえる人々が火葬を一目でも見ようと集まり、バリ人のいうラメ（rame; 賑やか、喧噪）な状態となった。

一九二〇年代に本格化した（第四章）。ちなみに、これは、本研究のキーワードである「合理化」がヴェーバーにより社会・歴史分析における中心概念となった時期にほぼ重なる。ここから今日にいたる約一〇〇年間が、議論の射程範囲となるのである。

楽園観光地とは、第三章の議論を先取りしてごく簡単にいえば、地上の楽園（paradise）のイメージを体現するものとして見出され、開発された観光地である。この楽園イメージは、青い海、白い波、白い砂浜、青い空、サンゴ礁や熱帯魚、色鮮やかな花や緑などの美しい自然の要素、素朴で心優しい人々、彼らが守り伝える歌や踊りなどの伝統文化・芸術・宗教、それらが一体となって醸し出すのどかで温和な風景[※1]、といったものに代表される。これらが備わっている、あるいはむしろ、いかにも備わっているという想像力をかき立てる場所に、楽園観光の開発がおよぶのである。具体的にいえば、熱帯・亜熱帯の島嶼地域が、ここでいう楽園観光地の具体的な現場となる傾向がある[※2]。一九世紀後半にはタヒチやカリブの一部地域などでこうした楽園のイメージにもとづく観光地化がはじまり、二〇世紀に入ると世界各地で楽園観光地の造成が本格化した。その嚆矢となったのがハワイである。ハワイやカリブの楽園観光地化は、アメリカの消費社会化を背景として一九二〇年代に進んだ。また、フィジーやバリなどの楽園観光地化も、第一次世界大戦後の植民地体制の安定化と西欧の消費社会化傾向とが結びつく中で、やはりおなじころに進んだ。二〇世紀後半になると、大型ジェット機を利用した大衆観光時代が到来し、楽園観光地の造成はいっそうグローバルに展開した。グアム、サイパン、奄美・沖縄、プーケット、ランカウィ、ボラカイ、モルディヴ、セイシェルなどは、そうした大衆観光時代に本格的に開発された楽園観光地の例である［Buck 1993; Hall 2011（1998）; Matthews 1978:83; 三好 2005, 2013; Sheller 2003; Skwiot 2010; Stausberg 2011:127-130; Taylor 1993;

※1 風景や景観は、特定の主観的なまなざしにもとづくものというニュアンスをもった概念である。あえて両者を区別するならば、景観は視覚的に捉えられる空間的なまとまりを、風景は視覚のみならず五感をもちいて捉えられる環境を、それぞれ指す概念である。再帰的近代におけるこうした五感の商品化については、アーリとラッシュそして中西らが注目している［磯野 2015; 河合 2013: 23-29, 2016（編）; Lash 2006（2002）; 中西 2007, 2014; Urry 2006（2000）; 山岸 1993］。

※2 「楽園」のイメージを付与される観光地は、むろん熱帯・亜熱帯の島嶼に限定されない。たとえば、アフリカは、「暗黒大陸」のネガティヴなイメージで捉えられる傍らで、その無垢な自然や野生性から「エデン」のイメージでも捉えられた。日本でも「楽園」を冠した観光地や観光施設は奄美・沖縄以外の各地にある。ただ、「楽園」という一種の神話的イメージを売り物とする大小さまざまな観光地のおおくは、熱帯・亜熱帯の島嶼地域を中心に展開している［Akama 2004; Douglas & Douglas 1996; Hall 2011（1998）; Leite 2014; Matthews 1978: 81; Salazar 2010; Wels 2004: 77-82; 吉田 2013b: 114-146］。

山中 1992, 2002, 2004; 吉田 2013b]。

このように、楽園観光地は世界に点在し、いまも増殖をつづけている。ただし、そうした社会の観光と宗教の関係に関する研究は決しておおくない。管見のかぎり、その種の議論の相当な蓄積があるのはバリにかぎられ [Hitchcock & Putra 2007; Howe 2005; 間苧谷 2005; McKean 1989（2018）; 永渕 1998; 中野 2010a, 2010b; Picard 1990, 1993, 1996, 2009; Schulte Nordholt 2007; Vickers 1989（2000）]、ほかは沖縄に関する若干の議論がある程度である [門田 2012, 2013; 小林紀 2006; 塩月 2011, 2012]。ハワイを含む太平洋の諸社会に関しては、伝統（カストム）の再構築や文化の画一化に関する議論はあるものの、宗教文化と楽園観光の結びつきに関する研究の蓄積は乏しいといわざるをえない [cf. 福井 2006, 2012; Linnekin 1992; 中村純 2009; 白川 2005; 山本真 2016:234-238; 吉岡 2005]。そもそも、楽園観光の社会・文化分析という視点を明確に有する先行研究自体がすくないのである [吉田 2013b:6; cf. Buck 1993; Cohen 1982; Cuthbert 2015; 市野澤 2015; Salazar 2014; Shepherd 2012; Skwiot 2010; 山下 1992]。

楽園観光地における観光と宗教の関係に関する先行研究が乏しいのは、楽園イメージにふさわしい観光地に適した場所が、住民の生活圏からやや隔たった場所、あるいはもとは人が住んでいなかった場所であることがおおいからであろう。二〇世紀後半以降は、各種の技術革新が進む中で、中心部から相当離れ交通の便もさほどよくない、だからこそ美しい景観を確保しうるニッチといいうる場所に、観光インフラを移植し整備することが可能となった。二〇世紀前半にさかのぼっても、やはり住民の生活圏の外で、あるいは住民の生活との接点を可能なかぎり除去して、楽園観光地の開発が進む傾向はあった。ハワイのワイキキは、住民の畑のあった湿地帯を埋め立て造成された。タヒチは、一九世紀後半のロティやゴーギャン、さかのぼればディドロの時代から、西欧において南の島の楽園イメージを強く喚起した場所であるが、その本格的な観光開発は第二次世界大戦後に正式にフランスの海外領土となってからであり、やはり住民の生活圏の外にリゾート施設を建設するという形態を通してであった [Bougainville 2007（1771）; Danielsson 1984（1975）; Diderot 2007（1989/1798）; 林 1999; Kahn 2011; Loti 2010（1880）; 岡谷 2005; Shackelfold et al 2004; 山川 1995; 山中 1992, 1993, 2004]。

ただし、観光と宗教の疎遠な関係性は、イメージの現実化をこととする楽園観光地造成がもたらした結果である可能性もある。したがって、過去に遡行し、楽園観光地化の社会的歴史的過程に位置づけ、これを検証する必要がある。

その場合、バリは注目されるべき事例である。理由はデータの豊富さばかりではない。植民地時代における初期の観光地化から現在まで、観光者にとっての楽園バリのイメージの中核的な要素として、この島の宗教ヒンドゥー（Hindu）とこの宗教に絡んだ舞踊・音楽・絵画などの「宗教的」文化要素があったといえるからである。中には、サンヤン・ドゥダリ（sanghyang dedari）という悪霊祓いの儀礼舞踊のように［Belo 1960; 嘉原 2010］、観光者の見学が許されない秘儀的な宗教活動もあるが、かつてもいまも、バリ人にとって神聖かつ重要な儀礼の大半は、そのまま観光者の鑑賞や消費の対象となってきた。植民地時代には火葬見学の日帰りツアーがはじまり、いまも大規模な火葬や、観光地周辺で催行されるおおきな寺院祭礼では、その供物・儀礼・演舞等の一部始終を見学し映像に収める外国人観光者の姿を観察することができる［Hauser-Schäublin 2011:192; 永渕 1998:77-78］。もちろん、そうしたものにまったく関心を示さない観光者もいるが、バリは、現地の人々が繰り広げる宗教活動を不可欠の要素として組み込んだ楽園イメージを現在までほぼ一貫して売り物とする観光地たりつづけている。

では、バリは例外的な事例であろうか。私は、ある点ではそうだがある点ではそうではない、と考える。

かならずしも例外的ではないというのは、先に触れたように、一般に楽園イメージが現地の人々の宗教文化を重要な要素として組み込んでいるからである。つまり、現地の人々は自らの宗教を「観光者のまなざし」［Foucault 1969（1963）, 1974（1966）; Urry 2002; Urry & Larsen 2014（2011）］から囲い込もうとする傾向にあるとしても、観光者は彼らの真正な宗教文化をも貪欲にそのまなざしの対象にしようと欲するのである。※3 この観光者のまなざしにおいては、自然や文化あるいは宗教といった切り分けはあまり意味をなさない。聖地や宗教施設であれ、道端におかれた供え物であれ、人々の祈りの姿であれ、それら現地の人々にとっての神聖な事物や活動は、海や山の遠景、眼前の樹木や花、家並みや市場の売り物などとともに、写真や映像に収めるべき観光地の風景の一コマとして捉えられるのである。このことは、観光パンフレットやガイドブック、現地で売られるみやげ物としての写真・絵画・ポストカード、ウェブに氾濫する画像などを一瞥すれば、明らかである［Berque 1990; 樋口 1993; 柄谷 1988（1980）; 河合 2013:23-29; Ritzer 2009（2005/1999）:274-279; 佐藤 1994; 田仲 2010:87-144; 山岸 1993］。

※3 コーエンは、タイでの調査経験から、北タイ高地に向かう観光者は民族文化の真正性をもとめる傾向があるのにたいし、南の楽園観光地に向かう観光者にはそれが欠如しており、むしろリラクセーションやリクリエーションをもとめる傾向があると指摘する［Cohen 1982: 221］。バリでも、内陸部のウブド周辺に滞在する観光者は文化への関心が比較的高く、クタ、ヌサドゥア、サヌールなど南部のビーチリゾートに滞在する観光者はそうした関心が薄いという傾向はある。ただし、そうした観光地の間を行き来する観光者もおり、宗教文化をもとめる程度は個々の観光者によってさまざまである。

ある主体の神聖な「宗教」行為は、別の主体の世俗的で余暇的な「観光」行為の対象になりうる。これは、世界の楽園観光地、あるいは観光地一般において当たり前のようにあるはずの、ゲストとホストの相互作用状況の一端であろう。そして、そうした観光者のまなざしは、フェイジェンスがアーミッシュの人々について論じたように、ときにはグロテスクなまでに現地の人々の敬虔な行為を踏みにじるものともなる[Fagence 2001; 吉田 2013b:89]。先行研究は、異なる主体にとってはおなじ事物が異なる意味の様相をもって現前しうるという先に指摘した点を、ゲストとホストの間の観光と宗教の意味のずれという観点から主題化しようとしてこなかった[ibid:73-83]。だが、それは、そうした事態が起こっていないということを意味するものではない。本研究は、ここに焦点を当てようとする。

また、バリでは、観光の発展による経済の活性化が人々の宗教活動の活性化をもたらし、見栄えのする宗教活動が観光地周辺で繰り広げられる光景が、さらに観光者にとって楽園バリを実感する契機になるという、観光経済と宗教実践との間の相互循環的な発展関係が観察される。マッキーンは、一九七〇～八〇年代における観察にもとづき、こうした現象を「文化のインヴォリューション」と名づけた(第六章第二節)。観光による経済的恩恵が宗教文化活動へと還流する状況は、植民地時代にも、また一九九〇年代以降にも、観察される[Belo 1960:16; McKean 1989 (2018); 中野 2010a, 2010b]。ただし、ここにマッキーンらが見過ごしている点を付け加えておく必要がある。すなわち、観光開発によって人々の宗教活動が一定の制限を受けたり脅かされたりする状況もまた観察される、という点である。とくに一九九〇年代以降、バリではそれが顕著になっている[Hauser-Schäublin 1998; Lewis & Lewis 2009:62-63; Noronha 1979; Picard 1996, 1997; Schulte Nordholt 2007]。こうした、観光の発展が現地の宗教活動に与える正負の影響関係もまた、バリにかぎられるものではなく、むしろありふれた事態であろう[Cohen 1998:7; Olsen & Timothy 2006:12-13]。ただ、この影響関係を主題化した研究はかならずしもおおくない。バリの場合、それが植民地時代から比較的長期にわたって継続的に民族誌に書きとめられており、この点がやや特異であるといってよい。

そして、バリが例外的な事例といえるのは、この社会の観光地化と宗教変化とがその端緒において関連し合っていたと推察される点にある。オランダによる植民地支配が安定する一九二〇年代に本格化したバリの楽園観光地化は、この社会の近代化あるいは合理化の一端にほかならなかった。そして、バリの宗教もおなじ時期に、この植民地支配と観光地化の刺激を受けて、ある種の近代化あるいは合理化の過程を歩むことになったのである。ピカールは、この後者の過程を「宗教の客体化」（objectification of religion）と定式化した。柄谷にならえば、それをバリの「宗教の発見」といいかえてもよい［柄谷 1988（1980）；Picard 2011b:123］。バリ人は、ここから自省的ないし再帰的に、バリ宗教の理想型を見出しつつその実態を再構築していったのである［吉田 1991, 2001, 2005］。このように、一九二〇年代の植民地体制下における観光と宗教の近代化／合理化の開始はたがいに連関し合っていたのであり、かつ、現在にいたるまでこの島の観光地化と宗教変革とは並行ないし並走する関係にあると考えられる。とすれば、この両者の間に継続的な影響関係があったのではないかと仮定することは可能であろう。むろん、それは仮定にすぎない。ただ、そうした持続的な過程を記述するとともに、そこにある特徴をゲストとホストの間の観光と宗教の意味のずれという観点に照らして明確化できれば、それはオルタナティヴな観光宗教論のひとつの具体となるであろう。これが本研究のねらいである。楽園観光地バリの成立・展開つまりバリ観光の合理化と、バリ宗教の合理化という二つの出来事の間にいかなる関係があったのかを記述し、そこにいかなる主体による意味のずれがあったのかを考察すること、これが本研究の核心にある問題設定である。

その場合、重要なのは、ここでの問いが、それまで持続していた伝統文化としての宗教が観光という近代的な現象によっていかに変化したのかということではない、という点である。先のマッキーンをはじめ、いくつかの先行研究は、現地の宗教を観光地化の前段階にすでに成立してあるものと本質化して捉えている。しかし、ここでの問題設定は、人々にとって意味ある「観光」と「宗教」という二つのシステムが成立し、場合によっては相互作用しつつ変化していく、動的な社会史的過程を描くことにある。そうした過程を一〇〇年というタイムスパンにわたってある程度記述しうる楽園観光地は、あるいはむしろ観光地は、管見のかぎり、いまのところバリだけであり、それに準じる民族誌的データを有するといえるのが沖縄なのである。

以上をまとめよう。本研究が目指すのは、現地の人々や観光者にとって意味あるもの（システム）としての宗教と観光の生成やそれらの間の相互作用を、当該の観光地社会のおかれた状況に位置づけつつ捉える、という観光宗教論である。こうした問題設定からなされた議論は、先行研究にはない。本研究の独自性はここにあり、客観的な視点から、一方で「観光」をまた他方で「宗教」をあらかじめアプリオリに定義しておいて、それらのあり方を論じるということではないのである。そのような議論では、定義の如何によって観光宗教論の射程が変わりうる。本研究は、それにたいして、現地の社会的・歴史的脈絡に位置づけつつ、特定の主体にとって意味ある「観光」と「宗教」のあり方とその関係を、アポステリオリな視点から解明しようとする。つまり、バリの宗教と観光を、あらかじめ定義された観光や宗教といった概念に即して切り取り論じるのではなく、バリの固有な歴史的社会的文脈の中で「観光」や「宗教」がたがいに一定の関係性をもちつつ立ち上がり展開していくそのあり方を記述しようと試みるのである。民族誌的データに一定の限界はあるかもしれない。ただ、これまで、「観光」と「宗教」の関係をこうしたアポステリオリな視点から記述的に理解しようとした観光宗教論の試みは存在しない。このように、本研究は、シンプルにいいかえれば、ヴェーバーのいう「主観的に思念される意味」[Weber 1972d（1922）] としての観光と宗教およびその関係について理解しようとする。ここでは、このアポステリオリな記述による解明を志向する認識を「解釈学的認識」と呼んでおく。[※4]

ひとつ付言すれば、シュルフターが指摘するように、ヴェーバーは歴史研究における例外的な事例を重視する視点をもっていた。近代プロテスタンティズムの宗教合理化を論じた「プロテスタンティズムの倫理と資本主義の精神」――以下、一九二〇年の第二版を〈倫理論文〉と略記し、一九〇五年の初版については〈倫理論文〉初版と記すことにする――は、まさにその代表である [Schluchter 2009（1988）:40; Weber 1989（1920）]。本研究も、バリというやや例外的な事例を重視し、その検討を通して、何らかの知見を得ようとする。

解釈学的認識

次に、本研究の基盤となる理論や認識について述べる。といっても、その詳細な議論は第一部の「理論的枠組みの検討」に持ち越すことにし、ここでは、①解釈学的認識、②合理化という概念ないし理念型、の二点に絞って、あらかじめポイントを確認することにする。

本研究は、観光者や現地の人々にとって意味あるものとしての観光と宗教の理解を目指す。先にヴェーバーの主観的意味の理解というテーゼに触れたが、より正確には、こうしたやや素朴な設定を、現象学の相互主観性概念によって精緻化したシュッツの現象学的社会学や、それらを人類学の民族誌的研究の基盤と位置づけたギアツの解釈人類学を踏まえた視点を、基本的な認識上の枠組みとしたい。その概要についてはすでに述べたことがあるので、以下では必要な範囲で適宜論及するにとどめる [Geertz 1973a（1987）; Mommsen 2001（1974）:21-22; Schutz 1980（1970）, 1982（1932）; Weber 1972d（1922）, 1990（1922/1913）; 吉田 1992, 2005:20-47]。

ヴェーバーとギアツの間には認識上の重要な共通点があ

る。すなわち、両者ともに、意味の理解／解釈を自らの研究の基点に据えているのである。小泉がいうように、ギアツの提唱する「解釈人類学」は、ヴェーバー流にいえば「理解人類学」にほかならない。また、人類学的研究の主題を「厚い記述」にあるとしたギアツの認識は、歴史的事象の固有性の叙述を方法上の基盤に据えたヴェーバーのそれと合致する。そして、両者の研究ともに、宗教論がその核心をなしている。ギアツは、ヴェーバーのように行為の理解にではなく、意味を運ぶ象徴（symbol）の解釈に焦点を当て、現象学的社会学の相互主観性概念を取り込んではいるが、両者の問題関心はきわめて近い［Bellah 1991（1970）; Geertz 1973b, 1973c; Keyes 2002:237-239; 小泉 1985:92; Parsons 1974a（1949/1937）:171-172; Schluchter 2009（1988）:132-133, 181-182; Schutz 1980（1970）, 1982（1932）; Weber 1972d（1922）, 1990（1922/1913）; 吉田 1992, 2016c］。

次項で述べるように、ヴェーバーとギアツの合理化論の差異は、本研究の理論面におけるひとつの重要な論点である。しかし、その一方で、この差異の下には、ギアツのいう「厚い記述」に圧縮して表現しうる共通の認識や主題設定が一定の厚みをもって横たわっている。そして、本研究もまた同様の認識、つまり解釈学的認識を共有している。さらに、ここで再確認しておきたいことがある。本研究は、この解釈学的認識に立ちつつも、システムとそのメカニズムの解明にも関心を寄せる、という点である。ウォーラーステインとギデンズの議論を対比しつつ、このことについて補足しておきたい。

ウォーラーステインは、社会科学が、自然科学を範とする法則探究的な科学であることを欲しつつも、個性記述的（ideographisch）な人文学——ここでの人文学は、ヴェーバーの時代における精神科学、歴史科学、文化科学、社会科学などの総称とみなしてよい——としての性格を根底にもつとし、こうした人文学と自然科学の「二つの文化」の間で引き裂かれているとした。その指摘は、人類学にも当てはまるであろう。さて、一方、これと対照的に、この二つの文化を総合する視点を提起したのがギデンズである。ギデンズは、解釈学や理解社会学を当事者によるモニタリングに着目する立場と捉え、この立場と、行為の意図されざる結果や認識されざる条件などの諸契機を主題とする機能主義・構造主義の立場とを再帰性（reflexivity）に注目する観点から媒介し、構造化理論として定式化した。ヴェーバーもギアツも、一方では

※4　解釈学的認識とは、あることがいかなる主体にとっていかなる意味をもって理解されているのかを記述的に明らかにすることが、人類学的研究にとっての一義的な主題であると考える立場である。これを議論の基盤に据えることの意義や、とくに現象学のいう「超越」という契機の介在が含意する重要な論点については、拙論ですでに論じた［吉田 2005: 12-15, 23-29, 295-298, 2013b: 75-78, 108-110］。

当事者が意識する意味や意図を基点に社会学や人類学の主題を構想しつつも、他方ではそうした主観的な意味の理解には収斂しない社会や文化のメカニズムに関する一般理論研究もおこなっていた。彼ら自身はそれらの関係を明確に理論化しなかったものの、彼らの研究の総体はこの構造化理論に即して評価されるべきものである。本研究は、観光と宗教の関係のアポステリオリな解明を主題とするのであって、構造化理論の検討やヴェーバーとギアツの研究の総体の評価にまで主題を拡大するものではない。ただ、本研究の背景にこうしたギデンズの問題関心への共感があるということは、ここで述べておきたい［新 2004:19-32; Evans-Pritchard 1970（1962）; Geertz 1973b; Giddens 1993（1990）, 2000（1993）, 2015（1984）; Gulbenkian Commission on the Restructuring of the Social Sciences 1996（1996）:37-46; 木村 2013; 丸山 1997; Rossi 1992（1987）:24-27, 57-59; 清水 1992; Wallerstein 2015（2004）; Weber 1988（1951/1922/1903-1906）:11-48, 95-104, 147-214; 吉田 2005:21, 2013b:41-42］。

ヴェーバーと、ギアツあるいはこれを含む人類学的民族誌研究との解釈学的な共有点については、第一章第一節で再確認する。ここでは、まず、民族誌的あるいは歴史的な事実の叙述を重視する認識を両者そして本研究が共有していることを、押さえておきたい。

さて、では、この認識を受けて、いかなる理論的な枠組みを採用すべきであろうか。当然、可能であれば、ヴェーバーやギアツのそれを採用することが幸便ではある。しかしながら、両者とも、観光についてはまったく論じておらず、観光と宗教との関係という本研究の主題にとって直接役立つような議論やモデルは提示していない。ギアツの〈改宗論文〉は、ヴェーバーの宗教合理化論を援用しつつ、一九五〇年代末前後のバリ宗教に見られる合理化現象について論じたものであるが、冒頭で触れたように、民族誌的記述の点でも理論の点でもいくつかの問題を抱えており、むしろ本研究は、この論考を批判的に再検討する方向に向かわざるをえない。また、そもそも本研究の議論の射程は、バリの観光地化と宗教変革がともにはじまる一九二〇年代から現在までの約一〇〇年間におよぶ。したがって、一九五〇年代末前後の短期の動向を主題としたギアツの議論はもちろん、古代宗教から近代プロテスタンティズムにいたる世界宗教の比較歴史学的考察にもとづく、一九二〇年の死去までに書きとめられたヴェーバーの宗教合理化論も、そのままバリそして沖縄の事例の検討にとって十分な装備をまとっているとは想定しにくい、と考えなくてはならない。

周知のように、ヴェーバーの宗教合理化論は、歴史的事実の叙述にもとづき、宗教と社会・経済との関係を論じようとするものであった［Rossi 1992（1987）:121-122］。この点で、観光と宗教の関係を論じる本研究は、大枠においてヴェーバーの宗教合理化論の射程の中にあるともいえる。ただ、ここで重要なのは、あえてヴェーバーの議論の枠組みの外へと議論を切り拓いていく姿勢であろう。たとえば、ハーバーマスは、ヴェーバー理論はいくつもの矛盾を抱えており、よりよい概念的道具をもちいた再構築が必要である、とする。土方の表現を借りれば、ヴェーバーの理論枠組みによっては把握できない「余白」を抽出することこそ、われわれが探求すべき課題なのである［Habermas 1987（1981）:286; 土方 2012:257-258］。ただし、本研究は民族誌的な記述を重視する立場に立つ。解釈学的認識に立てば、記述志向は当然の方針である。

これに関連して述べておきたいことがある。ドイツと並んで、日本はいまもヴェーバー研究の大国である。ただ、ヴェーバーの名を題目に冠したその種の研究のおおくは、一般理論研究あるいはむしろヴェーバー学としての性格を強くもつものであって、実証的研究へと媒介する企図をもった研究はすくない。小林は、前者をヴェーバーの真意を解明する「真意探り」研究、後者をヴェーバー「利用」研究と呼ぶ［小林純 2010:9-24］。日本で前者がおおいのは、ヴェーバーを古典として扱う学術的まなざしと無縁ではないであろう。しかし、ギデンズ、ハーバーマス、ルーマンら、現代社会理論の巨人たち、そして、ウォーラーステイン、アドルノ、ベック、ベル、アイゼンシュタット、リッツァ、フーコー、ブルデューらを含め、彼らの議論は、ヴェーバーの主題を、マルクスやデュルケームらやはり古典とされる理論家たちの考究した問題と絡めて、深化または延長したところにあるということも、また指摘できる。端的にいって、彼らはみなヴェーバリアンにほかならない。とすれば、これらの理論家たちの議論を参照しつつ、ヴェーバーの知見の可能性（と限界）をあらためて現代社会に関する実証的研究へと接合していくことが試行されてよいであろう。本研究が観光を取り上げるのも、そうした観点からである。その際、社会学を中心とした従来の研究があまり目を向けてこなかった、歴史科学や文化科学の方法的基盤をめぐるヴェーバーの考察に、ここでは注目したい。先に解釈学的認識との関連で触れたように、いわば記述への意志にこそ、ヴェーバーと人類学的研究との明確な接点があると考えられるからである。この点で、本研究は、ヴェーバーの議論の豊穣性や今日的な意義をあらためて民族誌的研究の次元において確認することを、ひとつのねらいとしている。

以上をまとめよう。本研究は、先に示したような解釈学的な認識にもとづく。しかし、この解釈学的立場に立ったギアツやヴェーバーの議論枠組みを、そのまま本研究へと援用することはできない。彼らの議論枠組みを現代社会理論に照らしつつ、組み換える必要があるのである。

合理化論とその彫琢可能性

では、この議論枠組みの組み換えの方向性に論及しながら、本研究の理論的枠組みの基盤となる理念型である「合理化」について整理することにしよう。

合理化とはいかなるメカニズムなのか。導きの糸となるのは、ギアツの「ローカルな知」とギデンズの「脱埋め込み」である。すなわち、ギアツのいうローカルな知や技法は、他面において脱ローカルな契機を潜在的に宿していると考えられる。ギデンズのいう「脱埋め込み」は、この脱ローカルな契機の全面化の過程および構造を示す術語であると捉えうる。「合理化」とは、ローカルなものが脱埋め込みによってより一般性を獲得し、社会・民族・地域・時代の差異をこえて有用性が認められ適応され、またそれらの差異に応じて改編されていく過程および構造として、さしあたり定義できる［Geertz 1983（1991）; Giddens 2000（1993）; cf. Appadurai 2004（1996）:321-322; 橋本 2018:23-24, 28］。矢野は、ある生活領域の理論的・実践的な態度決定をある方向に首尾一貫させることが「合理化」であって、この概念は何らかの普遍的な傾向性の具体的特徴を言い当てたものではなく、仮想の共通変数の名称であるとする［矢野 2003:31-36, 45-62］。私も、こうしたいわば一種のゼロ記号としての、形式論的な「合理化」概念の定義に基本的に同意する。

ヴェーバー自身は、合理化概念に諸論考の中で触れていたが、最終的な概念の確定にいたらないまま世を去った。そして、一部には論理的にたがいに相容れない議論も残すことになった。『職業としての学問』では、「合理化」は、脱神秘主義あるいは呪術の園からの解放、予測可能性とそのことへの信頼、それを支える技術と学問の発展、といった点に存するとされる。ヴェーバー亡きあとの諸研究がしばしば引用する箇所ではあるが、ここで知性化としての合理化に言及する一方、ヴェーバーは、他方で、反知性化としての異なる合理化の方向性にも論及していた。すなわち、『宗教社会学論集』[※5]所収の、「儒教と道教」ではアジア地域における呪術の徹底という方向の合理化が、また〈倫理論文〉では近代西洋におけるカルヴァン派の来世の予測可能性を遮断する方向の合理化が、それぞれ取り上げられていたのである［Weber 1972a（1920-1921）, 1972b（1920-1921）:80-83, 1972d（1922）:49, 1980（1919）:32-33, 1988（1951/1922/1903-1906）:132-137, 1989（1920）, 2009（1921）:482-497; 矢野 2003:45-68, 202］。

たとえば、ホルトンとターナーは世俗化・知性化・日常世界の体系化の過程に、リッツアは効率性・計算可能性・予測可能性・非人間的技術への置換による管理・合理性の不合理性（非人間性や管理の限界）に、ヴェーバーの合理化の含意があると整理した。しかし、これらはいずれもヴェーバーの合理化論の核心に迫ったものとはいいがたい［Gabriel 2018（2013）:202-205; Holton & Turner 2011（1989）:68; Ritzer 2001（1998）:8-10, 218-235, 2009（2005/1999）:110-117, 139-164］。というのも、それらの整理では、「主観的意味の理解」というヴェーバーの解釈学的認識ないし公理との接点が明確ではないからである。いったい、誰が認知あるいは観察する予測可能性や合理性・非合理性なのであろうか。学問の発展がそうした認知の更新に寄与するとしても、そうした一元的な理性的主体にとっての意味の次元に「合理化」概念を回収しようとすることは、ヴェーバーの議論の構えからの逸脱といわざるをえないのではないだろうか。むしろ、さまざまな社会的領域つまり諸システムがそれぞれの合理化の過程にあるとともに、複数の主体にとって意味あるそれぞれの合理性や合理化がいわばせめぎ合っている、そして、さまざまな歴史的経緯や因果連関から、ある合理化が突出し他の合理化を圧倒したり凌駕したりしつつ支配的となっていく状況を観察することがありうる、というのが、ヴェーバーの合理化論の趣旨であったと考えられる。先に、矢野の形式論的な合理化概念の定義に「基本的に」同意する、と留保をつけたのは、そうした抽象的な水準における合理化概念の定義を踏まえつつも、歴史研究や民族誌的研究の水準においては、相互主観的なまなざしによって解釈／構成される合理化の具体的なあり様を記述し理解することこそ重要である、と考えられるからである。先に「観察」に二つの次元を設定したが、「合理化」にも形式的・抽象的な水準と事象的・具象的な水準の二つの次元を設定しておくことがポイントとなる。

この後者の水準に定位すれば、合理化概念にはある種のゆらぎがいわば必然的に見出されることになる。たとえば、モムゼンは、ヴェーバーの〈倫理論文〉を、資本主義諸制度の「形式的合理性」が必然的に「実質的非合理性」と結合することを論じたものであると理解する。つまり、近代西洋の資本主義体制はもっとも形式的・論理的に合理化されたシステムであるが、その合理化の極致において人間疎外などの非合理

※5　『宗教社会学論集』は全三巻からなる。ヴェーバーの生前には第一巻のみが出版された。そこには、「序言」、「プロテスタンティズムの倫理と資本主義の精神」、「プロテスタンティズムの諸信団と資本主義の精神」、そして「世界宗教の経済倫理」の「序論」「儒教と道教」「中間考察」が収められた。「世界宗教の経済倫理」は、中間考察のあとに「ヒンドゥー教と仏教」「古代ユダヤ教」とつづくが、これらは、すでに雑誌に掲載されていたものがそのままそれぞれ『宗教社会学論集』第二巻・第三巻としてヴェーバーの死後に刊行され、第三巻には付録として遺稿の「パリサイびと」も加えられた。ヴェーバーは、原始キリスト教、カトリック、イスラームなどに関する研究も進めていたが、それらはいずれも遺稿にとどまった［吉田 2016c: 1-2; Weber 2019（1920）］。

性もまた生じる、というのである。『経済と社会』におけるこの二つの合理性の定義をみても、彼の「合理性」や「合理化」は決して明瞭な概念ではない。ハーバーマスも、ヴェーバーの合理化概念があいまいさや矛盾を抱えているとする。ただし、問題の本質は、ヴェーバーの概念規定の不備にあるのではない。ある主体のまなざしからは合理化と捉えられるものが、別のまなざしからは非合理化と捉えられることがあるという、この点にある（第一章第二節）。相反する意味の様相をいわば背中合わせに内包しうるがゆえに、一見すると相矛盾するような合理化の具体的なあり方が、ヴェーバーによって取り上げられたのだと考えられる※6［Brubaker 2006（1984）:1-2; Habermas 1985（1981）:254-261, 305, 307; Mommsen 2001（1974）:14; 小野 1985; Ritzer 2009（2005/1999）:110-117; Rossi 1992（1987）:84-108; Weber 1974（1972）:104-107, 1989（1920）, 2013:85-86; 矢野 2003:31-36, 78-80; 吉田 2016d:302-303］。本研究では、この合理化の多様性や複合性について第一部で考察し、これを第二部の記述に生かそうとする。

さらに、私は、ヴェーバーの時代の社会背景に根差しているこの「合理化」概念を［山崎 2001a, 2001b］、現代社会の「リスク化」※7という概念とセットで捉えることが有効ではないかと考える。

ここで「リスク」の含意を確認しておこう。リスクにはさまざまな定義があるが、さしあたり、①確率性や不確実性の認識、②未来におけるプラス／マイナスの両価的可能性の予測、③自発的・主体的な営為への接続可能性、といった点を内包する概念であり、こうしたリスクの顕在状態が「危機」である、と捉えておく。切り詰めていえば、リスクは不確実性や未来における損失可能性を——ただ裏面としては受益可能性をも——含意する［柄本 2010:5-9; Esposito 2002:54; Giddens 2001（1999）:50-54, 76; 小松 2017; Köpping 2002:189; 正村 2013; Stiegler 2010（1996）:219-228; 渡名喜 2015:53-74］。重要なのは、いくら予測を立て計算をおこなったとしてもそれは決して確実なものではない、というある種の確信といってよいものがリスク概念の根底にある、という点である。リスク概念は、いわば表層における不確実性の認識の深層にそうした不確実性認識への信念という確実性の認識を宿している。ヴィトゲンシュタインが「疑いのゲームはすでに確実性を前提している」と述べるとおりである［Wittgenstein 1975（1969）:36］。そして、この点で、リスク社会は、ベックの見立てとは異なるが、ギデンズらがいう信頼のメカニズムにかろうじて回収されていると理解することもできる（第二章第四節）。

ベックが、「リスクというカテゴリーは、マックス・ヴェーバーがまったく気づかなかった社会学的思考や社会的行為の類型であ」り、「ポスト目的合理的な」カテゴリーである、と述べるように［Beck 1997（1994）:23］、リスクは、ヴェーバーの時代の近代化と近代化論から創発的な水準に移行した二〇世紀後半の、再帰的近代といわれる時代状況とこの時代に即した社会理論を基盤とした概念である。一見すれば、「合理化」と「リスク化」とは、それぞれ計算可能性と計算不可能性、確実性への信頼とそれへの懐疑といった特徴をもった、対照的な社会的メカニズムを指し示した概念のように思われるかもしれない。あるいは、リスクの低減という逆の面を考えれば、それは合理化とほとんど等値であるとも考えられよう。しかし、ここで触れた形式的合理性と実質的非合理性の結合というモムゼンの解釈や、天職としての学問や主知主義を悪魔に喩えるヴェーバー自身のスタンス［Weber 1980（1919）:64-65］、あるいは、第一章第二節・第三節で言及する「合理化のパラドクス」や第二章第四節で触れるルーマンのリスク論などを媒介項としてみるならば、ヴェーバーのいう合理化は、事象的水準においてはリスクの低減でもありうるがリスクの増大でもありえ、つまりはリスク化と表裏一体であると、再定式化して捉えることができる。そして、この観点からみれば、植民地化・観光地化・宗教変化といったバリで観察される近代化の過程は、いずれも合理化でもありリスク化でもあるということになる。ヴェーバーの合理化論の中にリスク社会論をいわば呼び込んで理解し、「合理化」と「リスク化」をたがいの分身のようなものとして理解し接続すること、これは、理論的考究の次元における新たな知見であると同時に、バリに関する民族誌的記述を導く有効な切り口ともなる。

ここまで、①本研究の主たる議論対象が、楽園観光地バリの一〇〇年ほどの歴史における観光と宗教の関係にあること、②その場合の「観光」や「宗教」を、観察によって把握されまた通時的・共時的な関係性の布置や力学により生成・変容するシステムと捉える視点に立ち、解釈学的認識からアポステリオリな解明を目指すこと、③その際とくに、ある主体にとっての「宗教」が別の主体にとっては「観光」の対象であったり、ある主体にとっての合理化が別の主体にとっては非合理化やリスク化であったりする、といった点を念頭におくこ

※6 したがって、この事象的・具象的な水準で合理化を捉えるのであれば、「ある方向に首尾一貫させること」という矢野の論点は、かならずしも一般化できないということになる。首尾一貫性をことごとくひっくり返しめちゃくちゃにすることが、ある合理化の具体的かつ（メタレベルでは）「一貫した」あり方である論理的可能性は、あるからである。また、あるタイプのカリスマとはそうした存在なのかもしれない。

※7 「リスク化」はリスクの増大を意味する。この概念が人口に膾炙しているとはいえないが、「リスク社会化」を「社会のリスク化」といいかえることは可能であろう。先行研究の中には、「社会」以外の社会的存在のリスクの高まりを、身体のリスク化や家族のリスク化と表現したものもある［Beck・鈴木・伊藤（編）2011; 美馬 2011; 山田昌 2012］。

と、を論じてきた。以上が、本研究の議論の中枢部分となる。

本研究の議論構成

では、次に、補論を含めた以下の議論構成について簡単に触れておきたい。

楽園観光地バリの観光と宗教の記述に入る前に、第一部では、ここで概略を論じた本研究の理論的諸点をあらためて詳しく整理し、第二部以降の記述に向けた分析枠組みを整えておくことにする。

第一章では、まず第一節で、ヴェーバーの合理化論の基盤を構成する記述重視の認識が、ギアツの解釈人類学、あるいはむしろ近代人類学の基本認識と重なる、ということを確認する作業をおこなう。この議論は、ヴェーバーを人類学的研究の流れの中で再理解するという、本研究の基底に存在する問題関心に関わる議論となる。次に、第二節で、ギアツのバリ宗教合理化論の再検討をおこない、ヴェーバーの宗教合理化論との間にあるずれを明確にし、ギアツよりもむしろヴェーバーの方に理論的ポテンシャリティがあると考えられることを明らかにする。ただし、ギアツとはまた異なるかたちで、ヴェーバー宗教合理化論をバリの事例の理解に援用する可能性もあると考えられ、それについても触れる。そして第三節で、合理化のパラドクスについて、ヴェーバー以外の議論をも参照し、論点を整理する。

第二章では、合理化論を再帰的近代化論やリスク社会論と結びつけ、合理化とリスク化の理論的架橋可能性について確認する。現代における観光という余暇的行為の興隆の背後には、管理化・監視化の浸透という過程があり、それは社会のある種の合理化であるとともにリスク化でもあると捉えられる。

第三章では、近代に新たに生まれた楽園観光と楽園観光地が有する構造的特徴を整理する。楽園観光は、モダニティの諸メカニズムと連動しつつグローバルに展開した社会的行為現象にほかならない。また、楽園観光地は本質的といってよい脆弱性ないし高リスク性を抱えており、楽園観光地化と植民地化との間には支配の同型性・類似性を看取することもできる。第三章ではこうした点について論じ、楽園観光論とリスク社会論とが根底で結びつくことを確認する。

以上を踏まえた上で、第二部ではバリの民族誌的事実の記述に入る。議論の分量を勘案し、本来はひとつづきの議論ではあるが、これを三つの章に分けることにする。

バリの観光地化は、先に触れたように、オランダ植民地支配下の一九二〇年代に本格化した。この島の人や宗教文化にたいする欧米人のオリエンタリスティックでロマンティシズムあふれるまなざしこそ、バリの楽園観光地化を導いたのであった。そのころのバリ人一般において、「宗教」に相当する概念はまだ浸透していなかった。しかし、当時のバリの知識人たちは、植民地化という近代化ないし合理化の社会過程の中で、社会生活の中の宗教に相当する領域を「アガマ」(agama)という概念によって、※8 また慣習や伝統に相当する領域を「アダット」(adat)という概念によって、※9 把握するまなざしを習得するとともに、バリ人にとってあるべき「宗教」のあり方とはいかなるものであるのかを言論活動を通してたがいに討議し、これに関わる試行的な活動を展開しつつあった。この戦前の知識人の言論や実践が、ギアツが論じた戦後の宗教合理化へとつながっていくのである。このように、バリの宗教改革の萌芽的運動と初期の観光地化とは、植民地支配というおなじ根茎から発生している。付け加えれば、バリに関する質量ともに充実した学術的言説の蓄積も植民地化の産物である[Acri 2011; Picard 1999, 2004, 2011a; 吉田 2005]。

第四章では、この植民地化とその下での楽園観光地化、そしてバリ宗教の「客体化」や「発見」といいうる事態について記述する。第五章では、戦前における宗教改革の萌芽的運動が、戦後におけるインドネシア共和国の政策枠組みの下での制度化された宗教合理化へとつながっていく過程を記述する。第六章では、戦後のバリにおける観光と宗教と、両者の

※8 当時のバリ人にとって、アガマの典型はイスラームであった。また、後日のインドネシア国家建設の過程で、「アガマ」は政府公認の宗教というニュアンスをもつようにもなった。これは、イスラーム国家を望みながらもこれを前面に推し出さない妥協をしたムスリム勢力が、唯一神とそれに見合った教義・聖典・預言者などを保持する宗教を公的に認知し、宗教省を通して保護育成の対象とするという政策を勝ち取ったことによる。建国の当初、アガマと公認されたのは、イスラーム(Islam)、カトリック(Katrik)、クリスタン(Kristen)――インドネシアではプロテスタントを意味する――の三つであり、聖典や預言者をもたず特定の民族集団に限定されるいわゆる伝統的宗教は、「俗信」(kepercayaan)ないし「信仰諸派」(aliran kepercayaan)として一括された。当初、バリのヒンドゥーは後者のカテゴリーに分類された。こうした状況下で、ギアツが論じた戦後のバリ宗教の改革がはじまったのである[Bakker 1993: 45-48; Darmaputera 1988: 150-155; Forge 1980: 225; Kipp & Rodgers (ed.) 1987; Picard 1999: 43-44, 2004, 2011a: 11-14, 2011c: 483-484; Ramstedt 2004b; Reichle 2010b: 21; Swellengrebel 1960: 72-73]。

※9 ムスリムであれヒンドゥー教徒であれ、インドネシア人の宗教生活は、アガマ(宗教)の部分とアダット(慣習)の部分の組み合わせからなる。前者は、神への信心、祈祷、教義の根本など、宗教生活の普遍的・本質的な部分、後者は、慣習衣装、共食儀礼、供物や装飾など、地域や時代により多様な非本質的な部分、ということになる。ただし、アダットはできるだけ尊重されるべきものでもあり、バリではとくにそうした意識が強い。このアガマとアダットの補完的な関係性は、二〇世紀のインドネシア共和国の宗教政策を支えるイデオロギー上の核心であった[Hauser-Schäublin 2011; Hauser-Schäublin & Harnish 2014b: 3, 7; Henley & Davidson 2007; Picard 2005: 116-117, 2011c; Warren 1993, 2007]。

間の正負の影響関係を記述し、二一世紀に入って起こった爆弾テロ事件に関連してバリ社会のリスク化の様相を確認する。そして、結論において、あらためて第一部・第二部の議論を振り返るとともに、バリの観光と宗教の約一〇〇年の関係性について、第二部の三つの章における記述のポイントを整理し、論点をまとめる。

末尾には、バリという主たる事例の観光と宗教の関係との対比のために、沖縄という別の楽園観光地における観光と宗教の関係についての記述を補論として付す。以上が本研究の構成である。

バリの観光と宗教の概観

序論の最後に、バリの社会・観光・宗教について概観し、議論対象を具体的に明確化しておく。

現在のバリは、行政上インドネシア共和国三一州の一州である。二〇一〇年のバリ州（Provinsi Bali）の面積は五六三六平方キロメートル、人口は三八九万人である。中南部に人口のおおくが集中する。東隣のロンボック（Lombok）島と西隣のジャワ（Jawa）島ではムスリムが多数派を占め、それらに近いバリ北西部・東部では「バリスラム」など（Bali Slam, nyama Slam）と呼ばれるバリ人ムスリムもすくなくないが（写

真0-14）、バリ州の多数派はヒンドゥー教徒バリ人である。ただし、近年、とくに都市部や南部の観光地では、非バリ系のインドネシア人移住者、中でもムスリム移住者の増加が顕著であり、一九七一年に一〇万人であったバリ州のムスリム人口は、一九九〇年に二二万人、二〇一〇年に五二万人となった。割合にすれば、二〇一〇年の州住民の八三パーセントがヒンドゥー教徒、一三パーセントがムスリムである［Hauser-Schäublin & Harnish 2014b; Harnish 2006, 2014; Ida Bagus 2014; 井澤 2017:84-87; 永渕 2007:52; 中谷 2016:147; Pedersen 2014; Rieger 2014; Telle 2014; https://www.bps.go.id/linkTabelStatis/view/id/1267, https://bali.bps.go.id/statictable/2018/02/15/33/penduduk-provinsi-bali-menurut-agama-yang-dianut-hasil-sensus-penduduk-2010.html; https://bali.bps.go.id/statictable/2018/02/15/35/beberapa-karakteristik-penduduk-menurut-kabupaten-kota-di-bali-hasil-sensus-penduduk-2010-.html］。

二〇世紀初頭にオランダの植民地支配が確立された時点で、バリには旧八王国の範域を引き継いだ八県（kabupaten）がおかれた（第四章第一節）。この八県体制は、インドネシア共和国独立後もほぼそのまま引き継がれたが、一九九二年に州都デンパサール（Denpasar）がバドゥン県から切り離され、県と同レベルの行政単位に格上げされた。

本研究では、バリ島中南部の主要な観光地、そして、そこに住み、村落や集落など地域の諸組織に帰属するバリ人ヒンドゥー教徒とその宗教・観光実践を、主要な研究対象と設定する。観光地化の進む主要地域が中南部にあり、そこでのマジョリティがその種のバリ人だからである。そして、〔一〕バリ島外に在住のバリ人、〔二〕バリ島在住のバリ人ムスリム・クリスチャン、〔三〕非バリ系インドネシア人、〔四〕サイババ（Sri Sathya Sai Baba）（写真0-15, 0-16）、ハーレクリシュナ（Hare Krishna）、その他（ex. Agni Gotra, Ananda Marga, Brahma Kumaris）の、特定のヒンドゥー系信団に関わるバリ人は、直接の議論対象からはずすことにする。ただし、〔四〕の特定信団の信徒と一般のヒンドゥー教徒との差異や、観光地となった地域とそれ以外の地域の差異には、記述の中でできるだけ目配りしていく。この対象設定は、二つの拙書とおなじである［Barth 1993; Dragojlovic 2016; Hauser-Schäublin & Harnish (ed.) 2014a; Hornbacher 2011:186; Howe 2001, 2004, 2005; Ida Bagus 2014:327; 鏡味 1992, 2012; Ottino 2000:21-25; Picard 2011b:130; Reuter 2008:15-16; 吉田 2005, 2013b; 吉原 2008c, 2008d］。

ここでいうバリ島中南部の主要な観光地とは、海岸部のヌサドゥア（Nusa Dua）、サヌール（Sanur）、クタ（Kuta）、内陸部のウブド（Ubud）と、それらの周辺地域を指す。ほかに、南東部のチャンディダサ（Candi Dasa）と北部のロヴィナ（Lovina）も主要観光地である。ウブドは、私がこれまで断続的に参与観察をつづけてきた内陸の観光地である。バリの観光地化が本格化した一九二〇年代は、デンパサールが観光の拠点であり、サヌール、クタ、ウブドにはごく少数の観光者が滞在する程度であった。しかし、第二次世界大戦後、デンパサールは政治・経済の中心地としての機能をより強化していく一方、観光者が滞在する場所としては他地域が伸長していき、一九八〇年代には高級リゾート地としてヌサドゥアが新たに稼働するにいたった。それら主要な観光地は、バイクなどで通勤してくる周辺地域の人々や、住み込みで働く遠隔地出身者の雇用のおおきな受け皿となっている。また、一九九〇年代以降、バリの観光地化はこれらの地域周辺をこえてスプロール状に展開してもいる（第六章第一節）［吉田 2011b, 2013b］。

二〇世紀後半以降のバリは、国内一の、またアセアンでも有数の国際的観光地である。二〇一五年にインドネシア入域外国人観光者は一〇〇〇万人をこえ、うち四〇〇万人がバリに直接入域した。二〇一七年のバリ直接入域外国人観光者は五七〇万人である。二〇一〇年代に入って国内観光者数も伸長しており、二〇一二年には六〇六万人の国内観光者がバリを訪れた。二〇一一年にバリ州知事が表明した、二〇一五年までに外国人観光者五〇〇万人、国内観光者一〇〇〇万人という目標は達成できなかったが、国内

写真0-14　バリ人ムスリム（2012年、ブラタン湖近隣市場）
バリの北部・西部には、一定数のバリ人ムスリムが在住する。東部カランガッサムでも、バリ人のヒンドゥー教徒とムスリムとは一定の範囲で慣習を共有し合ってきた。

写真0-15, 0-16　バリのサイババ信仰（2015年、バンリ市）
バンリ市中心部にはサイババ信仰の礼拝所がある。信者は、バリ式の正装すなわち慣習衣装（pakaian adat）を着て集う。指導者はバリ女性であり、若いころジャカルタ在住時にサイババに帰依するようになった。この指導者は、写真右の手前にある椅子に座り、鐘を鳴らし、信者たちはその鐘の音に合わせて祈る。最後にサイババの写真から出る灰を（バリの通常のヒンドゥー教徒の聖米のように）額に付け、湧き出る甘水を（おなじく聖水のように）少量飲み、儀礼を終える。喜捨とは別に、紙幣を盆に入れて燃やし、灰にする。これは一種のささげものと理解される（写真は「APA? 情報センター」の提供）。

外から一〇〇〇万人超の観光者を受け入れる今日のバリ社会は、現地の人々が好むと好まざるとにかかわらず、観光に深く規定されている［Byczek 2010:57-58; Cuthbert 2015:338; http://thedevelopmentadvisor.com/news/bali-domestic-tourist-arrivals-increase/; https://www.bps.go.id/linkTabelStatis/view/id/1387; https://bali.bps.go.id/statictable/2018/02/09/28/jumlah-wisatawan-asing-ke-bali-dan-indonesia-1969-2017.html］。

次に、バリ宗教について概観しておく。本研究では、先に主要な研究対象として設定したバリ人ヒンドゥー教徒の宗教を、「バリ宗教」と略記する［吉田 2005:12-15］。

バリは、おそらく世界でもっともおおくの学術調査を受け入れているフィールドのひとつである。バリに関する文献の総数は一万をこえる［Stuart-Fox 1992; 吉田禎（編）1994:1］。量ばかりではなく、研究の質も総じて高い。社会・文化・歴史の幅広い問題をめぐって、地域的変差にも相当程度目配りした密度の濃い議論が蓄積されている。この点は、本研究がバリを事例に取り上げるおおきな理由でもある。そして、文化・社会面に関する先行研究のおおくは、この島の宗教とりわけ儀礼（upacara, upakala, karya）に注目してきた。

たとえば、植民地支配下の一九三〇年代にバリを調査したジェイン・ベロは、「民衆にとって、信仰は、言葉よりもむしろ行為から成り立っている」と述べ［Belo 1953:8, 1960:vii］、バリ人の宗教生活を、宗教知識や世界観よりも儀礼・祭礼などの宗教実践に即して理解すべきことを主張した。また、一九七〇年代を中心に調査をおこなった吉田禎吾は、「世界中の民族の中でバリ島民ほど頻繁かつ念入りに儀礼を行う民族はないだろう。……宗教儀礼はバリ人の生活のクライマックスとなっている」と述べ［吉田禎（編）1992:99-100, 185］、やはり儀礼が社会生活の基軸であると指摘した。二〇〇〇年代の激変するバリ社会について論じたラムステッドも、「バリの儀礼主義はバリ人の生活様式のあらゆる側面を支配している」［Ramstedt 2009:357］と述べる。バリ社会における儀礼の重要性は、さかのぼれば一八一〇年代の東インド副総督であり東洋学者であったラッフルズ（第四章第一節）も論及していた［Raffles 1988（1817）:ccxxxvi-ccxl］。この点で、儀礼を基点にバリを捉える学術的まなざしは、二〇〇年の歴史をもっているといえる。中でも、バリ人の宗教生活が大小さまざまな儀礼活動によって成り立っており、彼らの社会生活がそうした儀礼活動を中心に回転しているといっても過言ではないほど、多彩な儀礼が頻繁におこなわれているという認識は、オランダ植民地時代から今日までの調査研究のおおくに確認することができる［ex. Bateson & Mead 1942（2001）; Belo 1953, 1960; Boon 1977; Covarrubias 1937（1991）; Geertz 1973a（1987）; Geertz & Geertz 1989（1975）; Goris & Dronkers 1953; Hooykaas 1973; Korn

1932（1924）; Lansing 1974; 永渕 1988; 中村 1994a, 1994b; 中野 2010a, 2010b; Ottino 2000; Pedersen 2006; Ramseyer 1986（1977）; Reichle（ed.）2010a; Reuter 2002a, 2002b; Schulte Nordholt 1996; Stuart-Fox 2002; van Vaal et al（ed.）1969; Vickers 1989（2000）; Warren 1993:140; Weltheim et al（ed.）1960; Wiener 1995; Wiryomartono 2014:69-89; 吉田禎 1983, 1994（編）]。私は、拙論で、先行研究にうかがわれるこうした認識を「儀礼中心主義」と呼んだ。バリ人の社会生活の核心を宗教に見、その宗教の核心を儀礼に見るという入れ子式の理解枠組みは、既存の人類学的バリ研究の基盤にある紋切り型の理解枠組みであり、※10 拙論ではそれが孕むある種の問題について論じた[吉田 2005:126-134, 282-294]。

バリ人の宗教実践の具体については、宗教観・宗教知識とともに当該の拙論で記述したので[吉田 1999, 2005:68-282; cf. Howe 2001, 2005; 永渕 2005, 2007; Ramstedt（ed.）2004a]、以下では、第二部の議論の前提となる最小限のポイントのみを示すにとどめる。儀礼には供物がともなう（写真 0-17, 0-18）。供物は、バナナの葉やヤシの葉などに細かな切り込みを施して編み込んだ容器に、花、果物、ヤシの実、米、卵、肉、糸など、やはり自然の素材をもちいたさまざまな要素やその加工物を入れて作成する。供物の作成は、心を込めておこなうべきものである。供物の作成や儀礼に携わる／奉仕することを意味するバリ語の ngayah には、心を込めて作業をおこなうという

写真 0-17, 0-18　バリ島のヒンドゥーの供物
写真左はプリアタン村タガス集落の火葬の際の供物の一部（2012 年）、写真右はバンリ王家のクフン寺院（Pura Kehen）の祭礼におけるプルゲンバルと呼ばれる供物（2013 年）である。なお、いずれの供物や儀礼具にも、ホチキスがつかわれている（第 6 章第 2 節）。

ニュアンスがある。供物には実にさまざまな種類があり、その地域的変差もおおきい。それをもちいた儀礼の種類・規模・階梯も多様である。一般に、簡素な儀礼は司祭に依頼せず自家でおこない、規模と重要度が高い儀礼は司祭に儀礼執行を依頼する。司祭も、最高司祭といいうるプダンドから、村の寺院や親族寺院などの寺院司祭（ex. mangku, pemangku, empu, sengguhu/ resi bhujangga waisnawa）、あるいは準司祭といいうる存在（ex. sonten, balian）までがいる。どの司祭／準司祭に儀礼執行を依頼し、どのような質・量・種類の供物や聖水を用意するか、そして複数の儀礼を一緒に催行するか否かなど、簡略化と複雑化そして集約化には、多様な選択の余地があり、地域の慣習によっても異なる。ただ、いずれの儀礼活動においても、①家族・親族あるいは諸組織の成員の協働（労働交換）によって供物を準備し、②まずは供物に火をつけた線香を添え、③司祭が儀礼手続きによって聖水を作成し、※11④聖水を、儀礼の対象となる人や物そして供物にふりかけ浄化し（写真0-19）、⑤こうして浄化した供物のエッセンス（sari）を、風をあおぐしぐさをして、ささげる対象である不可視の神的霊的存在に送りとどけたあとに（写真0-20）、⑥儀礼に参集した者がともに祈りをささげる、という基本的な流れは共通している。多彩な儀礼活動は、この基本構造を、さまざまな事物や手続きによってより入念に、あるいはより複雑またはより複合的なかたちで反復・拡大したものと、理解することができる［Hornbacher 2011:176, 179; Kam 2010; 中村 1994a; 中谷

※10バリの各地には、シヴァ派の宗教哲学的知識を記した相当な数の古文書とその複写が存在する。今日では、バリ宗教はシヴァ派のローカルな一形態であって、その儀礼中心主義や至高神の存在もシヴァ派の神学に由来するという理解が定着しつつある。それを端的に示すのが、ブラフマノ（Brahmana）階層の者のみが修行と叙任儀礼を経てなるプダンド（pedanda）と呼ばれる司祭による儀礼執行である。プダンドは、シヴァ神と一体化する——あるいはシヴァ神が憑依する——ことによって、聖水を作成したり供物や儀礼対象者を浄化したりする力を得る。高島によれば、司祭とシヴァ神との一体化は、すでにインドではほとんど意識されなくなったシヴァ派の儀礼の本質であり、これが現代バリではなお維持されている。なお、プダンドが唱えるマントロ（mantra; 秘儀的呪文）はウェード（weda）という。つまりヴェーダである。もともとバリにはウパニシャッドを中核とするヴェーダの四文献は伝わっていなかった。ただ、聖典に相当するヒンドゥーの各種の文書はバリにも存在した。アクリは、先行研究がこうしたバリのヒンドゥーの教義知識の伝統を過小評価してきたと批判する［Acri 2011: 152-159, 2013: 69-71; Hooykaas 1963; Hornbacher 2011: 182-184; 石澤・生田 2009（1998）; Kleen 1970; Miller 1984; Picard 2011c: 494; Ricklefs 2007: 146; Rubinstein 2000: 13-38; 高島 1994; 吉田 2005］。

※11司祭は、瓶の水を前にして、マントロを唱え、鐘を鳴らし、ムドロ（medra）と呼ばれる印を結ぶしぐさをし、あらかじめ用意してある聖水をふり、花を投げ、火や香煙をかざし、という一連の行為を何度も繰り返す。この一連の行為のひとまとまりが、ある神を降臨させ、瓶の水の中に呼び込む手続きとなっている。こうしておくの神々を招聘することにより、瓶の水を聖水化する［吉田 2005: 163］。

写真 0-19　聖水による浄化（2013 年、トゥブサユ村）
リスと呼ばれる箒状のもので聖水を振り、浄化する。

写真 0-20　風を仰ぐしぐさをして、地面に置いた供物（チャナン）のエッセンスを神に送りとどける店舗従業員（2019 年）

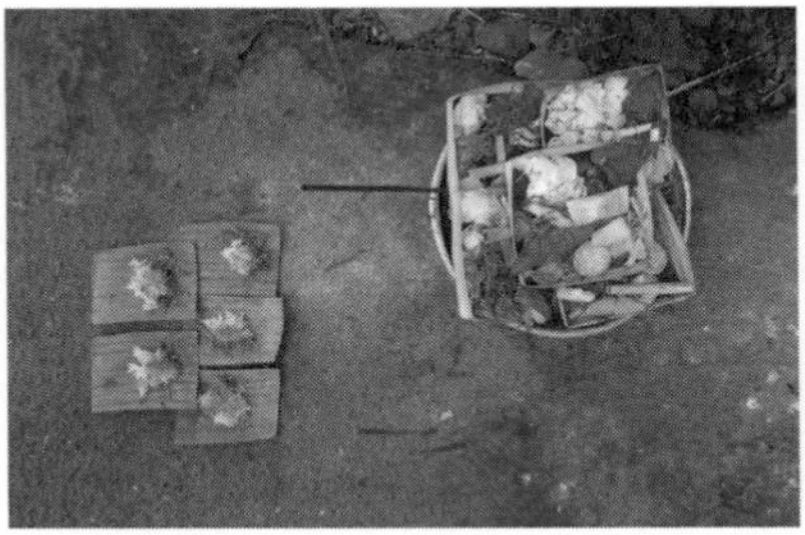

写真 0-21, 0-22　サイバンとチャナン（2019 年、ウブド）
写真左では、四角いバナナの葉にご飯（とふりかけ状のおかず）を載せたサイバンとチャナンが別々に置かれている。写真右では、チャナンの上左にサイバン 1 つが置かれている。このように、チャナンとサイバンを同時に献納することもある。チャナンの容器は、正方形や花形など多様であり、その中身にもさまざまな裁量の余地がある。写真 6-14 も参照のこと。

写真 0-23　住居兼民宿のムチャル儀礼（2008 年、パダントゥガル村）
ムチャルは、悪霊／鬼神（buta-kala）に供物をささげ、これを慰撫する祓いの儀礼であり、宗教施設・世俗的施設の建築、人生儀礼、死者儀礼、寺院祭礼など、さまざまな機会におこなわれる。一定規模のムチャルでは、ひよこの首をその場ではねて血をささげるなど、生きた動物の供儀をともなう。写真のムチャルは小規模なものであり、既設の民宿の敷地に新たに住居兼民宿の建物を建てた際のものである。司祭（手前）が作成した聖水をもちいた供物の浄化と人々の祈りの後、最後に、儀礼的掃除道具で象徴的に掃除行為をし、その場を祓い清めている。

写真 0-24　店舗のムラスパス儀礼（2015 年、ウブド）
ムラスパスは、宗教施設・世俗的施設を問わずおこなわれる、建築完了の浄化儀礼である。ただし、簡素な小屋などにはこのような儀礼措置はしない。写真では、司祭の鐘の音とマントロに合わせて、店舗所有者の家族が祈りをささげている。この店舗のオーナーは、デンパサール在住のバリ人であり、家族と司祭（マンク）が早朝デンパサールから来て、供物も運び込み、儀礼を催行した。デンパサールとウブドでは、前者の方がチャナンの規格がおおきいなど、供物や儀礼のあり方は若干異なるところがある。このように、儀礼や供物も、司祭の活動範囲も、観光経済の拡大とともによりインターローカルなものとなっている。

2016; Pitana 1999; Ramstedt 2009:345; Stuart-Fox 2002:159-179, 2010; 吉田 1999, 2005]。

このように、儀礼は、さまざまな神的霊的存在——それらはたがいに重なり合うとともに至高の神へと収斂する——にたいして供物を献納する、そして神に祈りをささげる、という手続きからなる。もっとも簡素な供物献納行為は、朝の炊き立てのご飯をバナナの葉の小片に乗せた供物サイバン（saiban）を屋敷の各所におく、というものである。この行為はムサイバン（mesaiban）と呼ばれる。さらに、家庭や職場では、毎日のように——といっても地域や家族によってさまざまだが——、チャナン（canang）という小供物を所定の各所におき、神にささげる（mebanten canang）（写真 0-20 〜 0-22）。チャナン献納は、司祭による儀礼執行をともなわないが、最後に祈りをともなうことがあり、この点で上記の儀礼の基本構造をもっともシンプルに示す日常的な儀礼活動である。

寺院には、親族集団の寺院（pura dadia, pura panti）、集落（banjar）や村（desa adat/ Desa Pakraman）※12 の諸寺院（ex. Pura Desa, Pura Puseh, Pura Dalem, Pura Merajapati, Pura Segara）、水田の水利組合（subak）の諸寺院、村をこえた地域の大寺院、王家・領主家の寺院などがある。寺院とともに人々にとって重要なのが、屋敷の一角にあって祖霊や諸神を祀る屋敷寺（sanggah/ merajen）である。寺院や屋敷寺では、暦にしたがい、おおくの場合二一〇日ごとに、オダラン（寺院祭礼）が催行され、そこにある多数の社や祠に装飾が施され、多彩な供物がささげられる。舞踊や演劇もまた、神にささげられる行為としての供物である。バリ全体で寺院（pura）は二万はあるといわれる。地域や個人によっても異なるが、ひとりのバリ人は一〇前後の寺院の祭祀に関わると考えてよい。そのそれぞれの寺院の祭礼の際には、共働で供物を作成し、会場設営などの準備に当たり、かならず一度は自家の供物をもって当の寺院に祈りに行く。加えて、寺院とは別の小規模な祠や社も各地に無数に存在する。学校・官庁・会社など世俗的な施設にも社や祠はつきものである。建築の際には、祓いの儀礼ムチャル（mecaru）と清めの儀礼ムラスパス（melaspas）が施され（写真 0-23, 0-24）、いわば結界が張られる。そしてそれらの宗教的・世俗的施設の要所には、毎日のように供物がささげられる。

※12 村落組織の再編や名称の含意については、ウォレンやラムステッドらの議論を参照する。インドネシアの地方分権化の中で、バリの慣習村（desa adat）は法整備にもとづく自律性と独自性を強化していき、二〇〇一年の州条例によって、デサ・パクラマン（Desa Pakraman）という名称となり、財政基盤もさらに整えられた。第六章第一節で触れるプチャラン（pecalang）という自警団の組織化も、この二〇〇一年の法整備による財政基盤の強化を背景とするものである［Ramstedt 2009: 344-345, 350-355; Reuter 2008: 11-12; Warren 2007; 吉田 2005, 2013b: 161; 吉原（編）2008a］。

寺院祭礼や日々の供物献納に加え、二一〇日をおおきなサイクルとする暦にもとづく諸行事、別のサイクルでめぐってくる諸行事（写真0-25）、各種の人生儀礼・死者儀礼もある。車やバイクの購入後にも浄化儀礼はある。これら人生儀礼・死者儀礼等の儀礼の催行に際しては、暦にもとづく吉凶の知識（wariga）にしたがい、その日時が決められる。ほかに、バリアン（balian）と呼ばれる呪医／占い師による託宣・霊的諸存在への対処儀礼もある。※13

以上のように、バリ人の関与する儀礼は、村落などのローカルな諸社会組織が維持・管理する寺院の祭祀と、家族・親族による祖先祭祀を二本柱とし、ここに個人の人生儀礼や年中行事などの諸行事が加わり、成り立っているのである［Eiseman Jr. 1999, 2005; H. Geertz 2004; Goris 1960a, 1960b, 1960c; Kam 2010; 大橋 2019; Ramseyer 1986（1977）; Ramstedt 2009:339; Reichle 2010b; Swellengrebel 1960:12; 吉田 1994a, 1994b, 1998, 1999, 2005, 2013b; 吉田禎（編）1992:99; 吉田ゆ 2016a］。

*

以上の議論をあらためてまとめる。序論では、本研究の主題、視点や理論的枠組みの核心部分、議論構成、そして議論対象であるバリの社会・観光・宗教の概観を記した。本研究

写真 0-25　満月（pernama）の日の供物献納（2014 年、パダントゥガル村）
暦にもとづき、屋敷や店舗の各所に供物を置き、花で聖水を振りかけ、風を仰いで神にささげる。

は、巡礼論とはまた異なるオルタナティヴな観光宗教論を、楽園観光地における観光と宗教の関係を主題として探求しようとするものであり、データが豊富なアジア有数の楽園観光地バリの約一〇〇年間を議論の主たる対象として設定する。その際、視点として採用するのが、民族誌的記述を重視する解釈学的認識と、ヴェーバーが提起した合理化論をさらに彫琢し現代のリスク社会論へと接合する理論的枠組みであり、第一部でこの視点や理論について論じた上で、第二部でバリに関する記述をおこなう。そして、補論では、沖縄という別の楽園観光地社会の事例を取り上げて、観光と宗教の関係の別様のあり方を確認する。

※13 超自然的存在への畏怖は広くバリ人にみられ、バリアンはそうした存在と人間との関係を占い操作する宗教的専門家である。バリアンの具体的なあり方については、先行研究を参照する［ex. Eiseman 1990a, 1990b; H. Geertz 1994; Jensen & Suryani 1992; 大橋 2019; Ottino 2000; Suryani & Jensen 1993］。バリアンの占いや呪術的行為はいまもさかんであり、総じて人々の信頼も厚い。家族に病気や事故など何かがあれば、かかりつけのバリアンや、評価の高いバリアンに診てもらう。バリアンによる診断の最中に家族に霊が憑依することもある。

第一部　理論的枠組みの検討

第一章　歴史の叙述と合理化の探求

——ヴェーバーとギアツ

本章では、ヴェーバーそしてギアツの議論を整理しながら、序論で触れた解釈学的認識と合理化概念について明確化する。第一節では、ヴェーバーの歴史の叙述についての認識を整理し、ヴェーバーとギアツの認識上の共通性ならびに本研究の基底的な立場である解釈学的認識の要点を確認する。第二節では、ヴェーバーとギアツの合理化論の間にある差異を、ギアツのバリ宗教合理化論を批判的に整理することによって明らかにするとともに、合理化概念のさらなる彫琢可能性について論じる。第三節では、第二節の議論を受けて、補足的に「合理化のパラドクス」について整理する。

第一節　ヴェーバーの解釈学的認識基盤

本節では、ヴェーバーの合理化論の基盤に位置すると考えられる解釈学的認識を明確にし、これをギアツの解釈人類学、あるいはむしろ人類学的な民族誌研究を支える認識と対比し、両者の共通性を明らかにする。なお、本節の議論は、拙論［吉田 2016c］に加筆・修正を施したものである。

合理化論の基盤にあるもの

まず、ここでは、ヴェーバーの議論を取り上げるに際しての留意点や視角として、五点を挙げておく。

第一点は、ヴェーバーの議論の全体像がいまだ確定していないという点である。ヴェーバーは膨大な著書と草稿を残したが、それらの間には概念使用の非一貫性や時系列的なゆらぎも看取される。よく知られているように、出版された遺稿は妻による変形・短縮・組み換えを受けている。そして、そうしたヴェーバーの言説を精査し整理するという作業が、新たなヴェーバー解釈やいくつもの論争を惹起してきた。ヴェーバーの業績を、ヤスパースは完成することのない中世の大伽藍の建造物にたとえ、コリンズは多次元的で統合失調症的なものと論じた。ヴェーバーの議論は、ひとつの標準的な理解の中に回収しえない性格をもっているのである［Brubaker 2006（1984）; Collins 1988（1986）:17-20; Gane 2002:5-7; Jaspers 1966（1920）:120; Mommsen 2001（1974）; Schluchter & 折原 2000; Seyfarth 2012; Tenbruck 1997a（1975）:12, 17, 1997b（1977）:158-159; 宇都宮・小林・中野・水林（編）2016; 矢野 2003:5-9］。

ただ、本研究の具体的な論点となるのは、記述重視の視点と合理化をめぐる議論である。そこで、以下では、先行研究によるヴェーバー解釈への言及は最小限にとどめ、おおくの論争にもあまり関わらずに、ヴェーバーの議論のエッセンスをできるだけシンプルに抽出することにしたい。これが第二点である。その場合、合理化論に関してまず取り上げるべきは『宗教社会学論集』であろう（序論脚注5）。

ただし、ここで問うべき点がある。『宗教社会学論集』は諸社会の合理化の複雑な過程を叙述した研究である。しかし、その記述を通して、合理化の過程や構造が体系的に解明されているとはいいがたい。先行研究は、その議論全体の肝の部分を、経済にたいしてもっとも敵対的な近代西洋の禁欲プロテスタンティズム宗教倫理から、もっとも経済合理的な精神への転換という、一種の逆説的関係に見出している。この論点は「ヴェーバー・テーゼ」（Weber These/ Weber thesis）とも呼ばれる［Green（ed.）1959; Keyes 2002:244-247; 犬飼 2009:17; 椎名 1996:155; Swatos, Jr. & Kaelber (ed.) 2005; 梅津 1984; Weber 1989 (1920) :136, 341］。だが、ヴェーバー自身が「ヴェーバー・テーゼ」なる定式化をしたわけではなく、この表現をもちいることは、期せずしてヴェーバーの議論を事後的に構成された視点から論じることにつながる。また、ヴェーバーが付したいくつもの留保や但し書き的論点を抜き取った上でその主張をテーゼ化しても、彼の主張の真意を精確に捉えることにならないとも思われる。むしろ、そうした留保や但し書きを含めたところで、ヴェーバーの議論の複雑さや屈曲に注目すべきであろう。ここで問うべき点とは、なにゆえ彼が諸社会の歴史的事象を細部にわたって丹念にたどり、膨大な本文と脚注を配して、合理化の複雑で多様で錯綜したあり方を、分析的にではなく記述的に論じようとしたのか、である。これが第三点である。

ここに注目するのであれば、叙述が中心の『宗教社会学論集』の外にいったん出て、その前段に提起された理論や方法に関する議論に目配りすることが妥当であると、私は考える。その議論とは、具体的には歴史科学や文化科学について論じたものである。ヴェーバーにおいては、精神科学、歴史科学、文化科学、社会科学などはほぼ互換的であると考えてよい［新 2004:19-32; Gulbenkian Commission on the Restructuring of the Social Sciences 1996（1996）:37-46; Rossi 1992（1987）:24-27, 57-59; Weber 1988（1951/1922/1903-1906）:11-48, 95-100］。おもに社会学の立場からなされた従来の「真意探り」（序論）のヴェーバー研究は、彼の社会学理論や合理化論に関わる具体的な論点やその一般化にもっぱら目を向ける一方、こうした歴史・文化研究の方法的基礎をめぐる考察にはかならずしも十分な省察を加えてこなかったように思われる。しかし、私は、後者にこそ、第三点として挙げたヴェーバー合理化論の複雑さや屈曲を解く鍵があると考える。これが第四点である。そして、それは、ヴェーバーとギアツあるいは人類学的研究一般との明確な接点を開示するものでもあると考える。

　このように、本節では、人類学的な民族誌的実証研究との接続可能性を念頭においた立場から、ヴェーバーの認識基盤を整理する。この点で、本章の議論は従来のヴェーバー研究とはやや異質な視点に立つことになるのかもしれない。また、いうまでもなく、本節の議論は多様なヴェーバー解釈がありうる中でのひとつの解釈を提示するものにすぎない。ただし、のちに触れるように、そうした暫定的な解釈の積み重ねや突き合わせこそ重要だというのがヴェーバーの認識であり、その点で、ここでの議論は、ヴェーバー的な解釈学の視点からヴェーバーを理解しようとするものではある。これが第五点である。

　以下では、『宗教社会学論集』に加え、「社会科学と社会政策にかかわる認識の「客観性」[Weber 1987 (1906)]――以下、〈客観性論文〉と略記する――、および「文化科学の論理学の領域における批判的研究」[Weber 1998 (1904)]――以下、〈マイヤー論文〉と略記する――にも十分な目配りをしつつ、ヴェーバー宗教合理化論の方法的正当化 [cf. Tenbruck 1997a (1975):82] に関わる主要な論点を五つのポイントに整理する。そして、そこから浮かび上がるひとつの疑問をめぐって、ヴェーバーの認識の延長線上に人類学的研究があることを確認する。なお、以下、ヴェーバーの議論を引用する際には、おもに表現の統一という観点から、邦訳書と若干異なる文言となる箇所もあることを、あらかじめお断りしておく。

反＝反普遍主義の視点

　まず、よく知られている『宗教社会学論集』冒頭の一節を引用しよう。「近代ヨーロッパ世界に生を享けた者が普遍史的諸問題を取り扱おうとする場合、彼は、必然的に、そしてそれは当を得たことでもあるが、次のような問題の立て方をするであろう。すなわち、いったいどのような諸事情の連鎖が存在したために、ほかならぬ西洋という地盤において、またそこにおいてのみ、普遍的な意義と妥当性をもつような発展傾向を取る文化諸現象――すくなくとも私たちはそう考えたいのだが――が、姿をあらわすことになったのか、と」[Weber 1972a (1920-1921):5]。ヴェーバーの合理化論は、社会生活の総体が、いかにそしてなにゆえに近代西洋において特段の合理化を遂げたのか、という問いをめぐるものであった。その場合、この「普遍史的諸問題」が近代西洋に生きる主体にとって意義をもつものとして現出する、とされている点に注目したい。彼の「普遍史」は、近代西洋なら近代西洋という、固有な歴史性を刻印されてあるものなのである。序論であらかじめ触れたように、また本章第二節であらためて詳しく論じるように、ヴェーバーのいう「合理化」は具体的水準において多義的であって、ある観点からみれば合理化とされるものが別の観点からは非合理的と判断されうるという点で、まさに価値自由な概念にほかならない［Weber 1972a（1920-1921）:22, 1989（1920）:49-50］。とすれば、彼の「普遍史」もまた価値自由な概念であって、特定の価値観点に即した特殊論あるいは個別論の性格を内包するものと理解されるべきであろう※1［Habermas 1987（1981）:305;Kruse 2003:25;Schluchter 2009（1988）:3-6, 67-73;Tenbruck 1985（1959）:103-104; 矢野 2003:204］。これが第一のポイントである。

こうした立場は、ギアツの「反＝反相対主義」［Geertz 2002］にならって「反＝反普遍主義」と理解することができる。たとえば、ハーヴェイは、ポストモダニズムがさまざまな他者の意見の真正性を認める方向性を切り開くという貢献を成し遂げた一方で、そうした他者の意見をそれぞれの固有性をまとった言語ゲームとみなすことによって、さまざまな他者の意見から普遍的なものへとアプローチする力を削ぎ落とすことになった、と述べる［Harvey 1999（1990）:163; cf. Eagleton 1998（1996）］。ポストモダニティ状況において、あからさまなあるいはポジティヴな普遍論は退けられることになる。しかし、他方で、普遍論のない、個別論しかないアリーナでは、そもそも学術的な探求自体の意味すら見出せないはずである。ヴェーバーは、およそそうした認識を「普遍史」に込めていたと考えられる。現代のヴェーバリアンのひとりであるウォーラーステインが、普遍主義と個別主義、法則定立的認識論と個性記述的な認識論とを二律背反におく議論は終わりにすべきであると述べ、彼を中心としたグルベンキアン委員会報告において複数のあるいは多元的な普遍主義とその歴史的偶然性という論点に論及するのも、同様の観点からであろう［Gulbenkian Commission on the Restructuring of the Social Sciences 1996（1996）:113-115, 158-164; Wallerstein 2015（2004）:197-200］。

※1メルロ＝ポンティは、ヴェーバーがすべての文明や文化に同程度の価値を見出し、対等に扱おうとしたと述べる［Merleau-Ponty 1972（1955）: 25; cf. 姜 2003: 68］。たしかに、それぞれの文化や歴史の脈絡において個別的な複数の「普遍史」が設定されうるとすれば、そこにはそれらを対等とみなす視座は内在している。ただし、一方で、ヴェーバーが近代西欧を脱中心化し、完全に中和化された複数の「普遍史」を想定していたとまではいえないように思われる。むしろ、ヴェーバーは、自身の議論にある種の西欧中心主義的な認識が介在することを自覚していた。たとえば、金井はそれを方法論的西欧中心主義と呼び、野口は多遠近法主義的な視点と呼ぶ［金井 1991: 161-162; 野口 2011; cf. 望月 2009: 197］。

客観的妥当性の主観的基盤

次に、この「普遍性」とおなじく、ヴェーバーのいう「歴史的真理」や「客観性」も、個別性あるいは主観性の含意を内包する概念である。「歴史的真理」[Weber 1989 (1920) :369] という表現は、素朴に考えれば、万人にとって妥当な、社会・文化・歴史の差異を貫いて客観的に設定しうる、いわば大文字の真理を意味するように思われるかもしれない。しかし、ヴェーバーはむしろそうした真理観には否定的な立場に立っていた。これについては、〈客観性論文〉の議論を振り返っておくことが幸便である。

この論文において、ヴェーバーは、文化科学の研究においては特定の事象を研究対象として設定することにすでに特定の価値が入り込んでいるという点を、議論の起点に据える。彼は次のように述べる。われわれを取り囲んでいる社会的・文化的生は、個性を有したかたちですでに形成されてあるものである。特定の歴史的な諸要因が織りなす布置連関がもたらすこの社会・文化状態の個性的な形成こそ、普遍的な特徴である。こうした特定の歴史的布置連関の中に生きているがゆえに、われわれにとっては、ある現象が重要なものとして認識され、議論の俎上に載せるべきものとして立ちあらわれてくる。したがって、文化科学においては、所与のものが無前提なかたちで議論の対象として存立しているということではまったくない。そもそも現実は無限といってよい多数の構成部分から成り立っているものとして理解可能なものであって、それらを知覚判断として漏れなく言表し尽くすことなど不可能であろう。そうした混沌の中に実際には秩序を感得しうるのは、われわれが特定の文化価値に即して、そうした無限であり汲み尽くせない現実のもつ、ある部分や側面に意義を認め、これをひとつの事象として、相対的に他から切り取られたものとして捉えるからにほかならない。したがって、文化現象に関して因果的説明が問題となる場合も、何らかの具体的な現象を、その十全な現実性において、漏れなく因果的に遡及することは不可能である。文化科学における因果的説明とは、具体的な事象に即してその適合的な因果連関を確定することであって、そこに一般法則を見出すことではない。自然科学においては、普遍妥当的な法則を探求することには価値があるが、文化科学においては、普遍妥当的な法則であればあるほど、内容が希薄なものとなり価値は乏しいということになる。むしろ、そうした規則の確定・定式化は、認識の目標ではなく、手段であるにすぎない [Weber 1998 (1904) :77-91]。

こうして、ヴェーバーは、文化科学における客観性について次のように結論づける。「科学的研究の理想的目的は経験的なものを「法則」に還元することでなければならない、という意味で、文化事象を「客観的に」取り扱うことには意味がない」[ibid:91-92]。文化科学に客観性をもとめることが無意味である理由は、しばしば主張されてきたように、文化事象が客観的に生起するものではないから、ということではなく、われわれの文化科学的認識が、われわれの主観的な前提と結びついたかたちで現実の構成部分の一部を取り上げているからである。必要なのは、そのことを精確に理解した上で、素朴実在論に陥ることなく、諸事象を叙述しつつそこに因果連関や一定の規則を見出していく作業を積み重ねることである[ibid:92, 94-96]。「あらゆる経験的知識の客観的妥当性は、与えられた現実が、ある特定の意味で主観的な、ということは、つまり、われわれの認識の前提をなし、経験的知識のみがわれわれに与えることのできる真理の価値と結びついた諸カテゴリーに準拠して、秩序づけられるということ、また、もっぱらこのことのみを基礎としている。こうした真理の価値を認めない人にたいしては……われわれは、われわれの科学の手段をもってしては何ものも提供することができない」[ibid:157-158]。

たとえば、〈倫理論文〉は、ヴェーバー自身の価値観点にかけて、もっとも認識価値があると感じられた事象の連関性を取り出し論じたものである[金井 1991:167]。このように、ヴェーバーは、通常考えられているような意味での客観性をいわば脱構築し、「客観性」の中にすでに主観的構成が再帰的に組み込まれているというこの点を穿つ視点から、文化科学を根拠づけようとしたのである。それゆえ、ヴェーバーの当該論考の題目には、括弧つきで「客観性」とあるのである[Tenbruck 1985 (1959) :70-71]。

ただし、本節の第一ポイントで触れたように、だからといって、ヴェーバーの認識は、のちの現象学的社会学や文化構築主義がいう社会的・歴史的に構成／構築された、いわば小文字で複数形の「真理」という認識に直結するものではなかった。たしかに、ヴェーバーにおいては素朴実在論的な視点は徹底的に批判されており、その理解社会学では「主観的に思念される意味」の探求が原点に据えられている。ヴェーバーの理解社会学や合理性概念には、前期フッサールの現象学の影響が明らかにうかがえる。しかし、他方で、ヴェーバーは、特殊性の了解のためには因果連関や法則の探求が不可欠である、あるいは規則性の探求を通してはじめて特殊性の了解は可能となる、という客観主義的立場を採るのである。ここには、ヴェーバーが現象学派にたいして批判的な西南ドイツ学派に与していた点も関わっているであろう。ヴェーバーは、客観性という概念を主観性に帰属させるのではなく、いわば客観性の構成の根底にある主観性を明確化することによって、客観性概念を救済しようとしたのである［Gulbenkian Commission on the Restructuring of the Social Sciences 1996（1996）:165-171; 姜 2003:141-144; 九鬼 2008:172-173, 177-178; Rossi 1992（1987）:43-45; Schluchter 2009（1988）:15-23; Tenbruck 1985（1959）, 1997c（1986）:192-194; Weber 1988（1951/1922/1903-1906）］。これが第二のポイントである。

因果連関の適合性と可能性

ヴェーバーにおいては、「真理」や「客観性」と同様、「因果連関」という概念も、主観的に構成されたものという含意をもつ。この点で、ヴェーバーの考え方はヒュームの考え方と交わるところがある［Hume 2012（1739）:89-210; 三浦 2000; 高田 2006:44-50; cf. 中道 2018:199-202］。

ただ、ヴェーバーの因果概念にもっとも直接的な影響を与えたのは、やはりおなじ歴史学派のマイヤーである。マイヤーは、「歴史の理論と方法」［Meyer 1987（1906）］――なお、この論文の邦訳は一九〇六年の改訂版であり、ヴェーバーが批判の対象とした一九〇二年の初版ではない――において、自然科学は法則の探求をこととする、つまり原因・結果の必然的な連鎖を認識することを課題とするが、歴史学は精神科学のひとつであり、歴史的な出来事の解明においては、自由意志と偶然という、因果律とは矛盾するあるいはこれを無効とするような契機がおおきな役割を果たしていることが、考慮されねばならない、とする。たとえば、アレクサンドロス大王の生涯の絶頂期における病死のように、ひとつの偶然はしばしば歴史の展開において決定的な影響をおよぼしたのであり、こうした偶然や自由意志を顧慮しない歴史研究は、具体的内容をまったく欠いた公式や法則の探求へと歴史学を切りつめることになる。もちろん、法則の探求も重要ではあるが、歴史学の本来の使命は、歴史の細部やその多様性に観察の目を向けることである、とマイヤーはいう。ヴェーバーは、これにたいして、自由意思を議論に組み込むことは経験科学としての歴史学を放棄することを意味するとして却下するとともに、マイヤーのいう偶然性は論理学の理論におおむね沿ったものではあるが、十分つきつめられた概念ではないとする［Meyer 1987（1906）:8-9, 18-19, 22,34-35, 37; Weber 1987（1906）:107-120］。ヴェーバーは、この偶然性という契機を、因果連関を主題とする立場から定式化し直そうとするのであるが、それについて述べる前に、マイヤーが因果性と偶然性をどのように捉えたのかについてみておくことにしたい。

マイヤーは、精神科学においては、因果律を自然科学とは異なるあり方で適用すべきだと考える。端的にいえば、それは、自然法則の本質をなす必然性を、偶然性と表裏一体のものとして相対化してもちいることであり、それによって必然性と偶然性との交差の中に歴史研究における因果律を位置づけることである。たとえば、屋根瓦が落下して、人の頭を直撃する、という出来事を考えてみよう。この屋根瓦がある地点に落下するという事態は、さまざまな作用因――たとえば、その日の風の強さや瓦の状態と形状など――が結びついた、必然的な因果連関の中にある。また、その人がそのときにその地点を通過したという事態も、他の作用因――たとえば、出発地から目的地への路程、出発時刻、速度など――と結びついた因果的制約の中にある。ただし、この二つの事態が重なったことはひとつの偶然である。屋根瓦が人に当たらなければならなかった、そしてその人がそれによって死ななければならなかった、という必然性はないからである。屋根瓦の落下に関わるひとつの因果系列と、その人がそこを歩いていたという別の因果系列とが、時間的・空間的にそこで交差するという偶然によって、屋根瓦に当たって死ぬというひとつの可能性が現実のものとなったのである。現実世界の出来事、あるいは歴史現象ないし歴史事実は、必然的なものと偶然的なものとが交差する、無数の因果系列の組み合わせから成り立っている。また、必然的つまりは法則的か、それとも偶然的かは、いかなる観点からみるかによっても異なる。※2 たとえば、ある樹木をただ柏の木としてみるならば、その木の葉の数やかたちは偶然である。しかし、おなじ柏の木をある条件の下にある生育状況に注意してみるならば、葉の位置やおおきさは法則的に発育したもの、つまり必然的なものに思われる。このように、ある出来事を偶然／必然のいずれの範疇の下で考察するのかは、われわれが対象となる出来事に対峙するときの連関にもとづくという点も考慮されなくてはならない。いずれにせよ、歴史学は、この偶然が果たす役割を議論に取り込むべきものであって、ここに自然科学との差異がある。また、ある種の神学や予言は、歴史のある継起を必然的・不可避的とするだろうが、歴史学は、歴史の展開を推測することはできても、それを必然的なものとして、法則的なものとして、断定することは許されないのである［Meyer 1987 (1906) :25-34, 40-41］。

　このように、マイヤーは、端的にいえば可能様相論的な観点から因果連関を捉え直すことで、偶然性と必然性を視点により反転しうるものとして相対化しようとしたのである。ヴェーバーは、〈マイヤー論文〉において、こうしたマ

※2マイヤーの議論の文脈を離れたところで、ひとつ例を挙げておこう。マイヤーは、屋根瓦の落下と人の通行との交差を偶然とみなしたが、エヴァンス＝プリチャードが論じたアザンデの人々ならば、それをウィッチクラフトによる必然的な因果連関によるものとみなしたであろう［Boholm 2015: 3; Evans-Pritchard 2000（1937）］。

イヤーの主張に基本的に同調しつつ、マイヤーの議論に修正を加える。まず、自然現象とは異なって歴史に固有の因果性があるとするマイヤーの論点は、かならずしも重要な問題ではないとする。自然科学の対象となる現象においても、同様の偶然性は介在するからである。たとえば、ヴェーバーが挙げている例ではないが、隕石が地球のある地点に落下するという出来事がもたらす諸現象を想定すればよいであろう。むしろ、自然科学との違いは、〈客観性論文〉において提示された論点であるが、われわれが歴史研究において研究対象を捉えようとするその諸観点が主観的価値によって制約されており、歴史的事実を事実としてみなすそのことにすでにわれわれの思惟や理論が入り込んでいる、という点にある。もちろん、のちのクーンやファイヤーアーベントらにしたがえば、自然科学においてもそうした主観的価値の制約や介在を看取することは可能であるが、そのことは措いておこう。

ヴェーバーは、こうした論点を導入し、歴史研究における論理学的考究の欠如を補おうとするのである※3［Feyerabend 1975（1975）; Kocka 1976a（1973）:29-30, 38; Kuhn 1971（1962）; Popper 1980（1963）; Weber 1987（1906）:110, 119, 159, 171, 181-184, cf. 1988（1951/1922/1903-1906）:269-281］。

その場合、ヴェーバーは、生理学者フォン・クリースの「客観的可能性」概念や、この概念を取り入れた法学者たちの議論に目を向ける。フォン・クリースは、可能性に依拠した因果帰属の定式化をおこなった。これは、原因を現実のXから反現実仮想的なX'に変更したら異なる結果がもたらされたという場合、Xは真性の原因となる、という定式化である。AがBの原因であるならば、Aが生起しなければBは生起しないという裏因果律も、これに対応した考え方である。そして、法学者のラートブルフは、この「客観的可能性」概念を批判的に摂取し、「適合的因果連関」という概念を提起した。ヴェーバーはこれらの概念の含意やその当否についてあまり明確に論じていないが、ポイントとして指摘できるのは、①こうした概念を歴史研究へと援用した場合、歴史における無数の出来事の因果連関を漏れなく説明することは不可能であり、またそうする必要もないこと、②むしろ、歴史学においては、特定の観点に即して普遍的意義をもち、したがって歴史的関心の対象となるような構成要素や相を因果的に説明することがさしあたりもとめられること、③その場合、歴史的構成要素における条件と結果の客観的可能性的な結びつきを「適合的因果連関」と呼ぶことができ、これにたいしてそうした客観的可能性を認めることはできないものの結果論的な結びつきを認めうる場合は、これを「偶然的因果連関」と呼ぶことができること、である［von Kries 2010（1888）, 2010（1888）, 2011（1888）, 2013（1888）; 九鬼 2008:172-174; Rossi 1992（1987）:47-52;

Schluchter 2009（1988）:15-23; 鈴木 2002:3-4; 宇都宮 2001:69; Weber 1987（1906）:110, 119, 159, 171, 181-184, 187-212, 221-224; 山田吉 2010]。なお、この偶然的因果連関は、社会学でいう「意図せざる結果」にも対応する概念であると考えられる [Giddens 2000（1993）:138-143; Merton 1936]。

以上のように、ヴェーバーのいう「因果連関」は、明らかにわれわれが通常もちいる意味での因果連関とは異なる。ヴェーバーは、〈客観性論文〉において、文化科学において問題となるのは「適合的因果連関」であり、あるいは「客観的可能性」である、と述べる [Weber 1998（1904）:90; cf. Weber 1972d（1922）:19-21]。彼がもちいる「客観的可能性」「適合的因果連関」「適合的結果」は、たがいに互換的な概念である [Weber 1987（1906）:207, 1989（1920）:136]。私は、〈倫理論文〉における「選択的親和性」（Wahlverwandtschaft/ Elective Affinities）も、これらの概念に通底する含意をもつと考える。ただし、ヴェーバーはこの選択的親和性という概念に明確な規定を付していないため、そのことを立証することは困難であるが [Howe 1978:367; Kalberg 1999（1994）:143-163, 194-265]。ともあれ、先述の諸概念に依拠することによって、ヴェーバーが本節の第二ポイントとして論じた視点に立ちつつ、現実に生起した歴史的・文化的事象を、現実化はしなかったが起こりえた潜在的な別の可能性との連関において把握しようとした、という点は明らかである [cf. 新 2004:200-204; Weber 1987（1906）:166, 187; 折原 1996:42-48]。

一般的な意味での因果連関の把握とは、事象の連関性を過去の現象を原因とし、そのあとに継起する現象を結果とみなして同定することであって、そこにおよそ可能性や適合性に関わるものが入り込む余地はない。ベンディクスやパーソンズらは、ヴェーバーの「因果関係」をそうした現実次元における事象間の関係性とみなしているように思われる [Bendix 1988（1962）:327; 金井 1991:110-114, 118, 201; Kocka 1994（1976）:26-35; Parsons 1974a（1949/1937）:90-91; Peukert 1994（1989）:20, 27-40; 佐藤俊 2019:34-40, 174-180, 290; 椎名 1996:113, 114; Tenbruck 1997c（1986）:199; Zingerle 1985（1981）:5-6]。しかし、すくなくとも〈倫理論文〉や〈客観性論文〉などの歴史・文化科学的研究において、ヴェーバーは因果性概念をそうした実体論の次元に定

※3 このようなヴェーバーの認識には、カントの明らかな影響と、後期フッサールの生活世界論やガブリエルの新実在論に通底する論点を、看取することができる。また、その認識は、可能様相論の立場から「機能」を定立するルーマンや、自然科学の主観－客観関係にたいして社会学や人類学を主観－主観の関係にもとづくと定式化したギデンズの議論などに、発展的に継承されてもいる [Gabriel 2018（2013）; Giddens 1993（1990）, 2000（1993）, 2015a（1984）; Kocka 1976a（1973）, 1976b（1973）; Luhmann 1984（1962/1974）, 1993（1984）, 1995（1984）; 大澤 2015a（2014）]

位してはいない。ヴェーバーの因果性概念は、マイヤーとおなじく必然性を相対化する視点を基盤としたものであって、ある歴史的・文化的事象が他でもありうる可能性の中にあるひとつの現実化として出来する様を把握しようとする視座に立ったものと考えられる。これが第三のポイントである。

理念型概念の両義性

ここまで、ヴェーバーのもちいる「普遍史」、「歴史的真理」や「客観性」、そして「因果性」が、一般性と個別性、客観性と主観性、必然性と偶然性といった二つの様相を表裏一体にあわせもった概念であることを述べてきた。これらの概念と同様に、彼の著名な概念である「理念型」も、やはり両義的な概念である。これが第四のポイントである。

ヴェーバーの「理念型」という概念は、[※4]一方では恣意的構築物であることが強調されるが、他方ではそれが現実をある意味で反映したものであるとされており、この点で、いわば唯名論と実在論の間にあってゆらいでいるところがある。〈倫理論文〉や〈客観性論文〉においては、理念型と現実との不一致が強調されているが、その後はそうした不一致はかならずしも強調されなくなる。モムゼンによれば、経験的現実に適用されるべき方法論的道具から、それ自体が探求され精緻化されるべき主題へと、この概念の位置づけは変わっているのである。シュルフターは、ヴェーバーの理念型には当初から、①自然科学と文化科学両方においておなじように存在する、客観的可能性の判断や一般化に向かう概念を形成するもの、②文化科学とくに歴史的文化科学において存在する、個別的な歴史的個性を記述するためのもの、というおおきく分けて二つの概念規定があり、ほかにも微妙な変差を抱えていた、とする。こうした理念型概念のゆらぎは、ヴェーバーが、「主観的意味の理解」を志向するミュンスターベルクらの立場と、ミュンスターベルクが否定した因果連関の把握を肯定する立場との間に、自らの立場を見出していたことの必然的な帰結でもあった［金子 1972:27-74; 川上 1993:31-32; Kocka 1994（1976）:33-35; Mommsen 1994（1974）:347-356, 2001（1974）:25-41; Parsons 1974a（1949/1937）:199-212, 218-250; Schluchter 2009（1988）:24-33, 91-92］。

ここでは、ヴェーバーが、事象の固有なあり方を記述する歴史研究と、一般的な法則的命題を探求する理論研究としての社会学とをともに志向し、そうした中で両者の議論方向性をともに理念型という概念、あるいは理念型という理念型によって定式化しようとしていたことを確認しつつ、社会学という名の下に整理される後者の一般理論的な研究よりも、前者の歴史研究を志向するヴェーバーの立場やそうした立場からの指摘に、より注目することにしたい。なぜなら、たとえばクルーゼがヴェーバーに反社会学的傾向を見出しているように、ヴェーバーの合理化論は、およそ世界史のあらゆる時代と地域を射程とする歴史研究に立脚して彫琢されていったものと考えられるからである［堀米 1965:59, 65; Kruse 2003, 2012:62; Seyfarth 2012; 富永 1965:16-19, 36-37］。

歴史研究の核心

では、最後のポイントとして、ヴェーバーにおける歴史研究の位置づけについて確認しておこう。歴史的事実は、ヴェーバーにとっていかなる学術的意義を有するのだろうか。

ヴェーバーは、〈マイヤー論文〉において、マイヤーが歴史的事象のもつ異なる次元にある重要性を峻別することなく、ただ単に重要性として一括していると批判する。マイヤーは、歴史的出来事をそれが与えた因果的な影響関係の重要性に即して捉えようとしている。それは、実在根拠としての重要性である。しかし、われわれがある歴史的出来事に注目するのは、そうした因果的影響関係の如何によるばかりではない。その出来事がひとつの類的範例としての意義をもつから注目に値する、という場合もある。つまり、認識根拠としての重要性である。さらに、第三の次元がある。その出来事がもつそれ自体の固有性を把握するという解釈学的な関心からして、それが重要性をもつ場合である。マイヤーは、この価値分析としての意味解釈という第三の次元を歴史研究において補助的なものとみなしたが、前二者のような歴史学的分析とこの第三の価値分析あるいは解釈学的叙述とは、相互に支え合う関係にあるのだ、とヴェーバーはいう［Weber 1987(1906):133-157］。

こうしたヴェーバーの認識が、理解社会学として定式化されていくことは、あらためて触れるまでもないであろう［Weber 1990(1922/1913); cf. 矢野 2003:158-160］。その場合、ヴェーバーが「すべての意義を凌駕する、最高の一意義」と述べるように、この第三の次元つまり歴史的事象の解釈学的な叙述を三つの中で最重要としている点に、注目しておかなければならない［Weber 1987（1906）:145］。ヴェーバーは、ブライジヒによるイロクォイ族ら新大陸原住民の社会組織に関する研究を例に挙げ、その記述や分析は、世界史の発展の因果連関

※4 茨木や金井らは、ヴェーバーの Idealtypus は「理想型」と訳されるべきだと主張している［茨木 2008: 45; 金井 1991: 60］。ヴェーバーは、〈客観性論文〉において、「理念型」と「理想」との峻別が重要であるとしているが［Weber 1998（1904）: 131-132］、茨木はこれについてもひとつの解釈を提示している［茨木 2003: 73, 74］。ただ、ここでは「理念型」という定着した訳のままとする。

にとっては「取るに足りない些細な意義しかもっていない」「どうでもよい」内容であるが、認識根拠としての意義は十分ある、と述べ、さらにゲーテの手紙などの例にも言及しつつ、そうした歴史研究の対象の固有性の理解つまりは第三の価値分析こそ重要なのだ、と議論を展開する。現在、イロクォイの社会組織は合衆国史において実在根拠としても重要な意義を与えられつつあるが、ここで重要なのは、こうした「取るに足りない」「どうでもよい」マイナーな歴史事象もまた、第三の次元における歴史科学の十全な対象たりうるという点である［ibid:130-158; Grinde Jr. & Johansen 2006（1991）］。ヴェーバーはいう。「価値分析としての「意味解釈」が目指すのは、ひとつの歴史的連関にとって「因果的に」重要な諸事実を探求することでもなければ、ひとつの類概念を形成するために利用できるような「類型的な」構成要素を抽象することでもない。そういったこととは逆に、むしろ、その対象を、マイヤーの例でいえば「全文化」を、たとえば——統一体として把握された——ギリシア最盛期の全文化を、「対象それ自体のために」観察し、対象を、それと価値との諸関係において理解することなのである」［Weber 1987（1906）:150］。ここには、いわば事象そのものへと向かおうとする、彼の解釈学的認識の構えが凝縮されたかたちで見出される。その個性記述的志向は、まさに人類学的な関心といってもよい。

先行研究において、ヴェーバーの宗教合理化論は歴史研究の中に位置づけられている。しかしながら、その場合の歴史研究が、因果連関の把握や類型的な範例の抽出といった意味での歴史学的分析を指すのであれば、そうした理解は、〈マイヤー論文〉におけるヴェーバーの主張を汲み取ったものではない、といわざるをえない。〈客観性論文〉においても、歴史における因果連関の把握は、あくまで事象の連関の特性を叙述し把握する作業にとっての手段であると位置づけられていた［Weber 1998（1904）:88-89, 100-101, 147-150］。法則の探求を第一とする自然科学にたいして、文化科学は理念型による把握と、そうした類型化とはまた別に、個別の事象の固有なあり方そのものをただ把握するということに、意義を見出す学問なのである。この第三の主題、つまり事象の固有なあり方の叙述と理解にたいする志向、ギアツの概念に即していえば「厚い記述」への志向を、ヴェーバーは歴史研究の基点に据えていた。これが第五のポイントである。

さて、ここで、このギアツのいう「厚い記述」の含意について整理しておきたい。拙論でも指摘したように、「厚い記述」は、学術的概念として洗練されたものではない。何をどこまで記述すれば「厚い」といえるのか、あるいは、過剰な記述や解釈と過少な記述や解釈の間にある、適切な記述や解釈とはいかばかりのものなのか、といった点の判断基準を、客観的・論理的に設定することは原理的に困難であり、また当然、ギアツや他の研究者がそれを示しているわけではないからである［小泉 1983:63, 1988:187, 2018:134; 吉田 2005:13-15, 25-29, 101-108, 120-121, 2013:76-78］。「厚い記述」という概念に圧縮して表現しうる記述志向の理念は、文化科学あるいは精神科学の伝統を引き継ぐ人類学や社会学の研究において基底的な重要性をもつと考えてよい。しかし、その理念が特定の研究においていかなるスタイルでどの程度具体的に実現されているのかを評価しようとすれば、そこには、芸術作品の評価に似た、客観主義的な議論の守備範囲をこえるものが入り込む余地があるように思われる。私は、「厚い記述」は、どこまで行っても終わりがなく、またある部分については相対的に「厚い」としても、人間の文化や歴史の総体に照らせばその記述は断片であらざるをえないのであるから、部分的には薄く穴があっても、できうる範囲で、一定範囲の事象に関する個性記述的な叙述をおこなうことが、さしあたりもとめられているのだと考えている。また、そうした記述に際しては、複雑な事象の特徴を縮約して表現する道具としての理念型の適切で効果的な使用も重要になる。たとえば、ギアツは、「深い遊び」、「劇場国家」、親族組織の〈分節化ならぬ〉「微分化」、「内在的改宗」、「オーソプラクシィ」など、バリの社会・文化を記述する上で独創的な理念型をいくつも案出した。「厚い記述」もひとつの理念型と考えてよい。こうした理念型の駆使に、ギアツのヴェーバリアンたるところを如実にうかがい知ることができる。

小結：ヴェーバーの基本認識

以上、ヴェーバーの合理化論やその方法論的研究において論及される主要な鍵概念を整理することを通して、彼の基本的な認識の整理を試みた。ここでは、五つの項目すべてを振り返るのではなく、とくに重要な第五のポイントに関わる三つの点に触れ、小結としておきたい。

第一は、ヴェーバーが、〈倫理論文〉初版の出版と並行する時期の〈客観性論文〉や〈マイヤー論文〉において、法則定立的な理論の探求よりも、個別的な事象の叙述や理解を歴史学・文化科学の一義的な主題であると明確に定式化していた、という点である。そして、にもかかわらず、先行研究は、これがヴェーバー合理化論の基盤に位置するものであることを明確に論じてこなかった。おそらく、それは、先行研究が一般理論志向のパースペクティヴからヴェーバーを理解しようとしてきたことと無縁ではないように思われる。また、本書の「はじめに」や序論でも触れた、記述することに意義を見出すという認識は、それ以上真意を探る余地のないシンプルな命題ではある。しかし、これこそが、ヴェーバーの歴史研究や合理化論を根底で支える最重要の基盤認識であると考えられる。

第二は、のちに理解社会学として再定式化されもするヴェーバーのこうした主題設定が、ギアツの解釈人類学の認識に重なるという、序論でも触れた点である。ギアツ自身は、ヴェーバーのように理論的につきつめた検討をおこなってはおらず、人間が意味をもとめる動物であるという点や、人類学の主題は「厚い記述」にあるといった、いわば結論部分を断片的に語るのみである［Geertz 1973b; 小泉 1983, 1985, 1998, 2018］。そのため、ギアツの解釈人類学とヴェーバーの理解社会学との間に論理的な一致があると、厳密に確定するまでにはいたらない。しかし、両者の間に基本的な対応関係があるとみなすことは十分可能であろう。ギアツは、ヴェーバーの認識を、パーソンズを経由しつつ受け継いでいると判断することができる［Parsons 1974b（1951）］。

膨大なヴェーバーの議論と膨大なヴェーバー研究のごく一部を活用したにすぎない以上の整理は、あくまで特定の視点からみた範囲での暫定的な論点整理にすぎない。ただ、いかなる視点からみても妥当な一般的論点を提示するという考え方は、すくなくともヴェーバーの理解枠組みに与するかぎり、むしろ却下されてよい考え方である。これが第三点である。

たとえば、ヴェーバーは、〈客観性論文〉で、文化科学においては特定の概念によって把握されるものはいかなるものであっても暫定性をともなわざるをえないとし、「何よりも強調したいのは、具体的な歴史的連関の文化意義の認識に仕えることこそ、唯一の究極目標であって、概念構成および概念批判をことする研究もまた、他の手段とならんで、この目標に奉仕しようとするものであるという原則である」と述べる[※5]［Weber 1998（1904）:147, 160; 安藤 2003（1979）:6］。こうしたヴェーバーの基本認識は、特定の民族誌的事実に関する詳細な検討から人間にとっての一般的あるいは「普遍的」な事柄を探求しようとする性格をもった人類学的研究にとって、まさに適合的なものであろうと判断する。そこで、次に、この点について若干の検討をおこなうことにしたい。

ヴェーバー歴史研究と人類学

ここまで、〈客観性論文〉や〈マイヤー論文〉におもに依拠しながら、〈倫理論文〉に代表されるヴェーバーの宗教合理化論の基盤的認識と考えられるポイントを整理してきた。[※6]『宗教社会学論集』の射程や、本節の第一のポイント冒頭における引用からもわかるように、ヴェーバーの宗教合理化論は、世界各地の諸宗教と経済や政治など社会の諸領域とがたがいに複雑な関係を結びつつ合理化していくその複合的過程を記述し、相互に比較しようとする、壮大な研究であった。

　とすると、ここでひとつの疑問が生じるであろう。それは、第五のポイントとして確認した彼の認識と、この諸社会の合理化過程をめぐる比較歴史研究との間に、一見して噛み合わないところがある、という点である。ヴェーバーは、個別的な事象の叙述や理解を歴史研究の最重要の主題としていた。にもかかわらず、そもそも資料のかぎられた、というよりも、不十分な資料にもとづかざるをえない、古代から近世までの諸宗教・諸社会の合理化過程に幅広く目配りし、比較・検討しようとしたのだからである。ここには、主題設定をめぐるひとつの論理的な非一貫性があるのではないかとも考えられる。

　もちろん、それは、彼がもちいることのできた文献資料の制約にまずもって由来する。先行研究においても、二〇世紀初頭のかぎられた資料にもとづき世界宗教の比較をおこなったヴェーバーの記述に、現段階からみていくつもの事実関係の不備があることは指摘されている［ex. 橋本・矢野（編）2008; 茨木 2008; 折原 2003, 2005; 山本 2008］。ただ、先行研究は、合理化の世界史的過程を理念型によって把握することがヴェーバーの議論の主題であるとする基本認識の上にあり、それゆえ、世界宗教の比較検討のために、不十分であっても援用しうる資料を駆使して記述をまとめたのだと理解しているようである。たしかに、ヴェーバー自身、たとえば「世界宗教の経済倫理　序論」では、中国・インド・古代イスラエルに関する以下の比較検討は「類型論的」なものであって、歴史的研究――叙述志向を指すと考えられる――を目指したものではない、と述べている。もっとも、ヴェーバーは、そのすぐ前の箇所で、きわめて複雑な性質をそなえた歴史的個体とし

※5 このように、ヴェーバーは、学問上の知識や認識も歴史的・暫定的なものであると捉えていた。その認識は、さかのぼればヘーゲルの歴史主義に、時代を下ればルーマンのゼマンティーク論やフーコーの考古学や系譜学に、つながるものといえる。また、そのひとつの発展形態を、徹底した本質主義批判を進めたローティらのプラグマティズムに見出すこともできる［Dewey 2011（1934）; 伊藤邦 2016; James 2010（1907）: 271-302; 森本 2015; 大賀 2015; Rorty 2014（1982）: 446; 冨田 2016; 植木（編）2014; 矢野 2003: 137, 191, 210］。ただ、ヴェーバーの場合、やはり科学的方法や客観主義にたいして信頼もしかつ懐疑もしていたという、その両義的なスタンスに注意すべきであろう。

※6 本研究は、歴史の叙述と合理化の多義性を重視する立場に立って、ヴェーバーの宗教合理化論を捉えようとする。一方、佐藤は、ヴェーバーの宗教合理化論を社会学的研究とみなし、その主題を因果関係の解明にみる立場に立って、フォン・クリースの適合的因果構成の方法論を吸収し組み立てた〈倫理論文〉改訂版と、リッカートに依拠しつつ文化意義の解明を掲げていた時期に書かれた〈客観性論文〉とを直結させることには疑念を表明している［佐藤俊 2019: vii, 10, 63, 67, 133, 141-142］。

ての世界宗教の主要なものを取り上げ、「そのほんの一部のみを汲み取るにすぎない」のが以下の研究である、とも述べている［Weber 1972b（1920-1921）:79-80］。つまり、ヴェーバーは、歴史的な叙述を重視していないのではなく、むしろそれを重視しているからこそ、それ以下の諸世界宗教をめぐる議論が体系的なものでもなければ十全な記述をともなったものでもないという趣旨の断り書きを、わざわざ付しているのである。彼が事象の叙述的理解を重視していたという点は、『宗教社会学論集』第二巻の「ヒンドゥー教と仏教」の最終節――この節は、「儒教と道教」も含めての総括部分であると考えてよい――を、「アジア文化世界の実に豊かな形態にたいする、このきわめて表層的に終わっている概観を振り返って」［Weber 2009（1921）:482］という自嘲的な文章からはじめていることにも、端的にあらわれている。ヴェーバーは、西欧や古代ユダヤをのぞく、アジア地域に関する記述が不十分なものとなっていることに、いわば嘆息しているといってよい。

先行研究のように、ヴェーバーの宗教合理化論を社会学的関心や理念型による比較検討という主題に即してみるのではなく、第五のポイントで示した解釈学的関心に即してみるならば、『宗教社会学論集』の叙述にたいしては、ひとつのオルタナティヴな理解が成り立つように思われる。すなわち、ヴェーバーは、単に歴史における因果連関や類的範例の把握を目指したのではなく、叙述による歴史事象の固有性の把握に「最高の意義」を認める立場にあったからこそ、たとえ「ほんの一部」を汲み取った「表層的……概観」であり、あるいは「取るに足りない」ものであったとしても、さまざまな事実関係を総合的に記述しようとしたのではないだろうか。また、それゆえに、いっそう自らの記述の不十分さにたいしてふがいなさを感じていたのではないだろうか。そして、だからこそ、ヴェーバーは、一方で、遺稿集『経済と社会』［Weber 1972e（1922），2013］にまとめられたような、事象そのものの把握からは距離を取った理念型による社会学的一般論にも傾倒していったのではないだろうか[※7]［cf. Kalberg 1999（1994）:126, 205, 275-279; 矢野 2003:131-132］。私は、ヴェーバーの宗教合理化論つまりは『宗教社会学論集』を、こうした解釈学的関心にもとづく叙述志向の契機に主として支えられながらも、そこに合理化のメカニズムや法則を探求しようとする理論志向の契機をも宿し、この二つが理念型というアンビバレントな道具によって媒介された、一種キメラ的な研究であったと、さしあたり総括することができると考える。

そして、この叙述志向という契機に即していえば、ヴェーバーの『宗教社会学論集』は、資料の質の制約に加え、彼の問題関心の拡大または変容がこれに加わった結果[※8]、自ら「表層的」と自嘲せざるをえないような研究となってしまった。ヴェーバーは、解釈学的な叙述の重要性を〈マイヤー論文〉において提起したが、そうした記述を自らおこなうにはいたらなかったのである。要するに、ヴェーバーは、ギアツが提唱したような、集約的つまりは比較的狭い時空間の範囲の事象を「厚く」記述するという人類学の民族誌的スタイルのいわば対極にあって、時間次元・空間次元・事象次元にわたって相当な幅のある範囲を、部分的には厚く、だが全体的には広く薄く、記述することを選択したのである。それも、ギアツの趣旨の相当な拡大解釈かもしれないが、「厚い記述」の理念の具体化のひとつの方向性であったと考えることはできるであろう。ともあれ、このギアツ、あるいはむしろ人類学者たちは、ヴェーバーが意図した叙述重視の研究スタイルを、自らがフィールドワークをおこない収集するデータを記述の中心に据えるという方法によって、強力に推し進めようとしたのであった。

この点で、ヴェーバーと人類学者、とくにマリノフスキー以降の人類学者との間の連続性に、あらためて注目する必要がある。両者は、いずれも解釈学的関心つまりは叙述への意志を研究の基点に据えている。ヴェーバーは、初期の国民経済学的研究においては、エルベ地方における同時代のデータをもちいた分析もおこなっていたが［Weber 2003（1892）］、やがてその主題は合理化の比較歴史研究へと展開されていった。そして、扱える資料の質に濃淡と限界があったため、その記述、とくにアジアに関する記述は、十分なものとはなりえなかった。しかし、事象それ自体の記述的把握を重視するのであれば、遠い過去の出来事を文献や史料をベースに探求

※7もしヴェーバーが歴史事象の叙述を一義的な主題とする姿勢を一貫して保持していたとすれば、この社会学的な一般論を生前にまとめ上げる作業は不可能であっただろう。現実は汲み尽くせぬ奥行きや広がりをもつものであると、あらかじめ自身が定式化していたからである。普遍史・客観性といった概念の根底に個別性・偶然性・主観性を据える認識を抜本的に再定式化しないかぎり、『経済と社会』は必然的に遺稿集とならざるをえなかったのではないか。

※8ヴェーバーは、一九〇五年の〈倫理論文〉初版において、近代西欧の合理化過程の逆説的メカニズムを論じた後、一九一五年から発表される「世界宗教の経済倫理」において、儒教、道教、ヒンドゥー教、仏教、古代ユダヤ教、さらに、刊行はされなかったが、原始キリスト教、イスラーム、東方正教会など、西欧キリスト教以外の世界宗教を比較の俎上に載せ、これらを西欧キリスト教と明に暗に対比しつつ比較考察しようとした。そして、改訂版の〈倫理論文〉と「世界宗教の経済倫理」をまとめた『宗教社会学論集』においては、宗教以外の社会生活をふくむ合理化の普遍史的研究へと目を向けた。このように、ヴェーバーの宗教合理化論の主題は、明らかに発展ないし拡大している。この変容に、コッカやテンブルックは「亀裂」や「移動」つまりは議論のゆらぎやずれを看取し、牧野や折原は「深化」や「視野の拡大」を看取する［Kocka 1994（1976）: 52, 56-57; 牧野 2006: 112, 159; 折原 1988: 220-222, 2010: 60-61, 70; Tenbruck 1985（1959）: 18, 29, 1997a（1975）: 25］。

するよりも、むしろ同時代かそれに近い事例に集中してデータを収集する方が、より密度の濃い研究を生み出しうるのではないか、と考えることはできる。ヴェーバー自身、そのことには自覚的であった。「宗教社会学論集　序言」では、とくにアジアの宗教意識について論じる上では、民族誌的研究を参照することが本来避けて通れないことではあるが、ひとりの人間の能力には限界がある、また、自身の研究は社会階層との関連で事象を捉えようとしたものであるため、（階層差を十分視野に入れていないと考えられる）民族誌をもちいない、ただ、民族誌家からすれば、それゆえこの研究には欠陥があると指摘を受けるであろうことは認めざるをえない、と述べている［Weber 1972a（1920-1921）:27-28］。このように、ヴェーバーは、民族誌的研究を援用することの必要性を理解してはいたが、かならずしも論理的な次元で理由を十分に説明しないまま、それを断念したのである。そして、これと対照的なのがマルセル・モースである。この時期、モースは、まさにヴェーバーが断念した文献史学的データと民族誌的データとの総合を試みつつ、人類の普遍的特徴について考察しようとしていた［Mauss 1973（1968）, 1976（1968）, 2014（1923-1924）; モース研究会（編）2011］。

　ヴェーバーの認識の延長線上にモースがあるとすると、当時の人類学者はこのモースのさらに先へと進み、発想を転換しつつあった。ヴェーバーが宗教合理化論をまとめていた一九一〇年代、人類学者たちは、人類史の概要をそこからうかがい知ることもできるかもしれないと考えられた、世界の辺境の地の小規模でシンプルな社会に関する集約的なデータを、自ら収集するという方法に取り組んでいた。ヴェーバーの死の直後の一九二二年に、近代人類学の方法を画する民族誌である『西太平洋の遠洋航海者』が出版されたのは、その点では決して偶然ではない。科学的な知見を基盤とし、検討や批判に耐えうるデータを確保し、分析や考察をおこなうこと、これが当時の至上命題であった。叙述志向と理論志向の総合ないし融合はヴェーバーの関心でもあったが、マリノフスキー以降の人類学者たちは、それを、過去の諸社会に関する史的再構成によってではなく、フィールドワークにより収集されたデータに依拠した同時代の個別社会に関する共時的分析によって、果たそうとしたのである。私は、拙論でこれを「二〇世紀人類学のパラダイム」と呼び、そこに内在する問題を整理したことがある［吉田 2003, 2005］。当時の人類学者が直接ヴェーバーに影響を受けてこのパラダイムを確立したのではなく、実証主義や経験主義あるいは人文主義や精神科学といった当時の科学の諸認識・諸動向が両者にともに影響したと考えるべきではあるが、のちにギアツは、近代人類学における実証主義や経験主義の伝統に根差したこのパラダイムと、ヴェーバーの歴史・文化科学的方法との親和性を、かならずしも緻密な手法によってではなかったものの、「厚い記述」や「解釈人類学」といった概念に訴えて、あらためて明確化したのであった［Geertz 1973a（1987）; Malinowski 2010（1922）; Rossi 1992（1987）:125; Schluchter 1996（1988）:17］。

以上のように、ヴェーバーの歴史研究の基盤認識は、ヴェーバーの死後に確立されていく人類学的民族誌研究へと、ある意味で受け継がれていった。その基盤認識とは、繰り返すが、事実因果連関・法則の画定や理念型による類型把握よりも、事実それ自体の叙述と理解を最重要視するというものである。マリノフスキー以後の人類学者たちは機能主義の理論に傾注したが、やがて人類学の理論パラダイムが機能主義から構造主義、構造主義からポスト構造主義へと変遷し、今日にいたる中で、否定的にせよ肯定的にせよ、再確認されたのは、個性記述的な民族誌という方法スタイルこそ人類学というディシプリンの基盤にほかならない、という点であった［Gulbenkian Commission on the Restructuring of the Social Sciences 1996（1996）:46-54; Stocking, Jr.（ed.）1984; 吉田 2003, 2005, 2007］。

内発的発展と外発的発展

本節では、ヴェーバー合理化論の基盤認識といいうる彼の方法論のエッセンスを抽出する作業をおこない、これをギアツの「厚い記述」の理念、そしてヴェーバーの死後に興隆する人類学的民族誌研究のスタイルと照らし合わせ、それらの間の共通性を明確にしようとした。

最後に、ふたたび序論における問題設定を振り返りつつ、ひとつ補足の指摘をしておきたい。本節では、バリの観光と宗教の合理化を主題とした研究の一環として、ヴェーバーとギアツの解釈学的認識における共通基盤を確認した。この主題に照らした場合、次の点に留意しなければならない。すなわち、ヴェーバーやギアツの議論枠組みにおいては、バリならバリという非西欧の社会や文化がもつ、西欧と異なる文化・社会の側面に注意が向けられる傾向があるが、両者の異質性ばかりではなく、同質性や相互連関性もまた考慮されなくてはならない、という点である。

ウォーラーステインが論じたように、近代において世界社会は西欧を中核としつつ一体化していった［Wallerstein 1993（1980）, 1999（1998）; cf. 川北 2016（2001）］。とりわけ、バリのような社会は、植民地支配を受け、その後に観光地化されていったという点で、グローバルな近現代の資本主義世界経済システムの中に係留されてある存在である。厚東がいうように、ヴェーバーの合理化論は基本的に内発的発展論の枠組みにもとづくものであり、そこには外発的発展論つまり転移やグローバル化といった論点が欠落している。しかし、西欧以外の社会の合理化を論じようとするならば、当該社会に近代西洋――むろん近代西洋にかぎられないが――の社会や文化あるいは諸制度メカニズムのさまざまな影響力がおよんでいると想定しなければならない※9［厚東 2011:96-99, 154-162; cf. 2006］。この点で、本研究は、世界史においては「取るに足りない」マイナーな地域に関する民族誌的データの叙述にもとづいて、厚東がいう外発的な発展としての合理化の具体を検討しようとするものである。

また、ヴェーバーはもちろん、ギアツも、後期モダニティ、高度モダニティ、オルタモダニティ、ポストモダニティなどとも呼ばれる現代におけるさまざまな構造的変化（第二章冒頭参照）への目配りを欠いており、この点でヴェーバーやギアツの議論枠組みを根本的に組み換えていく必要がある。そもそも、彼らは、ヴェーバー後の時代において顕著となった観光という社会現象をまったく議論に取り込んではいない。それらについては、あらためて第二章・第三章で論じることにしたい。本節では、ヴェーバーとギアツそして人類学的な実証研究の間の相同性について整理し、本研究の基盤にある解釈学的認識を確認した。では、次に、ヴェーバーとギアツの合理化論の差異について、節をあらためて論じることにしたい。

第二節　ギアツのバリ宗教合理化論再考

本節では、クリフォード・ギアツの〈改宗論文〉すなわち「同時代のバリにおける「内在的改宗」［Geertz 1973d（1964）］の再検討を通して、合理化論の理論的可能性を探求しようとする。なお、現代社会理論に照らした合理化概念の再彫琢は、次章にもちこすことにする。

以下、〈改宗論文〉におけるギアツのバリ宗教合理化論を事実面と理論面の二つの観点から整理し、次に後者の理論面でのポイントをヴェーバーの合理化論と対比し、批判的に考察する。そして、そこから合理化の複合性という論点をめぐってさらなる議論の展開可能性について言及する。なお、本節の議論は、二つの拙論［吉田 2005:108-123, 2016d］の合体・修正版である。

ギアツのバリ宗教研究

バリの社会や宗教の現状は序論で概観した。そこで指摘したように、先行研究は、バリ社会に占める宗教の重要性・中心性を強調してきた。こうした理解を、ギアツもまた共有している。まず、このことを確認しておくことにしたい。

ギアツが夫妻で著した『バリの親族』には次のような記述

がある。「その［＝バリの］社会構造全体が宗教的関心でもっておおわれており、もっとも集団的なものからもっとも個人的なものまで、ほとんどあらゆる種類の社会関係が儀礼を必要とし儀礼によって正当化される。バリ宗教に関する十全な研究は、事実上社会の全側面に関する完結した調査を必然的にともなうであろうし、……逆に、バリの社会構造に関する何らかの研究は、バリの宗教観念や儀礼をその基盤とせざるをえないはずである」［Geertz & Geertz 1975:12］。ギアツの劇場国家論は、この認識を植民地時代以前の古典国家（negara）の時代に適用し、儀礼の催行がバリの国家や社会の実態を成り立たせ駆動する原動力であったとする仮説にほかならない［Geertz 1990（1980）］。ギアツは、序論で触れた、植民地時代から受け継がれる儀礼中心主義の理解枠組みを再定式化し、この理解枠組みの定着に寄与した戦後のキーパーソンであったといえる［吉田 2005:78-82, 108, 121-122, 212］。

　もっとも、ギアツのバリ研究の総体は、かならずしも宗教を主題の中心とするものではなかった。彼のバリ関連の民族誌的研究は、村落・親族・古典国家など社会事象を主題としたものと、闘鶏（tajen）・暦・名前などの文化事象を主題としたものとに大別できる［Geertz 1959, 1963, 1964, 1973c（1966）, 1973e（1972）, 1973f（1972）, 1990（1980）; Geertz & Geertz 1964, 1975］。宗教システムの理論研究にバリ宗教が事例として登場するとはいえ、先の引用の中でバリ社会研究にとっての基盤と位置づけられた宗教や儀礼そのものは、彼のバリ研究では正面から取り上げられていない。ただし、例外的に彼がバリ宗教を主題とした唯一といえる研究がある。それが、序論および本節冒頭で触れた〈改宗論文〉である。

　ここで、その論点のひとつを明示する部分を引用しておこう。「バリ人は、広い意味ではヒンドゥー教徒であるために、彼らの宗教生活のすくなくともある重要な部分は、それなりに合理化されているだろう、民衆の熱狂的な宗教生活の通例のほとばしりの上に、あるいはそれをこえたところに、倫理的もしくは神秘的な神学の、ある発達した体系が存在するであろう、と想像するかもしれない。しかし、実際はそうではない。逆に、この宗教に関する多数の、やや知的にすぎる記述が存在するにもかかわらず、バリ人の宗教は司祭においても具象的で行為中心的であり、日常生活の細部にまったく織り込まれていて、古典的なバラモン教やその仏教的支流の哲学的な洗練や一般化された関心には、たとえあったとして

※9 ここでいう内発的発展／外発的発展は、分析モデルの次元にある概念であって、鶴見や西川らが論じる実践モデルの次元にある内発的発展論とは区別されるべきものである。後者の議論は、前者がいう外発的発展のメカニズムを前提としているといってよい［川田・鶴見（編）1989; 西川 2004, 2014; 西川・松島・本浜（編）2010］。

も、ほとんど関わるところがない。……懐疑や教義のほとんど完全な欠如、形而上学的な無頓着さといったものが、すぐに［ここに訪れた］人を打つのである。そして、驚くほどの儀礼活動の繁栄ぶりである。永遠に複雑なヤシの葉を編み、手のこんだ儀礼食を用意し、あらゆる種類の寺院を飾り立て、大人数の行列をつくって歩き、突然のトランスに陥るバリ人は、宗教についてよく思案する（あるいは苦悩する）には、あまりにもその宗教の実践に忙しいようにみえる」［Geertz 1973d:175-176］。「力点は正統なる実践（orthopraxy）にあるのであって、正統なる信仰（orthodoxy）にあるのではない――重要なのは、それぞれの儀礼の細部が正確に適切になされなくてはならないということである」［ibid:177］。

以上の二つの引用は、いずれもギアツが「伝統的なバリ宗教」を論じた箇所からのものである。ギアツのこの論考は、バリ宗教の基本的特徴が儀礼の正しい実践（オーソプラクシィ）にあるということを現在時制で記述した上で、彼の調査時点で観察され、近い将来にいっそう顕在化するであろうと予想される、バリ宗教の変化とその兆候について論じたものなのである。このことのもつ論理的ないし論理構成上の問題については後述する。ここでは、さしあたり、この〈改宗論文〉が、ギアツの民族誌的研究の中でほとんど唯一バリ宗教を主題に据えたものであること、そして、儀礼中心主義的視点から伝統的なバリ宗教のあり方を記述した部分と、これとは相容れないといいうる新規の宗教現象に論及した部分から成り立っていることを、確認しておきたい。

では、ここから当該論考の検討に入ることにする。ギアツの〈改宗論文〉は、①ヴェーバー合理化論の要約、②「伝統的なバリ宗教」の要約、③戦後のバリ宗教の変容の素描、という三つの部分から構成される。この中で、②のエッセンスは、先の引用において示したと判断できる。そこで、以下では、［一］ギアツの議論の①③の部分を要約し、［二］本研究第二部の民族誌的記述への備えとして、③の民族誌的記述に関する留意点について簡単に整理したのち［cf. 吉田 2005:108-123, 2008:99-102］、［三］ここでの議論の肝に相当する、ギアツの合理化論とヴェーバーの合理化論との対比・検討に入り、［四］ギアツはもちろんヴェーバーとも異なる、バリ宗教の複合的な合理化の理解可能性について触れる、という手順で、議論を進めていくことにしたい。

〈改宗論文〉①③部分の要約

ギアツは、ヴェーバーが世界史の中の諸宗教を「伝統的」なものと「合理化された」ものという二つの対極的な理念型で捉えたことに言及することから、議論をはじめる。伝統的あるいは呪術的な宗教は、世俗的慣習と不可分に結びついており、その神聖な領域は儀礼行為やアニミスティックな像、神話や呪術の乱雑な集合体であって、ヴェーバーのいうところの「意味の問題」(problem of meanings)——悪、苦しみ、不満、挫折など——への対処の仕方もその都度のものとなり、規則的なものではない。これにたいして、合理化された宗教は、日常的な生活のあれこれの具体的文脈から切り離されたものとなっており、伝統的宗教よりも抽象的で、より論理的にまとまっている。それゆえ、「意味の問題」の扱い方もより総合的かつ洗練されたものとなる [Geertz 1973d:171-173]。

いわゆる世界宗教は、この合理化された宗教であって、「意味の問題」が一般的・普遍的な問いとなり、それへの対処が強く希求されるようになる中で発達した。重要なのは、宗教の合理化の過程は、どこにおいても、社会秩序の基盤が根底から動揺したことが誘因になっているように思われることである。ただし、それはあくまで誘因であって、決定的要因なのではない。深刻な社会危機がただちに宗教の創造性を生み出すとはかぎらない。また、その合理化の方向性もさまざまである。ヴェーバーは、それをおおきく二つの方法にみた。ひとつは、預言者、聖典、奇蹟など、神が人間に与えたとされる根拠を基盤に、法的＝倫理的規則を体系化し洗練させていくあり方であり、いまひとつは、神秘主義、直感力、ヨガなどの精神的・知的な訓練を発達させることを通して、神に個人が身体的に向かい合うというスタイルを洗練させていくあり方である。前者は中東の宗教、後者は東アジアの宗教に典型的であるが、むろんこの二つの方法だけに合理化の具体的な方向性が限定されるわけではない [ibid:173-174]。

合理的宗教と伝統的宗教との対比は、理論面では明確であるが、事実面ではあいまいなものである。伝統的な宗教の中できわめて深遠かつ洗練された哲学的思考が育まれているという事例もある。ただ、相対的にいって、ローカルな宗教や小伝統よりも世界宗教の方が、いっそう概念や教義において洗練されており統合的であるとはいえる。宗教の合理化は、すべてか無かという過程ではなく、また不可逆的・不可避的な過程なのでもない。ただ、経験的にいって、それはリアルなものである [ibid:174-175]。

以上が、①部分の要約である。次に、③部分、つまり、戦後のバリで観察される根本的な変容やその兆候を素描した部分について、ギアツの議論を要約する。

ギアツは、一九五〇年代後半のバリ社会が根本的な社会変動の中にあると論じる。たとえば、それは、インドネシア共和国の成立による近代教育・近代統治形態・近代的政治意識の導入、外部世界の意識化とそれとの接触の増大、アイデンティティの新たな規準の形成、都市化・人口圧による伝統的社会組織の維持困難、などである。こうした状況において、バリ社会はインドのヒンドゥー教を参照枠とした「バリ教」(Bali-ism)とでもいうべきものを生み出そうとしている。それは、ヴェーバーのいう「合理化」の独自の進行形態であり、やがてバリ宗教は世界宗教に類似する問いと答えの一般性と包括性とを獲得するかもしれない。ギアツは、このバリ独自の合理化の過程を「内在的改宗」と呼ぶ[ibid:181-182]。

ギアツは、この内在的改宗に三つの側面を見て取る。第一は、個人の内面の合理化であり、宗教の信憑性の意識化と論理化、儀礼における神々との精神的交感の自覚といった面である。宗教について反省的に考え語ったり、神に祈り司祭に聖水をもらうといった行為にたいしてとくに宗教的意義を感じたりする者が、出現してきている[ibid:183-185]。

第二は、教義知識の面の合理化である。ブラフマノ司祭などが保持していたような古文書の知識を整理し、これをインドネシア語や現代バリ語に翻訳したり、その含意を解釈したりしたもの、ジャワやインドのヒンドゥーや仏教関係の書物を訳出したもの、バリ宗教の歴史や意義についてバリ人が解説したものなどが出版され、一部は安価なパンフレットとして流通しはじめている。こうした出版物を買って読むのは、教育のある若者たち、とくに高カストの若者たちが中心であるが、異なる世代やカストの人々も、彼らが語ることにおおいに関心を示す。そうした関心の的となるのは、具体的には、一神教的性格と多神教的性格、ヒンドゥー的要素とバリ的要素の間の折り合いや、祈りの外的形態と内実との関係づけ、歴史=神話的起源からのカストのあとづけ、などである。彼らは、バリの古文書やインドの教義知識に照らして、バリ宗教の教義を再構築しようとしている[ibid:185-187]。

さらに、そうした若者たちが中心となって、共和国政府機関である宗教省に対抗するようなバリ人独自のヒンドゥーの組織をつくり、バリ宗教を「宗教」として認知してもらうよう共和国政府に働きかけてもいる。インドネシアでは、政府が宗教すなわちアガマ(序論脚注8)と公認したイスラーム・カトリック・プロテスタントには、それぞれ担当のセクションを設けて信者や組織にたいする援助をする一方、伝統的宗教にたいしてはそうした援助をおこなわないばかりか、後者の信者はいずれ特定のアガマに改宗すべきものとする暗黙の了解さえある。バリ宗教は後者のカテゴリーに入っており、改宗の対象とされかねない。当該組織は、バリ宗教を第四のアガマとして認めるよう中央政府に働きかけるとともに、バリ内では各地に支部を設けて組織化を進め、宗教制度の中心的な部分を再編し、アガマの形式を整えようとしている。この組織制度面の合理化が、第三点である[ibid:187-189]。

こうした三つの動きが今後どのように展開するかは予断を

許さないし、あるいはつぶれてしまうかもしれないが、それを過小評価するべきではない。すくなくとも、戦後のバリでは、世界史上における宗教改革をひきおこしたのとおなじ種類の現象がはじまっていると考えられる。最終的な結果がどうであれ、今後の数十年間のバリ宗教の動向をじっくり観察することによって、過ぎ去った歴史が教えてはくれない宗教変化のダイナミクスにたいする洞察を得られるかもしれない、と述べて、ギアツは議論を閉じる。なお、ギアツは、当該論文を『文化の解釈学』に所収するにあたって、バリ宗教が共和国政府による認知を勝ちとったことを脚注で補足している［ibid:189］。

〈改宗論文〉③部分の再考

次に、この③部分のギアツの議論を再検討しておく。バリ宗教の合理化の過程については第五章で記述する。ここでは、その予備的検討として五点を示すにとどめる［cf. 吉田 2005:111-119］。

まず、ギアツは、戦後のバリの宗教変化を世界宗教の合理化に匹敵する問題として取り上げているが、むしろこの変化は、インドネシア国家の体制構築の過程に組み込まれたバリ宗教とバリ人という、より具体的で限定的な脈絡に即して捉えるべきものである。これが第一点である。すなわち、戦後のバリの宗教変化は、①インドネシア共和国の宗教政策にたいするリアクションとして、一神教的な神観念と教義体系を構築し共和国中央政府にアガマとしてヒンドゥーを認知させようとする運動がおこり、②この運動を結集させるかたちでパリサド（Parisada; 評議会の意）——設立当初はバリヒンドゥー教評議会（Parisada Dharma Hindu Bali）、のちにはインドネシアヒンドゥー教評議会（Parisada Hindu Dharma Indonesia, PHDI）が正式名称となるが、本研究ではそれらを含めてパリサドと略記する——という宗教団体が成立し、③このパリサドが、教義知識や規範の確立と寺院や司祭など制度面の体系化・組織化をバリ島にておこないつつ、④さらにバリ島をこえてインドネシアの諸地域にこの合理化されたヒンドゥーの教義や組織を浸透させることにある程度成功した、といった点にまとめることができる。ギアツが言及する、宗教省に対抗するバリ独自のヒンドゥー組織（一九五四年設立の「バリ地方自治宗教庁」（Kantor Agama Otonoom Daerah Bali））ではなく、この一九五九年設立のパリサドこそが、戦後のバリ宗教の改革運動を担う組織となるのである。この点は、ギアツものちに別稿で触れている［Geertz 1972; Rudyansjah 1986:5-6, 21; 吉田 2005］。

したがって、ギアツは、当該論考において記述した以上のことをのちに把握するにいたったことになる。しかしながら、彼は、後日得られたその種のデータを整理し、この〈改宗論文〉の議論を再検討ないし修正しようとはしなかった。彼は「今後の数十年間にこの特異な島において起こることをじっくり観察する」［Geertz 1973d:189］ことの必要性を説いたにもかかわらず、自身があらためてバリ宗教の変化の実態を「厚く」記述し直すことはなかったのである。これが第二点である。

第三点は、ギアツが調査した時点からまさに数十年が過ぎた二一世紀の今日、バリ宗教の変容の過程はどのように総括できるのか、である。ここでは、ギアツの議論と関連する四つの点を指摘しておきたい。①第一点からも明らかなように、このヒンドゥー改革運動は、新たな「バリ教」の設立というよりも新たなインドネシアヒンドゥーの確立という方向に向かった。また、大枠では、バリ的なアダットの要素を過小評価し、ヒンドゥーというアガマの本質を強化することが志向された。②この宗教変革は、戦後に新たに発生した現象ではなく、植民地時代の知識人エリートによる宗教文化運動に由来する。また、戦後重視される教養知識の中には、植民地時代以前のバリに伝わっていたシヴァ派の文書に由来するものも多々あり（序論脚注10）、この点で当該の改革運動の原点をさらにさかのぼって捉えることもできる。③この宗教改革は、同時代のインドにおけるヒンドゥーのあり方を参照しているという点で、いわゆるサンスクリット化に相当する現象として理解することもできる。とともに、いわゆるイスラーム主義の間接的影響が濃厚に看取される現象でもある。インドネシア諸地域のマイナー宗教を論じた福島は、この影響を「ムハンマドの影」と呼ぶ。現代のバリ宗教は、インドネシア人のマジョリティが信奉するイスラームとインドのヒンドゥーとを準拠枠とした、いわば「間接的イスラーム化を遂げたヒンドゥー」である。戦前のバリ人エリートたちの萌芽的運動も、ジャワにおけるムスリムの宗教文化運動に直接の影響を受けたものであった。※10 こうした点で、当該の宗教変化を世界宗教の成立に比肩しうるものと捉えたギアツの議論は、かならずしも正鵠を射たものとはいえない［Acri 2011, 2013; 福島 2002:393; Hauser-Schäublin & Harnish 2014b; 永渕 2007:23, 205; Kipp & Rodgers（ed.）1987; 大塚 2015（2000）; Picard 1999; Ramstedt 2004b:22-27］。④ならば、この宗教変化の内実はいかなるものであったのか。拙論［吉田 2005］の結論でもあるが、宗教実践の次元ではさほど変わっていないものの、認識や解釈の次元においてバリのヒンドゥーはおおいに変貌を遂げたのだ、と総括することができる。

現在、バリあるいはインドネシアにおいて、ヒンドゥーは一神教であるとみなされている。たしかに、現代のバリ人は、実践レベルではさまざまな神的霊的諸存在にたいして供物をささげる儀礼活動をさかんにおこなっている。しかし、他方では、供物をつくってささげることよりも、唯一神イダ・サンヤン・ウィディ・ワソ（Ida Sanghyang Widhi Wasa）を信じ、神にたいして祈りをささげることこそ、ヒンドゥーという宗教の核心である、という認識を強くもっている。また、さまざまな神や霊的存在に供物をささげているように見えるかもしれないが、それらはみな唯一神の異なるあらわれ／化身（manifestasi）であって、ヒンドゥーは唯一神を信奉する宗教にほかならない、というのが、バリ人において支配的な理解枠組みである。こうした唯一神信仰と神への祈りを重視する認識が広く社会に浸透している状況は、植民地時代やギアツの調査時点ではおそらく見られなかったものである［cf. Korn 1960:138-139; Swellengrebel 1960］。第二次世界大戦後の宗教変化は、この一神教の理念と教義の社会的浸透と、これに付随したかたちでの一部の実践の変化に存する。したがって、ことバリ人の宗教理解を理解するという解釈学的観点からすれば、バリ人の宗教や社会生活の中心軸に儀礼を位置づける紋切り型の理解枠組み——それはギアツのオーソプラクシィという理解に端的にあらわれている——は、現代バリ人に一般的な理解枠組み——ヒンドゥーを唯一神信仰のアガマと捉え、長い儀礼的手続きの最後の過程にある、あるいは日々単独の行為としてもおこなわれる、ごく短時間の祈りという行為を宗教活動の中心に位置づける——と乖離している、ということになる。これが第四点である。

こうした乖離は、バリ宗教に付与される名称の選択にも見出すことができる。先行研究においては、「バリヒンドゥー」などといった名称がしばしばもちいられている。しかし、すくなくとも私が知るかぎり、一九九〇年代以降のバリ人がこのような名称で自らの宗教を呼ぶことはない。彼らはバリ宗教を、一般に「アガマ・ヒンドゥー」（Agama Hindu; ヒンドゥー教の意）あるいは単に「ヒンドゥー」と呼ぶ。先行研究は、バリ宗教をインドのヒンドゥーに対置させ、インドのヒンドゥーと異なるバリ宗教の独自性を暗黙に前提する視線から、この島の宗教を捉えようとしてきた。それがこのような名称をもちいてきた所以であると考えられる。だが、現代のバリ人に一般的なのは、この二つのヒンドゥーの間にむしろ類似性や共通性をみようとするまなざしである［吉田

※10 インドネシア最大の民族集団であるジャワ人の宗教は、マジャパイトの時代まではヒンドゥーであり、バリ人の宗教もその影響を受けていた。つまり、バリは、マジョリティの源流をいまに伝えるマイノリティという位置づけをもつ。この点は、バリの植民地政策を理解する上でも重要である（第四章第二節）。付言すれば、こうした位置づけは、沖縄とヤマトの関係にある意味では重なるところがある。

2005:126-134]。

一神教的な理念や教義の浸透は、バリ宗教が経験したおおきな変化であった。宗教生活の実践次元は、相変わらず、さまざまな神的霊的諸存在にたいして供物をささげることを趣旨とする儀礼活動から成り立っている。ヴェーバーは、アジアでは、庶民層においても知識人層においても、日常生活あるいは現世内の生活のすべてが呪術か供物をささげるかという手段によって解決された、と述べるが［Weber 2009(1921):490］、それは現代のバリになお当てはまる事態であるといってよい。しかしながら、その一方で、バリ人は、そうした実践を一神教の枠組みにおいて理解するという新たな認識枠組みを獲得したのである。それは、ある種の宗教合理化であるといってよいであろう。とすれば、この点において、バリ宗教の現状を理解するためには、ヴェーバーの理解枠組みを多少なりとも組み換える必要があるということにもなる。これが第五点である。それについては、本節の後半で触れる。さしあたり、ここでは、バリ宗教は一神教へと衣替えした、あるいは、一神教的な意味の様相を付け加えることになった、という点を確認しておくことにしたい。

以上、バリ宗教の戦後の変化のポイントを整理した。現時点から振り返るならば、〈改宗論文〉におけるギアツの民族誌的記述は、同時代の社会的背景や植民地時代の萌芽的現象などへの論及を欠く、断片的なものであったといわざるをえない。そして、第二点として触れたように、ギアツは、そのことをおそらくは自覚しながらも、後日あらためて議論を修正することはしなかった。このギアツの沈黙には、本節第一項で触れた、この論考が抱える論理構成上の問題が関わっていると考えられる。以下、これについて述べる。

〈改宗論文〉は、実に奇妙な構成となっている。①の部分では、ヴェーバー合理化論の適用可能性が論じられ、②の部分では、「伝統的なバリ宗教」のあり方が現在形で記述されている。そして③の部分では、宗教変化に関する直近の現象が記述されている。①と③の関係に注目すれば、戦後のバリにおいて伝統的な宗教が合理的な宗教へと転換しつつあるということが主張されている、と受け取れる。しかし、②の議論は、宗教生活の全体はいまも伝統的なままであるという主張である、とも受け取れる。事実、この②の記述内容は、変化について論じた③の議論の中で打ち消されていない。つまり、②と③の関係に注目すれば、バリの「伝統的宗教」のあり方は、③の変化の中でも変わっていないということが、暗に示されていると理解することもできる。ただ、その場合、②と①③とを媒介する論理は欠如している。このように、ギアツの議論は明確な論理構成に収斂していない。※11 私は、彼がそうした論理構成上の亀裂に自覚的であったために、この論考にもとづく再分析・再記述に着手しなかったのだと考えている。

〈改宗論文〉①部分の再考

次に、〈改宗論文〉の①部分を、ヴェーバーの合理化論と突き合わせ検討する。ギアツのこの論考は、ヴェーバーの合理化論を「改宗」という理念型によって再成形しつつ、バリ宗教の近代化の契機を人類学的な視点から取り上げようとした、先駆的で実験的な試みであったといえる。また、その議論は、インドネシア諸社会におけるアガマとアダットの個別の実相を明らかにしようとする後継の人類学的諸研究 [ex. Hauser-Schäublin & Harnish（ed.）2014a; Kipp & Rodgers（ed.）1987; Ramstedt（ed.）2004a; Schröter（ed.）2010] を誘発したという点でも、おおいに評価されるべきものである。ただし、一方で、ギアツの議論の①部分をヴェーバーの議論と対比した場合、再吟味されるべき点もまたある。ここでは、それを五つの論点にまとめることにする [cf. 吉田 2016d]。

第一は、ギアツとヴェーバーの間にある問題関心の差異である。ギアツは、ヴェーバーが伝統的宗教と合理化された宗教とを類型化し対比したとする。しかし、第一節の第一ポイントで引用した『宗教社会学論集』冒頭の一節が示すように、ヴェーバーの合理化論は、宗教以外の領域をも含む社会生活の総体がいかに、またなにゆえに、近代西洋において特段の合理化を遂げたのか、という問いを起点とするものである [Habermas 1987（1981）:305; 中野敏 2016:20-23; Schluchter 2009（1988）:3-6, 67-73; Tenbruck 1985（1959）:103-104; Weber 1972a（1920-1921）:5]。ヴェーバーは、合理化の過程や内実を問題としており、ギアツのように伝統的宗教と合理化された宗教との対比に関心を向けてはいない。また、ヴェーバーの合理化論が古代宗教をも射程としていることに鑑みれば、伝統的宗教に合理性や合理化を看取することは、ヴェーバーの観点からは十

※11 なお、①のヴェーバー合理化論を検討した部分をいったん切り離せば、別様の解釈も可能である。つまり、②でバリ宗教の伝統的な様相に注目し、③で戦後のバリ宗教の変化しつつある様相に注目したこの論考は、伝統的な宗教形態をほとんど変えずに保持しながらも、合理化された宗教への転換の兆候をまさに示しているという、バリ宗教の二面性を素描していると受け取ることができる。とすれば、宗教実践はほとんど変わっていないが、宗教認識あるいは解釈の次元では転換があったという、先に示したバリ宗教における変化と持続の両面性を捉える解釈を、ギアツはあいまいなかたちではあるものの先取りして提示していた、ということになる。私は、拙書ではそうした趣旨の整理をした [吉田 2005: 114-117]。しかし、ギアツの議論がそもそも合理化を主題としたものであったという点に照らせば、これはあまりに好意的な解釈ではある。ギアツは、おそらく単純な合理化論の図式に組み込むことのできないバリ宗教の当時の現状を敏感に感じていたのであろう。しかし、①の部分が当該論考に占める位置づけを考えれば、ギアツの議論はほとんど破綻しているといわざるをえないことは、明らかである。

分可能である。伝統という名指しやまなざしは、近代化つまりは合理化の過程において現出するという議論もある［cf. 安藤 1965:226; Hobsbawm & Ranger（ed.）1992（1983）］。いずれにせよ、ギアツの当該論考の出発点にある問題関心は、ヴェーバー合理化論の基本的な視点からずれている。

第二は、ギアツの「意味の問題」（problem of meanings）とヴェーバーの「意味問題」（Sinnproblem）との間の差異である。「意味の問題」は、ギアツの宗教理論の中核的な概念である［Geertz 1973c（1966）; 吉田 1992, 2005:52-55］。いわゆる未開社会における伝統的宗教であれ、合理化された世界宗教であれ、人間存在の根源にある「意味の問題」――なぜわれわれは耐え難い苦難を経験しなければならないのか、なぜ納得できない出来事があるのか、なにゆえ悪がはびこるのか、といった問題――の出現を、宗教的象徴の喚起する力によって、つまり、論理的な知識と情緒的なムード（ギアツの定義する「世界観」と「エートス」）の二つの側面が一体化することによって、いわば覆い隠すというメカニズムに、宗教という文化システムに固有の特性を見ようとするのが、彼の宗教理論の核心部分である。ギアツの「文化システムとしての宗教」論は、伝統的宗教をも含む宗教一般の根源は「意味の問題」への対処にあるという論理から成り立っている。彼のバリ宗教合理化論も、この論理にもとづいている。

一方、ヴェーバーの「意味問題」は、管見のかぎり、『経済と社会』の「宗教社会学」の一箇所だけに登場する概念である。おそらくギアツは、これをパーソンズ経由で学んだのであろう［Parsons 1974b（1951）:170, 356, 365-370］。ただし、ヴェーバーがそこで論じているのは、知識人は、世界にたいしてひとつの一貫した意味を見出し、それによって救済を得ようとするのであって、こうした知性主義によって脱呪術化が成し遂げられる、という点である。このような知識人が取り組む問題に、ヴェーバーは意味問題という表現を当てている［Weber 1976（1972/1922）:160, cf. 1976（1972/1922）:81-82］。ギアツは、したがって、ヴェーバーのいう意味問題を独自に拡張もしくは一般化し、「意味の問題」として再定式化している。また、ヴェーバーにおいては、「意味問題」よりもむしろ「神義論」（theodicy）というライプニッツに由来する概念が頻繁にもちいられている。

ヴェーバーは、合理化された宗教においてはじめて意味問題あるいは神義論が主題化されるとみなしている。一方、ギアツは、「意味の問題」を、宗教一般の成立の根源にあるアプリオリなカテゴリーとして設定している。それぞれ観点は異なるが、こと解釈学的認識にもとづく視点に立つのであれば、ヴェーバーのように意味問題を個別社会においてそれぞれのあり方をもってある時点から気づかれていく一契機と捉える方が、論理整合的である［cf. Asad 2004（1993）:33-58］。別言すれば、ギアツの宗教論の設定は、序論で示したアポステリオリなシステム論的設定とは相容れないのである。

第三は、合理化の複数性ないし多面性という点である。ヴェーバーは、宗教の合理化を単体で取り上げるのではなく、近代西洋において確立した資本主義や官僚制そして科学や芸術など多面的な合理化に論及している。とくに彼が宗教の合理化と連関づけて論じるのは、近代資本主義と官僚制という経済および政治面での合理化である。このように、ヴェーバーは、複数の合理化の過程を想定しており、宗教はさしあたりその中のひとつにすぎない［Habermas 1985（1981）:302; Rossi 1992（1987）:120; Weber 1972a（1920-1921）］。一方、ギアツの議論においては、バリ社会の根本的な社会変動という一括された背景の中に浮かび上がっている、宗教という一システムの合理化が論じられている。なお、ギアツは、イデオロギー、常識、芸術、法といった文化システムについても論じたが［Geertz 1973a（1987）, 1983（1991）］、それら宗教以外の文化システム論においては合理化への論及はない。

付言すると、ヴェーバーは、さまざまな社会的・文化的領域の合理化は決して並行的に進まない、むしろそれぞれの速度や方向性においていわばバラバラに進んだり進まなかったりする、と考えていた［Weber 1989（1920）:92-93; cf. Schluchter 2009（1988）:58］。こうした含意にも、注目しておくべきであろう。とりわけ、観光と宗教の関係を主題とする本研究においては、観光の合理化と宗教の合理化とがかならずしも連動しないという可能性をしっかりと見据えて、事実関係を把握する必要がある。

第四は、合理化と根本的社会変動との連関性についてである。ギアツは、宗教合理化の重要な誘因に社会秩序の根本的動揺があるとする。たしかに、ヴェーバーは危機的状況における歴史のおおきな転換について論じている。ただ、それは、古代宗教の預言者らに代表されるカリスマ的人物が政治・経済を含めた社会変革の担い手となっていく個別的で具体的な過程にたいする関心やその記述と不可分なものである［Kocka 1994（1976）:46-57; 折原 1965］。これにたいして、ギアツは、バリ宗教の変革についての議論をそうしたカリスマと連関させているわけではなく、〈改宗論文〉の③部分ではインドネシア諸社会が直面している抽象的で一般的な社会変革に言及するにとどまっている。しかも、ヴェーバーは、世界宗教の合理化の過程をそうした根本的な社会変動にのみ結びつけて考えているわけではない。むしろ、宗教の合理化の過程はつねに進行中のものでもある。それは、〈倫理論文〉において言及される時代の幅からも明らかであろう。根本的な社会変動が宗教の合理化の誘因であるように思われる、とするギアツの要約部分は、ヴェーバーの議論の一部を改釈したものと考えられる。

最後に、第五として、合理化の多義性と自己言及性という論点がある。これについては、項をあらためて論じたい。

合理化の多義性と自己言及性

ギアツは、ヴェーバーの議論から宗教合理化の二つの方向性——法的＝倫理的規則の体系化と、神に個人が身体的に向かい合うスタイルの発展——を抽出する。この点で、ギアツも合理化の多様なあり方に自覚的であったといえる。しかし、ヴェーバーの議論においてより重要なのは、ある観点からみれば合理化といいうるものが別の観点からは非合理化と判断される、という点である。このことは、ヴェーバーの価値自由をめぐる認識とも連関する（第一節）。ヴェーバーの「合理化」は、特定の価値観に縛られることのない、いわば中立的な人間などはいない、という点を直視するところから定位された、文化相対主義的な——ギアツにならえば「反＝反相対主義」的な——概念である［新 2004:321-323; Geertz 2002; 野口 2011:157; 折原 2005:190-198, 210; Schluchter 2009（1988）:63-73; 吉田 2018b:105-116］。序論で触れておいたこの合理化の多義性ないし複合性について、ここで確認することにしよう。

たとえば、ヴェーバーは、ブレンターノの批判に回答するかたちで、初版を改訂した〈倫理論文〉に次の指摘を加えている。「「非合理的」というのは、そのもの自体としていわれているわけではなく、つねに特定の「合理的」な立場からしていわれているのだ。無信仰者からすれば一切の宗教生活は「非合理的」だし、快楽主義者からすれば一切の禁欲生活は「非合理的」だが、それらも、それ自身の究極の価値からすればひとつの「合理化」でありうる。この論考に何か寄与するところがあるとすれば、この一見一義的にみえる「合理化」という概念が、実は多種多様な意義をもつものだということを明らかにしていることだろう」［Weber 1989（1920）:49-50; cf. 折原 2005:183］。また、「宗教社会学論集　序言」では次のように述べる。「この「合理主義」なる語は……きわめてさまざまな意味に解することができる。たとえば、神秘主義的瞑想の「合理化」という語法があるが、この場合には、生の他の諸領域から見ればすぐれて「非合理的」な行動様式を指すものでありながら、しかも経済・技術・学問研究・教育・戦争・司法・行政などの合理化の場合とおなじように、合理化と呼ばれるわけである。さらにまた、それら生の諸領域のすべてにおいては、それぞれのさまざまな究極的観点ないし目標の下に「合理化」が進行しうるのであるが、その場合、ひとつの観点からみて「合理的」である事柄が、他の観点からみれば「非合理的」であることも可能なのである」[Weber 1972a (1920-1921) :22]。さらに、「世界宗教の経済倫理」の「序論」や「社会学の基礎概念」でも、合理主義の多様な実態や合理化概念の多義性が指摘されている [Weber 1972b (1920-1921) :81-82, 1972d (1922) :49]。

ヴェーバーの合理化概念の多義性は、呪術の合理化への言及に端的にあらわれている。ヴェーバーは、「儒教と道教」の総括部分である「儒教とピューリタニズム」において、宗教における合理化を、脱呪術化と、現世にたいする倫理的関係の組織化・統一化という二つの基準における程度から判別しうるとする [Weber 1971 (1947/1915-1919) :377]。したがって、呪術はそれ自体合理的でない宗教のあり方の最たるものということになる。しかし、一方で、おなじ「儒教と道教」で、そうした非合理的なものがその論理の中で合理化していく過程を観察することも可能であると述べ、「中国における、すべての種類の合理化は、呪術的な世界像の方向に動いてきた」とも述べる。また、「宗教社会学」では、呪術の合理化に加えてタブーの合理化にも触れている。合理化の多義性は、『宗教社会学論集』の肝に当たる論点だったと考えてよい [Weber 1971 (1947/1915-1919) :324-334, 1976 (1972/1922) :15, 35-39, 52-54, 331-337; 柳父 2010:42-45; 矢野 2003:32-33, 67]。

このように、ヴェーバーにとって、ある視点からの合理化は別の視点からの非合理化と表裏一体であったといいうる。このことに関して、三点述べておきたい。第一点は、序論で触れた形式論的で抽象的な水準における合理化概念の定義を踏まえつつも、ヴェーバーが論及したようなそれぞれの具体的な合理化の諸様相ないし諸現象のあり方に関する記述と整理が、歴史研究あるいは民族誌的研究においては肝要となる、という点である。この叙述の重要性については、序論に加え、本章第一節でも確認した。

第二点は、後者の合理化の具体的なあり方を主題化する水準に議論を定位する場合、合理化概念を一般論的な視点から定義しようとすることは、論理的な自家撞着に陥るであろうという点である。なぜなら、定義し概念を明瞭化すること自体、特定の合理化の観点に依拠することになるからである。本研究がアポステリオリな認識に立とうとするひとつの判断基準もここにある。ただし、このパラドクス、あるいは概念の次元における自家撞着の問題については、現代の代表的なヴェーバリアンのひとりであるルーマンが、ひとつの解答を与えているように思われる。

第三点は、複数の異なる合理化がそれぞれ進行していけば、現実の社会・歴史過程において両者がぶつかり合ったときに葛藤をもたらすであろう、という点である。この現実の次元における異質な複数の合理化——たがいにとっては非合理化となる――の間の葛藤については、シュルフターやアイゼンシュタットがそれぞれ議論を展開しており、これについては第三節であらためて検討を加えることにする。その前に、第二点として挙げた、論理的な自家撞着について、ここで論点整理をしておこう。

パーソンズの社会システム理論を独自の視点から彫琢したルーマンは、システム合理性や、合理性のゼマンティークが近代西洋において解体されていく過程等には論及するものの、合理化という概念そのものについては明確な議論を提示していない。しかしながら、彼のいう「パラドクスの脱パラドクス化」は、ここで問題としている合理化概念のもつ自家撞着を解きほぐす論点となっていると考えられる。要は、この概念の次元における自家撞着は、ルーマンのいう第二次観察の水準（序論参照）における、ある意味では机上の論理の産物であるといってよい、という点にある。第一次観察の次元において、社会に生きる人々は、たとえある合理化がある非合理化と裏腹であると知っていても、その時点でより合理性に富むと解釈しうる何らかの対処の方途を選択し実践するのが通常である。そうした目的合理的行為以外の選択も、もちろんある。何もしないゼロオプションも、やはりひとつの選択である。ただ、いずれであれ、人々は、この論理的な次元におけるパラドクスを特定の観察の立場から特定の選択的行為を通して脱パラドクス化するという不断の営為をつづける。そうした不断の営為、ルーマンのいうオペレーションの継起が、社会の存続を構成するのである[※12]（という観察が、第二次観察つまりは社会学的な観察となる）。このように、ルーマンの自己言及論的システム理論は、ヴェーバーが言語化しなかった認識を明瞭化したものであって、ある特定の主体に即して合理化や非合理化のあり方を記述する上での、オブジェクトレベルとメタレベルの二つの次元を同時に示したものと捉えることができる。この二つの次元の識別こそ、この自家撞着あるいはパラドクスからの社会学理論的な脱出への契機となる［Borch 2014（2011）:113-145; Collins 1988（1986）:117-133; Luhmann 1990（1968）, 1993（1984）, 1995（1984）, 1996（1990）, 2009a（1997）, 2009b（1997）, 2017（2008）; Moeller 2018（2012）:135-137; 長岡 2006:645-663; Weber 1972c（1920-1921）:112, 1989（1920）; 吉田 2005:61-63］。

そして、こうしたルーマンの議論を参照し振り返れば、ヴェーバーの合理化概念が自己言及性を認識基盤とした概念であったという点も、あらためて確認できる。人間が部分的であれ、ある種の合理性を有する存在であるからこそ、その研究対象の合理性を合理的な思考（理性や判断力）あるいは科学という合理的な手段を通じて理解し説明づけることが可能であるという点を、ヴェーバーは歴史研究の方法論的基盤に据えていた［Weber 1998（1904）; cf. Brubaker 2006（1984）:1; Rossi 1992（1987）:76-78; 矢野 2003:22-28, 60］。だが、一方で、ギアツの議論にあっては、合理化の価値自由性・文化相対性、自己言及性、あるいは解釈学的循環性に関わる問題は、顧慮されていないといってよい。

さて、ここで、前項の議論も含め、〈改宗論文〉①部分に関する検討結果をまとめよう。①ギアツは伝統的宗教から合理的宗教への転換に関心をもったが、ヴェーバーは宗教を含む社会生活全体の合理化の過程に関心をもった。このヴェーバーの観点からは、伝統的宗教の中に合理化の過程を看取することは可能である。②ギアツは「意味の問題」を宗教存立の根源的契機と位置づけ宗教概念を一般論的に定義したが、ヴェーバーにとって神義論や意味問題は宗教合理化の過程において知識人が主題化するひとつの契機にすぎない。③ギアツは宗教という一システムの合理化を論じたが、ヴェーバーは合理化の複数性ないしは複合性を視野に入れていた。④ギアツは時代を画する根本的な社会変動に即して合理化を捉えたが、ヴェーバーにとって合理化はつねに進行中のものである。⑤ヴェーバーにとって、ある視点からの合理化は別の視点からの非合理化でありうる。この合理化概念の価値自由性や文化相対性の含意を、ギアツはヴェーバーから受け取らなかった。

以上のように、ギアツとヴェーバーの合理化論の枠組みの間には相当な懸隔あるいは乖離がある。もちろん、ギアツはヴェーバーの正統なる継承を目論んだわけではなく、独自のアレンジをはかったのだと考えるべきであろう。ただ、私には、そうしたアレンジによってヴェーバー合理化論の可能性が十分展開されたようには思われない。また、バリ宗教の理解にとっても、別様の合理化論の援用可能性があるように思われる。そこで、以上の理論的検討を踏まえ、あらためてバリ宗教の合理化論の可能性について、簡単に再検討しておきたい。

バリ宗教合理化論のオルタナティヴ

ここまでの本節の議論からは、ギアツよりもむしろヴェー

※12　同様の構造をもつものとして、エピメニデスのパラドクスがある。クレタ人であるエピメニデスが「クレタ人はいつも嘘をつく」と述べたが、クレタ人が本当にいつも嘘をつくなら、彼のこの言葉も嘘となり、自己言及的なパラドクスに陥る、というものである。しかし、現実の社会に生きる人は、このパラドクスの前に立ちすくむままにはならないはずである。目の前のクレタ人が嘘つきかどうかを判断し対処したり、エピメニデスの語りを無視したり、その他、何らかの行為のオペレーションを作動させることになる。論理上あるいは机上の自家撞着は、行為の次元で脱パラドクス化されるのである。

バーの合理化論の方に理論的なポテンシャリティがあることがうかがわれよう。そして、同時に、そこからヴェーバーの合理化論をもう一歩推し進める可能性も示唆されていると考えられる。すなわち、社会の中の諸領域ないし諸文化システムがそれぞれのあり方で合理化していく〈あるいはしない〉のであれば、宗教というひとつのシステムの中にも、いくつかの合理化の異なる潮流あるいはサブシステムを仮定しうるのではないだろうか。〈倫理論文〉のヴェーバーは、そうした理論設定はしておらず、近代プロテスタントの宗教倫理がさまざまに分岐・発展する状況に言及するものの、基本的にある社会集団に属する人々の宗教倫理をひとつの理念型によって捉えようとしている。しかし、ひとつの社会の中のそれぞれの領域に異なる合理化の過程があると設定するだけではなく、ひとつの社会のある宗教の中にも異なる合理化の過程や様相があり、それが社会や経済などの諸領域とさまざまに結び合って複雑な社会過程・歴史過程を駆動する、という理論設定も、十分可能ではないだろうか。たとえば、金井は、「エートス構造」という卓抜のアイディアを提起し、その種の理論的可能性を切り拓こうとした［金井 1991］。

では、こうしたヴェーバー合理化論の発展モデルをバリ宗教に当てはめた場合、どのような議論の可能性が考えられるだろうか。周知のように、ヴェーバーは、世界宗教のさまざまな合理化のあり方を探求し、近代西洋のプロテスタンティズムの「世俗内禁欲」と、インドのヒンドゥーの「世俗外禁欲」という理念型を抽出した。この二つは、たがいに対照的な合理化の過程とみなされる［Weber 1972c（1920-1921）, 1989（1920）, 2009（1921）］。この類型を念頭におくならば、バリ宗教の合理化をめぐる議論は、〔一〕現代のバリのヒンドゥーはいかなる点で近代西洋において展開したような合理化に近似するのか、〔二〕逆に、いかなる点でインドのヒンドゥーと異なるのか／近似するのか、という二面の問いを惹起することになる。ギアツ自身、〈改宗論文〉の①の部分では、組織や倫理の体系化と、精神的な鍛練を通した個人と神との直接的な対話という、二つの合理化の方向性に言及していたが、③のバリ宗教の記述に関する部分では、〔二〕をまったく顧慮せず、〔一〕にのみ限定し、かつ抽象的な論理の中において、議論を展開していた。しかし、ヴェーバーの合理化概念を整理したここまでの議論にもとづけば、ギアツは、バリ宗教の合理化について、〔一〕西洋的といってよい教義面・組織面での合理化ばかりでなく、〔二〕世俗外禁欲に通じるのかもしれない、インド的な内面に向かう合理化、そして加えて、〔三〕呪術的実践の深化という形態の合理化——バリでは儀礼実践の深化に代表される——という、これら三つの合理化の方向性がどうであったかについて、言及すべきであっただろう。

簡単に見通しを述べておきたい。第一に、ギアツが主題化しようとした〔一〕の合理化は、バリでもっとも顕著で支配的な潮流を構成した。それは、オランダによる植民地化という社会的文化的な支配体制において、同時代のインドのヒンドゥーを参照しつつも、インドネシアの宗教マジョリティであるイスラームをおもな準拠枠とした、一神教的ヒンドゥーの確立に向かう教義・組織面で合理化であった［吉田 2005］。第二に、他方で、サイババやハーレクリシュナといった現代インドのヒンドゥーの一派にシンパシーを覚え、これに追従する人々も、現代バリの都市部などには一定数存在する（序論）。しかし、これは、バリ人全体の一パーセントにも満たないほど、ごく一部の人々にとどまる［Picard 2011b］。司祭やブラフマノ層においては瞑想を好んでおこなう者もいるが、こうした身体的禁欲行為を実践する人々は少数派であり、またそうした人々も世俗における営利追求を放棄しているわけではない。第三に、戦後のバリでは、経済の活性化を背景に儀礼活動が活性化している（序論）。バリ人の圧倒的多数派は、一方で呪術的な観念を保持し、多種多様な儀礼の実践に深く関わりながら、他方で合理化された一神教的ヒンドゥーの理念と教義を保持する、というタイプの人々なのである[※13]［cf. Boon 1977:218］。すなわち、これら三つの合理化の傾向は現代バリ社会に並存するが、先に示した〔一〕と〔三〕とをともにまとった人々の宗教のあり方こそ、現代バリにおける支配的なパターンなのである。

したがって、この〔一〕と〔三〕の二つの異なる合理化が一体化しつつ進行する過程が、二〇世紀半ば以降——さかのぼれば二〇世紀前半以降——のバリ宗教の歩んだ道であったと、さしあたりここでは整理しておきたい。詳細は第二部の記述においてあらためて示す。その場合、バリの観光地化という契機への目配りも、不可欠となる。序論において観光経済と宗教実践との間の相互循環的な発展関係に触れたように、〔三〕の儀礼の深化という合理化過程は、バリ社会の観

※13 私が見聞した範囲では、九〇年代半ば前後生まれ以降の若い世代の中に、まれに宗教心をあまりもたないタイプの者がいる。私は宗教を信じていない、ただ、まわりとの人間関係が壊れては困るので、義務的なことはするが、心からのお祈りはしない、という若い音楽家もいた。神を信じており、お祈りもするが、自分の生活の中の重要な部分を宗教が占めるとは思わない、という感覚の若者は、一定数いるようである。ただし、こうした認識をもつバリ人はいまのところ少数派と考えてよい。ほかに、自身の宗教はヒンドゥーではなく仏シヴァ教（シワォブッダ）だと認識している、いまあるバリのヒンドゥーにはバリの文化がおおきな位置を占めているが、自身は古代のジャワのヒンドゥーに親近感を覚える、それはヒンドゥーというより仏シヴァ教と表現すべきものなのだ、と語った画家もいた。人々の宗教観は決して同型ではない。そして、二〇〇〇年代以降民主化の流れの中で（第六章第一節）、そうした価値観の多様性はさらに顕在化していると感じられる。

光地化と密接に連動していると考えてよいからである。そして、同時に、〔一〕の戦後の教義・組織の合理化の中に、儀礼の活性化を水路づける論理や規範が内在していた、という点もある。いずれにせよ、これらの結び合うより糸を、第二部の記述において解きほぐしていくことにしたい。

その作業の前に、ここであらためて指摘しておきたいのは、ギアツの議論枠組みにおいて伝統的な宗教と合理化された宗教とにそれぞれ割り振られてしまうような宗教的態度を一体化し身体化した人々、つまり、儀礼の正しい実践――多種多様な供物を準備し神々にささげる――に日々明け暮れつつも、戦後新たに確立された一神教の教義と規範を内面化している――神々を唯一神の異なる諸化身と理解し、この唯一神にささげる祈りを宗教活動の核心にあるものと捉える――人々こそ、現代バリ人の典型である、という点である。そして、ひとつの宗教の中に合理化の異なる潮流あるいはサブシステムを認めるという、先述の合理化論の発展モデルは、こうしたバリ宗教の複雑なあり方にアプローチする上で、それなりに有効な視点をなすと予想される。

小結：バリ宗教の合理化の理解

本節のおもな論点を整理しておこう。①ギアツの〈改宗論文〉は、民族誌的記述と理論的枠組みそして論理構成の点で不十分なところを抱えている。②とくにギアツの理論的枠組みは、ヴェーバーの合理化論の豊かな含意を十分踏まえたものになっていない。合理化論をめぐる理論的なポテンシャリティは、ギアツよりもむしろヴェーバーの方にあると考えられる。合理化が特定の視点との連関性においてはじめて意味をもつ文脈依存的・相対的・自己言及的な概念であること、合理化が別の視点からは「非合理化」ともみなされうる複合的な過程であること、それぞれの領域ないしシステムがそれぞれ異なる方向に合理化したり合理化しなかったりすること、などは、ヴェーバーの合理化論に遡行してはじめて確認できる理論的可能性である。③ただし、ヴェーバーの合理化論の含意をそのまま受け取るだけではなく、そこに若干の展開可能性を付与することもできる。ヴェーバーは、社会全体の諸システムのレベルに複数の多面的な合理化の過程をみようとしたが、宗教というシステムのレベルについては、ある時代のある社会集団の宗教をひとつの理念型によって捉えようとし、ここに合理化の多面的あるいは複合的な過程をみようとはしなかった。しかし、ある社会の宗教システムがいくつかのサブシステムからなり、このサブシステムがそれぞれに異なる合理化の方向性に向かうことがあると想定することは十分可能である。バリ宗教の合理化の過程は、そうした複合的な過程の束としてよりよく理解できる可能性がある。この論点を、序論であらかじめ述べておいた本研究のシステム論的設定に加えておきたい。こうしたかたちで合理化の複雑で多面的・複合的な諸様相を特定社会の文脈の上で捉え記述することは、ヴェーバーそしてギアツに共有される解釈学的認識に沿ったひとつの議論方向性であろう。

第三節　合理化の複合性とパラドクス

ここでは、前節の議論の補論として、複合的な合理化の進行が孕む「パラドクス」について論点を整理しておくことにしたい。なお、本節の議論は拙論［吉田 2018a］の簡略修正版に当たる。

合理化のパラドクスをめぐって

ある視点からの合理化が別の視点からの非合理化でありうるとするヴェーバーの視点に立てば、現実の歴史・社会過程における異質な複数の合理化の徹底は葛藤やぶつかり合いをもたらすことになる。これについて、ヴェーバー、そしてのちのヴェーバリアンは、どのように考えていたのだろうか。

まずはヴェーバーである。彼は、合理化の過程は、ひとつの合理主義だけでは徹底されない、むしろある観点からみた場合の合理化がそれにとっての非合理的なものを取り込み利用することでいっそう展開する、とする。この論点が先鋭的なかたちで示されるのが、ヴェーバーの死後に夫人らにより整理され、『経済と社会』に収められた「音楽社会学」である。ヴェーバーによれば、音楽の合理化は、それ自体のうちに非合理的な要素を内在させている。そもそも、音楽あるいは広く芸術は、審美性が支配的であるという点で非合理的な性格を有するが、むしろそれゆえに、そこには西欧の合理化の過程がもっともクリアなかたちで見出せるのである。[※14] また、「世界宗教の経済倫理」では、宗教の合理化と世俗の合理化とが有機的に結び合った近代西洋と、両者がむしろ乖離したかたちで合理化や非合理化が進行したといえる他地域の類例とが比較検討されている、と理解できる。「音楽社会学」と、「世界宗教の経済倫理」あるいはこれを含む『宗教社会学論集』とは、それぞれ西欧の内と外とにおける非合理的なものの

※14 この点は、観光や余暇活動そして「遊び」にも当てはまると考えられる［Caillois 1990（1967/1958）; 井上 1977; 辻 2015］。観光は、審美性を含む価値評価が支配的であるという点で、本来的に非合理的な要素を内在させた消費活動である。それゆえ、さまざまな合理化の過程——本研究が焦点を当てる宗教を含め——を取り込んで肥大化してきたのだと理解することができる（第三章第一節）。

合理化に関する議論である、と捉えることが可能である［安藤 1966a, 1966b, 1967; 和泉 2003:24-69, 79, 108; 望月 2009:199-203; 中村雄 2000; 折原 1965:244-245; Schluchter 2009（1988）:75-77; 寺前典 2010; Weber 1967（1921）:22, 1971（1947/1915-1919）:379-380］。

シュルフターは、この「音楽社会学」および『宗教社会学論集』の諸論の検討から、さらに論点を明確化する。ある合理化の過程の進展は、一方でその合理化と矛盾する事態を惹起したりそれを内に取り込んだりし、それが次の創発的な水準における合理化の展開をもたらす、とする。そして、これを「合理化のパラドクス」と呼び、ヴェーバー合理化論の注目すべきポイントと位置づける。たとえば、近代西洋音楽は、和音和声法にもとづく合理化を進めたが、そこに旋律的間隔原理による整律という別種の合理化の原理が結びつき、これによって新たな近現代の音楽の展開がもたらされた。また、宗教の合理化のひとつのあり方として、永遠なる持続や超越的な神と秩序の観念そして彼岸的救済志向を強化するという方向性があるが、こうした彼岸的傾向を強めた宗教の合理化を徹底させたプロテスタンティズムの倫理の影響下において、もっとも現世の合理化を推し進める近代資本主義の精神が発展していった。ヴェーバーにとって、合理化とは、ひとつの合理化の過程が単線で進行するものではなく、その中に非一貫性を抱えていたり、それと相矛盾する別種の合理化との交差によってむしろ進捗するものであったりする、というのである［安藤 1966b; 和泉 2003:59-69; Schluchter 1990（1988）:179-182; Weber 1972c（1920-1921）:106-107, 152-154, 1976（1972/1922）:160］。

もっとも、シュルフターのいう合理化のパラドクスは、かならずしもパラドクスという概念の適切な用法に沿ったものとはいえない、と私は考える。和泉もいうように、非合理性あるいは矛盾や非一貫性という障害が克服され、さらなる合理化が進展するという、いわば予定調和的な弁証法の論理の中に回収される事態を、パラドクスという語で呼ぶ必要はないからである［和泉 2003:66］。むしろ、それは、前節で言及したルーマンの表現をもちいれば、合理化のパラドクスの脱パラドクス化であると理解されるべきものである。また、そもそも、ヴェーバー自身、そうした予定調和的な論理の中でのみ、合理化と非合理化との関係を捉えていたわけではない。たとえば、〈倫理論文〉は、近代西洋におけるもっとも包括的かつ徹底的に進行した合理化の帰結が、人間性を疎外し管理下におくもっとも非合理的なコスモスたる「鋼鉄の檻」である、という指摘で締めくくられている。ヴェーバーは、マルクスのようにそれを揚棄する方法を探求しようとはしなかったが、合理化が有するポジティヴ／ネガティヴの両価性に冷静かつシニカルに向き合っていたと考えられる［Weber

1989（1920）:365-366; cf. 中岡 2003（1996）:156-157; 山之内 1997]。

私は、この点で、ある観点からは合理化とみなしうるものが別の観点からは非合理化であるという、まさにパラドクスとしかいえないこの両義性こそ、ヴェーバーの価値自由な文化科学としての合理化論からまずもって導き出すべきポイントであると考える。序論でも触れたように、われわれの生きる社会的空間には、たしかに均質・統合・調和に向かう局面もあるが、他方では、マルクスとマルクス主義者が注目したような、不均衡・支配・抑圧に向かう局面もまたあると考えざるをえない。シュルフターのように、合理化のパラドクスを穏当な弁証法的止揚へと回収してしまう視点からは、後者の局面を捉えることはおよそ不可能であろう。複数の合理化のぶつかり合いが葛藤をもたらす可能性を含めたところで、合理化のパラドクスという概念の含意を確保しておく必要がある。別言すれば、概念あるいはシステム理論の第二次観察の次元では、論理的なパラドクスはつねにすでに行為のオペレーションの継起によって脱パラドクス化されていると考えることはできるが、他方で、経験的な歴史社会の事象次元あるいは第一次観察の次元では、ある観察にとっての合理化のパラドクスはつねに脱パラドクス化されるとはかぎらず、パラドクスのまま停滞したり、場合によっては脱パラドクス化されたものが再パラドクス化したりすることもありうる、というようにである。

こうした視点、とりわけ後者の次元により重きをおく視点に立つならば、そうした合理化のパラドクスやその脱パラドクス化は、社会的現実においてむしろありふれているということになる。ただ、そのことについて論じる前に、シュルフターとはまた異なる視点から合理化のパラドクスに相当する論点を組み込んだ、アイゼンシュタットの文明論について確認しておくことにしたい。

まず、簡単に彼の議論の概略を押さえておこう。アイゼンシュタットは、ヴェーバーが論じた彼岸的救済傾向の強化という合理化の過程と、それが世俗生活の合理化に与える影響関係を、「超越的秩序と現世的秩序の根本的緊張」として再定式化し、これがヤスパースのいう「枢軸時代」の諸文明——具体的には、古代イスラエル、古代ギリシア、キリスト教、ゾロアスター教、中国、ヒンドゥーと仏教、そしてイスラーム——において終わりない変動のポテンシャリティを創出する、とする。この枢軸時代の諸文明にたいし、モダニティは別種の独自の文明とみなされ、「第二の枢軸時代」に定位される。キリスト教西欧文明から生まれたこの文明は、人間の歴史においてはじめて、現世的秩序の中での意識的な行為を通じて超越的秩序と現世的秩序とを架橋しうるという信念を確立し、軍事的・経済的・技術的・イデオロギー的にグローバルに拡張していった。その過程――それは、まさに脱パラドクス化の世界展開の過程にほかならないといえる――においては、部分的に反西欧的・反近代的な色調を帯びる局面も出現するが、その場合もそこにモダニティの様相を看取することは可能であり、モダニティという文明のグローバルな拡散は、逆説的にも多元的なモダニティを胎動させた、とする[Eisenstadt 1991a (1987), 1991b (1983), 2002 (2000), 2003; Jaspers 1964 (1949); 望月 2009:203-212, 219-226]。

このように、アイゼンシュタットの議論は、ヴェーバー以降の知見を取り込みつつ、ヴェーバーの問題設定を組み換え、宗教と世俗の二つの合理化の進行のせめぎ合いを文明発展のダイナミズムへと結びつけたものとなっている。しかしながら、シュルフターと同様に、この議論も、合理化のパラドクスの統合的局面や正機能的側面により注目したものであって、社会的空間の不均衡性に即して合理化のパラドクスを捉えたものとはいえない。たとえば、「第二の枢軸時代」の植民地体制下においては、土着の社会において支配的な宗教が提示する世界像と、宗主国側の社会において支配的な宗教が提示する世界像とがぶつかり合うことは、ままある。その場合、前者の世界像の中にも、ある価値観点からはそれなりに合理化を遂げているとみなせるものはあるであろう。しかし、おおくの場合、植民地体制下において、前者は非合理的というラベリングを一方的に付与され、ときに後者によって駆逐され、人々は改宗を迫られることになる。世界像と世界像の間の闘争ばかりではない。前者の土着の超越的な秩序は、宗主国側が立ち上げる政治的社会的秩序の影響によって変更を迫られることもある。このように、アイゼンシュタットがいう「超越的秩序と現世的秩序の根本的緊張」は、決してフラットな次元にある二元的原理なのではない。超越的秩序も現世的秩序も、ある種の権力関係を内包した、多次元的でいびつな社会的空間の中で複雑に闘争し合うものとして、理解されるべきである。その具体的状況、たとえば、植民地時代における現地社会と宗主国それぞれの側にとって意味ある異なる合理化が、どのようにぶつかり合い影響し合うのかを詳細に記述した民族誌は、歴史人類学の分野を中心に相当な蓄積がある[ex. 春日 2001; 永渕 2007; Picard 1996; 坂井 2003; Schulte Nordholt 1996; Vickers 1989 (2000)]。同様の構図は、ポストコロニアル時代における少数派民族と多数派民族との間に見て取ることもできよう。アイゼンシュタットはそうした議論との接合をはかろうとしてはいないが、※15 現実の次元における合理化のパラドクスの持続/脱パラドクス化/再パラドクス化の、各地域・時代における固有なあり様に照らしつつ、アイゼンシュタットの静態論的モデルをボトムアップでミクロな視点から動態論化させ組み換えていく議論可能性は、残されていると考えられる。

パラドクスの遍在と観察の契機

さて、ここで先の論点に戻ろう。合理化のパラドクスやその脱パラドクス化――アイゼンシュタットは、世俗と宗教の二つの次元が織りなす文明の動態論というモデルにおいてこれを再定式化しているといえる――は、ミクロな生活の次元を含め、われわれの生きる社会的現実のさまざまなところに見出すことができる。たとえば、政策面でおおきな隔たりがある政党同士が、議会での議席過半数確保を目的に連立政権を組むことがある。そうした政治理念上は非合理的あるいはパラドキシカルといえる連立が、結果的に比較第一党の主義主張を緩和し、より広い支持層から受け入れられる政策実施をもたらすことはある――ただし、それを支持せず、そこに矛盾を覚える人々もいるであろうが――。新しい「血」が加わることで組織が活性化するという事態も、パラドクスの脱パラドクス化のひとつのあらわれといえる。組織や集団にとっての異質なものの介在が当の組織や社会を活性化するという点は、山口昌男がかつて象徴・世界観研究において注目した、負や悪の価値を帯びた周縁が正しく聖なる中心を活性化するという論点とも重なる［山口昌 1975, 1983, 1990（1979/1971）］。また、藏本は、ミャンマーの仏教組織を主題とした研究の中で、経済に否定的な倫理の彫琢という合理化を宗教組織が実践する過程において、経済的合理化を一定程度は果たさなければ当の組織が維持存続できないというパラドクス――藏本自身は「宗教的理想と経済的現実のジレンマ」と定式化する――について論じている［藏本 2014:8-9, 266］。宗教組織にかぎらず、現代社会における非営利組織一般は、おおかれすくなかれ、本来の目的である非営利活動の追求と、組織の経済基盤の確保という、一見すれば相容れないものの間を調停・調整する、パラドクスの脱パラドクス化を果たさなければならない［Baumol & Bowen 1994（1966）; 池上惇 1998; 寺田 2016:15, 50-82; 吉田 2019a］。

※15 同様の点は、ベックのいう「世俗化のパラドクス」についても指摘できる。ベックは、近代西欧において、宗教が政治的支配や超越的な真理をそれぞれ国家と科学に押し付けることに成功し、迷信や支配の正統性のくびきから解放されたことが、二〇世紀後半以降顕著になる宗教の活性化をもたらしたとする。宗教は、再帰的近代化の中で、こうした世俗化の過程を経たことでかえって純化し再活性化した。これがベックのいう世俗化のパラドクスであり、深井は同様の現象を「非合理な啓蒙と合理的な神秘思想の流行」と名づける［Beck 2011（2008）: 31-45, 57-59, 98-136, 196-197; 深井智 2016: 77］。このベックの一種の合理化論にも、合理化のパラドクスの正機能面（脱パラドクス化の面）への傾斜、社会的空間の不均衡性や矛盾への無関心、西欧の自文化中心主義といった偏向を認めることができる。

ここで重要なのは、先の議論で示したように、この現実の次元における脱パラドクス化は、あくまである観察にもとづく評価であって、別の観察にもとづけば、おなじ事態はパラドクスや矛盾の単なる繰り延べや露呈、あるいは拡大や再パラドクス化にほかならない、という点である。たとえば、沖縄本島の米軍基地の存続は、ある第一次観察の立場からは（国の外交・防衛上の）問題の解消や低減に向けての対処として評価され、別の観察の立場からは（地域社会に生きる人々の生活や人権に関する）問題の放置や悪化として評価される。ある社会過程が脱パラドクス化なのか再パラドクス化なのかは、観察の視点によって異なる評価となる。ただ、当該組織やこれを含む社会全体が存続しおおむね機能しているというこの点に照らせば、一般に社会過程はパラドクスの脱パラドクス化の連鎖からなっていると、第二次観察からは見ることができる、ということにすぎない［馬場 2015:408-411; Luhmann 1993（1984）, 1995（1984）, 2003（1992）, 2007（1986）, 2014（1991）; 高橋徹 2013; 友枝 2013］。いずれにせよ、われわれの社会は、さまざまな潜在的なパラドクスと、ある第一次観察からみたそのパラドクスの持続／脱パラドクス化／再パラドクス化の過程の中にある。[※16] そして、それを一定の範囲で、特定の複数の主体のそうした第一次観察のあり方に即して記述していくことが、解釈学的認識にもとづく人類学や社会学の研究の主題となる。

小結：パラドクスや脱パラドクス化の記述

本節では、ヴェーバー、シュルフター、アイゼンシュタットの議論を一瞥し、合理化のパラドクスに関わる論点を整理してきた。あらためて論点をまとめよう。①ヴェーバーは、ある合理化にとっての非合理的なものが当の合理化の触媒となったり、ある合理化の進展がその内部に当の合理化にとっての非合理的なものを必然的に含んだりする、と考えていた。②シュルフターは、ここから、異なる合理化がたがいに共振し合うことによって、より高次の合理化の進展が果たされるという論点を抽出し、これを「合理化のパラドクス」と呼んだ。もっとも、彼のいうパラドクスは、予定調和的な収束を前提とした概念となっている。むしろ、合理化のパラドクスは、ある社会においては永遠に継続するものでありうる。③アイゼンシュタットは、まさにそのような視点から、「超越的秩序と現世的秩序の根本的緊張」という定式化によって、宗教と世俗の二つの合理化の緊張関係を文明発展の駆動力とみなし、それぞれの文明における宗教の合理化と社会・政治・経済などの合理化とのダイナミズムを描こうとした。ただし、たとえば植民地支配下の権力関係においては、ある事象が一方的に合理的であるとされたり非合理的であるとされたりするのであって、そうした主体の間の差異や葛藤は彼の文明論において主題化されえない。④また、文明論の次元ばかりでなく、われわれの日常生活の次元において、合理化のパラドクスやその脱パラドクス化に相当する事態はありふれているという点もある。⑤解釈学的認識にもとづく人類学や社会学の研究において重要なのは、第一次観察の次元における特定の主体のまなざしとの関連において、個別社会の合理化の具体的状況——合理化のパラドクスの持続、脱パラドクス化、あるいは再パラドクス化などのさまざまな具体的あり方——を叙述する作業である。⑥その叙述においては、支配の不均衡性にたいする目配りが必要となる。シュルフターやアイゼンシュタットも、またヴェーバーも、権力や支配の不均衡性を合理化論あるいは合理化のパラドクス論の中に組み込んでいない。いわば合理化の歴史学を支配の社会学化することこそ、必要なのである。この⑥は、本研究の第二部の民族誌的記述の際に、念頭におくことにしたい。

＊

以上、本章では、第一節で解釈学的認識について再確認したのち、第二節では、ギアツのバリ宗教合理化論の射程をヴェーバーの合理化論に照らして批判的に再考しつつ、合理化論の含意とその理論的可能性について確認し、あわせて合理化の発展モデルについても検討した。その上で、第三節で合理化のパラドクスという論点について論及した。各節の末尾ではそれぞれのポイントを総括しているが、あらためて本章の核心部分のみを簡単にまとめておくと、①「合理化」を具象的水準の次元において把握することが重要であり、②それは、主体によって異なりまた時系列的にも変化しうる、合理化のパラドクスの持続／脱パラドクス化／再パラドクス化の複合的かつ複雑なあり様を、③支配の力学を念頭におきながら記述することである、となる。

最後に、二点述べておきたい。ひとつは、第二節の後半部分で言及したように、バリでは宗教の合理化が観光の合理化と密接に関わっていると想定される、という点である。すなわち、この島の合理化の過程に関するつきつめた民族誌論的

※16 これをリスク論の文脈に乗せていいかえれば、われわれの社会は潜在的にさまざまなリスクを抱えており、あるリスクの回避や問題解決は別のリスクの招来や増大である可能性がある、ということになる。山口は、「リスクを回避し、安全を高めるための努力がかえってリスクを招くというパラドクス」が、われわれの日常生活においてしばしば経験されると指摘する（第二章脚注6）[小松 2003; Luhmann 2014（1991）; 高橋徹 2013; 友枝 2013; 山口節 2002: 174; 吉田 2016d]。

検討は、バリ宗教の内部構成つまりサブシステムを穿つ記述・考察とともに、バリ宗教あるいはそのサブシステムを宗教の外部にある諸システムとの関係性の中に位置づける記述・考察を必要とするのである。序論で示したように、本研究は、この後者を主題とし、宗教と観光の関係に焦点を当て、また過去一〇〇年というタイムスパンを設定して、具体的に検討することにより、ギアツが先鞭をつけたバリ社会の合理化論を更新しようとする。この主題の設定について、あらためてここで確認しておく。

もうひとつは、観光が、ヴェーバーのあとの時代に顕著となった合理化ないし近代化の過程と密接に連関する社会現象である、という点である。ヴェーバーだけではなく、ギアツも、あるいはシュルフターやアイゼンシュタットも、観光という二〇世紀後半以降に肥大化してきた社会現象を議論に取り込んではいない。また、この観光の肥大化や発展という現象の背景には、後期モダニティや高度モダニティなどとも呼ばれる現代における、さまざまな合理化の交差する複雑な過程——そこに生きる人々にとっては、苦と楽とを相ともなうような——があると考えてよいが、彼らはいずれも、次章の冒頭で触れるような現代社会において顕著となった諸変化の総体が、現代に生きる人々に何をもたらしているのかを議論として提示し、合理化論に接続するにはいたっていない。そこで、次章では、こうした現代社会におけるさまざまな合理化の過程あるいは社会メカニズムの変化について、また第三章では、観光とくに島嶼の楽園観光について、論点を整理していくことにしたい。あらかじめ述べておくと、第二章では、再帰的近代化と、合理化と表裏一体の非合理化としてのリスク化とが、議論の焦点となる。本章で検討した合理化の非合理性という点は、合理化とリスク化という二つの理論的概念を媒介する鍵ともなるのである。

第二章　合理化しリスク化する現代社会

本章そして次章では、ヴェーバーやギアツが論及することのなかった問題領域について整理する。すなわち、二〇世紀後半以降の現代社会がいかなる構造的特徴をもち、それがいかなる意味での合理化／非合理化として捉えられるのか、そして、観光とくに楽園観光はそうしたモダニティの構造的特徴や合理化の中にいかに位置づけられるのか、である。まず、本章では前者について論じる。

先行研究には、リオタールやバウマンのように、われわれが生きるこの同時代の社会とヴェーバーが生きた時代の社会との間にある断絶や差異を強調する立場と、ギデンズやルーマンのように、両者の間にある連続性を重視する立場とがある［Bauman 2001（2000），2008a（2001）；Beck, Giddens & Lash 1997（1994）；Giddens 1993（1990）:70; 厚東 2006; Lyotard 1986（1979），1998（1986）；新藤 2006:48-58］。ただ、いずれの立場も、二〇世紀前半のヴェーバーの時代と、二〇世紀後半以降現在にいたる時代との間に、いくつかの特記すべき構造的な変化が認められるという、共通の理解を示している。

その変化の具体的局面として、情報社会化、その産業経済面での変化としてのポストフォーディズム体制化、中間層における余暇の増大と消費社会化、政治的次元における植民地体制の終焉と社会的次元におけるポストコロニアル体制の存続または強化、環境にたいする配慮の高まり、マイノリティや異文化にたいする関心、反人種主義・反西欧主義・フェミニズム運動などのさまざまな差別・支配・抑圧への異議申し立て、多文化主義の浸透、アイデンティティの細分化・複合化および再強化の輻輳、国民国家体制の一面での強化と他面での弛緩、そのひとつの側面としての福祉型国家体制の再編、「おおきな物語」の失墜、リスク社会化、それと連動する個人化および監視社会化、身体や健康への配慮と管理化の進行、などの点を挙げることができる。そして、これらの総体が、生活世界の植民地化（ハーバーマス）、リキッド・モダニティ（バウマン）、再帰的メカニズムの深化（ギデンズやベック）、生権力と生政治の徹底化（フーコーやアガンベン）、といった論点によって切り取られ理解されていると、考えることができる。

これらはいずれも、合理化およびその反面としての非合理化の事象的・具象的な水準の諸相と考えてよいが、そのすべてについて逐一検討を加えることは、私の能力をこえる。また、本研究の主題は、観光と宗教の関係にある。そこで、本章では、この中からいくつかのトピックに絞って、本研究の主題と関わると考えられるおもだった論点を四つの節に分けて整理しつつ、合理化論とリスク社会論との接合という、序論であらかじめ触れた理論的可能性について論じたい。

第一節　消費社会化と余暇活動の興隆

情報社会化と消費社会化

まずは、経済社会面に関する議論からはじめることにしよう。ヴェーバー、あるいはむしろゾンバルトが主題化した、産業資本主義とその生産・流通・消費の制度体制は、情報社会化と消費社会化とをともないつつ、さらに合理化し肥大化し、グローバルに浸透していった[Harvey 1999（1990）:41; Sombart 1942（1916/1902）, 2000（1922/1912）]。

ダニエル・ベルは、一九六〇年代前後に起こったこの創発的な転換を、工業社会からポスト工業社会への移行という理念型によって定式化した。それは、①もの生産から情報・サービス生産への産業構造の変化、②新たな科学を基盤とした産業の集中化、③新たな技術エリートの台頭と新たな階層化、という三つの部門の変化からなる、財生産社会から情報社会ないし知識社会へという社会の基軸原理の転換を意味する[Bell 1975（1973）:651]。情報社会の成立、それにともなう情報通信技術やメディアの支配、人を相手とした労働・サービス産業の発展は、現代社会を特徴づける諸点である[Debray 1999（1994）; Eagleton 1998（1996）:5; Negri & Hardt 2012（2009）:216; 石田英 2003; Stiegler 2009a（1994）, 2009b（1994）; 山内 2015; 山崎 2006（2003）:62]。

ボードリヤールは、この転換を、ものへの価値付与とその多様性や流動性に注目する視点から主題化した。ポスト工業化社会は、生産されたものがシミュラークルとしてさまざまな記号的意味をまとい、その差異の戯れが氾濫することでさらなる消費の宴を煽るという、消費社会でもある。この生産・消費のメカニズムは、画一的な製品を大量かつ効率的に生産し流通させるいわゆるフォーディズム体制が二〇世紀前半に確立した後に、コンピュータ管理によるフレキシブルで多様な品種の効率的な生産・流通・管理を実現させた、いわゆるポストフォーディズム体制が二〇世紀後半に確立されることにより、はじめて可能となった。ロバートソンとターナーは、ポストフォーディズム社会を、経済的・政治的な脱規制化と余暇や消費主義が結び合ったものと捉えるが、これにたいしてライアンは、テクノロジーの強化が資本主義的管理の展開と消費者監視――顧客データの監視と管理により、さらなる消費の創出を生む体制――をもたらしたと考える。いずれにせよ、ヴェーバーが主題化したような産業資本主義は、その後、情報社会化・消費社会化・グローバル化をともないつつ、このポストフォーディズム体制下にいっそう拡大・深化した。消費の基点にあるのは想像力であり、絶えず新たな欲求がかきたてられることで消費主義的資本主義は回転していく。リッツァは、脱呪術化した近代の資本主義の精神は再呪術化したロマン主義的な資本主義／消費主義の精神に行きつく、と論じた[Baudrillard 1984（1981）, 1995（1970）; Bauman 2009（1993）:33; Campbell 2005（1987）; Deleuze 2007（1990）; Lyon 2002（2001）:76-77, 2010（2009）, 2011（2007）; 間々田 2005, 2007, 2016; Ritzer 2009（2005/1999）:118-121, 134; Robertson & Turner 1995:vi; 山之内 2004; cf. Abercrombie, Hill & Turner（ed.）2005（2000）:318-321]。

生産・労働・消費の管理強化

ハーバーマスは、この消費社会化を、公共圏の変容と連動した親密圏の変容という観点から主題化した。彼によれば、家族は、もともと資本形成の役割を担うひとつのまとまりであったが、今日の先進国においては、所得や公的補助の受給に加えてレジャー消費の主体と化し、家族や家庭の私的自律性は消費機能の中で維持されるようになった。しかも、この自律性も外見上そうみえるにすぎないものである。消費の単位は家族よりもむしろ個人となり、家族は空洞化し、人々は個人として、変容した公共圏に直に巻き込まれるようになった。こうして、私的な生活圏の実体は収縮し、いわゆる個人化が進行する中で、マスメディアを通じて公的生活圏の消費文化の洪水が人々に押し寄せる。ハーバーマスは、こうした私的領域ないし親密圏と公共圏との境界の流動化と、メディアに従属する大衆による公共圏の占領が、言論や出版の自由による市民の自由な討議と政治参加というかたちで近代に成立した理想的な公共圏を解体し、「再封建化」する、と論じた。この理想的な公共圏の再封建化という、いささか単純な理解をそのまま受け取るべきではないが、こうしたハーバーマスの議論からは、消費社会化が、メディア産業の拡大・発展そして親密圏の変容とくに個人化と密接に連関し合っているという点を、確認することができる。ギデンズは、こうした消費や享楽主義的生活態度にモダニティの衝動脅迫のメカニズムを看取する。衝動脅迫は際限のない自己投入であり、それは個人化した現代社会の構造的な特徴なのである。また、渋谷は、そうした自己投入の一端をボランティアに読み取る。そこにある自己実現を是とするイデオロギーの浸透は、労働と余暇、公と私の差異を抹消しつつ、生権力の支配に与っている、という[Giddens 1997a（1994）:125-140, 170-172; Habermas 1994（1990/1962）:211-215, 218, 233, 301; 樫村 2007:16-17; Sennett 1991（1977）; 渋谷 2003:46-67; 園 2014; 高橋顕 2014; 田中・吉田 2014]。

こうした生産・労働・消費の管理体制を強化しつつ、産業資本主義の体制は、ときには周期的に訪れる景気の減速や調整局面をともないながらも、おおむね雇用機会の拡大と社会全体での資産の増加をもたらしていった。ウォーラーステインのいう「中心」はもちろん、「周縁」に属するアジアや中南米の一部地域においても、中産階層の拡大、経済の成長、民主化や政治の安定などは、後述するように二〇世紀後半のある時点までは、たがいに相まっておおむね正のサイクルをなしていたといいうる。

ただし、もちろん、ここにはプラスの面だけがあったのではない。先進国の人々は、消費者としてかつてない質量の物質文化そしてメディア文化の繁栄を享受するにいたったが、他方で、そうした物資や情報商品の生産者としては、ヴェーバーのいう「鋼鉄の檻」が強度をいや増す中で職業労働に従事することになった。コンピュータによって規律化された製造工程やデスクワークに従事する労働者、人を相手とする感情労働に従事する労働者が増大し、彼ら自身とその感情にたいする管理体制はさらに強化された。職業現場のみならず、学校や医療現場なども含めて、社会全体における管理体制が強化されたといってよい。それにより、個人の身体や精神は相当な負荷を受けていると感じられるようになった。人々の疎外感や疲労感、とりわけ精神的な疲弊や病理の深刻化は、こうして現代社会における重大な社会問題として浮上するにいたった。それは、「ストレス」がもっぱら医学的な状態を指す概念であるかのように使用されている現状からも、うかがい知ることができる［Negri & Hardt 2012（2009）:215-240; Hochschild 2000（1983）; 崎山 2005; Selve 1988（1978）; 上杉正 2008］。

リスク対処としての余暇活動

この身体的・精神的な疲弊の増大や深刻化にたいして、医学が提示したのは、病理状態になる前段階における可能なかぎりの対処という方針であった。美馬は、アームストロングの監視医学論を参照し、現代医学の監視のまなざしが、①病者から健康者へ、②病気から病気以前の段階へ、③身体内部の病因から食生活や運動習慣などの身体外部へと、拡大したとする。こうした医学の射程範囲拡大――いわゆる「医療化」――の背景にあるのは、現代医学が特定病因論から確率論的病因論へとパラダイム転換することにより、医学の主眼が病気の治療そのものから疾病になるリスクを減らすという予防つまりは健康増進へと変容したこと、医療化と医薬化の中で、医療が産業資本主義といっそう連携して巨大なビジネスとなったこと、ライフスタイルの設計が自己アイデンティティの形成の中核的関心となったこと、などである。そして、医学が健康増進を主題とするものになった――別言すれば、「危機」からその潜勢態としての「リスク」を主題とするものへと転換した――ことにより、医療ビジネスは必然的に膨張した。ローズがいうように、疾病の完全な予防はありえないからである。さまざまな食品やサプリメント、そしてエクササイズといった健康産業は、それにたいする国家の規制が緩やかであることもあって、おおいに拡大を遂げていった[Armstrong 1995, 2002; Giddens 2005（1991）; 浜田 2017; 飯島（編）2009; 磯野 2015; 美馬 2012:41, 43, 60-67; G. Rose 1998（1992）:2-4; Rose 2014（2007）, 2016（1999）; 島薗・西・浜田 2017; 渡辺靖 2015:48-50]。

以上のような、消費（管理）社会化、大衆の個人化、ポストフォーディズム体制化、経済的上昇による中産階層の増大、心身の疲労の自覚、その医学的な対処の模索、といったものが結び合うところに展開したひとつの事態が、リクリエーション活動ないし余暇活動への財の傾注である。リクリエーション産業の興隆は、健康産業の拡大の外縁に位置するものにほかならない。ポストフォーディズム体制化・消費社会化した現代社会においては、余暇という、マルクスもヴェーバーも注目しなかったものが、生活の中におけるきわめて重大な局面を構成するものとして再発見されることとなった。その場合、労働、教育、ボランティア活動、旅行といったものは、鎖の輪がつながるように相互に組み合わさった複合的な活動となってきており、余暇もまた仕事の一部である場合もすくなくない。そして、人々は、そうしたものとしての余暇活動に並々ならぬ関心を向けるようになり、心身の疲労を回復させたり気分転換をはかったりすることで健康を維持しなければならないというイデオロギーとハビトゥスを内面化した。飲酒、賭博、あるいは性サービスの享受など、以前から男性をおもな主体として存在した享楽的行為は、かならずしも衰退しているわけではないが、心身の健全さを増進させるという観点からすれば、決して好ましいものではない。むしろ、スポーツ、運動、読書、芸術の鑑賞や実践、こういったものが、余暇活動を過ごす趣味の候補としては選好される。こうして、ある程度の経済的そして時間的余裕を有する人々を中心として、特定の価値観にもとづき特定の趣味に時間をかける余暇活動＝消費活動が社会の中で興隆し、それがさらなるサービス産業の伸長をもたらすという円環も発生した。本研究が注目する観光も、日常生活から離れた場所に一時的に赴くことによって、日々の生活の中でのストレスを解放し心身をリフレッシュすることを目的とする、肯定的に評価される余暇活動のひとつといえる。観光は、それがメディアによる情報や記号・象徴の複製と流通に支えられているというソフトの面でも、また最新のテクノロジーを援用した移動手段やセキュリティの確保に支えられているというハードの面でも、現代に固有な諸社会事象の下にあって、はじめて成立し発展することのできた社会的活動であり、産業の一部門である[Boyer 2006（2000）; Dean 1995:578; Debord 1993（1983）; Hall 1958; 池田 2019; 樫村 2007:15; 間々田 2005, 2007, 2016; Metzl & Kirkland（ed.）2015（2010）; 本柳 2015; Ritzer 2001（1998）, 2009（2005/1999）; 鈴木康 2015; Veblen 1998（1899）; 吉田 2013b]。

この観光とくに楽園観光については次章で論じる。ここでは、観光という余暇活動＝消費活動が現代社会において興隆するその背景に、いかなる経済社会的構造があるのかを確認した。では、次に、政治社会面に関する論点に議論を移そう。

第二節　合理化と生活世界の植民地化

国民国家と産業資本主義の体制

ヴェーバーが合理化の研究を進めた二〇世紀初頭は、西欧や日本では国民国家体制の強勢な時代であったが、世界の他地域の大半では国民国家の建設の途上またはその前段階にあったことに、あらためて気づく。たとえば、ベックは、ヴェーバー、デュルケーム、マルクスの時代においては、社会もこれを研究する社会学も、近代社会を国民国家とおなじものとみなすという共通性をもっていたと批判する[Beck 2005（1997）:53-54]。しかし、このベックの指摘にはひとつ留保を付しておくべき点がある。彼らの時代の社会や社会学が総じて国民国家の枠組みを前提としていたというのは、欧米社会を念頭においた場合の理解にすぎない、という点である。ヴェーバー、デュルケーム、マルクス、モースらは、国民国家の枠組みがまだ当時浸透していなかった地球の大半の地域、もっぱら人類学や東洋学が対象とした地域の諸社会に、並々ならぬ関心を抱いていた。たとえば、マルクスは、バリやジャワやインドを視野に入れて、資本主義体制の生産関係が孕む問題を主題化していた[Anderson 2015（2010）; Gulbenkian Commission on the Restructuring of the Social Sciences 1996（1996）:54; Marx 1962（1853）]。ベックは、当時の社会学や社会思想における非西洋社会への関心をやや過小評価している。

欧米つまり「中心」における産業資本主義体制は、その外部に広がる「周縁」、具体的にはアジア・アフリカ・オセアニア・中南米といった地域からの、そして内部の「周縁」たる地域や階級からの、収奪によって支えられ、自己を進展させていた。ヴェーバーが生きた時代は、非西欧社会における植民地支配体制がほぼ世界を覆い尽くすかたちで確立され、列強による世界分割が完成していく時期に重なる。資本主義世界経済システムは、国民国家の体制をいち早く確立したかぎられた国や地域のかぎられた階層・組織・集団に偏った便益を供与し、その便益を享受しうる主体の層や裾野を徐々に拡大していくトリクルダウン効果によって、比較的長期にわたって持続することができた。この点で、産業資本主義体制と国民国家の体制とは、まさに構造的なカップリングをなしていた。ギデンズは、モダニティが、①監視の増強、②資本主義的企業経営形態、③工業生産、④暴力手段の中央集権的管理の強化という、たがいに還元できない四つの制度群と密接に結びついていたとする。そして、この欧米列強の政治的・経済的・科学技術的・軍事的な中心性やヘゲモニーは、民族や文化の次元における不均衡や差別の固定化と密接に連動していた[Fanon 1996（1961）, 1998（1952）; Giddens 1999（1985）; Negri & Hardt 2003（2000）, 2005（2004）, 2012（2009）; 柄谷 2006, 2010, 2014b; 水島 2010; Piketty 2014（2013）; Spivak 1998（1988）, 1998b（1985）, 1999（1996/1993）; Wallerstein 1993a（1980）, 1999（1998）]。

ヴェーバーの合理化論は、こうした「周縁」たる非西欧社会を「中心」と結びつけ、その不均衡な制度枠組みの中に引き込み固定化しようとする、帝国主義や植民地支配の非合理性や暴力性を、かならずしも視野に収めたものではなかった（第一章第三節）。その点は、合理化の転移という外発的発展論の枠組みをヴェーバーの合理化論が欠いていることと無縁ではない（第一章第一節）。私は、近代西洋側にとっての合理化の過程が、植民地側にとっては非合理化といいうる過程によって支えられていたところがあるという点に、目配りしておくことが重要であると考える。バリそして沖縄を取り上げる本研究の議論は、「周縁」における歴史的・社会的過程に注目することから、モダニティが抱える合理化と非合理化の表裏一体的関係の一端を明確にしようとするものである。

生活世界の植民地化

さて、そのことを踏まえつつ、議論をつづけよう。第二次世界大戦後、残されていた植民地のおおくは独立し、世界の大半は、形式的にせよ、国民国家体制に移行した。それから半世紀以上たった今日、中には国民統合を首尾よく果たしたといえる国もあるが、中には分裂や内戦を抱え、国家・国民の統合に苦慮している国や地域もある。バリをその内部に含むインドネシアの場合、中央政府の強権発動がアチェ問題や東ティモールの独立をはじめ、各地で問題を複雑化させることにはなったが、国家の求心力はなお十分保たれており、二一世紀の東南アジアでもっとも民主的で政治的自由度が高い国という評価もある。一方、楽園観光の主要な目的地の中でも、タヒチ、ニューカレドニア、グアムなどは、いまも独立を果たすことなく、植民地に近い状態におかれたままである。沖縄のように、第二次世界大戦後に、植民地に近い状態へとふたたび追いやられた地域もある。国民国家体制の具体的なあり方は、個々の地域や国によって異なり、あるいは異質化されたものとしてある［遠藤貢 2015; 福武・堀場（編）2013; 目取真 2006; 仲村 2012; 野村 2005; 岡本正 2015:8, 249; 山口 2007; 山中 1993］。

先進国と途上国の間の富の偏差は拡大しているとする議論がある一方で、一九八〇年代以降は両者の間の経済格差や後者における貧困者数は低下の傾向にあるという議論もある。一九七〇年代のオイルショック以降、世界経済はおおむね低成長の時代に入り、八〇年代後半になると、「持続可能な発展」が国際的な課題となるとともに、産業資本主義の国際的ネットワークに組み込まれていた東欧の社会主義諸国では体制のドミノ的な転換が起こった。このころ、西欧諸国でも、国民国家体制にもとづく政治的・社会的秩序の一定の限界が認識されるようになった。国民国家は、統一された国語による教育の普及を全国民に施し、おなじ規格の国民をつくり出すことによって、国家統合をはかる装置である。しかし、産業資本主義の発展は、国境をこえた人・もの・資本の出入りの加速化をもたらし、移民や難民の増加を帰結した。こうして、「中心」たる西側の国々では、統一言語による統一された教育の徹底をはかることが次第に困難になり、多文化の尊重や共存が目指されるようになった。この多文化政策は、なお試行錯誤の過程にある。ＥＵもまた、国家統合のひとつの模索のあり方といえる。先に触れたように、産業資本主義の拡大と深化は、ある時期までは国民国家の体制構造と調和していたが、経済のグローバル化がもたらす人の移動とものや情報の国境横断化のいっそうの強化は、やがて国民国家体制の土台を掘り崩すこととなったのである［Delanty 2006（2003）:128-152; 深井 2005; Giddens 2015b（2014）; 柄谷 1988（1980）, 2006, 2010, 2014b; Jaakson 2004:170-173; 木畑 2014:191-194, 263-270; 厚東 2006; Krastev 2018（2017）; Piketty 2014（2013）; Wallerstein 1999（1998）］。

そもそも、産業資本主義は、より安価という点での合理的な生産体制を追及するものである。したがって、企業が国際化し生産効率のよい海外へと移転したり、国内外のより安価な労働力をもちいたりといった事態は、不可逆的に進行する。こうした格差を利用した企業の収益の確保は、しかし一時的なものにすぎず、やがて賃金が上昇し生産体制の効率性が減退していけば、企業はさらなる移転や機械の導入による合理化を進めざるをえない。こうして、産業資本主義は世界を巻き込んで浸透していくとともに、国内においては、一部の産業の空洞化と、国民の中の社会的・経済的格差の拡大をもたらすことになる。西側の先進国は、ロザンヴァロンがいう連帯による福祉保障や、センがいう人間の安全保障の仕組みを一定程度は整え、国民に最低限度の生活を保障しようとしたが、それでも内部の格差は強度を増していった。ラッシュやガルブレイスはこれを新たなアンダークラスの形成とみなす。ブルデューが論じるように、情報社会における文化が格差を維持または再生産するメカニズムもある。また、二〇世紀後半以降の比較的長期にわたる国際的な経済の調整局面においては、技術革新による高度な機械化・ロボット化の進展が単純作業の労働者の雇用の場を切り詰め、高学歴者が雇用の拡大を上回って増加することでパイを奪い合い、若年層の正規雇用は世界中で危機的となった。大半の先進国において、従来維持されてきた福祉や保険の制度の見直しが喫緊の課題となり、職業労働者とシャドウワーカーとの分業に支えられていた家族の単位性も解体されていった。かつてマードックは核家族普遍説を提唱したが、いまや日本では、家族の団欒は比較的裕福な家庭が恒常的に保持しうる理想像になっている［Bauman 2008b（2005/1998）; Beck 2011（2008）:179-183; Beck & Beck-Gernsheim 2014（2011）; Bourdieu 1989（1979）, 1990（1979）; Galbraith 2014（1992）:41-52; 橋本健 2018:76-78; Illich 2006（1981）; 伊藤 2015; Lash 1997（1994）:234-247; 三上 2010:26-28; Murdock 1978（1949）; Piketty 2014（2013）; Rosanvallon 2006（1995）; Sen 2006（2002）, 2009（2000+2001）; 鈴木宗 2015b:40-51; 山田昌 2013］。

ハーバーマスは、こうした事態がもたらす生活世界の切り崩しといいうる事態を、「生活世界の植民地化」として定式化した。彼のいうコミュニケーション論的な「生活世界」は、「システム」と対比され、人々の実存的な生活の基盤領域を意味し、私的領域と公共圏からなるものである。ハーバーマスは、ヴェーバーのいう合理化の進行が、先進国を中心とした後期資本主義社会に生きる人々の生活世界におけるコミュニケーションの理想的で十全なあり方を切り詰めていったとし、近代社会に「鋼鉄の檻」という管理と疎外を看取したヴェーバーの合理化論の論理的そして現実的な帰結として、現代社会の中に深く進行する一種の植民地支配の構造を見て取るのである。ただし、彼は、こうした合理的なシステムの生活世界への浸透それ自体が問題であるとは考えない。たとえば、貨幣経済のシステムが浸透することで、さまざまなネゴシエーションを要する人間関係はより合理的に処理される。こうした論理は、ハーバーマスがルーマンとの論争を通じて学んだシステム論的思考に由来するものでもある。就職に地縁・血縁が作用するのでは、合理的な社会の制度設計をはかることは困難である。ただ、生活世界が行き過ぎた合理化の浸食を受けることで、人々の生き方にひずみは生じる。ハーバーマスは、生活世界が過度の合理化にさらされ、弊害を生じている状況を問題としたのである。もっとも、ハートとネグリがいうように、このハーバーマスの理解は、モダニティの暗部の再生産を肯定する認識と紙一重である［Beck & Beck-Gernsheim 2014（2011）:105-114; Habermas 1987（1981）:285, 287, 290-295, 299-300, 307-324; Habermas / Luhmann 1984（1971）, 1987（1971）; Negri & Hardt 2012（2009）:119-125; 中岡 2003（1996）:166-184］。

生活世界の植民地化は、現代にかぎられるものではなく、むしろ古代から政治・経済システムの合理化の過程に内包されていたものと考えてよい。ただし、現代では、グローバリズムと科学技術の発展によってそうした植民地化もより拡大・深化しており、情報社会化の進展によってこうした植民地化の悲哀やネガティヴな評価・認識が社会に生きる人々の相互主観的な意味として即座に流通するようになっている。また、いまもなお実質的に植民地やそれに近い状況におかれている社会が存在し、そうした社会においては、政治・経済的な植民地支配の中で生活世界が植民地化するという、いわば重層的な植民地支配状況が持続しまたは強化されている可能性が高い。そうした多重の植民地状況の中に生きる人々にとって、経済・政治・社会の「合理化」はまさに正負の両価性を帯びたものとなる。それを、民族誌的記述をもって提示することこそ、ハーバーマスの理論的考察を補完するものとなる［ex. 新崎・比嘉・家中（編）2005, 2006; Negri & Hardt 2005（2004）, 2012（2009）:35, 80; Hardt 1996（1993）; 三浦（編）2006; 西部 2014; Virno 2004（2001）］。

第三節　再帰性・個人化・監視社会化

これまでの二つの節では、産業資本主義や、これと国民国家の結託という点に注目しながら、現代社会の構造的変容をもっぱら現象レベルの次元において整理してきた。以下では、そうした現象レベルの変動に内在する論理やメカニズムを主題化する議論に入ることにしたい。その場合、まず俎上に載せるべきは、ベック・ギデンズ・ラッシュの再帰的近代化論であろう。二〇世紀前半までのモダニティとそれ以降のモダニティとの間には再帰性の高まりという点において異質なものがある、というのが、彼らの見立てである［Beck, Giddens & Lash 1997（1994）］。

モダニティにおける再帰性の高まり

ここでいう再帰性（reflexivity）という概念には、二つの含意がある。ひとつは、科学技術の発展をはじめとする社会の自己組織的な変化が、それを生み出した当の社会やその社会に生きる人々にひるがえって（思わぬ）影響をおよぼすという側面であり、いまひとつは、組織や人が自らを反省し、自らをつねにモニタリングしつつ、自らのあり方を不断に修正し再形成していくという側面である。ギデンズは前者を制度的再帰性という概念で捉えこれを重視し、ラッシュは後者を行為作用の自己再帰性という概念で捉えこちらをより重視する。ラッシュは、現代における再帰性の高まりの結果として再帰性理論そのものが制御困難性を抱えるとみなし、社会の組織構造とその再帰性が流動化・弱体化していく中で、主体の解釈や情報の次元に再帰性メカニズムのさらなる展開可能性とその理論的把握の必要性を見て取ろうとする。ラッシュの議論は先鋭的だが、そうした現状分析を踏まえたとしても、社会構造の次元にある再帰性メカニズムの作動をまったく無視することはできない。ここでは、後者のいわば主体的に処理されうる——ラッシュによれば、むしろ処理されえないとなるが——再帰性が、前者の主体的には処理されえない、かつ意図せざるものを潜在的に内包した制度的再帰性とセットになって、組織や人の社会的活動やその相互作用のオペレーションが作動し、結果として複雑化し液状化した社会状況が生成・展開する、と考えておく。[※1] なお、ギデンズやラッシュらの「再帰性」とルーマンの「自己準拠性」とは、視角や抽象度の水準は異なるが、おおむね同様のメカニズムを捉えた概念であると考えてよいであろう［Bauman 2008a（2001）, 2012（2006）; Borch 2014（2011）; 遠藤 2014, 2017; Giddens 1997a（1994）, 1997b（1994）:337, 2005（1991）:38; 伊東 2016; 春日 2007; Lash 1997（1994）:215, 2006（2002）:123; Lash & Urry 1994; Luhmann 1993（1984）, 1995（1984）, 1996（1990）; 松本 2016（1998）; 三上 2013:116; 中西 2007, 2014:4-10; 西部 2014:214-215; 須藤 2010; Urry 2014（2003）; Wiener 2011（1961/1948）:68; cf. 中西 2007:7-8, 22］。

現代の再帰的メカニズムの一端は、ギデンズがいう創出環境（created environment）を例に確認することができる。人間

※1 ここで、観光論と再帰性とを結びつけた議論に触れておく。まず、ラッシュとともに再帰性理論の拡張に取り組んだアーリは、自著の日本語版への序文において、場所を消費する旅行がさまざまな要素を巻き込んで拡大・浸透する事態を「観光再帰性」と名づける。遠藤は、観光が再帰性のメディアとなってモダニティを駆動したり、観光が社会全体の再帰性を深化させたりする見通しを語る。須藤は、現実の観光の再帰化を反映して、観光理論も再帰的特徴をもちつつある、と指摘する。遠藤は簡単な事例分析もおこなっているが、それらの議論はいずれも概念や論点の提示にとどまる。一方、門田は、ここでいう二つの再帰性、門田の整理にしたがえば、相互規定性としての再帰性と自己省察／反省性として再帰性という二つの再帰性のうち、後者の再帰性にもっぱら論及しつつ「再帰的人類学」の可能性について論じる。私は、門田のいう再帰的人類学の可能性におおいに共感するが、前者を含めた二つの再帰性の連動性を現代社会やそこに内在する人類学的研究に読み取ろうとする作業が不可欠である、と考える［遠藤 2014, 2017: 133-134, 2018: 231; 門田 2013: 30-40; 須藤 2010: 18, 2012: 161; Urry 2003（1995）: x-xi; 吉田 2005, 2013b］。

は、獲得した知識や技術を物質的環境に注入し、社会化された自然環境をつくり出してきた。これが創出環境の含意である。この自然への介入は、外部環境のみならず、われわれの身体という内部環境にもおよんでいる。自然への介入それ自体は、人間がいわゆる自己家畜化を果たし、動物や植物を馴化するようになった数万年前からはじまっているといってよい。だが、科学技術の発達とともに、そうした自然への介入はきわめて広範かつ深淵なところにおよび、しかも強度を増した。それを創発的な転換の水準にあるとみなすのが、ギデンズらの再帰的近代化論の立場である。ベック夫妻は、これを「自然の終焉」と呼んでもいる。そして、人間の介在の度合いが一定の水準をこえてしまった現在、自然環境にたいしてこれ以上何の働きかけもしないことが環境の均衡状態の回復につながるとはもはやいえない、むしろ回復は人間の何らかの働きかけにより人工的に維持されるよりほかない、という認識が台頭している。ＵＮＦＣＣＣ（国連気候変動枠組条約）の締約国会議による地球温暖化対策の検討も、そうした論理にもとづくものであって、無垢の自然への単純な回帰を目指すものではない。そして、生態系をこれ以上破壊すべきでないという認識が社会に強く浸透する中で、保守主義と革新主義の間に連携が生まれ、環境に負荷を与える商品を生産・販売してきた業界が「エコ」を前面に打ち出すキャンペーンを張る――たとえば、トヨタ自動車の「トヨタ・エコプロジェクト」や、二〇一九年のＫＬＭの「Fly Responsibly」計画など――。人々は、生産従事者として、消費者として、生活者として、論理的には相容れないはずの異なる方向性に関心を示す。現代では、各々の主体がたがいに動向をモニタリングし合い、予期の予期や予期せぬ結果が輻輳しており、それによってコンセンサスの形成もますます難しくなっている［Beck & Beck-Gernsheim 2014（2011）:115; Beck, Giddens & Lash 1997（1994）:146-150; 柄本 2010:43-60; 古川 2004:17-64; Giddens 1993（1990）:155, 158-159, 2002（1994）:250-288; 広井 2008:4, 2015a, 2015b; 環境と開発に関する世界委員会 1987; 小林 2004, 2007; 松本 2012（2002）, 2016（1998）; 日本第四紀学会　町田・岩田・小野昭（編）2007; 西山 2013b:18-19; 寺田 2016; Urry 2011; 山崎吾 2011; 吉田 2018］。

このように、現代社会においては、組織や人の主体的な再帰的活動と、現代社会が内包する予期せざる再帰的作用とが複雑に絡み合っている。ただ、一方で、前者は個人化論や監視社会論と、また後者はリスク社会論と、それぞれ結びつくものではある。そこで、ここでは、両者の絡み合いという点を踏まえた上で、議論を便宜上この二つに分けて展開していくことにする。まずは個人化・監視社会化に関する議論の整理からである。

個人化と監視社会化

第二節では、国民国家や家族といった社会組織の枠組みがいまや弛緩し流動的なものとなりつつあると述べた。それゆえ、現代社会では、あらためて濃密な社会関係や市民社会の連帯を模索しようとする動きも起こっている。現代のＮＰＯやＮＧＯの組織化に代表されるさまざまな市民運動の活性化は、すでにヴェーバーの時代にもあった、伝統的な共同体つまりテンニースのいうゲマインシャフトの弱体化に加えて、国民国家や労働組合などの組織体つまりゲゼルシャフトの弱体化、あるいは「鋼鉄の檻」の弱体化といいうる事態もが進行する中で、あらためてグローカルな公共圏を再確立させることによって、生活世界における拠り所を打ち立てようとする動きにほかならない。ハーバーマスも、こうした市民社会の活力を再評価し、『公共圏の構造転換』の第二版では、第一節で触れた公共圏の再封建化という主張をやや後退させている。ただし、バウマンやロザンヴァロンが論じるように、そうした連帯の新たな形成の中でも、個人がその種の集団によって支えられる余地は総じて減少しており、個人が自己責任を負い社会に直に立ち向かうという個人化の過程は、世界中で進行している。これは、公共圏における宗教の再浸透という昨今の現象の背景でもある［Bauman 2008a（2001）; Butler, Habermas, Taylor & West 2014（2011）; Delanty 2006（2003）; Habermas 1994（1990/1962）:i-xlii; 小田 2004; Rosanvallon 2006（1995）; Tönnies 1957（1887）］。

ここで、この個人化という概念の含意について確認しておきたい。アドルノは、二〇世紀半ばの時点で、「個人」はすでに取るに足りないものへと格下げされたと論じた。いわゆる「個人の終焉」論である。ヴェーバーのいう「鋼鉄の檻」に取り込まれ、組織に支配された個人は、合理的な判断のできる意志や個性をもった存在ではなくなったと、アドルノは指摘したのである。バウマンやベックらの「個人化」論は、支配される個人という点ではこのアドルノの「個人の終焉」とも論点を共有しているが、むしろ、「鋼鉄の檻」であれ何であれ、社会装置に取り込まれてきた個人、あるいは、家族という親密圏とそれを取り囲む公共圏という社会の二重分節の中に生きてきた個人が、そうした社会的な装置の衣を剥ぎ取られ、いわばむき出しの裸で社会空間の中に投げ出されている、という状況を主題化している。これは、アドルノにはない、そしてアガンベンと共有される論点である。セネットは、ヴェーバーの「鋼鉄の檻」の含意を反転させ、「鋼鉄の檻が牢獄であったとしても、それはまた精神的安住の地ともなりうる」と述べる［Adorno 1996（1966）; Agamben 2001（1998）, 2003（1995）, 2012（2009）, 2016（2014）; Beck 1998（1986）, 2005（1997）,

2014（1999/1993）:14-15, 183-186; Giddens 2005（1991）; 伊藤 2008, 2017; 三上 2010:36-37; 仁平 2015; 野口 2011:114, 122; Sennett 2008（2006）:36; 鈴木宗 2015a（編）, 2015b］。

これに関連して、付言すべき点がある。現代の個人化——正確には、ラッシュのように「個人主義の強化」というべきかもしれない——は、その裏面に社会化の過程をともなっているという点である。アドルノの指摘にある組織とは別種の、新たな形態の支配の強化が、この個人化の過程には付随している。その端的なあらわれが監視社会化である。たとえば、現代医療は身体の自己監視化を焦点としている。※2 病気になってから病院に行くのではなく、健康状態を維持するよう努力すること、あるいはより健康な状態へと改善していくことが、人々にもとめられる（第一節）。適度な運動をし、健康診断や人間ドックに行き、病気になる前の段階で危険な要素を摘み取ることで、医療コストも削減できるのだ、という経済合理主義的論理も、ここに加わる。社会の安全管理も、たとえばテロや災害が起こってからでは遅いので、さまざまな防御策を講じ、シミュレーションや模擬的な訓練をおこなって、万が一への備えを怠らないことが重要になる。自己や社会の中のリスクにつながるものをあらかじめ可能なかぎりモニタリングすることこそ、監視社会化の根底にある契機である。その点で、監視社会化はリスク社会化と連動しており、ときに自己疎外をもたらすものともなる［Bauman 2008a（2001）, 2011（2011）; Beck 1997（1994）:25, 1998（1986）, 2005（1997）; 磯野 2015; Lash 2006（2002）:82; 三上 2010:36-37; Metzl & Kirkland（ed.）2015（2010）; Rosanvallon 2006（1996）; 斉藤 2015; 田仲 2010:208-212］。

この現代の監視社会化は、三つの点で、フーコーが『監獄の誕生』で主題化した近代の監視＝管理のメカニズムと異なっている。①この監視を受け入れる側の人々は、むしろこの監視体制を望み歓迎している。たとえば、街頭や店舗に設けられた監視カメラ——日本では「防犯カメラ」という脱色された名称が流通している——は、安全の確保や万が一のときの犯人探しのために必要な装置として、人々におおむね受け入れられているのが現状である。また、SNSの普及によって、人々が自ら進んで私的空間を公共圏や監視のまなざしへと無防備に露出させる事態も生まれている。②この監視の体制は、詳細な個人に関するデータにもとづいている。たとえば、監視カメラは、そこに映る個人の特徴を一定の精度で特定できるからこそ、有用である。テクノロジーの更新、とりわけコンピュータの情報処理能力の向上によって、こうした個人のデータ化とデータの個人特定化は可能になった。顔認証システムやビッグデータの利用をめぐる昨今の動きも、より高度なレベルに情報社会化が達した二一世紀ならではの現象である。③監視は、個人の内面に向かうものではなく、むしろ個人の外面に関するものである。フーコーが論じたパノプティコンは、囚人が看守のまなざしを内面化し、自ら規律にしたがう人間と化すことを促す装置であった。※3 しかし、価値観が多様化しアイデンティティも複雑になった現代においては、諸個人の内面を探索したりこれに影響力を行使したりすることには限界がある。また、リスクの現実化に向かう可能性のある要素を摘み取るという点では、外面の観察（監視）から得られるデータにもとづいて機械的に処理する方が効率的でもある。たとえば、犯罪の動機や原因をもっているかどうかではなく、犯罪につながる兆候を示す行動のあるなしをモニタリングする、生活習慣病になる具体的な要因が当人にあるかどうかを調べる前に、メタボリック症候群になる目安を腹囲の長さという一律の基準でまずモニタリングする、こうして、確率論的に危険な予備軍を絞り込むのである［阿部潔 2006:23-35; Bauman & Lyon 2013（2012）; 柄本 2010:98; Foucault 1977（1975）; 三上 2010:65-73; 大澤 2015b:9-11］。

生権力と信頼メカニズムの強化

現代では、モニタリングによる行為作用の自己再帰性が社会全体を覆っている。つねに反省的なモニタリングをつづけ、これを自己や自社会の改善につなげていくこの体制は、ギデンズらによれば、再帰的近代の特徴的現象である。その点で、再帰性を徹底した現代社会は、監視社会化をかつてないまで社会の隅々に浸透させた社会でもある。フーコーは、人を生かす合理化された政治（生政治）と結びついた、人を生かす権力のあり方を生権力と名づけた。われわれひと

※2 ジンメルの流行論では、（個人化ではなく）個性化と社会化との結びつきが論じられている。流行という現象は、社会的均等化への傾向と個性的差異と変化への傾向との合流、つまり模倣という社会化の追求と個性化の追求から成り立つ、というのである。間々田によれば、現代の消費社会の文脈においては、ここに時間という契機を導入して理解することが重要である――流行の先端を走る消費は個性的差異と変化を先取りし、流行の半ばを行く消費は変化に遅れていないという位置づけを示し、流行にあとから追随する消費は個性的差異を本人があまり気にとめていないことを示す――が、いずれにせよ、現代人の流行を追う消費には、模倣という社会化と個性化という二面性がある［間々田 2016:29, 107-111; 三田 2015: 80; Simmel 1994/1976（1911）: 34］。ただ、この個性化は自己監視化を不可欠にともなうものであり、この点で、流行もまた個人化と自己監視化という社会化の契機を内包していると考えてよい。

※3 三上は、看守のまなざしを内面化し自らの行動を律するようになる囚人の管理・監視のメカニズムを論じたこのフーコーの議論と、神の御心を内面化し、自らの行動を律し、勤勉に職業労働に励んだピューリタンの「世俗内禁欲」を論じたヴェーバーの議論との類似性に、注意を喚起する。この二つの研究は、いずれも近代の産業社会における自己抑圧的な主体の形成を論じたものであるが、こうした内面の改造をともなう管理とは別種の、膨大で精緻なデータ処理をともなった個人の管理が、現代における新たな監視の体制なのである［三上 2010: 65-70］。

りひとりが自身の健康をさまざまなデータや情報にもとづいてモニタリングし、自身の人生や子や孫の人生までもモニタリングし、保険や貯蓄や財テクによってリスクを回避しようとし、会社や政府もわれわれの健康をさまざまな統計資料やデータをもちいてモニタリングし、可能な範囲でセーフティネットを構築しようとする、こうして健康で文化的な、社会保障の整った社会をみなでつくっていき、人が生きることに最善の策を講じようとする、この人を生かすための社会の装置（dispositif）、すなわち生権力と生政治の結合メカニズムこそ、モダニティの――アガンベンによれば古代ギリシアに根をもつ――社会・政治体制の基本構造である［Agamben 2001 (1998), 2003 (1995), 2016 (2014); Beck, Giddens & Lash 1997 (1994); Foucault 1986 (1976), 2006 (1979):190; 檜垣（編）2011; 市野川 2016; 樫村 2007:14-15; 久保 2018:160-178; Murray 2014 (2010):113-117; Negri & Hardt 2012 (2009):139; 三上 2010:37-38; 上村 2001, 2003］。

こうした社会や個人による多元的なモニタリングを根底で支えているのが、科学と専門家である。再帰的近代とは、したがって、国際機関からＮＧＯそして家族や個人まで、あらゆる組織や人が、社会全体として、科学的知識や科学技術とそれらに関わる専門家を「信頼」するという基底的なメカニズムから成り立っている。政治・経済・産業・法・医学など、およそあらゆる分野において、これまでの制度設計に修正や見直しが必要になった場合、そこで頼られるのは専門家の提言である。以前であれば、当該の機関（政府、企業、病院など）が自ら対処したところを、いったんその機関の外に位置する専門家の検討にゆだねるという手続きが、昨今の方法となっている。たとえば裁判員制度やコンセンサス会議のように、いわゆる素人が参加し決定に関わる方法が重視される局面もあるが、それも、ほかならぬ専門家が素人参加の有効性を主張するがゆえである。生権力や生政治の浸透が人々の支持を得ながら進んだことと、科学や専門家にたいする信頼が社会の中で強化されてきたこととは、密接に連関し合っている。また、特定の科学技術や専門家にたいする疑義があっても、さしあたり専門家という制度や科学それ自体にたいする信頼の崩壊にまではいたっていない。この点で、ベル、ルーマン、ギデンズ、そしてヴェーバーが見通したように、現代社会は、科学技術と専門家に依拠する信頼のメカニズム※4を高度に発達させることで、複雑に分化した社会の複合的なシステムを機能させつつ、存立している。そして、逆に、かつてそうした信頼のメカニズムを支えていた宗教は、その意義を減じつつある［藤垣・廣野（編）2008; Giddens 1993 (1990); 小林 2007; Luhmann 1990a (1973); 松本 2012 (2002); 西山（編）2013a］。

ただし、この信頼のメカニズムは、いわば底が抜けたかたちで存在しているということもいえる。次に、これに関連して、リスク社会論について確認することにしよう。

第四節　合理化論とリスク社会論の接合

不確実性を確実視するリスク社会

現代社会は、さまざまな点において不確実性と偶有性を抱えている。この点は、社会学においてはリスク社会論として包括的な視点から論じられてきた。現代社会は複雑さを増し、かつ再帰的なメカニズムを強化しているため、われわれが自身の選択や行為がおよぼすであろう影響やそれによる事態の展開を予期しようとしても、もはやそれは確実なものではなくなっている。だからこそ、可能なかぎりのモニタリングをし、適切な対処を模索しようとするのだが、それは決して十分なものとはなりえず、社会に生きる人々もそのように予想する。この不確実な――と確実視されている（序論）――モニタリングの循環が、現代社会の特徴である。前節で触れた環境問題は、その一例である［Beck, Giddens & Lash 1997（1994）; Giddens 1993（1990）:155, 158-159, 2001（1999）:60; 飯島（編）2009; Luhmann 1984（1962/1974）; 大澤 2008, 2012, 2015a（2014）; Moeller 2018（2012）:58-86; 竹内 2010; 上杉正 2008; Urry 2014（2003）; Virilio 2001（1977）]。

その場合、現代社会が再帰性や不確実性をいっそう高めているという実体論の次元における変化よりも、そうした不確実性を認識する知識・概念群、すなわちルーマンが社会構造と相関するものとして概念化した「ゼマンティーク」が、社会に生きる人々や組織により強く浸透してきているという、観察・認識・知覚の次元における変化にこそ、むしろ注目すべきである。エスポジトは、このゼマンティークの変化を、ニュートン物理学から量子力学への移行と対比する。ニュートン物理学においては、物理現象の連鎖は、過去の任意の時点における位置と運動量がすべて決まれば確定される。その極論がラプラスの魔である。しかし、量子力学においては、過去の時点における情報が十全に得られたとしても、未来についての完全な情報を得ることはできない。リスク社会とは、量子力学におけるハイゼンベルグの不確定性原理に相当する論理、つまり不確実性や計算・予測不可能性といった点が、人口に膾炙した社会なのである[※5]［Beck 2011（2008）:101; Esposito 2002:53-56; 2011（1980）; 今田 2013:1-3; Luhmann 2011（1980）, 2013a

※４この信頼のメカニズムを支える他の主要な基盤は、貨幣などの総合化された象徴メディア、そしてギデンズがいう存在論的安心（ontological security）――幼年期に、母親ら身近な人々によって愛され保護されることによって獲得される――などである［Giddens 1993（1990）, 2005（1991）: 38-60]。

(1981), 2013b (1989); 村上 2010:185-186; Wiener 2011 (1961/1948)]。

リスク概念については、序論であらかじめ要点を整理しておいた。リスクの語源は、中世後期や近代初期の絶壁や岩礁を意味したラテン語（risicm, resicum）にさかのぼる。大航海時代には、商人や探検家が、多少の危険を冒してでもあえて航海をおこない交易の利を得るという意味で、各国語に取り込まれたこの語（ex. risco, riesgo,risico, risque）をもちいた。やがて、この語は投資における結果の確率算定を意味するようになり、現在のように不確実な状況を広く指す概念として普及していった。近代以前の西欧や、非西欧の諸社会において、リスクに相当する概念はおよそ知られていなかった。そうした時代や社会のゼマンティークでは、宿命、幸運、神の意志などにより、世界は一定の確実性を担保されていた。また、近代西洋社会でも、ある段階までは、セーフティネットを社会的に構築することで対処が可能という認識にもとづき、保険や社会保障によるリスクへの対処が正の連鎖のサイクルを構成していた。保険制度や福祉国家はリスク対処の技術にほかならない。しかし、そうした制度をもってしても対処できない不確実性や蓋然性とその現実化が、ある段階からクローズアップされるようになった。現代社会をリスク社会と呼ぶ所以である [Boholm 2015:4-6; Giddens 2001 (1999) :50-57, 76; 伊藤 2017; 小松 2003:53-56; 厚東 2006:132-146; Luhmann 2014 (1991) :24-30; 正村 2013, 2017a (編)；松本 2016 (1998) :388-392; 三上 2010:43-46, 52-53; Rosanvallon 2006 (1995)；渡名喜 2015]。

現代社会は、人間が生み出したリスク、ギデンズがいう人工リスク (manufactured risk) にあふれた社会である。とりわけ、温室効果ガスによる地球温暖化、原子力／核関連技術、遺伝子組み換え農作物（ＧＭＯ）などがもたらす影響のように、科学技術の発達と産業資本主義とのカップリングが高度に進んだ結果、科学技術が生み出したが現状の科学技術によっては解決ができない、というタイプのリスクに、現代人は危機感を強めている。ほかに、科学の発展によって知られるようにはなったが、予測し対応することが困難なリスク——たとえば、地震や集中豪雨（局地的大雨）などの自然災害、新型ウィルスなどによる新たな疾病の流行——も、現代社会が直面している重大なリスクである。もちろん、手持ちの知識や手段では対応できない、しかしその存在や存在可能性は知られている、というタイプのリスクや危機は、たとえば超自然的存在から人間が被る影響など、現代社会だけに存在するものではない。ただ、高度に情報化し再帰化した現代社会においては、空間的・時間的・社会的に影響のおよぶ範囲を確定できない広がりをもち、帰責の対象化も被害補償も困難なリスクがさまざまにあるという認識が、グローバルに共有されるにいたっている。まさに世界社会がリスク化しており、この点でもはや他者というカテゴリーは存在しえない。ベックは、世界リスク社会としての現代社会の主要な危機（リスクの顕在化）として、金融危機、テロの危機、生態学的な危機の三つを挙げ、別の論考では、世界リスク社会の基盤を気候変動、金融リスク、放射線に見て取ったが、むしろリスクの折り重なった連鎖はそうした区分けを無効化していると考えるべきであろう。デュピュイのカタストロフ論は、まさにそうした認識にもとづいている［Beck 1998（1986），2003（2002），2013（2012），2017（2016）:92; Beck & Beck-Gernsheim 2014（2011）:116; Boholm 2015:76-87; Dupuy 2012（2002）; Giddens 2001（1999），2005（1991）; 小松 2003; 正村 2017b; 松本 2016（1998）; 三上 2010:43-49; 美馬 2007; 鈴木康 2015; 渡名喜・森元（編）2015; 山口節 2002:153-162; 吉田 2013b］。

ベックは、チェルノブイリ原発事故直後に出版された『リスク社会論』（邦訳名は『危険社会』）においてリスク研究興隆の端緒を開いた。しかし、彼の議論には問題もある。第一に、ベックは「リスク」と「危険」を概念上明確に区別せず、ときに互換的にもちいている。第二に、リスクは認識あるいは解釈の次元に存する概念であって、ある事象がリスキーなものであるかどうかは、ダグラスらがいうように、当事者のもつ文化や価値観に照らして定位されるべきものと考えられるが、ベックのリスク論はいわば中途半端な構成主義にとどまっている。そして第三は、リスクの自己言及性への十分な目配りを欠いていることである［Boholm 2015:9-17; Douglas & Wildavsky 1983; 伊藤 2017; Luhmann 2014（1991）; 正村 2017b; 村上 2005:132-162; 中山 2013; 仁平 2015; 西山 2013b:19-20; 小松 2003:29, 69-70; 大澤 2016; 寺田 2016; 山口節 2002:185, 191-208］。

ルーマンは、この自己言及性をリスク論の中心に据える。社会を観察にもとづくひとつの自己生産的（オートポイエティック）システムとして捉えるならば、社会は、それが存

※5 現代のリスク社会のゼマンティークを量子力学のパラダイムに対比できるとすれば、ニュートン物理学に対比しうる近代社会のゼマンティークは、やはり合理化や合理主義であろう。人口に膾炙した合理化のゼマンティークは、確実性、計算・予測可能性、社会制度や科学技術への信頼といった点から成り立つ（序論）。悪しき因習が駆逐され、科学や技術の進展に支えられて社会がより住みやすいものとなり、信頼しうる予測や計算にもとづいて社会制度や人生を設計することができる、そうした生き方や社会のあり方に関するゼマンティークが、産業資本主義の持続的な展開と相まって、二〇世紀の諸社会において浸透していった。二一世紀の今日においても、このゼマンティークはなお世界社会において、とくに経済成長が著しく改革・開放が進む国や地域において、拡大・浸透をつづけている。しかし、リスク社会のゼマンティークを受容する人々や社会は、こうした合理化や合理主義のいっそうの進展を手放しで信頼することはもはやできないのである。なお、量子力学のパラダイムの浸透によってニュートン物理学のパラダイムが駆逐されたわけではないように、リスク社会のゼマンティークと合理化のゼマンティークもある種の並存・補完関係にある。

続し観察つまりはモニタリングをつづけるかぎり、リスクを発見し生み出すようにできている、というのである。社会や人といった主体は、リスクを発見し何らかの対処をはかりリスクを回避しようとするが、そうした行動自体が（別の）リスクの招聘につながる。リスクは、社会的なモニタリングと対処それ自体から自己言及的・自己生産的に発生するのである。こうした観点に立てば、絶対的な安全は存在しえない。ある選択が妥当かどうかについては、確定的な「事後」はなく、観察の主体によっても異なるので、わからない。ベックの議論は、こうしたリスクの自己生産性という論点を欠いているため、リスクと安全とを二項対立的に設定し、前者から後者への移行が可能であるかのような構えとなっている。しかし、それは、社会分析としては不十分かつ楽観的にすぎる[Kneer & Nassehi 1995（1993）: 小松 2003:100-106, 130-141, 193-196; Luhmann 1990a（1973）, 2003（1992）, 2007（1986）, 2014（1991）; 正村 2017b:157-158; 高橋徹 2013; 友枝 2013; 山口節 2002:164-175]。

以上のように、リスクは、主体の解釈の次元に存在し、プラス／マイナス両価的なものであるとともに、ある対処が別のリスクを生み出すという自己生産的な性格をもったものでもある。現代社会は、見通そうとしても見通せない無限のリスク――リスクとは、潜在的あるいは可能様相論的な危機の到来の予期に関わるものである――が認識されるようになり、何らかの事前の対応を迫るモニタリングも発達してきているが、それが次の新たなリスクを生み出しもするというメカニズムをもっている。その場合、ルーマンがいう第二次観察にもとづけば、リスクの発見やそれへの対処にはおよそ終わりがない、ということになるが、社会に生きる当事者は、第一次の観察にもとづき、そうしたリスクの現実化につながるであろう要素を可能なかぎり洗い出し、あらかじめ排除しておこうとする。それがどの程度有効なのかは不確実であるが、放置しておくよりは何らかの対応をした方がよい、というのが、リスク社会における基本的な対処法である。[※6] こうして、リスク社会は論理必然的に監視社会となる。

さて、こうしたリスク社会に生きる現代人は、では、つねに不確実性にさらされ不安を抱きつづけているのだろうか。三上は、ギデンズがいう信頼のメカニズムに頼ることは、もはや現代のリスク社会においては危険ですらあると論じる[三上 2013:1-2, 25-26]。しかしながら、専門家システムへの信頼に頼ることが失効しつつあるのであれば、そもそも三上がそのように述べること自体が、社会学的にはナンセンスということになる。三上の言明は、自身の議論の再帰的な組み込みを十分整理したものとはいえない。信頼のメカニズムは、ゆらぎつつあるとしても、なお効力をもっており、信頼することが論理的にも学術的にも有意味であるというのが、現代社会における主要な第一次観察のあり方であると考えられる。ただし、社会の中の一部の領域——たとえば、日本の原発や核廃棄物の政策など——については、もはや信頼のメカニズムの破綻可能性がうすうす自覚されているということは指摘できる［正村 2013:252-253］。信頼のメカニズムがいわば底が抜けたかたちで存在しているのが、途方もない高リスク性を抱えた現代社会の姿だといえるのではないだろうか。

合理化とリスク化の表裏一体性

ここまで、再帰的近代における社会のリスク化について論点整理した。では、序論からのもちこし課題である、リスク化と合理化との関係について、ここで整理することにしよう。

ヴェーバーは、二〇世紀はじめの同時代の状況に鑑みて、合理化という概念でモダニティの自己生産的な展開を捉えようとした。一方、ギデンズやベックそしてルーマンら現代の社会学者は、二〇世紀後半以降の状況に鑑みて、モダニティの再帰的な自己生産的展開を、リスクの高まりつまりはリスク化として捉えようとした。リスクという概念に未来におけるプラス／マイナスの予測という両価性があるように、合理化という概念にも非合理化という背反的な様相がともなう（序論・第一章）。また、ヴェーバーの合理化論は、諸主体の主観的な理解、つまりはモニタリングを基盤とする概念であるとともに、そうしたモニタリングの射程をこえたところに生じる意図せざる結果を〈倫理論文〉の結論としていた点で、本章第三節で述べた主体的に処理されうる再帰性と主体的には処理されえない再帰性との複雑な絡み合いを視野に収めたものであった、といえる。ヴェーバーの合理化論は、いわば再帰的な合理化論だったのであり、この点こそ、ギアツの合理化論との決定的な差異であるとともに、現代の再帰的な社会理論との明確な相同性である。

こうしてみると、ヴェーバーの合理化という概念と、ギデンズやルーマンらのリスクという概念とは、いわばたがいがたがいの分身であるような関係にあるものとして、捉えるこ

※6山口は、リスクを回避し、安全を高めるための努力がかえってリスクを招くという状況をパラドクスと呼ぶ［山口節 2002: 174］。これは、第一章第三節で論じた合理化のパラドクスの一環と考えることができる。正村は、リスク対策がリスク発生につながる「リスク対策のパラドクス」の具体的パターンとして、①不十分なリスク対策がリスクを残存させる場合、②リスク対策が意図せざるかたちでよりおおきなリスクを生じさせる場合、③リスク対策があるリスクを軽減させる代わりに別のリスクを顕在化させる場合、の三つを挙げる［Douglas & Wildavsky 1983: 80; 藤垣・廣野（編）2008; 石原・佐藤 2012; 小林 2007; 正村 2017b: 166-169; 松本 2012（2002）; Nassehi 2002: 30; Rose 1998（1992）; 斉藤環 2015; 山口節 2002: 170, 204-205, 241-243］。こうした状況は日常生活にもありふれている。

とができる。より正確にいえば、抽象的・形式的な次元の合理化の現出形態たる事象的・具象的な次元に、知性化としての合理化や呪術の徹底といったヴェーバーが言及した合理化の構造・過程も、現代社会における個人化や監視・管理社会化そしてリスク化の構造・過程もともにある、ということである。ヴェーバーの時代の社会では、モダニティに光の様相をみようとする傾向があり、合理化概念にはプラスのイメージが付与された。一方、二〇世紀後半以降の現代社会では、むしろ影の様相をみようとする傾向が台頭し、リスク概念のもつマイナスのイメージが前面に推し出された。そのため、序論でも触れたように、それぞれの時代状況を象徴するともいえるこの二つの概念は、一見すると対照的な概念であるかのように思われている。しかし、これまでの検討から、「合理化」と「リスク化」は、モダニティの構造や過程の中心をすくい取る概念として、表裏一体の類似性をもち、時系列的にも連接する関係にあるものと考えることができる。[※7]

付け加えれば、このヴェーバーの合理化論とギデンズらのリスク論とを媒介する位置にあるのが、アドルノとホルクハイマーの『啓蒙の弁証法』である。この著作で、彼らは、ナチスが台頭する時代状況において、啓蒙や理性や合理性といったモダニティのプラス面が管理や暴力や反合理性といったマイナス面と一体であるとともに、前者から後者への反転の不可避性がモダニティの本質的特徴である、と喝破した。弁証法という定式化を再帰的なメカニズムへと変換するならば、彼らの議論は、合理化とリスク化とが相互に重なり合う概念であること、そして時代の特徴を縮約する概念が前者から後者へと移行・転換していくことを、先取りして論じたものであったと、再定式化することができる [Horkheimer & Adorno 1990 (1947) ; Negri & Hardt 2012 (2009) :119, 161-163]。

ここでポイントを確認しよう。本研究では、合理化概念にリスク化概念の含意を、またリスク化概念に合理化概念の含意を、それぞれ読み込む立場から、観光と宗教の合理化＝リスク化について検討することを理論的な切り口とする。観光や宗教の合理化は、潜在的にかつ論理必然的に、非合理化つまりはリスクの増大を抱え込む過程にほかならない。むろん、その具体的な相貌は、個別社会のあり方によって、時代によって、また観察する主体の立ち位置によって、異なってくるであろう。そのあり方の具体例は、第二部および補論において記述するところとなる。

ここで指摘しておきたいのは、先行研究において、こうした合理化とリスク化を表裏一体のものと捉える視点から、観光や宗教あるいは観光と宗教の関係にアプローチした研究はおよそ皆無である、という点である。観光リスク論といいうる研究は、二〇〇九年にハンガリーのシオーフォクで開催された第四回「観光の不確実性とリスクの管理における創造と革新」国際会議で、ようやく体系的に論じられるようになった。しかし、その会議での議論は、ベック流の実体論の視点からリスクとその軽減可能性について論じたものにとどまる。アーリとラースンの議論も、ベックのリスク論を下敷きにした、観光とその外部環境にあるリスクとの関係に言及する枠組みの中にある。宗教リスク論についても、原理主義者による破壊やテロリズムなどに関する議論が中心であり、世俗化と機能分化に論及する荒川の議論はあるものの、ここで指摘したような、再帰的近代におけるリスクの自己生産性を個別社会における宗教や他のシステムとの関係性において主題化しようとした研究は、管見のかぎりないようである[荒川敏 2017; 東・市野澤・木村・飯田（編）2014; 遠藤 2018:231; Köpping 2002; Rátz & Irimiás (ed.) 2012; Read & Nicholas 2014; Urry & Larsen 2014(2011):334-372]。リスク論と合理化論とを架橋した、解釈学的認識にもとづく観光宗教論は、本研究をもってその可能性（と限界）の探求の端緒をなすものということになる。序論で明確に論及しなかった点であるが、このことをここで確認しておきたい。

＊

本章の議論を簡単に総括しておこう。ここでは、ヴェーバーが合理化論を探求した時代のあとに明確になったモダニティの構造的な諸特徴を、ヴェーバー亡きあとの研究者の議論を総合的に参照しながら確認した。各節における議論を項目としてのみ挙げれば、①情報社会化・消費社会化をともなった、産業資本主義体制の拡大・深化の中での、中産階級を顧客としたリクリエーション産業の発達と、人々の余暇活動への財の傾注という傾向、②産業資本主義体制の発達と国民国家体制の弛緩とを背景とした、人々の生の根幹である生活世界の植民地化、③社会全体における再帰的メカニズムの徹底、親密圏の変容を背景とした個人化の進行、リスク回避のためのモニタリングの強化としての監視社会化、生権力と生政治のメカニズムの徹底、④リスク社会化、といった点である。

いうまでもなく、これらはたがいに連関し合っている。①にあるような余暇活動への耽溺は、②の生活世界の植民地化や、③の個人化や監視社会化の中における、④心身のリスク

※7 ベックは、『リスク社会論』の中で、リスク認識と科学的合理性・社会的合理性との関係について論及しているが、そこでの議論は、現代のリスク社会における科学者の合理性やリスク性の判断と、世論の判断の合理性／非合理性をめぐるものであって、リスクと合理性という概念そのものの論理的関係に関する検討ではない。ベックにおいては、リスクと合理性とはそもそも対立的な概念として設定されているといってよい［Beck 1998（1986）：39-41, 89-92］。

の増大にたいする、ひとつの対処のあり方である。ストレスのたまる日常から一時的に離れる観光というリフレッシュ行為は、これらが結び合うところに展開し、現代においていっそう増殖した、ひとつの社会行為現象である。それゆえ、観光を単にひとつの余暇活動としてばかり捉えてはならない。[※8] 観光は、生権力・生政治全盛の時代における心身の健康管理への配慮に由来する義務的行為としての要素を内包するものでもある。別言すれば、観光者は、特定の目的地を選択し観光する主体であると同時に、よりよき生の享受を強いられている従属体でもある。既存の観光研究において論及されていないこうした点こそ、現代社会のメカニズムの中に観光というシステムを位置づけ理解する上では、重要となる。

むろん、従属体であるという点は、観光地に生きるホスト側の人々にもまた当てはまる。本章第二節では、植民地体制という非合理的といってよい一方向的な支配のメカニズムが「周縁」の地に移植され、これが「中心」における経済社会の合理化——それをヴェーバーは「普遍的」と捉えた——をすくなくとも部分的には支えたこと、いまも重層的な植民地支配状況が持続されまたは強化されている地域があると考えられること、に触れた。現在の楽園観光地の大半は、植民地やそれに相当する支配状況におかれた経験をもつ「周縁」の地にある。また、観光者の嗜好を反映したもてなしの規律を身体化しえた人々が観光業従事者となって、「中心」から訪れる観光者に束の間の癒しや休息そして快楽を支える、というのが、合理化を進めた楽園観光の実態でもある。観光地におけるホスト側においても、生活世界の植民地化、生権力と生政治の徹底、管理社会化の浸潤といった点は、やはり見出すことが可能である。

では、以上を念頭におきながら、次章で観光そして楽園観光について論点整理をすることにしよう。

※8 たとえば、スミスは、観光を余暇つまり可処分な時間と可処分な所得の和から成り立つものと定式化した［Smith 2018（1989）b: 1-2］。よく知られた定義であるが、今日こうした観光の理解は、監視・リスク・生権力の観点から再検討されるべきである。これについては、あらためて別稿で論じたい。

第三章　島嶼の楽園観光地の構造的特徴

観光は、一九世紀後半以降、モダニティの諸制度の構築・整備と技術革新にともなって世界に広まり、第一次世界大戦後の一九二〇年代から規模を拡大させ、二〇世紀後半にさらに急速に発展した社会現象である。観光研究も、一九七〇年代から急速に発展しており、いまやその研究蓄積は膨大なものとなっている。本章では、それらの議論の主要なものを総合しつつ、また前章の議論も踏まえながら、島嶼の楽園観光地がもつ主要な特徴を整理しようとする。第一節では観光の一般的特徴を確認し、第二節では楽園観光の成立と展開の経緯について概観する。そして、第三節では楽園観光地のもつ構造的特徴について整理し、一部の楽園観光地に看取される観光地化と植民地化の同型性について確認する。なお、本章の議論は、二つの拙論［吉田 2013b:chap 3, 2016a］の合体・修正版である。

拙論［吉田 2013b］とおなじく、本研究でも、「観光」は社会的行為の次元に定位される概念である。その場合、序論で述べたように、観光する側だけでなく、観光者を受け入れる側にも即して、この観光という社会的行為を捉えることが肝要となる［吉田 2020b］。従来の観光研究におおいのは、観光を行為論の観点からではなく、産業論や経営論の観点から主題化したものであるが、以下では、原則として、産業としての観光については「観光産業」、また営利追求の意味をかならずしももたないものについては「観光事業」という表記を、それぞれもちいることにする。

第一節　全体的社会事実としての観光

観光という社会的行為

まず、観光の語源からはじめよう。日本語の「観光」は、幕末に英語の tourism を儒教の「易経」の「風地観」にある「観国之光、利用賓于王」に照らして訳出したことに由来する、とされる。この解釈には疑問も提起されているが、さしあたり「観光」は、その国がよく治まっていて光輝を放つさまを観察すること／させることという意味の文言から生み出された語と考えられる。こうした含意は、英語の sightseeing とも重なる。一方、tour はラテン語のろくろ（tornus）に由来する。つまり、各地を巡遊して帰るということが tourism の語源である。travel は travail つまり労働や骨折りに由来するが、holiday は逆に労働しないハレの日を意味する。日本において「観光」という語が社会の中に定着していったのは、大正以降のことである［Boyer 2006（2000）:35-42; 橋本佳 2015:15-16; 井口 2015:8-9; 溝尾 2009; 森田 2006:188-191; 佐竹 2010; Smith 2001c:53; 須藤 2012:15］。

このように、欧米や日本における「観光」に相当する語は、「観る」「見て回る」といった原義からなる。見ることと巡遊することとの結合というこの点は、語源についてばかりではなく、観光という社会的行為の内実について理解する上でも、重要な基点を提供する。すなわち、観光とは、見ることを重要な要素とする、移動をともなう娯楽的行為が、一九世紀以降の近代的諸制度メカニズムと結びつくことによって組織化・集団化し、成立した社会現象なのである。

移動をともなう娯楽的行為は、以前から世界の各地に存在した。さしあたり、ここではこれを「旅」という概念で捉えておく。一九世紀半ば以降、とりわけトーマス・クックによる制度整備をきっかけに、そうした移動をともなう娯楽的行為は、大衆を組織的に動員するものへと転換されつつ、産業資本主義の体制の中に組み込まれていった。「観光」は、モダニティにおいて生み出されたり抜本的改編を受けたりした諸制度メカニズムの上に成り立つ、「旅」から創発的な転換を経た行為現象であると、さしあたり把握することができる［井野瀬 1996; 大野 2012:212; Urry & Larsen 2014（2011）:9-11］。これが第一点である。

ここでいうモダニティの制度メカニズムの主要なものとして、①ハーヴェイやギデンズらがいう時空間の圧縮、②ロバートソンやリッツァらがいうグローバル化とローカル化、あるいはグローカル化、なお、これは、ギデンズのいう脱埋め込みと再埋め込みや、ベックのいうコスモポリタン化にほぼ相当する、③ルーマンやギデンズがいう信頼のメカニズムの練成、などを指摘することができる。モダニティの時代に発達した高度なテクノロジーによって、人や物資はますます短い時間でますます遠くに移動することが可能となった。これが時空間の圧縮の含意である。グローバル化は、トムリンソンによれば「複合的接合性」、厚東によれば「高度な移転可能性」を、その中核的なメカニズムとする。厚東は、非西欧社会におけるモダニティの移転に注目し、これを「ハイブリッドモダン」と呼ぶ。こうした複合的な接合と移転とが折り重なった結果、現代人の生活は、たとえばその衣食住を取り上げてみても、当人があずかり知らぬさまざまな匿名の人や組織がつくり上げる社会的ネットワークによって支えられるものとなった。そうした社会の複合性の増大は、潜在的なリスクの高まりという点を帰結することにもなる。ただ、人々は、かならずしもつねに不安の中に生きているわけではなく、むしろこの全体を見通すことができないまでに複雑化し広がりをもつにいたった社会の総体を、なんとなく信頼して生きている。複雑で広範囲に不確実性がおよんでいるからこそ、そのすべてに懐疑のまなざしを向けることができないという点もあろうが、現代人のおおくは、日々の生活やその延長線上にある未来にたいして確実性や計画性を企投し生きており、絶望だけではなく希望をももっている。信頼のメカニズムについては、第二章第三節でも触れた。信頼は、ヴェーバーの合理化概念においても重要な契機であった（序論）。これら①②③が交差する中で、移動手段や遠隔地における安全の確保を信頼し、圧縮された時空間を高速に移動し、ひとときの時間を日常から離れた場所で過ごす——アーリの表現を借りれば「場所を消費する」——という娯楽的行為が、社会の一定範囲の人々に浸透したのである［Beck 2005（1997）, 2008（2002）, 2011（2008）, 2017（2016）; Beck & Beck-Gernsheim 2014（2011）; 遠藤薫（編）2007; Featherstone 2009（1995）; Giddens 1993（1990）, 2005（1991）:16-35; Harvey 1999（1990）; 伊藤 2017; 伊豫谷 2014b; 厚東 1998, 2006:33-38, 2011:24-27, 49, 255; 三尾・床呂 2012; 宮崎 2009; Ritzer 2005（2004）; Robertson 1997（1992）; Robertson & Turner 1995:vii; 須藤 2012; Tomlinson 2000（1999）; Urry 2003（1995）, 2014（2003）; Weber 1980（1919）:32-33; 吉田 2013b］。

第二に、観光という行為には、まなざしのプライオリティとでもいうべき特徴がある。もちろん、観光という行為がもつ広がりを「見る」ことのみに縮減することはできない。たとえば、低緯度地方の温暖な気候や高緯度地方の冬の氷雪・温泉・オーロラ、あるいは俗に3s（sun, sand, sea）や4s（+ sex）または5s（+ shopping）といわれる要素——ただし、マシューズは第五のｓを隷属性（servility）とする［Matthews 1978:84］——が観光者を魅惑することが示すように、観光は五感で感じる身体的な体験から成り立っている。また、ギャンブル、スポーツ、食、ホテルに閉じこもる休息、瞑想や神秘的な体験、宗教的な心身の浄化、農業・漁の体験、医療施術などを主要な目的とした観光形態もある。ただ、これまで訪れたことのない場所を訪問し、その地にある事物を見るということが、観光という実践の重要な契機をなすということも、またいえる。歴史を振り返れば、一九世紀半ば以降の観光の大衆化・組織化・制度化は、未知のものを知りたい見たいという欲望を肯定する、ロマンティシズムやノスタルジアに下支えされていた。一八世紀末の西欧では「熱帯の自然」にたいするロマンティックな憧憬が起こり、一九世紀前半には、海外での植民地の拡大と国内でのジャーナリズムの勃興が重なる中でオリエントや熱帯に関する情報も流通するようになり、西欧内外のおよそあらゆる自然が魅惑的なものとして捉え返されていった。この熱帯への憧れは楽園観光成立のひとつの背景であった。他方で、ヨーロッパでとくに注目を浴びたのはアルプスであった。こうした鑑賞すべきものとしての風景の発見は、浜辺や田園の発見、避寒の普及、交通手段の発達、メディア情報の流通などと連動し合い、観光という実践の本格的な幕開けを画すものとなった［Appadurai 2004（1996）:144-151; Corbin 1992（1988）, 2000（1995）（ed.）; Davis 1990（1979）; Gössling 2003:6; Graburn 2001:50; Harvey 1999（1990）; 河村 2013:106-139; 厚東 2006:95-96; Seläniemi 2001; Smith 2001c; Urry 2002, 2006（2000）; Urry & Larsen 2014（2011）］。

メディア情報という点で、とくに注目すべきは、写真、絵ハガキ、映像、模型など、視覚的なイメージや図象の流通が観光に与えた決定的影響である。ブーアスティンが指摘するように、旅から観光への転換期に当たる一九世紀後半という時代は、複製技術革命が進行しはじめた時代に重なる。持ち運び可能なカメラの普及は、写真と観光との深い相互連関性をもたらし、いまや観光は画像や映像そしてこれを瞬時に転送するインターネット通信と切り離せないものとなっている。観光は、モダニティの文化的・社会的・技術的な諸メカニズムの練成の中で、視覚的なものを中核とした情報の流通と蓄積が、見知らぬものへの憧憬や欲望の増大と交差する中に成立し発展したのである。そして、付言すれば、その反面として、アーリとラースンがいうように、二一世紀の空港やホテルなどの観光施設と観光地は、さまざまな監視のまなざしにあふれてもいる［Benjamin 1995（1936）; Boorstin 1964（1962）:96-97; Salazar & Graburn（ed.）2014a; 多木 2000, 2007; Urry & Larsen 2014（2011）:342-344］。

第三に、あらためていうまでもないことだが、観光は消費行動としての様相をもっている。かつて支配的であった商人資本主義は、もっぱら奢侈品を商品としこれを王侯・貴族が購買するという、空間的な価値体系の差異から剰余価値を得るシステムであった。これにたいして、そこからの創発的な転換を経て成立した近代の産業資本主義は、創出されるものとしての生活必需品を機械工程において生産し、これを大衆たる消費者が購買する、そしてさらに新たに差異化され必需品化された商品を売り出し、消費者がこれを購買するという、時間的に差延化された価値体系の絶えざる創出によって剰余価値を得るシステムである。産業資本主義は、あの手この手で人々の欲望を刺激し、次々と新たな商品を疑似的必需品として提示し、収束することなく拡大する利潤追求の円環をつくり上げた。ドゥブレ、ブーニュー、スティグレールらは、メディアの技術・産業が現代人の記憶や実践において果たす本質的な役割について論じ、リッツァは、現代の消費社会化の典型を、ショッピングモールやクルーズ観光など、彼のいう「消費の殿堂」にみる。そこでは、合理化とともに呪術的な力が作用し、さらなる消費へと人々を誘っている。観光産業は、情報社会化・消費社会化の中で、いわば行為からなる消費材のひとつとしての観光商品を、厚みを増した中産階級の人々を標的として売買することで膨張していった。重要なのは、消費は、主体にとってのある種の自己実現——あるいは自己陶酔やナルシシズム——の契機となり、それゆえ快楽をともなうものであるが、他方では搾取や疎外の契機でもある、という点である。マスメディアや広告が示す消費の刺激的・幻想的な感覚や美学は、セネットのいう自己消費的情熱を人々に惹起し、そうした搾取や疎外を当事者に感知させないよう作用する。人々は、メディアの情報によって、自らの意思で自らを、消費を介した疎外状態へと追いやる。スチュアート・ホールは、のちのボードリヤールの消費社会論を先取りし、消費社会に疎外を読み取ろうとした［Baudrillard 1995（1970）; Bougnoux 2010（2001/1998）; Debord 1993（1983）; Debray 1999（1994）; Giddens 2001（1999）:223-228; Hall 1958; 柄谷 2006, 2010, 2014b; Ritzer 2009（2005/1999）:29-34, 99-100, 105-110, 176; Sennett 2008（2006）:141-154; Stiegler 2009a（1994）, 2009b（1994）, 2013（2001）］。

観光は、では、どういった特徴を有する消費活動なのであろうか。①観光は、可処分な所得と時間（余暇）を一定程度の規模の人々が享受しうる社会的条件と、生活必需品を中心とした基本的な欲求がある程度充足される社会的・文化的基盤とが十分整備されたあとに展開した、自己実現や価値実現に関わる行為といえる。トーマス・クックは、その種の基盤が整った一九世紀半ばのイギリスで、労働者に向けて観光商品を提供し、成功した。ただ、観光は、すくなくとも初発の時点では、疑似的な意味であれ、生活に不可欠な消費行為ではなかった。②しかし、観光が当人には不可欠な生活必需品的消費行為となるまで嗜癖する人もいる。ＦＭＣＧ（fast-moving consumer goods）とも呼ばれる日用の生活必需品の消費には一定の限界がある——たとえば、いくら付加価値があっても、調理器具やシャンプーなどを無数に購入することは考えられない——が、自己実現・価値実現に関わる消費行為は、必需ではないがゆえに、消費財に比べればはるかにおおきな需要創出のポテンシャリティをもつ。ギャンブル、スポーツ、ペット、ファッション、コレクションといった趣味ないし余暇活動、宗教的な喜捨や寄付、チャリティー活動などとともに、観光は、ライフスタイルの選択による自己形成が生活の最重要の主題となった現代に生きる人々の心の琴線に訴えかけ、多大な財の傾注つまり消費を引き出しうる。③工業製品は、さらなる技術革新によって既存の製品からの差別化およびコストダウン化をはかるという戦略の上にある。イメージやデザインも重要ではあるが、工業製品においては新規の機能的価値が顧客に最大限アピールする武器である。一方、観光は、精神的あるいは文化的価値の比重が高い商品であって[※1]、より微細な差異とその組み合わせから成り立っている。この価値は、それぞれの顧客によって相当な差異をもってあらわれる。新たに開発された商品ばかりでなく、懐古的なものや時代倒錯的なもの——たとえばＳＬや人力車など——が人気を博する余地も多分にあり、利便性ではなくむしろ不便で苦難をともなう過程——たとえば船でしか行けない小笠原や西表島でのトレッキングなど——が希求されることもある。観光は、ドゥブレのいうジョギング効果——車時代になってジョギングが定着したように、時代遅れのものに回帰する傾向性——を顕著な特徴としてもち、ヴェーバーにならえば審美的で非合理的なものでもある（第一章脚注14）。④通常の消費活動では、商品が消費者の下に届けられるが、観光は、消費者自らが現地に出向いて消費する商品であるという特異な性格を有する。観光は、ドゥボールの表現を借りれば、商品循環の副産物として生まれた人間循環という消費活動の形態をまとっている。人の移動というこの点ゆえに、観光という行為には、食事、宿泊、みやげ物、輸送などに関わる複合的な産業の集積体もつきまとう。観光は、これら四つの点を特徴とし、産業資本主義体制の中で発展したレジャー消費活動である［Bougnoux 2010（2001/1998）:112; Brendon 1995（1991）; Campbell 2005（1987）; Debord 1993（1983）; Giddens 2005（1991）:89-97; 蛭川 1998; 本城 1996; 井野瀬 1996; 間々田 2016; Ritzer 2005（1999）, 2009（2005/1999）; Schor 2011（2010）; 白幡 1996; Veblen 1998（1899）］。

先進国社会において、観光という行為は、リフレッシュのための疑似的必需品として生活の中に浸透している。そして、そこにさまざまな消費の局面が付加されることで、実に多様な観光商品の諸形態が生み出されている。しかしながら、観光は、消費活動としての側面にかならずしも還元できない一面をももつ。これが第四点である。①観光において、ものの消費は本質的な要素とはいえない。本来の意味での消費とは、何らかの物質の使用を含意し、したがって廃棄物の産出を必然的にともなう。多様な観光形態の中には、物欲を満たすことを目的とした観光もあるが、グリーンツーリズムやファームツーリズムのように、むしろ生産活動といいうる観光もある。現在、移動をともなう観光でまったく物質の消費をともなわないものは存在しないが、今後の輸送・情報テクノロジーの進化によって、廃棄物とくに不必要な廃棄物の放出をゼロに近いところまで極小化し、いまよりも環境への負荷を軽減した観光が実現する可能性はある［Lash&Urry 1994:275; Urry 2002:90-91］。理念上あるいは本来的に、観光は、言葉の正確な意味での消費（物質的な消費）を必要条件とはしないものである。②そもそも、先に述べたように、観光には、自己実現や価値実現という契機が内在している。この点で、観光には、物質的な意味ではなく精神的な意味での生産活動の様相が潜在している。ヴェブレンも、消費や浪費の中に当事者にとっての有用性や生産性の様相を看取していた［間々田 2016; Negri & Hardt 2012（2009）:18, 222-223; Schor 2011（2010）; Veblen 1998（1899）］。産業資本主義化と消費社会化が進む中で、観光は必然的に消費活動として肥大化していったが、このいわば消費活動の中の、あるいはそれを通しての、精神的・社会的な生産性にも着目すべきであり、ここに観光を持続可能性の観点から組み換えていく突破口もあるように思われる。

ただし、一方で、第二章の末尾で言及したように、こうした自己実現や価値実現へのインセンティヴが、現代社会における自己管理化や生権力・生政治のメカニズムによって喚起されているところが多分にあるという点にも、注意を払っておく必要がある。現代社会は、私的な領域の隅々にまでさまざまな監視と管理を行き渡らせ、個人を縛り上げている。人々は、そうした締めつけにかならずしも意識的ではない。だが、そうした制度の緊縛ゆえに、人々が日常的な生活空間の外にいつかの間だけ赴くという特異な形態の消費活動におおいなる価値を付与し愛好している現状は、あるといえよう［cf. 遠藤 2013; 大野 2007, 2012; 阪本 2009］。現代における観光という余暇活動の興隆の背景にある支配・抑圧・生権力といった契機を、看過すべきではない。このことを、あらためてここで確認しておきたい。

ここまでのポイントをまとめよう。①観光は、時空間の圧縮、グローバル化と再ローカル化あるいは脱埋め込みと再埋め込み、リスク社会を支える信頼のメカニズムの練成など、モダニティの諸制度メカニズムの深化の上に成り立つ、「旅」から創発的な転換を経た、移動をともなう娯楽的行為である。②観光は、未知なるものに憧れる近代のロマンティシズムやノスタルジアに下支えされ、複製技術革命後に広範かつ大量に流通するようになった各種の情報による欲望の刺激を受けつつ、大衆化し制度化されたものである。五感に訴えるさまざまな観光形態が今日あるとはいえ、未到の場所に赴き事物を見るということが観光の重要な要素である。③観光は、産業資本主義体制の中で、一定の可処分所得と余暇時間をもつ中産階級の厚みの増大にともなって拡大した消費的活動であ

※1 間々田は、消費現象の総体を、機能的価値、関係的価値、文化的価値の三つの重なりと変化に注目する観点から分析する。この枠組みにもとづけば、観光は、相対的にいって文化的価値の実現という色合いの強い消費行為であると考えることができる。文化的価値は、場所、サービス、設備、物的消費財が統合された複合体により実現される傾向があり、また消費者の能動的関与がおおきな位置づけを占めるという特徴をもつ。ただし、間々田の議論における「文化」は、近年の文化人類学の成果を参照したものとはいえない［間々田 2016: 30-34, 316, 322, 324］。

る。観光商品は、いわば疑似的な生活必需品であり、これを嗜癖のように享受する消費者から多大な出費を引き出しうる。また、観光は、人間循環という形態をもった消費活動であるため、複合的な産業の集積体と結びつき、現在では実に多様な観光の商品形態が生み出されている。④もっとも、物質的な消費は観光の本来的な要件ではない。また、自己実現や価値実現という契機が内在しているという点で、観光には精神的な意味での生産活動の様相が潜在している。ただし、この自己実現や価値実現へのインセンティヴが、自己管理や生権力の契機とともにあることを忘却すべきではない。日常的な生活空間の外へと脱出する観光の興隆は、現代社会の支配や抑圧の構造に照らして理解されるべきである。

観光論の視角と観光の定義をめぐって

次に、観光を捉える学術的なまなざしについて、ここで論じておきたいことが二点ある。

ひとつは、これまでの観光研究では、観光がもたらす経済発展や地域振興などの明るい面を主題化する議論が大部分を占める一方、観光という行為の背後にある生権力の支配メカニズムや、観光産業や観光事業がもたらす暗い面――たとえば、発展中の観光地で観光業に失敗した人々、開発計画のずさんさや観光地化後の顧客の減少により経営や財政の破綻にあえぐ企業や自治体など――を主題化する議論がきわめてすくない、という点である。おそらく、ここには三つの背景がある。

第一は理論的なものである。先行研究は、本研究が関心を寄せるような、リスク社会論、監視社会論、再帰的近代化論など、モダニティのメカニズムをその暗部を見据えつつ論じた議論と、観光論との接合をはかってこなかった。たとえば、ネグリとハートは、「グローバル化の進む今日の世界を特徴づけているのは戦争、苦難、貧窮、搾取であり、その度合いはますます増している」と述べる［Negri & Hardt 2012（2009）:13］。今日の観光の拡大・浸透は、すくなからざる人々における苦難や貧窮や搾取の深化と直接・間接に連関しているはずであるが、それに焦点を当てた観光研究はきわめてすくない［江口 1998; 江口・藤巻（編）2010］。そもそも、観光という消費行動を享受しうるのは、世界の中ではなおかぎられた数の人々にすぎない。第二は、民族誌の活用に関する問題である。人類学や社会学は、ボトムアップの視点から個別の観光地の事例に関する集約的なデータを蓄積させてきた。そこでは観光と貧困や支配との関係も論じられている。そうした研究を総見すれば、観光振興の偶有性という論点――かならずしもつねに観光振興が地域の社会や経済や文化にたいして正の貢献を果たすとはいえず、観光振興が社会や文化にもたらすものは、それぞれの時代や地域によって、また現地の誰に焦点を当てるかによって、異なるとしかいえない――は明確である。しかし、この実証的研究が示す一般的命題は、観光研究の中でかならずしも十分主題化され考究されてこなかった。※2 第三は、いわば科学論的な問題である。従来の観光研究は、おもに観光産業研究あるいは観光事業研究を実質とする、経営論や産業論といった社会工学系の諸学を主要な母胎としていた。こうした学問の立場からは、いかに観光産業の振興をはかるかが一義的な主題となる。もちろんそうした議論はあってしかるべきだが、他方で、そうした立場からの観光産業／事業の研究と現実の観光産業／事業の振興とが結託し、たがいに迎合的な関係を築くことの問題をチェックするような仕組みが、これまでの観光研究に十分備わっていなかった。バナールや廣重らが主題化したような、学術的な研究が国家や産業と癒着することの問題に、今後の観光研究は真摯に取り組んでいくべきであり、そのためにも観光産業／事業の負の側面や失敗例の研究にあらためて取り組んでいく必要がある［Bernal 1981（1939）; Cohen 1996:26-28; 廣重 1965, 2002（1972）, 2003（1972）, 2007（1979）; 古村 2015; de Kadt (ed.) 1979; Latour 1999（1987）; Matthews 1978:85, 91-93; 須永 2012; Urry 2018（2014）; Urry & Larsen 2014（2011）:23; 吉田 2013b; 吉岡斉 2015］。

　さて、観光の学術的なまなざしに関するいまひとつの点は、観光論の成立可能性に関する、ある意味で根源的な問題である。人類学や社会学などの基礎研究は、社会現象や文化現象をまずは幅広く捉える立場から、当面の主題として観光にアプローチしようとする視座をもっている。こうした視座からするならば、「観光」は明確に定義できないと考えられる。

　序論では、現地の人々にとって「宗教」実践にほかならないものを目の当たりにすることが、観光者にとってもっとも

※2 ゲスリングは、経験的な事例研究から、観光は経済発展や生態系の維持をもたらすこともあれば、逆に貧困や生態系の破壊をもたらすこともあるとし、安易な一般化は慎むべきだとしながらも、観光発展に関する三つの論点を提示する。①ホスト側とゲスト側の間の収入・ライフスタイル・世界観などの差異がおおきければおおきいほど、マイナス面が現出する傾向にある。②従来の社会的・文化的・生態学的システムがローカルな諸条件に適合的であれば、観光化のインパクトはベネフィットよりもコストを、プラスよりマイナスの結果を、よりおおく生む可能性が高く、逆に、生態学的な豊かさが失われ絶対的貧困度が上昇しているところでは、観光の導入が経済的・生態学的な諸問題の軽減に寄与する可能性が高い。③とりわけ、ローカルな人々が観光や発展の意思決定から除外されている場合、望ましくない観光の発展がもたらされる［Gössling 2003: 28-29, 2003c; Stonich 2003］。本章第三節でも触れるように、私は、ひとつの観光地の発展の如何を単独で論じるばかりではなく、複数の観光地の間の相互関係を考慮する必要もあると考えるが、こうしたゲスリングの指摘そのものは、傾聴に値する。

印象的な「観光」実践となりうることを述べた。一方、観光者にとっての「観光」実践が、観光者を受け入れる側からすれば「ビジネス」や「開発」や「村おこし」といった意味を一義的にもつものとなるという状況も、ままある。また、ホスト側が周到に仕組んで演出する「創られた伝統」を、観光者が現地の真正なる伝統や宗教や芸術として捉えることも、めずらしくはない。このように、観光するゲスト側と観光者を迎え入れるホスト側とのコンタクトゾーンで生起しているこうした相互作用状況に注目すれば、観光は、ある主体にとっては観光以外の意味の様相がときに前面に出るような行為であり社会的事実であるということになる。拙論［吉田 2013b］では、モースにならってこれを「潜在的な全体的社会事実」と呼んだ。観光論においては、観光という意味には収まらない、それとは異なる意味の様相をも包含したものとして「観光」という行為が存立していることを、あらためて再確認する必要がある。また、それゆえ、観光と観光でないものとの境界を設定しつつ観光を厳密に定義することは難しいのである。重要なのは、観光が観光でないこうした局面を、コンタクトゾーンやその後背地域など、観光地およびその周辺におけるさまざまな人々に関する詳細な叙述を通して明らかにすることである。その場合、今村の議論を参照し［今村 2016（2000）:45-54］、この「潜在的な全体的社会事実」が特定のドミナントな要因や構成要素によって重層的に決定される可能性がある、という点を付け加えておきたい。本研究は、こうした関心から、観光と宗教の関係に着目する。ヴェーバーがそうであったように、全体の中のある特徴的な側面に焦点を当てることは、ひとつの有益な選択となりうる。その場合、逆説的かもしれないが、観光それ自体だけでなく、観光以外の面にも目を向けることで、観光というシステムのもつ位相もまたよくわかると考えられる。これは、本研究の主題設定の背景でもある。

このような視点に立った場合、観光をいわば単独で定義し論じようとする学術的なまなざしの中には、観光者中心主義的偏向が介在しているのではないか、という懐疑が生じる。観光論は、観光論が観光する主体の側に寄り添った視点を本来的に内在させていないかどうかに、自覚的・反省的でなければならない。これは、人類学や社会学ばかりでなく、たとえば東のいう「観光客の哲学」にも当てはまるはずである。拙論では、こうした脱観光論の契機を内包させた観光論の方向性を、フーコーの反科学——科学（ここでは観光研究）の成立可能性を根本から問おうとする——にならって、反観光論（counter-science of tourism）と呼んだ［東 2017; Foucault 1974（1966）:395-409; 昼間 2011; MacCannell 2012（1999）; Mauss 2014（1923-1924）; 吉田 2012, 2013b］。

以上、本節では、本研究における観光概念とその観光を研究する視角について、論点をまとめた。では、次に、多様な観光形態の中のひとつである、楽園観光についての論点整理に入ることにしよう。

第二節　近代における楽園観光の成立

楽園観光の成型過程

あらかじめ序論で触れたように、「楽園観光」とは、楽園(paradise)というイメージを前面に推し出した観光形態を指す。そして、この楽園イメージに準拠しつつ、おもに熱帯・亜熱帯の島嶼社会において創出された観光地を、本研究では「楽園観光地」と呼ぶことにする。ここでは、この楽園観光の成立の経緯について、拙論［吉田 2013b］の第三章の議論を圧縮し、振り返っておく。

楽園観光は、西欧キリスト教世界における「地上の楽園」表象に、そのイメージの源をさかのぼることができる。すなわち、アダムとイヴが暮らした、旧約聖書に記載されている、あの原初の時代のエデンの園である。大航海時代は、この地上の楽園の所在がどこであるのかを確定しようとする知的な関心や議論が、探検家たちによる未知・未踏の世界にたいする冒険と結びついた時代であった。たとえば、コロンブスは、エデンの園がインドの近くに実在すると信じて西周りの航海を敢行し、自身が目にしたハイチや南米がそうした楽園に近い場所であると考えていた。そして、後続のマガリャンイス、ブーガンヴィル、ジェイムズ・クックらの探検家は、太平洋や新大陸周辺の島々を次々と「発見」し、西欧における南海の島嶼をめぐる知識や表象の確立におおきく貢献することとなった［Colón et al 1965; Delumeau 2000（1992）; 川合 2013; Scafi 2006; 多木 1998; 山中 2004］。

さて、コロンブスに典型的に見出される、地上の楽園の実在性にたいする信念は、一七世紀末以降には反転していくことになる。一六世紀以来、ルネサンスや宗教改革を背景に、楽園をめぐる神学上の認識には合理的・科学的な知見が加わるようになっていたが、一八世紀になると、文献学や歴史学が楽園に関わる事項を含む聖書の記載内容を再検討したり、地質学が化石の研究を通して大洪水や地上の楽園の事実性に疑義を投げかけたりするなど、近代科学の発達によって、地上の楽園の実在性にたいする否定的な見方が支配的なものとなったのである。ただし、これと相前後して、旅行記や文学的描写、あるいは絵画などの領域においては、失われたものとしての楽園、あるいはそうした失楽園に等しい地上の楽園が、あらためて主題化されていくことになった。すなわち、神学への準拠から解き放たれた楽園表象は、本章第一節で触れた「熱帯の自然」を憧憬する西欧のロマンティシズムと深く交わりつつ、実在の島々にたいする幻想的なイメージとしてよみがえり活性化したのである。その背景には、それまでおおくの場所が空白のままであった太平洋とその島々に関する知見が、この一八世紀に急速に蓄積されていったという経緯がある。こうして、他者性を帯びた南海の島々を「地上の楽園」「失われた楽園」とみなす紋切り型の表象枠組みが、近代西洋において確立され浸透していった［Arnold（ed.）1999（1996）; Delumeau 2000（1992）; Gössling 2003:2; 林 1999; 印東 2017; 石原俊 2013:44-45; 春日（編）1999; Leed 1993（1991）; Luttikhuizen（ed.）1999; Scafi 2006; Stausberg 2011:128, 244; 多木 1998; 山中 1993, 2002, 2004; 吉岡 2010a］。

この地上の楽園表象は、産業資本主義の展開、とくに出版・流通の技術や制度の発展に支えられ、浸透した。たとえば、ジェイムズ・クックやブーガンヴィルの航海記は、一八世紀後半に一般向けに出版され、西欧の人々に太平洋の島々やその代表たるタヒチのイメージを具体的に伝えるものとなった。ところで、こうした南の島の楽園イメージは、東洋や新大陸のイメージと重なり合いまた渾然一体となっていたところがある。その一端は、王侯・貴族が競ってつくりあげた庭園――この種の庭園は、楽園になぞらえられることもあった――や、一九世紀のオリエンタリストや印象派につらなる画家たちの旅路と絵画などにうかがわれる。たとえば、バイエルン王ルードヴィヒ二世は、一八六七年のパリ万博の展示に感銘を受け、熱帯・亜熱帯・アラブの植物やインドの漁師小屋などを集めたウィンターガーデンをつくった。また、ゴーギャンは、ボロブドゥールの石造彫刻に似たポーズをとったイヴが熱帯の風景の中で蛇にそそのかされて赤い実を食べようとしている様を、「異国のイヴ」という作品に描いた。こうしたアジアと太平洋とのイメージの折り重なりは、第四章で触れるように、バリ島が楽園として見出されていく過程にも影響を与えた。一九世紀半ばにはじまる万博やその一環としての植民地博覧会も、実物の展示によって、芸術家を含む西欧の人々にアジアや熱帯の一端を知らしめた。一九世紀後半には写真、二〇世紀にはレコードや映画など、画像・音声・動画に関する複製技術の革新も進み、ロマンティックなイメージとしての地上の楽園は、小説・エッセイ・絵画・写真・映像・音楽・展示や模型などを媒体として、広汎に流通していった［Bloembergen 2006; Danielsson 1984（1975）; Douglas & Douglas 1996; Hall & Tucker 2004b:9-10; 林 1999; Koppelkamm 1991（1987）; 桑木野 2019:38-48; Morton 2002（2000）; 中尾 1999; 中山 2003; 岡谷 2005, 2006（1983）; Rewald 2004（1973）; Said 1993（1978）; Thornton 1994; Vickers 1989（2000）; 山川 1995; 山中 2004; 吉見 1992;

吉岡 2010b]。

一九世紀後半以降、通信技術と通信網の整備、鉄製船舶の普及とその大型化および高速化、長距離航行船舶の寄港地の確保、植民地体制の構築とその安定化、欧米の物質文化の現地への移植、旅行会社の海外ネットワークの整備、衛生思想の確立と熱帯医療の進展、遠方の観光地を魅力あるものとして訴えるマーケティングの展開など、海外観光の成立をたがいに支え合うさまざまな制度や技術の諸体系の整備が進んだ。こうして、南海に浮かぶ楽園への観光旅行も実現するようになった。一九世紀の時点では、冒険家や軍人でもない一般の人々が南海の楽園を訪れるには、なお種々の困難があったが、二〇世紀前半になると、第一次世界大戦の軍事技術の転用や、大戦により荒廃した西欧の外部への関心の高まりなどもあって、地上の楽園を訪れる海外観光は新たなビジネスとして展開されていった。アメリカ合衆国に併合されたハワイでは、早くも一九〇三年に観光局に相当する政府機関（Hawaii Promotion Committee）が組織され、観光者の誘致とプロモーション活動がはじまった。一九二一年にはホノルル港の港湾施設が近代化され、一九二五年にはアメリカ西海岸とを結ぶ大型の豪華客船が就航し、高級リゾートホテルやアロハタワーの建設も進んだ。のちに、ハワイは他の楽園観光地開発の基本モデルとなる。二〇世紀初頭には、フロリダまで鉄道が敷設されてマイアミなどが楽園リゾートとなり、一九一四年の第一次世界大戦の勃発およびパナマ運河の開通以降は、カリブの一部地域でも観光開発が進んだ。こうして、楽園観光地の造成は二〇世紀前半に本格化した。世界恐慌による世界貿易の収縮は、モノカルチャー構造の植民地に大打撃を与えたが、その後一九三〇年代に、西欧諸国政府は本格的に観光振興政策に取り組むようになった。フランスでは、一九三六年に世界初のバカンス法が制定され、労働者に二週間の有給休暇を与えることが義務化され、労働者のレジャーも定着していった［Boyer 2006（2000）; Buck 1993; Carlsen & Butler (ed.) 2011a; Hall 2011（1998）; Jafari 2001; 木畑 2014:118, 2018; Merrill 2009; Revels 2011; Smith 2001a, 2001b; 多田道 1987; Taylor 1993; 安島 2009; 山下 2009; 山中 1992, 2002, 2004］。

第二次世界大戦後、観光産業はさらに緊密に世界各地を結び合わせネットワーク化した巨大な複合ビジネスとして膨れ上がっていった。その背景にあるのは、先進国側における経済成長・中産階級の増大・消費社会化といった動向と、アジアやアフリカにおける新興独立国の増大がもたらした国際協調体制の力学の変容との、構造的カップリングである。一九六一年に「国連開発の一〇年」がはじまり、一九六四年にＵＮＣＴＡＤ（国連貿易開発会議）が設置されるなど、一九六〇年代は先進国側の途上国側にたいする国際的な開発援助体制が本格化する時代である。それが、後者の地域における空港整備や道路・橋の建設などの観光インフラの整備を後押しした。このころ、ジェット航空機による輸送体制の確立、クレジットカードの普及、スキューバダイビングやサーフィンといったマリンスポーツの浸透、いわゆるヒッピーの貧乏旅行のブームなどもあって、途上国における外貨獲得の手段としての上からの観光開発と、それに刺激を受けた現地の人々による下からの観光振興とが、たがいに共鳴し合って観光地化が進行した。たとえば、バリ島や仏領タヒチの本格的な観光リゾート開発もこのころからである。こうして、二〇世紀後半に、世界各地の中小の島嶼が新たな楽園観光地として造成されていき、さらに既存の楽園観光地もいわばバージョンアップされ再開発されていった。ウォーラーステインは、彼のいう資本主義世界経済システムが一九世紀後半にはじめて地球全体を覆うものとなり、二〇世紀後半にようやく地球の隅々にまで行き渡ったと述べる。楽園観光の成立とその世界的な波及は、この資本主義世界経済システムの地球規模での確立および辺境への浸透の時期に、それぞれ符合する。南の島を地上の楽園とみなす表象が複製され流通していったあとに、そうした楽園イメージを体現する物質的要素に彩られた観光地が各地に複製され造成され、それが楽園表象のさらなる強化と浸透をもたらすようになったのである。こうして、二〇世紀後半の大衆観光時代には、楽園イメージと楽園観光地がたがいにたがいのモデルとなって、螺旋的・循環的に楽園観光が発展するというメカニズムが、グローバルな世界に成立したのである［Hall & Page（ed.）1996; 厚東 2006:17-18; Leite 2014:264-269; Vickers 1989（2000）:184-189; Wallerstein 1999（1998）:22; 吉田 2013b］。

イメージを具現するシミュラークルの集積体

さて、ここで、ひとつ重要な点を確認しておきたい。南の島の楽園表象は、複製技術革命やメディアの発達が本格的にはじまる以前から、どれがオリジナルでありどれがそのコピーであるかを確定できない、ボードリヤールのいうシミュラークルだけが存在する状況をなしていた、という点である。ある意味で、楽園観光は当初からベンヤミンがいうアウラの喪失を特徴とするものであった。個々の観光地にたいして付与される楽園イメージの中身は、青い空、白い砂浜、青い海、極彩色の花々、熱帯の緑、熱帯魚とサンゴ礁、太陽の強い光、あるいは素朴な住民、彼らの伝統的な文化や芸術など、いくつかのアイテムからなる紋切り型でかなり茫漠としたものである。また、そうした茫漠とした次元に楽園イメージの共有される中身が存在するからこそ、きわめておおくの島々に「楽園」という形容が与えられ、楽園観光地として開発されていくことが可能だったのである。さらに、楽園イメージを喚起するアイテムは、実体としても移植可能である。たとえば、ハワイのワイキキビーチの白砂は、外から運び込まれ、不断の整備をいまも受けているものであり、沖縄本島の幹線道路を飾るハイビスカスやココヤシも、外来種を植え込んだものである。もちろん、それぞれの楽園観光地は、それぞれ多少なりともたがいに異なる特質を有しており、それゆえ市場において一定の差別化を果たしてはいる。ただ、楽園観光がたがいに重なり合うシミュラークルとしてのイメージを具現した事物の集積から成り立っているということはいえる。楽園観光は、リッツァのいう「何ものでもないもののグロ・ーバル化」(grobalization of nothing) の一例であり、いわば空虚なイメージの支配と資源化こそ、楽園観光の際立った特徴なのである [Baudrillard 1984 (1981) ; Benjamin 1995 (1936) ; Douglas & Douglas 1996; Hall 2011 (1998) ; Mulligan 2007:122-123; Ritzer 2005 (2004) , 2009 (2005/1999) :205-208; Stausberg 2011:128; 多田 2004:50-54; 矢口 2002:156-161]。

楽園観光は、もともと欧米の人々がイメージする「地上の楽園」に相当する場所をもとめて、彼らが欧米以外の地に向かうことからはじまった。一八世紀後半以降、広い意味でのロマンティシズムの興隆、これを具現する絵画や文学作品の量産、現地の人や文化を展示する万国博覧会の各国における開催、それらを紹介する出版物の流通、などの出来事が相互作用し刺激し合い、アジアや太平洋の楽園への憧憬は強化された。二〇世紀前半には、複製技術革命を受けてメディア産業の複合体が成立し、現地の治安の安定化や交通ネットワークの確立をも背景として、一九世紀にはごく一部の人々が訪れるだけであった楽園と形容される地域のいくつかは、なお上流階層の人々に限定されてはいたものの、高価な旅費を支払えばそれほどリスクをともなわないかたちで来訪することが可能な観光地となっていった。ただし、そこで流通する楽園イメージは、きわめて茫漠としたものであった。端的にいって、南の島の楽園観光は、他者性を帯びた場所としての熱帯・亜熱帯を理想化して捉える、サイードのいうオリエンタリズムのいわば南海版に支えられたものなのである [Said 1993 (1978)]。

現在、世界に展開する楽園観光を消費する観光者は、もちろん欧米人にかぎらない。アジア系の観光者や現地の富裕層も、楽園観光の消費者でありうる。ただ、彼らもまた、欧米において立ち上げられ浸透したシミュラークルとしての楽園イメージを内面化し、それを消費するために楽園観光地を訪れているということに、変わりはない。たとえば、ジャカルタの人々は、まさにそうした南の島の楽園イメージをもって、近場にあるバリ島のビーチを訪れている。沖縄を訪れる日本人や台湾人も、同様である。さらに、この顧客の側が抱く楽園イメージは、観光企業・ガイド・通訳などの媒介者ばかりでなく、観光者を迎えるホスト側の人々にも容易に伝染し、観光者のもとめるイメージに即した観光地の造成をもたらすよう作用する。人の行き来がイメージの伝播や模倣に拍車をかけ、政治的・経済的な利益や文化資本へのあこがれが、観光地となった社会の中に観光者側において立ち上げられたイメージの移植と増殖を惹起する。楽園観光地で働く観光業従事者も、ある程度こうした楽園イメージを内面化あるいは身体化していなければ、顧客の満足する十分なサービスを提供することはできない。

このように、楽園イメージの流通・実現・複製こそ、楽園観光の成立と展開の中心にあるものであり、この状況は現代ますます強度を増している。西欧における宗教的価値を源流とする楽園イメージが、本章第一節や前章で触れた近代の制度や技術の諸体系と相まって、楽園観光というモダニティに特徴的な行為現象を成立させ、これが現代の再帰的メカニズムの中で膨張している。この点で、楽園観光は、外発的発展としての合理化について考究する上で（第一章第一節）、瞠目すべきひとつの社会現象である。

第三節　楽園観光地の脆弱性とリスク

楽園観光地の構造的特徴

前節では、楽園観光の成立と展開について概観した。次に、楽園観光の舞台となる楽園観光地の構造的な特徴について、整理することにしよう。

まず、これまで何度も述べてきたように、楽園観光地は、青い海や白い砂浜などの自然、素朴な現地の人々、彼らの伝統文化、といった諸アイテムからなる、楽園イメージのコラージュを売り物にしている。つまり、楽園観光地はたがいに同質性と模倣をその本質的特徴とする。これが第一点である。楽園観光の舞台となる島嶼は、すくなくとも大陸と比べれば、生態学的にも社会学的にもおおくの点で多様性と固有性を有する。にもかかわらず、そうした差異よりもイメージの同質性によってひと括りにされ捉えられる傾向があるのである［Biagini 1999; Gössling 2003:3, 6-7; 嘉数 2017; King 1999:94］。

もちろん、それぞれの楽園観光地に差異がないわけではない。たとえば、バリは独特のヒンドゥーとこれに関連する文化や芸能、ハワイはフラダンスとアロハの精神といったように、一定の集客を果たす楽園観光地は、他の観光地から差別化されうる一定の特徴を有している。そもそも、ここでいう楽園観光地とは、ひとつの理念型であって、実態としてはさまざまなあり方があり、またそのあり方が変わっていくものでもある。ただ、一方で、では、たとえばグアムとサイパン、ハワイ島とオアフ島、ヌサドゥアとサヌールの間の、観光地としての中身の差異はどこにあるのかというと、一般の観光者にとってそれはかならずしも明確ではない。彼らにとっては、ハワイやバリはそれぞれひと括りの「ハワイ」や「バリ」である。観光パンフレットやガイドブック、マスコミなどでの取り上げられ方をみれば、それぞれの楽園観光地がいずれも大枠のところで類似するイメージで捉えられているということは、一目瞭然であろう。この点で、楽園観光地の生命線は、そうした差別化された特徴よりも、同質の楽園イメージの体現という点にある。中には、特定の楽園観光地だけに固執するリピーター観光者もいるが、現代の商品としての楽園観光は、消費者にたいして、先に挙げたようなイメージのコラージュをアピールすることで成り立っている。この点で、楽園観光は複製技術革命後に伸長した各種メディアと不可分の関係にある。観光者は、世界各地に散らばった、基本的には同型である楽園観光地の中から、費やすことのできる時間やコストを勘案し、当該観光地が有する相対的にはわずかといってよい独自性に注目し、目的地を選定する。また、メディアが新規の観光商品を喧伝し、これに人々の関心が向かうという傾向もある。技術革新の集積やモードの流行によって新たな観光施設が建設され、新たな楽園観光地が切り拓かれ、先行する商品と同等あるいはそれ以上のサービスを、場合によってはより安価な価格で提供する新たな観光商品が市場に供出され、これがメディアを通して人々に楽園観光の消費を促すのである。

イメージの模倣を本質とする楽園観光に関しては、商品の良し悪しを判別する基準があいまいであるばかりか、過度の差別化が場合によっては商品としての魅力を削ぐ結果となりかねない。楽園観光の基本型は、比較的遠方にある熱帯・亜熱帯の地という空間的な懸隔ゆえにそこに存在し、観光者のために維持・管理されてある楽園らしさという、一種の奢侈品の消費にあるからである。端的にいって、観光者は、ハワイにあるようなものをもとめて、グアムやバリや沖縄を訪れる。実際、戦後のグアム・バリ・沖縄の観光開発は、ハワイの複製や分身――ハワイよりも安価であり手に届きやすい――の創出を目指したものであった。楽園観光地という規格を逸脱する差別化や個性の付与、あるいは程度をこえた「脱ハワイ化」は、楽園観光地としての魅力に相容れないものとなる可能性がある。したがって、楽園観光地は、いわば差別化のダブルバインドというべき根本的なジレンマを抱えている。ある程度の差別化は必要であり、そうでなければライバルとの競合に勝つことは難しいが、差別化の裁量範囲は決しておおきくはなく、むしろ差別化はマイナスに作用することすらある。こうした差別化の困難さという点で、楽園観光地は商品としての本質的な限界性あるいは脆弱性を抱えている[※3]。これが第二点である。

楽園観光地は、楽園らしさの保持というこの基本型を保持しつつ、微細な差別化によって他の楽園観光地との競合に勝つしかない。場合によっては、青い海、ヤシの木、白い砂浜、サンゴ礁、そういったものだけがあれば十分であり、ほかはむしろ不要である、というのが、楽園観光地のひとつの典型的な姿ですらある。もちろん、楽園観光地であることを放棄して別種の観光地として発展していくという選択肢はある。ただし、この脱楽園観光地化という選択肢は、当該の観光地が産業論的に一定のポテンシャリティをもっていることが前提となる。しかしながら、世界に散らばる楽園観光地のおおくは、比較的ちいさな島嶼や地理的・生態学的・経済的に周縁的な場所にある。コーエンがマージナル・パラダイスと名づけたこの種の場所にある観光地の場合、こうした脱楽園観光地化という方向を選ぶための地政学的諸条件を欠いているところがすくなくない。たとえば、沖縄本島やバリ島などであれば、島の規模も比較的おおきく、その内部にかならずしも楽園観光とは関係のないさまざまな観光形態——たとえば、大型免税店でのショッピング、ヘリテージツーリズムやコンテンツツーリズム、あるいはカジノなど——を育成したり、観光以外の諸産業を発展させていったりすることは、十分可能であろう。また、楽園観光とそうでない観光とを組み合わせた複合観光地としての基盤を整えていくことは、むしろ望ましいことでもある。ただし、それはあくまでバリ島(バリ州)や沖縄本島(沖縄県)というレベルに照準を合わせた場合の話であって、その中の個別の観光地ないしは観光サイトというミクロなレベルに焦点を合わせれば、それぞれ観光産業が伸長する地域とそうでない地域とがまだらに現出するということになる。たとえば、バリでは、空港に近い南部の海岸部の観光地であるクタ・ヌサドゥア・サヌールは拡大をつづけているが、こうした観光の中心部からは遠いところに点在する東部のチャンディダサや北部のロヴィナの現状は、衰退の危機と背中合わせである。また、バリの衛星観光地といえるロンボックのギリ諸島、沖縄本島周辺の慶良間諸島や石垣島を取り巻く竹富町のいくつかの島々などは、そもそも島の規模がちいさく、水やごみ処理などの点でもキャパシティに限界があり、さまざまな産業が育つポテンシャリティに恵まれているとはいいがたい。太平洋の小規模国家も同様の困難を抱えており、小規模経営の第一次産業をのぞけば、ほかにほとんど産業基盤や産品がないような島嶼観光地もすくなくない。本来、島嶼地域は、比較的ちいさい範囲で相対的に閉じたエコシステムを構成するため、生物多様性と固有の生態学的特徴を有する――そしてそれがエコツーリズムの資源ともなる――のであるが、だからこそ、こうした島嶼の生態系は壊滅的な影響をも受けやすいのである［Biagini 1999; Biagini & Hoyle 1999:6; Cohen 1982; Follet 2011（2009）; Gössling 2003:6-7; 嘉数 2017; Milne 1992; 岡本健（編）2019; 高宮 2005; 藤橋 2018:7-11, 19-20; Urry 2018（2014）:295; Weaver 1988］。

このように、ちいさな島嶼の楽園観光地、あるいは、島自体はちいさくなくともその中にある個々の観光サイトの中には、その生態学的諸条件や社会資本の脆弱性ゆえに、楽園観光という形態以外の観光産業あるいは観光産業以外の産業に邁進することが、そもそも困難であるというところもある。しかも、そうした脆弱性や、気候変動、災害なども加味するならば、楽園らしさをどの程度今後も維持存続できるのかが不確定的であるというケースもある。それは、海面上昇とサンゴ礁の破壊で観光地としての存亡の危機を迎えているモルディヴ諸島やツバルなどをみれば、明らかであろう。

さらに、何がしかの楽園観光地の造成をおこなったために、農業や漁業といったかつての基盤産業へと後戻りすることがもはや難しいというところもある。いったん観光産業に特化し、それがある程度定着すると、いまある人口を養っていくには、別種の産業への転換はきわめてリスクの高い選択であると地元では受け取られる。しかしながら、他方で、そのまま楽園観光地として存続あるいは発展していくことが保証されているわけでも、決してない。このように、ちいさな島嶼であればあるほど、あるいは脆弱な観光地であればあるほど、楽園観光地以外の選択をおこなうことにも、楽園観光地として今後存続していくことにも、困難や不確定性がつきまとう［Amelung, Nicholls & Viner 2007; Biagini & Hoyle 1999:6; Carlsen & Butler 2011b:1-2; Gössling 2003; 印東 2017:244-249; Kakazu 2009; 小林誠 2009; 古村 2015; Scott, Hall & Gössling 2012; Urry 2011; Urry & Larsen 2014（2011）:359］。こうした島嶼観光地ゆえの社会的・生態学的な脆弱性が、第三点である。

ここで、そうした脆弱性を抱えた小規模な楽園観光地において、小規模ビジネスに関わる現地の人々に注目してみよう。というのも、彼らこそ、いわば楽園観光地のもつ二重三重の脆弱性にさらされた人々だといえるからである［Dahles & Bras (ed.) 1999; 江口 1998; 江口・藤巻（編）2010］。しばしば楽園観光

※3 私は、拙論で、同型のイメージのコラージュから成り立ち、世界中に散在する個々の楽園観光地という商品の賞味期限は、比較的早く切れるものではないかという仮説を立てた。この楽園観光地の時限性という仮説は、今後十分なタイムスパンをもった複数の事例の検討によって検証されるべきものと考えている［吉田 2013b］。

地は、外部の大手資本によって開発され、その観光地としての魅力が伝えられ、そうして楽園観光地としての離陸を果たす、というケースがすくなくない。小規模な島嶼であれば、単独の有力企業や資本家によってその島の観光開発が牽引されるということもある。しかしながら、この外部資本は、当の楽園観光地の発展可能性にもはや期待できないという場合、早々と撤退することがある。そもそも、観光者自体が外部からやってくる存在なのであるから、ひとときのブームに乗っておおくの観光者であふれかえったあとに、潮が引くようにブームが去って観光者が来なくなってしまえば、外部企業の進出・撤退の如何にかかわらず、当地において生計を立てている小規模経営者たちは困窮せざるをえない。とりわけ当の楽園観光地に生まれ育ち、そこを離れることができない人々にとっては、当該の楽園観光地の衰退は彼らの生活基盤に直結する。こうした人々に注目するならば、楽園観光地の高リスク性はいっそう明らかなものとなる。これが第四点である。

さらに、楽園観光地が抱えるもうひとつのリスクを指摘することができる。すでに述べたように、楽園観光地は類似性と模倣を特徴とし、熱帯・亜熱帯の島嶼地域に展開している。ここで、グローバルなマクロのレベルと個別の観光サイトというミクロのレベルの中間にある、メゾレベルに焦点を当ててみよう。すると、ここには、生態学的にも社会・文化的にも類似の特徴をもった複数の小規模な島嶼や観光サイトあるいはその候補地が、周辺に存在することになる。そうした中で、ある地域は観光地として伸長するが、おなじような特徴をもつにもかかわらず、隣の島嶼や地域はなかなか観光地化されず発展から取り残されてしまうといった状況や、いったん先行して観光地化したある地域が、そのあとに伸長してきた別の地域に顧客を奪われ、観光地としての魅力を急速に喪失していく、といった状況がおこりうる。重要なのは、たがいに類似する楽園観光地やその候補地が一定範囲の中に存在する場合、どの観光地が発展しどの観光地が衰退するかはほとんど偶有的である、という点である[Cohen 1982:222, 1996:26-28; Pratiwi 2009:21; 吉田 2013b:19-21]。そして、いったんそうした発展や衰退のプロセスが進行すると、さまざまな要因、たとえば空港や観光施設の建設と移転、観光事業や産業の振興に成功するカリスマの存在、現地の自治体や個人業主および内外の企業の取り組みの集積、顧客を運んでくる輸送業界・旅行業界の方針転換、国や国際機関の政策(たとえば世界遺産への記載)、そして為替相場の変動・政変・テロ・疾病の流行などの予測困難な出来事などが複雑に絡み合う中で、ある観光地の衰退もしくは発展が自己生産的に作動することにもなる[cf. Luhmann 1993 (1984), 1995 (1984)]。そうした出来事の絡み合いは、グローバルな次元でも観察しうるであろうが、メゾレベルに焦点を当てれば、そうした諸条件の絡み合いがそれぞれの観光サイトの発展や衰退にいかに影響し、また自己生産的なメカニズムとしていかに作動したかを、より具体的なかたちで観察することができるであろう。島嶼の楽園観光地は、とくに類似の複数の観光地が近接する状況において、観光地の発展と衰退の偶有性あるいは不確定性という構造的リスクを抱えている。これが第五点である。

楽園観光地の衰退／発展の不確定性と脆弱性

私は、この命題を、奄美の与論島の事例を取り上げ、検討したことがある［吉田 2009b, 2013b］。

第二次世界大戦末期に沖縄とともに米軍占領下に入った奄美地方は、一九五三年一二月二五日に沖縄から切り離され、日本（鹿児島県）に復帰した。その後、国内観光が次第に活況を呈する一九六〇年代半ば以降、与論は、国内最南端の「楽園」として若者たちの関心を集めるようになった。ピーク時の一九七〇年代後半には、一二万人もの観光者がこの島を訪れ、与論に寄港する船も島内の民宿もキャパシティをこえる客であふれかえった。しかし、この時期の与論観光の伸長を後押ししたのは、一九七二年五月に復帰した沖縄の観光の急速な成長であった。与論観光の絶頂期は、沖縄が国内の楽園の地位を不動のものとしていく過渡期でもあったのである。一九八〇年代になると、与論を訪れる観光者は次第に減少していき、代わりに沖縄はさらにおおくの観光者を吸引するようになった。鹿児島県に属する与論が、他県である沖縄と十分な連携をもった観光振興をおこなうことは、困難であった。また、大企業の進出を受けていない、地場の小規模観光業者から成り立つ観光地与論が、巨大な沖縄という市場に対抗して何らかの差別化に打って出ることは、いっそう難しかった。こうして、ちいさな島嶼である与論は、国内の楽園としてのステイタスを沖縄に奪われていき、複数の観光サイトを有し複合的な観光地として売り出す沖縄を前にして、自らの観光地としての魅力を顧客に十分アピールできないまま、いわば楽園沖縄への観光者のまなざしの中に吸収されてしまったのである。

このように、与論の今日にいたる状況は、小規模な島嶼の楽園観光地が、あとから伸長したよりおおきな近隣の楽園観光地との競合に敗れたという一事例を示すものである。このケースでは、奄美の日本復帰、若者層を取り込んだ国内観光産業の発展、船舶から飛行機への移動手段の転換――これにより、与論は、ハブ空港を擁する那覇を中心とした沖縄本島よりも遠方かつコスト高の観光地となった――、アメリカ軍政期における沖縄観光振興政策の開始、沖縄の日本復帰、国や大手企業の沖縄振興への取り組みなど、いくつかの要因が数珠つなぎに絡み合って、まさに社会学でいう「意図せざる結果」あるいはヴェーバーのいう「偶然的因果連関」として（第一章第一節）、与論観光の伸長とその後の低迷という事態が、沖縄の楽園観光地としての飛躍的な発展の裏返しとしてもたらされ、自己生産的に事態の方向性が確定していったのである。われわれは、こうしたたがいに近接する楽園観光地の間で、観光の衰退や発展がいついかに生じるのかについて、事後的に分析を加えることはできても、あらかじめそれを見通し適切な対策を取るところまでにはいたらない。これが、先に楽園観光地の衰退／発展の不確定性、あるいは本章第一節で観光振興の偶有性と述べた所以である。

この与論の事例を手掛かりに、二つの点を指摘することができる。ひとつは、たとえ新たな観光地の開発やバージョンアップによって楽園観光という観光形態が世界に増殖し発展していくとしても、個別の楽園観光地はつねに衰退のリスクを抱えている、という点である。楽園観光のさらなる発展として俯瞰しうる事態の進行は、個別特定の楽園観光地の衰退と微視的に観察される現象を、表裏一体にともなっている可能性がある。もちろん、それは楽園観光地に特殊なものではなく、観光地一般が抱えるリスクではある。ただ、そうしたリスクを熟知した上で、観光事業や観光産業に取り組んでいる人々はどれだけいるだろうか。とりわけ、小規模な観光地で小規模な観光業に従事する人々が、楽園観光という産業／事業が高いリスクを有するものであるということをよく知悉した上で、観光業に従事するような社会的環境を整備することこそ、重要な課題であると考えられる［cf. 藤稿 2018:53-54］。これがもうひとつの点である。

このように、島嶼の楽園観光地は、さまざまな点で構造的といってよい脆弱性をもっている。しかしながら、これまでの観光研究においては、こうした小規模な楽園観光地が抱える構造的な脆弱性を体系的に論じた議論は存在しなかった。また、そこでの小規模経営の観光産業従事者にとっての明らかな高リスク性を主題化し、彼らにたいして注意を喚起するような提言や政策が組織的に取られなくてはならないということを明確に主張する議論も、管見のかぎりでは存在しなかった。むしろ、従来の観光研究においては、どちらかといえば観光が社会にもたらすであろう正のポテンシャリティや明るい側面が議論の中心であったといいうる（第一節）。ここで、ひとつ確認すべきは、とりわけ島嶼の楽園観光地という存在がもつ構造的特徴ゆえの脆弱性や高リスク性は、俯瞰的つまりはマクロな視点からではなく、集約的でボトムアップのミクロな視点から、個別の楽園観光地それぞれのあり方を見ることによって、はじめて明らかになるという点である。セルトーは、一望を俯瞰する立場とこのようなボトムアップの立場を、「見る者」と「歩く者」の立場として対比させた[Certeau 1987（1980）:199-203; cf. 藤川 2017:101-105]。これにならえば、「楽園観光」の一般的な特徴を明らかにする「見る者」の立場からではなく、とくにマイノリティや弱い立場の人々に注意を払いつつ、個々の「楽園観光地」の固有の特徴を「歩く者」の立場からみようとすることが、本研究にとって、第一節で述べた反観光論の立場からも、適合的な手法となる。これが第六点である。

ところで、おおくの楽園観光地の形成過程には、観光地化と植民地化との直接的または間接的な結びつきという共通の特徴があるように思われる。これは、かならずしも楽園観光地の存在形態に必然的にともなう構造的特徴というわけではないが、ここにはヴェーバーのいう「適合的因果連関」あるいはすくなくとも「偶然的因果連関」の関係性を認めることはできると考えられる。そこで、この特徴について、次に論点を整理する。

観光地化と植民地化の同型性

第二章第二節でも触れたように、近代における世界の一体化は、西欧諸国の非西欧諸地域への進出を根本的な契機としていた。本章第二節で言及したアジア・太平洋・カリブといった地域の島嶼社会は、帝国主義的な植民地政策によって政治的かつ経済的に世界システムへと組み込まれていったのである。統治の拠点となった中心地の周辺では、プランテーション化がはかられ、一部の地域では観光地化が進められた。楽園観光地は、列強による帝国主義的な世界分割の完了を受けて産業資本主義がさらにグローバルに展開した、二〇世紀前半以降の時代のポリティカルエコノミーの産物である[Matthews 1978; Nash 1989（2018）; Thomas 2010]。これが一つめの点である。

第二次世界大戦を経て、いわゆる第三世界の国々が独立し、国際援助の枠組みが確立する一九六〇年代以降、グローバルな資本が世界各地に流入し、内外の資本が結合しつつ、楽園観光地の開発はあらためて本格化した。国際空港が建設・整備され、そうしたハブ空港と各観光サイトとを結ぶ空・陸・海のネットワークの構築が進み、観光諸施設が内外資本の投下によって立ち上げられた。二〇世紀前半の植民地時代において、観光は当該社会の経済のかぎられた一部を占めるにすぎなかったが、二〇世紀半ば以降の大衆観光時代における大規模な開発と資本の進出は、現地社会における経済システムを根本から転換するものとなりえた。それまで第一次産業に依存した換金作物経済が支配的であった地域において、観光経済への依存度が高まり、前者から後者へと経済の比重が変わるという事態も生じた。カリブにおけるこうした経済転換を、プランテーション農業からプランテーション観光への移行とみなす議論もある。植民地体制という政治的な支配が形式上終焉しても、実質的な支配の力学は経済に比重を移して強まった。このことは、世界の楽園観光地または観光地一般に、程度の差はあれかなり共通して観察される。楽園観光地を取り巻くポリティカルエコノミーのメカニズムは、ポストコロニアル時代でも変わらず、むしろ強化されたのである［Gössling 2003:3-4; Hall 2011（1998）; Hall & Tucker 2004a (ed.), 2004b:4-5; Matthews 1978:80-85; Tucker & Hall 2004:185; Weaver 1988］。これが二つめの点である。

さらに、前節で述べたように、南の島の楽園観光は、南海版オリエンタリズムをその本質的特性とする。この点で、楽園観光地は、政治経済の制度・体制の点ばかりでなく、イメージや慣習的実践の模倣の点においても、観光する側の社会からのかなり一方的な働きかけによって成立し、世界の辺境の地に展開していったものである。この表象の支配やミクロな権力作用のヘゲモニーが、三つめの点である。

たとえば、美しいラグーンが眺望できるビーチサイドのホテルや海上コテージの中におかれているのは、西欧式あるいは現地スタイルと融合した西欧式の家具や寝具である。そこで提供される朝食やディナーも基本は西欧スタイルといってよい食事であり、従業員が客にもちいるのも、英語をはじめとしたゲスト側の言語である。いかなる言語や文字が使用されるかという点は、支配や権威の表出として理解されるべきものである。観光者は、白い砂浜、ヤシの木、色鮮やかな花々など、先に述べたような楽園イメージにふさわしい諸々のアイテムに取り囲まれ、また、現地のムードを醸し出す内装、まっさらなシーツ、礼儀正しい従業員などからなる、上質のもてなしに接することによって、楽園観光地でのひとときを享受する。楽園観光とは、このように、南方にある現地でしか提供できない楽園アイテム――ただし、それは移植可能なものである――と、西欧的な基準をもちこんだ設備やサービスとが織り合わさったものである。それらの総体は、現地社会の標準的な生活スタイルからはもちろん、観光者の日常生活スタイルからも、およそ乖離したものであることがおおいが、それこそ観光者側が抱く楽園イメージにかなうものなのであって、客の支払う金額に見合ったかたちで準備され周到に演出されたものとなっている。現代人は、こうして生活圏の彼岸にある楽園で癒されるのである。ただし、すでに第二章第一節・第三節で言及したように、観光者が観光という消費活動に快楽や癒しをもとめること自体、消費社会化と監視社会化の結合を如実に示すものにほかならない。また、観光者を受け入れるホスト側の人々は、自らの日常的な生活スタイルとは異質な観光ビジネスの実践あるいはハビトゥスを身体化し、顧客が自分たちにもとめているものが何であるのかをいったん内面化しなければ、円滑なかたちで観光業に携わることはできない。このように、観光者を迎え入れる側の彼らに着目すれば、楽園観光地においては、この楽園という甘美なイメージにはおよそふさわしくない、ミクロな支配、服従、抑圧、あるいはストレスなどにつながる局面を観察することが可能である。もっとも、それは、楽園観光地にかぎらず、観光地一般が有する特徴ではあるが。楽園観光地は、複製技術革命後に広範に流通するようになった諸表象（文章、画像、音や音楽、映像、審美的・学術的なものをも含む諸言説）が喚起する消費の欲望を原動力として、世界各地に造成されていったのである［Ashcroft, Griffiths & Tiffin 1998（1989）; Hall & Tucker 2004b:6-12; Hochschild 2000（1983）; 杉浦 2018:86-88; Urry & Larsen 2014（2011）:117-135］。

さらに、いくつかの代表的な楽園観光地の成立過程における物理的な暴力の存在も、無視しえないものがある。これが四つめの点である。ハワイでは、観光地化がはじまる直前の一八九三年に、白人勢力が原住民の王権を倒すクーデタを起こしていた。原住民から土地を収奪し搾取するとともに差別するこの白人勢力と、アメリカ本土を中心とした外部資本が結びついて、ハワイの観光開発は進められたのである。それを象徴するのが、王族の住居や肥沃な農地を埋め立て、白い砂浜のビーチとして造成されたワイキキである。日本人にとっての第二のハワイ――より手軽に行けるハワイの代替地――といいうるグアムは、一八九八年の米西戦争の勝利により、ハワイとともにアメリカへの帰属が決定した地域であり、ベトナム戦争時に経済的自立を模索する中で観光開発が進められたという経緯をもつ。ただし、ハワイが合衆国の一州となったのにたいして、グアムは今日も「未編入領土」であり、住民が大統領選挙に参加できないなど、ある種の植民地支配と類似する状況におかれたままである。ハワイとグアムは、いずれも太平洋における米軍基地の拠点となったことをきっかけとして、のちに観光地化されていったが、この点は沖縄本島地域にも当てはまる。地上戦によりおおくの住民が犠牲となった沖縄本島でのビーチリゾート開発は、第二次世界大戦直後のアメリカ軍による保養地の確保を契機としていた。タヒチの観光地化も、第二次世界大戦中のアメリカの基地建設と、一九六〇年代のフランスによる近海での核実験とそれにともなう空港・海港の軍事拠点化とを、その契機としていた［江口 1998; 古屋 2004; Gonzalez 2013; 林 2012, 2014; 石原俊 2013:191; 野村 2005; 上村（編）2002; 山口 2007; 山中 1992, 1993］。

　このように、ハワイ、グアム、タヒチ、沖縄などは、いずれもアメリカ合衆国の帝国主義的な海外進出を基点とし、軍港や軍事基地が建設される過程において楽園観光地として開発されていったという共通性をもっている。ジョンソンはこれら軍事基地のネットワークにもとづくアメリカの支配を「基地の帝国」と呼び、矢内原や松島はこうした沖縄などの地域を「軍事植民地」と呼んだ。二〇〇八年以降、米軍の基地機能がもっとも集中している国は日本であるといえ、中でも沖縄はそれ以前からずっと過重な負担を背負わされている。ジョンソンは、アメリカが第二次世界大戦後に世界の一三〇余国において獲得した七〇〇以上の海外軍事基地のある地域の中で、沖縄ほど悲しい歴史をもつところはないといってよい、と述べる。軍事植民地のいびつさは、タイをはじめとするアジアのセックスツーリズムの拠点のおおくが、ベトナム戦争期の基地機能強化をその起源にもつという点にもうかがわれる。[※4] バランディエは、支配と被支配の関係の中で給付や依存そして政治・経済・心理・伝統および社会変化などを幅広く踏まえる観点から「植民地状況」を捉えた。植民地状況は、法制度的な観点からではなく、言語・文化・身体技法などを含む総合的な観点から、全体的社会事実として捉えられなくてはならない。また、ゴンザレスは、観光がソフトな植民地的支配の装置であると述べる。このように、観光地がもつ植民地的性格が主題化されねばならない。沖縄は、まさにそうした意味での植民地的状況におかれてきた楽園観光地のひとつである［赤江 2017:59-61; 新崎・比嘉・家中（編）2005, 2006; Balandier 1983（1963）:22, 58-60, 357-367; Gonzalez 2013:5; Negri & Hardt 2012（2009）:35, 80; 林 2012:1-3, 2015; 市野沢 2003; Johnson 2004（2004）, 2012（2010）:145; 木畑 2014:53-55, 192, 214; 松島 2002:263-264, 2010, 2012a, 2012b:278; Merrill 2009; O'Grady 1983（1981）:71; Oppermann 1999; 佐久間 2011:210-211; 後田多 2018; 新城・宋・宮城・屋嘉比 2006; 高橋 2012, 2015; 矢内原 1965（1957）:379］。

　沖縄だけではない。ハワイ、グアム、タヒチ、さらには、中米のベイ諸島やプエルトリコ、ロビンソンらの論じるバリ島も含めて、これら「楽園」というイメージで集客を果たしている熱帯・亜熱帯の観光地の形成にいたる過程においては、現地に生きる人々にたいする抑圧や搾取、あるいは武力をもちいての殺傷が、場合によっては何度も繰りかえされた事実を確認することができる［Gonzalez 2013; Klein 2019（2018）; Robinson 1995; Stausberg 2011:129; Stonich 2000; Vickers 1989（2000）］。もちろん、それを、楽園観光地一般に拡大解釈することには慎重でなくてはならない。ただ、先行研究を参照するかぎり、それら主要な楽園観光地の形成・発展が、直接的な意味でもまた間接的ないし隠喩的な意味でも、植民地化と結びついているという点は指摘できる。第一節で述べたように、そもそも観光というもの自体、ゲスト中心主義的・西欧中心主義的な特性を色濃くもった社会現象なのであるが、とりわけ楽園観光については、それが西欧において育まれた楽園イメージを体現する観光地を、非西欧の地である熱帯・亜熱帯の辺境の地において造成するというメカニズムから成り立っていること、つまり、顧客のもとめるオリエンタリスティックなイメージやそれにもとづくサービスの内容を、顧客のホームから遠く離れた場所にしかない環境の下で実現するという強引さを有することが、こうした植民地化と楽園観光地化との同型性をもたらしているのだと考えられる。植民地化が、西欧側の一方的な介入や支配により、現地社会の中心部から放射状に政治的・社会的な合理化をもたらそうとする暴力的なメカニズムを内包するものだとすると、楽園観光地化は、西欧側の一方的な楽園イメージの押しつけとその移植により、現地社会の周辺部において局所的に経済的・社会的な合理化をもたらすという点で、やはり暴力的なメカニズムを内包するものなのである。これが五つめの点である。そして、そうであるならば、第二章第二節で言及した生活世界の植民地化は、楽園観光地においても、あるいは場合によっては楽園観光地においてこそ、深く進行している可能性がある。

観光は、ハートとネグリにならっていえば、西欧側と植民地側の二つの社会にまたがる権力関係の中にある、ひとつの支配の形態である。私は、これを「観光地支配」と呼びたい。そもそも、観光という余暇活動や娯楽的行為を享受しうる人々と享受しえない人々とを対比すれば、前者は数の上では少数派である。その少数派の論理やハビトゥスが、観光のヘゲモニーを構成している。楽園観光地には、法制度としてではなく全体的社会事実としての植民地状況に相当する、一方的な社会・文化の改編と支配体制の浸潤が観察される。そして、この観光地支配のメカニズムは、植民地時代よりもむしろポストコロニアルの大衆観光時代において、いっそう強度を増しグローバルに拡大してきている［Hall & Tucker 2004b; Negri & Hardt 2012（2009）:120, 125; Nash 1989; Nuñez & Lett 1989

※4本研究でいう楽園観光地は、歴史的な経緯に鑑みて、南の島の自然や文化を具体的なイメージとして売り出される観光地をさしあたり指す［吉田 2013b, 2016a］。ただ、ウェブなどでは、プーケット、パタヤ、バンコクなどを「夜の楽園」「大人の楽園」などと表象する言説も一部では流通しており、市野澤は、プーケットやパタヤは昼と夜の二つの楽園性をもつ観光地であると指摘する。軍事植民地化と観光地化との結合という点では、これら夜の楽園観光地と先述のいわば昼の楽園観光地には、相通じるものがある。デイヴィスとモンクは、今日の世界に出現した、ドバイなどの過剰な消費を煽る観光地を「悪の楽園」と呼ぶ［Davis & Monk（ed.）2008; Elliott & Urry 2016（2010）:149-173; 市野澤 2003, 2014］。

（2018）:274]。たとえば、バリ島における植民地支配は第二次世界大戦後に解消されたが、植民地時代に形成された観光地支配のメカニズムはその後も解消されず、インドネシア共和国の下でむしろ強化されたといいうる。そして、沖縄においては、第二次世界大戦後に米軍占領という植民地支配にきわめて類似する支配状況が形成され、その中で胎動した観光地支配の状況が、日本復帰後にやはり強化されて現在にいたっているのである。それについては、第二部および補論においてあらためて確認することにしよう。

＊

最後に、本章の議論のポイントを簡単に確認しておきたい。第一節・第二節で論じた諸点の確認は省略し、第三節で論じた楽園観光地のもつ特徴という点に絞って、論点を整理することにしよう。

ポイントは七点ある。①楽園観光地は、楽園イメージのコラージュを売り物にしており、たがいに同質性と模倣をその本質的特徴としている。それゆえ、メディアによる情報と不可分の関係にある。②楽園観光地は、差別化のダブルバインドというべき根本的なジレンマを抱えており、この点で商品としての本質的な限界性あるいは脆弱性を抱えている。個別の楽園観光地は、商品としてあまり長続きしない、時限性を抱えたものなのかもしれない。③小規模な楽園観光地は、生態学的にもまた社会資本の面でも脆弱性を抱えている。そうした脆弱性を抱えていればいるほど、楽園観光地以外の選択をおこなうことにも、楽園観光地として今後存続していくことにも、困難や不確定性がつきまとう。おおきな島嶼やひとつの行政体のレベルを単位として、観光の発展や衰退を論じるのではなく、その中にある個別の観光サイトに焦点を合わせれば、ひとつひとつの観光地がそれぞれに伸長／停滞／衰退の過程をまだらに示す状況を観察できる。④そうしたミクロな視点から見た場合、小規模な楽園観光地において小規模ビジネスに関わる現地の人々においては、楽園観光地のもつ二重三重の脆弱性あるいは高リスク性がいわば凝縮されて見出される。当該の観光地が衰退していけば、彼らの生活基盤は直撃を受ける。⑤また、そうしたミクロなレベルとともに、同様な特徴をもった小規模な島嶼や観光地が周辺に存在するというメゾレベルに注目するならば、それら近接する楽園観光地のどれが発展しどれが衰退するかはほとんど偶有的であり、かつ、いったんある方向に物事が進むと自己生産的に発展／衰退の過程が作動するという状況を、観察することができるであろう。⑥以上の点で、島嶼の楽園観光地は構造的な脆弱性や高リスク性を有する。このことは、楽園観光をマクロな観点から捉えるのではなく、個々の楽園観光地やそれらのメゾレベルにおける相互作用状況を集約的かつボトムアップの観察にもとづき捉えることによって、あるいは、「見る者」の立場からではなく「歩く者」の立場からみることによって、はじめて明らかになる。⑦かならずしも楽園観光地の形成に必然的にともなう特徴というわけではないが、主要な楽園観光地の形成過程においては、観光地化と全体的社会事実としての植民地化との同型性という特徴を、観察することができる。

楽園観光地は、欧米における楽園表象を基盤とし、欧米以外の熱帯・亜熱帯の地において形成され、グローバルに展開していったモダニティの産物であり、そこには欧米中心主義的な文化・制度が強く折りたたまれている。ただし、もちろん、個々の楽園観光地は、それぞれ固有の成立過程や社会的・文化的諸特徴を有している。また、それぞれの観光地におけるさまざまな組織や人々の主体的な営みに注目するならば、そこには、ここで論じたようなグローバルな支配のメカニズムに抵抗しあるいはそれをすり抜けていくような、創造的あるいは戦術的な行為の局面を看取することも可能ではあろう［Certeau 1987（1980）; Clifford 2003（1988）:31-32; Cohen 1988; 古村 2015:32-34; 小田 1996; 太田 1998］。もっとも、そうしたミクロな創造的局面を過度に評価するべきでもないであろう。それについては、具体的な事例に即して慎重に見極める必要がある。

以上、第一部では、楽園観光地における観光と宗教の関係を主題とする本研究の、理論や方法に関わる基本的な論点を整理した。本研究は、ここが折り返し地点である。では、これまでの議論を踏まえ、いよいよバリの民族誌的記述に入っていくことにしよう。

第二部　バリの一〇〇年を振り返る

第四章　植民地状況下での楽園観光地化

ここから、本研究はバリの事例の記述に入る。第四章では、オランダによる植民地体制の確立と、その植民地体制下ではじまった観光地化について記述する。第五章では、この観光地化と並行する時期にはじまった知識人の言論活動が、インドネシア共和国の中のバリ人社会という枠組みにおけるヒンドゥーの改革運動へと収斂していった過程を記述する。より正確にいえば、第一章第二節で言及したバリ宗教の合理化を、あらためて第二次世界大戦の前と後とをつなぐ過程の中に位置づけ、さらにギアツの観察した事態をこえて、二一世紀にバリ宗教の分裂といいうる事態を惹起することとなった経緯についても確認するのである。そして、第六章では、第二次世界大戦後のバリの観光と宗教の関係性に関わる主要な民族誌的事実を整理する。

序論で述べたように、バリの本格的な観光地化と宗教合理化は一九二〇年代にはじまった。本章においては、まず第一節で、その前史に当たる植民地化にいたる経緯について概観する。次に、第二節で植民地体制下における宗教文化のありかたについて記述し、第三節で観光地化について記述する。そして第四節で議論をまとめる。なお、本章および次章の記述は、バリの観光や宗教それぞれに焦点を当てた拙論の記述を総合しつつ［吉田 1997, 2001, 2005, 2008, 2009a, 2011a, 2013b］、その一部を割愛・略述し、新たな文献や資料を援用して、全体的に加筆・修正したものである。

第一節　南海のヒンドゥー王国の末路

オランダとバリとの邂逅

一五九七年、コルネリス・デ・ハウトマン率いるオランダ船団がバリに上陸した。これがオランダとバリとの接触のはじまりである。第二章第四節では、リスクという概念の起源が一六～一七世紀の探検家の航海にあるという点に触れた。バリの近代史そして観光地化と宗教合理化のひとつの起源は、この時代にさかのぼる。

この当時のバリは、ゲルゲル（Gelgel）朝の下にあった。一四世紀前半にジャワのマジャパイト朝による侵攻を受けたのち、バリでは、既存のヒンドゥー王権の支配者にかわって、マジャパイト系のヒンドゥー王権の支配者が新たに立ったと考えられる。ゲルゲル朝は、ギャニヤール周辺を拠点としていたこのマジャパイト系王朝の後継であり、現在のクルンクン（Klungkung）近くのゲルゲルに王宮を遷し、一五世紀ころに成立した。一六世紀前半に、ジャワではイスラーム勢力の伸張によってマジャパイト朝が瓦解する。イスラーム化していくジャワとの交流は先細りし、ゲルゲル朝下のバリでは、ジャワ的ヒンドゥー文化が土着化し再編され、文学・舞踊・劇・音楽などの宮廷文化も発展した。今日観光名所ともなっているタナロット（Tanah Lot）やウルワトゥ（Uluwatu）など、バリを代表する寺院が建立されたのもこの時代である。ゲルゲル朝は、一七世紀に入って以降、衰退の兆しをみせはじめるが、ハウトマンらは、政治的に安定し宗教文化的にも成熟期を迎えた時代のバリを訪れたのであった［Boon 1977:1-2, 10; Creese 1991, 1995; Hägerdal 1995a, 1995b; Hanna 1990（1976）:2-6; 石澤・生田 2009（1998）:384-389; Pedersen 2006:14; Ramseyer 1986（1977）:55-60; Reichle 2010b:23-24; Stuart-Fox 2010:35-36; 吉田禎（編）1992:26-28］。

ハウトマンらの航海は、オランダにとって将来のアジア進出に向けての布石のひとつであった。この当時、カルヴァン派のおおいオランダは、ネーデルラント連邦共和国を立ち上げ、スペインとの間に独立戦争を戦っていた。ハウトマンらは、記録の上ではじめてバリに上陸した西欧人であった。周辺に拡大するイスラーム勢力にいわば挟撃されながらもヒンドゥーを奉じ豪奢な宮廷生活を送る王との会見は、彼らにバリの豊かさと王の強さを印象づけたようである。バリにとどまることを選んだ二名の船員を残してオランダに帰った一行は、コヴァルビアスによれば、新たな楽園を発見したと報告した。そして、このニュースを受けて、ひとりのオランダ人商人がバリに赴き、王からバリ人女性を送られるということもあった。このように、西欧のバリ理解は、当初から、この島をヒンドゥーの支配する南海の楽園とみなすものであったといいうる［Boon 1977:10-12; Covarrubias 1937:29; Hanna 1990（1976）:9-12; Hitchcock & Putra 2007:4, 26-28; 川北 2016（2001）; Picard 1996:18; Pringle 2004:82-83; Vickers 1989（2000）:11-14; 吉田 2005, 2013b］。

ただし、その後、楽園バリという認識はいったん背後に退くことになる。一六〇二年に東インド会社を設立し、バタヴィア（現在のジャカルタ）を拠点として海上交易を展開したオランダにとって、バリは、王が奴隷を輸出し、オランダの目を盗んで周辺海域で密貿易もおこない、オランダの宗主権をあいまいなままにしておく、いわばまつろわぬ土着の勢力であって、殉死（サティー）の習慣や手足を切断する刑罰の存在が示すように、ヒンドゥーの因習に根差した封建的な社会にほかならなかった。それゆえ、オランダ植民地政府（バタヴィア政庁）内では、バリを直接支配下におくべきだという議論もしばしば提起された。このように、東インドを統治するオランダ植民地政府にとって、バリのイメージは総じてネガティヴなものであった。このイメージが反転するのは、二〇世紀に入ってからである。それについては次節であらためて述べる［永渕 1998, 2007:54-58; Pels & Salemink 2000:27, 44; Picard 1999:19-21; Vickers 1989（2000）:3-4, 20-24; Schulte Nordholt 1996, 2000b］。

錯綜する社会秩序の「終焉」

オランダ領東インドは、ナポレオン戦争期の一八一一～一八一六年、イギリスの統治下に入った。このときのイギリス植民地政府の副総督であり東洋学者でもあったラッフルズは、『ジャワ史』を著し、イスラーム化によって失われたジャワのヒンドゥー文化がバリに残存していると指摘し、バリ島が有する学術的な価値をジャワとの対比によって確定した［Raffles 1988（1817）:ccxxxi-ccxl］。ジャワでボロブドゥール遺跡を発見したラッフルズは、いわゆる高文化としてのヒンドゥー文化ないしヒンドゥー＝仏教文化に関心を寄せていた。そして、そのバリ理解は、フリーデリヒやファン・ヘーフェルらオランダ慣習法学者に受け継がれた。ただし、慣習法学派は、オランダの直接統治がバリの一部におよぶ一九世紀後半以降、王族・貴族層よりも村落に生きる民衆の文化や宗教に焦点を当てる学術的まなざしを育むようになる。ともあれ、これら東洋学や慣習法学派の研究によって、バリの宗教文化をイスラーム到来以前の東インドにおけるヒンドゥー的宗教文化の探求という観点から理解する認識が定着していく［Boon 1977:11-58; Creese 1991; 石澤・生田 2009（1998）432-434; 永渕 1988:34-37; Schulte Nordholt 2000b:242-256, 2015:2］。

ウィーン体制の確立にともない、オランダはふたたび東インド諸島の統治主体として復帰した。このとき、オランダの実効支配がいまだおよばぬバリには九王国が存在した。一七世紀後半に、ゲルゲルからクルンクンに王宮を遷しクルンクン朝が成立し、その後一八世紀末ころまでに各地方を治める八王家が分離独立していったのである。その九王国とは、東から、カランガッサム（Karangasem）、バンリ（Bangli）、クルンクン、ギャニヤール（Gianyar）、バドゥン（Badung）、ムングウィ（Mengwi）、タバナン（Tabanan）、ジュンブラノ（Jembrana）、そして北部のブレレン（Buleleng）である［Geertz 1990（1980）:11-15; Hägerdal 2001; Pedersen 2006:14-15; Reichle 2010b:25-26; Schulte Nordholt 1996］。

クルンクンは、先にみたゲルゲル朝の直系にあたり、象徴的・儀礼的に最高位の王をいただく国であった。また、最小のムングウィ王国（図表4-1）は、すぐあとに述べるように、一九世紀末に攻め滅ぼされ、周辺諸国に分割併合された。このことが示すように、一九世紀当時、これらの王国は、たがいに同盟締結とその破棄、そして抗争を繰り広げていた。王ばかりではなく、ある地域を治める領主も、他地域を治める領主との間に、また場合によっては自国の王や他国の王との間にも、紛争を抱えることがあった。王は、その王国の領域内を政治的に統括し支配する者ではなかった。各地域は、それぞれの地方領主の実質的な支配下にあり、そこに王が影響力を行使しうる余地はかぎられていた。また、特定の支配者をいただくことなく村落の自治的秩序を構築する地域もあった。とくに、バリアゴ（Bali Aga/ Bali Mula）と呼ばれる村の中には、年齢階梯制を基盤とした自治組織を形成し、外部の政治勢力からの干渉を可能なかぎり拒否する体制をつくりあげたものがあった。オランダは、こうした従属と自律、抗争と同盟とが複雑に入り組み、支配範域の拡大と退縮の変動をともなうバリ社会にたいして、一九世紀半ば以降、政治・軍事的な介入をしていった。まさに意図せざる結果として、オランダは、バリにおける錯綜した政治抗争の中に巻き込まれていった［Geertz 1990（1980）; Pedersen 2006:15; Reuter 2002a, 2002b; Schaareman 1986; Schulte Nordholt 1996; Vickers 1989（2000）:52-53］。

　先にも触れたように、バリの王たちは、オランダが要求する宗主権承認をあいまいにし、他方で密貿易もおこなっていた。バリからは、米・布・家畜そして奴隷が輸出されて

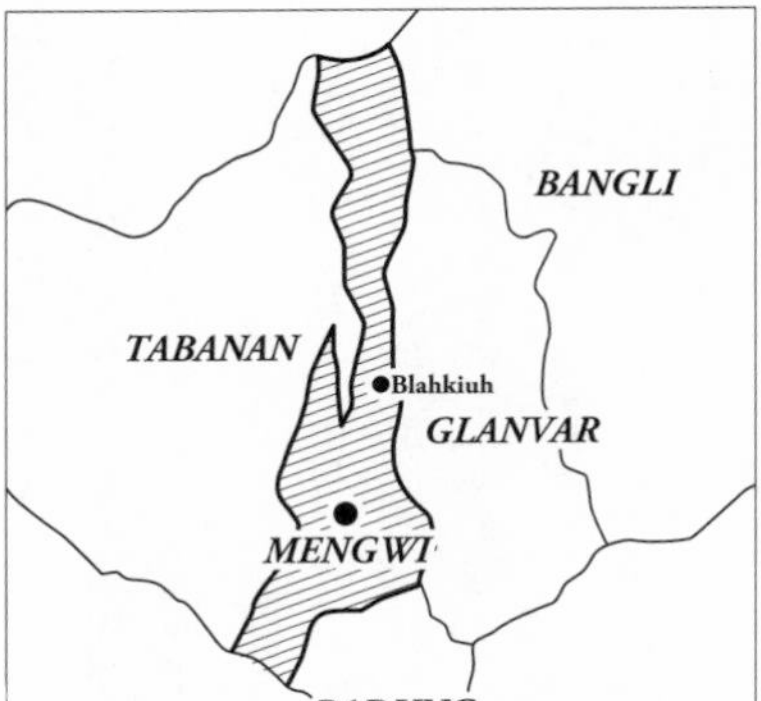

図表 4-1　1850 年前後のムングウィの領域
［Schulte Nordholt 1996: 16］
ムングウィは、東はギャニヤール、南はバドゥン、西はタバナン、北はブレレンに囲まれていた。

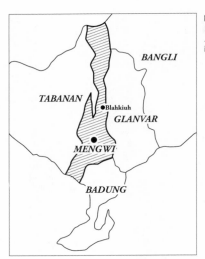

いた。また、海岸部の住民は、難破船から漂着する物資を神からの贈り物とみなして所有したが、このバリ的習慣は西欧側にとっては違法行為にほかならなかった。オランダは、一八四六年に、バリ側の難破船物資の「略奪」をきっかけに、北部のブレレンにはじめて軍を派遣した。結果的に、このときのバリ遠征は都合三度におよんだ。バリの諸王・領主が連合軍を結成し、オランダの予想をこえた奮闘をしたからであった。このことは、好戦的で粗野な未開人というオランダ側のバリ認識を強化することにもなった。一八四九年の三度目の遠征において、ようやくオランダ軍はバリ軍を破り、北部バリの一部を占領した。この占領地は、この年のバリ島クタでの休戦協定の締結により、バリ側に返還された。オランダは懲罰を加えることを目的としたのであって、バリの直接統治をねらったのではなかった。この協定締結の儀礼には、バリの諸王らとその従者およそ三万人が一堂に会した。連合軍を結成し外敵と戦った経験とこの休戦の儀礼は、バリ人側にとって、オランダという圧倒的な力をもった外部の存在と、その外部との対置において成立するバリ社会の単位性を、実感する契機になったと推測される[Reichle 2010b:25; Schulte Nordholt 1996:159-167; Vickers 1989 (2000):28-31; 吉田 2005]。

オランダは、しかし、やがて北西部二王国を直接統治することになる。まず、弱体化したブレレン王に代わり、ここに触手を伸ばそうとするバンリ王に対抗して、ブレレン内の領主たちがオランダの直接支配に入ることを望んだ。こうして、オランダは、一八五四年にブレレン王国の首都ブレレン（現在のシンガラジャ（Singaraja））に監督官（controleur）をおいた。監督官の任務は紛争の回避というあいまいなものであった。一八八二年には、ブレレンにバリ島とその東のロンボック島を管轄する理事官（Resident）をおいてバリの直接統治をはじめ、ジュンブラノもこの直接統治下に組み込んだ。ところで、先の直接統治と監督官の設置は、南部バリの王たちに、オランダがやがてバリ全体を支配下に組み込もうとするのではないかという疑念を抱かせるとともに、王国間の抗争に関してはオランダを味方につけることが優位になるということを認識させるものでもあった。南部バリの諸王国は、オランダの顔色をうかがいながら、たがいに入り乱れた紛争をつづけた。そのひとつの結末が、一八九一年のムングウィ王国の滅亡であった。ムングウィ王家は、当時の新興勢力であったギャニヤールのウブド領主家――以下、ウブド王宮（Puri Ubud）と記載する――と同盟を結んだが、ウブド王宮が戦争の援助をしないまま、周辺諸国に侵略され、国として瓦解した。その後も王家・領主家間の紛争はつづき、その過程において、一八九五年にカランガッサム、一九〇〇年にギャニヤールが、それぞれオランダの保護領

(Gouvernementslandschap / Protectorate) になった。カランガッサム王国は、オランダが一八九四年に軍を派遣しバタヴィア政庁の直接統治としたロンボック島の西部を支配していたバリ人勢力の本家筋に当たり、※1 このロンボック西部の支配体制の瓦解によって経済基盤と政治力を失った。カランガッサム王家は、ここで進んでオランダに統治権を譲渡し、オランダ領東インドの現地人首長となったのである。この選択を促したのが、慣習法学者でもあり一八九六〜一九〇〇年にバリおよびロンボックの理事官も務めたリーフリンクであった。オランダは、カランガッサムを保護領とし、カランガッサム王をこの保護領の代表たる領事 (Stedehouder / Stadtholder) とした。オランダが領事の後ろ盾となって間接的に統治するというこの手法は、深入りを避けたいオランダにとっても、王家の存続と威信の確保をはかりたいバリの王側にとっても、望ましいものであった。一九〇〇年には、自国内の領主たちとの抗争を抱え、周辺王国からも侵略を受けたギャニヤール王国が、第二の保護領となることを望んだ。オランダは、かならずしもバリ統治に積極的ではなかったが、ますます複雑化する諸王・領主間の抗争の中で支配を拡充せざるをえなかった [Hägerdal 2001; Hauser-Schäublin & Harnish 2014b:10-11; 永渕 1988:27-28; Schulte Nordholt 1996:168-200, 2000b:244-247; Telle 2014; Vickers 1989 (2000) :33-34, 73-76; Wiener 1995]。

この錯綜した社会秩序の中で、民衆レベルの宗教活動、とくに呪術的な儀礼演劇が活性化するということもあった。そのひとつがチャロナラン (Caron Arang) である。ヒルドレッド・ギアツによれば、チャロナランは、邪悪な力の発露を演劇の中へと組み込んだ儀礼的実践であり、世紀の変わり目にバトゥブラン (Batu Bulan) 村一帯において、いまある形態に近いものへと発展していった。この時期の南部バリは、王国間の戦乱に加え、コレラの発生もあって、混乱した状況にあった。永渕は、こうした呪術的儀礼活動の活性化が、当時の人々の不安のあらわれであったと理解できる、と指摘する [H. Geertz 1995; 永渕 1998:120-124; Stephen 2002; Vickers 1989 (2000) :73-74]。

さて、こうしたバリの下剋上状態に終止符が打たれるのは、二〇世紀に入ってからである。本国オランダで、いわゆる倫理政策が唱えられるようになると、文明の正義に照らして封建的な王の専横に苦しむ民衆を解放すべきだという論理の下に、直接的な植民地統治に向けた本格的な武力行使が、

※1 ロンボック西部は、一八世紀からカランガッサム王国による侵食を受けるようになっていた。プトラがいうように、それは一種の植民地支配であって、バリ社会は一方的に植民地化される客体だったとはいえない [Hauser-Schäublin & Harnish 2014b: 9-15; Harnish 2006, 2014; Putra 2011: 77]。

バリにおいても実行に移されることになった。きっかけは、一九〇四年にバドゥン王国の漁村であるサヌールの沖合で難破した船の物資を住民たちが「略奪」した問題について、バリ側との補償交渉が決裂したことであった。この時点で、すでにオランダはバリの北西部の二王国を直接支配し、中東部の二王国を保護領化し間接的な支配下においていた。残るのはバドゥン、タバナン、バンリ、クルンクンの四王国である。バリ外の地域の現地人を主力に編成されていたオランダ軍は、一九〇六年九月にサヌールに上陸した。これに対峙したのは、槍やクリス（kris: 青銅の短剣）といった伝統的な武器をもち、儀礼用の白の正装で身をかためた、女性や子どもを含むバドゥンの王族と民衆であった。すなわち、オランダは、王の圧政からの民衆の解放を大義名分としたこの武力行使において、現地人を主力とした部隊を派遣し、民衆を巻き込んだバリの現地人勢力にたいして直接攻撃をおこなったのである。しかも、予想もしなかったことに、オランダ軍が銃で発砲したのちに、バリの王族・民衆たちは自らクリスをもって集団自決していった。一一〇〇人以上とされる死者を出したこの悲劇は、ププタン（puputan: 終焉）と呼ばれた。バドゥン王宮を攻略したオランダ軍は、タバナン王国に攻め入り、王とその息子を捕えたが、彼らもすぐに自決した。そして一九〇八年に、オランダ軍はクルンクン王国へと進撃した。バドゥン同様の集団自決がここでも繰り返された。この中で、最後に残ったバンリは遅ればせながら保護領となることを望み、同年認められた。オランダと戦ったタバナン・バドゥン・クルンクンの三王国では、王は廃嫡となった。王の家系自体が途絶えたわけではないが、その王家の勢力は深刻なダメージを受けることとなった。一方、オランダの保護領となったカランガッサム・ギャニヤール・バンリの三王国では、王家がそのまま勢力を温存させることとなった。後者の三王家は、植民地時代に儀礼活動や宮廷文化を活性化させた。一九世紀以降に急速に台頭したウブド王宮も、植民地体制の下でさらに勢力を強化し、諸王に準じる有力支配者としてオランダに認知されるようになった［Baum 1937（1997）; Creese, Putra & Schulte Nordholt（ed.）2006; Geertz 1990（1980）; 永渕 1988, 2007:70; Reichle 2010b:26; Robinson 1995:44-46; Schulte Nordholt 1996:210-216, 2000b:246-247; Vickers 1989（2000）; Wiener 1995:29, 274, 1999］。

＊

以上、バリにおける植民地統治の確立までの経緯について簡単に述べた。次に、植民地支配下におけるバリの宗教文化の状況について、節をあらためて述べることにしよう。

第二節　植民地体制下における宗教の発見

行政体制とカストの再編

シュルテ＝ノルドホルトによれば、植民地体制下のバリでは、さまざまな出来事が複雑に絡み合う中で、ジャワ出自の外来の支配者（高カスト）が平等主義的な共同体に生きる原住民（スドロ）を支配するヒンドゥー王権の社会という、オランダ人のもつオリエンタリスティックなバリ理解が形成され、かつこの理解にもとづく社会体制が統治を通して構築されていった［Schulte Nordholt 1996, 2000a, 2000b］。ここでは、その議論をおもに参照しつつ、植民地支配体制下の社会・文化・宗教のあり方について概括する。

「ププタン」後のオランダは、既存の八王国の範域を行政単位として再画定し、南部バリのそれぞれの国に監督官をおき、その上位に立つ副理事官をバドゥン王国の首都バドゥン（現在のデンパサール）においた。バリ最上位の役職である理事官とその官庁は、変わらず北部のブレレンにおいた。また、各地方を統括する官吏には、王族や領主の一族、すなわちカストの位階名でいえば、サトリオ（Satria, Ksatria）やウェシオ（Wesia）の者を、また原住民裁判所の裁判官にはブラフマノ（Brahmana）の者を、もっぱらあてた。そして、村落の複雑な帰属関係を一元化した行政村（gouvernementsdesa）を新たにおくとともに、水利組合（subak）を組織化して徴税の体系的な仕組みを整えた。地方の王族・領主の後継者や近親者、あるいは領主そのものが、行政官吏の職に就くこともめずらしくなかった。一定の学校教育を修めたスドロ（Sudra）の原住民が地方を治める官吏として登用されることもあったが、中には、赴任する地域の事情に疎く、地元の人々との円滑な関係構築に失敗するケースもあり、在地の有力者を登用することは、安定した統治のために効率的であった。そして、上位から末端にいたる行政単位の各レベルを管轄する官庁（kantor）は、それぞれの地域や村の中心地、つまり、王宮の所在する場所やその近辺に、設けられた。王族・領主の成員が行政の役職者であれば、王宮の既存の建物が官庁として使用されることもすくなくなかった［Hauser-Schäublin 2011:195-197; 永渕 1998, 2007:73-78; Schulte Nordholt 1996:217-230, 2000b:246-256］。

次にカストについて述べる。バリのカストは、ブラフマノ、サトリオ、ウェシオ、スドロと呼ばれる四ワルノ（warna）からなるもので、いわゆる不可触民はいない。今日、ブラフマノはプダンドと呼ばれる司祭を輩出する階層（序論脚注10）、サトリオとウェシオは旧王族領主の階層と認識される。スドロはジャボ（jaba; ソト）とも呼ばれる。上位三カスト——以下、高カストとも呼ぶ——は一括してトリワンソ（Triwangsa;

三族）とも呼ばれ、バリ社会において中心（jero: ウチ）を構成する人々と認識される。トリワンソの先祖は、マジャパイトから来たジャワ人支配者層であるとされるが、これはあくまで伝承上の話である。また、バリ人の九割程度を占めるスドロも含めて、バリ人ヒンドゥー教徒は総体として自分たちをマジャパイトに系譜をたどるとするアイデンティティをもつ。高カストとスドロとの間には、儀礼的・象徴的な位階関係がいまも存在する。たとえば、バリ語における敬語のつかい分けは、もっぱら当事者のカスト間関係にもとづく。カスト上位の者は、自身より下位の者が祭祀する親族寺院を訪れることはしない。また、高カストに限定された供物や装飾が一部あり、高カストは基本的に宗教活動を豪華におこなうことが期待される。さらに、そうした目にみえる差異ばかりではなく、高カストとスドロの間で、実質はあまり変わらないのに、それぞれの儀礼・供物・儀礼具にたいして異なる名称がつかわれるということもある。現在、こうした儀礼や敬語におけるカストによる差異づけは次第にあいまいになってきている。ただ、バリのカストは、元来ある種のあいまいさや可塑性を抱えたものであった。そのひとつの背景は、バリの位階秩序が、ワルノの範疇にではなく、個々のタイトル集団——インドでのジャーティや、父系のクランやリニジに相当すると考えてよい——間の相対的な上下関係にもとづくという点にある。[※2] ある集団がサトリオなのかウェシオなのか、またスドロの中の上位層なのかは、もともと議論の余地あるものであり、地域的な偏差を抱えたものであった。また、一九世紀には、スドロの者が系譜を改竄して上位カストを名乗り、支配者としての地位の正当化をはかることもあった［Boon 1977; Geertz 1959, 1990（1980）; Geertz & Geetz 1989（1975）; Pedersen 2006:46-48; Putra 2011:33; Schulte Nordholt 1996, 2000b:248-251; 吉田 2005, 2009a］。

さて、オランダは、古文書の知識に詳しいブラフマノ層の見解や、イギリスのインド統治を参照して、一九一〇年にバリのカストという階層差ないし身分差の慣習を公式に認める決定をした。複雑で地域的な差異や主体による見解の相違をともなうバリのカストは、タイトル諸集団が四ワルノのいずれかに帰属するよう確定させられ、バリ全体で統一的なものに整理された。そして、上位カストは、強制労働が免除されるなど、一部の特権や優遇を与えられた。これにたいして、不当に低く扱われたとみなした集団が地位の上昇訂正をもとめて裁判をおこし、その半数ほどの訴えが認められることとなった。また、この身分差の認定にともなって、下降婚（上位カストの女性と下位カストの男性との婚姻）の禁止とこれを破った者への制裁も強化された。ただし、これは近代的ではないとして、一九二七年に植民地政府がそれを緩和する措置を講じた（二〇〇二年には、パリサドがカスト間の不平等や下降婚に関する慣習など一切の身分差を公式に否定した）。このように、バリのカストは、インドと同様、植民地時代に固定化され強化されたところが多分にある［Howe 2001, 2005; Putra 2011:70, 149-155; Schulte Nordholt 1996; Vickers 1989（2000）］。

宗教と政治の分化

以上のような行政体系とカストの再編の一方で、オランダは、バリの地域社会における民衆レベルの習慣や儀礼にたいしては、基本的に自由放任主義をとった。こうした対応の背景には、植民地行政官でもあった慣習法学者たちの研究があった。中でも、北部バリでの調査から、宗教共同体的性格をもった村落共同体にバリ社会の根幹を見て取ったリーフリンク――先述した理事官であり、慣習法学者でもあった――の議論は、植民地行政官に多大な影響力をもった。リーフリンクの研究は、当時の進化論的な観点に支えられており、バリ社会の原型をカスト差のない平等主義的な村落に見出すなど、妥当といえない論点を有していたが、オランダ人行政官は、その議論をバリ社会の本質を穿つものであると捉えた。すなわち、バリ社会の根幹は村落にあり、その村落の中核には彼ら民衆の宗教実践がある、したがって、村落レベルにとくに混乱がなく、民衆の宗教活動つまり儀礼活動が基本的に変わりなく営まれていれば、バリの統治はおおむねうまくいっていることになる。彼らはこのように受け止めていたのである［Liefrinck 1927; Picard 1999:20-22; Robinson 1995:39-41; Schulte Nordholt 1996:230-234, 278, 2000b:244-256, 262-264; Vickers 1989（2000）:89-91; Warren 1993:3-4］。

また、バリでは、一九二四年まで植民地政府がミッションによる布教活動を認めなかったため、キリスト教もあまり広まらなかった。その政策は、バリ社会の根幹にはこの島のヒンドゥーという独特の宗教があるという、慣習法学者であり植民地行政高官でもあったコルンらの判断によるところがおおきかった。コルンは、一九一七～一九三一年にバリでさまざまな役職に就くとともに、『バリ慣習法論』を著し、バリ

※2 ブラフマノの人々は、男子はイダ・バグス（Ida Bagus）、女子はイダ・アユ（Ida Ayu）というタイトルをもつ。アナッ・アグン（Anak Agung）、チョコルド・アグン（Cokorda Agung）などは、サトリオのタイトルである。グスティ、デワ（Dewa）／デサッ（Desak）――男子がデワ、女子がデサッ――といったタイトルをもつ人々は、ウェシオに属するとされる。スドロの場合、タイトルをもつ人々――スドロの中でも地位が高いとみなされる――もいれば、もたない人々もいる。このタイトル集団間の上下関係の認識は、ある地域ではアナッ・アグンがサトリオの最上位と認識されるが、隣の地域ではチョコルド・アグンが最上位と認識されるなど、地域によって若干の差異がある。

研究とバリ統治におおきな影響力をもった。この著作は、バリの諸地域の慣習法の多様性と個別性を「厚く」記述したものであり、一九三〇年代のオランダ人植民地行政官にとってバリの複雑な事象を一望監視するための手頃なマニュアルとなり、リーフリンクの著作に代わる必携参考書ともなった。複雑でうつろいやすいバリ社会の実態を書き記したコルンの著作は、皮肉にも、バリの「伝統文化」を実体視し固定化して捉えるオランダ人の認識を強化したのであった［Boon 1977:53-56; Hauser-Schäublin & Harnish 2014b:12; Korn 1932（1924）; 永渕 1998:40; Picard 1999:21-22, 2004:58-59, 69, 2011a:10-11; Schulte Nordholt 1996:235, 280, 2000b:262-264, 268; 吉田 2005:224-225］。

こうした植民地統治と慣習法研究とが相互作用しつつ深まっていく過程において、オランダ側は、次第に、バリ社会にたいする学術的であると同時に統治にも資するひとつの理解を練り上げていった。すなわち、バリ社会の根幹は、マジャパイトの末裔たる高カストの貴族文化や古典国家にではなく、土着の民衆つまりスドロの人々がつくりあげている宗教共同体的な村落にこそある、というものである。これは、穿った見方をすれば、植民地支配の過程で古典国家とその支配体制を消し去ったことを事後的に正当化する理解であった。とともに、序論で触れた先行研究の「儀礼中心主義」の理解枠組みの原点に位置するものでもあった。バリ社会の中心に人々の織りなす宗教生活を見、その宗教の中心に儀礼活動を見るというこの表象枠組みは、植民地時代の二〇世紀前半に確立したのである。その場合、その背景にある政治性を見逃すべきではない。

別の角度から整理するならば、オランダは、自らが取り組むべき統治の対象を、世俗的な領域という範囲に限定して見出したのであり、この統治の対象から宗教というバリ人にとっての根幹と認識した領域を除外したのだ、ということができる。私は、この統治がおよぶべき対象からの除外に、バリの「宗教の発見」といいうる事態を看取することができると考える。バリ人における何らかの信念や実践の領域を「宗教」と表象し、これを経済や政治といった領域から相対的に切り離されたものとして捉えるまなざしが、植民地支配下において立ち上げられたのである。重要なのは、その立ち上げが、ある意味では当然ながら、支配されたバリ人ではなく、支配する側のオランダ人に由来するものであったという点である。ウィーナーは、植民地時代以前のバリでは、あらゆる力／権力は不可視の領域――バリではニスカロ（niskala）と呼ばれる――における諸力との関係によるものと理解されており、宗教と呼びうるような明確な行為の領域は存在しなかった、と述べる［Howe 2001:4; Schulte Nordholt 1996:241-242, 2000b:252-256; Wiener 1995:73-74; 吉田 2001, 2005］。要するに、宗教と政治は未分化であったということであり、逆にいえば、植民地時代においてはじめて宗教と政治とはシステム分化していったのだ、ということになる。もともとバリ語には「宗教」と訳しうる語彙はなかったと考えられる。バリ人は、宗教を「宗教」として把握する表象枠組みを、この植民地時代に受け取り内面化していったと考えてよい。これが、序論で「宗教の発見」と呼んだ事態である。

ピカールらの議論に即して、もうすこし論点を明確にしておこう。バリ語には、ローカルな次元のあれこれの具体的な慣習実践、つまり「地域の慣習」を包括的に指し示す語彙（ex. sima, kerta, palakerta, dresta, catur dresta, tata krama, tataloka cara）がある。ただ、これらは、バリ全体で共通する語ではなく、それぞれの地域において有意なヴァーナキュラーな語であるとともに、宗教、伝統文化、慣習（法）などを包括的かつ漠然と意味するものである。バリ語の概念体系には、慣習／宗教／文化／芸術などが識別されたり、ローカルで具体的な慣習実践をこえたレベルで慣習一般が範疇化されたりする機序はなく、宗教や文化に相当する領域は、いわばこの「地域の慣習」の中に埋め込まれたものとしてあったのである。しかし、植民地時代になると、序論で言及したアダットやアガマといったアラビア語由来のマレー語が、それぞれ「慣習」および「宗教」を意味する語としてバリ社会でも流通するようになる。「文化」（kultur, kebudayaan, peradaban）や「芸術」（kunst, kesenian）、「宗教」（religie）といったオランダ語やマレー語の語彙も同様である。これら外来の概念によって、バリ人もまた、慣習・宗教・文化・芸術をそれぞれ相対的に異なる領域として分節化し認識するとともに、ローカルな次元のあれこれの具体的な慣習実践を超越した次元において、慣習なら慣習、宗教なら宗教を、たとえばバリ、バリ外のジャワや東インド、それをこえた世界といった異なるレベルを設定しながら、捉えることが可能となったのである。そのひとつのあらわれが、バリを含むインドネシアの各地で一九二〇年代に立ち上がってくる、マレー語――のちに国語としてのインドネシア語として再規定される――をもちいた詩・小説・社会時評などの文芸出版活動である（第五章第一節）。ピカールによれば、バリで「ヒンドゥー」という語が人口に膾炙し、自らを「バリ人」と認識し、バリ人らしさ（kebalian）つまりはバリ人アイデンティティをアガマとアダットにもとづき語るようになったのは、二〇世紀の植民地時代である［Dragojlovic 2016; Hauser-Schäublin & Harnish 2014b:3, 13; Picard 1999:30-31, 2005:115-117, 2011a:1-7, 9, 2011b:139, 2011c:484; Putra 2011:4-11; Reuter 2008:9; Warren 1993:4-5］。

こうした世界認識の再編をもたらしたひとつの契機として、ベネディクト・アンダーソンのいう「新しい巡礼」があった。中央集権化された学校制度の整備により、東インドの各地から、王族・貴族や平民の優秀な子女がジャワの主要な都市に集まり、西欧流の思考・生活様式を身体化するとともに、東インドというまとまりを感得したバイカルチュラルな知識人（intellectueelen）となり、独立運動と国民国家建設の担い手になっていくのである。そうした脱植民地支配を志向する知識人たちの創出は、まぎれもなく植民地体制下の近代化の恩恵である。また、そこには、西欧的な文化を現地人が内面化するという影響関係だけではなく、西欧人が現地の文化を内面化するという双方向的な影響関係もあった。慣習法研究も、その産物のひとつである。オランダの植民地行政官＝研究者は、アラビア語起源のマレー語で慣習を意味するアダットとオランダ語の法（recht）を組み合わせた「慣習法」（adatrecht）という新たな概念によって、東インド諸島の諸社会の伝統文化を捉え比較したのだからである。この点で、現地人のみならずオランダ人もまた、アダットという概念を取り込み活用した主体であった。また、一九一〇年代後半以降、ジャワの諸都市を中心に広がりをみせた神智会（Theosophical Society）の活動も、西欧人と現地人エリートが双方向的にジャワやバリのヒンドゥー的宗教文化を理解し、これをインドとの連関において捉える認識枠組みを構築する上で重要な契機をなした［Anderson 1987（1983）:227-228; Brown 2004; Burns 2007:68; Fasseur 2007; Holleman（ed.）1981; J. P. B. de Joselin de Jong 1987（1935）; P. E. de Joselin de Jong（ed.）1983; 倉田 1987; 馬淵 1974; Putra 2007（2003）; 高野 2015:33-52; Tollenaere 2004; Vickers 2013:60-72, 84-85; 吉永 2007］。

　植民地時代のバリ人知識人の言論活動からは、彼らが、オランダ人やムスリムなどによる宗教文化に関する言説を参照しつつ、これをいわば脱構築するかたちで、バリの宗教・慣習・文化・芸術に関する彼らなりの言論を紡ぎ、「宗教」や「芸術」などの範疇や意味内容を言語化しつつ見出し内面化していく過程の一端を、確認することができる。ピカールは、一九二〇年代のバリ人エリートの残した出版物に、たとえばアダットとアガマを弁別したり、イスラームやキリスト教などをアガマとして捉えたり、アダットとアガマを文化概念の中に包摂したり、バリの文化や宗教や慣習をひとつの単位として括ってジャワやオランダの文化や宗教や慣習と対比させたり、といった表象枠組みを見出している。当時のバリ人エリートたちは、バリ語ではなくマレー語やオランダ語をもちいて、バリの文化・宗教・慣習・芸術とそのあるべき姿について論じたのであった［Picard 1999; 吉田 1991, 2005; cf. Anderson 1987（1983）, 1995（1990）; 柄谷 1988（1980）］。それについては、第五章第一節であらためて述べる。

　ここまでの議論をまとめよう。①オランダのバリ植民地支配は、世俗的な領域を射程とするものであって、村落レベルにおける民衆の宗教活動を統治の直接の対象から外すものであった。②この統治の枠組みは、バリ社会の根幹を村落共同体における宗教実践にみようとする、慣習法学派の解釈や表象に依拠したものであった。③一九二〇年代以降のバリの知識人たちは、アダットやアガマ、あるいは宗教・文化・芸術などの概念を駆使して、自他の世界を一般化しつつ表象し、言論活動を展開するようになった。序論であらかじめ触れておいた、バリ人の「宗教の発見」と呼びうる事態である。④彼らがこれらの諸概念を内面化し、世界認識を更新していったその背景には、第三章第三節でバランディエに言及し確認しておいた「植民地状況」があった。

地震とその後の文化政策

次に、バリの宗教文化とオランダの植民地統治との関係に関する、特筆すべき出来事に触れよう。それは、一九一七年の大地震とその後の文化復興である。

一九一七年一月二一日午前七時前、バリ島南部を大地震が襲った。北部の死傷者はすくなかったが、南部では死者・負傷者とも一〇〇〇人以上となった。家屋や寺院が倒壊し、道路や水田の灌漑水路も破壊された。植民地時代における道路や灌漑設備などの社会インフラの整備は、物流やコメの生産向上に寄与していたが、これが各地で寸断され、収穫にも深刻な影響がおよんだ。翌一九一八年には、世界的なインフルエンザ（スペイン風邪）の流行――マックス・ヴェーバーは、このスペイン風邪による肺炎で死亡したようである――により、バリでもおおくの死者が出た。さらに、その翌年には、南部バリでネズミが大発生し、地震の年とおなじく収穫の激減をもたらした。当時のある司祭は、一九世紀末以来の政治的・社会的な混乱の中で、神々にたいする儀礼の義務をなおざりにしていたことが、南部バリを不浄の状態にし、このために罰せられたのだと記している。シュルテ＝ノルドホルトは、神々の怒りがこうした災難をもたらしたのであり、それは植民地支配がもたらした儀礼的な穢れの状態への罰であると、おおくの人々が確信していた、と論じる［犬飼 2003:24; 永渕 1994a:262, 2007:78-81; Schulte Nordholt 1996:258-259, 2000b:256; Stuart-Fox 2002:300-303; Vickers 2013:47］。

こうした降りかかる災難の中、たとえばムングウィにおける村々のように、バロン（Barong: 獅子舞の獅子に似た聖獣）（写真4-1）を新たにつくり、これに村を歩いてもらい、見えざる悪を祓おうとする地域もあった。また、同様の意図から、サンヤン・ドゥダリという、流行病や凶作を祓うための儀礼舞踊を頻繁に催行するようになった地域もあった。さらに、後述するように、ブサキ寺院（Pura Besakih）の儀礼体系が旧王族を中心に再構築され、この寺院がバリ人ヒンドゥー教徒にとっての総本山的存在となっていくのも、この時期からである。このように、一九一〇年代後半は、バリ人にとって混乱と貧困と恐怖――神はバリを見放したのではないかという――が支配した時代であった。彼らは、こうした社会秩序の動揺に直面し、村レベルでの宗教・呪術的活動を活性化させるという、彼らなりの合理的な手段によって対応しようとしたのであった。しかし、この対処の方法を、その後一九二〇年代以降に訪れる人類学者や外国人観光者たちは、以前から持続的に存在するバリの「伝統文化」として本質化し理解したのである［Schulte Nordholt 1996:258-259; Vickers 1989 (2000):140-141］。

さて、植民地官吏となっているバリ人エリートたちは、政府にたいして、バリ人自らによる秩序回復は不可能であり、政府の主導によって地震で倒壊した建築物を再建してほしいと訴えた。彼らが助成を願ったのは、具体的には、ブサキ寺院をはじめとする主要な寺院と、彼らが居住する王宮の再建であった。ブサキ寺院では、地震直後に、まず神の許しを請う儀礼がおこなわれた。そして、カランガッサム領事を中心に、ギャニヤールやバンリなどの領事も集まって話し合い、理事官にたいして、ブサキ寺院の復興を願い出る文書を全バ

写真 4-1　バロン・ケケッ

リ人の名において提出することにした。これにたいして、理事官側は、旧王族にかぎらず司祭なども含む各界のバリ人代表を招集した会議を開き、この問題はバリ人の宗教信仰問題であるから、バリ人側の主体的な関わりにおいて対処していく、ということにした。こうした措置の背景には、先に指摘した「宗教」を統治の対象から切り離すという点があったと考えてよい。そして、一九一八年の東インド総督のバリ来訪をきっかけに、バリの伝統文化保存政策や旧王家の復活策が検討されはじめる。理事官やバタヴィア学術協会が、文化保護という点で、とくにブサキ寺院の復興を重視したこともあり、政府は文化的価値を有する建築物の復興助成を決定するにいたった［永渕 1994a:277-278; Schulte Nordholt 1996:263; Stuart-Fox 2002:300-304］。

王宮については、やや複雑な点があった。王宮は、旧王族・領主たちの屋敷であるという点では私的なものであったが、それが官庁を兼ねている場合には公的な存在でもあったからである。ギャニヤール領事は、具体的な数字を示して王宮再建の費用を政府に負担するようもとめた。政府側はこれについて協議し、結局、助成することを決めた。理事官は、一部のみを援助し、一部は王族側が旧来の王国の制度をもちいて人々から物資や労働力を募ることを認めることで財政拠出を減らす方法を考案したが、バタヴィア政庁は、これが王制の部分的復帰につながること、また、そうした労働徴集が民衆のいっそうの負担を招くことを懸念した。政府は、どの王宮にどの程度の援助を与えるかを決める作業に入った。しかし、一九二〇年代に入って理事官が交替すると、この援助の予算は打ち切りとなり、その後はもっぱらバリ人の手で再建が進められることになった［永渕 1994a:276, 285-287, 2007:82-85; Schulte Nordholt 2000b:264-265］。

ただ、この地震直後の時点においては、オランダ側とバリ人側（旧王族や司祭たち）との間の文化復興をめぐる議論や折衝に、いくつかの興味深いポイントを看取することができる。ここでは三点を指摘しておくことにしたい。

第一点は、この地震後のバリ文化の復興をめぐる政府側の討議の中に、いくつかの異なる理解が見出せるという点である。政府内の復興計画の中心人物であった民間人のモーエンは、文化財としての重要性を考慮する視点から、つまりはバリのバリらしさを復興させるという観点から、王宮復興の予算見積もりをおこなおうとした。しかし、バタヴィア政庁は、基本的に官庁機能を担うがゆえに王宮の再建が必要であるという立場に立っており、むしろ王宮の王宮らしさが復活することにたいしては危惧を表明した。それが、バリ人にとって、かつての王の権威の復活と印象づけられることを恐れたのである。ほかにも、さまざまな見解があった。たとえば、一般の民衆には援助しないのだから、旧王族・領主の王宮にたいしても政府が援助する必要はない、とする見解もあった。この意見には、オランダ政府のバリ統治の正統性は、先行するバリの王国の統治を引き継いでいるという点にあるのであって、再建には責任をもつべきだ、という意見が出された。さらに、モーエンの主張に否定的な見解もあった。つまり、モーエンはオランダ人が考える真正なバリ文化という、いままでバリには存在しなかった「文化の怪物」をつくりあげようとしている、それは不要であり、ある意味では危険である、バリ人にはバリ文化の特徴をもった寺院や王宮を自力で復興する力はある、というものである。また、バリ文化はバリ人にとって自由な変容を遂げていくものであって、外部のオランダ人が文化保護を訴えて政策を実施すべきではない、原則は非介入・放任主義でいくべきだ、という見解もあった。しかし、これには理事官が強く反対した。バタヴィア政庁は、結局、モーエンや理事官の見解に沿って、バリの文化を植民地政府が率先して保護していくという方針を採用したのであった［永渕 1994a:274-275, 287-298, 2007:85-98; Stuart-Fox 2002:256, 302-304］。

こうしたバリの伝統文化の復興のひとつの焦点となったのが、ブサキ寺院の再建である。旧王族・領主からなるバリの有力者たちは、諸王の敵対によってブサキ寺院の運営や儀礼の催行を怠ったことが神の怒りを招き、天罰としての地震をもたらしたのであり、今後はオランダの協力を仰ぎながら、全バリ人の参加によってブサキの再建と儀礼執行をおこなっていきたいという旨を、理事官に出した文書の中で述べた。ブサキ寺院は、ここにおいてバリ宗教文化復興の象徴的存在としての位置づけを獲得したのである。ただし、ブサキ寺院がバリ人ヒンドゥー教徒全体にとっての総本山的性格を獲得し、共同管理という体制によって運営されていくようになったという点それ自体は、決して復興なのではない。むしろ、それは新規の体制なのである。このブサキ寺院の位置づけと祭祀体制の新たな構築が、第二点である［永渕 1994a:274-276, 278-281; Stuart-Fox 2002:297-309］。

第三点は、以上の地震後の文化復興のあとに展開した、教育面におけるバリ文化保存政策についてである。オランダは、当初はバリ人官吏の必要性を感じ、デンパサールにオランダ原住民学校をつくって現地人にたいする高等教育をおこなおうとした。しかし、一九二〇年代になると、多数のバリ人にそうした高等教育を施す必要はない、なお未開的特徴をもつこの社会においては、むしろ村レベルで初等教育を受けさせる機会を拡充する方がよい、という考え方に方針転換し、初等教育をおこなう学校を増設するようになった。その場合、私立学校も含めて、こうした原住民教育にはひとつの共通点があった。それは、オランダ式の近代教育をそのまま導入するのではなく、忘れ去られつつあるバリの伝統文化の保存や発展に寄与するよう、バリの伝統的な絵画・舞踊・歌謡・文学を積極的に教育に取り入れていこう、という動きである。さらに、教育以外の領域においても、バリの伝統・文化・慣習を保存・強化していくべきことが指摘され、公的な建築物を建てるときはバリ風の建造物にすることなどが志向された。このバリ文化の保存や育成への志向は、バリの「バリ化」（Baliseering）と呼ばれた。バリのバリ化は、オランダ側がバリの伝統文化とみなしたものをバリ人側に示し強要するという、ある種の倒錯をはらんだものであった［Gouda 1995:89-94; Howe 2005:19-20; 永渕 2007:127-130; 中村 1990:183-188; Parker 2000:56-58; Pollmann 1990:14-17; Robinson 1995:48-49; Schulte Nordholt 1996:278-279］。また、そこでバリ的な建築物とされたものは、ジャワや中国文化の影響を受けてある時代に様式化されたものにほかならなかった。こうして、オランダ側のまなざしを基点に、特定の文化の局面が切り取られ、バリの「伝統文化」が指定され確定していったのである。

宮廷文化の活性化と民衆の窮乏

オランダ政府は、一九二九年に旧王の地位に相当する八名を、それぞれの国（negara, stadt）を担当する行政官とした。これは、一九三八年の王位復活認可の伏線であった。また、この八名、ウブド領主、オランダ人高官らによって構成される組織（Paruman Kerta Negara; 国司法会議）を立ち上げ、ブサキ寺院の祭祀運営をはじめとするさまざまな問題を協議する機関とした。これも、間接統治体制の確立に向けての移行措置であった。ただ、それらは、同時に、旧王族・領主層が宗教活動を中心に民衆にたいして自らの威信をアピールすることに、政府がお墨付きを与えることをも意味した。旧王族・領主層は、過去においても当時においても政治的権力をもたず、宗教文化の領域を指導する存在にすぎない、とオランダ側は認識していた。これにたいして、旧王族・領主層は、オランダによる政治と宗教の切り分けを背景に、むしろ宗教文化の領域をたがいの威信をかけて戦う象徴政治の舞台とした。すべての旧王族・領主層の羽振りがよかったわけではないが、王家と一部の領主たちは、ブサキ寺院や自身の統治する地域に存在する大寺院の祭祀を大々的に復活させ、舞踊や音楽を中心にした宮廷文化を活性化させ、文化保護者としての自らの地位や権威を再確立していった。すなわち、ギアツが劇場国家論で論じた状況はここに出現したのであって、一九世紀の古典国家にさかのぼれるかどうかは微妙である。一九三三年には、ブサキ寺院において、植民地統治下における初の大儀礼であるパンチョワリクラモ（Panca Walikrama）が催行された。主要な旧王族・領主は、この儀礼の準備と催行を通してブサキ寺院の共同運営体制の実質を構築していった。そして、彼らは、親族の官吏登用と土地所有の拡大も進めた。オランダ側は、このころには旧王族・領主の一部が政治・経済的な力を養いつつある状況を認識していたが、それを事実上放置したのであった［Geertz 1990（1980）; MacRae 1999:143-144; 永渕 1996b:56-57, 74, 1998:77; Pedersen 2006:23; Schulte Nordholt 1996:5-7, 265-266, 334-335, 2000b:257-263, 277; Stuart-Fox 2002:305-307］。

もっとも、一九三〇年代のバリにあったのは、そうした上位カストによる華やかな宗教文化の活性化だけではない。世界恐慌の影響によるオランダ通貨の下落、輸出不振、それによる銀の流出があり、さらには一九三五年から翌年にかけてネズミと害虫が大発生した。端的にいって、この時期のおおくのバリ人は貧困の中にあった。彼らは、油の代わりにヤシの殻を燃やしたり、高価な腰布を巻くことをやめて安価な日本製のズボンをはいたりした。徴税にも中間搾取があったようであり、中には、税の滞納や負債から、田地を売って小作人となる者もいた。そして、そうした田地を買い取ったのは、高カストら一部の有力者であった。経済的に豊かな高カストの一族は、大々的な儀礼を催行しその力を示威することができたが、それは、彼らひと握りの富裕層と土地なし貧困層との格差の拡大を背景としていたのである。王国時代であれば、困窮した農民が別の支配者を頼るという選択もありえたが、植民地体制下においてはそうした臣民の帰属変更はもはやありえない。バドゥンのある地域では、経済的困難と儀礼義務に耐えられなくなった村人が、大挙してクリスチャンに改宗するという出来事もおきた。旧ムングヴィ地域では、コーヒープランテーションでの季節労働を打ち切られた土地なし農民が一日一食の食事にも窮乏する事態となった。先に触れたコルンや、やはり慣習法研究者でもあったフラーデルのように、こうしたバリ人にふりかかる貧困に注意をはらう植民地行政官もいたが、当時の理事官は逆にそれをまったく理解せず、バリ人は恐慌後に昔の状態に戻っただけだと考えていた。こうしたバリ人の困窮にたいする無関心は、当時バリを訪れていた観光者、そしてベイトソンのような研究者においても、同様であった。シュルテ＝ノルドホルトは、「ナイーヴな西欧人類学者や旅行者は、バランスのとれた芸術文化をもつエキゾチックな楽園としてバリを捉えたが、大部分のバリ人にとって、一九三〇年代は暗くみじめな時代であった」と総括する。総じて、植民地体制下のバリでは、人口は増えインフラの整備も進んだが、人々の暮らしぶりは向上しなかったのであり、一九世紀にあった政治的混乱は収拾されたものの、バリ人にとっての苦難が解消されたとまではいえなかった。また、西欧式の教育を受けた若い世代のバリ人の中には、高カストの支配が強まる状況に危機感を抱く者もいた（第五章第一節）［Bateson 1970（1949）:391-392; 井澤 2017:34-35; MacRae 1999:132-133; 永渕 2007:101-104; Robinson 1995:52-69; Schulte Nordholt 1996:285-291, 2000b:259-260, 272-275, 2011:397; Vickers 2013:21］。

オランダ政府は、一九三八年に植民地の体制を再編し、バリを大東部（De Groote Oost）に編入するとともに、バリの八人の旧王位者を自治官（zelfbestuurder）に任命し、彼らの自治権と王としての地位を正式に認めた。王の地位を認めたことは、当初の武力行使をともなったバリ支配の理由づけの根幹に関わる問題であり、そこには異論もあったが、バリ人支配者を立て、バリ式に統治をおこなうことで、最終的に合意がなされたのであった。この自治権承認の儀礼は、この年の六月のガルンガン（Galungan; ウク（uku）暦の正月に当たる）の日に、ブサキ寺院で催行された。供物が用意され、ブラフマノ司祭がマントロを唱え、バリ人の参加者もオランダ式の制服を着、写真を撮り、シャンパンを飲んだ。このバリ式とオランダ式の交差した儀式は、オランダ側とバリ人有力者との共同作業の中でバリの宗教文化が「復興」された――つまりは新たに構築された――過程を、まさに象徴している。この年の九月には、八自治官が、理事官の同意を得て、最高評議会（Paruman Agung）を立ち上げた。この組織が機能するようになると、先につくられていた類似の組織（Paruman Kerta Negara）は役割を終えた。この最高評議会の成立は、バリにおける間接統治体制の最終的な仕上げに当たるものであった［永渕 1998:20-24; Schulte Nordholt 1996:307-310; Stuart-Fox 2002:305-308; Vickers 2013:22-24］。

＊

以上、植民地統治のはじまりから一九三〇年代の間接統治体制の確立までを、簡単にみてきた。あらためてここで確認したいのは、前節で触れた一九世紀末のチャロナラン、一九一〇年代のバロンの練り歩きやサンヤン・ドゥダリの催行、そして本節で触れたブサキ寺院の祭祀体制の構築、王族・領主層による王宮ゆかりの寺院の祭祀や宮廷文化の再活性化など、オランダが介入するようになった一九世紀末以降のバリでは、民衆レベルそして支配者層レベルにおいて、さまざまなかたちで宗教文化が復興することになった、という点である。おおきく分ければ、一方には、バリが神の怒りを買うような不浄状態に陥ったとみなす危機感に由来すると考えられる、民衆レベルの呪術的な儀礼活動の活性化があり、他方には、間接統治体制の構築過程における権威の再確立と富の偏在とがもたらしたと考えられる、王族・領主層による寺院祭礼や宮廷文化の活性化があったといえる。このように、両者は対照的だが、合理的な性質をもっている。しかし、一九二〇年代以降の観光化の時代にバリにやってきた外国人や、人類学者をはじめとするバリ文化研究者やバリ愛好家たちにとって、それらはともに、ヴェーバー的にいえば「呪術的」な宗教文化の、生き生きとしたあり方にほかならなかった。彼らは、これら時代状況に対応しようとした各々のバリ人の宗教活動のもつ文脈を抹消しつつ、その総体を、いにしえのマジャパイトに由来するヒンドゥー文化の精華でありこの島の宗教文化の真正な姿であると、ひと括りにして捉えたのである。こうしたまなざしは、観光者が買いもとめた絵画・彫刻などのみやげ物や、彼らが好んで鑑賞した舞踊・演劇にも向けられた。おおくのバリ人は貧困の中にあり、それゆえ手頃なビジネスとしてそうした「芸術」の創作と提供に取り組んだのだと考えられるが [cf. MacRae 1999:133]、観光者たちは、こうした芸術への取り組みとその産物を、バリ人の民族性に由来するものとして本質化して理解し、同時代の社会経済状況に位置づけて捉えようとはしなかったのである。

では、次に、植民地時代における観光について記述する。第三章第三節で確認したように、ここでは、観光をひとつの支配の形態として、植民地状況と観光地状況とを相互連関し合う同型の二重の支配のあり方として、捉えようとする。

第三節　支配の精髄からの楽園の誕生

バリ島の観光地化

第一次世界大戦後、荒廃したヨーロッパの外に慰安を見出す観光が、西欧の上流階級に広まった。小野塚によれば、第一次世界大戦は、自国の一部の産業・地域の衰退や社会主義勢力の伸長などの内的困難を、愛国的な民衆心理を媒介に外部の敵国に向けて解消しようとした、政治指導者の選択の結果であった [木畑 2014; 木村靖 2014; 小野塚 2014a:32-33, 2014b]。その大戦後に本格化した国際観光は、戦禍の傷跡というやはり内的困難に直面したエリートたちの外的世界への逃避であったという点で、類似の構造をもつ社会現象であったと考えてよい。

オランダ植民地政府は、当初はバリの観光地化にたいして両義的な立場をとったが、不名誉なププタン事件のあとに、バリの文化保護と社会体制の回復に成功したことを内外に示すことになるという意味もあり、やがてバリを観光地として売り出すようになった。ヴィッカーズによれば、当初から、バリはユートピアのイメージで捉えられ、欧米人がリフレッシュをもとめて訪れる癒しの場所であった。ヒンドゥー文化という点で「アジア」の様相をもち、他方で南海の楽園タヒチに代表されるような「太平洋」の様相をも兼ね備えた「楽園」として、バリ島は観光市場におけるポジションを獲得していくのである［Vickers 1989:1, 3, 96; 吉田 2005］。

オランダ王立郵船会社（Koninklijke Paketvaart Maatschappij, KPM）がはじめてバリを東インド観光の広告パンフレットに盛り込んだのは、一九一四年であった。ＫＰＭが作成するその種のパンフレットやガイドブックには、いずれも熱帯の森・ヤシの木・水田の風景などの写真とともに、次のような文言がつかわれていた。「バリ／あなたはこの島を立ち去るとき、悲しみのため息をつくでしょう／あなたはずっとずっと、このエデンの園を忘れられない」［Vickers 1989（2000）:91-92, 2013:20］。ＫＰＭは、一九二四年にバリを含むオランダ領東インド諸島の主要なスポットを周遊する観光目的の定期船を就航させた。ここでは、これをもってバリの観光地化のはじまりと捉えておく。この定期船は、金曜の早朝にバリのブレレン港に到着し、一時間後に次の寄港地であるスラウェシのマカッサルに向かった。帰りの便は日曜の夕方に到着し、やはり一時間後に出港してジャワのスラバヤに向かった。短期の観光者は、この三日間にバリ観光を済ませた。ＫＰＭはバリ島内での観光事業も展開していった。こうして定着したバリ島ツアーの基本は、湖・火口・村落などの自然や景観の観賞と、王宮・寺院・古代遺跡を見学する文化観光とを組み合わせたものであり、「バリ化」政策との関連で政府が奨励した絵画や彫刻が、観光者の買うみやげ物として人気を集めた。また、ガムラン音楽と舞踊などの観光者向けのライブショーも、一九二〇年代末には定着した。現在バリでみられる、観光者向けの芸能（音楽、舞踊、劇）や美術工芸品（絵画、彫刻）の原型は、この時代にさかのぼる。一九二七年からは火葬見学ツアーもはじまった。現在のバリ観光においては、ダイビングやサーフィンなどのマリンスポーツや、ハワイ型のリゾート観光、そして文化体験・自然体験・エコツアーなどが新たに付け加わっており、それに関連して新たな観光地も開発されているが、他方で、植民地時代のバリ観光の諸形態は、基本的にいまにも引き継がれている［Hitchcock & Putra 2007:15; 永渕 1998:67-82; Vickers 1989（2000）:93-97; 吉田禎（編）1992:32］。

バリが欧米で注目されるきっかけをなしたものとして、政府の嘱託医だったドイツ人クラウゼが一九二〇年に本国で出版したバリ写真集、アメリカの映画人アンドレ・ルーズベルトが一九二〇年代にバリの呪術を題材に現地ロケで撮った映画、一九三一年のパリ植民地博覧会のオランダ館の展示、を挙げることができる。オランダ館は、外観にバリの寺院にあるメル（meru）と呼ばれる塔――須弥山を象徴する――をあしらったもので、内部ではウブド隣村のプリアタン（Peliatan）村の若いチームがガムランの演奏と舞踊のショーを演じた。博覧会の展示開始からひと月後、このオランダ館（主展示館）は火災で焼失する。しかし、類焼を免れた別館でバリ人のライブショーは継続して上演され、これがオランダ館の面目をつなぎとめることとなった。レゴンとチャロナランを中心とした彼らの演舞は、ドビュッシーの音楽に多大な影響をおよぼし、後述する音楽家マクフィーや人類学者ベロらにバリ行きを決意させるひとつの契機となった。クラウゼの写真集は、自然の中で雄々しく生きるバリ人の姿や、その宗教文化の実態を伝えるもので、とくに女性の水浴の光景が注目された。この胸をさらした女性の姿と、バリでは寛容とみなされたホモセクシュアリティは、欧米の男性をバリへと旅立たせる隠然たる誘因であった［Bloembergen 2006:333-354; Carpenter 1997; Hitchcock & Putra 2007:28-31; Krause 1988（1920）; Lewis & Lewis 2009:79-136; 永渕 1994b, 1998; Picard 1996; Schulte Nordholt 2000b:267; Vickers 1989（2000）:86-89, 98-109, 119-124; 山下 1992, 1999:39-43］。

一九二八年には、デンパサールにバリホテル（現在のインナ＝バリホテルの前身）が開業した。ププタンを記念する広場を正面に臨むこのホテルでは、西欧式の食事が出され、夜には周囲の村の者がガムラン音楽と踊りのショーを上演した。一九三二年には、ププタン広場をはさんだ向こう側に、バリの建築様式を採用したバリ博物館が建設された。その設計にはモーエンが、展示には後述するヴァルター・シュピースが協力した。バリホテルは、当時唯一の観光者向け上級ホテルであり、増床もされたが需要に追いつかず、植民地行政官用の簡素な施設が観光者の宿泊用に転用された。一九三〇年代には、バリの王族や欧米人の経営する民間ホテルもいくつか建設されるとともに、大手旅行会社がそれぞれバリ観光ツアーを企画するようになり、不定期ツアーも増えていった。欧米において楽園バリのイメージは着実に浸透し、バリ観光はある種のブランドと化した。また、バリ観光が軌道に乗るにつれて、自然や村落の風景よりも儀礼や舞踊・音楽などバリ独特の伝統文化の鑑賞が比重を増し、観光の重心も南部バリに移動していった。ミードによれば、ＫＰＭは当初、胸をさらした女性をシンボルにし、タヒチのイメージでバリを売り出そうとしたが、その戦略は外れ、文化観光を志向する観光者がバリを訪れるようになったのである。植民地博覧会から凱旋帰国したプリアタンのチームも、バリの各地から上演依頼を受け、観光者の泊まるホテルで演奏するなど、音楽と舞踊の流行を支えた。一九二〇年代後半に年間一〇〇〇人をこえる程度であった観光者は、一九三〇年代後半に、ある試算では年間数千人に、別の試算では年間数万人に、増加した［Hanna 1990（1976）:114-116; Mead 1970（1940）:332-333; 永渕

1998:77-82, 86-134, 204-206; Picard 1999:39; Pollmann 1990:11; Vickers 1989 (2000) :96-97; 山下 1992, 1999:44]。

観光者向けのショーとしてもっぱら演じられたのは、クビャール (kebyar) と呼ばれる系統の舞踊・音楽であった。世紀の変わり目にブレレンで生まれたクビャールは、高くて軽い音をときにハイテンポで演奏するところに特色があり、たちまちバリ中を席巻した。植民地時代、バリの北部ではこの系統のさまざまな曲や舞踊が生み出された。ガムラン奏者でもあったタクシー運転手がこれを南部に伝え、巧みな上演とアレンジで名をはせる奏者と踊り手が出現した。植民地時代はバリの舞踊・音楽のルネサンス期であったともいわれる。重要なのは、クビャールの大流行という事態が、当時の観光地化と相まって、宗教儀礼の脈絡から切り離されたエンターテインメントとしての舞踊や音楽の上演を成立させた、という点である。クビャールは、バリ人をこえ、当時バリに増えつつあった外国人の滞在者や観光者をも魅了した。クビャールの鑑賞にバリ語やバリの習慣に関する知識は不要であった。そして、奏者や踊り手にとって、外国人向けの上演は名誉心をくすぐるとともに手ごろなビジネスの機会となった。演奏チームのスポンサーである領主や王家にとっても、地元のガムランが高い評価を得ることは威信の獲得につながった。いわば外国人とバリ人双方の思惑が一致して、宗教儀礼から脱脈絡化された舞踊と音楽だけの上演、つまり観光者向けのショーが成立し発展したのである [Bloembergen 2006:342-349; MacRae 1999:133; 永渕 1998:114-115; Picard 1996; Schulte Nordholt 2000b:266-267, 275; Seebass 1996]。

こうして、バリの文化や芸術は観光地で売買される商品となった。植民地時代のバリ人が観光地化やそれによる外国人旅行者の臨在をどのように捉えていたのかを知りうる資料は、あまりない。ただ、残存する資料からは、総じてバリ人の西欧人にたいするイメージはネガティヴなものであったと考えられる。たとえば、当時のバリ人芸術家は、西欧人をラクササ (raksasa: 鬼) のイメージで捉え、絵画や彫刻にあらわしていた。バリやジャワでは、神話や叙事詩のヒーローはハルス (halus: 繊細、上品) な存在で、細身で目鼻立ちがきりっとしており、逆にその敵となる邪悪なラクササはカサール (kasar: 荒い、粗野) で、鼻や目も体全体も不釣り合いにおおきいのである (写真4-2)。また、当時の知識人の言論では、観光者の往来によって道路が損壊したり、観光者がバリ人女性の裸の上半身を写真に撮ったり、それが絵ハガキなどにつかわれていたりする状況にたいする不満が取り上げられた。さらに、バリ人の描く絵画には、一九三〇年代の困難を反映してか、怒りや恐怖といった主題が描かれるものもあった。興味深いのは、バリ人がインドネシア語で作成した文芸作品の中で、おそらく最初に世界の諸大陸や諸国に言及した詩が、観光地となったバリの姿を題材としていた点である。プトラによれば、観光は、モダニティにおけるバリの社会変化とそれに直面するバリ人の当惑、そして、バリ島の美しさや豊かさとそこに暮らす人々の貧しさや無知との組み合わせというパラドクスを、あらためて知識人に喚起させる社会的な契機であった［Hitchcock & Putra 2007:17; Putra 2011:82-86, 230, 291-294; Vickers 1989（2000）:144-145, 2011:467-468］。

楽園バリの再帰的構築

バリ観光が本格化する中、チャーリー・チャップリン、H・G・ウェルズ、レオポルド・ストコフスキー、ネルソン・ロックフェラーらの著名人も、バリを訪れた。また、短期の旅行者ばかりでなく、長期間滞在する欧米人もあらわれるようになった。太平洋の島々を渡り歩いてバリに来たいわゆるビーチコウマー、観光者向けのみやげ物店や水族館を営む者、あるいは欧米人やバリ人貴族の屋敷に数か月も居候する者など、さまざまであったが、その中には、バリの芸術や文化そして自然・風景をこよなく愛し、中長期の滞在をつづける者もいた。その代表として、ドイツ人画家シュピース、オランダ人画家ボネ、オーストリア人作家バウム、メキシコ

写真 4-2　ワヤン・クリットのラクササ（右）とラーマ（左）

ワヤン・クリットでは、正義のヒーローはハルスな存在として、ラクササはカサールな存在として、対照的な形象を施されている。ラーマーヤナの主人公であるラーマは、前者の代表的存在である。

人イラストレーターのコヴァルビアス、カナダ人音楽家マクフィー、そしてアメリカの人類学者であるミードやベロらを、挙げることができる［Baum 1937（1997）; Belo 1949, 1953, 1960, 1970（ed.）; Boon 1986; Gouda 1995:133-137; Hitchcock & Norris 1995; 伊藤俊 2002; McPhee 1990（1949）; 永渕 1996a:41, 1998; Oja 1990; Picard 1996; Pollmann 1990; Powell 1982（1930）; Reichle 2010b:31-32; 坂野 2004; 副島 1996; Vickers 1989（2000）:95-98, 2013:72; Williams & Chong 2005; 山下 1999; Zoete & Spies 1938］。

シュピースとボネは、前節で触れた政府の文化保護政策とはちがったところで、いわば個人的な親交関係を基盤として一九二〇年代末から立ちあがってくる、芸術保護育成運動を主導した。彼らは、ウブド周辺に長期にわたって居住し、風景や日常生活を題材とした絵を描きつつ、バリ人に西洋絵画の技法（キャンバスに描く油絵、遠近法、色づかいなど）を教えた。また、毎週土曜日に、自宅やウブド王宮前で、観光者向けのみやげ物としてバリ人が描く絵画の品評会を開いた。背景にあったのは、質の悪い絵画がサヌールやデンパサールに出回っていることにたいする憂慮であった。そして、優秀な作品は買い上げて、一部はホテルやサヌールのドイツ人みやげ物店などに売却したり、東インド各地やオランダ・アメリカのギャラリーや展覧会に出品したりした。また、スーツケースに入る手頃なおおきさの絵を描くことも奨励した。バリ人画家たちは、こうして、欧米人がどのような絵画を好み、どのように描けば売れるのかを学び、定期的な収入を得ることができた。また、一九三〇年代後半において、シュピースらの存在とその活動は、少数ながらも観光者をウブドに誘う吸引力にもなった。端的にいって、シュピースとボネは、ウブドの観光地化の鍵となるファシリテーターであった。彼らの活動に、ある種のパターナリズムとオリエンタリズムそして生権力の構造を読み取ることは困難ではない。そして、彼らの存在があってはじめて「バリ絵画」が成立したこと、このバリ絵画は欧米人が「バリの伝統」と評価するであろうものをバリ人画家が予期して描いた作品群であったということも、指摘しておく必要がある。観光者が好んで購入したバリ絵画に、バリ人画家たちの創意工夫がなかったわけではない。ただ、絵画・舞踊・ガムラン音楽など、欧米人から高い評価を得たバリ芸術は、西洋人のまなざしによって価値を見出され、そのまなざしを内面化したバリ人によって洗練されていったものである。植民地時代におけるこうした芸術文化の合理化は、ラッシュのいう自己再帰性（第二章第三節）または美的再帰性の産物にほかならなかったのである[※3]［伊藤俊 2002; Lash & Urry 1994; 永渕 1998; 坂野 2004:334-346; Schulte Nordholt 2000b:265-267; Spruit 1997（1995）:40-44; Vickers 2011:461-464; 山下 1999］。

ウブドは、音楽や舞踊も含め、芸術運動のセンターとなった。当時のウブド領主（Cokorda Gede Raka Sukawati）は、国民参事会（Volksraad）の議員をも務めた植民地政府の高官であり、欧米人と親交をもち、シュピースらのパトロン的存在としてふるまった。また、彼は、周辺地域における儀礼や寺院祭祀を主導し、寺院などの宗教施設の補修・改築を援助することで宗教＝政治的な中心性を獲得していくという、今日にいたるまで持続するウブド王宮の権威体制を構築することにも成功した［MacRae 1999:132, 2015:69-70, 73; Mann 2013; 永渕 1998:8-9, 32-34; Schulte Nordholt 1996:183, 193; Vickers 1989（2000）:140-145］。

シュピースは、バリ研究者兼植民地行政官であるホリスらとも親交をもつとともに、先述の欧米の文化愛好家・芸術家・研究者たちと一種のサロンを形成し、バリの文化や芸術を共同で研究した。彼らは、村落共同体と宗教を基盤とし、一介の村人までが芸術家であるような、独特の伝統文化を育む社会として、バリを表象した。彼らにとって、バリは宗教と芸術に満ちあふれた豊かな楽園であり、バリ人は高貴な未開人であった。そして、この地上の楽園は近代化によっていままさに滅びつつあり、だからこそ地域に残された固有の文化をすくい上げ書きとめる必要があった。コヴァルビアスの浩瀚な民族誌といってよい著作は、クラウゼの写真集とともに、

写真 4-3　バロン - ランダ劇（2006 年、ウブド）
バロン - ランダ劇は、チャロナランの観光向けダイジェスト版である。チャロナランは、邪悪な寡婦による王国の危機を主題とする演劇である。物語のクライマックスでは、この寡婦がランダとなって聖獣バロンと戦うが、決着を見ないままに劇は終了する。写真は、伝染病により危機に瀕した王国の大臣の前にランダが登場する場面である。

観光者をはじめとするバリに関心を抱く欧米人によく読まれた。そこに読者が期待するバリの姿がリアルに描写されていたからであろう。ハンナは、フィジーでもサモアでもハワイでもなく、バリこそが真の南海の楽園であるとする言説が、欧米に浸透していった、と指摘する。シュピースらは、楽園観光地バリに関する表象・言説の流通の中核に位置する存在であった［Covarrubias 1937（1991）; Hanna 1990（1976）:114; Krause 1988（1920）; 中村 1990; Pollmann 1990; Schulte Nordholt 2000b:269-271; Vickers 1989（2000）:105-124］。

ところで、彼らは、単にバリ文化を記述することによって楽園バリの商品化に貢献したのではない。むしろ、彼らは実体としての新たなバリ文化を生産してもいた。ピカールが論じているように、たとえばバロン－ランダ劇（写真4-3）——チャロナラン劇を簡略化するとともに脱儀礼化した演劇——や、ケチャッ（Kecak）——チャッチャッという男性コーラスとラーマーヤナのダイジェスト版の舞踊とを組み合わせたもの——が観光者向けのショーとなる過程では、シュピースやベロらの共同調査や、シュピースによる村人や舞踊家への教唆や助言が重要な契機をなしていた［Picard 1990, 1996］。彼らは、「伝統的なバリ文化」——彼らの研究成果を集成したベロ編書の題名でもある［Belo（ed.）1970］——を探求しつつ、自らそれをつくり出してもいたことになる。バリ文化を表象することが当の文化をつくりかえていくことに再帰的につながるという点で、ここには、研究対象の中に当の研究活動それ自体が自己言及的に立ちあらわれるという社会学的再帰性——とくにギデンズのいう制度的再帰性（第二章第三節）——が、具体的な姿をもってあらわれている。本研究を含むバリ研究全体が、そうした研究と研究対象との間の自己言及性・再帰性に無縁ではないと考えなくてはいけない。こうした問題を、拙論では主題化した［吉田 2005］。

＊

以上、戦前の観光地化について記述した。第六章で触れる戦後の観光開発の特徴を念頭におきつつ、本節のまとめとし

※3 このことを第三章の議論と連関させるならば、バリ人芸術家たちは観光者が保持する楽園表象に迎合する絵画・舞踊・音楽を提供していた、ということになる。それは、各種のみやげ物も含め、現代にまで継続する特徴である。むろん、バリ人のつくる作品には試行錯誤があり、売れずに廃れたいわば失敗作もすくなくない。ただ、バリの観光地において顧客に提供され購買を促す事物は「観光者のまなざし」の鏡であると考えることはできる。私は、別稿で、バリ芸術のアポリティシズム（非政治性）を論じたマクレイの議論を批判的に再検討したことがある［吉田 2013a］。バリ芸術のアポリティシズムは、バリ人よりもむしろ楽園をもとめる観光者側の心性の反映として、捉えられるべきものである。

て四点を指摘しておくことにしよう。

まず、あらためていうまでもないことではあるが、バリの観光地化の起源は植民地時代にある。バリの観光地化は、「植民地状況」を抜きにしてはありえない。近代的な移動手段や交通インフラの整備、西欧スタイルの宿泊や食事を提供するホテルのサービス、バリ固有の芸能・芸術のショーの確立、西欧とバリのスタイルが融合した絵画などのみやげ物の製作・販売など、これらはいずれも、植民地下での文化のハイブリッド化やモダニティの諸制度メカニズムの発展を受けたものである。ニーチェにならっていえば、全体的社会事実としての植民地支配の精髄から、楽園観光地バリの観光地支配は誕生したのである。これが第一点である。

第二に、当時のバリ観光が、ごく一部の地域や人々が関わる社会現象であったという点がある。観光者の訪問先はブレレンとデンパサールおよび島内のいくつかの観光スポットにほぼかぎられ、観光に関わったおもなバリ人も、タクシー運転手、みやげ物製作者、芸術家、ホテルや店舗の従業員や経営者などにとどまった。観光者も、おおく見積もっても年間数万人程度であった。たしかに、ヴィッカーズがいうように、当時としては、月一〇〇人程度としてもバリ観光の吸引力はかなりの規模であった［Vickers 1989（2000）:97］。ただ、バリ人の生活圏の大半はこのころの観光地化とは無縁であった。当時と、おおくのバリ人を巻き込んで社会に深い影響を与えている二〇世紀後半以降の観光地状況とは、その規模もバリ社会に与えるインパクトも、格段に違っていた。

とはいえ、こうした小規模な戦前の観光地化の中にあって、「観光」（tourisme）というオランダ語由来の概念もまた、一部のバリ人知識人に内面化されていった。すなわちバリ人における「観光の発見」である。シュルテ＝ノルドホルトは、バリを「楽園」と捉える西欧人側のイメージが、次第にバリ人側にも内面化されていったと述べる。前節では、宗教（agama, religie）、慣習（adat）、文化（kultur, kebudayaan, peradaban）、芸術（kunst, kesenian）といった概念が知識人層に身体化されていったと考えられることを指摘したが、観光もまた、彼らの言説におけるキーワードのひとつとなったのである。ただし、それが否定的なニュアンスをもっていたことに留意しておく必要がある。そして、そうした点もあり、この tourisme という語ではなく、サンスクリット由来の pariwisata という語が、一九六一年にインドネシア語に取り込まれ、観光を意味する語として定着していく［Schulte Nordholt 2000b:271; Vickers 2011:477, 478］。観光を肯定的に捉え、これにバリ社会が主体的に向かい合うようになるのは、戦後であると考えてよい。この「観光」という意味システムの発見と対自化の時代差が、第三点である。

第四に、以上のことから、戦前のバリ観光と戦後のバリ観光の間にある、連続性と不連続性の両面をしっかりと確認しておく必要がある。連続性は、植民地時代における観光形態の大半が現在に引き継がれているという点、そしてバリ観光が楽園イメージに支えられているという点に、存する。戦前の観光地化の当初からバリに付与されていたユートピアや楽園といったイメージは、第二次世界大戦の混乱を間にはさみ、一九五〇年代のハリウッド映画『南太平洋』や、インドのネール首相がバリに付与した「世界の夜明け」（the morning of the world）というキャッチフレーズなどとともに、復活・流通し、確固たるものとなった［Vickers 1989（2000）：3, 97］。一方、不連続性は、インドネシア共和国政府による戦後のバリの楽園観光地化が、戦前とは異次元の全島的な影響力をもつ開発へと行き着くものであったという点、観光による経済発展の恩恵をバリ人が主体的・肯定的に捉えるようになった点、そして、この大衆観光時代における楽園イメージの実質的な中身がバリ独特とみなされた伝統文化から楽園のシミュラークルの諸アイテムへとその重心を移動させていったという点に、存する。この最後の点については、第六章で記述する。ここでは、とくに、観光を戦後のバリ人が肯定的に捉えるようになったことこそ、「観光地支配」の確たる浸潤にほかならないということを、指摘しておきたい。

第四節　合理化において残された部分

ここまで、植民地体制の確立とその下でのバリの観光化について記述した。以下、若干の考察を加えながら、あらためて本章のおもなポイントを整理しておくことにしよう。

植民地支配と社会の合理化

バリ島は、ネーデルラント連邦共和国の立ち上げ間もない時期のハウトマンの航海によって、欧米にその存在を知られるようになった。バリは、イスラーム化した東インド諸島中心部のすぐ近くに、孤島のようにヒンドゥーを奉じる存在として見出されたのであった。ハウトマンとバリとの邂逅は、コヴァルビアスによれば、新たな楽園の発見であった。だが、その後、この地域の交易を支配したオランダにとって、バリは、奴隷貿易をおこない豪奢な宮廷生活を送る王が、ヒンドゥーの宗教文化に依拠しつつ粗野な民衆を支配する、封建的な社会にほかならなかった。これこそ、オランダが二〇世紀に入るまでほぼ一貫して保持したバリのイメージであった。しかしながら、この、およそ楽園とはほど遠いネガティヴなイメージは、やがて、植民地支配による安定した社会秩序の構築（とオランダ側には見えたもの）と、そこでの学術的な調査研究、民間の人々による情報発信などが絡み合う中で、次第に別の像を結ぶようになる。すなわち、マジャパイトに源をたどる、インドとは異なる独特のヒンドゥーの宗教文化を身体化した、野生人／未開人こそがバリ人であり、しかも彼らは驚くべき繊細な芸術家でもある、といった、いわば反転したポジティヴなイメージ群である。そして、これが「楽園バリ」という表象枠組みへと焦点化し、欧米人観光者をバリへといざなったのである［Schulte Nordholt 2000b:270-271］。ここで重要なのは、この二つのイメージが、いずれもバリ人側ではなく西欧人側において醸成されたものだという点である。つまり、バリの植民地化と楽園観光地化の基点となったのは、一見すると対照的ではあるが、実は同根のオリエンタリスティックな表象にほかならない。この点で、一般論の次元ではなく個性記述的研究の次元において、バリの植民地化と観光地化は、単に社会制度上、前者が後者を可能ならしめたという点をこえて、いわば構造的にも同型である。これが第一点である。

さて、この反転前のネガティヴなイメージをもつオランダは、一九世紀半ばからバリへの介入をはじめた。ただし、それは、消極的であるとともに、かならずしも一貫しない対応の積み重ねであった［cf. Schulte Nordholt 2000b:267］。二〇世紀になると、民衆を封建的な支配者の圧政から解放すべきだとする倫理政策の大義名分の下に、このいまだまつろわぬ島全体を植民地体制下に組み込むための最終的な進撃が、難破船への補償問題を口実に、敢行されることとなった。だが、この満を持した武力介入は、三王国の支配者の自決と二王国における民衆を巻き込んだ集団自決という、オランダが思ってもみなかった悲劇によって総括され、成就された。その後の植民地統治において、オランダは、バリの旧王族・支配者層を官吏として登用し、カストの位階秩序を公認し、高カストを優遇し、最終的には王の地位を復活させるにいたった。バリは、結果的に、ふたたび旧王家が支配する体制へと先祖返りしたのだといってよい。もちろん、彼らの上にはオランダ人が君臨しており、高カストの有力者たちがたがいに協議しつつバリという行政単位を運営するという間接統治の体制は、古典国家時代にはなかったものである。王家・領主家の主たちは、形式的には王や領主としてではなく官吏として業務をおこなったのではある。しかし、王族や一部の領主たちが、寺院や王宮の祭礼・儀礼、舞踊や音楽、王宮の装飾など、宗教文化を武器としてたがいに競い合ったことは、一般の人々にとっては、彼らの象徴的・宇宙論的な中心性の復権、つまりは王や領主という存在の復活として、映ったであろう。植民地時代のバリ人芸術家たちが絵画の技芸とアイディアをシュピースや観光者から学んだように、バリの原住民官吏となった有力者たちは、自らに有益な統治の技芸と観念をオランダ人行政官から学んだのである［Schulte Nordholt 1996, 2000b:277］。そして、植民地体制下における宗教文化の復活といえるこの事態は、バリが独特の宗教文化を育んだ「楽園」として表象されるひとつの下地をもなした。これが第二点である。

植民地支配は、こうした旧支配者層にたいして権威の復活の術を与えたが、他方では、旧来なかった新たなものをバリ社会に与えもした。オランダの支配によって、一九世紀のような下剋上状態は解消され、社会秩序は安定し、行政・司法・社会資本は整備され、バリは近代化に向けて一歩を踏み出したのである［Vickers 2013:26-30］。それは、ヴェーバー流にいえば、旧来の伝統秩序の桎梏からの解放と西欧的な合理化の方向への転轍を、またフーコー流にいえば、植民地支配という生政治・生権力の装置の作動や定着を、意味した。その合理化や生政治は、バリ島の内部に完結するものではなく、バリとその外部とをつなぐものでもあった。そのひとつの局面として、バリの観光地化を挙げることができる。植民地体制の確立に加え、この島の楽園観光地化は、さらなるモダニティの諸制度や技術の移植をもたらした。楽園バリのイメージは、当初ＫＰＭが期待し売り出そうとした南海の楽園タヒチのコピーから、独特の宗教文化を中核とするものへと収斂していった。そのイメージが欧米で流通し、これを先行理解としてすでに保持した人々がバリを訪れ、その一部がまた情報発信するという累積的あるいは再帰的な過程の中で、楽園バリというブランドは定着していった。バリ社会の安定化や合理化と世界社会の合理化や一体化とがたがいに共振し合い、バリの観光地化は果たされた。これが第三点である。

ところで、バリ社会の内外を結ぶ合理化という点に関しては、教育政策やコミュニケーションメディアの発達も重要であろう［Parker 2000］。バリの知識人たちは、ローカルな次元をこえて、東インドあるいは広く世界を認識し語る語彙と概念を獲得し、言論活動を通じてその認識を深化させ、討議を交わした。そして、そうした知識人の中には、高カストばかりでなく低カスト（スドロ）の人々もいた。植民地政府は、カストという身分差を公認し高カストを優遇する政策を採用したが、その一方では、生得的な出自によってではなく、当人の能力と努力によって新たな地位を獲得し人生を切り開くことができる社会基盤を、ある程度つくりもしたのである。バリ統治にあたって、オランダ植民地政府は、当初は地方の有力な高カスト一族を登用したが、一九二〇年代になると、オランダ語の読み書きができる、平民でも有能な人材を積極的に登用するようになった［Schulte Nordholt 2000b:253, 257］。官吏や学校教員といった新規の職種への就業は、低カストの者にとって社会的上昇を果たす主要な方途となった。彼らいわば新興エリート層が宗教改革に果たした役割については、次章第一節であらためて述べる。ここでは、植民地時代における諸政策によって、バリ社会の体制が総じて西欧的近代化という合理化の方向に向かいはじめたことを指摘しておきたい。これが第四点である。

ただし、もちろん、それは、オランダにとって都合のいい部分を先行させる近代化・合理化であった。たとえば、高カストが担ってきた既存の社会体制を温存させるその方針に、勃興する新興エリート層は批判的であった。このように、バリの中でも、またバリの外でも、現地の知識人や指導者層の認識や立場は、決して一枚岩ではなかった。ただ、そうした諸地域の諸勢力は、植民地体制下において進む合理化の進展の中で、植民地支配の非合理性の様相を強く自覚し、やがてインドネシアとしての統一的な独立に向けた運動へと結集していくのである。あるいは、オランダによる反合理性を抱えた近代化政策は、インドネシア独立やその後の国家形成においてバリ島内外で重要な役割を演じる指導的エリートたちを育むという、反転した合理化をもたらしたのである。それは、ある種の合理化のパラドクス（第一章第三節）の、より正確には反合理化のパラドクスの脱パラドクス化の、ひとつのあらわれといいえる。

合理化の中の非合理性

ただし、そうした間接統治の支配体制や社会の合理化の恩恵に直接あずかることのできた高カスト・低カストの人々は、全体の中ではごく一部に限定されていた。むしろ、おおくのバリの民衆たちは、この時代、経済的には恵まれない状況におかれていた。とりわけ大地震のあった一九一〇年代後半と、世界恐慌後の一九三〇年代には、おおくのバリ人はおおかれすくなかれ窮乏を体験した。あるいは、経済よりも、むしろ宗教的あるいは神義論的な問題こそ深刻であったというべきかもしれない。いくつかの垣間見える事実に照らせば、バリの人々は神の怒りによって不浄状態に陥ったという危機感をもっていた。それゆえ、大地震の直後には、村を祓い清めるための呪術的な儀礼活動がいくつかの地域ではじまり、王族たちがブサキ寺院の共同的な祭祀体制を構築しようとしたのであった。しかし、そうした民衆の経済問題や宗教的不安感は、理事官はもちろん、バリを訪れた観光者や文化研究者にもあまり理解されなかった。この点で、植民地体制も、そこではじまった観光地化も、当時のバリ社会が抱える負の一面とはさしあたり無縁のものであった。ここには、楽園観光が一般にもつアイロニーが如実にあらわれている。楽園を訪れる観光者は、当然ながら、楽園にあらざる様相、すなわち煉獄ないし地獄の様相を、見ようとはしない。だが、楽園観光地は、観光者にとっては楽園であっても、観光者にあらざる人々にとっては、かならずしも楽園ではないのである［吉田2013b］。楽園というイメージで捉えられるようになった二〇世紀前半のバリには、災害、貧困、宗教的な危機感や不安感、社会的格差の広がり、そして紋切り型のイメージでバリを捉えるオランダ人行政官の行政支配、セクシュアリティに印づけられた観光者の好奇のまなざしの暴力など、楽園とは裏腹の暗の部分や、合理化から取り残された部分も、またあったのである。

別言すれば、植民地支配は、一方ではバリ社会を西欧式の合理化に向かう方向へと転轍させるものであったが、他方では、同時にバリ社会に実質的な非合理性をもたらすものでもあった。これが第五点である。ここに、合理化と非合理化の複合的な同居性と、合理化／非合理化の意味の観察の立場による差異とを、看取することができる。たとえば、植民地政府は、バリ化政策にみられるように、バリの伝統文化の保存を志向した。それは、バリ人が伝統文化を手放して近代的なエートスを手中にし、ナショナリズムへと向かうことを恐れたからでもある。この蒙昧主義的ともいいうる伝統重視政策は、高カスト層の保守的な原住民知識人には好意的に評価されたが、スドロ層からなる新興知識人には批判的に、つまりは非合理的であると、受け止められたのであった。

もちろん、植民地支配体制にかぎらず、一般に、特定の社会秩序はおおかれすくなかれ合理性と非合理性の両面をともなうものではある。教育にせよ、観光にせよ、他の社会政策にせよ、当然、それらには合理的なものと非合理的なものとをともに見出すことはできる。ただ、植民地支配下のバリに関しては、この合理化の中の非合理性という点について、バリに固有といいうる特徴的なポイントがある。それは、植民地政府が、バリ統治の政策対象を世俗の領域に見出すとともに、宗教の領域をそこから除外したという点である。こうして、バリ社会はおおむね西欧的な近代化・合理化への一歩を踏み出すことになったのであるが、これにたいして、バリの宗教は、バリ社会の根幹をなすものとみなされたがゆえに、バリ人の手元にそのまま残されることになったのである。[※4] しかし、社会の根幹部分をそっくり放置したまま、他をいくら変えたとしても、それが全面的な近代化・合理化になりえないことは、火を見るよりも明らかであろう。したがって、この核心部分の合理化が手つかずの課題として残されたという点において、先に第四点として指摘した、植民地政府によるバリ社会の近代化・合理化は、土台不十分なものとならざるをえなかったのである。これが第六点である。

バリ人は、植民地政府が施したいわば限定的で表層的な近代化政策の檻の中から、自分たちが真に合理化すべき核心に当たるものが何であるかを自ら再発見し、その合理化に取り組まなければならなかった。もちろん、その核心とは、彼らの宗教にほかならない。ただし、バリ人がもともと宗教という認識範疇を所有していたわけではなかった。彼らは、「宗教」や「ヒンドゥー」といった概念枠組みを、植民地支配（とその中の観光地支配）の歴史過程において獲得したのであった。また、その場合、バリの宗教（アガマ）は、慣習（アダット）つまりは伝統文化、あるいはまたカストという生得的な身分とも、かならずしも明確に識別されたものではなかった。したがって、バリの知識人たちは、自分たち自身の宗教の本質をどこに見出し、どの範囲までを合理化の対象とすべきか、どこからを切り離してよいのか、そしてその合理化をいかなる方向にもとめるべきかについて、思索し討議したのである。彼ら知識人によるこの喫緊の課題への対処は、植民地時代から第二次世界大戦をはさんで、共和国成立後へともちこされることになる。これが第七点である。次に、章をあらためて、それについて記述することにしよう。

※4　バリにおける間接統治の確立にいたる経緯や、イスラームの浸透していない他地域においてキリスト教布教を奨励または黙認していた過程を振り返れば［Aritonang 2009; Schumann 2010: 68］、バリ人の宗教に介入しないという植民地政府の政策判断は、信教の自由の尊重という積極的な理由よりも、無用な争いを避け統治を円滑に進めたいという消極的な理由によるところがおおきかったと考えられる。

第五章　未完の企てとしての宗教合理化

本章では、バリ宗教の合理化の過程を、知識人たちによる宗教改革の動向に焦点を当て、記述する。あらかじめ述べておくと、この改革は、一般のバリ人ヒンドゥー教徒の宗教生活からほとんど乖離した次元にあったといってよい。また、戦前と戦後をまたぐその改革はかならずしも首尾一貫したものではなく、むしろそこに不連続性や屈曲を看取することも重要であると考えられる。こうした点に留意しながら、以下、第一節では第二次世界大戦までの経緯を、第二節では、第一章第二節で言及したヒンドゥーのアガマとしての公認までの経緯を、第三節では公認後に立ち上げられたパリサドの諸活動を、それぞれ記述し、第四節で議論を総括する。

なお、現在のインドネシアではＥＹＤオーソグラフィと呼ばれる表記法が一般的であるが、戦前から戦後まもなくの時期までは、旧来のオーソグラフィ（たとえば、cはtj、jはdj、uはoe、yはjと記す）がつかわれていたので、本章の前半では、人名や団体名を当時の表記法にて記載することにする。

第一節　近代化を模索する知識人

知識人の言論活動

前章でも触れたように、官吏や教員などをつとめるエリートたちは、マレー語やオランダ語がバリ語とは異なるかたちで分節する概念の世界にある程度馴染んでいた。二〇世紀前半のブレレン（シンガラジャ）では、こうした人々が教育・言論・啓蒙活動をおこなう団体をいくつも立ち上げた。やがて、その中から、明確な設立趣旨をもち、パンフレット的な機関誌ないし同人誌を発行したり、学校や宗教財団の設立などをおこなったりする団体もあらわれた。この種の団体の設立は、この時期のオランダ領東インドの他地域にもみられる現象である。植民地体制下において、彼らは、あるべき近代化つまりは合理化の方向性を仲間とともに探求しようとしたのである。そして、他地域と同様バリでも、こうした団体の機関誌は、せいぜい数百人程度の同人読者に向けて文芸作品を掲載し時事問題を論じるために、バリ語ではなく、植民地時代のリンガフランカであったマレー語をおもにもちいていた［Bakker 1993:39-40; 小林寧 2008:153-192, 2016; Picard 1999, 2004, 2011b:119; Putra 2011:28-30, 68; 土佐林 2017］。

その団体の先駆けは、一九一七年に高カストの村長グスティ・チャクロ・タナヨ（I Goesti Tjakra Tanaja）が立ち上げたスティティバリ（Setiti Bali; バリの架け橋）である。この団体は、ジャワのイスラーム団体であるサレカットイスラーム（Sarekat Islam）が新たにブレレンに支部をおき、インドネシア独立に向けてムスリムの組織化を進めようとしていたことに対抗して、バリ人ヒンドゥー教徒の結束を模索しようとするものであった。スティティバリは、一九二一年に、ブレレン王族で原住民裁判官をつとめるグスティ・プトゥ・ジランティック（I Goesti Poetoe Djlantik）が主催する別の組織（Soeita Gama Tirta）に移行した。そしてジャボ（スドロ）出自の小学校長であったナソ（Ktoet Nasa）を含めたこの三名は、一九二二年にサンティ（Santi/Santy/Shanti; 平穏、なお表記は統一されていなかった）という団体を設立した。サンティは、植民地政府の援助も受けて女子学校を設立した。そして、ガムラン音楽の指導、古文書の読書会、その印刷普及などの活動をおこなった。また、バリの宗教を「バリヒンドゥー教」（Agama Hindoe Bali）と呼び、この名称の普及をモットーに掲げつつ、一九二四年一月から『サンティアドニャノ』（Santi Adnjana; サンティの思索／光）という機関誌の刊行をはじめた［Anandakusuma 1986:3, 169, 186; Bakker 1993:39-40; Legge 1984 (1980) :209-213; Parker 2000:52-53; Picard 1999:24-26］。

この一九二〇年代当時、南部バリでは、カランガッサム王宮やウブド王宮も、バリ宗教の改革や古文書の勉強を目的とした団体を立ち上げていたが、こうした高カストが中心となった団体は、カスト体制やバリの伝統に価値を見出す保守的な姿勢をもっていた。これにたいし、ブレレンにおけるサンティなど先述の三団体は、当初から低カストに開かれた組織を志向し、ジャボ出自のメンバーをその中核に抱えていた。しかし、このジャボ出自のメンバーたちは、高カストとその特権にたいする批判的認識を潜在的にもっており、やがてそれがサンティの中で表面化することとなった。ナソは、高カストのもつ種々の特権やその基盤であるカスト体制をあからさまに批判するとともに、そうしたアダットを根幹にもったバリのヒンドゥー教はすぐに改革されなければならないと主張し、ひいてはサンティが掲げる「バリヒンドゥー教」（アガマ・ヒンドゥー・バリ）という表現も適切ではないとした。要するに、この名称は「バリの」ヒンドゥー教であることを強調したものだが、それはバリのアダットを重視することにつながる、むしろバリという点を相対化し、ヒンドゥーという点を強調するべきであって、「ヒンドゥーバリ教」（アガマ・バリ・ヒンドゥー）という名称の方が妥当である、というのである。この名称は、植民地時代には「バリヒンドゥー教」よりもポピュラーなものであったが、すでに触れたように、サンティの綱要には「バリヒンドゥー教」という名称の普及が掲げられていた。また、高カストのメンバーは、カストやアダットをむしろ肯定する立場にあった。サンティでは、高カストのメンバーもジャボ出自のメンバーもともに、イスラームやキリスト教が臨在する中で、バリのヒンドゥーを発展・強化させることを願ってはいたが、ここにおいて両者は袂を分かち、機関誌は『バリアドニャノ』（Bali Adnjana）という名称で一九二四年一〇月から出版が再開され、一方、ナソらは同月に『スルヨカント』（Soerya Kanta; 美しき太陽）という別の機関誌を発行し、ジャボ限定の同名の団体を立ち上げるにいたった。スルヨカントのメンバーの大半は、ナソの教え子であるとともに、官吏や教員となった新興エリートと呼びうる人々であった［Bakker 1993:40-41; Parker 2000:53; Picard 1999:25-33, 2004:63-64, 70; Putra 2011:xi, 28-31; Vickers 1989（2000）:150-151, 2000; cf. Anandakusuma 1986:81］。

ここで、両者の機関誌や団体の間の対立ではなく、共通性に目配りしておきたい。ピカールがいうように、この二つの団体をそれぞれ近代主義と伝統主義に割り振ることは、かならずしも適切ではない。第一に、『バリアドニャノ』もまたバリのあるべき近代化を模索していたのであり、ただ『スルヨカント』のアダットやカストを否定する主張に批判的であるため、別の対抗的方向性を取ったのであった。第二に、両誌ともに、その言説や語彙には明らかなジャワのイスラームの影響がうかがえる。たとえば、両誌の詩や文芸作品には、アッラーという神の名や「アッサラームアライクム」というムスリムのあいさつなどが登場する。当時のバリの知識人にとってイスラームは近代的な宗教と理解されており、バリで教鞭をとるムスリムのジャワ人もおおく、とりわけ北部バリにはアラブ人・ブギス人・バリ人らのムスリムがおおくいた。バリの宗教や社会の近代化にとっての身近なモデルは、イスラームとムスリムだったのである。※1 第三に、両者のメンバーは、ともにサンティ設立の趣旨に賛同したメンバーとして、一定の見解や目的意識を共有していた。彼らにとっては、オランダ人やジャワ人にたいしてバリ人がひとつのまとまりをなし、ヒンドゥーというアガマやバリのアダットなど、彼らが「バリ人らしさ」と呼ぶものがカストの差異をこえて共有されているといった点は、自明のことであった。また、だからこそ、『バリアドニャノ』と『スルヨカント』の編集責任者は、一九二六年四月に亡くなるまで、同一人物（Ktoet Sempidi）がつとめていた。第四に、『バリアドニャノ』は、ジャボ出身メンバーの方が多数であるサンティの機関誌として、トリワ

※1こうした点は、日本の神道教義の体系化が仏教などの外来宗教の影響なしにはありえなかったことを思い起こさせる［村上重 1970: 37-39］。

ンソ（上位三カスト）とジャボとの対立に中立的であろうとしていた。ただし、分裂後、『バリアドニャノ』は、チャクロ・タナヨが自説を展開する場となっていき、保守的な様相を強めていった。一九二六年には、この年に設立された保守的な高カスト中心の団体（Tjatoer Wangsa Derja Gama Hindoe Bali）——その立ち上げには植民地政府の意向が反映していた——の機関誌となり、より保守化する。そして『スルヨカント』は、その翌年に刊行を停止するのである［Connor 1996:183; Picard 1999:25-33, 46, 2004:61, 70, 2011b:118-123, 139, 2011c:484; Putra 2011:32-39, 68-69, 77-78］。

チャクロ・タナヨは、『バリアドニャノ』で、西欧的な教育と、バリ式の教育つまり古文書の学習とのバランスを取りつつ、バリの伝統文化を尊重し保持していくことが肝要である、という主張を展開した。そして、しばしばスルヨカント・グループを「共産主義者の巣窟」と呼んで非難した。カストの位階秩序を否定することはバリの伝統全体を否定する暴論である、バリ人は祖先からこの階層秩序を継承したのであり、それは古文書の教えにもとづいている、カストを否定する知識人は「バリ人らしさ」が何であるのかを忘却している、というのである［Picard 1999:26-29, 47; Putra 2011:69-70］。

スルヨカント側からみれば、しかし、それは保守的な発想にほかならない。バリ社会が採るべきは、西欧的な近代化の方向であって、悪しき伝統からの決別である。アダットはバリ人にとって重要なものではあるが、現状そのままであってよいものではない。カストの特権を撤廃し、人間が出生によってではなく個人の能力によって評価される社会が実現されなければならず、カストや性による差別は許されるものではない。また、宗教に関していえば、ブラフマノ司祭ら宗教的専門家が古文書や宗教知識を独占しつつ儀礼活動を支配し、人々が盲目的にそれにしたがっているという現状も、あらためられるべきである。宗教知識をブラフマノ階層や司祭の手から解き放って、インドの聖典とともに一般の人々に広く流通させ、不要なアダットの要素を除去することで、ヒンドゥーというアガマの本質を捉え直し、バリの宗教そして社会を近代化すべきである。これがスルヨカント側の主張であった。たとえば、グループのリーダー格でサンティ設立にも関わった、ブレレンのブラタン（Bratan）村出身のメトロ（I Nengah Metra）は、スドロの鍛冶屋カスト（Pande）の出自で教員となったが、ブラフマノの女性と結婚したため、当時のバリの下降婚への制裁にしたがって、ブレレンからロンボックへと居住地を移し、ロンボックで教鞭をとりながら『スルヨカント』にカストの平等と近代化を訴える論考を送っていた［Acri 2011; Bakker 1993:42; Goris 1960d; 永渕 2007:108; Picard 1999:26-33; Putra 2011:72, 153-154, 191-192; Vickers 1989（2000）:150-152, 2000］。

端的にいって、『バリアドニャノ』と『スルヨカント』の主張の対立点は、前者がバリのアダットとアガマは本来切り離すことのできないものであるとみなす一方、後者がアダットからアガマを切り離すことによって本来あるべきアガマのあり方を獲得することができるとみなす、という点にあった。これを合理化という観点に即していいかえれば、前者は、アダットとアガマが一体となったものとしてのバリ固有のヒンドゥー教――「バリヒンドゥー教」と呼ばれるべきもの――をできるだけそのまま時代状況に合わせていくような近代化の方向性を、後者は、逆に現行のバリ宗教をより大胆に改革し、不要な因習としてのアダットを削ぎ落した新たなヒンドゥー教――「ヒンドゥーバリ教」と呼ばれるべきもの――へとつくりかえていく近代化の方向性を、それぞれバリ宗教の合理化としてイメージしていたということになる。では、後者において、捨て去るべきアダットと守るべきあるいは追求すべきアガマとは、どこで境界が分かれるのであろうか。興味深いのは、スルヨカント・グループが、言論活動を通して、カストを悪しきアダットに結びつけるとともに、アガマのあるべき姿をインドのヒンドゥーにもとめる方向を、次第に明確化していったと考えられる点である。カストはインドにも存在し、その点でバリ固有のアダットとはかならずしもいえない。そもそも、彼らが問題視するカストの特権は、植民地体制下において固定化され強化されたという点では、近代的な産物にほかならない（第四章第二節）。しかしながら、彼らは、カストをヒンドゥーというアガマの側にではなく、否定すべきバリ的因習の側に位置づけようとした。おそらく、そこには、カストを宗教の側にではなくアダットの側に位置づけたオランダ側の理解枠組みの影響があった。また、当初、ジャボ出自の知識人は、高カストとともにジャワ的な宗教伝統に親近感を感じていたが、やがて、ジャワではなくさらにそのおおもとのインドに、とりわけバリにはそのままのかたちで伝わらなかったインドの聖典に、ヒンドゥーというアガマの原点や根拠をもとめるようになった。※2 チャクロ・タナヨは、こうしたスルヨカントの議論に反論した。彼らは、今日のインドで実践されているようなヒンドゥーを純粋な（murni）ヒ

※2同様の動向はインドにおいても観察される。たとえば、一九世紀前半に『一神教信者への贈り物』を著したラムモハン・ライは、当時のインドのヒンドゥー教が古代の本来のヒンドゥー教から堕落したものとなっていることを批判し、ヴェーダの聖典に回帰することによって、宗教の本質的な部分と、慣習によって生じている各宗教・各派の具体的な宗教実践とを弁別しようとした。中世のシャンカラに学んだこうしたラムモハン・ライの思想は、近代インドの宗教や教育に多大な影響を与えた［竹内 1991: 43, 84-132］。これがバリの宗教改革に影響を与えた可能性は多分にありそうであるが［cf. Miller 1984: 42］、それについては確認できていない。

ンドゥーのあり方とみなし、これをもとめているが、古文書によれば、バリ人の宗教の起源はインドではなくマジャパイトなのだ、と［Picard 1999:33, 48, 2011b:122; Putra 2011:32-39; Schulte Nordholt 2000a］。こうして、①名称、②アガマとアダットの一体性／分離、③カストの扱い、④バリ宗教の基点は、マジャパイト時代のジャワか／同時代のインドに伝わる聖典か、といった対立軸が明確化していったのである。

政府の圧力と言論活動の行方

ここで、当時のオランダ領東インドの動向について簡単に振り返っておきたい。イスラーム勢力に代わって伸長した共産党勢力が、一九二〇年代半ばに植民地政府の弾圧を受け、ほとんど壊滅したことにより、独立運動の担い手の中心は、一九二七年にスカルノらが結成したインドネシア国民党となった。一九二八年の全国青年大会では、インドネシア語を国語とするインドネシア民族が建てる国インドネシアという理念が公式に示され、個々の民族集団を統合した次元に解放思想を定位することが確定した。植民地政府は、このナショナリズム運動にたいする弾圧と自治政策を強化しつつあった。そうした動向は、バリ人の言論活動にも反映した。スルヨカント・グループは、一九二八年二月に、結果的に最後となるグループの会議を開いた。チャクロ・タナヨも招かれていたこの会議では、トリワンソを含めてバリ人全体により開かれた組織へと方向づけを取ることが決定された。しかし、これがスルヨカント最後の活動であった。財政難もあったが、「共産主義」のレッテルも貼られたこの団体には、政府の圧力がかかっていた。一方、保守化していった『バリアドニャノ』も、最終的に一九三一年に廃刊となる。チャクロ・タナヨは、世界恐慌の年でもあった一九二九年における八人のほぼ国王相当の行政官への任命について（第四章第二節）、「バリ島はふたたびバリになるのだ」と論評した［深見 1995:33-34; 永渕 1998, 2007; Picard 1999:33-35, 47; Putra 2011:29, 70］。

その後、一九三〇年代にも、そうした言論活動は別の種々の機関誌を媒体に継続されるが、そこでの論調は『スルヨカント』や『バリアドニャノ』とは異なり、バリの「文化」そして「芸術」を主題化した議論が目立つようになっていく。アガマやアダットを取り上げたものも依然おおいが、それまでの機関誌のような批判的・問題提起的な性格は薄れ、オリエンタリスティックな知識を展開するという性格が濃厚になっていく。その背景として、植民地政府が現地人の政治的な活動にいっそう敏感になったこと、そして、バリ文化に並々ならぬ関心をもつオランダ人がバリ人の言論活動の中に加わるようになったことが、挙げられる。その代表的人物が、行政官兼学者であったホリスであった[Bakker 1993:43; 永渕 2007:121-123; Picard 1999:33-39, 2004:65; Putra 2011:29-39, 78-91]。

その一九三〇年代の注目される機関誌に『ジャタユ』（Djatajoe; 使徒）がある。『ジャタユ』は、『スルヨカント』の後継に当たり、ジャカルタを拠点とした『プジャンゴバル』（Poedjangga Baroe）――ヒンドゥーの聖典「バガヴァッドギータ」のインドネシア語翻訳を一九三三年に掲載した――のバリ地方版といいうるものでもあった。『ジャタユ』では、ムスリムをはじめとする他のインドネシア人やオランダ行政官ら外国人が投げかける多神教的宗教という指摘にたいして、バリ人側がいかに妥当な回答をなしうるかが焦眉の問題となっている様子がうかがわれる。たとえば、一九三七年の四号には「アガマに関するわれわれの当惑」という論文がある。そこでは、非バリ人の目には、バリ宗教がインドに由来するヒンドゥー教と土着のアダットの混交体のようにみえること、それゆえ、彼らはバリ人を、アガマをもたず、あらゆるものを崇拝するアニミストとみなすのだ、と論じられている[Bakker 1993:42; Picard 1999:40, 49; Putra 2011:30-32, 38-39; Schulte Nordholt 2000a:75, 86; cf. Anandakusuma 1986:75]。このように、この議論の論理は、一九二〇年代後半のジャボ層エリートが提示した論点――バリのアガマを、アダットから切り離したところで構想しようとする――を敷衍したものとなっている。

一九三〇年代後半のバリの知識人たちは、自分たちのアガマとは何か、自分たちの宗教やその神を何と呼ぶべきか、インドのヒンドゥー教との関係はどのようなものと考えるべきか、といった点をめぐって議論した。たとえば、一九三八年に『ジャタユ』の主催団体（Bali Darma Laksana; 宗教行動バリ）が開催した会議では、「仏シヴァ教」（アガマ・シワォ・ブッダ）と「バリヒンドゥー教」（アガマ・ヒンドゥー・バリ）のいずれかが妥当ではないかという議論が、グスティ・バグス・スグリワォ（Goesti Bagoes Soegriwa）から提起された。彼によれば、前者は、バリ宗教がシヴァ派とブッダ派――バリのブラフマノ司祭は、シヴァ派とブッダ派の二派からなる――の両方の影響下にあることを強調する名称であり、後者は、バリの土着の要素と外来とくにインドの要素とが融合したものだという点を強調する名称である。ただ、これ以外にもおおくの名称がさまざまな箇所で提示された（ex. Agama Bali, Agama Tirta, Agama Siwa, Agama Siwa Tirta, Agama Budha, Agama Trimurti, Agama Bali Hindu, Agama Hindu, Hindu Dharma）。神についてもさまざまな名称が提起されたが（ex. Bhatara Siwa, Sanghyang Tunggal, Sanghyang Suksma, Sanghyang Widi, Sanghyang Widi Wasa, Sanghyang Widi Wisena, Sanghynag Parama Wisena, Tuhan, Tuhan Esa, Allah）、この段階ではまだ確定していない。ただ、『バリアドニャノ』と『スルヨカント』所収の論文をはじめ、知識人たちは、サン・ヤン・ウィディあるいはサンヤン・ウィディ（Sang Hyang Widi, Sanghyang Widi）という名称をよくもちいていた。また、キリスト教ミッションも「神」のバリ語訳にこうした名称をもちいていた［Acri 2011:165; Bakker 1993:43; 福島 2002:331-332; Picard 1999:40-41, 49, 2004:65, 71, 2011b:139, 2011c:486; Schulte Nordholt 2000a:75］。

『ジャタユ』は、司祭や知識人たちは、われわれがいかなる宗教を信奉すべきか、伝統の中のどれを取捨選択すべきなのかといった問題に、ただちに決着をつけるべきだとし、ブラフマノ司祭たちに聖典を編纂するよう依頼もした。キリスト教の聖書やイスラームのアルクルアンに匹敵するものが、バリ宗教にはなかったからである。しかし、三年後の一九四〇年、プダンド側からは否定的な回答がなされた。バリにおいてアガマはアダットから切り離せないが、このアダットは地域ごとにまったくさまざまであるので、バリ島全体で妥当する基準を定立できなかった、というのである［Picard 1999:40-41］。『ジャタユ』を刊行した団体は、インドのヒンドゥーを準拠枠とし、不要なアダットの要素を除去する方向でバリ宗教のあるべき姿を思い描くとともに、そうした方向での宗教改革実現にとって不可欠なブラフマノ司祭の協力を仰ぐところまではいったが、結局、ブラフマノ司祭側から改革の実現に着手するための言質を得るにはいたらなかったのである。

植民地状況下における宗教改革の限界

以上、おもにピカールの議論を参照し、植民地時代の知識人たちの活動と言説のポイントを記述した。彼らの活動の実態は、現存する資料が断片的・限定的であるため、かならずしも明確ではなく、今後もし新たな資料の発掘があれば、解釈は変わる可能性はある。ただ、現状において、さしあたり次の三つの点を指摘することはできる。これを、本節のまとめとしておく。

第一は、彼らの言説・思索・活動がさまざまな点で「植民地状況」に深く規定されていた、という点である。アガマやアダットなど外来の概念を駆使し、宗教をひとつの固有の領域として見出し、この宗教をバリの文化社会の根幹に位置づける表象枠組み、トリワンソとジャボを対立的に捉え、前者の特権性を批判する認識、バリ社会やその宗教ヒンドゥーを遅れているとみなしその近代化を模索した点、あるいは、女子教育への関心、言論出版の重視、聖典へのこだわりなど、彼らの言説や活動の諸特徴には、植民地状況下における、西欧人そしてジャワ人とイスラームの直接・間接の影響が色濃くうかがえる。スルヨカント・グループにおけるインドへの志向性も、マッカのよりピュアなイスラームを志向する、当時の改革主義的ムスリムの態度に影響を受けたものであったと考えられる。そして、一九二〇年代以降のバリの観光化も、彼らの言論活動に影響を与えていた。『スルヨカント』は、バリの「伝統文化」を否定する立場にあったため、バリを「生ける博物館」とみなす西欧側のまなざしに否定的・批判的であり、観光にたいしても批判的なまなざしを向けていた。他方、『バリアドニャノ』は、外国人がバリの伝統文化や芸術を礼賛することには肯定的であった。これにたいし、『ジャタユ』は、いわば両者の中間に位置する両義的なスタンスであり、バリにたいする外部からの肯定的な評価はそれとして受け止める一方、バリを商品のようにみなして物見遊山で来る観光者の態度に憤慨し、胸をさらした女性の写真が掲載されることをおおいに恥じる、といったものであった［Hitchcock & Putra 2007:17; Picard 1999:39-40, 2004:71; Putra 2011:82; Ricklefs 2007］。

二〇世紀前半のバリでは、先に言及した団体以外にも、おおくの団体が宗教文化の改革を掲げ、言論活動や啓蒙活動をおこなっていた。一方には、ジャボ出自の新興知識人層からなるスルヨカント・グループのように、カストやその生得的な地位ゆえの特権性を批判し、近代的な社会と宗教への改革をもとめる立場の人々がおり、他方には、改革を謳いながらも実際のところは当時のバリのアダットとアガマのあり方をそのまま肯定するに近い、保守的な立場の高カスト出自の知識人層がいた。このように、それら知識人の立場は相当な幅の中にあった。重要なのは、にもかかわらず、このたがいに異なる見解をもった人々がひとつの機関誌やグループの中に同居していた、という点である。これが第二点である。要するに、彼らは「家族的類似性」［Wittgenstein 2013（1953）; cf. Needham 1986（1981）:1-6; 白川・石森・久保（編）2016; 吉岡 2005:95-99, 2010c］を特徴とする集団であって、鎖の輪がすこしずつ重なるようにたがいに類似し合う関係にあり、もっともラディカルな改革派ともっとも保守的な立場の人々とがひとつの会合で頻繁に会い、ともに議論を戦わせていたのである［cf. Schulte Nordholt 1996:319-320; 吉田 2005:252-253］。それは、彼ら知識人が、オランダ領東インドの中ではジャワ人やムスリムが多数派であること、それにたいしてバリ人ヒンドゥー教徒は少数派であること、それゆえバリ人同士ひとつにならなければならないことを、強く自覚していたからでもある。アダットと密接に結びついたアガマであるヒンドゥーを信奉するバリ人というアイデンティティは、それを肯定的に取るか否定的に取るかはともかく、彼らの認識と活動の基盤にほかならなかった。機関誌の言説においてはたがいの見解の差異が表出しているとしても、そうした機関誌を発行しともに読み合っていたという点で、彼らはたがいに理解し合い共有し合うものをもつ同志であったといってよい。

また、それゆえ、一九三〇年代後半には、バリ宗教のあり方をめぐる大枠での方向性が出てきたのであろう。これが第三点である。『ジャタユ』からは、彼ら知識人が、バリ宗教のあるべき姿に関するゆるやかに収斂するコンセンサスを構築しつつあったことがうかがわれる。すなわち、バリの社会や宗教を近代的なものへと改革していかなくてはいけない、その場合、宗教については、アダットの中の不要な要素を削除してバリのアガマを純化させていくことが必要であり、そこで参照すべきは、かつてのマジャパイトのヒンドゥーではなく、むしろ同時代のインドのヒンドゥーである、というものである。高カストのエリートの中には異論もあったが、バリの知識人たちは、インドネシア民族運動がオランダ領東インドの各地を巻き込んで統合されていこうとする中で、もともとはジャボ出自の知識人が用意したこのような論理に沿った方向性に、バリ宗教の改革の軌道を敷こうとしたのである。

彼らの努力もむなしく、ブラフマノ司祭からは聖典編纂に関する否定的な回答が寄せられ、改革に向けた取り組みはその実現の手前で挫折した。しかしながら、彼らがバリ宗教のあるべき方向性として見出したものは、戦後にあらためて現実的な意義をもつこととなった。というのも、それは、インドネシア共和国の国家建設の理念と整合性をもつものだったからである。

第二節　アガマとしてのヒンドゥー

共和国の宗教政策への対応

インドネシア共和国は、日本の敗戦から二日後の一九四五年八月一七日、スカルノが自宅の庭先で独立を宣言したことで成立した。スカルノらとともに共和国の立ち上げに関わっていたバリ人のプジョ（Goesti Ketoet Poedja）は、小スンダ州（Propinsi Soendaketjil）の知事に任命され、その州都とされたバリのシンガラジャ（ブレレン）に赴任した。彼を支えたのは、かつてのスルヨカント・グループのメンバーだった教員たちの教え子であった。しかし、バリには、戦前そして日本占領期からつづく自治領体制がなお存続していた。王族・領主層の大半は親オランダ派であり、一部が共和国派についたにすぎなかった。八自治官を中心としたバリの王族組織は、一九四五年一二月から親オランダの東インドネシア国（Negara Indonesia Timoer）に帰属する自治地域としてバリを統治した。オランダは、間接統治体制を敷いた他の地域においても旧王族・領主層による傀儡国家や自治領を立ちあげ、次々と共和国からその領土を奪い取っていった。各地で戦闘も発生し、独立戦争におけるインドネシア側の死者は、戦闘員・非戦闘員それぞれ数万人〜一〇万人に上ったとされる。

この時期、バリはオランダ側についた諸地域の中心的存在であった［Bakker 1993:46; 深見 1995:38-39; 鏡味 2000:69-71; 木畑 2014:161, 190, 196-197; 永渕 2007:133-139; 永積 1980:26-28; Pedersen 2006:177; Reid & Oki（ed.）1986; Stuart-Fox 2002:309-310; Vickers 1989（2000）:158-159, 2011:461, 2013:103］。

高カストがバリを統治する体制の下、一九四七年一月末にはシンガラジャでブラフマノ司祭を中心とした司祭評議会（Paroeman Para Pandita）が設立され、ヒンドゥーの教師や司祭の育成、聖典編纂作業、司祭の組織化などへの取り組みもはじまった。独立後数年にわたる親オランダ派による統治体制は、しかし、一九四九年のオランダからインドネシア共和国への主権委譲を境に転機を迎え、バリでも共和国派が優勢となった（写真5-1）。共和国に組み込まれたバリでは、司祭評議会はなお存続したが、王族による統治組織は解散となり、新たに設立されたバリ地方政府評議会（Dewan Pemerintah Daerah Bali）が共和国政府の地方政府機関としてバリを統治することになった［Bakker 1993:46-47; 鏡味 2000:70-72; MacRae 1999:134; Picard 2011c:487; Stuart-Fox 2002:310; Vickers 1989（2000）:159-160］。

さて、インドネシア共和国下の行政単位となったバリでは、ムスリム主導で進む国家の宗教政策にたいする人々の失望や不安が広がった。共和国宗教省は、バリがあらためて小

写真5-1　英雄の顕彰（2019年、ダラムプリ寺院）
ダラムプリ寺院（Pura Dalem Puri）は、プリアタン王宮とその分家であるウブド王宮ゆかりの寺院であり、周辺村落のプロ・ダラムでもある。この寺院脇の埋葬地には、独立戦争の英雄とされる、プリアタンとウブド両村の出身者計9名を刻んだ顕彰記念碑がある。普段は、おおきな榕樹（沖縄でいうガジュマル）の陰にひっそりと建つこの顕彰碑前では、独立記念日（8月17日）の前日に、軍関係者や地域の人々の集まる中、栄誉を称える式典がおこなわれる。写真は、式典で手向けられた花と、インドネシアの国旗の赤と白（赤は勇気や情熱、白は真実と曇りない心を象徴する）で飾られた、8月16日夕方の顕彰碑の姿である。

スンダ州の一部として共和国に組みこまれたあとの一九五〇年一二月に、代表をバリに派遣して、ヒンドゥーの扱いについて検討する姿勢を示した。代表団に応対したバリ地方政府評議会のグスティ・バグス・スグリワォは、バリ宗教は唯一神（Sanghjang Tunggal）を奉じ、パンチャシラ（Panca Sila）――①唯一至高の神への信仰、②公平で文化的な人道主義、③インドネシアの統一、④協議／代議制の中の英知によって導かれる民主主義、⑤全インドネシア人民にたいする社会正義、からなる、インドネシアの建国五原則――にも合致していると述べ、中央政府がこれをアガマとして公認するようもとめたが、バリ宗教の正式名称、哲学教義体系、聖典、神観、祭祀儀礼、聖地、宗教学校の有無などについての回答がいずれもあいまいであることを指摘され、すぐに共和国政府がヒンドゥーをアガマとして公認することはありえないということを痛感させられた。そして、逆にこうした点を明確にすることこそ、政府によるアガマ公認に不可欠であることを、バリの指導者たちはあらためて認識した［Bakker 1993:225-226; 永渕 2007:146; Picard 2011b:124, 2011c:488-489; Ramstedt 2004b:9-10, 2009:339-340; Stuart-Fox 2002:310-311; Swellengrebel 1960:72-73; Vickers 2013:122］。

こうした状況を反映して、一九五〇年代には宗教改革を謳うおおくの団体――教育財団、政党、青年組織を含む――が設立された。この種の組織の大半は、バリの宗教を世界宗教たるヒンドゥーのローカルなあらわれとして認めてもらうため、たがいに連携を取り合って宗教省に働きかけようとした。また、ヒンドゥー神学のテクストをインドネシア語に翻訳したり、インド人のヒンドゥー教学者・サンスクリット学者をバリに招いて教示を仰いだり、今後の宗教改革の担い手として嘱望される優秀な若者をインドに留学させたり、といった活動を展開した。こうして、インドのヒンドゥーとの連携を模索する具体的な行動が開始され、バリ宗教のあるべき姿をインドにもとめる認識と実践がさらに定着していったのである。この、バリに短期または長期滞在したインド人学者の中で、バリ宗教の改革運動にもっともおおきな貢献を果たしたのが、パンディット・シャストリ（Narendra Dev. Pandit Shastri）である。彼は、当時のインドのヒンドゥー神学の豊富な中身から取捨選択をおこない、インドの四ヴェーダとウパニシャッド、そしてバガヴァッドギータを、バリのヒンドゥーの聖典に当たる基本文献とし、これに集約したかたちの教授をバリ人に施した。また、ヒンドゥーの唯一神をイダ・サンヤン・ウィディ・ワソとした。ジャワやバリに伝わっていたリグヴェーダ関連の古文書の中にある、「宇宙の神聖なる支配者」ないし「神聖にして絶対的な宇宙の法」という意味の抽象的な概念を、神の名に確定したのである。[※3] そしてシワォ

(シヴァ)神やウィシヌ神らはその化身であるとした。さらに、バリ人の営む種々の儀礼を、パンチョヤドニョ(Panca Yadnya; 五儀礼)という五つの範疇(神の儀礼、悪霊/鬼神の儀礼、人生儀礼、死霊儀礼、司祭叙任儀礼)に整理し、儀礼をヒンドゥー教徒の宗教義務として明確に位置づけた。さらに、バリでは知られていなかったリグヴェーダのマントロと古ジャワの祈りとを組み合わせ、イスラームのサラート(一日五回の礼拝)に対応させた、トリサンディオ(tri sandya)という一日三回(日の出、正午、日の入り)の礼拝を考案した。彼の構築した教義・規範は、バリのヒンドゥーの基本枠組みをなすものとなり、これが諸集団の啓蒙活動を通じてバリ社会に徐々に浸透していった[Bakker 1993:285-286, 304-305; 永渕 2007:159-170; Picard 2011c:489-495; Ramstedt 2004b:11-12; Schulte Nordholt 2011:390; Sombir 2004:258-259; Stuart-Fox 2002:301; 吉田 2005; cf. 竹内 1991]。このように、ギアツがバリの伝統的宗教の特徴をオーソプラクシィという点に看取したそのころすでに、バリの宗教はオーソドキシィ上の一大転換の局面に入っていたのである(第一章第二節)。

また、インド留学を終えて帰国したバリ人も、宗教改革のコンセンサス形成に重要な役割を果たした。たとえば、この時期にインドから帰国したばかりの青年イダ・バグス・マントラは、次のような論説を当時の日刊紙に寄せた。バリの宗教は、ヒンドゥー教とジャワ的伝統との混交体であって、ある意味で未開宗教に近い特徴をまだ残している。西欧人の到来以降、インドとインドネシアとの関係は切れてしまい、バリ人はインドとの知的交流を失ってしまった。たとえば、バリに伝えられていたヴェーダは、インドでは古典的ヴェーダと呼ばれる儀礼主義的傾向をもったものであって、ウパニシャッドなどヴェーダの中心的な哲学教義書はバリに伝わっ

※3 バリに唯一神に相当する概念はあった。たとえば、ラッフルズは、一九世紀の時点で、バリの古文書の中に、至高の祭祀対象はバタラ・グル(Batara Guru)であり、その上にサン・ヤン・トゥンガル(Sang yang Tung'gal)という(抽象的な)唯一神的神性がいるとする記載がある、と記している[Raffles 1988 (1817):ccxxxix]。ただし、この唯一神は、一般のバリ人の知るところではなく、祭祀の対象でもなかったと考えられる[Forge 1980: 229; 福島 2002: 336]。また、サン・ヤン・ウィディ・ワソは、もともと神格ではなかった抽象概念である。それゆえ、この唯一神が人々の宗教生活に十分浸透するには相当な時間がかかった。私がバリでの参与観察をはじめた一九九〇年代はじめ、正確にこの神の名を語らない/語れない——たとえば、最後の「ワソ」を省いていう——年配の人々は、司祭も含めてすくなくなく、当時バリで流通していた宗教関連の文書や教義書でも、その種の不正確な表記はかなり見られた。しかし、学校での宗教教育——バリの大半の学校では、ヒンドゥーが「宗教」教科の学修科目となる——やメディアの効果もあり、二〇〇〇年代になると、イダ・サンヤン・ウィディ・ワソという名称が正確なかたちで人口に膾炙するようになった。このヒンドゥーの唯一神の名称がバリ社会に普及するまでには、半世紀に相当する時間を要したのである。

ていなかった。バリのヒンドゥーが儀礼主義的特徴をもっていることは、ここから理解できる。しかし、本来のヒンドゥーの姿とは、たとえばこのウパニシャッドに代表されるような宗教哲学体系に根ざしたものである。われわれにとって必要なのは、インドとの知的交流を促進させつつ、今日的なヒンドゥーの宗教哲学体系を再確立することにほかならない、というものである。この論説は当時かなりのインパクトを与えたという。これにたいして、改革は必要だが、インドのヒンドゥーを借りてきてバリの宗教を再建する必要はない、そもそもアガマとして認められなくともよい、といった反論も一部にはあった。しかし、こうした立場はすでに少数派であった。インドネシア共和国のパンチャシラの第一条項および対宗教省交渉といった点からすれば、インドのヒンドゥーを正統性の根拠としつつ、唯一神・聖典・教義・礼拝など、イスラームやキリスト教に類似または対応する要件を整えることが、バリのヒンドゥーをアガマとして公認してもらい、他宗教への改宗リスクを排除するための、おそらく唯一の方向性であることは、トリワンソ層にとっても明々白々であった。こうして、戦後の宗教改革は、かつてのジャボ層エリートたちの主張に沿った方向に、しかしながら、担い手はトリワンソの指導者たちをむしろ中心としたものに、固まっていくのである。一九五三年五月には、バリ地方政府評議会の下で会議が開かれ、このような方針でアガマの公認をめざすことが確認された。一九五四年一一月には「バリ地方自治宗教庁」（第一章第二節）も設立された［Bakker 1993:226-229; 鏡味 1995:40; 永渕 2007:155-159; Picard 1999:41-42, 2011c:491-500; Rudyansjah 1986:6-7］。

一九五五年には第一回の国政選挙が、五七年には地方選挙があり、イスラーム諸政党は議席を伸ばしたものの、国会の過半数には届かず、イスラーム国家建設という彼らの望みはさしあたり実現困難なものとなった。バリでは、ヒンドゥー政党（Partai National Agama Hindoe Bali）が立ったが、さほど伸びず、国民党と社会党が勢力を伸張させた（一九六〇年に社会党は活動停止の処分を受け、これ以降は国民党と共産党が勢力を二分するようになる）。この、マルクス主義などの各種イデオロギーが叫ばれる選挙の中でも、バリの知識人たちはメディアを通じて、一般民衆がヒンドゥーの本質を理解しておらず、このままではヒンドゥーは国の宗教政策においてきわめて不利な扱いを受けることになる、と論じた。選挙は、バリ人たちに、国民つまりはインドネシア人としてのアイデンティティを喚起するとともに、そこからひるがえってバリ人としてのアイデンティティやそれに深く関わるヒンドゥーという宗教にたいする自省の機会を提供した［Bakker 1993:48, 228-229; 深見 1995:39-40; 鏡味 2000:72-76; Picard 2011c:500; Putra 2011:91;

Rudyansjah 1986:3-4]。

一九五八年、バリは州に格上げになった。この年の六月には、デンパサールで「バリヒンドゥー教」（アガマ・ヒンドゥー・バリ）という名称による政府公認をめざす決議が採択され、司祭評議会を含む主要五団体の代表者が、同月バリのタンパクシリンの別荘（一九五七年に建設）を訪れたスカルノ大統領に非公式に会い、この決議書を直接手渡し、力を貸してほしい旨の陳情をおこなった。その際、この陳情団のリーダー格であったブラフマノ司祭は、アガマ・ヒンドゥー・バリは多神教的宗教などではなく、唯一神を信奉するアガマであって、パンチャシラの条項に合致したものにほかならないという点を、宗教文書上の知識に照らすなどして説明した。そして、これまでも継続的におこなわれていたバリ地方議会と宗教省との折衝は、この年の七月にジャカルタの宗教省を訪れたバリ側代表団にたいする宗教大臣の回答によって、決着を迎えた。すなわち、バリ宗教は「アガマ・ヒンドゥー・バリ」という名称で、宗教省の認知を受けたのである。一九六五年には、あらためて「アガマ・ヒンドゥー」という名称での公認となった。一九五九年には宗教省の中にヒンドゥー教を管轄する部局が正式に設置された。一九六二年にはヒンドゥー教と仏教を管轄する部局となったが、翌一九六三年には仏教担当部局がここから独立するともに、デンパサールに宗教省バリ支部が設置された。その後、バリ地方自治宗教庁は廃止となった。そして、一九五九年には、宗教改革・認知運動に関わったバリの諸団体はひとつの新たな統一組織を形成した。すなわち、これが第一章第二節で触れたパリサド（Parisada Dharma Hindoe Bali）である［Bakker 1993:229-230; 福島 2002:334-335; H. Geertz 2004:37-40; 鏡味 1995:104-105; 永渕 2007:163-178; Picard 2011b:124-126, 2011c:501-505; Ramstedt 2004b:12; Reichle 2010b:21; Rudyansjah 1986:4-6; Vickers 2011:477］。

アガマ公認の過程に潜む乖離

ここで、バリ宗教がアガマとして認知を勝ち取るまでの経緯について四点を指摘し、本節のまとめとしておきたい。

第一は、本章の冒頭でも触れた、この経緯にあるねじれである。バリ宗教は、戦前のジャボ出自の新興エリート層たちが思い描いたような、同時代のインドのヒンドゥーを準拠枠とするかたちで整備され、公認された。しかし、その公認の当初の名称「バリヒンドゥー教」（アガマ・ヒンドゥー・バリ）は、彼らジャボ出自のエリートたちがバリの伝統を重視することにつながるという理由で否定しようとしたものであった。このことが端的に示すように、一九五〇年代末に成就するヒンドゥーのアガマ公認は、ジャボ出自層ではなくトリワンソ（高カスト）の人々を中心に勢力が結集した結果であった。

第二は、ジャボ出自であるかトリワンソ出自であるかはともかく、いずれにせよエリート集団によるいわば上からの改革がこの認知にいたる活動の実質であった、という点である。イスラームを準拠枠とし、インドのヒンドゥーに根拠をもとめ、唯一神、聖典に相当する文書、教義や礼拝など、アガマにふさわしい体裁を整え、そうした新たなヒンドゥーのエッセンスを一般の人々へと浸透させる啓蒙運動を実践し、政府要人や政府機関と公式・非公式の交渉をおこなったのは、バリ社会を主導する知識人層であった。この主体的に関わった（一部の）エリートと、受動的にしか関わらなかった大多数のバリ人との乖離こそ、このアガマとしての認知を受けるまでの過程に――また、次節で触れるように、その後の現在にいたる過程にも――内在する特徴である。

それゆえ、この認知を獲得するまでのところ、アガマとしてのヒンドゥーの実態は、エリートたちが構築したその理念像と人々が実践していた宗教活動との間にも、乖離を抱えていたことになる。だからこそ、この理念像は、このあとから本格的に実体化がはかられねばならなかった。この、理念を後追いする実体の構築という点が、第三点である。諸神や悪霊そして祖先の霊などにたいするさまざまな儀礼活動・呪術的活動の総体から成り立っている人々の宗教生活の中に、唯一神信仰としてのアガマに関連する新たな規範を導入し、ヒンドゥーのあり方を再確立ないし再創出していくことこそ、新たに結成されたパリサドのおこなった活動であった。

第四は、そうした改革に関わった幾人かのカリスマ（第一章第二節参照）についてである。とりわけ注目されるのが、インドに留学しヒンドゥーを学んだバリ人の第一世代に属するイダ・バグス・マントラと、バリ人ハーフ（母がバリ人で父はジャワ人）でありバリに親近感をもっていたスカルノ大統領が果たした役割である。前者については、次節そして次章においても触れる。ここでは、スカルノという存在があったればこそ、バリ宗教がアガマとして政府に公認されるプロセスが順調に進んだと考えられることに、留意しておきたい。しかも、このヒンドゥーの公認が確定したのちの一九六五年に、共産党員やそのシンパにたいする大量虐殺事件が起こり、引退したスカルノにかわって第二代大統領となったスハルトの下で、アガマを信奉しない人々にたいする締めつけは強化されることになった。ヒンドゥーが、この事件の前にアガマと認められていたという前後関係は、あとから振り返れば、インドネシアのヒンドゥー教徒にとって決定的な意義をもつ歴史の偶然的因果連関（第一章第一節）であったといえる。ヴェーバーは、インドの大半を支配した最初の王のひとり――アショカ王を指す――が熱烈な仏教徒となるというひとつの歴史的偶然がなければ、仏教が国際的に浸透していくことはなかったであろう、と述べた［Weber 2009（1921）:331］。インドネシア初代大統領のスカルノがバリの宗教文化に理解と親近感をもつ人物であったというこの歴史的偶然がなければ、インドネシア諸社会にヒンドゥーが一定程度広まっていく後述の過程もなかったであろうし、バリが宗教文化を売り物とする国際的な観光地となっていく過程もまたおおきくちがったものとなっていたと考えられる。

第三節　戦後の宗教改革の当座の帰結

パリサドへの結集と新たな規範の構築

一九五九年二月、国立ウダヤナ大学文学部内に同学部教員のイダ・バグス・マントラを議長として諸組織の代表が集まり、宗教省のヒンドゥー部局を側面から支える機関としてパリサドを設立した。パリサドの主要メンバーは、バリ州知事、宗教省のバリ人高官、バリ地方自治宗教庁長官、先の陳情や決議に関わった宗教改革諸団体の幹部、ロンボックのヒンドゥー組織（Badan Kerdjasama Agama Hindoe Bali Lombok）の長、バリの各県からの代表など、官民の有力者たちであった。これらのメンバーがもつ、王族・領主、司祭、学者、地方政府高官などの複数のプロフィールとそのネットワークは、これ以降、パリサドがバリ人社会全体に影響力を行使するための複合回路となった。また、一九六八年に、パリサドは共和国宗教省からヒンドゥーの改革と発展を担う唯一の組織であると認められた。ただし、このことは、パリサド以外のヒンドゥー系宗教団体の存在意義を認めないものとして、一部の組織からは反発も買った。同年、パリサドは、ゴルカル（Gorongan Karya; GORKAR）という、スハルト体制を支持する翼賛的団体と結びつき、選挙の集票にも貢献するようになった。この体制迎合的な対応も、一部のリベラルな知識人からは批判された。ただ、こうして、パリサドが単なる宗教改革団体というよりも、政治的・学術的・宗教的な権威を重層的にまとった団体となったことは、パリサドの社会的影響力と組織としての基盤をさらに強固なものとした。もっとも、それは、パリサドが内外からのさまざまな批判にさらされていくこと、つまりリスクを抱えていくことをも意味した［Bakker 1993:242-252; 増原 2010; 永渕 2007:205-208; Picard 2011c:503-504; Rudyansjah 1986:5; Stuart-Fox 2002:315］。

パリサドはブラフマノ司祭を中心とした組織体制をとったが、パリサドに結集した諸団体のおおくは、もともと宗教的権威をもたなかったサトリオやウェシオ層らをおもな担い手とし、それぞれの立場や見解ももっていた。パリサドへの結集をもって解散した団体もあったが、存続する団体もあり、ガンディー、ハーレクリシュナ、サイババなど、同時代のインドの新たなヒンドゥー諸派に強い親近感を抱く勢力は、バリのヒンドゥーの再構築という枠の中での改革を目指すパリサドから離脱していった。ただし、そうした勢力に与する人々の中にも、パリサドにとどまる者はいた。たとえば、サイババへの帰依は通常のバリ人ヒンドゥー教徒としての行為や義務と両立可能であり、パリサドの幹部やブラフマノ司祭の中にもサイババの有力な信者はいた。ハーレクリシュナの信者の場合、バリ人のヒンドゥーの儀礼実践から距離をおく傾向が強かったが、二〇世紀末のスハルト政権崩壊後の民主化過程の中でパリサドの中に取り込まれた。こうしたメンバーの出入りは、パリサド内部の勢力関係の複雑さの原因でもあり結果でもある。インドネシア諸地域への布教拡大やインドとの連携強化などをめぐる意見の対立、ブラフマノ司祭中心・高カスト中心の体制にたいするジャボ層バリ人・平信徒・非バリ人らによる批判は、つねにパリサドの内部にあった。こうした潜在的な対立は、二一世紀に入っていよいよ決定的なかたちで表出する。それについては本節の後半に触れる［Bagus 2004; Bakker 1993:230, 251, 298-300, 316-321; Howe 2004, 2005:96-97, 102-103; 永渕 2005:406; Ramstedt 2009:342; Rudyansjah 1986:18-22］。

パリサドという組織やその活動の解明は、いまだ十分なものではない［Ramstedt 2009:367; Stuart-Fox 2002:315］。私も、地域社会における人々の宗教観や宗教実践におけるパリサドの影響の如何を、もっぱら観察してきたにすぎない。以下では、先行研究に依拠しつつ、まず九〇年代半ばまでのパリサドの主要な活動や規範——一九六一年にウブドのチャンプアン（Campuan）でパリサドが開催した聖職者会議において議決された［Bakker 1993:234］——を概観し、次にその後に生じたパリサドの内紛について確認するにとどまる［Bakker 1993; 福島 2002:336-340; 永渕 2005, 2007; Picard 2011b; Ramstedt 2009; Rudyansjah 1986］。

　パリサドが浸透をはかった規範の第一は、地域に存在する寺院（pura）の標準化である。とくに、カヤンガン・ティゴ（Kahyangan Tiga; 三聖地）と呼ばれる村の主要寺院に、唯一神を祀る社であるパドモサノ（Padmasana/ Sanggar Agung）をしつらえるよう、指導がなされた（写真 5-2, 5-3）。一般に、カヤンガン・ティゴは、プロ・デソ（Pura Desa）、プロ・プサ（Pura Puseh）、プロ・ダラム（Pura Dalem）の三寺院からなる。それぞれ、村の草分けの祖先を祀る寺院、村の集会所を兼ねる寺院、墓地の近くにあって死霊を祀る寺院、と考えてよい。今日、それぞれはウィシヌ（Wisnu）、ブラーモ（Brahma）、シワォ（Siwa）の神を祀る寺院であるとする、パリサドが普及をはかった理解も人々に浸透している。実際には、すべての村にこの三寺院があるわけではなく、またこれら以外の寺院を村が管理する例もすくなくない。ただ、カヤンガン・ティゴとその寺院の聖水は、かつてもいまも、バリの村落に生きる人々の宗教生活においてもっとも重要なものである。パリサドは、パドモサノを唯一神祭祀の象徴と規定し、これを欠落させた寺院には新たに建立するよう指導したのである [Bakker 1993:236; Goris 1960a, 1960b; Picard 2011c:503; Reuter 2002a:289, 2002b:136; Rudyansjah 1986:9]。ただし、パドモサノを欠いている寺院は、いまも一部に観察することができる（写真5-4, 5-5）。

第二は、唯一神を祀る新たな寺院である、ジャガトナト大寺院（Pura Agung Djagatnatha）の建立である。最初に建てられたのはデンパサール中心部のバリ博物館の隣であり、その後もバリ内外の都市部に建設された。この寺院は、通常のバリの寺院とおおきく異なる特徴をもつ。通常の寺院では、バリで神聖な方向とされる場位（おおむね南部バリでは北東、北部バリでは南東に当たる）の隅にパドモサノがあるが、この寺院では敷地の中心に、北東向きではなく通常東向きに、パドモサノが建てられている。また、通常の寺院には大小のさまざまな社や祠などがあるが、この寺院はほぼこのパドモサノだけといってよいシンプルな構造である。さらに、通常の寺院は村や集落など地域に根差した特定組織が祭祀と管理を担うが（序論）、この寺院はそうした信徒集団をもたず、パリサドの管理下にある。それゆえ、一般のバリ人にとってこの寺院は身近な存在ではない。ジャガトナト大寺院は、そうした地域集団が支える儀礼実践とは別次元の、一神教化されたヒンドゥーの宗教実践が展開される場として機能する存在なのである。※4 この寺院では、ブラフマノ司祭とともに一般の人々もマントロを唱えるよう指導を受ける。また、祈りのあとには司祭が説教をおこなう。この祈りと説教は、しばしば日曜日にもおこなわれる [Bakker 1993:232-235; Boon 1977:217-218; H. Geertz 2004:40; 倉田 1978; Pitana 1999:187-188; Rudyansjah 1986:10, 21; Swellengrebel 1960; 吉田 1998]。

第三は、教義体系の確立である。一九六一年の聖職者会議において、インドの四ヴェーダ（Catur Weda）、ウパニシャッド

※4 バリ人にとって身近でない宗教施設として、プジャ・マンダラ（Puja Mandala; マンダラ礼拝所）がある。ＧＷＫ（第六章第三節）の東方数キロメートルの位置にあるこの施設は、ヒンドゥー寺院、プロテスタント教会、仏教寺院、カトリック教会、マスジッド（イスラーム寺院）の五礼拝施設を集めたもので、インドネシアの諸アガマ調和の象徴として、政府主導により建設され一九九七年に稼働した。ここにあるヒンドゥー寺院は、ヌサドゥアジャガトナト寺院（Pura Jagat Natha Nusa Dua）であり、やはり地域の諸組織に根差したバリ人の儀礼実践や信仰から乖離した存在にとどまっている。しかし、プジャ・マンダラは、今日バリで増加しているムスリムにとっては、一定の需要を満たす存在である [Putra 2014: 330, 351-352]。

写真 5-2, 5-3　寺院のパドモサノ
カヤンガン・ティゴにかぎらず、バリにある大半の寺院にはパドモサノがある。写真左は、プリアタンのダラムプリ寺院のパドモサノ、写真右は、ウブドのチャンプアンにあるグヌンルバ寺院（Pura Gunung Lebah）のパドモサノの上部である。両者の高さはウブド一帯で双璧をなすといえる。後者の寺院は、ウブド王宮とも深く関わる、村をこえた地域レベルの大寺院であり、2013 年から 2 年ほどかけて、寺院全体が全面的に改修されグレードアップされた。パドモサノもこのとき改装され、10 メートル近い高さとなった。なお、この改修中、寺院の神は別の場所（ウブド王宮の寺院）に移され、この間にあったオダラン（寺院祭礼）では、プダンドによる浄化儀礼も奉納舞踊などの行事もなく、わずかな人々が自らの意志で祈りに訪れる程度であった。こうした人々のために、改修中の寺院内には臨時の祠が設けられていた。神は、御霊入れの儀礼措置により改修後の寺院に鎮座された。

写真 5-4, 5-5　パドモサノのない寺院（2016 年、タロ村）
タロ村の中心部にあるグヌンラウン大寺院（Pura Agung Gunung Raung）は、山側（西側）におおきな樹木を擁する、山の寺院である。パドモサノもメル（meru）と呼ばれる塔ももたず、寺院の中心に長い屋根付き建造物（bale pingit）があり、その北側（写真左）と南側（写真右）の両方に割れ門の入口があるという、特異な構造をもつ。現在標準的な寺院形態以前の形態をとどめるものと考えられる。

(Upanisad)、ジャワに伝わっていたバガヴァッドギータを含む三書（Bhagawad Gita, Sanghyang Kamahayanikan, Sarasamuscaya）が聖典に認定され、これらの聖典の著者ら（rsi, mpu）が預言者とされた。そして、その後に進んだ古文書の解読と整理の結果を受けて、一九六七年には教義書『ウポデソ』（Upadeça tentang Ajaran-ajaran Agama Hindu）が出版された。一九七〇年に出版されたもうひとつの教義書『五大信仰』（Panca Çradha）では、ヒンドゥーの教義の核心が、①唯一神サンヤン＝ウィディ、②アトマン、③カルマパラ（業）、④サンサーラ（輪廻）、⑤モクサ（解脱）の五つの信仰に集約しうるとされた。これらの教義書の実質的な著者は、パリサド設立時から一九六四年までその初代書記長をつとめ、のちにウダヤナ大学長・中央政府教育文化省高官・バリ州知事を歴任した、イダ・バグス・マントラであった。パリサドは、ほかにもおおくの出版物を刊行し、インド人司祭による教義講習や、聖典読経大会（Utsama Dharma Gita）などの啓蒙活動を展開し、ヒンドゥー教大学を設立して、教義の社会的浸透をはかった［Acri 2011:153; Bakker 1993:42-43, 237, 241-245, 269, 318-319; 鏡味 2000:116; Nala 2004:82; Picard 2011b:126, 139; Ramstedt 2004b:11-14; Rudyansjah 1986:12］。学校での宗教教育や、行政の末端に当たる村や集落での行事や会合を通して、バリ人はヒンドゥーの基礎的な知識と実践を学びこれを習得した。かつては司祭の秘儀的知識であったマントロの一部も社会に共有されるものとなり、今日では司祭のマントロに合わせて自らマントロを小声で口にする者もいる。

第四は、人々の儀礼活動に関する統一的な規範の確立である。パリサドは、新たに確立されたアガマとしてのヒンドゥーの教義知識に照らし、トリサンディオ（一日三回の礼拝）やジャガトナト大寺院での祈りに代表される、人々が唯一神に直接向かい合う実践の機会を重視するとともに、儀礼における過剰な物資の蕩尽を戒めた。実際、儀礼の中でも特段に多大な供物と長い準備時間を要する火葬については、簡素化された儀礼形態がすこしずつ広まっている（第六章第二節）。ただし、その一方で、パリサドは、古文書の記載にもとづき、これまでおこなわれてこなかった儀礼を新たに催行するようにもなった。そのひとつに、ブサキ寺院の儀礼規範の構築がある［Stuart-Fox 2002; 吉田 1996, 2005］。

パリサドは、一九六〇年にパンチョワリクラモ、一九六三年にエコダソルドロ（Eka Dasa Rudra）という大儀礼をブサキ寺院で実行した。前者は一九三三年に経験済みのものであったが、後者については過去の催行の記録がなく、新たな規範を構築しながらの実施となった。このとき、アグン山――ブサキ寺院はそのふもとにある――が噴火し、周辺の広い地域に溶岩と灰による被害がおよんだ。司祭を含むおおくの人々が、儀礼手続きに何らかの過誤があって神の怒りを買ったのではないかと懸念したが、儀礼推進派は、ブサキ寺院それ自体の被害が奇跡的といってよいほどすくなく、溶岩流がこの寺院を避けるようなかたちで流れたことを指摘し、むしろこれは神の降臨の予兆であって大儀礼の成功は保証されたのだと論じた。反対論は強かったが、結局、アグン山が噴煙をあげる中で儀礼は強行された。そして、主儀礼のおわったあとに地震がおき、ブサキ寺院はかなりの被害を受け、死者も二〇〇〇名をこえる惨事となった。また、一九六五年のクーデタ未遂事件を発端に、共産党員シンパとされた多数のバリ人が殺害されるという惨事も起きた（第六章第一節）。一九六三年のエコダソルドロに過誤があったとすれば、適切な時期にやり直すべきだという議論もあったため、その後の古文書の研究成果を踏まえ、あらためて一九七九年にこの儀礼は再履行された。このときには、はじめてインドのガンジス川から聖水がもちこまれ、儀礼浄化にもちいられた。また、スハルト大統領をはじめ閣僚たちが儀礼に列席し、ブサキ寺院とヒンドゥー教徒にたいする国家の保証を象徴することにもなった。内外のメディアがこの「一〇〇年に一度」とされる儀礼をおおきく報道し、これがバリ観光をさらに刺激した。パリサドは、こうして、ブサキ寺院の儀礼体系を構築しつつ肥大化させたといえる。なお、一九六八年に、ブサキ寺院の直接の管理主体としての地位は、バリ地方政府からパリサドに正式に委譲された［Bakker 1993:236-237; Forge 1980:227-228; Howe 2005:8; Lansing 1983:129-142; MacRae 1999:135; 永渕 2007:217-236; Robinson 1995:239-243; Stephen 2002:76-77; Stuart-Fox 1982, 2002:316-344］。

パリサドによる新たな儀礼規範の構築の例は、ほかにもある。サラスワティの日（Hari Saraswati）は、二一〇日ごとにめぐってくるウク暦の年中行事である。現在、人々は、この日に各家庭で教科書など文書一般に供物をささげ、古文書を御神体として祀っている近隣の寺院に供物をもって祈りに出かける。こうした実践は、インドにおける状況にならって一九八〇年代以降にバリに定着したものである。ほかに、満月（purnama）と暗月／朔（tilem）の夜に寺院で祈りをささげるという行為も、パリサドが奨励した新たな行事である［Bakker 1993:236-240, 269-274; 鏡味 2012:299］。

また、サコ（saka）暦の正月に当たるニュピ（Nyepi）の日の行事の画一化および祝日化も、パリサドによる働きかけの結果である。二〇世紀前半のホリスの研究によれば、ニュピは、盛大な供物をささげて魔や邪気を祓う儀礼を執行する第一日目（ニュピの前日と位置づけられる）、明かりと火が禁じられ、家の外に出てはならない沈黙の日である第二日目（ニュピの当日と位置づけられる）、明かりと火は許されるが、仕事が禁じられる第三日目、からなり、ニュピ当日については、バンリでは出歩いてもよいがものを運んだり用事をしたりしてはならない、また、ギャニヤールのある村では村人総出で田に出かけあらゆる性的タブーが解除されるなど、行為規範に一定の地域的変差もあった。しかし、今日では、第三日目の禁忌はあまり実践されず、第二日の沈黙の日に関する認識が、バリのみならずインドネシアに広く浸透している。その背景にあるのは、このニュピ当日がヒンドゥーの聖日として唯一の国民の祝日に指定されたことである。現在、この沈黙の規範は外国人観光客にも原則として適用される。ただし、一部の観光施設では、例外的に明かりや火の使用が黙認されるところもある [Goris 1960c:122; 中村 1990:184-186; 吉田 1991]。

　このように、パリサドは、過剰な物資の蕩尽には否定的であるが、儀礼活動そのものを縮小させようとはしておらず、むしろ一部の儀礼を強化しつつ制度化したのである。こうした儀礼を基本的に肯定する姿勢は、ブラフマノを中心としたこの組織の構造と無縁ではないであろう。※5

　第五は、司祭の平等性をめぐる問題である。パリサドは、司祭の平等性を謳い、ブラフマノ司祭が特権的な立場にあるのではないとした。いわゆる平信徒と司祭との間の平等性も含め、こうした司祭の役割を相対化してみる認識は、パンチャシラに合致するものでもある。また、事実、移住などによりバリ島外で生活するようになったバリ人は、教義書などを参照して、供物を準備し、司祭なしで儀礼を催行し、よく知っている者がマントロを唱え、みなで祈りをささげる、というかたちで、宗教実践を営んでいる。しかし、バリ島内ではこうしたケースはまずありえない。人々は、ブラフマノ司祭の作成する聖水やその儀礼執行がもっとも浄性が高いとする一般的な認識をもっている。司祭がマントロを唱えて聖水をつくり、各種の聖水を人々が準備した供物にふりかけて聖別化し、これを神や霊にささげる、というバリ人ヒンドゥー教徒の儀礼の基本構造は（序論）、司祭のある意味での特権性とともに、今日もそのまま温存されている。ピタノは、非ブラフマノの司祭やその儀礼執行に依存する一部のタイトル集団による反ブラフマノ的闘争の結果として、司祭の平等性が一九九〇年代に一部実現されたといいうる若干の事例を報告している。ただ、それは少数の例外的事例であって、バリ社会のヒンドゥーの一般的なあり方は、ブラフマノ中心主義・

※5 パリサドの影響と生活の近代化の中で、寺院祭礼などの宗教儀礼において、アガマとしてのヒンドゥーとは相容れないトランスや憑依現象（kerauhan, kelingghan, nadi）が減少し、それにたいする人々の関心も低下してきたと指摘する先行研究もある［Bakker 1993: 307; Hornbacher 2011; Stuart-Fox 2002: 256, 428; cf. Belo 1960］。しかし、トランスが現在も継続して観察される地域や寺院もすくなくない（写真5-6, 5-7）。私見では、こうした指摘はかならずしも一般化できない。

司祭中心主義を変わらず強く保持するものといえる。司祭間および司祭と平信徒の間の平等性は、理念上はともかく、実質としてはほとんど実現されていないといってよい［Bagus 2004:87, 90; Pitana 1999, 2001; Reuter 2002b:102, 136; Setjaja 1996; 吉田 2005］。

第六は、ヒンドゥーのインドネシア化つまりバリ外への拡大である。もともと、パリサドに結集したバリの知識人たちは、ヒンドゥーをバリ人にかぎった土着の宗教とみなす見方に反対していた。それゆえ、パリサドがバリ人の外に裾野を広げようとすることについては、基本的な合意があった。また、ジャワやスマトラなどからもヒンドゥーに改宗する者があらわれ、新たにヒンドゥーの一派と認められる集団がパリサドに合流するということも生じた。スハルト政権下の移民政策によって、おおくのバリ人がバリ島外に移住し、こうした島外在住のバリ人の宗教生活への目配りも課題となった。こうして、パリサドは、国内の諸地域・諸民族集団に合理化されたヒンドゥーの教義や組織を浸透させることに貢献することとなった。一九六四年に団体名から「バリ」を外してパリサド・ヒンドゥー・ダルモに改名したパリサドは、当時のインドネシア全二七州に支部をおいたあとの一九八六年に開催された第五回全体会議（Mahasabha）において、はじめて非バリ人を長に選ぶとともに、「パリサド・ヒンドゥー・ダル

写真 5-6, 5-7　クラウハン（2019 年、クシマン）
デンパサールのクシマン村にあるこの寺院は、祭礼の際にトランスに陥る多数の人々が出ることで知られる。バリでは、神々が人に降臨することをクラウハン（kerauhan）という。暴れる者には聖水を振りかけたり、男性の場合であればクリス（短剣）をもたせて自らの胸を（怪我がないよう見守りつつ）しばらく刺すようにうながしたりすることで、落ち着かせる。なお、この寺院も、写真 5-4, 5-5 の寺院と同様、パドモサノのない寺院である。

モ・インドネシア」への組織名称変更を決めた。バリの土着の要素を過小評価し、インド的なものに準拠してヒンドゥーの普遍的性格を強調し、脱バリ化しインドネシア化するという方向性は、ここにひとつの節目を迎えたといえる［Bakker 1993:238; 福島 2002:326-369; Geertz 1972; Harnish 2006, 2014; 永渕 1996b, 2007; Picard 2011b:128; Rudyansjah 1986; Stuart-Fox 2002; 吉田 2005］。また、こうした過程において、「ヒンドゥー・ダルモ」や「アガマ・ヒンドゥー」という表現がバリでも一般的にもちいられるようになった。

ただし、このパリサドとヒンドゥーのインドネシア化は、バリ島在住のバリ人ヒンドゥー教徒における反動的な動きを顕在化させることにもなった。次に、この点について述べることにしよう。

バリ州パリサド勢力の分岐

非バリ人が長に就任しパリサド・ヒンドゥー・ダルモ・インドネシアが成立すると、同時にバリではその州支部（Parisada Hindu Dharma Indonesia Propinsi Bali）が成立した。この一九八六年以降、デンパサールにはパリサドの本部とその州支部とが存在し、後者は、五年ごとの全体会議のあとにウブドのチャンプアンで地方版の定例会議（Lokasabha）を実施するようになった。このころから、バリ人中心・高カスト中心・ブラフマノ司祭中心の組織構造を有するパリサドにたいする、非バリ人ヒンドゥー教徒やバリ外あるいは都市部在住のバリ人ヒンドゥー教徒の知識人による批判的見解はより顕在的になった。すなわち、パリサドは、インドネシア各地のさまざまな民族集団から成り立っているヒンドゥー教徒全体の声を十分汲み取っていない、また、バリ島内においても村落などの伝統的な組織やその活動に依存する状態であって、ヒンドゥー教徒の全体を機能的に組織化することができていない、パリサドはヒンドゥーというアガマに関する宗教的な権威や権限を独占的に掌握しているにもかかわらず、他のアガマにおけるように宗教問題に関する国家レベルの意思決定には十分関与しえていない、というものである。こうした批判的な声は、一九九〇年代になると全体会議を方向づけるようになった。一九九一年に、はじめてバリ外のジャカルタで開催された第六回全体会議では、地域代表の多数派が提案した、本部の首都ジャカルタへの移転が主要な議題に上った。他のアガマとおなじく、宗教省との折衝や情報収集などの業務をジャカルタでおこなうことが有益であるからだが、ヒンドゥーがなおバリという地域に強いしがらみをもっている現状を打破することの必要性が強く認識されたからでもあった。バリの代表はこれに異を唱えたが、結果的に、司祭組織等はデンパサールの本部にそのまま残しつつ、ジャカルタ本部に事務機能等を移すといういわば二元体制が採られることになった。一九九六年にジャワのスラカルタで開催された第七回全体会議では、正式に本部をジャカルタに移転しバリには州支部のみを残す、ということが決まった。この年、スティアらジャカルタ在住のバリ人が、インドネシアヒンドゥー知識人フォーラム（Forum Cendekiawan Hindu Indonesia, FCHI）を組織し、インドネシアヒンドゥーのあるべきあり方について論評する雑誌（Aditya, のちにRaditya）の刊行をはじめた。おもにジャボ層からなる彼らは、バリ人のブラフマノ司祭や高カストを中核幹部としてきたパリサドのあり方に批判的であり、そうした体制を変革し、ヒンドゥーをバリという場所とバリ人という民族集団から解放すべきことを主張した。パリサドとヒンドゥーのインドネシア化の中で、バリ中心主義やブラフマノ中心主義にたいする批判はいよいよ強まったのであった［Bagus 2004:85; Bakker 1993:238-241; Hefner 2011; 永渕 2005:386-396; Picard 2011b:128-130; Ramstedt 2009:368; Rudyansjah 1986:18; Setia 2007（2007）］。

　第六章第一節であらためて述べるように、一九九八年にスハルト体制が終焉したのち、インドネシアでは「リフォルマシ」（reformasi; 改革）が時代を画す言葉となり、民主化が加速し、言論や信教が基本的に自由化された。[※6] 二〇〇一年の同時多発テロ事件直後の九月下旬にバリのサヌールで開催された第八回全体会議では、こうした自由化・民主化の雰囲気を背景に、「改革のパリサド」（Parisada Reformasi）の必要性が訴えられ、これまでオブザーバー参加であった、サイババやハーレクリシュナなどの新たなインド的ヒンドゥーの諸信団、それぞれ固有の（非ブラフマノの）司祭の儀礼執行に依存する諸タイトル集団、それらが組織する各種のヒンドゥーNGOや財団なども、パリサドの正規のメンバーに取り込んでいくこと、そして指導者を直接選挙する民主的な体制を構築することなどが、改革主義的な立場の人々から提起された。バリ州支部は彼らの主張に否定的であったが、会議では、そうしたさまざまな諸団体を正規の代表メンバーと認め、会議における正規の議決権を与えること、そして従来のようにパリサドの長の候補者を司祭に限定せず一般人にも解放すること、逆に司祭も世俗的な作業に携わるようにすることなどが、議決された［Picard 2011b:130-132; 永渕 2005:396-397］。

　さて、しかし、バリ州パリサドは、この年の一一月に開催したチャンプアンでの第四回地方版定例会議において、この全体会議の議決は一九六一年のチャンプアン会議の基本方針に合致しないため、これを拒否するとした。正確にいえば、このバリ州パリサドの定例会議に、ブレレンとタバナンの二県のパリサド支部は代表を送っておらず、また一部の団体（Pasak, Pande, Bujangga のタイトル集団）は事後にこの定例会議の議決の受け入れ拒否を表明したので、バリ州パリサドを構成する主要な勢力――のちにチャンプアン派と呼ばれる――が全体会議の議決を拒否したということになる。これにたいして、パリサド本部は、ジャカルタで一二月に会議をもち、バリ側のその決定は認められないことを確認した。バリ州知事を介した両者の調停は功を奏さず、チャンプアン派はパリサド本部との絶縁を宣言し、パリサド創設に尽力した数名のバリ人有力メンバーもパリサド本部から離脱した。彼らは、インドネシアヒンドゥー発展の責務を担っていたはずだが、バリ的ヒンドゥーの強化へと踵を返したことになる。

二〇〇二年三月には、チャンプアン派がバリ島西部の大寺院（Pura Luhur Batukau）で大規模な儀礼を開催する一方、おなじ日にパリサド本部に与する勢力側――ブサキ派と呼ばれる――が、島の東部にあるブサキ寺院において州支部主催の第四回地方版定例会議をあらためて開催し直した。こうして両者の対立は決定的となった。チャンプアン派は、バリのヒンドゥーの保存・継承を掲げる意味から、パリサド・ヒンドゥー・ダルモ・バリ・インドネシア（Parisada Hindu Dharma Bali Indonesia）への団体名称の変更を検討中であると表明した。永渕は、バドゥン・ギャニヤール・クルンクンの各県と州都デンパサールでは、このチャンプアン派とブサキ派とが並立する事態となり、司祭の資格審査認定をどちらのパリサドに申請するのかについて混乱も生じたとする。ただ、一方で、私がギャニヤールのウブドやその周辺で見聞するかぎり、バリのローカルな社会に生きる人々のパリサド分裂にたいする認知度や危機感はきわめて低く、この問題に多少なりとも関心をもつのはごく少数にすぎない。[※7] ウブドがチャンプアン派の中心地域であることは考慮に入れる必要があるが、市井の人々の宗教実践はこの分裂騒動の前後において変わらずに営まれていると考えてよいように思われる［永渕 2005:390-403, 424, 2007:268-273; Picard 2011b:130-133, 137; Ramstedt 2009:369-371; Reuter 2008:11; 吉田 2008:225-227］。

一般の人々の宗教生活への影響はごく限定的であるとしても、パリサドのこの対立がバリそしてインドネシアのヒン

※6 スハルト体制下において、アガマから区別される伝統的宗教（俗信ないし信仰諸派）の信奉者は、いずれかのアガマへの改宗圧力を暗に受けていた（第一章第二節）。しかし、ハビビ第三代大統領からワヒド第四代大統領の時代にかけて、集会・表現・信教などの自由が法整備によって担保されるようになり、パンチャシラを唯一の組織原則とする制度も廃止された。ワヒド大統領は、一九九九年に俗信を信仰する自由を認め、二〇〇〇年には新たに儒教（Agama Khonghucu）を第六のアガマとして認めた。ただし、儒教の位置づけについては今日まで確定されていないところがある［Abalahin 2005; Picard 2011a: 17-19, 20; Ramstedt 2004b: 18, 30; 貞好 2016: 327-329; 佐藤百 2011: 66-81; 吉田 2005: 300］。

ドゥーのあり方におよぼす影響には看過しえないものがある。二〇〇六年にジャカルタで開催された第九回全体会議では、バリのパリサドの分裂やその修復は議題にも上がらず、会議はブサキ派がバリ州代表として出席し、粛々と進められた。チャンプアン派は、二〇〇七年一月にギャニヤールのブドゥル（Bedeuu）の大寺院（Pura Samuan Tiga）で第五回の定例会議を開催し、バリ宗教をその本来のあり方への回帰を期して「アガマ・ヒンドゥー・バリ」という名称で呼び、自らを「パリサド・ダルモ・ヒンドゥー・バリ」（Parisada Dharma Hindu Bali）――以下ＰＤＨＢと略す――と、「インドネシア」を取り去った設立当初の名称（第一章第二節）とすることを宣言した［Picard 2011b:117, 133-134］。

ＰＤＨＢによる「アガマ・ヒンドゥー・バリ」という名称の採用は、ブサキ派やパリサド本部の側にとって、植民地時代の高カスト中心主義的で伝統主義的な立場への回帰を示唆するものであった。また、実際、ＰＤＨＢの指導者は『バリアドニャノ』にあったのとおなじ「祖先の宗教」（agama leluhur）という表現をもちいたり、このアガマ・ヒンドゥー・バリがバリに伝わる古文書を基盤とするものであると主張したりした。だが、ブサキ派からすれば、この主張は論理的に妥当性を欠いていた。バリに伝わる古文書は体系的な神学を記したものではなく、おもに個別の儀礼の執行法を記載した断片的な異伝に相当するものであって、それらをたがいに突き合わせても首尾一貫した教義知識を得ることはかなわないこと、それゆえおおもとのインドのヴェーダ文献へと回帰すべきことは、すでに二〇世紀半ばに決着をみた問題といってよいからである。また、バリ的ヒンドゥーへの回帰というこのＰＤＨＢの姿勢は、バリのアダットや伝統に目を向けバリ人のアイデンティティの再強化を鼓舞しようとする、二〇〇二年の爆弾テロ事件後に起こったアジェグ・バリ（Ajeg Bali; ファイトバリ／がんばろうバリ）運動の論理とも通底するが（第六章第四節）、このアジェグ・バリにたいしても、ブサキ派の知識人は批判的であった。アガマとアダットとが不可分であった古きよき時代を評価するまなざしに支えられたこの運動は、非ヒンドゥー教徒のバリ人や非バリ人のヒンドゥー教徒、増加する非バリ系ムスリムなど、多様な人々から構成される現代のバリ社会そしてインドネシア社会を分断する論理となりうるものだったからである。逆にいえば、アジェグ・バリやＰＤＨＢは、バリ人でありかつバリ島の寺院・供物・儀礼・司祭などからなるアダットないし伝統に依拠したヒンドゥーを信奉する人々というまとまりを本質化した論理の上に成り立つものであった［Hauser-Schäublin 2011; Picard 2005:121, 2009:125, 2011b:134-136, 141, 2015:60-63, 2015:62-63; Reuter 2008; Rieger 2014; Santikarma 2001］。

そのことは、ＰＤＨＢ側も認識していた。すなわち、アガマ・ヒンドゥー・バリは、インドネシアにおけるアガマ・ヒンドゥーのひとつの地域バージョンであり、バリのアダットと密接に結びついたものにほかならない、ということである。しかし、ヒンドゥーを地域のアダットに即して再措定する、つまり、ピカールの表現を借りれば、パリサド本部にとってアダットに相当するものをアガマとして再規定するとしても、それによって、ＰＤＨＢが自らの掲げるアガマ・ヒンドゥー・バリの体系性と正統性を十分説明しえたことにはならないであろう。そのままでは、彼らのアガマは、バリの地域社会のアダットに深く根を下ろした生活を営むバリ人の外に拡大することも、困難な時代に直面する人々に一般化された倫理的な指針や神義論的な問いへの回答を与えることも、難しいと考えられる。今後、バリ社会ではさらにムスリム人口が増加する一方、都市化の中で地域のアダットに埋め込まれた状態に充足するバリ人は減少していくであろう。そもそも、戦前の宗教改革運動は、インドネシアの中でヒンドゥーやバリ人がマイナーな存在であるという危機感から発していた。パリサドからのバリ地域勢力の分離は、インドネシアにおけるヒンドゥーのプレゼンスをさらに低下させる可能性が高いと考えざるをえない。

二〇一〇年代の現在において、こうしたパリサドの分裂は、日々の儀礼活動と祈りとにいそしむ一般のバリ人の宗教生活の実質を変えるものとはなっていない。ただ、現段階ではつまびらかでない点もおおい。今後も時間をかけた観察が必要であろう。

合理化の脱パラドクス化と再パラドクス化

ここで、本節の議論をまとめることにしよう。

二〇世紀前半の知識人が着手したバリ宗教の合理化は、イスラームというインドネシアにおけるマジョリティの宗教を準拠枠とし、同時代のインドの改革主義的動向を参照しなが

※7　パリサド分裂後も、ヒンドゥーは基本的にひとつであると捉えるバリ人もいる。たとえば、ギャニヤールのクムヌ村在住のあるプダンドは、パリサドの分裂について次のような見解を私に示したことがある（二〇〇六年八月）。「パリサド・ヒンドゥーは分かれてはいない。意見のちがいがあるだけである。パリサド・チャンプアンと呼ばれるものは、一九六三年にプダンドや司祭に主導されて成立したものであり、他方、パリサド・ブサキと呼ばれるものは、ごく最近にプダンドや司祭ではない一般信徒によって主導され、成立したものである。両者ともに社会に役立っている。ただ、デワソ（dewasa: 宗教知識）の使用には差異がある。二つのパリサドの違いは、ちょうどキリスト教においてプロテスタントとカトリックがあるように、おなじヒンドゥーの中における立場のちがいなのである」。バリ人の中には、パリサドの対立や分裂に無関心であったり、それを「分裂」と認めようとしなかったりする人々がすくなくない。

ら、ヒンドゥーに一神教的な論理をまとわせるという方向性において展開した。アガマとしてのヒンドゥーは、バリの宗教につきまとう寺院・供物・聖水・司祭の儀礼執行といったアダットの諸要素・諸契機を過小評価し、そこから乖離したところで新たな神と教義を確立するという技によって、政府からの認知を獲得するとともに、バリ外のインドネシア諸社会にも浸透するようになった。戦後のこのヒンドゥーの合理化と社会的浸透を担ったパリサドは、建国の原則や内外からの圧力もあって、バリ人偏重・司祭中心の構造を是正し、他のアガマの組織とおなじように、さまざまな構成員を対等に扱う方向へと踏み出した。だが、パリサドがデンパサールからジャカルタへと本部を移し、非バリ人ヒンドゥー教徒、ヒンドゥーのマイノリティ集団、司祭でない一般信徒らにより開かれた組織へと自らを変革しようとしたとき、それまでパリサドの中核にあってこれを支えてきた一部のバリ人からは、明確な反対の声が上がった。ただし、その声は、パリサドという全体組織の中では、バリ在住バリ人偏重・司祭中心の従来の体制を温存する主張と受け止められ、支持されなかった。こうして、バリのパリサドの一部勢力は、二〇〇〇年代に入ってパリサドから袂を分かち、独自の組織(ＰＤＨＢ)をつくって、バリ的なヒンドゥーの振興と強化を旗印とした。こうした動向は、スハルト体制末期以降の地方分権化・地方主義の台頭と、リフォルマシの時代における信教の自由の法的安定を背景とする。ＰＤＨＢは、いずれかのアガマを信仰しなければならないという政府の圧力がもはや存在しない時代だからこそ、成立しえたのである(本章脚注6)。ただ、バリのアダットへの回帰を内実とするその志向は、信徒拡充の困難を抱えたものと考えられる。

このように、宗教省がいったん俗信つまりはアダットの側に分類したものをアガマとして逆転認知させることに成功したバリ宗教の合理化運動は、その合理化をさらに一貫して進めるという過程の中において、当の合理化とは逆向きの、伝統主義的な方向性へと反転する流れを産出することになった。バリ宗教の合理化は、アガマとしての純化を目指した新たな規範の構築に、儀礼主義やアダットの温存・一部強化というこれと異質な流れを張り付けるというパラドクスを、いったん脱パラドクス化する方向に向かいながらも、二一世紀に入って再パラドクス化に向かうことになったのである。そして、その伝統主義的な合理化への反転を担った勢力は、アガマとしてのさらなる合理化を目指す勢力との軋轢や対立の累積の結果、バリ宗教をアダットと不即不離のものとしてそのまま正当化しようとする植民地時代の高カストの姿勢に近いものへといわば先祖帰りした。二一世紀のバリでは、二〇世紀の合理化の方向性をそのまま肯定する勢力と、この合理化に与する側からみれば反合理化といわざるをえない逆の方向性に向かう勢力という、二つの立場にパリサドという組織が分裂した状況にある。もっとも、そうした中でも、バリ島在住のバリ人の大半はこの組織の分裂に無関心であり、現状では彼らの宗教実践の次元に亀裂がおよんでいるというわけではない。

あらためて振り返ってみればパリサドは、その成立から今日にいたるまで、大半のバリ人の宗教生活からは乖離した存在でありつづけてきた。パリサドに密接に関わった人々をのぞけば、一般のバリ人にとって、パリサドは、自身の宗教生活に直接的な影響力をもったものというよりも、自身の宗教生活をいわば遠隔操作する権威的機関のようなものと感じられる存在であった［吉田 2005:279］。ただ、パリサドの提起したアガマとしての規範や倫理は、すくなくとも一部のバリ人や非バリ人の信者にとっては、自らを内面から突き動かし方向づける、ヴェーバーがいうエートスに相当するものとなりえた。だからこそ、これを内面化したヒンドゥー教徒は、のちにパリサドの旧態依然としたバリ人中心主義・司祭中心主義への批判を強めていったのである。ただ、結果的に、それは組織内の意見対立を深刻化させた。二〇世紀初めに胎動したバリ宗教の合理化への模索は、二一世紀に入って、合理化のパラドクスの再パラドクス化、あるいは宗教合理化のリスクの顕在化や表出を、帰結することとなった。また、このパリサドの分裂は、第一章第二節で論じたバリ宗教の諸サブシステムがそれぞれ異なる合理化の方向性にそれぞれ向かう動きを強めていったことを、示すものでもある。

第四節　バリ人自身の神の発見

アガマとしてのヒンドゥーの社会的浸透

ここでは、第一章第二節で整理したギアツの合理化論のポイントを念頭におきつつ、本章の記述を六つの論点に整理することにしよう。

第一に、バリ宗教の合理化の端緒が植民地時代の知識人たちの言論活動にあったという点がある。彼らの見解は、保守的で伝統主義なものから改革的で近代主義的なものまで相当な幅の中にあったが、一九三〇年代後半になると、同時代のジャワのイスラームの動向を参照しつつ、バリのアダットの不要な要素を削除してヒンドゥーというアガマを純化させていくべきであるという、もともとはジャボ出自の知識人が用意した論理に沿った方向に、改革のあるべき方向性が収斂していった。ベックの著書『私自身の神』（邦訳書名は『〈私〉だけの神』）［Beck 2011（2008）］にならっていうならば、バリ人エリートたちは「私たち自身の神」を見出そうとしたのである。

戦前に胎動したこのバリ宗教の合理化は、第二次世界大戦後におおきな転換を迎えることとなった。まず、バリ人社会が「多様性の中の統一」をモットーとするインドネシア共和国に組み込まれることによって、「私たち」と「彼ら」の境界は再画定されざるをえなくなった。バリ人としてのアイデンティティや社会統合を、インドネシア国民としてのアイデンティティや社会統合と矛盾なく結合することが必要になったのである。さらに、この共和国の建国原則パンチャシラでは、民主主義、人道主義、社会正義といった点に加え、唯一神信仰という点が、国家とそこに属する国民や組織の遵守すべきものとなっていた。親オランダ派の立場から転換し、あとから共和国への編入を果たしたバリ社会では、ヒンドゥーという多分に多神教的な自らの宗教を、唯一神信仰というパンチャシラの第一条項に合致させなければ、ムスリムなどからの批判や改宗への圧力は抑えがたいであろうという危機的認識が広まった。こうして、戦後のバリでは、おおくの諸団体が活動を活発に展開した。

そうした諸団体や政府・宗教界の要人は、やはりさまざまな見解をもつ者からなっていたが、宗教省との折衝などから、バリの宗教がアガマとして認められ、バリ人にとってのアイデンティティの核心でありつづけるためには、唯一神信仰としての形式をともかく整備し、現状のバリ宗教のあり方を多少なりとも変更せざるをえないという共通理解に達した。諸団体とその指導者たちは、インド人学者の手も借りつつ、人々にはそれまでまったく馴染みのなかった抽象的概念を唯一神の名称として画定し、唯一神信仰にふさわしい規範や教義を創出し、人々への普及と中央政府への陳情をおこなった。その具体的な対処策定のフレームとなったのは、インドの近代的ヒンドゥーとインドネシアでマジョリティを形成するイスラームの教義や規範であった。努力の結果、バリのヒンドゥーは、共和国政府による公認を勝ち取ることに成功した。しかしながら、その時点では、アガマとしてのヒンドゥーの骨格を建てたものの、古文書の研究とそれによる教義知識や規範の体系化はなお進行途上であり、いわば肉の部分の成形とその社会的浸透は残された課題となった。念願であった公認のあと、それら諸団体の勢力を結集させて成立したパリサドは、まさに後回しとなったその種の作業に取り組み、アガマとしてのヒンドゥーの着実な定着を目指した。このパリサドへの結集が第二点である。

パリサドは、官民のバリ人有力者をその主要メンバーとし、ヒンドゥーの教義・規範・組織の整備をはかるとともに、上からの啓発的な運動をおもな手段として、人々にあるべき正しいヒンドゥーの理念像を示し、それに沿った宗教実践を履行するように指導した。この指導は、学校におけるパンチャシラ教育や宗教教育を通して、また行政の末端に位置する集落・村落における種々の会合や行事に関わる具体的な伝達事項を通して、地域社会に生きる人々に届いた。パリサドの宗教改革は、上から人々に変革を強要するのではなく、あるべきあり方を知らしめて人々の側がそれを受け入れるよう指導するスタイルで進んだ。それゆえ、唯一神の名前すら社会に深く浸透するのに数十年の時間を要した(本章脚注3)。ただ、人々に自主的な遵守を迫るソフトな強制力、あるいは、あるべき宗教的生へとうながす粘り強い生政治・生権力の行使により、ヒンドゥーを唯一神信仰とみなす理念、その神にたいする祈りの実践、新たな教義や規範のエッセンスは、人々の宗教生活に徐々に浸透した。その浸透のあり方や程度は地域によって多大な差異はあったものの、バリ人の宗教はこれらの点において変化を遂げたといえる。ギアツが主題化したバリ宗教の合理化のその後の状況はこのように総括できる。アダットの要素を含むバリ宗教の中にアガマの本質的な部分がある——この本質があとから見出され確定されたという点こそ、本章の議論の要である——という論理や認識枠組みと一部実践の着実な浸透、これが第三点である。※8

　さて、ここで、私がパリサドの規範の浸透を痛切に感じた機会に触れておきたい。二〇〇六年八月にギャニヤール県ペジェン(Pejeng)村のある寺院でおこなわれた大儀礼(Tawur Agung Pedanan-Danan)——この寺院ではいままで催行されたことがなかった大儀礼であった——では、午前中から数人のブラフマノ司祭が同時に儀礼的浄化の手続きを進め、寺院の各所に設けられた臨時の祭壇などにおかれたおおくの供物に何種類もの聖水がふりかけられ、風をあおぐしぐさによって、供物のエッセンスが神へと送り届けられ、集まった人々にも聖水がふりかけられた。そして、通常であれば、ここで参加者一同による祈り(ムスポ)をおこなうのであるが、このときは、若干の待ち時間をおき、正午になった時点で、参加者全員で、花や線香などを使用せず、トリサンディオをし、その後にムスポ、つまり花・線香・聖水などをもちいた神への祈りをしたのである[吉田 2009a:37]。同様のことは、二〇一五年九月のプリアタンの寺院のオダラン(寺院祭礼)初日夜の儀礼においても観察した。ブラフマノ司祭による聖水作成とそれを供物等にふりかける手続きが済み、祈りのた

※8 人々がパリサドの提示するイデオロギーを自分たちなりに捉え返して実践へと媒介するという契機も、観察される。たとえば、二〇一六年に、私はマスクをつけて供物を作成する女性にはじめて出会った。神聖な供物に息がかからないようにという配慮からだという(写真5-9)。こうした清浄性の確保に向けた努力や工夫は、各自の裁量によるものである。

めに集まった人々に聖水がふりかけられたあと、まずトリサンディオをおこない、その後人々はあらためて線香の煙に手を当てて、司祭の儀礼執行とともに花をもった祈り（ムスポ）をおこなったのである（写真5-8）。宗教儀礼のプロセスのただ中でトリサンディオをおこない、次にムスポに入るというスタイルは、二〇一〇年代半ばの時点ではまだ局所的なもののようであるが、今後徐々に裾野を広げていく可能性はある。こうした儀礼運営のスタイルには、多大な供物の献納からなる儀礼活動よりも、唯一神にたいする物質的要素を介在させない祈りの方にヒンドゥーの本質的な部分を見出す、パリサドの論理が顕著にあらわれている。[※9] それは、パリサドによるヒンドゥーの不断の再構築過程の一端でもある。

教義と儀礼の複合的合理化

もっとも、パリサドの掲げた理念のすべてが着実に浸透したわけではない。バリ島在住のバリ人の宗教実践は、いまなお司祭の特権性や階梯性にもとづいており、司祭の平等性もほとんど実現されていない。儀礼における物質消費の軽減方針も、道半ばにとどまっている。それは、次章であらためて述べるように、スハルト体制下におけるバリの観光地化と経済発展にともなう消費社会化とが宗教生活の領域にもおよん

写真 5-8　寺院祭礼での集団的祈り（2015 年、プリアタン）
寺院祭礼当日（piodalan）には、夕方からおおくの人々が集い、プダンドの浄化儀礼とともに祈りをささげる。写真は、トリサンディオの後にムスポ（花などをもった祈り）をしている光景である。以前は、この集団での祈りに至るまでの 1 時間以上にわたる儀礼的手続き（司祭の聖水作成、その聖水による供物の浄化と神への献納）の間、人々は何もせずおしゃべりをするくらいしかなかったが、昨今ではスマートフォンをいじったり、写真をとったり、携帯電話でおしゃべりをしたりなど、待ち時間の過ごし方も変わってきた。

写真 5-9　市場で衣服を売りながら、マスクをつけて供物をつくる女性
バリの女性は日々供物をつくりつづける。店舗で働くバリ人女性の中にも、店の規律にもよるが、売り子を勤めながら客が来ない時間に供物をつくる者がすくなくない。サヌールでは、海岸で客を勧誘しながら供物をつくる女性マッサージ師もいる。写真の女性は、ウブド市場内の衣服店の売り子であるが、業務中に販売用の供物をつくっている。店主から定額の給料をもらう体制であるからか、あまり客引きに熱心ではなく、売り子としての主業と供物作成の副業を両立させるかのような仕事のスタイルである。なお、マスクをしているのは、神聖な供物にたいして息がかからないようにという、この女性の配慮である。

だからであるが、より根底にあるのは、パリサドが儀礼主義をむしろ強化したからである。パリサドの中には儀礼にたいする執着ともいえる姿勢が見え隠れする。儀礼主義とこれを支える司祭の特権的役割は、たがいに連関し合ってバリ人の宗教活動を現在にいたるまで規定している。パリサドのバリ人勢力は、ブラフマノ司祭中心主義・高カスト中心主義的傾向を維持してきた。戦後すぐの宗教改革運動では、ブラフマノあるいは高カストの有力者たちが担い手の中心であったからこそ、アガマとしての公認を勝ち取るとともに、唯一神信仰に関わる教義や規範を一定程度バリ人社会へと浸透させることにも成功したが、他方では、それゆえに、この改革運動は不徹底にならざるをえなかったのである。あるいは、穿った見方をすれば、パリサドは、自らが掲げる高邁な理念のすべてを実現するつもりはなかったのかもしれない。パリサドにとっては、中央政府によるアガマとしての認知に背かない実態の確保が目的だったのであって、改革に向けた動きを必要最低限以上に全面化する必要はなく、むしろそうした改革の全面化は自らの足元を突き崩す可能性すらあったからである。ただし、一度改革に向けた動きが回転をはじめれば、それはさまざまな主体を巻き込んで自己生産的に進んでいかざるをえない。パリサドがブラフマノ中心的かつバリ人中心的な性格をもったがゆえに、反ブラフマノ的勢力や汎インドネシア的勢力の主張との間で対立や妥協を重ねていく過程が必然的にともない、その結果、二一世紀にはバリのパリサドが分裂するという事態も生じた。こうしたバリ宗教の合理化のねじれた過程と当座の帰結が、第四点である。

バリ島のヒンドゥーが二〇世紀にたどった変容の過程は、この点で、合理化でもあり非合理化ないしリスクの増大の過程でもあった。これが第五点である。このリスクの増大や非合理化という観点から、あらためて振り返ってみよう。

戦前におけるヒンドゥーの近代化・合理化を目指した萌芽的改革運動は、ジャボ出自の新興エリートと高カスト出自の旧来のエリートたちとの対立を内包した危うい協力関係の上に成立していた。戦後になると、その改革は、ブラフマノあるいは高カストが実権を握る体制と、インドネシア共和国におけるアガマの理念との合致という、時代が用意した枠組みの中へと落とし込まれ、幾人かのカリスマ的指導者が関与しつつ、実体化されていった。ただ、その後も、バリ社会では儀礼中心主義・司祭中心主義的性格が温存され、唯一神信仰

※9ただし、他方では、二〇一〇年代半ばになって、儀礼における祈りの際、イダ・サンヤン・ウィディ・ワソという唯一神の名への言及があまりなされない傾向があるように思われる。これは、前節で述べた信教の自由化や、パリサドの分裂と保守派勢力が強いウブド周辺の地域的特性と関連する可能性がある。

とは相容れないバリアン（占い師）の呪術的な活動も衰えなかった。バリ宗教の合理化は、戦前の理想に照らしても、パンチャシラの精神に照らしても、徹底されないままにとどまった。パリサドの方針にたいする異論や批判は消えることがなく、とくに増加していく非バリ人・島外在住バリ人からの批判は、一九九〇年代末にはパリサドの旧態依然とした組織のあり方に切り込む改革へと結実した。しかし、この改革のさらなる前進が、パリサドの中心的勢力であったバリ州パリサドの一部勢力（チャンプアン派）の分離・脱退という結果をもたらした。端的にいって、パリサドという組織が進めようとした合理化は、このチャンプアン派にとっては非合理化の様相をもつものにほかならなかったのである。こうして、二つの異なる合理化の方向性がせめぎあうという、戦前とおなじような構図がふたたび顕在化し、亀裂を結果することとなった。

合理化とみるか、非合理化やリスクの増大とみるかは、観察の視点によって異なる。いずれにせよ、バリ宗教のたどった過程は、この宗教がたがいに異なる複数のサブシステム、あるいは複数の合理化の流れ——植民地時代の新興エリート層の望んだ近代西洋的な社会・文化の合理化、ジャワのイスラームをモデルとした改革イメージ、原点回帰を目指すインドのヒンドゥー改革運動への共感、ブラフマノ司祭中心主義への批判、「伝統的な」と捉えられるバリ宗教のあり方を可能なかぎり温存した合理化、など——の束であったということを示している。これが第六点である。

重要なのは、これを単純な理解枠組みへと還元しないことである。たとえば、ピカールは、パリサドの活動の特徴は、バリ宗教の「聖典化」、すなわち儀礼からテクストへの焦点移行にあると論じた［Picard 1999:42, 2011c:503］。たしかに、パリサドの中の改革派はそうした理念をもっていたといえる。しかし、パリサドという組織の特徴は、ひとつの論理に収斂しない両義性にこそ、あったとみるべきであろう。パリサドの活動は、教義知識を体系化しその流通をはかる一方で、既存の儀礼体系を抜本的に見直すものではなく、儀礼を保持しつつ一部の儀礼を強化させるものであった。したがって、そこにある論理は、儀礼から教義への焦点移行というよりも、むしろ教義と儀礼との正統なる媒介というべきものである。パリサドは、宗教教義つまりはオーソドキシィの合理化と、これとある意味で相反する、呪術の徹底としての儀礼主義の強化つまりはオーソプラクシィの合理化とを、ふたつながらに追求しようとしたのである。しかし、その複合的な、二重の合理化の追求は、結果的に両者の間を埋め合わせ媒介するにはいたらず、バリのパリサドは二つの勢力に分岐した。私は、これをさしあたり「意図せざる結果」として捉えている。

いずれにせよ、もしピカールが指摘するようなひとつの論理の下にパリサドがあったとすれば、そもそもこうしたパリサドの分裂、つまりは合理化のパラドクスの脱パラドクス化のあとの再パラドクス化が現出することは、なかったはずである。

＊

二〇世紀のバリ人が取り組んだ「私たち自身の神の発見」は、いったん定着したものの、なお流動的で不確定的な要素を抱えたままであるというのが、さしあたりの総括である。ハーバーマスは、モダニティ（モデルネ）の複雑で錯綜した経緯を指して「未完のプロジェクト」と呼び、バウマンはそうした状況をリキッド・モダニティと呼んだ［Bauman 2001（2000）, 2012（2006）; Habermas 2000（1981）］。バリのヒンドゥーを合理化しようとしてきたバリの知識人たちの取り組みもまた、もつれ合った綾を抱えた未完の企てであり、流体的・液状的なものでありつづけている。では、そのことを念頭におき、パリサドという組織の次元から一般の人々の宗教実践の次元へとあらためて視点を転じつつ、戦後のバリの観光と宗教との複雑な連関について、さらに記述を進めることにしたい。

第六章　現代バリの観光・宗教・リスク

本章では、大衆観光時代のバリにおける観光と宗教の関係について記述する。植民地時代におけるこの社会の観光地化は細々としたものであったが、今日のバリでは、大半のバリ人の生活が観光産業によって支えられるといえるほど、観光がこの社会を深く規定するにいたっている（序論・第四章第三節）。以下、まず第一節で戦後の楽園観光地化の経緯について記述したのちに、第二節では観光地化と絡んだ宗教文化の活性化を、第三節では逆に観光地化と宗教文化とが相克する局面を、それぞれ取り上げる。第四節では、バリ島全体を巻き込むようになった観光産業が一転して深刻な経済的危機に直面した二〇〇〇年代のテロ事件前後の状況を、一九九〇年代以降増加した日本人移住者に焦点を当てながら記述する。なお、本章の議論の総括は、先の二章と合わせて結論においておこなうこととする。

第一節　シミュラークルの楽園への転換

二〇世紀後半以降のバリの観光地化は、前章でみた宗教変化とおなじく、バリ社会がインドネシア共和国に組み込まれていく過程に照らして理解されるべきものである。まずは、そうした視野から戦後のバリの観光地化とその背景を振り返っておきたい。

政権交代と民主化のパラドクス

第二次世界大戦後、ふたたび東インドに戻ったオランダは、戦前の支配の復活の一環としてバリの観光開発を企図した。しかし、それも一九四九年まででであった。インドネシア共和国に組み込まれたバリの観光開発は、オランダの手を離れ、その後インドネシア人により進められることとなった。ただし、それはある種のジレンマを抱えたものであった。観光再建はバリの文化のすばらしさを再確認する契機になりえたが、他方でそれは、オランダとの独立戦争を戦ったあと、そのオランダがつくり上げたイメージとインフラを基盤としつつ、欧米人の顧客にバリを売り込むことを意味したからである。しかも、戦後の観光開発は、バリよりもむしろジャカルタの中央政府の主導で進むものとなった。とはいえ、バリ地方政府もバリ人たちも、戦後の経済復興の模索の中でとにかく観光ビジネスの再開に期待した。一九五〇年代には、戦前から内外に評価を得ていた絵画や彫刻などのみやげ物の生産・販売が徐々に軌道に乗りはじめ、各地に現地資本の店舗や宿泊施設が開業した。このころバリを訪れる観光者はまだ年間二〇〇〇人に満たない程度であったと考えられるが、第五章で述べた宗教公認問題が一段落するころには、大衆観光時代の到来にともなう観光開発もはじまることになった[Vickers 2011:459-468, 472, 474-477]。

その先鞭をつけたのは、アガマ・ヒンドゥー・バリの公認を後押しした、初代大統領スカルノであった。スカルノは、外国要人、たとえばロバート・ケネディやホー・チ・ミンなどを、バリのタンパクシリンの別荘に迎えてバリ舞踊で歓迎したり、バリ舞踊団を引き連れて外遊したりするなど、バリ島とその芸能をインドネシア外交に活用した。[※1]こうして、バリは、インドネシアを代表するにふさわしい文化そして自然を保持する島としての内外の評価を固めていった。スカルノやティトーらとともに非同盟をリードしたインドのネール首相がバリに付与した「世界の夜明け」という賞賛の辞は、観光の文脈においてバリをアピールするキャッチフレーズとして頻繁にもちいられた。スカルノは、日本の戦後賠償金をもとに初の高層リゾートホテルであるバリビーチホテル(現インナグランド・バリビーチの前身)をサヌールに建設し、空港整備にも着手するなど、戦後の観光の基点を設けた。これを受け、バリでは欧米型のサービスを提供する観光施設とそこで観光業に従事する人材を教育する体制も整えられた。しかし、このホテルが稼働をはじめる一九六六年、スカルノはすでに実質的に国家指導者の地位から降りていた［Hitchcock & Putra 2007; Lewis & Lewis 2009; 永渕 2007:219; Pratiwi 2009; Reid & Oki (ed.) 1986:284-287; Schulte Nordholt 2011:390; Vickers 2011:466, 473, 477-478］。

一九五九年から「指導される民主主義」を旗印に独裁に近い国家体制を敷いたスカルノであったが、外資を排除した経済政策は失敗し、国家経済は破綻に向かっていた。その中で、中央・地方の軍人や官僚と経営者や地主らとの間の利権絡みの癒着が深まり、これを批判し農民を組織化する共産党が伸長して、両者の対立は先鋭化していった。スカルノは共産主義に共感するところ大であったが、共産党は宗教諸勢力とくにイスラーム勢力とも対立を深めていき、スカルノというカリスマが国軍・共産党・イスラーム勢力の三者の間でかろうじてバランスを取るという状況に陥った。スカルノは、土地基本法を制定し土地所有の分散化につとめたが、これが混乱をもたらす結果となり、国内の政治的・経済的な困難の中、外交上も国際社会からの孤立を深め、彼自身の健康問題もあって、求心力を低下させていった。そこに、一九六五年九月、スカルノ寄りの左派軍人によるクーデタ未遂事件――インドネシアでは G30S/ G30SPKI（Gerakan 30 September Partai Komunis Indonesia: インドネシア共産党九月三〇日事件）などと呼ばれる――が発生した。これを収拾したのが陸軍のスハルト少将である。スハルトは、事件の背後にあるのは共産党であると断定し、共産党を非合法化した。そして、陸軍の指揮の下に各地域のマンパワーが動員され、ジャワやバリそして北スマトラなどの農村部などで、共産党員・共産主義者とみなされた者を中心に多数の人々が捕捉され、虐殺された。死者は、バリ島では一九六五年一二月～一九六六年二月を中心に八～一〇万人程度、全国では一〇〇万人あるいはそれ以上といわれ、オランダや中国に逃れた人々もいた。[※2] 当時ベトナム戦争が泥沼化する中で、アメリカ軍は反共を掲げるスハルトを支援した。国家の実権をスカルノから移譲されたのち、スハルトは一九六八年に正式に第二代大統領に就任した［馬場 2018:

※1スカルノや当時の州知事ステジョ（Anak Agung Bagus Sutedja）らは、自身の娘たち――のちに闘争民主党を率いて第五代大統領となるメガワティを含む――を踊り手に起用し、外国要人を歓待した。ヴィッカーズによれば、これは画期的なことであった。それまでは、女性とくに成人女性の踊り手を売春婦とおなじようにみる否定的な評価がバリ社会にあったからである。さまざまな土地を巡回して踊るこうした女性たちの両義的な力を怖れ、墓地を別にするという習慣も各地にあった。エリートたちが娘を踊り手にしたことは、こうした否定的・差別的な認識を一新し、おおくの女性が芸能そして文化観光に参画する下地をつくったのである［Vickers 2011: 473; cf. Larasati 2013］。

千野 2013:195-203; Dragojlovic 2016:32-33; Dwyer & Santikarma 2003; 本名 2013:23-28; 飯島 1973; Kammen & McGregor (ed.) 2012a; 加納 2001; Klein 2011 (2007) :92-97; 倉沢 2014, 2017; Larasati 2013; Lewis & Lewis 2009; 増原 2010; Mehr 2009; 永渕 2002, 2007:195-205; Parker 2003; Pedersen 2006:264-265; Robinson 1995:273-303; Schulte Nordholt 2000b:275; Vickers 2013:159-165; 吉田 2013a]。

スハルトは、スカルノ政権末期の混乱を教訓に、インドネシア経済の発展と社会秩序の安定を国家運営の最優先課題とした。秩序の安定は、国軍が軍事に加え政治をも担うという「二重機能」(Dwi Fungsi ABRI) 体制の構築によるものとなり、先の虐殺事件の恐怖の記憶が残る中、国民にたいする抑圧と監視の網の目――ただし、他の独裁国家と比較すれば緩いものであったと評価される[増原 2010:22-40]――が張り巡らされた。経済の発展は、「バークレー・マフィア」とも呼ばれた経済テクノクラートに主導された、親米路線・国際機関との連携・西側国家からの援助と外資の受け入れを基盤とした、経済的かつ政治的なパトロネージ分配によるものとなり、開発 (pembangunan) が国を挙げてのスローガンとなった。バリの観光開発もまたその一環であり、こうした抑圧監視とパトロネージ分配にもとづく支配体制と一体のものであった。スハルト体制の下、インドネシア経済は上昇曲線を描いていった。ただし、国際協調による経済発展が軍事独裁と結託したこの「開発独裁」体制は、階層・地域間の経済格差、公務員の副業・汚職、社会に蔓延する利権主義を拡大・強化し、言論の自由、公正な社会運営、環境・公害問題、貧困の是正といった課題を後回しにするものであった。表向き自由な人々の投票行動が背後で統制される選挙では、スハルト体制を支持するゴルカルがつねに圧勝した。体制批判は伏流し、それが表立って組織的なものとなれば、アチェや東ティモールに代表されるように、弾圧を受けた。日本は経済援助を通じて、またアメリカは経済に加え軍事的援助をも通じて、このスハルト体制を支えつづけた[本名 2013:27-34; 倉沢 1996:118; 増原 2010; 佐藤百 2011:144-149; 白石 1992, 1996; Lewis & Lewis 2009; 吉田 2011a, 2011b, 2013a, 2013b]。

こうして、インドネシアは、いわば国民のかぎられた一部の上位階層や地域などが先にうまみを享受するかたちで、経済的な発展を遂げていった。そこにいびつさがあったことは否めない。たとえば、アディチョンドロが論じたように、バリ社会では、ジャカルタの財閥系企業をはじめとする有力資本による「植民地」化がバリの観光開発と経済発展の内実であるという捉え方がなされた。現在も、バリ観光の利潤がジャカルタ系企業へと吸い上げられる構造は持続している。もっとも、こうした経済的な植民地支配をバリ人社会が渋々受け入れたとは、かならずしもいえない。中小起業家を含めたバリ人側に開発を受け入れたいという姿勢は確実にあったのであり、比較的早くから一定範囲の人々にその恩恵も行き渡っていた。一方、バリとは異なり、アチェやカリマンタンの一部などでは、ジャカルタなどから来る地域外の国内資本や組織と現地社会側とが折り合わず、対立が深刻化するところもあった。そうした偏りや軋轢をともないつつも、インドネシアの経済発展の裾野は徐々に広がった。恩恵を受ける層の厚みも次第に増し、軍人を含むエリートの留学帰国組も増えた一九八〇年代後半になると、開発優先主義の独裁体制にも変化があらわれ、軍人ではなく民間人が政権中枢に登用され、地方分権化や環境問題への一定の配慮もなされるようになった。国際観光開発の進むバリでは、海外資本を含む巨額の投資が一九八〇年代以降も継続的に投下されていった。インドネシアの民主化への流れも、このスハルト体制末期に用意された。本名によれば、一九八九年の東欧の民主化に際して、アメリカの駐インドネシア大使が、インドネシアは経済の自由化に成功した、次は政治の開放に取り組むべきだ、と発言したことが、国軍のイニシアティヴによる言論の自由化をもたらす発端となった。スハルトは、一九九七年の通貨危機への対応の失敗から、国民の非難が拡大する中、国会や国軍からも見放され、一九九八年に辞任に追い込まれた［Aditjondro 1995; Cuthbert 2015; 本名 2013:18-45; 井澤 2017; Klein 2011（2007）:394-395, 402-408; 増原 2010; 松井（編）2003; 見市 2014; 佐藤百 2006, 2011; Warren 2005（1998）］。

スハルト政権終焉後を、インドネシアではリフォルマシの時代と呼ぶ（第五章第三節）。この改革期にインドネシアの民主化とくに言論の自由化は進展し、抑圧的な体制の雰囲気は変容した。しかし、同時に混乱も生じ、国家の体制が固まるまで数年を要した。この中で、中央集権的体制は改編され、地方主義への流れが定着した。たとえば、バリで二〇〇四年からバリ語の授業が小中学校で必修となったのも、その一環である。一九九七年の通貨危機から二〇〇四年の大統領直接選挙の成功までのこの体制変革期には、一部地域において、政府・軍が強権的に抑え込んでいた人々の不満が暴力をとも

※2ジャカルタでは、二〇〇五年にはじめて、この一九六五年の事件に関する公的な記念行事が、犠牲者や遺族らの参集する中で催行された。バリでは、二〇一二年九月三〇日に、この事件の犠牲者のための集団的な火葬と二次葬（memukur）がブラフマノ司祭によって催行され、ようやく儀礼的な浄化の手続きがなされた。政府は、二〇一六年に政府関係者と被害者の生存者を集めたシンポジウムを開催したが、国および地方の政府やマスコミによるこの事件の総括や検証は進んでいない［馬場 2018: 256; Larasati 2013: 7-10, 123-128, 169; Peters & Wardana 2013: 354-355; Robinson 1995; cf. 吉田 2013a］。楽園観光地の暗部を理解するという観点からは、この事件についての掘り下げた検討が望まれるが、本研究ではこれを後続の研究に委ねざるをえない。

なって噴出するという事態も生まれた。バリにおいて、在来の諸勢力の間におおきなトラブルは発生しなかったが、中央政府にたいする州政府の、そして州政府にたいする村や集落の自律性は、それぞれ相対的に強まり、バリ外からの移住者にたいする警戒心の高まりが、プチャラン（序論脚注11）と呼ばれる村落自警団の組織化とその全島的拡大という事態をもたらした。さらに、ジュマーイスラミーヤ（Jemaah Islamiyah）などのイスラーム系武装勢力が国内で台頭したことが、結果的に二〇〇二年の二〇〇名をこえる死者を出したバリ島クタでの爆弾テロ事件の勃発へとつながった。それについてはあらためて後述する［Davidson & Henley（ed.）2007; Hauser-Schäublin & Harnish 2014b:3-4, 15-18; 菱山 2017:47-53; Holtzappel 2009; 井澤 2017; 川村（編）2015a; 村井・佐伯・間瀬（編）2013; 小川 2016; 岡本正 2015; Ramstedt 2009:360; Reuter 2008:7-12; Robinson & Hadiz 2004:3; 佐藤百 2006, 2011］。

ここでは、この民主化のあとでも、公務員の利権体質、汚職の蔓延、国軍（と警察）の支配体制、裏組織による暴力の行使といった、スハルト時代に構築された社会の負のメカニズムがあまり変化しなかったという点を、確認しておきたい。本名は、こうした非民主的な問題構造の温存という裏面が、民主化の進展という表面と一体となっているからこそ、インドネシアの民主化は安定していると論じる。公正で民主的な社会が急進的に実現されれば、抵抗勢力の巻き返しが起こることは必至であり、むしろ遅々とした民主化の過程は既存の利権構造の温存によって支えられている。彼は、これをインドネシアの「民主化のパラドクス」と呼ぶ。これも合理化のパラドクスの脱パラドクス化のひとつと考えてよい。インドネシアの政治・社会構造は、民主化の進展という合理化の中に、非民主的なメカニズムの温存という当の合理化と相矛盾する事態を内包させることによって、合理化の着実な歩みへの基盤を得ているのである。あるいは、ランシエールにしたがえば、民主主義とは本来統治の資格のない民衆が権力を獲得していく仕組みなのであり、その種のパラドクスは必然的につきまとうことにもなる。いずれにせよ、こうした民主化のパラドクスはバリでも観察される［本名 2013:199-202; Ortega y Gasset 2002（1930）; Rancière 2008（2005）］。

開発独裁下でのバリ観光開発

以上のインドネシア現代史の概観を受け、戦後のバリの観光地化についてみていくことにしたい。

すでに触れたように、戦後のバリの観光開発は、スカルノによって方向づけられた。ただし、それをさらに推し進めたのはスハルトの開発独裁体制であった。そのバリの新たな楽園観光地化は、一九六〇年代半ばの大量虐殺を糊塗するかのように楽園イメージを付与していく作業となった。一九六六年にバリビーチホテルが稼働し、一九六九年にはバリに国際空港が開港した。この年は、インドネシア経済の再建に向けた第一次五カ年計画のはじまりの年でもあった。この五カ年計画には、大型リゾート観光地帯の新規開発をともなう、バリの国際的な観光開発が盛り込まれていた。バリ観光の受け入れキャパシティを飛躍的に増大させ、顧客層の相対的な上昇を果たすことで、効率的な外貨獲得を目指そうというのである。具体的な開発計画は、フランスのコンサルタント会社の提案したマスタープランにもとづき進められた。そのプランは、空港に近く住民の生活圏から隔離されたところに、外資導入による大型ホテルの集中するシーサイドリゾート観光地を造成し、ここに滞在する観光者が必要に応じてバリ人の生活圏において展開される文化観光を享受することで、バリの豊かな文化と自然を破壊することなくいっそうの観光振興を達成しうる、というものであった。この開発地となったのがヌサドゥア（Nusa Dua）である。ヌサドゥアは、ブキット（Bukit）と呼ばれるバドゥンの南端半島に位置する。ブキットは、川がないため水田ができず、人口もすくなく、土地も安価であった。ヌサドゥアは、いわばハワイ化されたバリの第一級リゾート地に変貌した。観光地ヌサドゥアの造成は一九七〇年代に進み、一九八〇年から本格的な稼働をはじめた［Hitchcock & Putra 2007; 鏡味 2000; Lewis & Lewis 2009; 間苧谷 2000 192-194; 永渕 2007:219; Noronha 1979; Pedersen 2006:265; Peters & Wardana 2013; Picard 1993, 1996; Pratiwi 2009; Schulte Nordholt 2000b:272-275; Shepherd 2012］。

この開発プランのすべてが順調だったわけではない。とくに、富裕な客層の誘致をねらったその見通しはやや的が外れ、実際にバリにやってきた客層には相当な幅があった。しかし、そうした多様な客層の受け入れにはヌサドゥア以外の観光地が伸長することで対応した。まず、バックパッカーやいわゆるヒッピーに相当する観光者のおもな受け皿となったのが、空港のすぐ北側に位置するクタである。クタは、安宿から高級ホテルまでをそろえ、とくにサーファーの集まる観光地となり、歓楽街化していった。クタは観光地として周辺地域を飲み込んで拡大していくとともに、猥雑な街となったクタの外に静かなビーチやサーフィンスポットをもとめる客たちに応える遠方の地の観光地化を刺激した。これが東部カランガッサム県のチャンディダサと、北部ブレレン県のロヴィナである。さらに、これら海岸部の観光地にたいして、内陸の森林や田園の風景そして芸能・芸術をもとめる観光者たちは、ギャニヤール県のウブドと隣村のプリアタンに集まった。サヌールは、大規模ホテルの支配するヌサドゥアとは趣の異なる、落ち着いたビーチリゾートとしての評価を固めていった。ここでは、行政村がレストランなどの観光関連ビジネスを自助組織的に経営するという独特な形態も定着した。デンパサール中心部も、バリホテル、バリ博物館などの観光諸施設と、みやげ物を買うのに適した市場を抱え、九〇年代までは一定の集客を果たした。これらの観光拠点とその周辺では、ホテル・民宿・レストラン・みやげ物店などの観光諸施設の建設が進んだ。このように、ヌサドゥア開発に刺激されて別の地域に観光開発の波がおよび、これら観光者の滞在する拠点とその他の観光周遊スポット——バトゥール山とカルデラ湖、ブラタン湖、ウルワトゥ・タナロット・ブサキなどの寺院、天井画で有名なクルンクンの旧裁判所（Kertha Gosa）、ムングウィ王宮ゆかりのタマン・アユン寺院（Pura Taman Ayun）、バトゥブランのバロンダンス会場、バリアゴ（第四章第一節）とされるトゥガナン村、あるいはゴルフ場など——とを結ぶ島内の交通網も整備されていった。政府の思惑とは異なる、個人旅行者を含むさまざまな客層が大衆観光時代のバリを訪れるようになったことが、結果的に、複数の観光地のボトムアップの開発とそれらの間の分業体制の構築を、一九八〇年代のバリにもたらした。ただし、当時のバリの観光開発は、地域的に偏ったものであった。ヌサドゥア、サヌール、クタ、デンパサールといった主要拠点と空港は、いずれもバリ島南部のバドゥン県（当時）にあったからである。その外へと拡大する全島的な観光開発は、一九九〇年代以降に本格化することになる。それについては後述する［MacRae 2015:71; 間苧谷 2000 192-194; Picard 1996; Reuter 2002b:10-11, 2008:4; Vickers 2011:468-469; Warren 2005（1998）, 2007:195; 吉田 2013b］。

ところで、先に触れたように、このスハルト体制下におけるバリの観光開発は、ジャカルタの中央政府に主導されたものであった。バリ州政府は、これに対応すべく、一九七〇年に観光部局を設けるとともに、有識者の会議を設けて観光地化の基本方針を策定した。それは、バリの文化を観光の基軸に位置づけるとともに、観光の発展のためにバリを利用するのではなく、逆にバリ人の利益のために観光を利用することこそ重要であって、そのためには観光によってバリ文化が「汚染」されることを防ぎ、観光によってバリの文化がさらに発展するような方向を目指す、というものであった。ただし、州政府側が観光による文化の破壊を防ぐことを最優先としていたとはいえない。それは、次のような経緯からうかがい知ることができる。すなわち、中央政府がヌサドゥア開発計画案を示した際、州政府は、それがバリ島南部とくにバドゥン県に観光開発を集中させ、バランスのとれた地域の発展をもたらさないとし、島内に観光地を分散させ、各地域が対等に発展するような観光開発の必要性を謳った別案をまとめ、逆提案したのである。これは中央政府の採用するところとはならなかったが、このように、州政府は観光による幅広い地域の発展を強く望んでいたのである。そうした島内を広く巻き込む観光開発は、しかし、バリの自然・文化をおおきく変える可能性を孕み、費用対効果の面でもハイリスクであった可能性が高い。一方、マスタープランにもとづく中央政府の一極集中の開発案は、自然や社会環境への影響に一定程度は配慮し、適切な規模の開発を志向しており、観光開発によるバリ文化の汚染を防ぐという点も織り込んだものであった。バリ側の方が開発のもたらす問題により敏感であり慎重であったとは、決していえないのである［鏡味 2000:112-120; Lanfant & Graburn 1992（1996）:105-106; Lewis & Lewis 2009:47; McKean 1989（2018）; Pratiwi 2009:79-82, 90-93; Picard 1996; Shepherd 2012:78-88］。

芸術文化の合理化

さて、バリの文化の発展と観光開発とを相乗効果的に進めようとする上では、観光にもちいてよいあるいは役立てるべき文化の部分と、観光に供出してはならない守るべき――「真の」（asli）あるいは「聖なる」（sakral）などと呼ばれた――部分とが、区別される必要があった。いうまでもなく、後者はアガマの領域を中核とする。これに関する具体的な動きをみていくことにしよう。

まず、観光者に宗教施設への立ち入りを制限する州条例の制定（一九七四年）を挙げることができる。これを受けて、宗教施設の入り口に観光者向けに英語でその種の情報を示した看板（写真6-1, 6-2）が設けられた。バリ人とおなじような慣習衣装（写真6-3, 6-4）を身に着けるなど、一定の条件を満たした場合に、一定の範囲で宗教施設に入ったり宗教活動を見学したりすることが許された。また、神にささげられる神聖な儀礼的舞踊を、観光者に上演することも禁じられた（一九七三年）。その経緯は、次のようなものである。もともと一九五〇年代にスカルノが重要な賓客をバリに迎える際、ペンドゥット（Pendet）という、神を寺院に迎え入れる際に踊られる儀礼舞踊を、しばしば大規模に催していた。これにならって、バリにあるホテルでも、宿泊客の歓迎のためにペンドゥットが踊られるようになった。しかし、これがさかんになると、バリの宗教的権威から、神とおなじ方法で観光者を扱うことは問題である、という意見が提起された。こうして、一九六〇年代後半に、ペンドゥットを原型とした観光者向けのウェルカムダンスが、公立芸術学校（一九六七年にバリ州政府により設立）の教員によって創作された。その種のウェルカムダンスはその後いくつも創作され、観光者向けの舞踊ショーでは、まずこの世俗的なウェルカムダンスを踊ることが慣例となった。ただし、観光用のショーにおいて神にささげられるべき儀礼的舞踊が演じられたり、人間が楽しむために戦後に創作されたこの世俗的舞踊がもっとも神聖な儀礼の場において神にささげられたりといったことは、現在まで各地でしばしば観察される。一般の人々は理念上も実践上も、両者のカテゴリーの弁別をさほど重視していない［Bandem & de Boer 1981; Hornbacher 2011:169; 井澤 2017:46-47; Picard 1990, 1996:152-163; 吉田 2005; 吉田ゆ 2016b］。

このウェルカムダンス以外にも、さまざまな新種の世俗的舞踊・演劇、つまり神ではなく人間に向けて演じられるものが、創作された。その代表格が、スンドラタリ（sendratari; 舞踊劇芸術）とドラマゴン（drama gong; ガムラン劇）である。これらはいずれも、一九六〇年代に公立芸術学校の教員や学生が中心となって案出したものであり、舞台上で観客に向けて演じるという近代的・西欧的な形態をもっている。スンドラタリは、「ラーマーヤナバレエ」に代表される、ガムラン音楽と踊りにストーリーの展開を組みこんだ劇であり、ドラマゴンはその喜劇版である。ドラマゴンは、王国時代を舞台としているものの、登場人物全員が現代語をしゃべるという点に特徴をもつ。他のバリの演劇はいずれも、登場人物がカウィ（kawi）と呼ばれる古語を話し、トリックスター的役割を果たす道化のみが現代語を操り、観客に登場人物の発言やストーリーそして笑いを伝えるという形式をもつ。寺院祭礼などの際に寺院の敷地の外や周辺で演じられたり、テレビのローカル番組でも放送されたりすることによって、こうした伝統文化を近代化しアレンジした演劇形態が人気を博し、バリ社会に定着していった。また、カウィをもちいる古典的な演劇の代表である影絵劇ワヤン・クリッ（wayang kulit）に関しても、女性が人形遣い（dalang）をつとめるもの（もともと男性のみであった）、本来のインド叙事詩のストーリーから外れて恐竜などを登場させたものなどがあらわれ、大スクリーン・大音響のオーディオ機器・多彩な照明効果をもちいた斬新な形態も、二〇〇〇年ころから見られるようになった。これらの舞踊・劇は、観光者向けのものではないが、その活性化は文化を観光に役立てることを目指す政策と社会運動の副産物といえる。その背景には、各地の「地域文化」（kebudayaan daerah）にアイデンティティの拠り所を画定し、これを鼓舞することによって国民国家の統合をはかっていこうとする、インドネシア政府の文化政策があった［de Boer 1996; Goodlander 2016; Hobart 1987; 白石 1986; Zurbuchen 1987］。

バリ州政府は、ほかにもいくつかの芸術文化振興政策を展開した。主要な三つに触れる。第一は、すでに触れた公立芸術学校の創設である（一九六七年）。これはのちに国立の芸術学院となり、バリ芸術の専門家を伝統芸能の実践者による指

写真 6-1, 6-2　寺院の入口の注意書き看板（2019 年、パダントゥガル）
写真左の門内にある看板を拡大したものが写真右である。観光者向けに注意事項を記した看板は、図入りのものと文字のみのものに分かれる。90 年代は絵入りの英語のみの看板が主流であったが、現在は英語の文字のみの看板が比較的おおく、一部には日本語や中国語、そしてインドネシア語が記されたものもある。ただし、この種の注意書き看板がない寺院もすくなくない。このパダントゥガル村の寺院は、プロ・デソとプロ・プサとが一体となった寺院であり、2019 年にこの新たなインドネシア語と英語の看板を設置した。国内観光者の増加が背景にあるものと思われる。

写真 6-3, 6-4　慣習衣装のバリ人
写真左は、ブラフマノ司祭の火葬を催行する家族である（2010 年、クルソ村）。ブラフマノ司祭の火葬の際、親族は白の正装を身に着ける。写真下は、火葬前の儀礼に来ていた少年たちである（2016 年）。

導と近代的な教育体制を組み合わせて育成する体制が整えられた。第二は、州政府による観光用バリ芸能ショーの審査母体の設立である(一九六七年)。観光向けパフォーマンスの質の維持・向上がそのねらいである。第三は、国家予算によるバリ芸術センター(Taman Budaya Bali/ Bali Art Center)の設立(一九六九年着工、一九七八年完成)と、ここを舞台とした州政府予算によるバリ芸術祭(Pesta Kesenian Bali/ Bali Art Festival)の開催である。古典から新作までのガムラン音楽とこれをともなう舞踊・劇を中心とし、芸能・文学・歌謡・彫刻、そして供物や慣習衣装など、バリの宗教文化に関するさまざまなジャンルのコンテストや展示が、毎年六月~七月に開催されている。芸術祭催行は、夏のハイシーズンの前に外国人観光者にアピールする観光イベントをつくるというねらいと、バリ全体を巻き込んで芸能文化を活性化させることで、バリ観光とバリ文化の相互発展を支える基盤の強化と裾野の拡大をはかるという中長期的な展望に、支えられていた。これら一連の文化振興策は、一部のリゾート観光地に集約した滞在型観光地と、各地に広がる観光スポットを訪れる文化観光という、マスタープランにもとづく観光開発政策を踏まえたものでもあった。これらの文化政策の中心にいたのが、要職を歴任し州知事となったイダ・バグス・マントラ(在職一九七八~一九八八)であった。ホルンバッハーによれば、この芸術文化の活性化は、バリの舞踊や音楽の標準化傾向と、儀礼活動としてではなく芸術としての舞踊や音楽に携わっているという演者たちの意識の変容を、もたらした[Hornbacher 2011:179; 鏡味 1995, 2000:116-120, 2005; Picard 1996; 吉田ゆ 2016b]。また、こうした動きは、のちにウブドなどではじまるローカル版の芸術祭や舞踊コンテストの開催を刺激することにもなった。

以上のように、大衆観光時代の開発が進む一九六〇~七〇年代、バリでは、観光政策と直接的・間接的に連関するかたちで芸術文化の活性化そして標準化が進んだ。当時のバリの世論は、外国人観光者の増大がもたらしている(と考えられた)、ドラッグ・売春・性の開放・治安の悪化など負の影響にかなり敏感であった。しかし、州政府高官、学術や宗教界の権威ら、バリ社会を主導する立場の人々は、観光開発そのものにかならずしも否定的ではなかった。もちろん、中央政府の基本方針に反旗を翻すという選択肢はなかったであろうが、彼らは、この開発がバリ社会にもたらすであろう利益を見越して、芸術文化の保護・育成を積極的に進めたのである。重要なのは、この文化振興策が、観光市場に供すべきでない「真の文化」をしっかりと守るという方針と一体だったことである。この点で、ここで触れたバリ芸術文化の区別と振興、つまりは芸術文化の合理化は、第五章で記述したバリ宗教の合理化と連動するものであった。とともに、それは、ヌサドゥア開発を起爆剤とした観光開発がもたらす経済効果と、メディアの流す情報と宗教行事における舞踊・演劇の体感効果とも相まって、バリ人の自尊心やアイデンティティの強化にも寄与した。中には、観光地化によってバリの伝統や宗教が破壊されるという懸念の声を上げつづける知識人もいたが、観光がもたらす負の影響よりも、むしろそれがもたらすメリットの方に、大半の人々の目は向かっていった。そこには、経済的な上昇を期待する切実な思いもあった。こうして、観光開発にたいする疑念や文化の「汚染」にたいする不安は縮小していき、バリでは、観光開発を肯定する認識が支配的なものとなっていった。その中で、観光者たちは、バリの宗教文化を彩る要素——寺院に刻まれた神々や鬼神の彫刻、細かな切り込みのヤシの葉の装飾や色とりどりの供物、少女たちの踊る神々への奉納舞踊、一六ビートのガムラン音楽、それらを描いた絵画や彫刻など——を、楽園バリを生き生きと伝えるアイテムや風景の一部と捉え、これを消費した［鏡味2000; Vickers 2011:472-473; Wall 2011（1998）; 吉田 2005, 2013b］。

開発のスプロール化と環境破壊

さらなる観光開発・文化開発と、それがもたらす観光肯定的な認識のいっそうの社会的浸透が進む中、州知事マントラは、バリの観光開発を新たな段階へと進めた。すなわち、従来のような文化観光中心ではなく、自然観光をも重視するという観点から、一九八八年に一五の観光地域（kawasan wisata）を開発重点地域として指定し、バドゥン県の海岸部に特化した観光開発を掲げたマスタープランが課していた諸制限を事実上撤廃したのである。中央政府がこれを承認し、一九九〇年にマスタープランは正式に廃止となった。一九九三年にはさらに六つの観光地が加わり、観光開発重点地域は二一となった。これらの指定地域すべてが順調な発展を遂げるわけではないが、インドネシア政府の地方分権策のモデル州のひとつに選ばれたバリでは、規制緩和の中で、州政府がかねてから描いていた分散型の観光開発への取り組みがいよいよ幕を開けたのである。一九九〇年代のバリでは、従来の観光地の周辺に広大な土地を確保した豪華なホテルや複合リゾートの建設が進むとともに、自然体験型観光・エコツーリズム・村落観光などのいわゆるオルタナティヴツーリズムが伸張する素地も整備されていった。このころからジャカルタの富裕層などの国内観光者も増えはじめ、二〇〇〇年代に入るとバドゥン県を中心にこの国内観光者向けのホテルの建設も本格化した。注目すべきは、この国内観光者やオルタナティヴツーリズムが想定する客層は、バリの伝統文化や宗教にかならずしも関心を抱いていない人々である、という点である。こうして、一九九〇年代に、バリは、独特の宗教文化を売り物とする戦前以来の楽園観光地から、大衆観光時代に世界の各地で増殖していった、シミュラークルの集積から成り立つ「何ものでもないもののグローバル化」を実体化した楽園観光地へと、その基本的性格を変えていったのである（第三章第二節）。バリおよび隣のロンボックでは、地域間の経済格差、外部資本による利潤吸い上げ、各地での乱開発もいっそう進んだ。二〇〇九年時点で、バリの宿泊施設や飲食店などの観光関連資産額のおよそ九割はバリ島外の所有である。また、主要観光地を擁するバドゥン県の客室占有率は八割であるのにたいし、周辺部のカランガッサム県（チャンディダサを擁する）やブレレン県（ロヴィナを擁する）のそれは三割である。顧客の増加を吸収し収益を上げるバドゥンに拠点をおくバリ外の資本家・企業と、地元資本がおおく経営難のリスクをより抱える周辺地域の資本家・企業との落差は、拡大の傾向にある。また、自治性を高める村落が無届けの違法な観光業の展開の温床になる傾向も、顕著になっている［Byczek 2010:61-65, 128-136; Cuthbert 2015:338; Hitchcock & Putra 2007:20-21; Howe 2001; 伊藤嘉 2008; Iwahara 2015; 井澤 2017:68-74, 77-78, 91-97; 鏡味 2000:112-120, 2006; 桑原 1999; 松井（編）2003; Picard 1996:118-133, 2005:119, 2009:101-102; Pratiwi 2009:93-97; Ramstedt 2009:355-356; 佐藤百 2006; Warren 2005（1998）:232-233, 2009:197-199; 山下 1999; 吉田 2011b, 2013b］。

バリ島の環境破壊は深く静かに進行している。バドゥン県のリゾート観光地一帯をはじめ、主要な観光地とその周辺では、次々と土地が切り取られて売買・転売されたり賃貸に付されたりし、そこに観光諸施設が建造された。海岸が掘削され、田園や林野が平らげられ、景観がおおきく変わり、サンゴ礁やマングローブの破壊も進んだ。水田耕作の循環システムやかぎられた地下水利用により維持されてきた、水をめぐる生態系バランスが崩壊に向かう地域もあった。二〇〇六年のバリの日刊紙は、バリ島のサンゴ礁の二三パーセント、森林の二五パーセントが失われ、残るサンゴ礁や森林も深刻なダメージを受けていると報じた。山間部の湖の水位が下がり、水田が水不足に陥った北部の地域もある。ウブド周辺でも、従来のように水田を潤す水が得られないことが、観光施設建設の間接的な要因となっているケースがある。また、全島的に拡大する営利追求型エコツーリズムに関連する開発によっても、バリの自然破壊は急速に進んでいる。生態系のキャパシティをこえる開発は、観光者が期待するような「楽園」の要素を提供しうる場所を切り詰めることになる。たとえば、二〇〇〇年代に入って、バドゥンとの県境に位置しブラタン湖を擁するブドゥグル（Bedugul）について、開発を推し進めたいブレレン県側と中止を求める環境団体・住民・州知事（Dewa Made Beratha; 在職一九九八‐二〇〇八）とが対立したが、結果的に開発は強行された。先に、バリの伝統や宗教が破壊されるという懸念や不安が縮小し、観光開発を肯定的に捉えようとする方向に人々の認識が向かったと述べた。文化だけではなく自然の改変や破壊をも観光開発がもたらし、それがやがて観光のリスクとなって跳ね返ってくるかもしれないことへの懸念は、かならずしも十分社会的に共有されなかったといえる［Byczek 2010:58-60; Cuthbert 2015; Henley & Davidson 2007:12-13; 菱山 2017:21, 39; 井澤 2017:61-62, 109-132, 169-177; Lewis & Lewis 2009; Pedersen 2006:250-251; Picard 2005:113-114; Pratiwi 2009; Strauss 2014; Wall 2011（1998）; Warren 2009:197-198, 201-202, 218-219; Wright 2015; 吉田 2011a, 2011b, 2013b］。

シミュラークルの楽園観光地化

ここで、本節の議論を四点にまとめることにしよう。

戦後のバリは、開発独裁体制の国家の中にある一地方として、大衆観光時代における世界的な楽園観光地造成の過程の中に組み込まれていった。それを如実に示すのが、サヌール・ヌサドゥア・クタといったバドゥン海岸部の観光地である。戦後いち早く開発されたサヌールは、バリにつくられたハワイ型ビーチリゾートの嚆矢であった。そして一九八〇年から稼働したヌサドゥアは、このサヌールのグレードアップ版として開発されたリゾート観光地帯であった。クタは、類似の、だがより歓楽街的なビーチリゾートして、自生的に観光地化していった。また、ウブド・チャンディダサ・ロヴィナは、クタのさらなる差別化として、八〇年代以降自生的な観光地化が本格化し、一定の集客を果たすようになった。大衆観光時代の到来期における中央政府・地方政府の観光開発は、現地のボトムアップの動きと一体化しつつ、東南アジア有数のリゾート観光地としてバリをブランド化させることに、ある程度成功したのである。※3 九〇年代以降、インドネシア経済の底上げや政治的安定を背景に、全島的といってよい開発が進み、観光の恩恵が行き渡る地域や社会層も拡充した。二〇〇〇年代に入ると、バックパッカーは減少し客層も相対的に上昇した［cf. 板垣 2018］。ただし、バドゥンの主要リゾート地域と、八〇年代に開発された周辺地域の観光地や九〇年代以降に開発された後発の地域との間には、観光開発の速度や滞在者の消費力などの点においていまも相当な差異がある。

※3 二〇一一年に、ユドヨノ大統領は、二〇二五年までを射程とするインドネシア経済開発加速・拡大マスタープランを発表した。かつてない長期におよぶこの新開発計画において、バリはロンボックとともに観光を基点とした経済振興を担う主要な地域と位置づけられている［佐藤百 2011: 107-114］。

る。こうした観光経済のいびつなトリクルダウン効果の散逸が、戦後のバリの観光地化を特徴づける第一点である。

この戦後のバリ観光の再生と成長の過程において、芸能・芸術は、楽園バリを特徴づけるユニークな商品としてあらためて注目の的となった。植民地時代においても、芸能・芸術は、シュピースら欧米人の媒介を得つつバリ人によって構築されるという、いわばハイブリッドな合理化の過程を経ていたが、戦後における芸術文化の合理化は、地方政府の肝いりによって芸能・芸術が洗練され標準化され、あるいは新たに創出されるという、また別種の、政治的といってよい合理化の過程を内包するものであった。この観光者向けの商品としての伝統文化の再標準化・活性化が、第二点である。

そうした芸術文化の合理化と、現代の大衆観光を支える諸制度や技術の体系の移植に支えられつつ、一九九〇年代以降のバリは、かならずしも芸術に関心を持たない顧客をも吸引する、「何ものでもないもののグローバル化」としての楽園観光地へと転換をしていった。これが第三点である。バリ島内のそれぞれの観光サイトに、個性や差異性がないわけではない。だが、バリを訪れるおおくの観光者のまなざしにおいては、それらはあたかも全体として、楽園観光地バリという一枚の風景画をたがいに支え合い構成する部分絵やピースとして存在しているといってよい。ヴィッカーズは、文化観光はなおバリにおいて支配的な政策ではあるものの、近年はこの島のリゾート観光と乖離を来していると述べる［Vickers 2011:459］。おそらく、ヴィッカーズが観察した時点以上に、今日のバリでは、戦前において売り物の中核を占めた独特の宗教文化や芸術よりも、ハワイを模したイメージを具現するシミュラークルの集積体（第三章）を売り物とする楽園観光地としての様相が顕著になっている。

その場合、インドネシア内外からの大規模資本および域内の中小規模の資本が持続的に投下され、複雑に絡み合ってバリ社会の観光依存体質が強化され、これが後戻りのできないまでの乱開発をもたらしたという、観光開発がもたらした負の一面にも、目を向けておかなければならない。これが第四点である。インドネシアの民主化以降、こうした問題が問い直される素地はバリ社会にもできつつある。しかし、急速な乱開発をコントロールするにはいたっていない。

以上、シミュラークルの集積体からなる楽園観光地へといたる戦後の過程について概観した。次に、バリの観光と宗教との関係についての議論に移ることにしたい。

第二節　観光の発展と宗教の再呪術化

序論では、二〇世紀後半以降の観光と宗教の正負の影響関係という論点にあらかじめ言及しておいた。以下の二つの節では、先行研究に私の参与観察によるデータを若干加えながら、これについて論じていく。まず、本節では、バリ社会の観光地化を基点とした経済の活性化が人々の宗教生活に与える正の影響の方についての検討をおこなう。

儀礼の華美化と地域・階層的偏差

バリ人が経済的利益を宗教生活に積極的につぎ込み、可能なかぎり儀礼活動を豪華にしようとする傾向性をもつことは、先行研究が繰り返し論じているところである。たとえば、ギアツ夫妻は、バリ人の儀礼活動が、威信や地位の誇示と競合つまりは「威信をめぐる乱闘」［Geertz & Geertz 1989 (1975) :158］のもっとも主要な舞台であると指摘した。ギアツの劇場国家論［Geertz 1990 (1980)］は、これをバリの古典国家の構造分析へと援用した仮説であった――ただし、この仮説は今日批判にさらされている（第四章第二節）――。とりわけ、王家の火葬においては多大な物資と人員が動員され、過剰ともいえる蕩尽ないし濫費の状態が演出される。そのすさまじさは、かつてホリスが、バリの火葬はヒンドゥー以前のポトラッチのインド化された残存であると考えられる、と指摘したほどである［Gerdin 1975; Goris & Dronkers 1953:126; Swellengrebel 1960:33］。現在、さほど裕福でないスドロ階層の人々の中にも、年収の何倍もの金額（たとえば数億ルピアつまり数百万円）を火葬に費やすことがある。その場合、土地など一部の固定資産を売却することもある。

観光地化による経済的恩恵は、流動資産を宗教に投入する方向に、人々をいっそう向かわせた。ヴェーバーのいう「世俗内禁欲」と対照的なこの行動様式は、植民地時代にすでにベロによって観察されていた。デンパサールに近いサヌールでは、人々が、市場での儲けや、欧米人観光者や華僑に豚やココナツを売って得た金銭を、儀礼・祭礼における豪華な供物、慣習衣装、寺院の装飾、舞踊劇などに充てており、ベロは、こうした外部社会との接触が、バリの伝統的な宗教文化の弱体化ではなく、その強化へと向かわせていると指摘した［Belo 1960:16］。この点で、マッキーンが「文化のインヴォリューション」と名づけた事態（序論）は、戦後に限定されたものではない。なお、インヴォリューション（involution）は、内に向かう進化といった意味の概念であり、ラッシュのいうインテンシヴ・カルチャー（内向し強度を増す文化の意）にも重なる。観光地化は近代化的現象にほかならないが、バリにおいては、それが伝統的なものを駆逐するどころか、むしろ伝統的なもの、とくに宗教文化を、さらにそれらしい方向に向かわせており、この見栄えのする宗教文化がさらに観光者に楽園バリをアピールすることにつながっている。ピカールは、観光を基点として活性化するバリ文化を指して「観光文化」と呼んだ［Geertz 2001（1963）:120-123; Lash 2010; McKean 1989（2018）; 中西 2014:24; Picard 1996; cf. 吉田 1991,2020a］。

マッキーンの議論は、一九七〇～八〇年代の状況を踏まえたものである。一方、中野は、一九九〇年代以降のバリ人の宗教生活における消費行動に注目している。そこでのキーワードは、ゲンシ（gengsi）である。ゲンシとは、威信、体面、見栄といった意味のアラビア語起源のインドネシア語である。倉沢も、このゲンシが、今日のインドネシアにおいて台頭する中間層そして疑似中間層の消費主義的ライフスタイルの基軸にあることに注目する。ただ、バリでは、水田の所有がなお経済的・象徴的な資本の核をなしており、また、近代的な物質文化の購入や所持に加え、屋敷寺の装飾の付加や改装、儀礼時に着用する慣習衣装や儀礼具の新調、供物や儀礼の華美化などの宗教文化の局面においても、ヴェブレンが顕示的消費と呼んだ事態が顕著に観察される。中野は、とりわけ儀礼の肥大化・華美化に顕示的消費の競争を看取し、ゲンシの発現の機会となる寺院祭礼などの重要な儀礼にバリ人がすこしでもおおくの金銭を投入しようとすること、そのために勤勉に働くとともに節約にも努める傾向があること、一方で、貯蓄には熱心でなく、手持ちのものを売ってでもまず物品を購入したり儀礼の準備に充てようとしたりすること、それは周囲の人とおなじようにできないことを恥ずかしい（lek）と感じる感情に由来すること、などを指摘している［鏡味 1995; 倉沢 1996, 2013; 中野 2010a, 2010b:40-48; Parker 2003:50-54; Veblen 1998（1899）; Wiryomartono 2014:69-70; 吉田 1996, 2005］。

中野は、こうしたゲンシの誇示が、ものの所持や消費それ自体というよりも、そうした所持や消費を当人に可能ならしめるところの呪力／霊力――サクティ（sakti）などと呼ばれる――の信仰にもとづくものである、と分析する。一部の社会的・経済的に高い地位にあるバリ人は、呪力の宿るとされるクリス（青銅の短剣）を収集したり、瞑想などを通して自身の霊力を高めようとしたりする。当人にこうした超自然的な力があれば、呪力あるものや財がいわば自然に集まってくる。逆に、当人に力がなければ、呪力あるものを所持することはむしろ危険である。力のない通常の人々は、それゆえ呪力あるものを所持しようとはしない。そして、中野は、ヴェーバー・テーゼ（第一章第一節）に相当する論点に触れつつ、「今日のバリ人の資本主義的経済活動を内面から推し進める「バリ的資本主義の精神」の中心にあるのは、モノを通じて人間を神秘的な神々の世界へと橋渡しする力――あるいは魔術――という宗教的想像力だと言えるのかもしれない」と論じる［中野 2010b:52-63; cf. Frey 1989（1986）; Pedersen 2006］。

バリの消費社会化が宗教・伝統の領域においてもっとも顕著なかたちであらわれるという中野の議論は、マッキーンらの先行研究とも重なり、バリ社会の重要な特徴を穿つものといえる。ただ、私は、こうした点をあまり一般化して論じることには慎重であるべきだと考える。また、儀礼の華美化をゲンシの誇示という動機やバリの呪術的世界観と結びつける中野の解釈に、若干の留保が必要であるとも考える。それぞれについて、以下、論点を整理しておこう。

まずは後者、つまり中野の解釈に内在する問題について確認しておきたい。論点は三つある。①当然のことながら、バリ人の中に相対的にゲンシを強く顕示する人——「ゲンシの高い人」（orang gengsinya tinggi/ gengsian）などと呼ばれる——からそうでない人までの相当な幅がある。中野が提示するバリ人像は、そのひとつの類型にすぎない。一例を挙げれば、ある程度以上に地位もゲンシも高いバリ人の場合、倹約していると人に知られることがすでに十分なゴシップとなる。具体的にいえば、旧王族・領主の家系の者は、めったに市場などでものを買わないが、自分が誰であるかを知っている売り子から定価が示されないものを買う場合、外国人並みの高い値段を支払わざるをえないのである。②宗教・伝統の領域におけるゲンシの誇示は、バリ人にかぎらず、むしろインドネシア人一般にある程度観察される。たとえば、ジャワのムスリムにおいても、儀礼の際に着用する慣習衣装や装飾品をより高価なものに新調したり、身近なマスジッド（masjid; イスラーム寺院）によりおおくの寄進をしたりすることが、威信の獲得や誇示につながるという一般的な傾向は看取できる。トラジャ人・スンバ人の葬送・婚姻儀礼も同様であり、バリ西部の非バリ系ムスリムの村落では小規模観光による収入がマスジッド建設に投入されてもいる。イスラームの場合、物質的・具象的な要素をかなり排除したかたちで宗教生活の規律や規範が設定されているので、人々の宗教生活においてゲンシがあらわれる契機はかぎられるが、生活の中核をなす宗教にこそゲンシが発露するという傾向は、バリ人ヒンドゥー教徒と変わらないといってよい。また、呪力の宿るクリスの収集や瞑想体験を志向する傾向も、神秘主義に惹かれるジャワ人には見出しうる。ものと超自然的な領域とを結びつける呪術的想像力は、決してバリ人やバリ宗教文化に固有のものではない。③呪力の獲得が危険でリスクを抱えているように、ゲンシの追及も失敗のリスクを内在させている。たとえば、ある地位の者がある儀礼や寺院にどれほど喜捨をすれば評価されるのかは、定まった規範やルールによるというよりも、むしろ状況によってルールが変動していくゲームの状況を呈するところがある。高価な衣装や儀礼への多額の投資は、羨望や好意的評価とゴシップや冷ややかな評価との間でときにゆれ動く。ゲンシや地位の誇示に失敗して恥をかき、当人の社会的な評価が下落するかもしれないという、いわば賭けの部分つまりはリスクにも、留意すべきであろう［Anderson 1995（1990）; 福島 2002; Geertz 1960; Howe 2000; Ida Bagus 2014:307; 小池 1998:157-166; 見市 2014; 野中 2015; 大塚 2010; 山下 1988］。

中野のいう宗教的想像力は、バリ人の中に相対的に見出しうるものであるとともに[※4]、バリ人特有のエートスとはいいがたいものである。また、キャンベルやリッツァが主題化したように、ある種の呪術的想像力が消費活動に内在するという点は、欧米社会においても指摘できる（第二章第一節）。もちろん、その実態はバリ社会とはかなり異なるものであろうが、すくなくとも中野の見出す特徴がジャワ人やムスリムなどにも一定程度観察されるとすれば、「バリ的資本主義の精神」という一般化は留保すべきであろう。また、今日職業労働に従事するバリ人の中に、ヴェーバーが論じたような近代西洋的な資本主義の精神を、つまりは合理的経済人としてのエートスを、すでに内面化しているといいうる人々がすくなくないという点に、目配りする必要もある。中野は力あるものの所有に熱心な人々とそのゲンシの張り合いのゲームに注目しているが、私は、ゲンシのきわめて高い人ときわめて低い人との間にある相当な幅を考慮しつつも、ささやかなかたちですらゲンシを示しえないような、中野がいう「もたない

写真 6-5, 6-6　闘鶏

闘鶏は、悪霊／鬼神にたいする血の供儀として、一部の大儀礼に必須の行事である。と同時に、そうした宗教的意義とは別に、ギャンブル好きの男たちにとっては賭けをともなう遊戯として根強い人気がある。写真左は、クシマン村の寺院祭礼（2019 年）における大規模な闘鶏であり、午前 8 時からおおくの観衆が集まり、賭けも白熱した。写真右は、2016 年のプリアタンにおける、儀礼とは無関係に日常的におこなわれる小規模な遊戯としての闘鶏である。

者」［中野 2010b:52］、あるいはバリ人がしばしばいう「ちいさな人」（orang kecil）に、むしろ注意をはらっておきたいと思う。序論で設定した本研究の研究対象は、こうした人々をおおく含むからであり、そうした人々に注目することが、第三章第三節で論じた「歩く者」の立場からみることにつながるからである。[※5]付言すれば、私は以前、この点について闘鶏を題材に論じたことがある。ギアツは、高い賭け金を支払える地位の高い人の闘鶏を取り上げ「深い遊び」として解釈したが、その対極にあって庶民がおこなうささやかな「浅い遊び」の方こそ、バリの闘鶏を代表するものとして理解されるべきであると、私は考える（写真6-5, 6-6）［Geertz 1973f（1972）；吉田 1994b, 2005:104-108］。

さて、次に、中野やマッキーンの議論がどの程度バリ社会一般に当てはまるのかという、もうひとつの論点に移ろう。観光による経済発展が儀礼活動の活性化へと結びつくという傾向は、バリ中南部を中心とし、観光地化の恩恵を直接享受している地域において、顕著に観察されうる事態である。しかし、私は、それをバリ島全体に拡大解釈することについては慎重であるべきだと考える。

カスバートによれば、二〇一〇年代のバリでは二〇万人が収入一日二ドル以下の層である。また、ブレレン県やカランガッサム県などの北部や山間部の寒村では、若者が村の外に働き口を探して出ていくため、人的資源が枯渇し、宗教活動に支障をきたしているところもある。もちろん、そうした地域に経済発展の何がしかの恩恵がまったくおよんでいないわけではない。だが、すくなくとも、バリの観光開発がまだらに進んだこと、観光や経済発展から取り残されているといえる地域がいまもあるということは、指摘できる。[※6]さらに、観

※4たとえば、一九六五年の虐殺事件の際、バリでは、強い呪力をもつと考えられたバリアン（占い師／呪医）がおおく殺害され、その血が殺害者によって飲まれたという。それによって、多数の被害者の霊による仕返しから身を守ることができると考えられたのである。また、そうした呪力の高いと考えられた人々の遺体は、ムチャル儀礼における供犠獣と同様の手続きを踏んで処理されたという。殺害者は、そうした手続きによって、死者の霊が荒ぶる悪霊とならずに土地を守る善なる霊となることを願ったのである［Dwyer & Santikarma 2003: 302］。そうした呪力ある人の血や遺体にこだわった殺害者も、ごく少数の例外的存在とはいえ、呪力や霊力にこだわるバリ人のひとつの類型を占めるものである。中野の提示するバリ人像をあまりリジッドに一般化して捉えるべきではないと、私は考える。

※5私は、「観光地支配」のヘゲモニー構造に取り込まれ、そこに従属する人々を、グラムシに依拠しつつ「観光サバルタン」という概念で捉え、彼らに注目する視点から観光現象を捉え直したいと考えている。観光サバルタンは、ここで触れているホスト側の「ちいさな人」、第二章末尾の総括部分で触れた従属体としての観光者、本章第四節で言及する日本人バリ移住者らホスト化したゲストなど、多様な集団からなる［cf. Gramsci 2011a（1992）, 2011b（1996）, 2011c（2009/1975/1934）；M. Green 2011（2002）；松田 2007; 鈴木富 2011］。

光地や都市部であっても、華美な宗教生活と観光による経済的な恩恵とをともに享受しているといえる人々は、決しておおくない。それに相当するのは、中産階級の上位より上の、人口比でいえばなおかぎられた人々である。正規あるいは非正規の職業労働や第一次産業に従事する者とその家族の大半は、世俗的な生活の次元でも宗教生活の次元でも、消費社会化と物価上昇とが加速度的に進むバリ社会において、ますますおおくの金銭を必要とし、だがその安定した獲得の方途に苦労している。彼らにとっては、経済的恩恵の高まりの程度よりも物価の上昇や支出の増加の程度の方がおおきく、総じて生活はむしろ苦しいと感じられている。しかも、宗教活動への浄財の投入や労働奉仕の義務もあるため、世俗的な労働だけにいそしむこともままならない。経済的な収入を得る活動と宗教的な義務的活動との両立というジレンマに苦しみながら、家族の成員の中で何とかそれをやりくりして生活しているのが実情である [Cuthbert 2015:333; 東方 2015; Klein 2011 (2007) :394-395, 403; Lewis & Lewis 2009; MacRae 1997:491; 中谷 2003, 2009, 2016; Parker 2003:12-14; Pratiwi 2009:89; 佐藤百 2011; Vickers 1989 (2000) ; Wall 2011 (1998) ; 吉田 2013b]。

二〇〇二年のバリ島クタでの爆弾テロ事件後の一時的な観光不況や、二〇〇八年のリーマンショック後の景気低迷の影響などにより、観光ビジネスの淘汰や利潤の遍在傾向がいっそう強まる中、彼らはさらに厳しい状況へと追いやられた。二〇〇八年当時、「何もかも物価が上がった。いまのバリ社会はめちゃくちゃだ」という声を聞いたこともある。ただし、このリーマンショック直後の物価高騰は二倍程度であり、九〇年代末の通貨危機後の物価上昇は三倍であったが。この時期、そしてそれ以降、日本でいわれる格差の進行は、バリでもまた進んだ。マクロな指標に鑑みれば、二〇一〇年代にバリの観光経済はふたたび好転に向かったと分析できる。しかし、観光と宗教文化の強化が正の循環をなすという議論は、富裕な地域や社会層に当てはまるものといってよい。「ちいさな人」たちにおいては、世俗生活でも宗教生活でもますます重くなる負担にあえいでいる姿が浮かび上がる。そして、場合によっては、なけなしの財を投入しつつ自家で催行する儀礼を可能なかぎり華美にしようとする行動が、周囲の者からはゲンシの誇示として理解されているケースもあるかもしれない。二一世紀のバリ社会では、世俗的な職業労働と宗教的な義務とに二重に疎外される状況の強化も、また観察されるのである。

そもそも、観光地やその周辺地域における活発な儀礼活動は、こうした経済力とともに、一定のマンパワーがあってはじめて可能になる。とくに大規模な儀礼活動には、関係者の相当長時間におよぶ労働奉仕の累積がともなう。その場合、むろん家族の中で支え合うことになるが、加えて、従業員・使用人を比較的おおく抱えていれば、彼らに世俗的労働を任せ、自身や家族は儀礼活動にある程度集中することができる。そして、その従業員・使用人は、観光の経済的恩恵を直接十分受けることがかなわない周辺部出身者や底辺層の人々である。このように、バリ社会の中に経済的な格差や偏差があるからこそ、労働力があるところに集中し、そうしてストックされた利益とマンパワーが当地における宗教活動へと投入される、という構造があるのである。たとえば、観光施設の住み込み従業員は、たまにある帰省の際をのぞけば、日常生活において儀礼実践に参画することはなかなか難しい。彼らが宗教実践への関わりを最小限にとどめることに耐え、世俗的な営利追及活動を支えなければ、観光地や都市部周辺において展開する華やかな儀礼活動は成立しないといってよいのである［吉田 2020a］。

そこで、以下では、こうしたバリ人における経済力・宗教関与の格差や疎外状況の深刻化といった点を念頭におきつつ、議論を進めていくことにしたい。その場合、私は、中野が注目するような、人々の内面にある宗教的想像力よりも、彼らをそうした行動に向かわせる社会・文化的メカニズム、ブルデューのいうハビトゥスに相当する諸契機に、着目したいと考える。それは、具体的には四点からなる。

儀礼の華美化の社会分析

第一は、国家の次元にある、一九六五年の大量虐殺事件がもたらした、「政治」をタブー視する体制である。スハルト政権下では、政治的な発言や行動にたいする国家の監視がつづいた。社会の中から政治的なリスクにつながるものを抜き取り、「地域文化」としての舞踊・音楽・慣習衣装などを奨励することで地域・国家統合を図ろうというのが、スハルト体制の政策であった（第一節）。とりわけバリの宗教文化は、ジャカルタ郊外のスカルノハッタ国際空港に立つバリのヒンドゥー寺院を模した巨大な割れ門が象徴するように、インドネシアの地域文化を代表するものとして取り上げられた。バリ人が舞踊・音楽・絵画・彫刻そして宗教活動にいそしみ、また慣習や伝統文化の強化に取り組んだ背景には、インドネシア社会全体に敷かれた文化の生政治が、すくなくともその発端にはあった［Kammen & McGregor 2012b; MacRae 2003; Pedersen

※6 ウブド中心部では、時期により増減はあるが、子連れの女性の物乞いを見かけることがある。彼女らは、カランガッサム県のいくつかの寒村から集団で観光地ウブドに来ている。昼間は観光者らに手を差し出し金銭を要求するが、夕方には仕事を終えて帰途に就くという点で、彼女らの物乞い行為にはオン／オフの明確な境がある。それは、誤解をはらむ表現かもしれないが、ある種のビジネスといってよい［cf. 井澤 2017: 75］。

2006:264-265, 291-293; Ramstedt 2009; 白石 1986; 吉田 2013a]。

第二は、宗教活動の基盤となる、ローカルな社会関係のあり方である。バリの地域社会は、家族（keren）をその主要な構成単位とする村落・集落・親族集団その他の諸社会組織の束からなる。たがいに顔見知りの人々からなるこれらの諸組織こそ、地域社会における寺院など宗教諸施設の祭祀集団である（序論）。その諸組織の成員権は、家族を単位として連綿と継承されていく。したがって、地域社会における儀礼実践の慣習的スタイルや浄化儀礼をつとめる司祭との関係も、そのまま地域社会の枠組みの中で受け継がれていき、ほとんど変わりようがない。ヒンドゥー教徒でない者がそうした地域社会の十全な構成員となることもまずない。バリ人の宗教の実態は、こうしたバリ人ヒンドゥー教徒がつくり上げるローカルな集団の集積体たる地域社会の中に埋め込まれ、そこに固着している [Geertz 1959; Lansing 1974; Picard 2011b:121; Ramstedt 2009; 吉田 2005:70-82]。こうした相対的に閉じた社会環境においては、見栄の張り合いやゴシップの交換はおこりやすい。逆に、バリの都市部やバリ島外における、非ヒンドゥー教徒も介在するより開かれた社会関係を基盤とした宗教生活においては、ゲンシを誇示するゲームのルールや競合相手は多様かつ複雑になり、往々にして競合も緩やかなものとなる。中野の議論は、バリのローカルな社会関係を暗黙のうちに対象として想定したものなのである。

第三は、宗教実践の次元にある、その物質依存性である。前章で述べたように、戦後の宗教改革運動は、多種多様な供物を司祭のつくる聖水により浄化し神にささげるという儀礼的手続きの根幹にまで踏み込んだものではなく、パリサドのつくった新たな規範も、儀礼を肯定し一部はより強化するものであった。端的にいって、バリ人の宗教実践の実質は、物質的な要素——供物、儀礼具、聖水、そして行為としての供物である舞踊、ときに神や悪霊の憑依の媒体となる人間の身体など——を介さなければ成立しない。通常のバリ人の儀礼活動は、ゲンシや呪力・霊力の希求といったこととは別に、神との交流や清浄性の追求といった、アガマとしての内的論理や核心的契機との関連において、物質的要素の使用を不可避とするのである。その場合、高カストにおいては、質量ともにより豊かな供物があってはじめてその地位にふさわしい儀礼的手続きが可能となる、という規範もある（第四章第二節）。できるだけ豊かな供物で儀礼を執行すべしという点は、高カストにかぎらず、バリ人一般にとっての規範であり常識である。また、仮に供物や道具立てが不十分であれば、神や祖先の怒りを招くことにもなりかねず、それは避けなければならないという点もある。つねにそれが意識されているわけではないが、この超自然的存在（からの報復）への畏怖という呪術的な契機も、潜在的な次元でバリ人を華美な儀礼へと向かわせている。こうした諸契機が一体となって、経済的な豊かさを儀礼や供物の豊かさへと投入し、宗教活動を豪華に――すぐ後に述べるように、バリ人は「ラメ」(rame)と表現する――させているのである。

バリ人は、近年儀礼がますますラメになっていることに、十分自覚的である。あるバリ人は、火葬や他の儀礼をラメにすることは「義務である」と述べる。そして、「こういったことを継承していかなければいけない。文化だから」ともいう。火葬を豪華に催すことは、ひとつの社会規範である。そこには、主催者の威信の獲得やゲンシの誇示といった意図も含まれているかもしれないが、亡くなった死者にたいする哀悼と敬意が込められていることもまた否定できない。むしろ、当事者は後者の動機づけを強調するであろう。死霊の浄化の具体的な手段は、おおくの供物や聖水をもちいること以外にないからである。同様のことは、慣習衣装と呼ばれる儀礼正装についても指摘できる。高価な慣習衣装を身にまとうのは、見栄えの問題つまりゲンシの誇示にすぎないという場合もあるかもしれない。しかし、当事者は、清浄な精神をもって儀礼活動に臨むという思いや神への感謝や敬意の証として、身を清めて美しく新しい正装そしてアクセサリーを身につけるのである。この点で、慣習衣装に財を投入することは、儀礼にたいする財の投入とおなじく、ゲンシの誇示に全面的に還元できない、清浄性の追求という宗教的論理をも内包している。※7 この二つの論理あるいは意味が相互排他的ではなく、むしろ当事者にとっては無自覚に同居していることがままあるという点に、目配りしておく必要がある［Hornbacher 2011; 鏡味 1995; 吉田 1996, 2005:159-161］。

第四は、文化の次元にあり、バリ人のエートスとしかいえない価値観である。もちろん、これを本質主義的に捉えるべきではない。ただ、私は、ゲンシの誇示や清浄性の追求とはまた別の次元に、バリ人を豪華な儀礼実践へと向かわせる文化価値上の契機があると考える。それは、先ほど触れた、バリ語でラメと呼ばれる事態を実現しようとする強い意

※7 慣習衣装のもつ意味については、拙論ですでに論じたので［吉田 1996, 2005］、ここでは言及を省略し、民族誌的事実に関する補足点のみ述べる。一九九〇年代は、火葬の際には黒の正装、寺院祭礼の際には白の正装、そして人生儀礼の際には白を基調とし男子の頭巾をバティックにする、といった色の使い分けが流行した。しかし、二〇〇〇年代にはこうした画一化は廃れていき、とくに火葬の際に黒が基調であるとはかならずしもいえなくなった。一方、大規模な死者儀礼の際に、主催者側が儀礼協力者の男子に儀礼名や日付の入ったおなじTシャツやポロシャツをあつらえるという、一九九〇年代から顕著になった習慣はその後も定着し、二〇一〇年代には、女子が同様にあつらえられたおなじクバヤ（kebaya）と呼ばれるレースのブラウスを着用するという新たな傾向も、観察されるようになった（写真 6-7, 6-8）。

写真 6-7, 6-8　火葬の際の統一された慣習衣装
火葬はもっとも盛大におこなわれるべき儀礼であり、多大な物資とマンパワーを必要とする。大規模な火葬では、これを手伝う集落の男子に、儀礼名と日付けの入ったそろいのポロシャツが配布されることがある（写真左、2014 年、ウブド王宮の火葬）。近年は、集落あるいは一族でそろいのクバヤを女性が着用するようにもなっている（写真右、2016 年、トゥブサユ村の合葬）。

写真 6-9　二階にある豪華な屋敷寺と下部の店舗（2019 年、ウブド）
ウブドやプリアタンの中心部では、ほとんどの屋敷が道に面した一角を店舗としている。伝統的な屋敷には、道と屋敷の塀の間にトゥラジャカン（telajakan）と呼ばれる植栽ゾーンがあり［Yudantini 2012］、これを若干拡大し店舗スペースに転用していったのである。本来、屋敷寺は屋敷の北東隅――北・東は神聖な場位である――に設けられるが、この屋敷寺の北側・東側に店舗を設ける状況も、2000 年代から次第におおくなった。ウブド市場西側の家々では、2010 年代には屋敷寺を二階（まれには三階）に移してその一階部分を店舗とするようになった。二階はより天に近く一階よりも神聖な場位であり、こうした屋敷寺の改装と下部の店舗利用は、宗教世界観と観光経済の 2 つの論理を合理的に調停する方法である［吉田 1998］。屋敷寺を二階に配置すること自体は 1990 年代から一部にあったが、ウブド中心部では金をふんだんに施したその豪華さが今日顕著になっている。

志である。「ラメ」は、複雑でにぎやか、華やか、満ちあふれた、といった意味の語であり、興奮、事物の過剰、トランスや闘鶏の激しさや盛り上がりなどをも含む、五感で感得される状態である。バリ人の儀礼活動は、全体として、彼らが好む、これらさまざまな意味の様相をもったラメ的な事態を実現したものとなっている。人々は、手の込んだ装飾や彫刻で寺院を飾り、時間をかけて入念に色とりどりの美しい供物をつくり、できるだけ高価で見栄えのする一張羅の慣習衣装を着て、儀礼に参加する。儀礼の場は、おおくの参加者であふれ、司祭やリーダー格の指示の下、しかるべく儀礼的手続きが進められ、あふれんばかりの供物が神にささげられる。きらびやかな衣装をまとった踊り手が舞い、ときには粛々たる儀礼秩序を突然破壊するトランス状態に陥る者があらわれる（写真5-7, 5-8）。また、おおきな儀礼や寺院祭礼では、神聖な儀礼の場からすこし離れたところで、違法行為である賭博をともなった闘鶏のおおきな勝負が繰り広げられる。※8 寺院祭礼では、普段はない屋台や出店もにぎわいに花を添える。バリ人の宗教活動は、質量ともできるかぎり、ときには過剰なまでに、ラメになるよう演出されるのである［Bateson & Mead 1942:3; Belo 1960:76, 116; Geertz 1973f (1972) : 446; Howe 2000:73-74; 中谷 2016:136-137; Vickers 1991:94-103; Warren 1993:8-9, 163; 吉田 1990, 1994b, 2005; 吉田ゆ 2016a］。

ハレの機会の儀礼の際ばかりではない。バリ人は、普段から、各自の屋敷寺、村や親族の寺院の門や社・祠といった宗教施設を、さまざまな装飾・彫刻・彫金などでラメにする。このように、宗教活動や宗教施設の華美化は、威信や地位の誇示や自身の霊力の向上、あるいはより高い清浄性の確保などを目指した目的合理的行為としてばかりではなく、ラメの実現それ自体に意味がある価値合理的行為としても、捉えられるべきである。※9 そして、これら分析的・内容的には異なる複数の合理性が一体となっているからこそ、バリ人の儀礼志向はきわめて強固なのである。

儀礼活動や宗教物質面の華美化は、目的合理的行為でもあるとともに価値合理的行為でもある。そして、そうした行為の傾向性は、単に伝統的というよりも、むしろバリ宗教の合

※8 闘鶏にたいする警察の取り締まりが強化された時期もあったが、いまも数百以上の人々が集まる大規模なものから、一〇〇人以下の小規模なものまで、各地で毎日のように闘鶏が開催される。詳細は拙論［吉田 1994b, 2005］に譲る。拙論当時から基本的な変化はないが、物価上昇に対応して賭け金は上昇した。二〇一〇年代、「中央の賭け」はときに数億ルピアになることもあり、不動産や外国産自動車を賭けた例もあると聞く。「まわりの賭け」も、最低金額は、九〇年代では一万ルピア、二〇〇〇年代前半では数万ルピアであったが［吉田 2005: 100］、二〇一〇年代半ばでは一〇万ルピアが相場である。ただし、儀礼と無関係におこなわれる純粋な娯楽としての闘鶏では、賭け金はこれより少額である。

理化・近代化の過程の中にある現象として捉えられるべきものでもある。中野やマッキーンが注目する宗教生活の再活性化は、その点で、近代の合理的な経済主義や消費主義のひとつの現出形態でもある（写真6-9）。脱呪術化＝合理化の過程をたどったバリ宗教は、スハルト体制下での観光開発・経済発展にともなって、同時に再呪術化の過程もたどったのである。バリ社会においては、儀礼主義的な宗教実践こそ、まさに合理化されていったん脱呪術化され、かつ再呪術化されたものとしての、リッツァのいう消費の殿堂の中心にあるものなのである（第二章第一節）。

再呪術化と脱呪術化の脱パラドクス化

宗教活動の活性化や華美化は、ゲンシの誇示だけに還元して理解することはできない。ところで、第五章第三節で触れたように、華美化の追求はそもそもパリサドが理念として掲げる方針と相容れない。次に、この点について確認しておくことにしたい。

前章において記述したように、パリサドは、儀礼の簡素化あるいは物質消費軽減の方向性を奨励してきた。たとえば、パリサドによって社会に広まったトリサンディオ（一日三回の礼拝）は、線香・花・聖水などの物質的要素を一切必要としない。家庭や寺院などでは、それらの要素をもちい地面に腰を下ろして神に祈るという形態が通常であるが、学校や職場などでは、そうした物質を一切介在させず、また立ったまま、神への祈りをおこなう形態が浸透している。このように、祈りは「ラメ」の実現の対極にある行為であって、そこではお祭り的な楽しさや感情の高まりは抑制されることになる。もっとも、そうした厳粛な雰囲気こそ、祈りに集中しようとする当事者にとっては至高の喜びでもあるが［cf. Suryani & Jensen 1993:109］。いずれにせよ、祈りは、ラメ的な事態を実現するというバリの儀礼活動全般がもつ特徴に相反する性質をもった行為契機である。そして、儀礼よりもこうした祈りを重視する認識は、人々に着実に浸透している。つまり、儀礼の規模を競い合う傾向が根強くある一方で、多大な物資の蕩尽にたいして反省のまなざしを向ける傾向もあるのであり、この両面性をしっかりと理解しておく必要がある［吉田 1996, 2000, 2005］。

儀礼を簡素化しようとする動きもまた、植民地時代にその起源を見出すことができる。当時、それはまだ局所的な動きであったが、儀礼の華美化と簡素化というたがいに相容れない二つの動向は、一九二〇年代から、戦争による混乱や儀礼の停滞をはさみつつ、今日にいたるまで持続しているといってよい。第五章第一節で言及した『スルヨカント』は、一大儀礼である火葬の催行が人々に重い経済的負担となってのしかかっていること、しかし、そうした金銭の多大な消費は死者の霊をあの世に送り出すという火葬の本来の目的にとっては本質的な要素ではないこと、を再三主張していた。サンティのメンバーであり、ブレレンの王族で植民地官吏でもあったグスティ・プトゥ・ジランティックは、カランガッサムでおこなわれていたシンプルな火葬実践を参照し、一九二四年にブレレンにおいて簡略化された火葬の催行を主導した。彼は、ブレレンでは遺体の九割が埋葬のままおかれているという当時の状況に危機感をもち、簡略ではあっても火葬という手順を踏むことがヒンドゥー教徒にとっての義務であるという趣旨から、高価でない火葬の実践をうながしたのである。また、ブレレンにおけるこの言論活動の影響によるものであるか否かは確定できないが、一九二〇年代の南部バリでは、たとえばマンバル（Mambal）村のように、改革主義的な村長やブラフマノ司祭の下で、数人の遺体を一度に荼毘に付すという火葬形態も試みられた。もともと高カストの大火葬とともにスドロが火葬をおこなうという伴葬形式はあったが、合葬――今日ではガベン・マッサル（ngaben massal; 大衆的／大量の火葬）という表現が定着している――という形式はこの時代にはじまったようである［Connor 1996:185-192］。

現在、火葬については、それぞれの集落を単位とし、三年～五年に一度、合葬形式でおこなうというスタイルが主流となっている。かつては、火葬をおこなう金銭の余裕がない場合、いったん埋葬し、火葬は無限の将来へと先送りするのが通常であった。しかし、一九六一年に、パリサドがブサキ寺院における一九六三年のエコダソルドロ儀礼（第五章第三節）の催行前までにすべての遺体を荼毘に付して浄化しておく必要があると決議し、各自の出費を抑制する集団葬の方法を奨励したことによって、こうした速やかで組織的な火葬が定着したのである。その後、ブサキ寺院における特定の大儀礼の催行前には火葬を済ませておくという規範が浸透し、一部の地域――その集落の慣習法として火葬をせず風葬／土葬とする、あるいは近くにある神聖な大寺院に死者の灰が風で運ばれないように土葬のみとする、など――をのぞいて、定期的に火葬を集落でおこなう合理的な合葬形式が広まっていった［鏡味 2005:548; 永渕 2007:213-216］。それゆえ、いま単独で豪華

※9ヴェーバーが、社会的行為を目的合理的行為・価値合理的行為・情緒的行為・伝統的行為の四つに分類できるとしたことは、よく知られている。ただ、そこで重要なのは、おおくの社会的行為はそれらの混交物であるとヴェーバーが指摘していたことである。付言すると、ジンメルは、この考え方の延長線上で、人々がたがいに関わり合うこと自体を目的としそこに価値を見出す社会関係のあり方――彼のいう「社交」――に、社会的相互作用の「純粋」な形式を看取した［Simmel 2004（1917）: 64; Weber 1972d（1922）: 39-42; 1989（1920）: 49-50］。

な火葬をおこなうことは、ゲンシの誇示の格別な手段となっている。ただ、他方で、火葬を豪華にすることよりも、シンプルであっても早めにきちんと催行することこそ重要であるという認識や、こうしたパリサドの方針を受けた簡素化された火葬の実践——二〜三週間かそれ以上の準備期間を圧縮し、一両日中に準備して速やかに荼毘に付す——が、都市部をはじめとして一部の人々に着実に浸透してもいる。この点で、「ラメ」の実現とは対極的な、原理重視の合理的な考え方とそれにもとづく宗教実践も、ある程度浸透している[吉田 1996, 2005]。

もっとも、私の観察するかぎり、儀礼の簡素化は火葬にほぼ限定される。寺院祭礼をはじめ他の儀礼については、むしろ華美化への志向に満ちている。パリサドがブサキ寺院の大儀礼の催行を重要課題に設定し、そのために死霊の定期的な浄化を必要としたことから、火葬という儀礼だけが突出して簡素化の標的となっているのだと考えられる。その場合、この火葬の簡素化という点に関連して、補足しなければならないことが三点ある。

第一は、即日に近い荼毘という火葬の実践は、必要な供物のおおくをまとめて購入することによってはじめて可能になる、という点である。都市部で比較的この形式が浸透してきたのは、パリサドの方針を受け入れ、労力や金銭面での負担の軽減を望む合理的思考の人間がおおいからだけではない。速やかな供物作成を委託するアウトソーシングのインフラが整備されているからでもある。これを供物の外部化と呼んでおこう。ラッシュがいう、グローバルな情報化社会における全般的なアウトソーシングの進行は、バリ社会においては供物の生産関係の拡張という局面に顕著に現出している[Lash 2006（2002）:366-368; 中谷 2009, 2012, 2016]。このように、火葬の簡素化には、パリサドの方針に沿った脱儀礼主義つまりは脱呪術化の契機とともに、儀礼主義の内側にとどまりつつこれを再編・強化しようとする再呪術化の契機も介在している。この、論理的には対照的といえる二つの合理化の契機が絶妙に組み合わさることによって、つまりは二つの異質な合理化の出会いというパラドクスが脱パラドクス化されることによって、簡略化された火葬の速やかな催行が可能となり実践されているのである。それゆえ、これを、過疎化や貧困に苦しむバリ島の周辺地域における簡素な儀礼執行と同一視することはできない。後者においては、いずれの合理化の契機も介在しないといえるからである。

第二は、実際のところバリ社会において広く展開しているのは、火葬の簡素化よりもむしろ火葬の準備期間の短縮化である、という点である。私がバリで参与観察をはじめた一九九〇年代はじめには、旧王族・領主の王宮にみられる最大規模の豪華な火葬の準備には三週間かそれ以上かかっていた。しかし、二〇一〇年代半ばには、場合によっては死後一週間ほどで、その種の最大規模に近い火葬を催行することが可能となってきた。あるバリ人は「いまは死後数日でもこうした［豪華な］火葬ができる。これは、買う供物と［自分たちで］つくる供物の組み合わせで可能になっている」と述べる。外部委託による供物・棺・装飾などの速やかな作成、その注文や運搬のコミュニケーションの速度や精度の向上など、要するにポストフォーディズム体制の社会的浸透が、こうした短時間での大火葬の催行を可能にしている。浄化の済んでいない死霊は危険な存在であることもあって、死後速やかに火葬をおこなうことが望ましいが、一方で死霊の十分な浄化と慰撫のためには豪華な火葬を催行することが望ましく、そのためには多大なマンパワーを動員した長い準備期間が必要となる。以前は、後者の火葬の豪華さを優先する方法が採られていたが、今日では、バリ社会のポストフォーディズム的合理化によって、バリ人にとって理想的ともいえる火葬の催行——早くかつラメに——が可能となってきている。つまり、人々の宗教実践の次元とくに火葬においてよりおおく観察されるのは、儀礼の簡素化や物質的要素の削減ではなく、一定規模の儀礼の迅速な準備と催行というかたちの合理化なのである（写真0-1～0-5，6-10～6-12）。その点で、先に第一点として挙げた脱呪術化と再呪術化の契機の絶妙な組み合わせは、後者の契機が前面に出るかたちで、つまりはドミナントな構成要素となって（第三章第一節）、展開している。

合葬の実践において、この点はいっそう明瞭である。すでに触れたように、合葬形式は、もともと植民地時代に貧者のために案出され試行され、これが戦後にパリサドの指導の下、バリ全体に広まったものである。しかし、火葬の集団化はかならずしも簡素化に直結していない。たしかに、経済的理由などから簡素なスタイルを採用するケースもあるが、むしろよく観察されるのは、各家庭の出費をある程度抑制しながら、できるかぎりの豪華さをもって火葬を催行するための方法として、村で催行する合葬に加わるという実態である。共同の合葬においては、全体でひとつの供物群や一度の儀礼行為で済ませられる部分があり、かつ、儀礼参加者がおなじ規格の供物や装飾を採用する局面もあるので見栄を張り合う余地も縮小される。いわば二重に合理的なのである。

さらに、火葬以外の儀礼の合理的な運営方法として、人生儀礼（Manusa yadnya）の集約的催行がある。これが第三点である。主要な人生儀礼としては、①出産後の生児の諸儀礼、②オトン／オトナン（oton, otonan）と呼ばれる誕生日の儀礼、③成人儀礼に相当する、ムサンギなどと呼ばれる削歯儀礼（metatah/mesanggih/mepandes）、④結婚式、⑤二次葬（nyekah, memukur/ngasti/marigia; 火葬により浄化された霊を最終的に祖霊神へと確定する儀礼）、がある。これらの儀礼はともに催行することが可能である。たとえば、ある家族が結婚式の際にムサンギとオトンを、二次葬の際にムサンギとオトンを同日に催行したり、ある集落が合葬形式で二次葬を催行する際にムサンギとオトンを同日に催行したりし、一部の供物・司祭への謝礼・儀礼食などにかかる経費を一本化し、相当な規模の儀礼とするのである。後者のような集落合同のムサンギは、ポトンギギ・マッサル（potong gigi massal; インドネシア語で削歯をポトンギギという）とも呼ばれる。こうした儀礼の集約化と、火葬（および二次葬、削歯儀礼）の集団化ないし共同化は、即日に近いかたちの火葬とは異なり、儀礼の簡略化という方向に向かうものというよりも、むしろ儀礼主義あるいは再呪術化の方向にあって出費を抑制する方法である。

以上のような現代バリの宗教活動の諸動向にみられるのは、バリ人が経済合理的に――そこには簡素な儀礼を奨励するパリサドの論理との整合性がある――、かつ可能なかぎり華美に――そこには、ゲンシの希求、清浄性の希求、超自然的存在への畏怖、ラメの実現などの意図が混然一体となっている――儀礼を催行しようとする、複合的なインセンティヴの組み合わせである。すくなくとも、中野がいうようなゲンシの誇示だけが一義的な動機であるとすれば、こうした儀礼

写真 6-10, 6-11　合葬（2015 年、パダントゥガル村）
パダントゥガル村では、死者はいったん墓地に埋葬され、ほぼ 5 年に一度の合葬で荼毘に付される。この村では、近年、合葬の際に遺体を掘り起して荼毘に付すことは基本的にしない。象徴的に死者を「起こし」、そこにある土を採取する。火葬当日は、死者のシンボルである木片を線香の火で燃やし、いわば形式的に荼毘に付す（写真左）。その傍らでは、遺体の場所から取った土や供物などに聖水をふりかけて、牛や獅子などの形状の棺（petulangan）に入れて燃やす（写真右）。その後、遺灰と供物を浄化し、これを川や海に流す。火葬後にはあらためて二次葬をおこない、これをもって死者は祖霊神へと転化される。なお、この村では、2018 年 8 月に、通常はおこなわれない三次葬（maligia lajur）を催行した。

写真 6-12　合葬の儀礼具や供物（2015 年、パダントゥガル村）

の集約化や火葬の合同化はここまで浸透しなかったであろう。むしろ、今日のバリ人は、清浄性を追求しつつ、したたかな経済合理的計算の下に儀礼の華美化をも追及している。その濃淡や折り合いのあり方は、個人や家族により相当な幅がある。とともに、そうした華美化の追求がかならずしもヒンドゥーというアガマの本質ではないという冷めた宗教合理的思考ももっている。こうした複合的な合理主義的思考の束と、異なる合理化が一体化し脱パラドクス化する局面が、今日のバリ人の宗教生活に内在している。ここにも、バリ人の宗教における合理化の複合性を再確認することができる。

ここまで、火葬の合理化に関連して、①供物作成の外部化、②儀礼の準備期間の短縮化、③儀礼の集約化（火葬等の共同化を含む）といった近年の傾向と、そこにみられる宗教合理化の複合的なメカニズムについて、述べてきた。私が一九九〇年代から継続的におこなっている参与観察の範囲では、儀礼活動の流れや構成要素についてはほとんど変化がなかったが、①と②の傾向がいっそう強まってきていると感じられる。以下、この点についてさらに議論を補足する。

供物の格下げが支える儀礼の活性化

バリ人は、基本的に日常的な供物を自家で作成し自家で消費してきた。つまり供物は内部化されたものであった。女性を中心に、バリ人は毎日膨大な供物をつくりつづけている。ただし、多忙な人が出来合いの供物を市場で買ってもちいたり、トゥカン・バンタン（tukang banten; 供物屋）と呼ばれる供物のエキスパートや司祭の家族に特定の供物や儀礼道具の作成を依頼したりといった、一部の供物の外部化は、私が九〇年代に観察をはじめた当初からあった。また、線香や聖水などの儀礼に不可欠な一部の物質的要素は、自家で作成・調達できず、もともと外部化されていた。しかし、一九九〇年代半ばころから、観光地や都市部では、日常的に消費する供物や、ある儀礼や祭日にささげられる特定の供物一式を購入するといった事態が広まるようになった（写真6-13）。いまや、供物作成の内部化ルールは明らかに解体しはじめてきている。将来的に、供物をつくれない人々や自家ではつくらないという人々が都市部などでいっそう増加していくであろう。

こうした外部化の進行の背景にあるのは、合理化されたヒンドゥーの教義の論理である。アガマとしてのヒンドゥーにとっての本質的な行為契機は、唯一神への祈りである。ヒンドゥーがアガマとしての様相に重きをおけばおくほど、供物の献納というヒンドゥーの中のアダットとしての構成契機は、その重要性を喪失し、いわば格下げされていかざるをえない。これに加えて、バリ人の生活スタイルの変化が、もうひとつの背景としてある。供物作成の外部化の進行は、職業労働に従事する人たちの供物献納の機会が、逆説的にも増えていることと関係している。たとえば、近年、中間層の上位層は、従来のバイクに加えて乗用車を購入するようになった。また、おおくの高校生はバイクで通学するようになった。バリ人は、こうした乗り物にも供物をそなえ、しかるべき浄化の儀礼をおこなう。また、職場でも日々の供物献納や儀礼の機会がある。外国人の所有するちいさな店舗であっても、毎日数個かそれ以上のチャナンという供物をそなえることが常態化している（写真0-20）。さらに主婦が職業労働に従事する傾向も強まった。上位層をのぞき、夫婦共働きでなければ、一家の家計を支えることは困難である。このように、バリ人の生活空間が職場と家庭（と田畑）とを往復するものとなり、バイクや乗用車の所有が広まり、自家の屋敷や田畑に店舗や施設が建つことによって、端的にいえば生活空間の拡大と所有物の増加や更新によって、必要となる供物や儀礼の機会は増加する傾向にあり、かつ、その準備にあたる時間やマンパワーは反比例して減少する傾向にあるのである。

　こうして、日々消費するチャナンの数は増えることになるが、その一方で、チャナン献納の際に火の点いた線香を添えない、あるいはサイバンの数をすこし減らすといった、ある種の省略傾向も一部に看取される。中には、供物献納を相当

写真6-13　日用品とともに日用供物を売る雑貨屋
（2019年、パダントゥガル村）

程度省略する決断をした都市部在住のバリ人もいる。それは、バリ島内ではきわめて例外的なケースといってよい[※10]。ただ、世俗的な労働にさらに時間を費やし、それで得た金銭によって、内面的な神への信仰や祈りよりも格下げされた供物献納という慣習的営為に必要なものを購入するという生活スタイルは、拡大・浸透してきている。そして、それが、ベックのいう世俗化のパラドクスの一環といいうるが、逆説的に儀礼活動の活性化とみえる現象につながっているのである。

　供物の内実にも、微妙な変化がみられる。各家庭によっても異なるが、日々献納するチャナンに市販のビスケットやチョコレートが添えられるようになった。もともと供物にもちいる菓子は、自家で作成したジャジャン（jajan）と呼ばれる、米からできたせんべい状のものが主流であった。一九九〇年代に一部でみられたこうした市販菓子の使用は、二〇〇〇年代以降いっそう拡大している（写真6-14）。人間の食生活の変化が、供物という神の食事の中身の変化へと波及しているのである。種々の供物の必須のアイテムであり、人間にとっての主食でもある米を購入する（せざるをえない）バリ人も、今日ではすくなくない。そして、この米の価格の高騰が人々の生活を直撃してもいる。

　供物に関する近年のもっともおおきな変化は、供物の容器に相当するものをヤシやバナナの葉でつくる際に、竹ひごでとめる従来の方法がホチキスによる針どめへと変わってきたことである。顕著になったのは二〇〇〇年代半ばころからであり、利便性と作成速度の向上といった合理性がホチキス使用の理由である。竹ひごをつかって供物を作成する者もいな

※10 この例外的な事例に触れておく。デンパサール近郊に暮らすある女性は、女性問題を担当する政府のキャリア官僚であり、女性の地位の向上の必要性を日常的にも周囲の人々に説いていた。女性たちはもっと教育の機会を得て、職業に従事するなど、社会との接点を広げていくべきだ、というのである。そして、バリの女性が膨大な供物を作成する際限のない作業に携わっていることが、女性を家庭に拘束するおおきな問題であるとし、供物を慣習にのっとってたくさんつくる必要はない、重要なのはそうした物質面ではなく精神面であって、毎日つくってささげる供物も要所におけば数を減らしてもかまわない、その余った時間を労働や勉強に役立てる方がずっとよい、と主張し、毎日の供物の数を本来の半数程度に減らし、主要な儀礼の供物も一式購入して済ませていた。この家族には公務員や教員がおおく、供物を自家で作成する余裕がなかったこともある。近隣の人々は、こうした考え方や生活様式を理解できず、供物を購入することを宗教心のなさの証明と捉え、日々の供物を減らすという行動を恰好のゴシップの種としていた。以上は、拙論でも言及した、私が二〇〇〇年代前半に見聞したある家族のケースである［吉田 2005: 196］。さて、その後、この女性の息子が嫁を迎え、この嫁が義理の祖母（この女性の夫の母）と協力して供物を作成するようになり、ふたたびこの家族は他家とほぼ同様の供物数と儀礼のあり方へと回帰した。ただ、その後、この祖母の高齢化もあり、供物を購入するようになっている。バリの地域社会に埋め込まれた生活を送るバリ人が、供物の献納にもとづく儀礼活動から離脱することは、なかなか難しいようである。

いわけではないが、日常的な供物や市場で売られる供物から、火葬や寺院祭礼などの複雑な供物まで、またブラフマノからスドロの人々にいたるまで、全島的にホチキスの使用が浸透している。そして、ホチキスの使用、およびプラスチックの袋に入った市販菓子の使用が一般化した一方、供物の廃棄処分方法の対応は遅れている。各家庭の供物はごみとして回収・処分されるようになってきたが（写真6-15, 6-16）、大儀礼で一度に大量に破棄された供物のごみが、かつての自然の素材だけでつくられた供物とおなじように、儀礼の場に捨てられたりその場で焼かれたりする。野良犬とくに皮膚病の野良犬の数が減り、アスファルトが増えた二一世紀のバリの都市部や観光地では、捨てられた供物を食べるのは鳥と虫ぐらいであり、供物はもはや自然に朽ちて循環するのではなく、購入されて廃棄される消費物資へと転化しつつあり、そうならざるをえないのである［井澤 2017:114-116; 吉田禎 1983:100-101］。

*

本節の議論を二点にまとめておこう。一部の火葬の簡素化という動向をのぞき、現代のバリではおおむね儀礼活動は華美化の傾向にある。ただし、その背景にあるのは、中野がい

写真 6-14　盛りだくさんのチャナン（2019 年、パダントゥガル村）
ビスケットや果物に加え、タバコとコーヒーが添えられた、いわば豪華版のチャナンである。コーヒーを添える習慣は、デンパサール方面では以前からあったが、ウブド周辺では 2010 年代から見かけるようになった。なお、この供物は、中身は豪華になっているが、線香は添えられておらず、ここは簡略化されている。

写真 6-15, 6-16　ごみとして処分される供物（パダントゥガル村）
写真左は、店舗従業員が悪霊／鬼神向けの供物を地面に置いてささげ、これをすぐにごみ袋に入れて処分しようとしているところである（2013 年）。ただし、一般的には、道端に捨てておき、あとで掃除の際に片づけることがおおい。写真右は、屋敷寺のオダランの後に家の前に出された、ビニール袋（大）3 つ分の使用済み供物のごみである（2014 年）。これらの供物にもホチキスがつかわれているが、有機系ごみとして処理される。

うようなゲンシの誇示や呪術的想像力だけには還元できない、より複雑な状況である。世俗的な職業労働に就くバリ人が増え、生活スタイルが都市化し、消費社会化の様相を強める中、供物献納を実質とするバリ人の儀礼活動は、衰退するよりもむしろ増幅している。ただし、それは、供物作成の外部化に支えられており、宗教における供物の価値の格下げをその背景としている。ところが、こうした日々の光景が、観光の局面においては、宗教文化を誇る楽園バリというイメージに合致するものとなっている。そして、こうした儀礼の華美化傾向は、第五章で論じた宗教合理化とかならずしも矛盾するものではない。人々の宗教活動における脱呪術化（祈りの重視と供物の格下げ）と再呪術化（消費志向と儀礼の華美化）の二つの契機ないし合理化のサブシステムが、脱パラドクス化しつつ絶妙に結び合っている。これが第一点である。

第二点として、儀礼主義と観光経済との相互発展的な結びつきという、マッキーンらが主題化した状況を、かならずしもすべてのバリ人が享受しているわけではない、という点がある。たしかに、大枠のところでは、バリ人の宗教実践は、スハルト体制下における観光開発を基点とした経済の好転の中で、あるいは、さかのぼれば植民地時代における局所的な観光地化の影響の中でもすでに、活性化したといえる。しかし、今日、その宗教実践の活性化は、「ちいさな人」たちにとっては、儀礼義務や経済的負担のさらなる増大にほかならず、儀礼に十全に参画できる人々と、彼らに雇用され世俗的な労働にいっそう傾注せざるをえない人々との間の格差や乖離によって支えられている一面がある。観光経済の発展は、かならずしも人々にとっての宗教のあり方にプラスの影響をもつとはかぎらないのである。

では、次に、このマイナス面について、別の観点から検討していくことにしよう。

第三節　観光と宗教の相克と妥協

宗教を侵犯する観光開発への抵抗

第一節では、開発がもたらす環境破壊に、バリの世論はかならずしも敏感ではなかったと述べた。しかしながら、一方で、バリの世論や地域社会は、観光によって宗教が負の影響を受けることが懸念される場合、敏感に反応した。その主要な事例として、一九九〇年代にあった四つの出来事を確認しておきたい [cf. Ramstedt 2009:337; Warren 2007:186-189]。

第一は、ブサキ寺院の世界遺産記載の可否をめぐるものである。一九九〇年と一九九二年、そして二〇〇一年の三回にわたって、世界遺産記載に向けた動きがあったが、ブサキ寺院はあくまでヒンドゥー教徒が管理すべき最重要の寺院であって、世界遺産にはなじまないという反対意見がバリでは支配的となり、結果的に世界遺産記載申請は見送られることになった。なお、一方で、二〇一二年には、バリ島の中部周辺の二万ヘクタール近い範囲の文化景観が「トリ・ヒタ・カラナの哲学のあらわれとしてのスバック体系」として世界文化遺産に記載され※11（写真6-17）、二〇一五年には神聖な舞踊・世俗的舞踊・その中間形態からなる九つのバリ舞踊（Barong Ket Dance, Joged Dance, Legong Keraton Dance, Drama Tari Wayang Wong, Drama Tari Gambuh, Topeng Sidakarya Dance, Baris Upacara Dance, Sanghyang Dance, Rejang Dance）が「バリ伝統舞踊の三ジャンル」として世界無形文化遺産に記載され、それぞれ観光資源化している［福岡 2016:172-173; Hitchcock & Putra 2007:95-106; 井澤 2017:159-177; Lewis & Lewis 2009:7, 33; MacRae 1997:490; Miura & Sarjana 2016, 2019; Pratiwi 2009:83-90; Stuart-Fox 2002; Warren 2015; Yamashita 2015a; 吉田 2009a, 2013b; https://www.baligrouporganizer.com/9-balinese-dances/; https://ich.unesco.org/en/RL/three-genres-of-traditional-dance-in-bali-00617］。

第二は、一九九三年にもちあがった、BNR（Bali Nirwana Resort）という、ゴルフ場やホテルを備えた大型複合リゾート施設の建設計画である。住民の田地の剥奪や環境破壊の問題もあったが、焦点となったのは宗教問題であった。建設場

写真 6-17　ジャティルウィの田園風景（2015 年）
ジャティルウィは、タバナン県北部の広大な田園を有する慣習村である。1989 年からの第五次 5 カ年計画に際して、州政府がここを村落観光／総合観光村のプロジェクト実施地に指定し、田園風景の美しさを観光客にアピールする観光地化がはじまった。この地域が 2012 年に世界文化遺産の中に登録されてから、観光者は急速に増大し、2014 年には外国人約 3 万 6000 人、インドネシア人約 1 万 8000 人が訪れた。入村料の 55％は村に（残りは県に）入り、世界遺産登録は村に恩恵をもたらしている。ただし、2015 年時点では、ユネスコと政府との間の折衝内容が村に十分伝わっていない、建築物の規制があるにもかかわらず民間の業者の参入が相次いでいる、また、20 年ほど前から若干雨量が減り、田の面積は変わらないが収穫量が減っているなど、今後に向けて課題や懸念材料も抱えている（2015 年、スバック（水利組合）長へのインタビューによる）。

所はタナロット寺院に隣接する場所であり、建設主体はジャカルタの財閥系企業と海外企業の合弁会社であった。ヒンドゥーの重要な寺院が、非ヒンドゥー教徒のビジネスのために利用されようとしていることに、バリの世論は拒否反応を示したのである。新聞には政府を批判する多数の投書が寄せられ、学生や知識人を中心にデモもおこなわれた。このデモは、G30SPKI以降はじめての政府批判行動であった。パリサドは、一九九四年にタナロットから二キロメートル距離を取るべきだとする表明をおこなった。しかし、これは建設容認の表明でもあって、パリサドはこの財閥系企業から多額の寄付金を受けていた。軍がデモを抑圧し、新聞からもこの話題が消え、中央政府が修正された建設計画を認め、施設は一九九七年に稼働した［鏡味 2000:213; Picard 1996:190-197, 1997:204-205; Pratiwi 2009:357; Schulte Nordholt 2007:8-9; Suasta & Connor 1999:100-111; Warren 2000:5-7, 2005（1998）:235-238, 242-253; 吉田 2009a, 2013b］。

第三は、おなじ一九九三年のＧＷＫ（Garuda Wisnu Kencana）の建設計画である。ＧＷＫは、バリ人彫刻家がデザインした、天鳥ガルーダとウィシヌ神が合体した金（kencana）の巨大な像である。自由の女神よりも高く、ボロブドゥールやピラミッドにも匹敵する一大モニュメントであるＧＷＫを中核施設とした複合的テーマパークを、ヌサドゥア近くの再開発地に建造し、内外の観光者を誘致しようというのである。この計画に賛意を示す知識人もいたが、反対を表明する知識人もいた。観光者の目当てはバリ文化であって、自由の女神より高い像ではないはずである、しかもウィシヌ神やガルーダの姿を借りたその像は宗教をビジネスに供することを意味する、それはヒンドゥーを商品化したディズニーランドの建設にほかならない、というのである。ＧＷＫパークは、一九九七年の通貨危機を受け、規模を縮小させて着工され、未完の施設を抱えたまま稼働をはじめた［菱山 2017:196; Picard 1996:190-193, 1997:203-204; Schulte Nordholt 2007:11-12; Suasta & Connor

※11トリ・ヒタ・カラナ（Tri Hita Karana）は、神・人・自然の三者の調和を意味するヒンドゥーの教義概念である。神がもたらす自然の恵みを人が受け取り、人がそこから供物をつくり、これを祈りとともに神にささげる、という三者の調和した関係が、この概念によって言及される。ただし、このトリ・ヒタ・カラナという語自体は、バリに伝わるヒンドゥーの古文書にあったものではなく、パリサドが一九六六年にはじめてもちい、経済至上主義の見直しとバリらしさへの回帰を訴えるアジェグ・バリ（第五章第三節）運動の中で、さらに流通し存在感を増していったものである［井澤 2017: 112-114; Stuart-Fox 2002: 22］。したがって、この世界遺産記載にはある種の論理的な不整合が潜んでいる。バリの文化的景観やスバックは、トリ・ヒタ・カラナの概念とは無関係に以前から存在したのであって、この概念のあらわれ（manifestation）とはいいがたいからである。しかも、自然との調和を強調するこのノスタルジックな概念は、急速な生態系の破壊が顕在化する中で頻用されるようになったものでもある。

1999:98-100; Warren 2005（1998）:234-235; 吉田 2009a:44, 2013b］。施設の目玉となるＧＷＫの全体像は二〇一八年にほぼ完成した（写真6-18）。

第四は、一九九七年の、サヌール近郊のパダンガラッ（Padanggalak）海岸のリゾートホテル建設計画である。建設現場は、クシマン（Kesiman）村の寺院に隣接し、周辺地域の宗教儀礼にとっても重要な場所であった。建設工事は、地元への説明も環境影響評価もなしにはじめられた。クシマン村は、反対運動の一環として、村の出身者であった州知事イダ・バグス・オカ（Ida Bagus Oka; 在職一九八八〜一九九八）を、村の成員から除名する（kesepekang）という措置をとった。それは、バリ人にとって恥ずべきことであり、やがてその知事が死を迎えたときに集落の共同作業で火葬はおこなわない、つまり死後の知事の霊が適切な儀礼措置を得て来世に旅立つことができない、ということを意味した。マントラの後継知事であったイダ・バグス・オカは、イダ・バグス・ＯＫであると揶揄されるほど、開発政策に迎合的であったが、バリ人ヒンドゥー教徒である以上、建設工事の中止を表明せざるをえなかった。こうして、ＢＮＲやＧＷＫとは異なり、すでに着工されていたパダンガラッでの開発プロジェクトは白紙に戻されることになった［Henley & Davidson 2007:30-31; Lewis & Lewis 2009:62-63; Picard 2005:123; Putra 2011:133; Schulte Nordholt 2007:8-

写真6-18　GWK像
台座部分には展望施設などが入っている。

10, 85; Warren 2000:7-9, 2007:171, 191; 吉田 2013b]。

このように、観光開発によって宗教生活やその重要な象徴的存在に悪影響がおよぶと予想される場合、バリ人社会はこれを否定する姿勢や対応を示した。しかし、各地域における小規模な開発を含めて、おおくの場合、そうした抵抗は実を結ぶことなく、国策でもありグローバルな経済の論理でもある観光開発がこれを圧倒していった。マッキーンらの議論が想定するような観光と宗教との互恵的な発展とはまったく逆の、観光が宗教と対立しいわば前者が後者を飲み込んでいくという事態も、バリでは進行したのである。次に、その具体的なあり方の一端を、ハウザー＝ショウブリンの民族誌的研究によって確認したい［Hauser-Schäublin 1998; cf. 間苧谷 2005］。彼女の論考は、観光地サヌール（サヌール慣習村およびインタラン（Intaran）慣習村）における、一九八八年〜一九九七年の一〇年間の急速な観光地化と宗教実践との軋轢を論じたものである。

聖地に建設されたリゾートホテル

数キロメートルにわたる白い砂浜と波の穏やかなビーチを擁するサヌールは、一九三〇年代にはすでに若干の欧米人が滞在する場所となっていた。一九四七年にはオランダ人による観光開発も企図され、一九五〇年代には現地資本の小規模ホテルも建設された。一九六六年にはバリビーチホテルが完成し、サヌールはバリ最初のリゾート観光地となった。サヌール住民の集落は、観光地となり外国人観光者で賑わう海岸部から若干離れていた。しかし、海岸部にも寺院などの宗教関連施設はあった。人々は、寺院などの宗教施設の壁を高くしたり入口に扉を設けたりするなどし、神聖な空間を観光者のまなざしや侵入から隔てようとした［Hauser-Schäublin 1998:147, 159; 菱山 2017; Vickers 2011:461-463, 471］。

ところで、サヌールは、宗教・世界観上やや特筆すべき特徴をもった場所である。まず、サヌール海岸は、バリ中南部の比較的広い地域の人々が火葬後の遺骨を海に流す場所である。バリの伝統的な方位観では、海側・河口側は不浄の場位となるが、サヌールはとりわけ神聖かつ忌避される場所のひとつである。また、サヌール東方にあるペニダ島（Nusa Penida）には巨大な神鬼（Gede Mecaling）が住むとする伝承があり、サヌール海岸周辺の諸村落は毎年ある時期にこの鬼の襲来から守るための儀礼をおこなう。この二つの点で、サヌール海岸はバリ人にとって畏怖される場所である。しかし、そこはまた、観光開発の文脈においてはおおいに資源価値を有する場所でもある。サヌール海岸部の土地は、現地の人々が驚くような高値で売れた。住民の私有地ばかりでなく、神聖な寺院の土地も、観光開発に供されたのであった［Covarrubias 1937（1991）:10; Hauser-Schäublin 1998:152; Hornbacher 2011:173, 190; 倉田 1978; Swellengrebel 1960; 吉田 1998］。

バリビーチホテルは、そうして建設された官主導の観光施設であった。ホテルの敷地は、もともと周囲を木々が覆い、サヌールとインタランの埋葬地とプロ・ダラム（死霊を祀る寺院）がある場所であった。この寺院や墓地の移転に際しては、そこで祀られていた神々や死者の霊にたいする慎重な儀礼的手続きが施されたが、こうした超自然的存在と土地との関係は簡単に切断できないと考えられたため、完成したホテルの中に複数の社からなる一区画の寺院――この寺院（Pura Manik Tirtha Sari）を、以下ではホテル寺院と略記する――が建設された。このホテル寺院の祭礼には、サヌールとインタランの慣習村の人々も参加するようになった［Hauser-Schäublin 1998:162-165］。

しかし、こうした超自然的存在にたいする配慮にもかかわらず、寺院移転の儀礼的手続きが十分でなかったからか、祀られていた神々があまりに強力であったからか、このホテルの建設と開業の過程ではいくつもの事故や事件が発生し、その後は宿泊客から霊等の目撃情報も寄せられるようになった。一九七一年にホテルが拡張された際には、移転させられた寺院の神が寺院司祭に憑依し、その口を借りて寺院の移転を非難し、災禍が降りかかるであろうと警告する、ということもあった。バリでは、憑依は神が人々にメッセージを発する手段である。各種の怪談話が噂される中、ホテル側は、客室のひとつをホテル寺院で祀る諸神のためにリザーブしたり、この諸神を慰撫するための儀礼やホテル寺院の改修を何度もおこなったりした。それでも事故や不思議な出来事はつづき、人々は超自然的存在の関与を噂した。そして、そうした中、一九九三年にバリビーチホテルは火災でほぼ全焼した。死者は出なかったが、火元や原因は不明であった。また、神々のために長期予約された部屋とホテル寺院一帯だけ、まったく被害がなかった。このホテルの敷地全体に火の粉が舞い散り、他は全焼したにもかかわらず、である。この噂もバリ中に広まった。当時ウブドに滞在していた私も、その噂を耳にした［Belo 1960; Lovric 1986:73-74; Hauser-Schäublin 1998:164-166, 169; Picard 1996:76-77; Stausberg 2011:94-95］。

ハウザー＝ショウブリンは、こうした経緯を、観光産業によるニスカロ（不可視）の領域の破壊にたいする、ニスカロの側からの反撃であると理解する［Hauser-Schäublin 1998:166-168］。つまり、この事例を、神々と観光開発との間の相克を示すものと捉えるのである。そして、この火災後、ホテルが再建され、周囲の土地がさらに平らげられ、ホテル施設が拡張されたことをもって、神聖なるものにたいする冒瀆の勝利であるとも指摘する[ibid:174]。ただし、私は、その後の経緯をも踏まえながら、こうした彼女の理解に若干の修正を加えたいと考える。

この再建されたホテルは、現在のインナグランド・バリビーチであり、一〇階建て二五五室のタワーウィング、コテージ一一一室、二階建て二〇八室のビル、九ホールのゴルフコースを含む、四五ヘクタールの複合リゾート施設となっている。再建に当たって、ホテル寺院は二区画に拡張され、祠などの施設もさらに豪華に改修された。私の見聞するかぎり、霊の出没に関する噂はいまもあるようである。それゆえ、ホテル関係者は、ひきつづき神々からのリアクションにたいする警戒の念を抱いている。タワーウィングに設けられた神への一室に加え、再建後はコテージ一棟が海の神――先述の神鬼(Gede Mecaling)を指すと考えられる――用にリザーブされ、これらの二室はマネージャーの管理下におかれ、神的存在への慎重な対応に抜かりがないよう配慮されている。また、ホテル寺院の神に満足してもらうための儀礼的手続きや豪華さを付与する改修は、その後も継続的におこなわれている。それによってか、いまは事件や事故は鎮静化しているようである。こうしてみると、この事例は、神々の観光開発にたいする抵抗や、冒瀆の神聖なるものにたいする勝利というよりも、むしろ神々の反撃が沈静化し抗争が妥協に向かった例として理解することができるように思われる。先に触れたパダンガラッでは、寺院が移転の危機にさらされたものの、住民の抵抗によってこれが撤回された[Henley & Davidson 2007:30-31; Warren 2007:171, 191]。一方、バリビーチホテルの場合、神々の抵抗はたしかにあったといえるものの、ホテルの建設や拡張を神が拒否して開発が撤回されたわけではない。逆に、ここでは、神を慰撫しつつ開発が着々と進められたのであり、その方向性は維持されたのである(写真6-19・6-20)。

こうした観光開発にともなう寺院や墓地の移転に当たる他の事例を、私は寡聞にして知らない。ウブド隣村では、埋葬されたすべての死者の儀礼浄化を済ませて墓地を整えつつ、一時的にその一部を駐車場に転用するということを観察したが、「墓地や寺院を移すことはありえない」とも聞いた。一般に、分村などにともなって墓地や寺院を新たにつくったり新たに勧請したりすることはある。また、広い意味での開発のために、寺院などの宗教施設が、移転はともかく、改修を受けるというケースもある。さらに、バリ人は寺院や屋敷寺をよりラメにすることに余念がないが、その際、いったん神々や祖霊神を仮住まいに移し、改修後にふたたびいわゆる御霊入れの儀礼的手続きをおこなうことになる(写真5-3参照)。この点で、神的存在の鎮座する場所はずっと固定されたものではない。しかし、そうした場合には、宗教論理上の必然性がともなっている。この点で、バリビーチホテルの移転は例外的な事例といえる。

ただ、バリにある大半の寺院は、近代化にともなう何がしかの変化を経験している。従来寺院の祠や建物につかわれていた木の柱、サンゴ石の土台や塀、茅葺きの屋根に代えて、コンクリート、タイル、瓦屋根をもちい、強度や耐久性を向上させ、また建物をおおきくし、木彫・石彫・彫金の装飾を施す、あるいは、バロンやランダ（写真6-21）を含む神像をより豪華なものへとグレードアップしたり、これらを新たに作成または追加し招魂儀礼をしたり、といった動きは全島的にみられる。こうした宗教施設や聖物のバージョンアップは、前節で触れたように、植民地時代から観察される持続的な特徴でもある。寺院によっては、いまも石やレンガをもちいた小規模な祭壇のままにとどまるものもある。とくに、その寺院の神がいかなる変化も望まないことを憑依によって表明すれば、たとえ祭祀集団に寺院のラメ化への意志があっても、そうした改修はおこなえない。神の意志はそれぞれさまざまなのである。ただ、おおくの、とくに重要視される大寺院においては、住民たちによる寺院の保全やラメ化への意志から、敷地やその周辺の樹木伐採やコンクリート舗装をも含めた改編が加えられる傾向にある。中には、寺院の神聖な樹木を伐採するという場合もある。サヌールでも、そうした事

写真 6-19（上） ホテル寺院とタワーウィング（2016 年） 写真 6-20（下） 新たなプロ・ダラム（2016 年）

写真上の手前が本文でいうホテル寺院であり、当該ホテルの敷地の北東隅にある。2016 年にはさらに改修を受け、いっそうおおきく見栄えのするものとなった。神用にリザーブされた部屋（タワーウィング内）に加え、いまは海の神のためにリザーブされたコテージも 1 つある。写真下の手前が、ホテル建設に際して移転されたプロ・ダラム（Pura Dalem Kahyangan）であり、ホテルの北西側に位置する。

写真 6-21 ランダ

態が一九九〇年代前半に進行した。ただ、それは、バリ島各地で進行している事態の一端にすぎない［Hauser-Schäublin 1998:170-174; cf. Telle 2014］。

こうしてみると、局所的には開発にたいして超自然的存在からの抵抗が現出し対処が必要となるケースもあるが、むしろ全体としては、そうした神々の意志にていねいに応答しこれを慰撫しつつ、宗教施設の改修が各地の開発とともに進行する、というケースの方が一般的であると考えられる。この点で、寺院もまた開発の過程の中に組み込まれてきたといってよい。また、ブサキ寺院、タナロット、ジャガトナト大寺院をはじめ、バリのほとんどすべての大寺院、そして観光地周辺の寺院のおおくは、神聖な内奥の空間はさておき、外庭の部分はヒンドゥー教徒ではない観光者にも開放されている。この点で、宗教施設を管理する組織は、観光開発と観光者にたいして迎合的であるといえる。また、宗教施設を訪れる観光者からの喜捨は、その施設やその母体の組織にとって財源のひとつになってもいる。前節で批判的に検討した先行研究は、寺院信徒集団を構成する人々が観光関連産業に組み込まれ経済的に富裕となり、その経済力が儀礼あるいは寺院建造物の改修や装飾の付加へと還流していく点を論じるが、観光者が寺院や聖地を訪れ喜捨することでバリの宗教的事物の物質面での合理化・華美化に直接的に貢献するという事態も、観察しうるのである。ただ、それは、結果的に、宗教施設を観光の売り物とすることにかぎりなく近いともいえる。寺院の隣接地にホテルなどの観光施設が建造されることは原則として禁止されているものの、周辺に立つことはある。寺院など宗教施設の写真が観光パンフレットなど商業用に提供されることについては、反対意見はあるものの、野放し状態になっているという点もある［Putra 2011:136］。こうした点で、バリ人は宗教を観光に役立てることに反対はしていないとも判断しうる。

ただし、バリ島における観光と宗教とのもたれあい状況は、おもにバリ島外に居住するインドネシア人からは、批判的に捉えられている。バリ人の宗教を重視する態度の奥には経済を重視する合理的でしたたかな計算があるという捉え方は、ジャカルタに在住するムスリムのインドネシア人などにとっては、ほとんど自明の事柄である。たとえば、バリ人は外国人観光者にたいして商売上手であり、美しい供物も観光者に目立つようにこれみよがしにおいている、といったネガティヴな評価を、インフォーマルな場ではしばしば聞くことができる。バリが観光地として経済的に潤っていること、またバリ文化がインドネシアの代表のように外国人に評価されていることへのある種の嫉妬が、そこにあることは否定できないであろう。ただ、こうした非バリ人によるやっかみ半分の批判は、バリ人は宗教を本当の意味では大切に扱っていない、これまでの誤った宗教にたいする態度をあらためるべきだという、改革派のバリ人知識人の憂慮や批判とも合致するのである（第五章第四節）［永渕 2005:395-396; 吉田 2009a］。こうしたバリ内外からの批判の声は、観光の論理が宗教の論理を次第に飲み込みつつあるバリ島での現状に向けられたものである。この点で、インドネシア人そしてバリ人のヒンドゥー教徒の中でも、バリ島における観光と宗教の関係をめぐっては肯定・否定さまざまな認識があるのである。

*

本節では、一九九〇年代以降の、観光と宗教とが相克しつつ妥協する局面をみようとしてきた。観光開発は、バリ人の宗教の領域の一部に確実におよんでいる。宗教に干渉する開発が阻止されたパダンガラッのケースは例外的なものと位置づけてよい。また、将来的に、この場所に再度観光開発計画がもちあがる可能性がないわけでもない。もちろん、その逆の可能性もまたある。サヌールのバリビーチホテルのように、火災で焼失するまでは神々の側が抵抗を示したが、それ以降は抵抗が沈静化しているという場合でも、また抵抗が復活する可能性は残されている。このように、観光と宗教とが折り合いをみせるのか、あるいは相克する状況となるのかは、観光が地域にたいして正負いずれの影響力をもつのかとおなじく不確定的であり、一定のタイムスパンにおいて変転するものと考えるべきである。ただ、寺院を移してホテルを建てるというサヌールのケースは例外的としても、全体的・中長期的にみるならば、バリでは、人々の（そして憑依を通した神の）宗教重視の訴えが観光地支配の持続的な圧力に押されてきた傾向はあるように思われる。バリの観光地化つまりは観光の合理化は、宗教の合理化をいわば凌駕しつつ、社会に浸透してきた。これが、バリの観光と宗教の関係に関する暫定的なひとつの結論である。

グローバルかつローカルな次元における複雑で重層的な支配のメカニズムの浸透を、ギデンズは「暴走する世界」と名づけ、ハートとネグリは〈帝国〉の支配の浸潤と捉えた。バリでは、それが観光地支配を基点に展開している［Giddens 2001（1999）; Hardt & Negri 2003（2000）, 2005（2004）; Shepherd 2012:96］。この支配状況は、国や地方政府によるトップダウンの政策が、バリの地域社会に生きる人々のボトムアップの功利的活動と結び合ったところに実現している。バリ人は、観光開発を促進する政府や大企業の意向といったいわば外圧によるばかりでなく、自らもまた進んで、観光に深く依存する社会的・経済的生活をつくりあげてきたのであり、そうして観光地支配が社会の全般的な領域に浸透する中で、宗教活動や宗教施設をいわば限定された意味領域へと囲い込む方向を選択してきたといってよい。そして、観光開発とそれによる経済的上昇がバリの人々にとって自明の希求対象となる中で、あらためてルールを示して外国人観光者が寺院に入ることを認め、可能な範囲での、しかし個別のケースにおいては半ば強制的な、喜捨を彼らに要求し、さらに著名な寺院の絵や写真入りのみやげ物を販売するなどして、その宗教（と宗教的なもの）を観光資源として活用することにも着手してきた。こうして、観光は、バリ島の各地において加速度的に社会生活の中に浸透している。また、今日では、観光が中央政府や地方政府のコントロールのおよばないところでバリ人の社会生活に影響を与える状況もみられるようになっている。では、次節で、それをバリ社会のリスク化という観点から記述することにしたい。

第四節　楽園の日本人と観光のリスク

前節では、サヌールにおける観光と宗教の相克状況について述べた。本節では、内陸にある観光地ウブドに目を向け、一九九〇年代から増加した日本人移住者に着目しながら、二一世紀におけるバリ観光のリスクの高まりについて検討したい。ウブドは、バリの主要な観光地の中でもローカルで小規模なビジネスを中心に成り立つという特徴をいまも有しており、この点で、第三章第三節で論じた楽園観光地の高リスク性を検討する上で適合的な事例のひとつであると考えられる。また、ウブドは、本章第一節で述べた、宗教文化を売り物とする楽園観光地からシミュラークルのイメージやアイテムを売り物とする楽園観光地への転換という、二〇世紀末以降の観光地バリの構造的変質を如実に示す観光地でもある。そして、ここで日本人移住者を取り上げるのは、彼らの状況に観光地バリのハイブリッドモダン（第三章第一節）の具体的な状況の縮図を見て取ることができるからである。[※12] 本章のこれまでの議論を背景としつつ、観光地ウブドとそこに生活基盤をもつ日本人に焦点を当てることで、合理化の複合的移転性を内包する再帰的近代における楽園観光地の、観光の発展とリスクの高まりとの両面性を、具体的な事例に即して理解することができると考えられる。

以下、観光地ウブドの特徴を確認し、一九九七年の通貨危機以降のバリ観光の状況に触れたのち、ウブドの日本人の観光ビジネスに触れながら、楽園観光地のリスクについて記述してみたい。

観光地ウブドの概観

ここでいう「観光地ウブド」は、ギャニヤール県ウブド郡のウブド行政村（Kelurahan Ubud）の中心部、ウブド、タマン（Taman）、パダン・トゥガル（Padang Tegal）の三慣習村内の、約一〇集落にわたる観光関連施設集在地域を指す。ウブドはギャニヤールにおける中心的な観光サイトであり、その周辺には、すでに触れたプリアタンに加え、ペネスタナン（Penestanan）、プゴセカン（Pengosekan）、ニュークニン（Nyuh Kuning）、トゥガランタン（Tegallantang）をはじめとする、観光地化した、またしつつある村々が展開している。

植民地時代に、ウブド領主家が八王家に次ぐ有力諸侯となり、周辺地域の儀礼を主導することで宗教文化による権威の体制を確立させたこと、また、シュピースらのパトロン的存在となって、ウブドを観光者にアピールする芸術のセンターへと押し上げたことは、すでに触れた（第四章第二節・第三節）。ウブド王宮の政治的・宗教的な力はその後も持続したが、第二次世界大戦前後の混乱の中、主要な外国人長期滞在者はバリを去り、絵画を供出するセンターとしてのウブドの役割はいったん途絶えた。ドイツ人であったシュピースは、オランダ植民地政府により敵国人として捕えられ、その送還船が日本軍戦闘機の攻撃によって沈没し、死亡した。ボネは、日本軍から釈放されて一九四七年にウブドに戻り、当時のウブド領主（Cokorda Gede Agung Sukawati）やバリ人画家レンパッド（I Gusti Nyoman Lempad）らとともに、一九五六年に稼働する王宮直営の美術館（Museum Puri Lukisan）の立ち上げに関わったが、スカルノ大統領の肖像画を描くことを拒否したこともあり、翌一九五七年にインドネシアを去ることになった。しかし、これに前後して、マニラ生まれのスペイン人芸術家アントニオ・ブランコ（Antonio Maria Blanco）がウブドに、オランダ人のアリー・スミット（Arie Smit）がペネスタナンに移住し、後者は一九六〇年代にバリ人画家とともにペネスタナンスタイルと呼ばれる新たな絵画の潮流を担うようになった。一九五〇年代にはホテルやみやげ物店舗もすでにあり、一九六〇年代初めにはスカルノがウブドを賓客の招待に活用するようにもなった。ただ、ウブドが広く観光者を迎え入れる体制を整えはじめたのは一九八〇年代である。ウブド王宮の成員が中心となって、バリの文化を保存・発展させつつ観光振興をはかることを目的とした観光財団が設立され、オーストラリア人と王宮との共同経営によるホテルが開業し、南部の海岸リゾートにはない田園風景とバリの芸術文化の魅力を、旅行代理店を通してアピールするようになったのである。その後も、外国人と地元のバリ人との共同による宿泊施設や飲食施設などが開業し、ウブドに滞在する観光者とこれを受け入れる観光諸施設は増加していった。こうして、王宮の深い関与と外国人資本の介在を梃子にしつつ、政府主導の上からの開発ではなく地元のボトムアップの取り組みの集積により、ウブドの観光地化は徐々に進んだ［Lewis & Lewis 2009:32; MacRae 1997:25-62, 111, 414-415, 1999:132, 135-139; 坂野 2004:396-412; 副島 1996; Spruit 1997（1995）:40-44, 109-111; Vickers 2011:462, 466, 472, 477; 吉田 2013b］。

ウブドは、田園・ヤシ・森の風景と舞踊・絵画・彫刻などのバリの芸術や文化、すなわち自然・文化両面を合わせたバリらしさ、つまりは植民地時代に形成された、たとえばKPM作成のパンフレットにあるような（第四章第三節）、「楽園バリ」のイメージにつながる雰囲気を売り物としてきた観光地である。ウブドとその周辺地域には、宿泊施設・飲食店・みやげ物店などとともに、絵画や彫刻を展示・販売するギャラリーが立ち並び、王宮や寺院ではガムラン音楽・舞踊のショーが毎夜繰り広げられ、芸術文化の観光地としての面目躍如たるところをいまも示す。内陸に位置するウブドは、海岸部より涼しく過ごしやすい。この点で、ハワイ型のリゾートを模倣して開発されたサヌール・ヌサドゥア・クタなどの海岸部の観光地とは趣が異なるところをもつ。一九九〇年代前半には、中心部の主要な道路が拡張され、宿泊施設や飲食店などもいっそう増え、観光地としての利便性も整えられた。ただし、それは、バックパッカーに人気だったウブド市場の安価な飲食屋台が閉鎖され、寺院や集会場での演劇パフォーマンスの上演が増えるなど、観光ビジネスの強化や徹底と連動する施策でもあった［MacRae 2015:69, 72-73］。九〇年代後半からは、体験型観光やエコツーリズムの拠点という性格も強め、芸術文化や景観の鑑賞よりもこの種のツアーや田園の中のリラクセーションを目当てとする観光者が増加した（写真6-22）。このころから、斬新なデザインや自然素材の現代的あるいはポストモダン的な商品などを提供する新たな店舗も

※12 ここでの「移住」は、長期滞在や旅行といった概念から明確に区別できない、また移動から定住までを幅広く含む概念である。この視点は、ライフスタイル移住（lifestyle migration）研究に示唆を得ている［Benson 2011; 藤田 2008: 23-25; Janoschka & Haas 2017（2014）; 長友 2013: 14-32, 139-145, 2017: 128-129; cf. 伊豫谷 2014a, 2014b］。「移民」——私は「移住者」という表現をもちいたい——は、植民、難民、出稼ぎ者や留学者などを含み、研究者によりその定義や範域も異なる［望月優 2019; 森本・森茂 2018］。従来の研究は、政治的・経済的な理由から移住を余儀なくされた集団をおもな対象とする傾向があったが、グローバル化が進んだ現代においては、中間層に当たる人々が、教育環境・住環境あるいは自分らしい生き方などをもとめて、ネット情報を駆使しつつ個人化したかたちで、多様な形態の移住をするようになっている。こうした現象がライフスタイル移住として捉えられるものである。なお、山下も、旅行ないし観光と移住との区別があいまいになってきており、遠く離れた場所にホームを発見するという新たな動向について、言及していた［山下 2006: 298; 吉田 2019b］。

増えた。グローバルな観光インフラの導入がローカルな文化や自然と融合した、グローカルな観光地として市場の中にポジションを獲得してきたウブドは、かつての楽園のイメージをなおかろうじてとどめつつも、現代のシミュラークルの楽園観光地への転換を果たしつつある。

現在、ウブド中心部では田園や森林の景観はもはや失われており、これに重きをおく観光者はウブド周辺部の村々に展開する観光施設に滞在するようになっている。一九九〇年代以降、周辺部には広大な土地を確保した大型の観光施設がいくつも建設された。その一方で、中心部には国内外の大規模資本はほとんど入っていない。その最大の理由は、所有者が土地を売らず、自身の経営か賃貸による利益の獲得を好むことにある。その賃貸料は、インドネシア通貨危機（一九九七年）、クタでのテロ事件（二〇〇二年、二〇〇五年）、リーマンショック（二〇〇八年）といった危機を経る中でもほぼつねに上昇をつづけ、場所そして契約者にもよるが、数年で倍となる程度の上げ幅を繰り返している。二〇一六年時点で、中心部の店舗の賃貸料は、モンキーフォレスト通りで年二億ルピア（約一八〇万円）、ウブド大通りで年二億七〇〇〇万ルピア（約二二〇万円）が相場とも聞いた。ただ、そうした店舗のある場所は、住民たちの屋敷地の道路に面した一角や、比較的ちいさな田畑や空き地であったところである。クタやサヌール

写真 6-22　日帰りツアー商品の看板（2019 年、ウブド）

では、海岸部など集落の外に観光地が展開していった経緯もあり、その種のこま切れに近い土地が法外といってよい高値で転売され、まとまった塊となって大型の観光施設が建設されるという事態が進行したが、ウブド中心部でそれに匹敵するビッグビジネスが生まれる見通しはさしあたりないといってよい。このように、土地所有者の一貫して堅実なビジネス――その背景には、集落内の土地を自由に売買できない慣習法がある――は、小中規模の店舗経営者を相手に利ざやを稼ぐというスタイルとならざるをえず、これが結果的に観光地ウブドを大型の外部資本の進出から守ってきたのである。だが、一方で、ウブドは、ヌサドゥア・サヌール・クタのような、大口の団体客を滞在させ大量に消費させる観光地へと変貌することができず、個人旅行者が中心の中規模の観光地にとどまっている。それら海岸部の主要観光地に宿泊するパッケツアー客は、日帰りでウブドにやってくる程度であり、ウブドでの消費に貢献する余地はかぎられる。もっとも、現地資本中心の中規模観光地であるがゆえに、得られた利益がある程度現地の経済システムの中に還流し、さほど外部に吸い上げられない状況を保ってきたともいえる。

この収益をもっとも効率的に得てきたのは、いうまでもなく土地所有者である。彼らが強気に土地契約料を上げているため、土地所有者やその家族が半ば道楽で経営するような店舗をのぞけば、賃貸で成り立つ各店舗は相当な収益をコンスタントに上げなければならない。加えて物価の上昇もある。ただ、ウブドの場合、その店舗の経営規模は総じてちいさなものである。それゆえ、ここに一定の資本をもった在地外の、国内外の個人事業者が入り込む余地がある（写真0-24参照）。とくに、外国人事業者の大半は、もとは観光者としてウブド（あるいはバリの他の観光地）を訪れ、その居心地のよさゆえに、そこに生活の拠点をもとめた人々である。ホスト化した元ゲストである彼らは、海外から来る観光者つまり購買者のニーズやトレンドを、バリ人よりもよく知る立場にある。この文化資本と、手持ちの外貨や貯蓄という経済資本、そしてバリ人（インドネシア人）パートナーという社会関係資本――このパートナーによってビジネス参入に誘導されることもおおい――を組み合わせ、現地の安価な労働力と生産・流通システムを最大限活用しうるブリコルールとなれば、観光ビジネスに勝機を見出すことは可能である。店舗の立地や業種にもよるが、二〇〇〇年代はじめまでなら一〇〇万円ほど、場合によっては数十万円ほどの原資でも、ビジネスをはじめることは可能であった。中には、一坪ほどのちいさな雑貨店を年三万円、五年分一括支払いで契約し、改装に七万円ほどをかけて開業した日本人もいた。これは例外的に廉価なケースといえるが、こうした外国人起業家の小規模な観光ビジネスへの参入は、島外のインドネシア人資本の参入とも相まって、[※13]ウブドの観光市場のさらなる活性化を促進するとともに、小中規模の経営中心という構造を固定化することにもなった。ただし、そうした外国人起業家が、つねに優位な立場にあるとはいえない。むしろ、彼らは、土地・建物の所有者との関係では、後者から搾取される弱い立場の人間であることもある。

以上をまとめよう。植民地時代からの芸術の拠点であったウブドは、内陸にある主要観光地である。ウブドが観光地としての体裁を整えるのは八〇年代からであり、九〇年代以降は体験観光の拠点としての性格も強めてきた。その中心部は、いまも大型の外部資本が入りにくく、小中規模の店舗がひしめき合うという特徴をもつ。右肩上がりで高騰する土地契約料は、ウブドで店を構える経営者の淘汰を促している。事実、数年を待たずに閉店したり移転したりする店舗は数おおい。そして、コマ切れに近い土地を高い賃貸料で貸すという中心部の構造が、観光地ウブドを中規模レベルの市場にとどめおくとともに、観光ビジネスに必要な諸資本をもつ外国人起業家の小規模ビジネスが浸透する素地をなしてきた。

観光依存社会における観光不振

次に、一九九〇年代末以降のバリ観光について、とくにリスクの高まりという観点から振り返っておく。

第一節で述べたように、九〇年代のバリでは、スハルト体制下の持続的な経済成長を背景に、さらなる資本の投下と観光開発が進んだ。この状況に冷水を浴びせたのが、一九九七年のインドネシア通貨危機であった。通貨ルピアは五分の一に下落し、三倍近い物価の上昇が人々とくに給与所得者の生活を直撃した。ジャカルタでの暴動が映像となって世界に流れたことで、外国人観光者はバリへの訪問を一時的に控えた。しかし、バリではほとんど騒ぎがなく、その後の民主化へと向かう流れとルピア安の魅力もあって、バリ観光はすぐに回復した。また、暴動の矛先となったジャカルタの華人系インドネシア人資本家が比較的安全なバリに目を向けたことにより、彼らのバリへの投機傾向はむしろ加速した。さらに、ルピア安は観光に次ぐバリ経済の柱であった織物産業の淘汰をもたらし、結果的にバリ社会は観光依存体質をいっそう強めることとなった。ジャワ島中東部はバリに滞在する観光者が消費する食材やみやげ物の供給地となり、ロンボックを含む島外周辺地域からのバリへの移民も増加した。二〇世紀末の時点で、観光産業に直接従事する者はバリ人の四割、運送やみやげ物産業など間接的な従事者も含めれば七割、また観光がバリ人の総収入に占める割合は五〜六割、バリの域内GDPに占める割合は六〜七割となり、二〇〇〇年代はじめのバリ人家族の八割が観光から収入を得ていたとされる。タープリーが論及するように、バリ人が経済における急速な観光セクターの拡大と他セクターとくに農業の縮小にたいしてリスク認識を欠いていたわけではない。しかし、もはやバリ経済の観光依存体質は後戻りできないところに来ていた。こうした中で、二〇〇一年のアメリカ同時多発テロ後の世界的な観光不振と、二〇〇二年一〇月のクタでの爆弾テロ事件後のバリ観光の不振が到来した［Berger 2013:37-43; Couteau 2015; Hitchcock & Putra 2007:171; Howe 2014; Interim Consulative Group on Indonesia 2002; LaMashi 2003; Picard 2005:112-113, 2009:102; Ramstedt 2009:333-335; Schulte Nordholt 2007:8; Tarplee 2008:158］。

二〇〇人をこえる死者と数百人の傷者を出したクタでのテロ事件は、観光依存を深めていたバリ経済に深刻な打撃を与えた。テロの直後、いったんバリの観光地から外国人観光者はほとんど姿を消し、ホテルの客室もがら空きとなった。半年から一年のタイムスパンでみれば観光者は半減程度であったが、当時のバリ人の実感としては「七割減」「九割減」という印象であった。観光関連の諸企業や店舗は軒並み厳しい経

※13　ここで、そうしたインドネシア人ビジネス参入者の一例を挙げておく。P氏（二〇一九年現在六四歳）は、ジャカルタ生まれの華人系インドネシア人であり、二二年間ウブドに住み中華料理店を営んできた。当初、店舗を一年七〇〇万ルピアで借りていたが、二〇〇〇年代の契約更新の際、地主から一年三〇〇〇万ルピアなら更新するといわれ、移転を余儀なくされた。代わりにその土地を借りたのは欧米人であり、より高額の賃貸料で二〇年の契約を結び、二階建ての建物を建て、店舗をはじめた。しかし、その店舗は一〜二年で閉店した。P氏は、自身のいう「哲学」をもった人物である。彼は、ガイドが客を連れてきても、客からマージンを取らない。「観光ガイドが客を引き入れ、三五パーセントのマージンを上乗せして客に払わせ、ガイド自身はただにする、ということはよくあるが、私はそうした連中は追い出す。だから、ガイドたちは、この店はつぶれたなどといっている。だが、大事なのは、店が清潔で、おいしくて、安いことだ。ちゃんとやっていれば、客は、たくさんでなくてもまた来てくれる。日本人も、欧米人も」。P氏は、朝四時に起床し、五時から仕込みをはじめ、夜一一時の閉店のあとに片付けをし、夜中過ぎに自宅に帰って食事と水浴びをし、テレビをすこし見て寝る、という毎日を過ごしてきた。「昼間一時間くらい椅子で寝るが、働くのが好きなのだ」という。P氏のアガマはクリスタン（プロテスタント）である。しかし、どのアガマかは関係ない、という。P氏は、一時期三店舗を有したこともあり、第二節で述べた「ちいさな人」の典型とはいえない。だが、その生活は質素なものであり、土地契約料を強気に上げる地主や潤沢な資金をもった外国人経営者との関係においては弱い立場の人であるといえる。しばらく体調を崩し、二つの店舗を手放すなどしたが、その後は体調も回復し、二〇一七年には店舗を移転させ、現在も精力的に働いている。

営を迫られ、倒産や閉店に追い込まれるところもすくなからず出た。解雇や賃金カットが続出し、閉店時間が早まるなど、業務縮小はつづいた。もっとも、中にはこれを好機と捉え、従業員を大量解雇してスリム化をはかるあざとい経営者もいたが。ヌサドゥア・サヌール・クタといった南部の観光地では、テロから半年後以降にパックツアー客が戻りはじめたが、中小規模の起業家が中心のウブド・チャンディダサ・ロヴィナの観光回復はさらに遅れ、皮肉にも、爆弾テロ事件のあったクタ以上に深刻な状況がつづいた。さらに、これに追い打ちをかけるように、二〇〇三年のイラク戦争とＳＡＲＳ（重症急性呼吸器症候群）、二〇〇四年の鳥インフルエンザとインド洋大津波、二〇〇五年の二度目の南部バリでの爆弾テロ事件、二〇〇六年の中部ジャワ大地震、二〇〇七年のガルーダ国内便の墜落事故などが重なった。一九九七年のインドネシア通貨危機以降の約一〇年間、バリ観光は、回復してはダメージを受ける、客が回復してはまた減るという事態を繰り返した（図表 6-1）［Byczek 2010:57; Hitchcock & Putra 2007:146-149, 160-161; Interim Consultative Group on Indonesia 2002; MacRae 2015:75; Putra & Hitchcock 2009; Ramstedt 2009:334-335; Tarplee 2008; Warren 2007:196; 吉田 2004, 2013b］。

雇用や収入の不安定化という問題に加え、バリ人にとって重大だったのは、インドネシアで「神の島」（Pulau Dewata）という別名をもつバリ――「バリ」は供犠を意味するサンスクリット語（bali, wali）に由来するという説がある。つまり、バリ島自体が神へのささげものなのである――において、こうした悲劇が起きたことであった。バリ人は、神がこの島を守っているという点に相当な自信と自負をもっていた。それは、忙しくても神にたいする宗教活動をおろそかにしない彼らの生活態度が保証しているはずのものでもあった。この神学的あるいは神義論的前提が崩れたのである。イスラーム過激派は、それ以前にも何度かテロ活動をおこしていた。インドネシアの中でも住民の多数派がヒンドゥー教徒であるバリ、その中でも享楽的で退廃的な雰囲気を醸し出している歓楽街的観光地のクタが狙われる可能性は、十分にあった。しかし、バリに在住する外国人や頻繁にバリを訪れる観光者も、共同体的組織・慣習法・宗教倫理が強く浸透しているバリ社会の治安のよさにたいして楽観的な思いを共有していた。こうした人々が抱いていた観光地バリの安全神話への信頼が、多数の死者を出したテロ事件によって瓦解したのであった［Hitchcock & Putra 2007:145; Lewis & Lewis 2009:205-209］。

このように、二〇〇二年のテロ事件は、経済と宗教世界観の二つの次元において、バリ人社会を危機に追いやるものであった。その背景にあるバリ独特の文化的そして社会的な要因についても、簡単に触れておこう。第一は、観光経済のいっそうの発展によって、バリ人がいう「ジャワォ人」(orang jawa)——この「ジャワォ／ジャワ」は、ジャボとおなじくソトを意味する。ジャワォ人はジャワ民族だけでなく、バリ人でないインドネシア人を広く指す——がバリ島内でも増加し、おおきなマスジッドの建設が都市部で進むなど、イスラームのプレゼンスも高まってきた点である。※14 第二は、非正規の就労者もおおい底辺層のジャワォ人が泥棒・麻薬・売春その他の犯罪や、寺院の聖財の盗難など、バリでの社会悪の担い手であるという、紋切り型の警戒心や被害者意識が形成された点である。実際のところはともかく、こうしたバリ人社会に流通する紋切り型の理解を受け、寺院などで村や集落の成員が交代で徹夜の見張りをする(mekemit)という体制が、九〇年代後半からバリ島全土に広まっていった。第一節で触れたプチャランという自警団の組織化は、これと並行する現象である。第三は、ジャワォ人エリートがバリにおいてバリ人よりも上位の職種や雇用の場に就いているという、バリ人側の嫉妬や疎外感である。こうして、バリ人は、自らの宗教にたいする潜在的・顕在的な危機と、上からと下からのジャワォ人の経済的な簒奪とを意識する中で、ウチなるヒンドゥー教徒バリ人としてのアイデンティティを再強化していた。そこに二度のテロ事件が発生した。バリ人社会は、もはや政府に頼るのではなく、自らの手で、つまりは村落をは

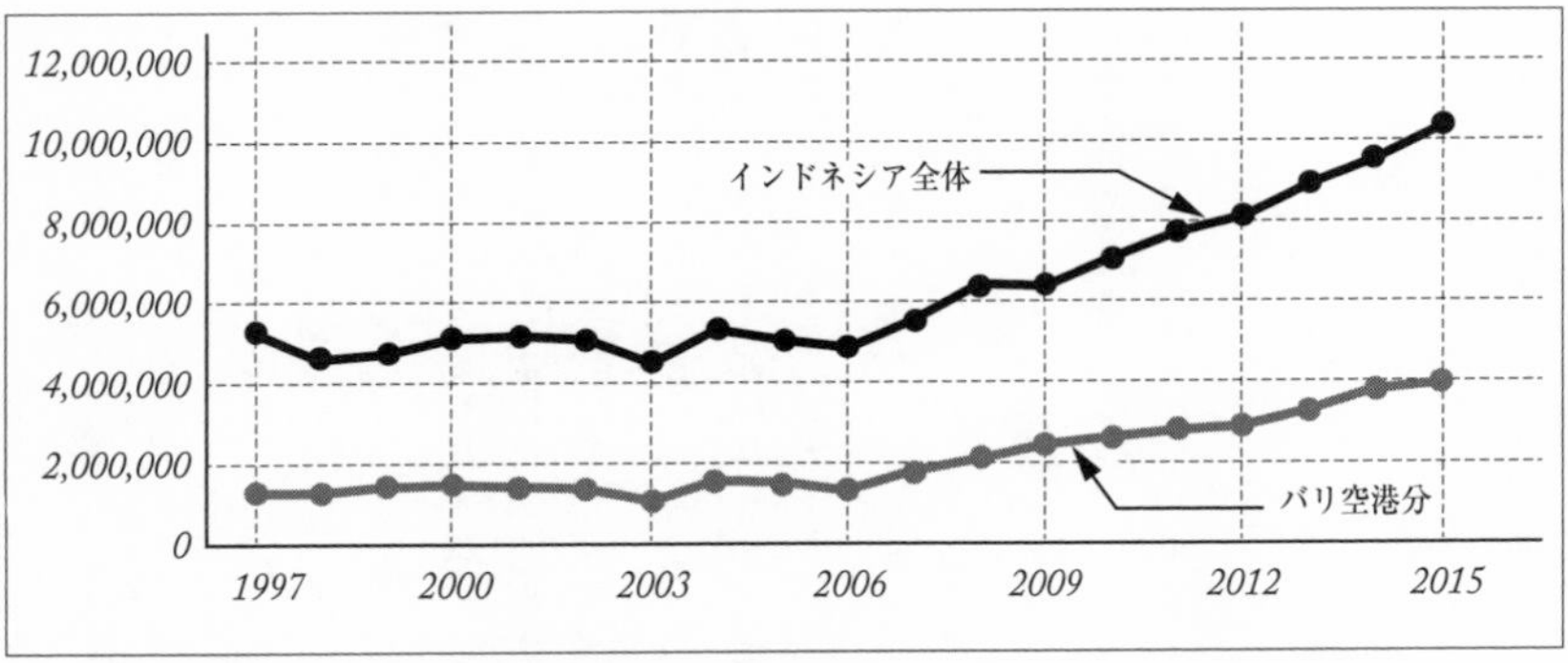

図表 6-1　バリ空港およびインドネシア全体の入国外国人観光客数
[https://www.bps.go.id/linkTabelStatis/view/id/1387] より作成

じめとする伝統的な組織の力で、自らを守るよりほかはないという思いを強くしたのである［Hauser-Schäublin 2011:197-200; Howe 2005:1-3; 井澤 2017:84-107; 鏡味 2006:108; Lewis & Lewis 2009:209-212; 永渕 2005:394-395; 永野 2009; Pratiwi 2009:88; Ramstedt 2009; Reuter 2008:7-8; 吉田 2009a, 2013b:193-196; 吉原 2008b, 2008c］。

ただし、一方で、そうしたジャワ人がすでにインドネシアの一地域社会たるバリにおいて一定の割合を占めるのは当然であること、島の北西部や東部そして都市部ではムスリムのバリ人も存在すること、またバリ外においてバリ人はムスリムとジャワ人中心の社会の中で暮らしており、彼らとの共存が不可避であることを、十分理解するバリ人もすくなくなかった。それゆえ、テロ事件後のバリ社会では、ムスリムにたいする報復行動はほとんど起きなかった。人々は、観光の一刻も早い回復を祈り、社会的・宗教的な秩序と安寧の回復を願った。そして、バリのメディアは「アジェグ・バリ」（第五章第三節）のキャンペーンを開始し、バリ人らしさをみつめなおし、バリのすばらしさをたがいに再確認しつつ、よりよきバリをつくっていこうとする機運を醸成した。テロ事件は、バリ社会がグローバルな世界の中にある観光地であるとともに、ムスリムが多数派を占めるインドネシアの中にある一地域でもあるということを、あらためて人々に強く意識させた。そのひとつのあらわれが、二〇〇八年のバリ州知事選の結果であった。当時のバリ州警察のトップとして二〇〇二年の爆弾テロ事件の犯人捜査に内外から高い評価を得たマンク・パスティコ（I Made Mangku Pastika; 在職二〇〇八～二〇一八）が、選挙で勝利したのである。彼は、メガワティ元大統領やジョコ大統領率いる闘争民主党の有力者であるとともに、第五章第三節でいう保守派の立場にある人物でもある［Allen & Palermo 2005; Couteau 2015; Hauser-Schäublin 2011:200-201; Hauser-Schäublin & Harnish（ed.）2014a; 菱山 2017:194-196; Hitchcock & Putra 2007:173-174; Howe 2005:3-7; 井澤 2017:89; 川村 2015b; Lewis & Lewis 2009:151-157, 210; 見市 2014:18-24, 64, 2015; Naradha（ed.）2004; 小川 2016; Pedersen 2014:167; Picard 2005, 2009, 2011a:18-19, 2015; Ramstedt 2009; Reuter 2008:12-14; Schulte Nordholt 2007; Yamashita 2015b］。

このように、二〇〇二年と二〇〇五年のテロ事件前後の状況は、経済と宗教世界観の二つの次元におけるバリ人の危機意識を高めることとなった。この危機感は、二〇一〇年代に入っていったん収束したようにみえる。むろん、それは、危機が去って安全な状況がふたたび到来したということでは決してない。今後もテロ事件が起きる可能性はある。さらに、二〇一七年にはアグン山の噴火により、一時的に空港が閉鎖されたり東部地域では住民らが避難したりした。二〇一八年には隣のロンボック島で大地震があり、バリでも家屋が倒壊し死者が出た。過去に火山噴火や地震はバリでもあった。そうした惨事や災害ばかりではない。第一節で述べたように、バリの観光開発は環境破壊をともなって進行している。

現代のバリ人は、安全神話が崩壊する中、パリサドの分裂という宗教の高リスク性と、差別化の困難な同質のシミュラークルに満ちた楽園観光地化への転換が乱開発をともなって進行するという観光の高リスク性とに、向かい合って生きざるをえない。そして、バリ人もそのことを大なり小なり認識している。たとえば、バリ人人類学者のプトラは、バリ人が現代をカオスの時代（kali yuga）であるとみなしている、と指摘する［Putra 2011:135］。二一世紀のバリ社会については、ベックが挙げた世界リスク社会の主要な危機に加え（第二章第四節）、宗教と観光そして生活世界のリスクの高まりなどを加算する必要がある。バリの人々は、これら多重のリスクの高まりが連鎖し合ったリスク社会に巻き込まれ生きているといえるのである。

ウブドの日本人ビジネスとリスク

以上の現状を踏まえた上で、次に、ウブドの日本人移住者とそのビジネスについてみていくことにしたい。民族誌的事実の詳細は拙論［吉田 2013b］に譲り、ここでは、拙論後つまり二〇一〇年代の状況について補足をしつつ、ウブドで生きることを選択した彼らのビジネスを観光のリスク化という観点から確認することにしたい。なお、別稿では、リキッド・モダニティに生きる現代人の「リキッド・ホーム」のあり方を主題化する観点から、ウブドの日本人移住者について論じている［吉田 2019b］。

さて、本節のはじめと第四章第三節でみたように、外国人移住者とくに芸術家は、植民地時代においても、また戦後においても、バリそしてウブドの観光地化の重要なファシリテーターであった。バリの観光開発が全島的な規模で進む一九九〇年代になると、バリにビジネスチャンスをもとめて移住する外国人は急速に増加した。それは、雇用の機会をバ

※14 バリ社会におけるヒンドゥー教徒の割合は、二〇一〇年には八三パーセントへと低下した（序論）。逆にムスリム人口は増え、おおきなマスジッドの建設もバリで進んだ。こうした宗教施設の増加は、クウェートやサウジアラビアからの寄付に支えられている。キリスト教も西欧からの財政援助を期待できるが、ヒンドゥーの場合、インドからのそうした援助は期待できず、ヒンドゥーの振興はインドネシア人の自助努力によるほかはないという認識が、ヒンドゥーの知識人の間にはある。また、アガマとしては少数派であるヒンドゥーの信者は、バリ島外においては、ヒンドゥーの司祭やそれに相当する儀礼執行者がいないためにイスラーム式あるいはキリスト教式で結婚式を挙げざるをえないなど、不利な立場におかれることもある［Pedersen 2014: 167; Ramstedt 2004: 17, 2009: 340-341, 366-367; Sombir 2004］。

リにもとめるインドネシア人移住者の増加と軌を一にする動向でもあった。注目されるのは、この九〇年代に日本人移住者が急増したことである。堅調な日本経済、円高、ルピア安、日本人の海外旅行の定着、日本におけるアジア人気、メディアを通した「楽園バリ」のイメージの流通、バブル崩壊後の自分探しの旅の流行、などの諸契機が相まって、日本人をバリでの長期滞在へといざなったと考えられる。

とくに、ウブドは、海やサンゴ礁といった要素はないものの、それ以外の観光者がイメージするバリらしさ――ヤシの木、田園風景、芸術、宗教文化、素朴な人々――を保持する（とみえる）観光地であり、日本における、合理化されているがストレスの溜まる生活を中断または放棄し、自身が見出した地上の楽園でのんびり暮らすことを選択した人々が、ここに集まるようになった。※15 そして、彼らの一部は観光者を相手にしたビジネスをはじめた。ただし、それは、営利追求を目的としたものというよりも、必要十分な生活の糧を効率的に得るための手段という性格が濃厚なものであった。もちろん、営利の追求に意欲的な人々もいたが、彼ら九〇年代にウブドでの暮らしを選び取った人々のおおくは、あくなき利益の追求には否定的・懐疑的であり、儲けはほどほどでよい、場合によっては儲けなくてもよい、という考え方をもち、基本的に質素といえる生活を送ってきた。

これを、拙論では「反ビジネス的志向」の生き方と呼んだ［吉田 2013b:272-274］。彼らが取り組むビジネスは、総じてこの反ビジネス的志向とセットになっていた。あるいは、経済的な生産性とはかならずしも折り合わない、価値実現という精神的な意味での生産性（第三章第一節）こそ、彼らのビジネスの根底にあるものであった。彼らは、ウブドのバリ人の暮らしぶりから、あくせくしないそうした生き方を学んだと認識する。ただし、労働にいそしむ今日のバリ人が、自身の生き方をそう認識しているかどうかは別であるが。日本における経済の低迷・雇用の流動化、インドネシアのリタイアビザ制度の創設（一九九九年）などが二〇〇〇年代に入って年配者の移住を後押しし、二〇一一年の東日本大震災後には（東北ではなく）首都圏の比較的富裕な人々がバリそしてウブドにも逃れてきた。現在、ウブドには数百人規模の日本人が在住または長期滞在していると推定される。中には、十分な年金を得て悠々自適の生活を送る年配の夫婦やシングルもいるが、生活資金の一部または全体をバリでの収入に依存する者もいる。推計では、ウブドの日本人在住者の三割ほどが観光関連ビジネスを営んでいると考えられる［今野 2016:84; MacRae 2015:76; 吉田 2013b:30; 吉原 2016; 吉原・松本 2016］。

当該の拙論は、二〇〇〇年代を中心としたウブドの日本人観光ビジネスを主題としたものであった［吉田 2013b:231-

277]。二〇〇〇年代は、日本人店舗の急速な増加時期に当たる。二〇一〇年ころが増加のピークであり、その後は微減の傾向にある。この拙論の議論のポイントは三つあった。第一は、いま述べたように、ウブドにおける一定数の日本人のビジネスが、営利追求を二義的とみなす彼らの反ビジネス的志向の生き方と不即不離であるという点である。第二は、こうした彼らのビジネスが、小中規模のビジネスの集積体である観光地ウブドの構造と対応し、この構造に支えられている――また、観光地ウブドも外国人の小規模起業家に支えられている――という点である。それもすでに触れた。そして第三は、こうした観光地ウブドの構造と、営利追求に否定的・懐疑的な彼らの生き方との共振関係は、いわば危うい均衡の上に成り立つものであって、近い将来において変質していかざるをえない可能性が高い、という点である。換言すれば、観光地ウブドの特性も、ここに居場所を見出した日本人のビジネスとそのライフスタイルも、高いリスクを抱えているということである。ここでは、この第三点について確認することを主眼としつつ、ウブドの日本人の暮らしぶりの一端をみていくことにしたい。なお、以下に登場する日本人のアルファベット名は、拙論の記載［吉田 2013b, 2019b］と対応させている。

Ｂ氏（二〇一九年現在五七歳、既婚、女性）は、ＯＬ時代の一九八七年に短期の旅行ではじめてバリを訪れ、バリとくにウブドの文化や自然の全体に魅かれた。一九九〇年には仕事をやめ、ウブドに半年間滞在するつもりでバリに来た。当時は長期滞在する日本人はまだおおくなく、バックパッカーに相当する個人旅行者や長期滞在者は、ウブドの公設市場にある現地人向けの屋台で食事をする傾向があった。Ｂ氏は、ここでC氏（二〇一九年現在七二歳、独身、男性）と知り合った。Ｂ氏の料理の腕前を見込んだC氏は、それまでウブドになかった日本食レストランの共同経営を提案した。こうしてふたりは一九九一年にレストランを開業し、観光者向けのビジネスを営みながらの長期滞在をはじめた。

彼らのレストランは、集落と集落の境界に位置し、静かな

※15 マクレイによれば、インドネシアが一九九九年にリタイアビザを導入して以降、一〇〇〇人をこえるオーストラリア人がウブド周辺地域に移住した。現在、ウブド在住外国人の中で日本人はオーストラリア人に次ぐ第二位と考えられる。なお、本研究でいう「日本人」は、かならずしも国籍上の日本人とはかぎらない多様な属性の人々からなる。バリの日本人会の会員も、国籍変更者を含むさまざまな人々から構成されている［今野 2016: 55; MacRae 2015: 76; 吉田 2013b: 232］。日本国籍者の在留資格も、既婚の永住者から、未婚で中短期の滞在を繰り返す者、インドネシア人と離婚したのちバリに住みつづける者まで、幅広い。バリ人と結婚してヒンドゥーに改宗し、死後は集落で火葬してもらう予定の日本国籍者やインドネシア国籍者もいれば、終の棲家をまだ決めあぐねている者もいる［吉田 2013b, 2019b］。

雰囲気を保っていたことで、日本人以外の外国人観光者や日本びいきのバリ人芸術家にも一定の人気を獲得した。B氏が提供する家庭的な日本食と、C氏のよろず相談役を兼ねた接客とが有機的に機能し、このレストランは、一九九〇年代後半になっていくつも日本人経営のレストランができて客が分散するまで、日本人の長期滞在者や個人旅行者のたまり場として機能し、さまざまな情報交換の場となった。土地契約から一〇年後の契約更新を控えていた一九九八年に、バリ人男性と結婚（インドネシア国籍を取得）していたB氏がこのレストランを単独で所有することになり、共同経営者だったC氏は撤退した。それまで利益は二人で折半していたが、諸物価の高騰と従業員の給料のスライド上昇もあって、純益の伸びが鈍くなってきたこと、C氏が単独ではじめていた別のビジネス（後述）が軌道に乗りつつあったことが、その背景にあった。その後、二〇〇二年一〇月のバリ島クタでの爆弾テロ事件によって、このレストランの売り上げはおおきく落ち込んだ。とくに、年末年始の繁忙期に観光者がほとんど来なかったことが痛手であった。開店休業状態で赤字がつづき、C氏の助言もあって、B氏は一部の従業員を解雇したり従業員の給料を減額したりするなどし、半年以上つづいたこの厳しい時期を凌いだ。

店舗の土地契約期間が再度切れようとする二〇〇四年、契約更新の折衝に入ったが、地主側と折り合わず、B氏は隣接する別の土地の契約を別の地主と結んで、新たな建物を建ててレストランをつづけた。その後、ふたたび土地契約料の高騰から、契約更新を断念せざるをえなくなったB氏は、二〇一三年にウブド周辺のより郊外の集落にレストランを移転させる決断をした。B氏は、このとき、レストランを閉鎖し自宅近くでちいさな弁当屋をはじめることも考えたが、思うような場所を見つけられず、レストランの存続を決めたのであった。

B氏のレストランは、日本人のリピーター観光者や長期滞在者らの固定客に支えられ、比較的安定した経営状況を保ってきている。しかし、物価高騰から純益は次第に減少し、テロ事件に翻弄されたり土地契約を渋る地主との折衝という困難に直面したりもしてきた。

C氏は、外国での暮らしを決意して一九九〇年に日本を後にし、ウブドに来ていた。いずれ生活資金を得る術を探さねばならなかったが、このころ増えはじめた日本人のリピーター観光者と中長期滞在者が固定客となり、B氏とのビジネスは軌道に乗った。その後、C氏は単独でもビジネスをはじめた。一九九五年に開いた旅行会社は、このレストランの運営を通して蓄積した各地の情報やバリ人との人間関係を資本としたものであった。この会社の顧客は、いわゆる流しの客をのぞけば、ほぼ日本人のみである。会社のホームページも、英語版やインドネシア語版はなく日本語版のみである。一時期は二号店もあったが、これは二年ほどで閉めた。C氏は、一九九八年に雑貨やインテリアの販売スペースに簡単なカフェを併設した店舗を開き、二〇〇四年にはその二号店（こちらは雑貨販売のみ）も開いたが、後者は二年を待たずに閉店した。一号店も商品の売れ行きがあまり芳しくなく、二〇〇六年には店を閉めた。こうして、C氏のビジネスは旅行会社一店舗のみとなった。

この旅行会社は、空港送迎や日帰りツアーなどをおもな商品とし、小規模ながら堅実な観光ビジネスを営んできた。しかし、二〇〇二年のバリ島クタでのテロ事件の直後、C氏の収入が一万円程度にまで落ち込んだこともあった。当初から、この旅行会社では、新規の顧客を開拓しビジネスの裾野を広げるといった経営方針は希薄であった。これには、C氏があくなきビジネスの追求に否定的であり、バリで何とか食べていければよいという考え方をもっていたことも影響していたであろう。その後、バリ観光が浮き沈みの不安定な状況に入る中で、当初四人のスタッフを抱えていたこの旅行会社は、個人的な都合などによって辞めていったスタッフの補充をしないまま、二〇一二年には一名だけが残る体制となった。そして、バリを終の棲家とする計画をもっていたC氏は、この人生設計も見直すようになった。おもな背景として、旅行会社の業務縮小、今後も予想されるさらなる物価の上昇などがあったと推察される。C氏は、友人に誘われて、二〇一四年に中米のある国に半年間滞在し、そこでの暮らしもためしてみた。しかし、結果的に「やりたいことがみつからなかった」ということで、C氏はふたたびウブドに戻った。このように、一九九〇年代のC氏のビジネスは好循環の中にあったが、二〇〇〇年代にはテロ事件の影響などもあって旅行店ひとつになり、二〇一〇年代になるとそのビジネス環境にも厳しさが増すようになった。

むろん、その厳しさはC氏にかぎられるものではない。拙論［吉田 2013b:231-277］で言及した他の日本人店舗の中で、たとえば、一九八六年にジャワ人男性と日本人妻の夫婦が開いたホテルとレストランは、土地契約の終了を機に二〇一二年には閉店を余儀なくされた。C氏とおなじように利潤の追求よりも居場所の確保を目的としてレストランを営んでいたK氏（二〇一九年現在七一歳、独身、男性）も、地主が提示した土地の契約更新料が支払えず、二〇一二年に一〇年間所有した店舗を手放すこととなった。その店舗は、K氏から別の日本人の所有となり、欧米人を中心とした顧客に根強い人気を保っている。こだわりの焙煎と水をつかったコーヒーを売り物とするJ氏（二〇一九年現在五一歳、既婚、男性）の店舗も、二〇一〇年代に入ってドリップコーヒーやエスプレッソを簡単につくる機械を導入したカフェが増え、二〇一〇年代半ばにはウブド中心部に米資本の大手コーヒー店が進出するといった事態に直面し、ゆっくりコーヒーを飲むカフェから、食事メニューをより充実させた食べる店への切り替えをはかることとなった。J氏は、二〇一七年に店舗開店二〇周年を迎えるに際して、[※16]SNSで情報発信し、以前に比べて経営環境が格段に厳しさを増していることに触れつつ、店舗の大幅な改装に踏み切った決意を述べていた。

以上に触れた若干の具体例は、ウブドの日本人移住者のライフスタイルとそのビジネスの多様なあり方の一部を示すものにすぎない。他方では、複数の店舗を有し観光ビジネスを順調に拡大している者や、後述するように観光業の外へとビジネスの活路を見出している者もいる。また、A氏（二〇一九年現在八一歳、独身、男性）のように、そもそもバリで生活の糧を稼ぐ必要がなく、三五年以上にわたって自身が「最後の楽園バリ」と実感したウブドで悠々自適の安定した生活をつづけてきた者もいる。しかし、このA氏のように、バリ観光の浮き沈みや店舗間の競争激化とほとんど無関係の暮らしを送る者は、少数派といってよい。リタイア組の場合、生活費を年金から得ている者はおおいが、彼らのおおくも近年の物価の高騰に頭を抱えている。中には、それゆえ、終の棲家をもとめてウブドに移住したが、二〇一〇年代末にふたたび日本に戻った者もいる。

二〇一〇年代に入って、観光地ウブドもふたたび活況を呈する状況にあるが、他方で、利潤の確保に苦しむ日本人店舗経営者に関する情報を以前よりも聞くようになった。たとえば、二〇一四年に、ある日本人の飲食店経営者（当時四〇代、既婚、女性）は、「以前は［自分のように］素人でも店をはじめられた。でも、いまは素人ではできない」と語ったことがある。このころ、日本での小売価格が二〇〇〇円を切るパック焼酎は、高率の関税もあって、バリの食材店では六〇〇〇円程度で売られていた。小規模経営の日本食店舗はこうした食材店から仕入れるが、これを店での販売価格にそのまま転嫁はできないので、焼酎を出しても利益はないに等しい。うどんなど、ほかにも「売れても儲からない」ものはある。当初の予想をこえる物価や土地の高騰の中で、現地の日本人たちは、ビジネスの勝者と敗者がいっそう際立つ状況を前に、店舗経営のリスク（のマイナス面）を以前よりも意識するようになったのである。

リスクは、認識ないし解釈の次元に存する（第二章第四節）。おおくの店舗が淘汰されていくこと自体は、以前から目の当たりにしてきたことであり、彼らはそうした中でリスク（のプラス面）を取る選択をし、店舗経営に乗り出したのではあったが、二〇一〇年代においては、ビジネスの成功を自らの経営姿勢の当否に再帰的に結びつけて考える認識が台頭しているのである。先に反ビジネス的志向の生き方と呼んだものが、ウブド在住の日本人たちからまったく失われたとまではいえない。しかし、観光ビジネスに関わる者においては、シビアで合理的な営利追求の姿勢や規律、つまりは「資本主義の精神」をもった人や店舗が生き残るという認識が、より強く共有されるようになっている。

ここには二つの背景がある。ひとつは、今日のウブドという観光地のあり方である。中小ビジネスの集積体である観光地ウブドでは、さらなる物価・人件費・土地契約のコスト上昇とビジネスの新規参入とが、淘汰をいっそう促す方向に作用している。また、現在のウブドは、芸術文化を売り物とする観光地という性格をやや希薄化させつつある。依然として夜の舞踊ショーは人気であるが、宗教儀礼を見学したいという志向をもった観光者は減り、体験型エコツーリズムの拠点という性格を強め、芸術文化や自然といったバリらしさにあまり関心をもたない観光者を、一定程度吸引している。そうした顧客の関心を惹く、他の観光サイトにもある画一的な店舗や商品――ブランド品店舗、ジェラート店、コンビニエンスストアなど――も増加している。ウブドの日本人でその種の店舗を経営する者はいない。「何ものでもないもののグローバル化」が進む中、しかし中心部の大型開発が進まない構造をもつ観光地ウブドは、クタやサヌールのようにはなり切れず、※17 かといって伝統文化を売り物とする観光地としてのアピール性には脆弱性が見えるようになっており、ある意味で過渡期の様相を示しつつある。

もうひとつの背景は、彼らが主要な顧客層に設定してきた日本人観光者が二〇一〇年代に入って減少傾向に入った点である。日本人店舗経営者にとって、ウブドがクタなど海岸部の観光地よりも発展の伸びを欠くこと自体は、かならずしも深刻な問題ではなかった。なぜなら、彼らのおおくは、ウブドはクタのようになってほしくない、田舎らしさをとどめてほしい、という認識をもっていたからである。た

※16 拙論［吉田 2013b］ではJ氏のカフェは一九九八年に開業としたが、一九九七年に訂正する。

※17 私は、拙論［吉田 2013b］で、ウブドがクタ化する、つまりクタのような猥雑な街に転化する可能性に触れた。二〇一〇年代後半の現状は、その方向にさらに向かいつつあると感じられる。ただし、クタ周辺は、外国人や「ジャワ人」などさまざまな人々が介在し新たなトレンドを開拓していく活気に満ちている。一方、ウブドの現状は、そうしたクタを後追いしているという意味での「クタ化」であって、クタにある進取・気鋭の性格をもった観光地になるということではないように思われる。ともあれ、二一世紀のウブドには、伝統文化を売り物とするのどかな楽園へとふたたび回帰する道は残されていない。

だ、観光ビジネスが収縮することは、もちろん望んでいなかった。しかし、日本人観光者を主要な顧客に想定した観光ビジネスは、今後立ち行かなくなることを想定しなければならなくなっている。二〇一〇年代のバリそしてウブドの観光の活況は、欧米系そして韓国・中国・台湾などのアジア系、そしてジャカルタなどからの国内観光者の伸びによって支えられている（写真6-23）。図表6-2は、日本と中国からのインドネシア入域者数の推移を五年ごとに示した表である。その半数弱程度がバリへの直接入域者数であり、括弧内の割合はバリに来訪する観光者の割合を反映していると考えてよい。二〇一〇年代半ばには、日本人のバリ入域者数はふたたび微増に転じたが（https://bali.bps.go.id/statictable/2018/02/09/27/jumlah-wisatawan-mancanegara-yang-datang-langsung-ke-bali-menurut-kebangsaan-2013-2016.html）、中国人観光者の伸長もあって、日本人が全体に占める割合は低下傾向がつづいている。とくにウブドを訪れる日本人観光者数は、二〇一〇年代に明確に減少している。ウブドに在住し観光業に携わるバリ人そして日本人たちは、日本人観光者は九〇年代にはおおかったが、二〇一〇年代には目に見えて減っている、と認識している。「なぜ日本人はウブドに来ないのか」とバリ人が私に尋ねてくることもしばしばである。バリの特定観光地を訪れる人数を示す公式のデータは存在しないが、私の観察や在

写真6-23　ジャワ系資本の飲食店（プリアタン、2019年）
2010年代に入って、ジャカルタなど国内都市部からのムスリム観光者が増え、ウブドでもジャワ系のハラル飲食店が若干増えた。中には、バリ在住ジャワ人が経営するある老舗飲食店のように、もともと欧米人観光者を顧客としていたが、2010年代に入ってハラル店を称したり、メニューからビールを消したりし（注文すれば出てくる）、ジャワ人観光者を惹きつけようとする店舗もある。

国	2000年	2005年	2010年	2015年
日本	710,769（14%）	511,007（10%）	416,151（6%）	528,606（5%）
中国	16,266（0.3%）	128,681（2.5%）	511,188（7%）	1,249,091（12%）
総計（人）	5,064,217	5,002,101	7,002,944	10,230,775

図表6-2　2000-2015年の在住国別インドネシア訪問外国人数とその全体に占める割合
（日本・中国・総計、5年ごと）［https://www.bps.go.id/linkTabelStatis/view/id/1394］より作成

住者の認識にもとづくかぎり、今日のバリ入域日本人の大半は、クタ周辺やヌサドゥアなど大資本に支えられた南部の観光地がもっぱら吸引していると考えられる。それは、観光地ウブドが日本人観光者に訴求力をもたなくなっている現状を示している。日本で少子化が進む点に鑑みても、ウブドの観光ビジネスがふたたび日本人を主要な顧客とする戦略をとることは、もはやありえないであろう。

　もちろん、現在のウブドの日本人店舗ビジネスのすべてが、日本人観光者を顧客の中心としているわけではない。日本のアパレル企業などへの製品の輸出が経営の柱であるブティックや、中国人・台湾人らの旺盛な購買力に支えられている雑貨店、日本食ブームの風を受けて、伸び悩む日本人客を欧米系・アジア系の顧客が補填している和食レストランもある。夫がはじめたホテルの朝食用に妻が焼いたパンが好評を博し、やがてパン屋をホテルに併設して、これが購買力のある地元の若いバリ人に大人気となった例もある。また、バナナの茎の繊維から独特の風合いをもった紙を作成するQ氏（二〇一九年現在六九歳、独身、男性）――一九九五年に四五歳でバリに移住した――のように、観光ではなくインテリアやアートの領域に商品の販路をもつ者もいる。また、陶器の制作・販売を手掛けるR氏（二〇一九年現在六〇代、独身、女性）――一九九一年から陶芸の修行のためにバリと日本を往復するようになり、二〇〇六年にアンテナショップをウブドに開き、二〇一一年にバリに移住した――は、飲食店用の食器製作※18、ヒーリング観光の一環としての外国人観光者向けの陶器製作教室、国内観光者向けの体験教室、インドネシア人の結婚記念品としてのオーダー陶器の受注、などを手掛け、ウブドにおける観光形態の多様化や国内観光者の伸長に柔軟に対応し、意識してリスク分散的にビジネスを展開している。しかしながら、ウブドに来る観光者、とくに日本人観光客からの売り上げにもっぱら依存する小規模経営の飲食店の場合、ウブド来訪者数の減少は生活にそのまま直結する。中には、返済のめどが立たないほどの負債を抱えている店舗経営者もいると聞く。日本人観光者の減少に対応し、新たな顧客の獲得に成功しなければ、生き残りは難しい。このシビアな現実と未来の状況への対処に、日本人観光者を主要な顧客層に設定して観光ビジネスをはじめたウブドの日本人経営者は迫られている。

※18 バリにはおおくの日本食レストランがあり、ざるそばのつゆ入れ、しょうゆ入れ、焼きさんまの皿などは、色や質感などの相性も考慮すると代替するものがないため、日本人陶芸家であるR氏の下に注文がおおく入る。昨今の和食ブームもあり、和食器やその雰囲気をもった食器は、ヨーロピアン系の料理店でも一定の需要がある。

*

　本節の議論のポイントを確認しておこう。一九九〇年代からウブドの日本人移住者は増加し、彼らが経営する店舗も増加していった。その後、予期せぬ事態がおこった。インドネシア通貨危機後の民主化と地方分権化は、彼らが予想しなかったプラスの出来事であったろう。他方で、テロ事件、バリ観光の不安定化、物価の高騰、観光地ウブドにおける土地高騰、あるいは道路渋滞の常態化、そして日本人来訪者の減少など、彼らが思ってもみなかったマイナスの出来事も生じた。ただし、ウブドの現状は、観光地としての衰退への「危機」とまではいえない。むしろ、バリ島において停滞の危機により直面している観光地は、チャンディダサやロヴィナの方である。ウブドでは、なお観光地としての持続的な発展はつづいており、クタのように外部の大型資本の進出を梃子に脱楽園の観光地へと転化し観光地として発展していく可能性も十分ある。ただ、この「クタ化」は、楽園観光地ウブドの差別化をより困難にさせる過程でもあるが。いずれにせよ、ウブドの現状が示すのは、危機の到来というよりもリスク化の過程である。そして、小規模経営の集積体である観光地ウブドにおいて小規模経営のビジネスを営む日本人移住者は、第三章第三節で論じた楽園観光地一般にみられる脆弱性ないし高リスク性や、本節でみた観光地バリが抱える観光と宗教のリスクの高まりに加え、日本人観光者の減少という新たなそしておそらく中長期におよぶリスクにも、直面している。

　第二章第四節では、リスクを回避し安全を高める努力がかえってリスクを招く可能性があるという、リスクの自己生産性に言及した。物質的には豊かでもストレスフルな日本での生を切断し、精神的な豊かさとのんびりとした生を求めて楽園ウブドを居場所に選んだ者にとって、この移住というリスク回避の選択は、当初の時点では思ってもみなかった出来事の連鎖によって、別のリスクとなって跳ね返ってきているといえる。たとえば、Q氏は、「九〇年代ころからいる日本人たちは、今後に相当な危機感をもっている」と述べる。二〇〇〇年代にはテロ事件・津波・リーマンショックなどによって客が来ない時期が何度もあり、二〇一七年のアグン山の噴火の際にも、やはり客が来なくて相当なダメージを受けた日本人店舗はすくなくなかった。二〇一八年のロンボックでの地震ではバリに被害はあまりなかったが、これも対岸のことではないという思いがある、バリでもいつ何があるかはわからない、そうした不安を、みな抱えている、というのである。さらに、そうした事件や災害がなくとも、シミュラークルの楽園観光地としての様相を次第に強めるウブドの現状は、当初彼らがウブドに求めた楽園らしさや居心地よさの理想型から次第に乖離をきたしつつあるということもいえる。

むろん、予期せぬ社会変化や事態の推移に翻弄されるのは、ウブドに暮らす日本人移住者に固有の事柄ではない。バリ人はもちろん、それは世界リスク社会の中に生きるすべての人々に、大なり小なり当てはまる。ウブドで生きるというライフスタイルの選択が、日本で生きるというライフスタイル以上に、よりリスクを抱えるものだと即断したり一般化したりすることもできない。ただ、彼らが、世界リスク社会の中にあって観光経済依存体質を深める楽園観光地バリが抱える多重のリスクとその顕在化に今後も向かい合い、その時々の決断や答えを模索しつつ生きていくであろうことは、たしかである。

リスク社会の中にある現代人は、生活圏のかなたに存在する楽園に癒しをもとめて訪れる（第三章第三節）。心身の健全さの維持やリフレッシュのための余暇活動としての観光には、新規の観光地や新規の観光施設こそ、魅力的なものに映る。それゆえ、いまも世界の各地では、あらたな楽園観光地が開発され、既存の観光地もさらなる自己との差別化のために再開発を進めている。こうして、楽園観光地はいまも世界中で、そしてインドネシアやバリの中でも、拡大再生産されている。この楽園観光のさらなる発展と俯瞰的にみられる現象は、しかし、楽園観光地の同質性や脆弱性という構造的特徴――そして楽園観光地の時限性という仮説――に照らせば、また観光地に生きる弱い立場の人々に即してみるならば（第三章第三節）、個々の楽園観光地の観光リスクの高まりを表裏一体にともなう過程にほかならないのである。

結論　バリの観光と宗教の関係性

第一部では、ヴェーバーとギアツの合理化論の可能性と限界を整理するとともに、彼らの議論において論及されていない、現代社会における合理化およびリスク化の把握という論点を確認し、楽園観光の構造的特徴について検討した。第二部では、この第一部の議論を踏まえつつ、バリの約一〇〇年におよぶ歴史を振り返り、この社会の観光の合理化と宗教の合理化の過程に関わる民族誌的事実を記述した。ここで、あらためて序論の主題設定をも含めて、これまでの議論を振り返り、議論をまとめることにしたい。

主題の確認と議論の整理

序論では、本研究の主題と基本的な視座を明らかにすることから、議論を出発させた。ヴェーバーやギアツと基本的に重なる解釈学的認識に立ち、ヴェーバーやギアツの合理化という理念型をアレンジした理論的枠組みをもとに、「観光」と「宗教」およびその関係を現地の社会の文脈に即して記述すること、これが本研究の企図する観光宗教論であった。そして、モダニティにおける合理化の転移ないし外発的発展を特徴として成立した、楽園観光という観光形態に即して観光地化された社会を事例とする、という対象の絞り込みをおこなった。具体的には、観光と宗教を含む社会・文化についての質量ともに充実した民族誌的データを有するバリ島を主要な研究対象とする、そして、バリほどではないが一定のデータの蓄積のある沖縄の事例も、補論として取り上げる、ということにした。

バリを事例として取り上げた理由は、データの豊かさばかりではない。先行研究の整理による見通しから、バリがある意味で例外的な事例と考えられたからである。バリの観光地化つまりは観光の合理化と、ヒンドゥーの改革運動つまりは宗教の合理化は、一九二〇年代の植民地体制下においてほぼ同時期にはじまった。こうした動きの背景には、バリ人が「宗教」や「観光」その他の社会の諸領域を切り分け対自化して捉える概念とまなざしを獲得したことがあったと考えられた。こうした民族誌的データを示す点で、バリは例外的な事例であった。そこで、バリに関する民族誌的記述を通して、現地の人々や観光者にとって意味あるものとしての「宗教」と「観光」の成立と、それらの間にあるであろう関係性を、当該社会のおかれた状況に位置づけつつ捉えることを、本研究の主題として画定した。客観的な視点から観光や宗教をあらかじめ定義し、それらのあり方を論じるというのが先行研究における議論の構えであるとすると、本研究は、「観光」や「宗教」とその関係をアプリオリに措定せず、アポステリオリな構えにおいて記述的に解明しようと試みたのである。

以上を踏まえ、あらためて第一部で、本研究の視点や理論について整理した。第一章では、ヴェーバーとギアツの議論の検討を通して、解釈学的認識について明確化するとともに、合理化概念の彫琢可能性について検討を加えた。ヴェーバーは、その歴史研究において叙述重視の立場を鮮明にしていたが、これを合理化論において十分展開するにはいたらず、また、社会学的一般化を志向する方向性との間でアンビバレントなスタンスに立っていた。本研究では、ヴェーバーが「最高の意義」をもつとしたこの叙述という学術的営為が、彼の死後に人類学者が採用していった同時代の集約的な民族誌の記述という議論スタイルに受け継がれたと理解し、記述重視の本研究の立場を再確認した。

また、ギアツのバリ宗教合理化論に批判的な考察を加え、複合的な合理化の理解可能性について展望した。今日のバリ人ヒンドゥー教徒の大半は、儀礼の実践に深く関わりながらも、戦後に確立された一神教的理念を内面化しているという点で、伝統主義的あるいは呪術的な合理化と知性主義的な合理化の二面の合理化の過程の中に生きる人々であると理解しうる。それゆえ、ギアツとヴェーバーの議論枠組みをこえて、この二つの合理化の絡み合いや表裏一体性に注目することが重要となる。こうした宗教合理化の複合的な過程、そして宗教の合理化と観光の合理化をはじめとするこの社会の複合的な合理化過程の複雑なあり方を記述的に理解すること、こうした本研究の議論枠組みの方向性を、第一章ではあらためて明らかにした。

第二章と第三章では、ヴェーバーもギアツも論及していない論点へと議論をさらに展開した。第一章のひとつの結論として、ヴェーバーの宗教合理化論の可能性の中心は、合理化の非合理性というパラドクス、あるいはその脱パラドクス化という論点にあるということが導かれた。そこで、第二章では、合理化と非合理化との間の関係メカニズムを同時代の社会の文脈において捉え直すべく、現代のヴェーバリアンたちによる諸研究、とくに再帰的近代におけるリスク化・監視社会化・生権力の強化・生活世界の植民地化などをめぐる社会理論研究を、総合的に検討した。ヴェーバーのいう合理化（の非合理性）の現代における表出の諸形態を論じたそれらの議論を踏まえれば、宗教合理化の複合的な過程も、また現代の観光の興隆も、あるいは社会の諸領域におよぶ合理化というもの自体が、合理化とリスク化の両方の様相をあわせもつと考えられた。合理化の複合性という第一章の論点に、合理化と非合理化ないしリスク化の二面性への注目という論点を加味し、観光の合理化と宗教の合理化を中心とした社会全体の複合的な合理化の過程を、観察の次元や視点の差異と現代社会の再帰性の高まりとに留意しつつ看取すること、これが本研究の主題であることを明確にした。

このことを念頭におきつつ、第三章では、現代の楽園観光地の構造的特徴を分析し、楽園観光地化と植民地化との同型性について確認した。楽園観光は、原初の楽園への憧憬という西欧由来のロマン主義的な嗜好を、モダニティのさまざまな科学技術や物質文化の集積によって、熱帯・亜熱帯の遠隔地への旅行という形態において実現した、きわめて西欧中心主義的な価値・制度の転移（外発的発展）を特徴とするものである。また、バリはオランダ植民地支配の下で、また沖縄はアメリカ軍政という植民地支配に準じる体制の下で、それぞれ観光地化されていったように、楽園観光は近代西欧的な政治・経済・文化およびそれらの支配と不可分な歴史の産物であるという一面ももつ。その場合、重要なのは、楽園観光地のもつ二重三重の脆弱性にさらされた小規模ビジネスに携わる人々の生に目配りしつつ、楽園観光地の高リスク性をボトムアップの視点から明確にしていくことである。楽園観光は、現代社会における情報社会化・消費社会化・監視社会化の中での余暇活動への財の傾注のひとつの具体的なあらわれであり、こうしたゲストが属する側の社会における観光プッシュ要因は、反合理的な支配のメカニズムをも内在させたモダニティの合理化の中で、いわば二重の生活世界の植民地化に生きつつ観光者を迎え入れるホスト側の社会のプル要因と合わせて、捉えられるべきものなのである。

このように、第一部では、本研究の議論がもつ理論的な射程や土台を、さまざまな学問領域におよぶ先行研究の枠組みに関連づけて整理した。あらためてまとめれば、本研究は、解釈学的認識にもとづき、楽園観光地における観光の合理化（と非合理化／リスク化）と宗教の合理化（と非合理化／リスク化）との関係性を、バリ（および沖縄）の一〇〇年間の過程を事例として検討するものであった。その場合、現地における観光や宗教の成立や発見に加え、二〇世紀後半以降の再帰的近代の時代状況における観光と宗教のあり方に、とくに注意を向ける必要があった。シミュラークルとしての楽園観光地がグローバルに増殖しバージョンアップされていったのがこの時代であり、それは生活世界の植民地化・余暇活動の嗜癖化・個人化などのいっそうの進行を背景にしていると考えられたからである。

以上の理論的検討を踏まえ、第二部では、バリに関する民族誌的事実について記述した。三章に分かれてはいるが、ひと続きの議論なので、議論のポイントを合わせて八点にまとめておこう。

第一に、二〇世紀前半におけるオランダ植民地支配の安定の中で、バリ人エリートに「観光」や「宗教」といった新たな概念が見出され、内面化されていった。バリ社会における「宗教」と「観光」という意味システムの成立である。

第二に、この植民地支配の中で、オランダ主導によるバリの楽園観光地化もはじまった。現地の宗教文化が「楽園バリ」のイメージを構成する不可欠の要素として組み込まれるという形態で、観光地支配の状況が成立したのである。ただし、当時の観光は小規模で局所的なものであった。

第三に、そうした支配状況と宗教文化の観光資源化に直面する中で、バリの知識人たちは、自らの「宗教」に自省のまなざしを向けるようになった。彼らは、ヒンドゥーという宗教をバリ人としての生の基盤として再発見するとともに、ヒンドゥーをイスラームに比肩しうるようなアガマとして再構築していくという、近代化あるいは合理化のプロジェクトに着手した。オランダが統治の対象から宗教を除外したことが、バリ人の手による宗教合理化につながったのであり、観光という支配のメカニズムの介在も、戦前の知識人による宗教文化の対自化ないし客体化の伏線となったのであった。

第四に、第二次世界大戦後、インドネシア共和国の国家体制において、バリ宗教のさらなる合理化とその社会的浸透、つまりは宗教の生政治の過程が進んだ。この戦後の宗教合理化は、戦前のジャボ出自の新興エリート知識人が立ち上げた脱伝統主義という近代化の理念を、ブラフマノを中心とした高カストの勢力が中心となって受け継ぐという、一種のねじれを抱えたものであった。後者が担い手の中心となったがゆえに、バリのヒンドゥーをアガマとして公認させ、唯一神信仰として成形し、これをバリ人の末端にまで浸透させるという過程は、ある程度スムースに進んだ。しかし、逆に、彼らが主要な担い手であったがゆえに、改革は徹底されず表層的なものにとどまった。バリ島内では、儀礼主義、ブラフマノ司祭を頂点とする司祭の位階、地域によって異なる習慣のおくは、ほぼそのまま存続した。唯一神信仰という理念の確立と浸透は画期的なバリ宗教の変化であったが、他方で、バリ人の宗教実践の実態はあまり変わらず、儀礼をむしろ重視するパリサドの方針やバリ社会の経済発展を背景とし、儀礼の華美化や大規模化つまりは儀礼主義の強化も進んだ。

それゆえ、第五に、戦後のバリ宗教の合理化は、知識や教義の合理化と、儀礼の強化という形態での呪術の合理化という、ヴェーバーの枠組みではおよそ相反する二つの合理化のサブシステムがともに進む、複合的かつパラドキシカルな過程となった。そこにおおきな矛盾やコンフリクトが表出しなかった点において、その過程は、まさにパラドクスの脱パラドクス化の様相を示すものであり、この異質な二つの宗教合理化が相まって、アガマとしてのヒンドゥーはバリの内外に浸透し広がった。

ところが、インドネシア諸地域へのヒンドゥーの拡大・浸透とバリ島内でのイスラームのプレゼンスの高まりとが進む中、一九九〇年代に入ると、事態は別の様相を帯びはじめた。パリサドの中で、従来のバリ的な宗教活動の持続に肯定的なバリ人の中心的勢力と、合理化されたヒンドゥーのいっそうの徹底を志向する勢力との間の対立が先鋭化していき、リフォルマシの時代にこの亀裂が決定的になったのである。ここにおいて前者に当たるバリのパリサドの一部勢力は離心的な動きを示し、二〇〇〇年代にパリサドを割って新たなヒンドゥー組織を立てた。バリ的な伝統を重視するその姿勢は、ムスリムが増えつづけるバリ社会を分断する論理を抱えている。バリ宗教の複合的な合理化は、宗教リスクの増大、あるいは宗教合理化のパラドクスの再パラドクス化の様相を示すようになった。これが第六点である。

戦後のバリ島では、インドネシア政府主導による観光開発が進んだ。とくに大量虐殺事件後に成立したスハルト体制下では、国民統治と国家統合の手段としてアガマの信奉と地域文化の奨励が強化されるとともに、経済再建が優先課題とされた。バリは大衆観光時代にマッチした楽園観光地として本格的な開発を受け、経済発展を望む人々の受け皿もあって、各地を巻き込んで楽園観光地化のさらなる過程が展開していった。その中で、ヒンドゥーの宗教文化が楽園バリを彩る要素としてあらためてクローズアップされ、観光の活性化と宗教文化の活性化とがたがいに刺激し合うという互恵的な相互関係が成立した。しかし、一九九〇年代になると、楽園イメージを売る観光開発がそのイメージを支える物理的・生態学的基盤を掘り崩す乱開発をともなうという、バリ観光の合理化のパラドキシカルな状況も急速に顕在化していった。また、一部では、宗教活動の場となる寺院や聖地までもが観光資源の論理に組み伏されようとする事態も起きた。これにたいするバリの人々（と彼らが信奉する神）の抵抗がなかったわけではないが、総じていえば、観光の論理が宗教の論理を飲み込むかたちで人々の生活世界への観光地支配の浸潤が進んだ。楽園観光地バリの性格は、バリ独特の宗教文化を前面に推し出した戦前にはじまる形態から、ハワイ型の楽園イメージを前面に推し出したシミュラークルの楽園へと変わってきている。こうした戦後における観光と宗教のあり方の変容が第七点である。

観光依存体質と島外資本の介在を深めたバリ社会におきたのが、一九九〇年代末の通貨危機、二〇〇〇年代初めのテロ事件、その後の一〇年近くにわたる観光の一進一退状況であった。二〇一〇年代にバリ観光はふたたび上昇局面に入っていったが、広範な社会層へのトリクルダウン効果よりも、そうした経済的恩恵を上回る物価の上昇など負の影響を人々が受ける状況も顕著になってきた。観光のさらなる進展は、環境破壊や格差の拡大などの問題を生んでおり、バリの社会・経済の観光依存体質の強化が観光リスクの増大をもたらしている。今日のバリでは、観光経済の論理が卓越する様が顕著である。この現状が第八点である。

バリの観光と宗教の合理化とリスク化

以上、これまでの議論の要点をまとめた。では、次に、序論の問題設定に立ち戻って、バリ宗教における合理化（とリスク化）の複合的な過程を念頭におきつつ、この宗教の合理化と観光の合理化（とリスク化）との関係について、前項のポイント整理で確認したことも含め、あらためて九点に整理することにしたい。その際、バリ人と観光者それぞれにとって意味ある「観光」と「宗教」が何かに留意することにしよう。

まず、宗教合理化の複合性について確認しよう。合理化概念の多義性については、序論および第一章などであらかじめ確認しておいた。あらためて振り返れば、現代バリ社会において、呪術の園からの解放という点での合理化は、いまだ達成されていないといいうる。たとえば、第六章で触れた聖財の盗難やテロをめぐる社会の対応をみても、いまなおヴェーバーのいう「呪術的」な思考様式が支配的であることは明らかである。供物準備の合理化、ホチキスやコンクリートなど近代的な素材の援用、それによる儀礼の肥大化・ラメ化、儀礼の準備期間短縮、儀礼の組織的運営と集約化、といった諸点は、呪術の園からの解放ではなく、むしろ再呪術化あるいは呪術の中へのインヴォリューションとしての、バリ宗教の合理化の局面であると理解できる。その一方で、バリ宗教は、アガマの論理に沿った合理化、すなわち教義知識の体系化とその普及、パリサドの組織化、一神教的形式の獲得、祈り重視の認識やトリサンディオ実践の普及、といった点で、ヴェーバーが〈倫理論文〉で主題化したような合理化――それは、ある種の形式的合理化でもあり、脱呪術化としての知性的合理化でもあり、付け加えればサンスクリット化・間接的イスラーム化でもある（第一章第二節）――をも果たしてきた。ただし、この合理化は、バリ島に暮らし地域の諸組織や司祭との結びつきの中に生きるバリ人の宗教実践の全面的な改編をともなうものではなかった。バリ宗教は、アダットの要素のおおくをそのまま保存しつつも、この形式的な合理化によってアガマとして認知されえたのである。パリサドは、この二つのたがいに異質な合理化を調停しつつ、二〇世紀後半におけるインドネシアヒンドゥーの変革を主導した。バリ宗教の合理化の実態は、この脱呪術化と再呪術化の二つが一体となりいわば二重の螺旋を描いて進行する過程であった。これが第一点である。

これをバリ人の宗教的行為の次元において捉えるならば、第一章第二節・第五章第三節・第六章第二節〜第三節などで示したように、現代のバリ人において支配的なのは、合理化されたヒンドゥーの理念と実践を内面化しつつ、別種の合理化の過程にあるといってよいアダットに即した複雑な儀礼の実践にいそしむという態度であり、この二つをともに肯定的にみる複合的なエートス構造である、ということができる。ギアツの合理化論の議論枠組みにおいて伝統的な宗教と合理化された宗教とにそれぞれ割り振られてしまう宗教的態度を一体化した人々こそ、現代バリ人の典型なのである。

ところで、当初から、パリサド内には、バリの伝統や儀礼主義を肯定する保守的な立場とアガマとしての純化を志向する改革派の立場があり、この二つの合理化を張り合わせようとするパリサドの試行錯誤は、その双方からの批判を受けながら妥協を探るというものであった。この状況は、二〇世紀末のスハルト体制の終焉後、おおきな転換点を迎えることとなった。インドネシア民主化の流れの中で信教の自由が保証されたことで、もはやバリ宗教にこれ以上イスラームやキリスト教と同様の規範や形式をまとわせる必要はなくなったのであり、アダットの要素になお満ち溢れたバリ宗教をそのままでも肯定しうる社会的・政治的環境が整ったのである。ただし、一方で、それまで進めてきたイスラームやキリスト教に比肩しうるアガマへとヒンドゥーを改革するこの軌道を修正すべきではないとする立場は、インドネシア化したパリサド内ではむしろ大勢となっていた。こうして、二一世紀には、バリのパリサドの分裂という事態——すなわち、脱パラドクス化していた複合的な合理化の進行の再パラドクス化——が生じた。この分裂は、インドネシアにおけるアガマの中でマイナーな立場にあるヒンドゥーのポジショナリティをいっそう低下させていく可能性が高い。この点で、現代のバリ宗教はリスクを抱えている。これが第二点である。ヒンドゥーの合理化あるいは改革は、いまなお未完のプロジェクトにとどまっているが、事態はギアツの楽観的な予想——世界宗教の成立に匹敵する新たな事態——よりもむしろ深刻な方向に向かっている。これが、ギアツが主題化したバリ宗教の合理化に関する、さしあたりの総括である。

バリ宗教がリスクを抱えているとすれば、バリ観光もまたリスクを抱えている。これが第三点である。植民地支配下ではじまった観光地支配は、戦後の大衆観光時代を経て一九九〇年代以降にいっそう拡大・深化し、地域や階層の間の格差の拡大、環境破壊など、観光の文脈においても重大な意味をもつ社会学的・生態学的なリスクの増大をもたらすようになった。観光の危機が一挙に顕在化したのは、テロ事件を含むいくつかの事件や事故が連続した二〇〇〇年代であった。その後、バリ観光はふたたび持続的成長のフェイズへと入っている。しかし、観光のリスクと、観光に依存したバリ社会のリスクは、むしろ高まっていると判断してよい。そもそも、第三章で論じたように、楽園観光地というもの自体が、何重もの構造的脆弱性を抱えた存在なのである。

さて、ここでふたたび宗教に目を向けよう。現代のインドネシアには、バリ島におけるバリ人マジョリティとは異なるエートスをもつヒンドゥー教徒が存在する。一方には、都市部やバリ島外におもに在住する、アガマとしてのいっそうの純化を志向しバリ的アダットの介在に批判的なパリサドの改革派に与する人々がおり、他方には、もともとパリサドに一定の距離を取っていた、サイババやハーレクリシュナなどインド由来の新たなヒンドゥーの潮流にコミットしていった人々がいる。こうした人々をも含めて考えれば、バリ宗教のあり方をひとつの理念型で理解することが妥当でないことは、明らかである。こうした多様で複合的なヒンドゥー、あるいは複数のヒンドゥーの成立と展開こそ、より広い視野から見るならば、バリ宗教の合理化のたどった道であったといえる。これが第四点である。重要なのは、バリ宗教における変容した様相と変容しなかった様相の二つを同時に把握することであり、問題を切り詰め単純化して理解しないことである。バリ島在住のバリ人のマジョリティの宗教実践は、実質的にほとんど変わっていないといいうる。だが、ヒンドゥー教徒がさまざまなあり方へと分岐していったという点、あるいはそうした複数のサブシステムからなる複合的なヒンドゥーという宗教システムが成立したという点で、バリないしインドネシアのヒンドゥーは変容したと結論づけることができる。

では、そのようなバリ宗教の合理化は、観光の文脈においていかなる影響力をもつものだったのであろうか。結論から述べれば、バリ宗教がアガマとしての様相を付加したことは、観光者にとっては何の意味ももたなかったといえる。というのも、植民地時代においても、また戦後の大衆観光時代においても、観光者はこうしたアガマとしてのヒンドゥーにではなく、むしろバリ人にとってのアダットとしての宗教文化の諸要素に、「楽園バリ」のもっとも魅力的な部分を見て取ったのだからである。ただし、観光地に生きるバリ人に即していえば、このことは決定的に重要であった。なぜなら、バリ人は、インドネシア国家の宗教の生政治の中で、自分たちの生とアイデンティティの肝となるアガマの部分を自分たちのために確保しておきながら、この宗教の中の「宗教的」部分——バリ宗教のアダットの諸要素や芸能芸術をこのように捉えることができる（序論）——を観光ビジネスの資源や商品として客に切り分け売りさばくことができたからである。観光者にとってバリの宗教の精髄とみえたものは、バリ人にとっては宗教の真のあるいは本質的な部分ではなかった。こうした、主体によって「バリ宗教」として理解されるものが異なっていたという機序にこそ、バリにおける観光と宗教の相互関係を解く鍵がある。これが第五点である。

この点をもうすこし説明しておくことにしたい。ここで、バリ人がバリ宗教の中に見出したアガマの部分を〈バリ宗教A〉、アガマとアダットつまりは「宗教」と「宗教的」部分からなる広義の次元を、〈バリ宗教B〉と呼ぶことにしよう。〈バリ宗教B〉あるいはバリの独特の宗教文化は、植民地時代から観光者にバリの魅力をアピールする重要な局面となっていた。そのころ、バリの知識人たちは、自分たちの宗教をアガマとアダットという概念によって範疇化するようになった。しかし、この時点では、〈バリ宗教B〉の中にあるはずのアガマに相当する本質部分が何であるかは、かならずしも明確ではなかった。それゆえ、彼らは、因習としてのアダットから識別されるアガマの部分をバリ宗教の中に見出すべく、言論活動と討議を重ねた。この戦前の知識人たちの思索は、インドネシア共和国における宗教政策の方向性が明確化する中で、いわば外郭からの規定を受けつつ、戦後に一定の方向に固まっていった。つまり、唯一神信仰にかなう方向性において形式を整え〈バリ宗教A〉を実体化することによって、アガマとしての公認を獲得する、というものである。ただし、それは、バリ宗教を二価化することにほかならなかった。そして、この改編によっても、人々の宗教生活の具体的なあり方つまり〈バリ宗教B〉は、伝統を重視する高カストとくにブラフマノ主導の改革であったがゆえに、さほど変化しなかった。とくに、多種多様な供物と司祭によるその浄化から成り立つ儀礼活動が宗教生活の根幹にあるという体制は、そのまま温存された。

第二次世界大戦後、〈バリ宗教A〉に関わる規範や理念が社会に浸透する傍らで、戦前からの楽園イメージを生かしたバリの国際的な観光開発が中央政府によって進められると、パリサドと政府の中核を構成するバリ人エリートたちは、観光者に提供してよいいわば俗なる宗教文化と、提供してはいけない真の宗教の部分とを区分けしつつ、観光と宗教とのバランスよき相互発展を企図した。前者には、舞踊、音楽、絵画などの芸術があり、これを合理化しつつ発展させることは、地域文化の顕彰と発揚による国民統合を目指す国の文化政策とも軌を一にするものであった。寺院などの宗教施設における儀礼・祭礼などの行事は、神聖な活動ではあってもアダットの要素に満ちたものであり、一定のルールを守れば外国人観光者も見学したり参与したりすることは可能とされた。神への信仰や帰依を体現する祈りという行為が邪魔されたり、神の御神体などの聖別化された財や象徴が冒瀆されたりしないかぎり、そうした観光者の臨在は基本的に問題なかった。あるいはむしろ、ギアツが劇場国家論で示したように、バリ人の宗教活動は本質的に見世物的であって、バリ人ばかりでなく外国人観光者が儀礼や祭礼を見物に来るということは、宗教的な意味ではなく、ゲンシの誇示やラメの実現という点で、望まれるものでもあった。しかも、二〇世紀末には、〈バリ宗教A〉の理念や規範の浸透と持続的な経済成長を背景に、アダットの価値の格下げと供物の外部化も進み、これが〈バリ宗教B〉の活性化を一部導いたという面もある。

いずれにせよ、〈バリ宗教B〉の中に〈バリ宗教A〉という本質的部分をみる認識枠組みがバリ社会の中に定着していったその過程において、バリを訪れる観光者たちはあらためて〈バリ宗教B〉をバリの宗教文化の精華あるいは本質的部分とみなす認識枠組みを確たるものにしていったのである。バリないしインドネシア社会の中の宗教合理化において発見され構築されてローカルに浸透していった〈バリ宗教A〉と、観光地化の過程において再発見され各種のメディアを通じてグローバルに浸透していった〈バリ宗教B〉との間の、この意図されざる論理階型の落差こそ、バリの観光と宗教との互恵的な関係のメカニズムを支える装置ないしからくりであった。

このように、ヴェーバーが主題化したような、宗教合理化の過程で出現した新教（プロテスタンティズム）の倫理や規範――〈バリ宗教A〉がこれに相当しよう――ではなく、伝統的な儀礼活動といういわば旧教の呪術的実践の方――〈バリ宗教B〉の「宗教的」部分がこれに相当しよう――が、バリでは観光と結びついて資本主義的経済の展開を促進したのである。これが第六点である。それは、たとえばハワイのフラダンスや北タイ山地の少数民族観光にみられるように、アジア・アフリカ・太平洋の諸社会における伝統文化と観光との間のよくある関係性にすぎない。その点で、〈バリ宗教B〉と観光との互恵的な関係性は、例外的なものではなく、むしろありふれたケースのひとつである。ただ、バリの場合、観光者にとっては〈バリ宗教B〉の中に埋め込まれていてそれと識別できないであろう〈バリ宗教A〉が、バリ人ヒンドゥー教徒にとってはアガマの部分そのものであって、それが二〇世紀の歴史の中で見出され実体化されていく過程が、観光地化や伝統文化の再発見の過程と並行あるいはむしろ交差していたという点は、他の楽園観光地におそらくみられない独特の特徴であり、ヴェーバー的な意味において注目に値する「例外的」な事例（序論）たりうる点であろう。これこそ、バリの宗教の合理化と観光の合理化の社会過程における要のポイントである。

以上が、現状までの分析と整理である。次に、今後の方向性についても触れておこう。インドネシアにおける信教の自由の拡大を背景に、ヒンドゥーをますますバリ的アダットを重視する方向に再軌道化する保守派の動向が強まったとしても、すでに確立された唯一神信仰としてのヒンドゥーをイスラームやキリスト教とおなじアガマとして維持あるいは発展させようとする動向は、おそらく廃れないであろう。ただ、そうしたヒンドゥーの合理化の複合的あるいは分裂的過程は、西欧におけるキリスト教のプロテスタンティズムとカトリックが歩んだ過程とは異質なものとなるであろう。なぜなら、PDHBが提起する、アダット重視の再軌道化されたバリ宗教——それは〈バリ宗教B〉をほとんどそのまま〈バリ宗教A'〉とみなすものである——が、バリ島内のバリ人社会をこえてその外へと拡大していく可能性は、乏しいといわざるをえないからである。これが第七点である。バリの経済発展にともない、ますます供物の外部化とラメ化が進んでいけば、これがバリ観光をさらに刺激する余地はあるであろうが、それは観光者が植民地時代からの楽園イメージをもとめつづけるかぎりにおいてである。今日でも、バリを訪れる観光者の中には、バリの宗教文化にかならずしも関心をもたない人々が増える傾向はある。別言すれば、観光者がもとめる楽園らしさの中に占める宗教文化の重要性は、相対的に低下しつつある。今後ますます、バリは世界に数あるシミュラークルの楽園観光地の中のひとつにすぎなくなっていくであろう。それは、植民地時代の文化観光の色合いを強く残す観光地ウブドについてもいえることである。

とすれば、今後、バリの観光と宗教とは、離心的な歩みを進めることになるであろう。一九二〇年代のオランダ植民地時代に本格化したバリ観光は、バリの宗教文化を不可欠の魅力として成立したものであった。二〇世紀後半のバリ観光の持続的な拡大期においては、バリ地方政府が唱えたような、バリの文化と観光地化とが手を携えて発展していくような社会・文化の体制づくりが進められ、実際に観光を宗教文化が支え観光経済が宗教活動を支えるという互恵的な関係は一定程度成立した。バリ社会の観光経済への依存度がいっそう高まっていく中、観光経済が宗教を含む人々の生の基盤を支えるという状況は、今後さらに固定化していく可能性が高い。ただし、そこにあるのは観光と宗教の相互連関的関係性というよりも、むしろ観光地支配という形態をもった生活世界の植民地支配強化の過程であろう。自身の望む宗教生活と経済生活を享受できる人々とそこから疎外される人々との格差は、今後いっそう強化されていく可能性が高い。バリ観光にもバリ宗教にも、それぞれリスクを看取することができる。異質な合理化を張り合わせ脱パラドクス化する過程とともにあったバリの観光と宗教そして両者の間の蜜月関係は、すでに過去のものとなりつつあると考えてよいであろう。これが第八点である。

以上のように、バリにおける観光と宗教は、非合理化を核心にもった植民地支配の体制の下での観光地化のはじまりと、それへのリアクションとしての宗教改革という合理化のはじまりから、国家の政策枠組みの中に観光と宗教が取り込まれるという契機を経て、近年におけるリスク化そして生活世界のより深刻な植民地化の過程へという、おおきな流れを示しているように思われる。そして、この観光と宗教の正と負の両面を合わせもった合理化／リスク化がたがいに連関し合う再帰的な関係性こそ、バリという社会のモダニティの進行の中核に位置するドミナントなメカニズムであったと考えられる。これが第九点である。バリ社会の合理化は、植民地時代以降の政治や教育など複合的な合理化の諸過程の束であったが、その中にあって機軸をなしていたのが宗教の合理化と観光の合理化であり、この両者の関係性であったと考えられる。ここまで、本研究はこのことを理論的検討と民族誌的記述を通して論じてきた。

ところで、序論では、この一〇〇年ほどのバリの歴史における楽園観光地化と宗教変容との間に相互作用的関係が認められるのではないかという仮定を設定していた。これまでの議論は、かぎられた民族誌データにもとづくものではあるが、この仮定の妥当性を、この第九点や第五点・第六点をとくに着目すべき点としつつ、裏づけるものであったということができよう。一九二〇年代ころから、植民地化が進む過程において、楽園観光地化という形態での観光の合理化がはじまり、それらの刺激を受けつつ「宗教」という意味領域が見出され、〈バリ宗教A〉の模索という形態での宗教変革つまりは宗教の合理化が、バリ人の手ではじまった。そして、戦後になると、インドネシア共和国の宗教・経済政策の枠組みの中で、まずは宗教合理化の方向性が固まり、次に大衆観光時代の到来の中で本格的な楽園観光地化が進んだ。そこでは、宗教改革の焦点から外された〈バリ宗教B〉の中の「宗教的」部分を切り売りすることで観光経済が活性化するというある種のフィードバックも起こり、これが〈バリ宗教A〉に関わる神聖かつ冒すべからざるものを大切にしつつ、〈バリ宗教B〉をさらにラメ化させる過程をも惹起し、観光の合理化と宗教の合理化とがたがいに影響関係をもつような螺旋的・累積的な過程が進行した。一九九〇年代以降になると、一方でインドネシア化したヒンドゥーのあり方にたいするバリ人側の保守的な巻き返し——あるいはバリ宗教の再ローカル化の動き[cf. Picard 2015:65]——が顕在化し、他方ではスプロール状に進む観光開発がさまざまな問題を現出させることになった。

以上が、この一〇〇年間のおおまかな流れである。付言すべきは、バリの観光の合理化と宗教の合理化との相互作用的関係が、今後もつづいていくという保証はない、という点である。むしろ、観光が宗教を飲み込みつつ肥大化する中で、観光と宗教それぞれにリスクの増大が認められるのであれば、この両者の間にふたたび蜜月関係が訪れる可能性は低いと考えられる。ともあれ、バリの観光と宗教について本研究が論じうるのは、以上である。

補論について

ここまでが本研究の本論である。バリでは、観光の合理化と宗教の合理化という二つの合理化が交差し合って合理化のパラドクスの脱パラドクス化の過程がある段階までは進んだのであり、審美性を特徴とする観光というシステムのバリ社会への転移および定着と、人々のアイデンティティの核心にあるものとして見出された宗教というシステムの実体化との相互作用が、バリ社会のあり方を重層決定するドミナントな要因となったのである。バリの観光と宗教に関する一〇〇年間にわたる諸事実を十分網羅的に論じたとはいえないかもしれないが、こうした社会過程の基軸に当たる点を、先行研究を整理しつつ確認することはできたと考える。

ところで、バリの事例は、他の楽園観光地とどの点で類似しまた異質であるといえるのだろうか。これについては、バリとは異なる事例を取り上げて、簡単な対比をおこなう必要がある。そこで、補論として、バリに準じる民族誌的データの蓄積があるといえる沖縄を取り上げることにしたい。

あらかじめいっておくと、沖縄については、バリの場合とは異なり、植民地支配や観光地支配と連動して、現地の人々による宗教変革や宗教の客体化が起こったことを示すデータや、観光と宗教の間に中長期的な相互作用関係があったことをうかがわせるデータはない。観光の合理化や、宗教生活の一部を構成する慰霊の合理化については記述できるが、人々の宗教生活全般におよぶ合理化や、観光の合理化と宗教の合理化の密接な相互関係を確認することはできないのである。そもそも、今日の沖縄の人々の宗教生活は、おおむね観光者のまなざしからは離れたところで営まれている。おそらく、それは過去においてもそうであったと推測される。したがって、沖縄の宗教と観光の関係に関する検討は、バリの場合とは異なる議論とならざるをえない。

ただ、沖縄にはそれ自体の独自性がある。とくに注目されるのは、当地の楽園観光地化の起源に戦死者の慰霊を目的とした観光があったという点である。バリとはまた異なるかたちで、沖縄の観光と「宗教」および「宗教的」なものとは密接に結びついていた。そこで、この慰霊観光から現在の楽園観光へという転換を確認することを主眼に、第一部・第二部の議論を念頭におきながら、沖縄の事例について補論で取り上げることにしたい。そして、「おわりに」で、本研究の議論を締めくくることにしたい。

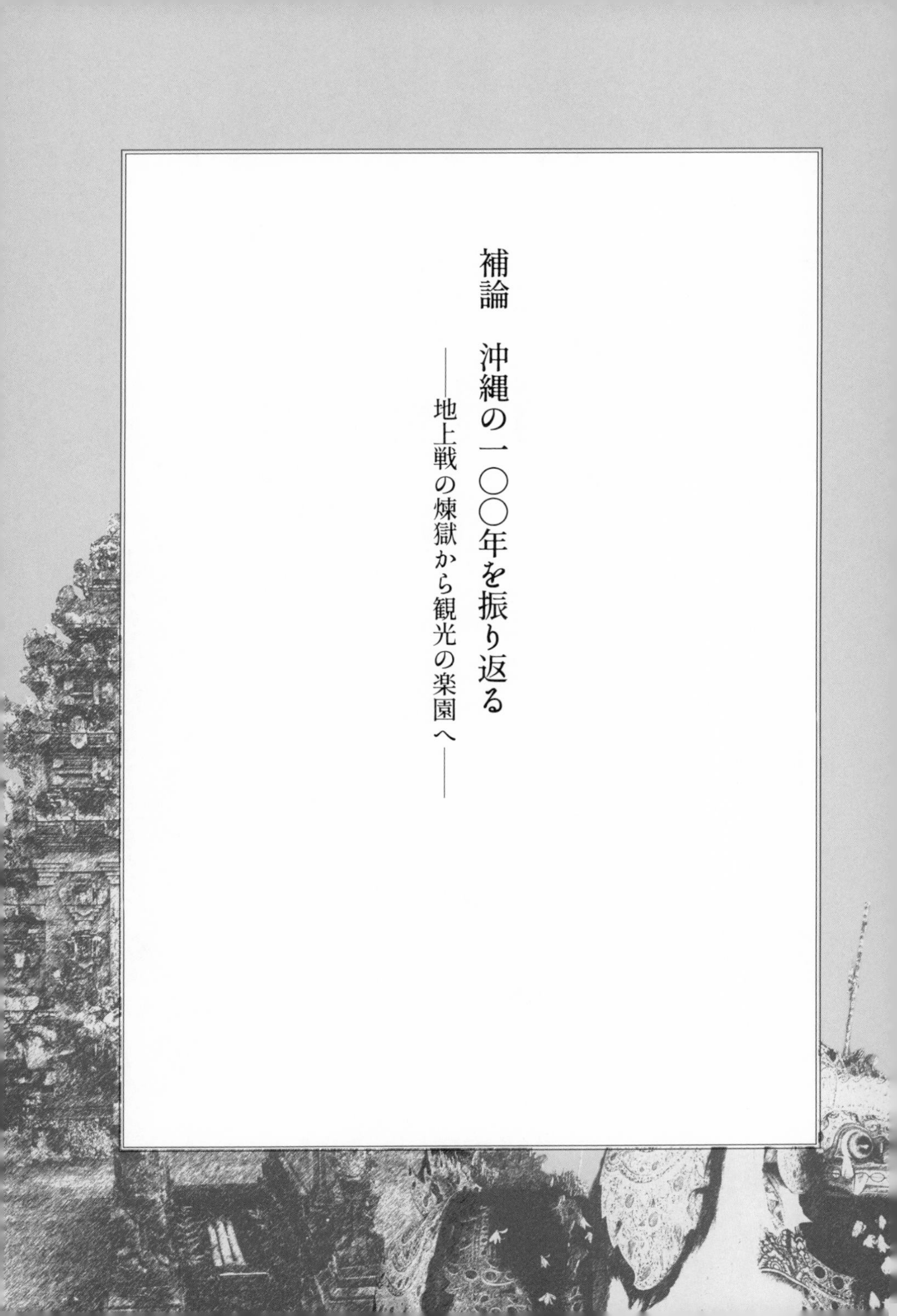

補論　沖縄の一〇〇年を振り返る

——地上戦の煉獄から観光の楽園へ——

この補論では、沖縄本島南部地域を中心とした沖縄の約一〇〇年の社会過程を、第二次世界大戦後から今日までの七〇余年を中心に記述することによって、バリとはまた別様の楽園観光地における観光と宗教の関係のあり方について検討し、これまでの本研究の記述・考察の一助としたい。

より正確に述べるならば、ここでは、この地域の楽園観光地化の過程というよりも、楽園観光が支配的になる過程で忘却されていったその前段階の観光形態や、これと連関する、観光とはもはや疎遠になった「宗教」行為に、注目しようとする。すなわち、戦後の危機的状況の中で立ち上がった慰霊行為がやがて慰霊観光へと橋渡しされ[※1]、さらに楽園観光へと変質していくその過程をたどり直すことによって、沖縄本島地域における観光と宗教および宗教的なものとの関係を確認することが、ここでの主題である。

慰霊という行為は、沖縄において、現在の現実を過去の現実に絶えず連結する社会的契機である。ヒンドゥー教徒バリ人社会という想像の共同体のアイデンティティの基盤が日々の宗教実践にあるとすると、沖縄人社会という想像の共同体のアイデンティティの基盤は、戦争と戦後の危機や苦難の記憶の持続にあるといってよい。先の大戦の戦没者を追悼する慰霊碑——以下、慰霊塔や記念碑をこのように総称する——は、沖縄全域で四〇〇基以上あり、いまも

毎年数基ずつ増えている。その前でおこなわれる慰霊行為は、メディアや教育と連動しつつ、人々が危機と苦難の記憶を再起動させ更新・維持する不可欠な媒体となってきた[粟津 2013a, 2017; Beck 1998（1986）, 2014（1999/1993）; Blanchot 1997（1983）; Connerton 2011（1989）; Delanty 2006（2003）; 金菱 2014; Leroi-Gourhan 2012（1973/1964+1965）:362-366, 407; 村上宏 2016; Morris-Suzuki 2014（2004）; 直野 2015; 大田 2006:3, 2007; Stiegler 2009a（1994）, 2010（1996）:107, 2013（2001）:66, 125, 283; Sturken 2004（1996）:16; 鈴木謙 2007:160-165, 2013:211-242; 屋嘉比 2009:129-166; 吉田 2013a, 2016b; 吉浜 2017:214]。

第一節では、沖縄の観光と宗教の関係について概観し、あわせて前史として戦前の沖縄観光の黎明期と地上戦の概要について述べる。第二節および第三節では、戦争直後の草の根の慰霊行為が政府による制度化された慰霊へと媒介され、その中で次第に慰霊観光が定着していく過程を記述する。第四節では、この慰霊観光から楽園観光への転換について記述する。そして、第五節では、以上の過程を総括し、沖縄本島南部における観光の合理化とそこに占める宗教の位置づけについて論点を整理する。なお、本章の議論は、拙論[吉田 2016b]に補足と修正を加えたものである。

第一節　楽園沖縄の宗教・観光・戦禍

宗教の概観と観光との関係

まず、はじめに、簡単に沖縄の宗教について概観しておこう。沖縄の人々の宗教を構成する信仰や実践の主要な契機としては、①ニライカナイ信仰、②王国レベルから村落レベルにおよぶ御嶽祭祀、③家族・親族による祖先祭祀、④ユタ信仰、⑤ヒヌカン信仰、を挙げることができる。

①のニライカナイは、一般に東方の海上のかなたにある一

※1ここでは、慰霊観光を、死者の霊を慰撫する意味合いをもった行為を主要な目的に組み込んだ観光行為と捉えておく。なお、「慰霊」は日本語独特の語彙である。西村によれば、慰霊という日本語が使用されるようになった時期は明確ではないが、日清戦争の戦死者儀礼に「慰霊祭」という語がつかわれ、これがのちに「慰霊」として「慰魂」や「弔魂」などとともにもちいられ定着していったと推測される。ここからも理解されるように、「慰霊」は、死者祭祀という「宗教」そのものから、死者への哀悼や鎮魂の思いなどの「宗教的」なものにまでまたがる意味の広がりをもつ。なお、山口は、戦争観光をたがいに重なり合うものの方法論的には対比しうる慰霊観光・記憶観光・歴史観光の三つ（あるいは仮設した顕彰観光を含めれば四つ）に類型化するという試論を提示しているが、本研究でいう慰霊観光は山口のそれよりも意味は広い[國學院大學研究開発促進センター（編）2008; 村上宏 2016; 村上・西村（編）2013; 西村 2006: 15-18, 2008: 115-118; 山口 2013]。

種の楽土であり、神の原郷である。琉球王国は、このニライカナイ信仰と太陽神信仰を重要な宗教・世界観上の基盤とし、政治と祭祀を一体化した支配体制を構築した。ニライカナイ信仰に関わると考えられる祭祀行事は沖縄の各所において多様な形態をもって散見されるが、現在の人々の認識や世界観においてニライカナイが重要な位置を占めるというわけではない。②の御嶽——沖縄本島周辺ではウタキ、宮古ではムトゥ、八重山ではオン／ワンなどと呼ばれる——は、神が降ります聖地や拝所である。村落は、この御嶽を祭祀・管理する宗教共同体でもある。この聖地における宗教実践の中核となるのは女性神役であり、ノロやツカサなどと呼ばれる。この女性神役は、かつて琉球王国における行政組織の末端を担っていた。現在は神役の継承者の確保に苦しむ地域がおおいが、御嶽祭祀はローカルな宗教実践の柱であるとともに、琉球王国を支える装置でもあった。この御嶽祭祀を担う村落とともに、もうひとつ重要な祭祀共同体となるのが、③にある家族・親族である。沖縄本島を中心にみられる門中は、琉球王国の士族から庶民層へと徐々に裾野を広げて浸透していった親族組織であり、門中を構成しない家族・親族集団もおおい。門中のあり方やその有無は地域や集団によってさまざまであるが、位牌（トートーメー）と墓という二つの象徴を中心に成り立つ祖先祭祀は、家族・親族の紐帯や統合の核であるとともに、ジェンダー秩序や若者のキャリア形成をも条件づけてきた。ところで、死者の霊は、生者にたいしてさまざまな「知らせ」をし、あるいは病気や災難をもたらすことがある、とされる。こうした不可解な出来事の解釈や災因の特定——ハンジと呼ばれる——と、適切な対処法の指示や実践をする存在が、④のユタである。ユタのおおくは女性であり、御嶽の祭祀に関わる神役がユタをつとめることもある。ユタに不信感を抱く人々もいるが、ユタとまったく無縁な沖縄の地域社会はないといってよい。内地の大都市でも、ユタは沖縄出身者の需要を満たしている。⑤のヒヌカンは「火の神」であり、竈の神である。毎日各家庭の台所で水や供え物をささげられる、もっとも身近な神である。ヒヌカンは、さまざまな神への願いを媒介すると考えられている［安里英 2008:122-126; 安里 2006, 2011; 比嘉政 2010:183-240; 比嘉実 1991; 外間 1994, 1999, 2000（校注）; 宮城栄 1975; 宮城能 2017; 越智 2018; 桜井 1973; 澤田 2014; 鳥越 2017; 上地 2014; 上原 2014; 湧上 2000; 渡邊 1971, 1985, 2004; 与那国 1993］。

次に、先行研究に触れる。沖縄の観光については、現状の考察に加え、（楽園）観光地化の経緯に関するいくつもの研究がすでに蓄積されている。しかし、宗教に関しては、静態論的な民族誌的研究が中心であって、宗教の構築や変容の過程を各地域における差異にも留意しつつ記述した研究はほとんどない。観光と宗教の関係に関するデータも十分ではなく、観光地化と宗教変化そして両者の相互作用関係を中長期のタイムスパンの中で記述する作業は、そもそも困難である。これが、沖縄の事例を補論とした所以である。そこで、ここでは、いま述べたような沖縄の宗教の特徴はこの一〇〇年間基本的には変わっていないという仮定にさしあたり立ち、二〇世紀前半にはじまりその後変貌を遂げていく、沖縄本島の観光地化の進展に関係する範囲で、宗教そして宗教的現象に着目していくことにする。

そうした中長期的な変化への着目という点を保留すれば、現代の沖縄の観光と宗教の関係については若干の先行研究がある。その中で、塩月は、現代の沖縄本島南部における観光と宗教の接点として、二〇〇〇年代の沖縄本島中南部における三つの現象に注目した。①一部の神聖なガマ（自然洞窟）が、洞窟探検や酒造ビジネスなどに供されるようになり、ここを聖地とみなすユタや人々との間に軋轢を生んだ。②セーファーウタキ（斎場御嶽）が、二〇〇〇年の世界遺産記載後に観光地として整備され、ここを聖地とみなして訪れる人々の宗教実践に一定の制限が課せられるようになった。③門中や家族を単位とする聖地巡拝の習慣に示唆を得たヒーリングツアーが、南城市によって企画・運営された（なお、これは二〇一一年に終了した）［塩月 2012:392-422; cf. 門田 2013:52-76; 宮城栄 1975:209; 湧上 2000:463-476; http://www.city.nanjo.okinawa.jp/about-nanjo/introduction/nanjo-diary/2011/02/2946.html］。この①と②は、第六章第三節で論じた観光と宗教との相克に相当する事態といえる。ただ、三つの現象はいずれも局所的なものといえるので、この塩月の議論は、むしろ沖縄の観光と宗教とがさほど密接な連関性をもたないことを傍証している、と受け止めることもできる。

先に挙げた五つの主要な信仰や実践は、おおむね観光と無縁なところにある。とくに御嶽祭祀は、外部の人々の参画や観察から遮断されたところで営まれることがおおい。塩月が論じるセーファーウタキの例も、ここを「宗教」上の聖地とみなす人々と、「観光」地とみなして改編する行政との間の乖離を示すものといえる。沖縄の観光と宗教の関係を論じた先行研究は、いずれも一部の宗教的実践や施設または聖地が観光資源として活用されつつある状況に目を向けたものであり、人々の宗教実践と観光とが密接に結び合っている状況を主題化したものではない。一部の地域固有の行事——たとえば、ハーリー（ハーレー）、綱引き、プーリ、シニグ、ウンジャミ、八月踊り、パーントゥ、種子取など——は、メディアで取り上げられ、沖縄内外の観光者が一定数訪れる状況にあるが、そうした行事の中でも、祭祀・信仰の中核部分は観光と無縁な位置におかれていたり、秘儀的なかたちで実践されていたりする［駄田井 2011; 比嘉実 1991:177-206; 比嘉康 1990, 1991, 1992, 1993a, 1993b; 小林紀 2006:50-54; 塩月 2012:9-13, 392-422; 住谷・クライナー 1977］。バリでは、外国人観光者などの外部者も、正装するなど一定の要件を満たせば大半の儀礼に参画することができるが、沖縄では、外部者の観察・参画を禁じたり忌避したりする宗教行事が比較的おおいといえ、宮古や石垣など入域観光者数が年間一〇〇万人をこえる地域でも、観光と遮断されたところで秘儀的な祭祀が運営される傾向にある。

以上のように、端的にいって、現代の沖縄における観光と人々の宗教活動との間にはあまり接点がない。小林は、宗教学の立場から戦後の沖縄における観光と宗教との関係を論じた先行研究が欠落していると指摘するが［小林紀 2006:45］、宗教学の分野にかぎらず、沖縄の観光と宗教の関係を論じた議論自体がほとんどないのである。それは、現代の沖縄における観光と宗教との間の接点がごくかぎられたものであるからであると考えてよいであろう。

ただ、そうした観光と宗教との疎遠な関係性は、沖縄が楽園観光地化した結果である可能性もある（序論）。すくなくとも、沖縄の本格的な楽園観光地化以前の段階に遡行した場合、そこには現在とはまったく異なる、観光と宗教とが密接に連関し合う局面を看取することができる。それについて述べる前に、本節では、以下、その前史として、戦前の沖縄観光の

初　日	那覇港入港、波の上宮、護国寺、工業指導所、識名園、辻
2日目	糸満、首里城、沖縄神社、円覚寺、泡盛製造所、熱帯樹農園、空手、沖縄古典劇
3日目	普天満宮、泊城、万座毛、闘牛、自由行動
4日目	那覇港出港

図表 7-1　戦前における大阪商船の沖縄視察団の観光日程
［下地 2012: 9］

はじまりと沖縄地上戦の概略を確認しておく。

戦前の沖縄の観光地化

沖縄観光の黎明期は、バリとおなじく二〇世紀前半にさかのぼる。ただし、その詳細はあまり定かではない。さしあたり確認できるのは、明治時代後半に沖縄と内地との間で定期航路が開設されたこと、現存する絵ハガキなどから察するに、そこにごく少数ながら観光者もいたようであること、大正はじめの一九一四年の時点では、那覇－奄美大島－鹿児島－神戸－大阪の航路、那覇－門司－大阪の航路、そして那覇－先島－台湾を結ぶ航路に、定期船が就航していたこと、これらの航路を利用して台湾や内地と沖縄とがつながっていたこと、である。沖縄本島地域では、那覇と名護とを結ぶ汽船が人の往来や物資の流通を支えていたが、一九一七年にこの汽船（第三運輸丸）が暴風雨により名護湾で沈没してからは、道路整備の進展を受けて陸路の比重が高まるようになった［上里 2016:130-131; 梅田 2003:87-88］。

一九一六年には、旧琉球王家（尚家）が創設していた沖縄広運株式会社が、大阪商船株式会社（現商船三井）に買収された。この大阪商船は、他社の撤退により、一九二五年から阪神方面と沖縄とを結ぶ航路を独占することとなった。そして、一九三七年からは波上丸と浮島丸の二隻の新造船を就航させ、「沖縄視察団」という名称のパッケージツアーをはじめた。これが制度化された沖縄観光の発端と考えられ、ここでは、これをもって沖縄の観光地化のはじまりと捉えておく。最大人員三〇名の、いまからみれば小規模なこのツアーは、那覇に三泊し、車で首里城や那覇周辺の神社仏閣をはじめとする名所・旧跡をまわり、本島中部西海岸の景勝地である万座毛を訪れ、夜は沖縄舞踊を鑑賞する、というものであり、実質的には観光ツアーであった（図表7-1）。大阪商船が作成した一九三七年のパンフレットには、「南海の王国として古来数奇な歴史に育まれてきた沖縄は、今や産業振興計画着々と成り、文化の粉飾を新たにしてわれらの南方関心線上鮮やかに浮かび上がっております。蘇鉄の山、榕樹の巨木、バナナの林、パパイヤ、マングローブ、熱帯果実の色――これを背景として琉球焼を作る男、蛇皮線をひくアンガー（芸妓）たち、昔ながらの素朴敦厚な人情、珍しい方言など、訪れる者をして一種のエキゾチシズムをさえ覚えさせます。沖縄はまさにただ一つ残されたわが国の観光処女地であります」といった、今日にもつながる観光地沖縄のイメージが記されていた。この沖縄ツアーは二三回実施され、柳宗悦ら日本民藝協会もこれを利用してしばしば沖縄を訪れたが、二隻が一九四一年九月までに軍に徴用され、沖縄観光はいったん収束した。空路では、一九三六年から小禄海軍飛行場（那覇空港の前身）に福岡および台北を結ぶ旅客便が就航し、一九三八年からはエアガール（今日の客室乗務員）がちらしずしと壺屋焼の陶器に入れたお茶とをサービスした。当時の沖縄観光は、万座毛をのぞけば、ほぼ沖縄本島南部の周遊に限定されていた。先島地方（宮古諸島、八重山諸島）に関しては、那覇から宮古、石垣、西表の港を経由して台湾に向かう航路はあったが、もっぱら労働者と物品の流通に寄与するものであって、八重山の中心である石垣港には接岸できずにはしけをつかうなど、観光との連関は希薄であったようである。なお、一九三六年には沖縄観光協会が発足したが、行政においては観光を担当する部局がまだ存在せず、当時の沖縄にある旅館は五軒だけであった［神田 2012; 三木 2010:190-197, 210-211; 下地 2012:7-9, 104-108; 那覇市市民文化部文化財課（歴史博物館）（編）2013, 2015; 戸邉 2010; 梅田 2003:87-91］。

以上のように、沖縄は、一九三〇年代から楽園観光地の性格づけをもつようになった。バリとおなじく、この戦前の観光形態は、第二次世界大戦前後の混乱をはさんで、ふたたび戦後の大衆観光時代における本格的な楽園観光地化の過程へと引き継がれていく。その過程については、後述する。

沖縄戦とその終結

次に、沖縄戦について振り返っておく。本項の記述は、沖縄現代史に関する膨大な文献の中のごく一部を参考文献とするにとどまる。

連合軍の沖縄侵攻は、一九四四年一〇月一〇日の「十・十空襲」からはじまった。このとき、奄美諸島から先島諸島にいたる広い範囲が空襲を受け、那覇の市街地はその九割を焼かれた。そのあとに敢行された沖縄上陸作戦は[※2]、日本本土攻略のための航空基地・補給基地の確保を目的としたものであった。これを迎え撃つ第三二軍司令部は、本土決戦に向けた時間稼ぎを目的とし、とくに沖縄本島では、首里城地下の本陣を捨てて以降、もっぱらゲリラ戦を採用した。日本軍は、住民を動員しつつ持久戦を戦い、最後は住民を含めて「玉砕」することを基本方針としていた。一方、連合軍は、この日本軍あるいは軍民混在の（韓国朝鮮人や台湾人も含む）「敵」にたいし、おおくの武器・弾薬をもちいて徹底した掃討作戦をおこなった。こうした構図こそ、沖縄本島に多数の戦死者が出た所以である。なお、沖縄本島周辺ではアメリカの陸海軍、先島ではイギリス海軍が、連合国軍の中心であった。先島諸島や奄美諸島では、上陸はなかったものの、飛行機による空襲と、海上を埋め尽くすかのように陸から見える多数の艦船からのすさまじい艦砲射撃があった［安里他 2012:295-300; 林 2001; 石原 2011:614-633; 嘉陽 1971; 北村 2009:37; 栗原 2015b:167-177; 三木 2010:264-274; 那覇市企画部市史編集室（編）1981a; 沖縄県教育委員会（編）1989（1974）; 大田（編）2014; 琉球政府（編）1971, 1989（1971）; 嶋 1983; 平良 2012］。

一般に沖縄戦ともいわれる沖縄での地上戦は、一九四五年三月二六日の阿嘉島・慶留間島への連合軍上陸――これに前後して、アメリカ軍は、奄美群島以南の南西諸島地域における日本政府の行政権を停止し軍政府が統治するという、いわゆるニミッツ布告を公布した――から、四月一日の読谷村での沖縄本島上陸を経て（写真7-1, 7-2）、第三二軍の牛島司令官および長参謀長の摩文仁の丘での自刃によって組織的な戦闘が事実上終結する六月二三日まで、の期間を指す。[※3] しかし、自決前に司令官が戦闘停止を指示しなかったため、その後も散発的な戦闘は各地でつづき、アメリカ軍が沖縄上陸作戦の終了を宣言したのは七月二日、残存日本軍側が降伏文書に署名したのは九月七日であった。また、沖縄戦の開始と収束は、地域によって相前後し異なる相貌を示した。たとえば、四月一日の時点では、慶良間や読谷などにおいては収容所での戦後生活に入る人々がいた一方、八重山においては戦前の制度の延長線上で国民学校の入学式がおこなわれた。五月七日には、本島南部で一進一退の攻防がつづいていた一方、うるま市にあった民間人収容所ではアメリカ軍政下で初の初等学校が開校され、戦後教育がはじまった。さらに、久米島では、八月一五日以降にも日本兵による住民殺害が起きた（写真7-3）。久米島にアメリカ軍が上陸したのは沖縄本島

※2 アイスバーグ作戦と名づけられたこの沖縄上陸作戦は、一九四四年八月一五日からアメリカの海軍・陸軍の将校一九名からなる混成チームによって、ハワイにおいて作成された。軍政班（Military Government Team）と呼ばれたこのチームは、日本語文献――ただし、偏向がありかつ時代遅れのデータではあった――を収集・翻訳し、沖縄の政治・社会・文化に関する基礎情報を三〇〇ページにおよぶ『民事ハンドブック』（Civil Affairs Handbook）にまとめた。このチームの中心人物は、イェール大学の人類学者であり海軍将校であったマードック（第二章第二節）であった。マードックは、のちに軍政府政治部長（少佐）として沖縄に着任し、ワトキンス文書で知られるワトキンスや、バリ研究も手掛けたハンナ（第四章第三節）らとともに、初期占領期の統治に関わった。アメリカ側は、沖縄の社会・文化・歴史そして人々のアイデンティティが日本一般とは相当異なるものであることを把握していた。それゆえ、沖縄の中長期的な支配に当たって、琉球処分後につかわれた「沖縄」ではなく、より過去に源流をもつ「琉球」という名称をもちい、教育・文化財保護・伝統芸能復興などを推進した。鹿野は、これを「琉球化」と呼ぶ。この琉球化は、第四章第二節の「バリ化」とパラレルな政策・現象であった［エルドリッヂ 2003: 17-21; Fisch 2002（1988）: 17-28; 鹿野 1987; 宮城 1982: 25-42, 256, 1992: 8-10; 小熊 1998: 462-466; 小川 2012: 15-16, 23-47; 沖縄県立図書館史料編集室（編）1995; 泉水 2010; 田仲 2009: 38-41; 徳田 2008: 223; ワトキンス文書刊行委員会（編）1994a, 1994b; 吉本 2015: 73-74, 90］。鹿野のいう琉球化は、二〇一九年に焼失した首里城再建に向けての動向を考える上でも示唆的である。

写真 7-1　嘉数高地に立つ青丘之塔
青丘之塔は、韓民族出身沖縄戦戦歿者の慰霊碑である。ウィーヌヤマ（上の山）とも呼ばれる嘉数高地は、琉球王府の記録に残る由緒ある御嶽を擁する聖地であり、日本軍と米軍との最激戦の地でもある。2 週間にわたる攻防の結果、日本軍はここから浦添グスクのある前田高地に撤退した。ここでも激戦があり、浦添村（当時）住民 9200 人の 45％が死亡した。

写真 7-2　前田高地平和之碑
前田高地平和之碑は、浦添グスクの付近に立つ慰霊碑である。浦添グスクの中心部にあるディーグガマは、御嶽であるとともに、戦争中は陣ともなり住民避難地ともなり、戦後は周辺の 5000 柱の遺骨の収骨･保管場所ともなった［沖縄県立埋蔵文化財センター（編）2002: 11-13, 18-19; 浦添市史編集委員会（編）2009（1984）］。嘉数高地、浦添グスク、そして摩文仁の丘のいずれにおいても、高台の聖地は戦争に利用された。

写真 7-3　日本兵の住民虐殺を記した痛恨之碑（久米島）

写真 7-4　渡嘉敷島の集団自決跡地

での戦闘がほぼ収束したあとの六月二六日であり、島民は日本軍兵士が九月一日に投降してようやく戦時状況から解放された。このように、住民にとっての戦中・戦後は各地でばらばらに進行し、俯瞰すればそれらは交錯していたのである［新崎 2016:2-5; 安里他 2012:297-300; 石原他 2002; 石塚 2005; 川平 2011:86; 北村 2009:37-39, 42-43; 仲原 1982:65-67; 沖縄県教育委員会（編）1989（1974）; 大島 1982:62-67, 81-102; 大田 1982:96-114; 琉球政府（編）1989（1971）; 嶋 1983:85-102; 屋嘉比 2006:24-25, 2009:228-231; 吉浜（編）1994; 吉浜 2017:202, 244-245; 吉本 2015］。

沖縄戦の直後、米軍は、住民の四分の三がもとの居住地を離れ、家屋の九割以上が破壊されたと把握した。戦死者についてはさまざまな推計がなされているが、沖縄県援護課によれば、沖縄戦の総戦死者は二〇万人、うち軍人・軍属が九万四千人（内地出身者六万六千人、沖縄出身者二万八千人）、一般県民が九万四千人、米軍が一万二千人である。軍民合わせた沖縄県民の死者一二万人強というこの数字は、しかしながら、八重山での戦争マラリアの犠牲者——当時の八重山の人口三一七〇一人の五割強に当たる一六八八四人が罹患し、この罹患者の二割強に当たる三六四七人が死亡したと推計され、マラリアによる一家全滅もあった——や、戦争に関連した餓死などを含めておらず、それらを加えれば県民の死者数は一五万人ともいわれる。戦災により戸籍等が焼失していることもあって、沖縄県民の死者数は正確に把握することができないが、戦時の県民約五〇万人——一九四〇年の国勢調査によれば県民人口は五七万人強、ここから約八万人が九州や台湾などに県外疎開した——の四分の一から三分の一近くが沖縄戦で命を落としたことになる。※4 沖縄本島、とりわけ最後まで戦闘がつづいた本島南部の戦没率は高く、家族全員が死亡し、死者祭祀もうやむやとなった例もあった。たとえば、

※3 牛島司令官の自決した日については諸説あり、一九六一年に制定された「慰霊の日」は六月二二日であった。しかし、その後、自決を六月二三日とする説が有力視され、一九六五年からこの日を「慰霊の日」とするよう変更された。現在、慰霊の日には、沖縄県や県下の自治体などが慰霊行事を催行している。ただし、座間味村では、近年は五年に一度、米軍上陸と集団自決（強制集団死）のあった三月二六日に、渡嘉敷村では三一五人の集団自決（強制集団死）があった三月二八日に、それぞれ村主催の慰霊祭をおこなっている。渡嘉敷村では、集団自決があった場所に、この日の自決者たちと戦死した日本兵五九四柱を祀る、白玉の塔という記念碑が一九五一年に建立された。ところが、その後、当地は米軍基地用地として接収され、別の場所に新たな慰霊碑が建立された。住民の慰霊の気持ちすら、アメリカ軍政下においてはままならなかったのである。その後、接収された自決地は一九九二年に返還された。現在、村指定文化財の史跡となった当地には、「集団自決跡地」と記された石碑が立っている（写真7-4）［北村 2009: 41-42; 嶋 1983: 173-178; 沖縄県生活福祉部援護課（編）1996: 94, 114-122; 沖縄県渡嘉敷村役場民生課 2007; 大田 2006: 74; http://www.vill.tokashiki.okinawa.jp/wp-includes/pdf/jiketsu01.pdf; https://www.vill. zamami.okinawa.jp/info/peace.html］。

戦没率がもっとも高い糸満の米須集落では、住民の六〜八割が戦死し、うち一家全滅者数も全体の三割以上とされる。戦後、本島では一二（沖縄全体では一六）の民間人収容所が建設され、生き残った人々が収容された。一九四五年七月末時点での収容所人口は三二万人、これに加え、一〇月以降は「海外」からの引揚者一七万人が、別の一二カ所の収容所に入った。その後もこうした引揚者は増加する。このように、戦後の沖縄の住民の三分の一以上は、沖縄戦を直接経験せず、戦後に引き揚げてきた疎開者・移民・出稼ぎ者・復員者などであった。彼らは、それゆえ沖縄戦の悲惨さや身内の死についての記憶や語りを欲した。ただ、一方で、戦争体験者はさまざまな理由で沈黙を守った。人々の戦争体験の記録は沖縄戦研究の柱となっているが、その掘り起こしは体験者の耐えがたい心痛をともなう作業でもあった［安仁屋 1989:125-137, 2002; 蘭 2013; 浅井 2016; 安里他 2012:302-304; Fisch 2002（1988）:81-86; 南風原 2012; 保坂 2014; 石田 1998:70-71; 石原 1986; 糸満市史編集委員会（編）1993, 1998:873, 2003:310-317; 川平 2011:138-143, 156-161, 2018; 鹿野 2011:92; 加藤 2016:430-435; 記念誌委員会（編）1997; 北村 2009:25-26; 小林多 2010:13; マコーマック・乗松 2013:18-20; 松島 2012b:261; 宮城能（編）2018; 仲田 2008; 波平恒 2006; 沖縄県平和祈念資料館（編）2008:10; 沖縄県企画部統計課 2011:3; 沖縄県生活福祉部援護課（編）1996:56; 沖縄戦被災者補償期成連盟 1971; 大田静 2014; 大田 2006 78-85; 琉球政府（編）1989（1971）:915-917; 櫻澤 2010:19, 21, 2015:4, 269-270; 嶋 1974, 1983:36-37, 97, 181-205; 平良 2012; 豊田 2004:265; 浦添市史編集委員会（編）2009（1984）; ワトキンス文書刊行委員会（編）1994a:47-48; 八重山戦争マラリア犠牲者追悼平和祈念誌編集委員会（編）1997; 読谷村史編集委員会（編）2002, 2004］。

民間人収容所の人々は、アメリカ軍の作業に動員され、配給物資をもらった。劣悪な衛生状態の中、栄養失調やマラリアなどにより、死亡者は六〇〇〇人をこえた。行動の自由も制限され、収容地区の外に出たり許可なく帰村したりすることはできなかった。沖縄本島全体で昼間の自由通行が許されたのは一九四七年三月であり、夜間の通行が許可されたのは一九四八年三月以降である。この間に、アメリカ軍は、住民の集落や農地あるいは御嶽などの聖地を含む広範な土地を接収し、ブルドーザーで平らげて、飛行場・軍用道路・倉庫・宿泊所などの基地関連施設を建設した（写真7-5）。飛行場や弾薬庫は、米やイモの耕作地であった平地につくられ、これが食糧事情をさらに悪化させた。アメリカ政府は、沖縄住民の早期の生活復興よりも戦略的基地の確保と拡大を優先したのであり、議会もそれを追認したのである。一九四五年一〇月から住民を収容所から居住地へ帰還させる事業がはじまるが、土地を接収されてもとの集落に帰還できず、別の地に移住したり集落を新たにつくらざるをえなかったりする人々もいた。[※5] 収容施設からの移動と再定住は、一九五〇年の春ごろまでにほぼ完了し、この間に軍による統治体制も整えられていった［安里他 2012:302-304; Fisch 2002（1988）:43-53, 141-142; 林 2014:74-100; 石田 1998:70-71; 川平 2011:166-172, 2018:16-20, 32-35; 北村 2009:47-51; 難波 2017; 波平 2006, 2014; 波平恒 2006:227; 七尾 2010; 武井 2016; 鳥山 2013, 2015; 吉本 2015］。

第二節　戦後の死者祭祀と慰霊の体制化

次に、戦後沖縄の死者祭祀つまりは慰霊について、北村の研究をおもに参照し整理する。沖縄戦を生き延びた人々の戦中・戦後の苦難を論じた研究や記録はおおいが、北村は、戦争死者が死後つまり戦後いかに扱われたのかという独創的な観点から、体系的な論を展開している［北村 2009:235-236］。ここでは、逆に、それを、沖縄の人々が遺体や死者の霊といかに向き合ったのかという観点から捉え直し、観光論へと媒介することにしたい。

草の根の慰霊と英霊の顕彰

収容所などから居住地に戻った人々は、生活の建て直しをはかる中で、戦争の物理的そして精神的な痕跡に向かい合うことを余儀なくされた。彼らの眼前の風景には、戦車・戦闘機・武器の残骸と、手榴弾・薬きょう・不発弾・地雷などとともに、おおくの遺体や遺骨があった。土一升・弾一升・骨一升ともいわれた。土をすくえば、それと同量の弾や骨もある、というのである。人々が居住地に帰還した時期やその地域にもよるが、遺体は、頭髪や内臓などをとどめながら腐敗した

※4 ここで、沖縄戦と宗教の関係について触れておく。地上戦が戦われた沖縄本島では、人々が門中墓や御嶽でもあるガマを格好の隠れ場所とした。墓に隠れるときには、遺骨の入った厨子や瓶を外に出すこともあった。また、激戦地となった前田高地では、軍が聖地であるディーグガマを掘り進めて陣を張った。断片的な情報にもとづけば、戦時の沖縄本島では、住民は宗教よりも人命を優先し、軍は住民の命よりも軍命を優先したと考えてよい。そして、一部のひめゆり学徒の自決や、読谷村のチビチリガマや渡嘉敷での強制集団死のように、名誉ある自死をうながす軍命にしたがう人々はおおかったが、他方では、学徒隊の生存者や読谷のシムクガマから投降した一〇〇〇人のように、軍命よりも人命を重視する判断をした住民もそれ以上におおかった。全体として、沖縄の人々は、御嶽祭祀や祖先祭祀よりも、まずはこの世で生きることを重視したといえる。

※5 沖縄本島中南部では、地上戦および戦後の米軍による強制的な土地接収によって、集落・御嶽・拝所・墓地などが破壊されたり移動を余儀なくされたりした。たとえば、仲松弥秀も、『浦添市史』の民俗編の冒頭において、米軍による信仰と民俗の強制的な改変に言及している［岸 2017; 波平 2006, 2014; 武井 2016; 浦添市史編集委員会（編）1983: 14］。

もの、ミイラ化したものや白骨化したもの、砲弾などにより破砕したものなどからなり、風雨にさらされ、さまざまな場所に散乱していた。衣服や遺品などがなく、個人を特定できないものもすくなくなかった。とくに、最後まで戦闘がつづき数万人が犠牲となった本島南部では、爆弾や砲弾によって破壊され白くなったサンゴ礁、海岸部のアダンの茂み、サトウキビ畑の跡、住居の敷地、ガマやそれを掘った防空壕といった避難場所など、あちこちに遺体・遺骨があり、住民はそうした死者がほとんど遍在する生活圏の中で、食料の生産や住居の整備を進めることになった。遺体を養分として通常よりおおきく育つ野菜もあり、夜は遺体から出るリンが青く光って揺れることもあった。沖縄戦を生き延びた人々は、衣食住にこと欠く中でも、たがいに協力し合って、あるいは自身の家族・親族や集落の人なのかもしれないおおくの遺体・遺骨があった場所にちいさな塚をつくったり、集落ごとに設けられた簡素な納骨所に遺骨を納めたりし、死者の冥福を祈った。戦後一〇年の一九五五年の時点で、そうした納骨所は一八八基あり、そのおおくは本島南部にあった［糸満市史編集委員会（編）1998, 2003; 嘉陽 1971:458; 北村 2009:55, 66-73; 小林照 2010:121, 161; 森宜 2016; NHK 沖縄放送局（編）2006; 那覇市企画部市史編集室（編）1981b:46-60; 大田 2006:137; 沖縄県遺族連合会記念誌部会（編）1995:220-222; 沖縄県生活福祉部援護課（編）1996:57;

写真 7-5　日本本土に向かう C-54 機が並ぶ嘉手納飛行場（1945 年 5 月末）［沖縄県公文書館所蔵］

写真 7-6　魂魄之塔

魂魄の塔の周辺は霊域として整備され、付近には北霊碑など 10 基の慰霊碑が立つ。

田村 2011（2006）:28-29, 35; 屋嘉比（編）2008]。

当初、米軍は、遺骨収集や慰霊碑の建設を反米につながるとして警戒した。しかし、真和志村（一九五三年に真和志市となり、一九五七年からは那覇市に組み込まれた）の住民四三〇〇人が米軍から移動を命じられて仮住まいした摩文仁の米須では、国民学校の校長を務めていたこともある村長の金城和信の必死の説得などにより、村民の集団的遺骨収集にたいする許可が下りた。金城村長と村人は、一九四六年二月二五日から の二日間で、敵味方を問わず五〇〇〇体分をこえる遺骨を集めた。二月二七日には、これを納めた場所に米軍から調達したセメントと鉄骨で石塊をつくり、護国の鬼となる意味ももたせ「魂魄」と書いて石碑とした。これが魂魄之塔であり、戦後はじめて建立された慰霊碑である（写真7-6）。この日に慰霊祭もおこなわれ、その後数年の間に、ここには三万五千の遺骨が納められた。本島南部では、ほかにも、真壁の萬華之塔、喜屋武の平和之塔（現平和の塔）、新垣の納骨所（現浄魂の塔）など、一万をこえる遺骨を納めた納骨施設が、ガマや防空壕を利用し、一九五〇年代前半までに建てられた。一九五二年三月から約一か月間沖縄でおこなわれた遺骨調査によれば、この時点では地表の遺骨はほぼ収集され供養されているものの、森の中や地下のガマなどになお多数の遺骨が手つかずのまま残されていること、今後遺骨を収集してもその氏名が判明するものはまれであろうこと、が報告されている。これ以降、沖縄では、日常生活の視界から離れたり隠れたりしている場所にある遺骨をさらに収集する作業と、すでに納骨堂内にあるものも含めた遺骨を焼骨する作業が、進められた。たとえば、摩文仁にある南冥の塔は、そうして建てられたもののひとつである（写真7-7, 7-8）。海岸に近い険しい断崖のはざまにあるこの慰霊碑は、沖縄戦に従軍していた日系二世の米兵が中心となって、周辺に放置されていた身元不明の軍民一万二〇〇〇柱を集骨し、一九五四年に建てられたものである。一九五五年には、沖縄側から日本政府にたいして全戦没者を祀る総合的な慰霊碑・納骨堂の建立を願う陳情もはじまり、一九五八年――正確には一年ずれているが、戦没者の一三回忌に当たることが強調された年――の一月には、日本政府から琉球政府への委託事業として完成した、各地の納骨堂の遺骨を集約し合祀する戦没者中央納骨所の除幕式が、全琉戦没者追悼式と同時に、那覇の識名で開催された。この中央納骨所の遺骨は、一九七九年に新たに摩文仁の丘に建てられた国立沖縄戦没者墓苑に移され、現在にいたっている（写真7-9）。ベネディクト・アンダーソンやジャン＝リュック・ナンシーがいうように、近代の国民国家というコミュニティは、死者の遺骨を収集し儀礼的措置を講じるという共通の体制を有する。その場合、戦後の沖縄について特筆されるのは、魂魄之塔や南冥の塔、そしてのちに建設される平和の礎——現在二四万人をこえる、沖縄戦・一五年戦争の戦死者の名を刻んだ記念碑——に示されるように、国家からみれば敵に当たる他国出身の戦死者をも包含したところで、慰霊という行為が進められたという点である。もっとも、それは、敵味方を分割して慰霊できないほどの惨状が、沖縄戦とくに本島南部の戦闘の姿であったということでもある［Anderson 1987（1983）; 新垣 1956:260-266; 粟津 2013b, 2017:308-312; 浜井 2014:86-108; 保坂 2014:133-138; 石原 2016:89-111; 糸満市史編集委員会（編）2003:435-445; 北村 2009:55-58, 66-78, 101-102, 127; 小林照 2010:121-122; 小松和 2002:148-149, 159-163; 栗原 2015a; 真嘉比字誌編集委員会（編）2014; 村上宏 2016; 村上興 2013:8-10; Nancy 2001（1999）:18-36; 沖縄県生活福祉部援護課（編）1996:57-58, 87-88; 翁長 1981:199; 大田 2006:137-146, 149-158; 琉球政府（編）1989（1971）:926-927; 櫻澤 2015:112-113; 田中丸 2002（1998）; 上杉 2006:30-38, 45-47; 内海 2007:37-41］。

サンフランシスコ平和条約調印後の一九五二年、日本政府は戦傷病者戦没者遺族等援護法を成立させた。同年、沖縄に遺族連合会（二月発足時は琉球遺家族会、一一月に琉球遺族連合会に改称）も結成された。しかし、アメリカ軍政下の沖縄には同法はすぐに適用されず、総理府の現地機関としてこの年に設置された那覇日本政府南方連絡事務所がアメリカ軍政

写真 7-7, 7-8　南冥の塔
海岸近くにそそり立つ断崖と洞窟の脇に 1954 年に建てられ、戦後 50 年の 1995 年に改修・整備された。大半の遺骨は沖縄戦没者墓苑に移されたが、いまも一部はここに納められている。

写真 7-9　国立沖縄戦没者墓苑（摩文仁）

と折衝し、翌一九五三年に同法の適用が認められた。この一九五三年、琉球遺族連合会は日本遺族会支部となって内地との連携をはかり、琉球政府も社会局に援護課を設置し、戦病者や遺族にたいする援護業務を開始した。ひめゆり学徒隊[※6]など、看護師として従軍した女子生徒は軍属として扱われ、従軍した男子生徒は検討の結果軍人として扱われることになった。また、戦闘に参加した一般住民も、一九五九年からは準軍属として扱われ、傷害年金や遺族給与金が支給されるようになった。六歳未満の子どもたちについても、戦闘に参加した実態があれば、一九八一年からは戦傷者・戦没者として援護法の適用対象者となった。一九五四年に、琉球遺族連合会は財団法人沖縄遺族連合会へと改組し（のちに復帰の際、沖縄県遺族連合会に改称）、援護法適用の事務手続きと各種の慰霊碑建立作業をひきつづき支えた。先に触れた金城和信は、その中心人物であり、遺族連合会の会長もつとめた［粟津 2017:312-315; 福間 2015:116-118; 石原 2016; 沖縄県生活福祉部援護課（編）1996:1-2, 7, 11; 櫻澤 2015:74-76, 223］。

　日本政府は、遺骨収集作業、戦没者中央納骨所への集骨、慰霊碑の建立および改修といった「霊域整備事業」にたいしても補助金を供出した。遺骨収集委託費がはじめて琉球政府に交付されたのは一九五六年であった。それまでの収骨作業は、住民たちの自主的な活動や宗教団体の奉仕活動によるものであったが、これ以降は、人員を雇用して作業を進めることが可能となり、一九七一年までに三万〇三九〇柱が収骨された。もっとも、それは、遺骨収集事業が営利とつながることでもあった。一方、慰霊碑や収骨施設の清掃や維持管理を担ったのは、沖縄戦没者慰霊奉賛会である。[※7]日本政府は、一九五六年に財団法人南方同胞援護会（初代会長は渋沢敬三、第二代は大濱信泉）を創設し、ここから沖縄戦没者慰霊奉賛会にたいして援護や補償の資金を送ることで、占領下にある南西諸島への「内政干渉」という批判を避けつつ、住民への支援を拡大していった。こうして、戦後間もなくはじまった、

※6今日では「ひめゆり学徒隊」という表記が頻用されるが、「学徒隊」あるいは「看護隊」といった表現、および「ひめゆり」のひらがな表記は、戦後の語用であって、沖縄戦時のものではない［公益財団法人沖縄県女師・一高女ひめゆり平和祈念資料館（編）2008: 25, 212］。ただ、本研究では、「ひめゆり」や「学徒隊」といった表記をもちいることにする。

※7この団体は、一九五七年に靖国神社奉賛会沖縄地方支部として発足した。その後、琉球政府などと協議し、霊域の統一をはかり、清掃管理・慰霊顕彰事業・遺族慰藉をおこなうことを目的として、一九五九年に沖縄戦没者慰霊奉賛会と改称し、一九六〇年に財団法人となり、一九七二年には財団法人沖縄県戦没者慰霊奉賛会に改称し、二〇〇六年に沖縄県平和祈念財団という現在の名称になった。霊域の管理はいまもこの団体が担っており、一九七五年の開館当初から沖縄県平和祈念資料館の管理も、県から委託を受けておこなっている［北村 2009: 294-295; 財団法人沖縄県戦没者慰霊奉賛会（編）1989: 見開き, 1］。

住民たちによるボトムアップの遺骨の収集と死者祭祀は、日本政府・琉球政府によるトップダウンの公的な慰霊事業へと橋渡しされていったのである。一九五二年に摩文仁の丘の頂上に建立された第三二軍の司令官と参謀長を祀った黎明之塔も、一九六二年には整備事業の一環として建て替えられた（写真7-10～7-12）。この黎明之塔と沖縄師範健児之塔周辺とを結ぶ参道は、コンクリートの階段へと整備され、新たに山雨之塔——第三二軍の下で沖縄戦を戦い自決した第二四師団長の雨宮中将以下五〇〇名の兵士を顕彰する——が建立されるなど、南部一帯の戦跡に大規模な改修が加えられていった。一九六四年からは「慰霊の日」に摩文仁の丘で琉球政府主催の沖縄全戦没者追悼式が催行されるようになり、一九九〇年からは県主催のこの追悼式に総理大臣も出席するようになった。[※8] この公的事業化の過程は、「宗教」行為としての慰霊から「宗教的」行為としての慰霊（序論）への転換であると理解しうる。また、それは、政府主導の慰霊の合理化でもあった。ただ、この合理化は、沖縄側の意向を汲み取ることのない、その意味で一方的なものであったことを、強調しておかなければならない。沖縄戦において、県民は、日本兵（沖縄出身者も含む）によって食料や住居を奪われ、避難所から追い出され、屈辱的な言葉を浴びせられ、スパイの疑いをかけられ——日本軍は、沖縄語で談話する者を間諜とみなして処

写真 7-10（上）　黎明之塔（1959 年）［沖縄県公文書館所蔵］
写真 7-11（右）　黎明之塔（1963 年の慰霊の日）
［沖縄県公文書館所蔵］

写真 7-12　現在の黎明之塔

分するとしていた――、かつ、日本復帰以後本格化する自治体や研究者による戦争体験調査によってわかってきたことだが、一般県民死者数九万四〇〇〇人の約一パーセントに相当する一〇〇〇人程度は日本軍により直接殺害され、おなじく一〇〇〇人程度はいわゆる強制集団死（集団自決）したと推定される。あえて付言すれば、生存者がいるから記録／記憶が残るのであり、実態はそれらの数字以上であった可能性が高い。しかしながら、そうした沖縄戦にたいする慰藉事業として、政府は、民間人よりも軍人・軍属の顕彰を前面に推し出したのである。それは、戦中・戦後の沖縄の一般民衆に犠牲を強いた国の責任という、沖縄の人々にとっての重大問題を、ほとんど忘却するに等しいものと受け取られた。軍人・軍属を殉国の英霊と位置づけ顕彰する論理や表象は、おおくの日本人にはアピールするものであったろうが、それは沖縄の人々の感情を無視するものであったといわざるをえない［阿部 2008; 安仁屋 1989:144-153; 粟津 2017:55; 福間 2014, 2015:157-158; 林 2001, 2009:72, 84-94; 石原 1986; 糸満市史編集委員会（編）1998, 2003; 北村 2009:41-42, 104, 294-297, 365-366, 2010:255; 宮城晴 2008; 森宣 2016:155-156; 沖縄大学地域研究所（編）2012:159; 沖縄県生活福祉部援護課（編）1996:59; 大田 2006; 櫻澤 2015:81; 嶋 1974:45-53, 1983:47; 新城 2008:18-24; 鳥山 2009:82-85, 87-88; 屋嘉比 2009:55-106; 屋嘉比他（編）2008:24-25］。

　この殉国の英霊の顕彰という傾向は、慰霊碑に刻まれた碑文に顕著にあらわれている。沖縄にある四〇〇基以上の慰霊碑の碑文の内容は、おおきく二つに分かれる。魂魄之塔、ひめゆりの塔、島守の塔、沖縄師範健児之塔のように、一九四〇～五〇年代に住民や生存者たちによって建立された、沖縄県民を祀った慰霊碑の場合、碑文がなかったり、あっても戦死の事実を淡々と記したりしたものが大半である。これにたいして、一九六〇年代に他府県の組織や人々によって建立された慰霊碑には、「祖国防衛のため惜しくも散華した」「一身を捧げて国難に殉ぜられた」「国体護持の大義に殉じた」など、戦争を肯定したり戦死者を美化したりする碑文が書かれており、他方で地元住民の犠牲に言及したものはごくわずかである。沖縄遺族連合会による慰霊碑にも、やはり戦争を肯定し戦争を美化する文言がある。一九六〇年代に、沖縄遺族連合会は、おそらくある種の苦渋の選択として、日本国の援護措置の拡充を期待して日本遺族連合会との関係強化

※8 一九八八年の地方自治法改正によって、地方自治体が独自の休日を設けられなくなり、沖縄ではこれにたいする反発が広がり、県議会でも慰霊の日を休日としない条例案が廃案となっていた。九〇年にはじめて沖縄全戦没者追悼式に出席した海部首相は、その場で地域的特性は考慮すべきと発言し、これを受けて翌年地方自治法が再度改正され、慰霊の日を休日とする沖縄県下の体制はふたたび法的に安定した［新崎 2016: 82-84; 櫻澤 2015: 229-230］。

をはかったのであり、これが碑文の文言にもあらわれているのである。大田は、戦争ですべてを失い戦後もアメリカ軍の占領下に呻吟した沖縄県民への配慮を欠き、祖国に殉じた将兵の偉大な功績をたたえることに向けられた碑文の代表を、一九六二年に建て替えられた黎明之塔のそれに見て取っている[※9][福間 2015:173-177; 三荻（編）2014; 糸満市史編集委員会（編）2003:435-443; 北村 2009:109-115; 大田 2006:17-37; 櫻澤 2015:114-115; 屋嘉比 2009:131-133]。

死者祭祀の分化と慰霊の制度的集約化

ここで、沖縄における死者祭祀について簡単に確認しておきたい。沖縄では、一般に、死者の霊（シニマブイ）はグソー（後生）に行くとされる。グソーは抽象的なカテゴリーであって、具体的な特定の場所とみなすべきものではない。そのグソーにいった死者の霊と生者とが邂逅しうるいわば界面となるのは、墓である。盆の際には墓に先祖を迎えに行き、旧暦一月一六日や清明祭には、墓に家族・親族が集まり、共食儀礼をおこなう。亡くなった死者にたいする年忌を経るごとに、死者の名前や人格は匿名化・抽象化し、祀る側のもつ記憶も薄らいでいく。そして、一般的には三三年忌——終わり焼香（ウワイスーコー）とも呼ばれる——をもって祀り上げとなり、匿名化した神／祖霊神へと組み込まれる。以上は、通常の死者の場合である。沖縄戦における多数の匿名の死者の霊は、死後の適切な死者祭祀——葬式、初七日から七七日（四十九日）など——を段階的に経ることはかなわなかった。こうしたグソーにまだ行っていない、迷える死者の霊は、危険な存在でもある。おそらくそのこともあって、人々は可能な範囲で死者の霊を弔おうとしたのである。また、本来死を看取るべき場所は家であるという考え方もあり、旅の途中など別の場所で亡くなった場合は、その場所に行って死者の魂（マブイ）を家や墓に連れて帰るという儀礼をおこなう習慣もある。この儀礼は「ヌジファ」（抜霊）や「魂救い」あるいは招魂式などと呼ばれ、おおくの場合ユタとともに執行される。亡くなった場所やそこにある土や石に魂が付着し残留するという考え方があるため、客死した遺体を家に引き取るだけではかならずしも十分ではないのである。しかし、沖縄戦では、死の場所や命日を特定することが不可能なケースや、遺体や遺品すら見つからないまま死亡として扱われるケースは、すくなくなかった。こうした戦死者は、その死の集合性・匿名性ゆえに死後の適切な儀礼を受けることがかなわず、その死の場所の不確定性ゆえに、マブイを家族のもとに連れ帰ることにも困難があった。また、収骨は不発弾の暴発による死傷の危険と隣り合わせの作業となる場合もあった。人々は、戦死者の祀りや供養をいかにすべきかについて試行錯誤をし、苦慮した［福間 2015:110-114; 赤嶺 1989; 藤井 1989; 平敷 1995; 池上 1999:397, 433-434; 笠原 1989:88-89; 北村 2009:235-236, 256-259; 越智 2018:36-40, 54-56; 桜井 1973:116, 139, 187-195; 佐藤壮 2004:238; 塩月 2012:201-209; 湧上 2000:399］。

ユタは、そうしたかつていない生者と死者との間の不定形な関係を媒介する役割を、一定程度果たした。離島と沖縄本島とではユタの関与の程度はかなり異なり、またユタへの依存度は個人によって著しく異なるが、本島を中心に戦後おおくのユタが新たに活動をはじめ、戦死者について知りたいというクライアントの願いに応えた。ユタの中には、死者を憑依させ、死者自身の言葉で死の場所や状況について遺族に語る者もいた。病気などの不幸があって相談に来るクライアントにたいして、戦死者の遺骨やマブイが家族のもとに戻っていないことがその原因である、というハンジをする者もいた。また、クライアントの求めに応じて、戦没地と推定される場所で死者の遺骨を捜したり、その周辺にある慰霊碑や拝所そして墓を訪れ、死者のマブイを家族のもとに戻すヌジファ儀礼をおこなったりする者もいた。遺骨が見つからなかったり、あっても誰の遺骨かが特定できないといった場合は、代わりに当の死者の霊が付着していると考えられる小石を拾ったり、そうした代替物がない場合は観念的に魂だけを連れて帰ったり、慰霊碑を死んだ場所と見立てて儀礼をおこなったりした。内地在住の遺族がヌジファをおこない、死者の霊を連れ帰っていくこともあった。こうした死者の霊魂にたいする儀礼的手続きを踏むことによって、生者は死者との関係を再確定するとともに、気持ちの整理に向かうこともできた［宜野湾市史編集委員会（編）1982:105-106, 290-291, 431; 池上 1999:431; 川村邦 2007; 北村 2009:236-239; 琉球政府（編）1989（1971）:342, 701; 桜井 1973:55, 115; 佐藤壮 2004, 2007; 田村 2011（2006）:168］。

こうしたユタを介した個別的な対処にたいして、戦後まもなく沖縄の各地ではじまった遺骨の収集と納骨堂の建設、その清掃や維持管理といった諸活動は、そうした身内ではない者をも含むであろう死者の集合体を、住民たちがいわば草の根で慰霊し可能な範囲で供養する、集団的な対処にほかならなかった。当初は、旧暦一月一六日、清明祭（旧暦三月）、七夕（旧暦七月七日）、盆（旧暦七月一三～一五日）などの年中行事の中で、自家の死者祭祀の機会と合わせて戦死者の祭祀がおこなわれていた。物資が不足し生活環境が整わない中で、

※9ただし、直野がいうように、戦争の体験や記憶は、軍人による戦争肯定的な視点にもとづくのが通例である。被害を受けた庶民による厭戦的な視点や反戦平和への希求と戦争の体験や記憶とが強く結びつき社会に浸透した戦後日本の状況は、ある意味で例外的なものといいうる余地はある［直野 2015: 2-4, 224-225］。

人々はできるかぎりの祭祀をおこない、位牌や墓を新たにつくることと並行して、祭祀を復活させていった。自身の家族・親族(と思われる遺骨や遺品)については、位牌をつくり墓に納めることはできたが、個人を特定することができない――何人分なのかも正確にはわからない――遺骨・遺体の霊は、はじめから集合的に弔うしかなかった。この点で、戦後間もない時期には、二つの死者祭祀が混然一体となっていたといえる。ひとつは、家族の祖先を祀る、人々にとっての通常の死者祭祀の範疇に収まるものであり、これは生活の安定の中で、復活の過程を歩んでいくことになる。そしていまひとつは、匿名的・集合的な戦死者の霊を扱う例外的な死者祭祀であり、これは先に述べたように、一九五〇年代後半以降、個人レベルあるいは村落レベルでの祭祀形態としては収束の過程を歩んでいき、逆に行政のレベルにおいて、特定の宗教色をもたないような祭祀形態として確立されていくのである。

一九五二年には、琉球政府主催の第一回全琉戦没者追悼式が引揚援護庁長官や故牛島中将夫人らを招いて八月一五日に開催される予定だったが、これは台風のために延期となり、翌一九五三年からは戦後一〇周年にあたる一九五五年まで毎年、その後は一九五八年(一三周年)、日本の対沖縄経済援助がはじまる年でもある一九六二年(一七周年)の節目に、戦没者を追悼する慰霊祭が琉球政府の主催や協賛によって催行された。一九六一年には「慰霊の日」が制定され、一九六二年からは、この日に戦没者を慰霊し追悼する行事が各地で催行されるようになった(本章脚注3)。こうして、匿名的・集合的な戦死者の供養は、家族レベルの伝統的な死者祭祀から切り離され、この日の儀礼行事として公的に営まれるスタイルが定着していった。北村は、「慰霊の日」の新たな制度化によって、戦死者の慰霊は民俗的な死者儀礼の場を離れ、特定の領域に囲い込まれていったとする[北村 2009:41, 104, 365-366; 鳥山 2009:96-98; 上杉 2006:30-34; 吉本 2015:311]。

もっとも、この北村の指摘は、かならずしも正確なものではない。というのも、戦後七〇年を過ぎても、「慰霊の日」に、戦死者の名が刻まれた慰霊碑の前に花や線香をささげ、その名を指でなぞり、故人を思い起こしながら涙する沖縄の人々は、なお多数いるからである(写真7-13)[屋嘉比 2009:ii, 146]。この日の公的儀礼(県や市町村主催の全戦没者追悼式)の前後あるいは傍らでおこなわれるこうした行為は、新たな慰霊の制度化が喚起し定着させた、信仰的心情にもとづく簡素な民俗的死者儀礼であると捉えうる。つまり、諸個人の行為の次元では、民俗的な死者儀礼と制度化された「宗教的」な慰霊行事とを明確に分離して理解することはできないのである。たとえば、慰霊の日に平和の礎などの慰霊碑の前で死者の冥福を祈る人々の中には、この日が故人の命日ではないという人々もいる。慰霊碑は「墓のようなもの」と認識されており、この行為は一種の墓参りなのである。慰霊碑にあるひとりひとりの名の刻印は、死者の霊を心の中で弔う際の媒体という役割を果たしており、それは祀り上げともいわれる三三年忌を過ぎても変わることがない。平和の礎はまさにそうしたものとして機能しており、それについてはあらためて触れる。ここでは、戦死者にたいする個人的な慰霊や祭祀の行為契機はその後も存続しつつ、そこから分離されたかたちで公的・組織的な慰霊行事が成立し、後者の制度化された慰霊がやがて沖縄社会を覆っていく中で、戦死者にたいする三三年忌以後もつづく民俗的儀礼の契機もまた培われたといえることを、確認しておきたい。この慰霊の制度化は、後述する慰霊の観光化の伏線になるとともに、戦争を直接知らない世代が増えていく中で、戦争の記憶と平和の大切さを伝えていく社会的基盤のひとつともなった。ただ、一方で、そうした集団表象のレベルにある制度化された慰霊には回収されない、個人表象レベルの宗教心情が継続して存在することにも、留意しておく必要がある。

慰霊の公的行事化はいっそう進行する。沖縄における遺骨収集事業は一九五六年以降、また慰霊碑の建立などの顕彰事業は一九六二年以降、日本政府が財政を拠出し南方同胞援護会がおこなう国家事業としての性格を強めていった。こうし

写真 7-13　慰霊の日における平和の礎（2015 年）

て進められた霊域整備事業により、一九六二年から一〇年余りの間に一三基の慰霊碑が改築または新規建立された。その場合、先に触れたように、この整備事業では、軍人・軍属などの軍協力者を顕彰する慰霊碑としての性格が前面に推し出されていくことになった。中には、涛魄の塔・浄魂之塔・栄里之塔・平和の塔のように、住民たちが自らの親族や集落の人々のために建てた簡素な納骨所や慰霊碑から遺骨を戦没者中央納骨所へと移した上で、この納骨堂や慰霊碑を廃し、戦死した軍人を讃える顕彰碑へと新たにつくりかえられたものもあった。各地にあった住民の手づくりの慰霊碑から軍関係者を顕彰する慰霊碑へというこの改編は、日本政府の介在強化と沖縄経済の発展[※10]——つまりは沖縄の社会・経済の合理化——を背景とした南部戦跡地の景観の描きかえであるとともに、そうした記念碑が想起させるはずの集合的記憶のあり方への介入を意味するものでもあった［Foote 2002（1996）:31-33; Halbwachs 1989（1950）; 河合 2013:4-6; 北村 2009:98-113］。

この慰霊碑の改編の動きに違和感をもつ住民は、すくなくなかった。たとえば、八重瀬町の真栄里にあった栄里之塔の改築に当たっては、一九六一年に視察に訪れた南方同胞援護会の担当者が既存の納骨所を見て見苦しいと発言し、これが食うや食わずの状況の中で納骨堂と慰霊碑を建てた住民たちの反感を買った。一九六六年ころの塔内の遺骨の戦没者中央納骨所への転骨に際しても、そこにあるのは身内の遺骨であるという認識から、一部の遺骨を新築された栄里之塔の中に残すことになった。最初の納骨慰霊碑である魂魄之塔の建立に尽力した旧真和志村の金城も、「慰霊塔はお墓にあたる」として、遺骨の集約化には疑問を呈していた。北村は、一九六〇年代まで、こうした転骨や遺骨の集約化にたいする沖縄の人々の抵抗感は強かったと指摘する。遺骨は、遺族に引き渡す場合を別にして、死の現場かそれに近い場所に収められるべきだと認識されていた。その背景には、遺骨の中に親族や集落の人々のものが入っている可能性があるという点に加えて、先にヌジファ儀礼に関連して述べたような、亡くなった場所に霊が付着するという観念もあったと考えられる。さらに、いったん祀った遺骨を移すと死者の霊の祟りがあるかもしれない、という認識を住民がもっていたり、ユタがそうした指摘をしたりもした。しかし、こうした沖縄の人々の宗教心情は汲み取られることなく、転骨と集約化、そしてその過程における焼骨は進められた。その最終段階に位置するのが、一九七四年の、最初の慰霊碑である魂魄之塔からの遺骨の移動であった。このときは、沖縄県援護課と遺族会の人々が、トラック五台分、五万柱とされる遺骨を穴から出し、戦没者中央納骨所へ納め、その穴を塞いだ。こうして、公式には、すべての沖縄戦の遺骨は中央納骨所、そして一九七九年以降は摩文仁の丘の国立沖縄戦没者墓苑へと集約化され、各地にある慰霊碑は納骨施設としての役割を終えた［北村 2009:109-123, 127-134; 桜井 1973:171-174］。

＊

以上のように、匿名的・集合的な戦死者の遺骨は、最終的に摩文仁という場所に集約されることになった。この摩文仁こそ、沖縄戦の慰霊の中心地であり、今日の本島南部戦跡観光の中心地でもある。では、次に、この慰霊の観光化について述べることにしよう。

第三節　戦跡観光地から慰霊観光地へ

戦跡や慰霊地の観光地化

戦後すぐ、摩文仁の丘には、ここを訪れ写真を撮る、観光者といってよい人々の姿があった。日本人ではなく、アメリカ軍関係者とその家族たちである。

沖縄戦の終結を象徴するこの丘は、戦前は琉球松が繁茂し、サトウキビ畑や原野が広がる場所であったが、地上戦によって緑はまったく失われ、石灰岩の岩肌が剥き出しとなった頂

※10 屋嘉比や櫻澤は、一九五〇年代後半から七〇年代はじめまで、つまり「島ぐるみ闘争」の収束から日本復帰までの時期を、沖縄の高度経済成長期と位置づける。五〇年代前半における沖縄の基地建設ラッシュおよび基地依存社会体制の確立を受け、この時期に基地依存型経済はいっそう拡大・成長した。たとえば、六〇年代は、六四年をのぞき、毎年一〇パーセントをこえる経済成長率を示した。その背景にある主要な要因として、屋嘉比は、①朝鮮戦争を受けて鉄くずが高値となり、五三年に琉球政府が沖縄戦の残滓としての陸上スクラップの処分権を米軍から移管されたことなどが生んだ、五〇年代半ばのスクラップブーム、六〇年のプライス法（琉球諸島における経済的社会的発展の促進に関する法律）制定などによる、沖縄経済の安定化と通貨切り替え、②五八年の軍票B円からドルへの自由化を促進する軍政の政策、③この②と日本政府の糖業育成・甘味資源自給化を受けて、内地資本が沖縄各地に進出した結果としての、六〇年前後のサトウキビブーム、④軍政の宣撫工作・文化政策や生活改善運動を背景とし、六〇年代に入ってからの一〇年分の軍用地料の一括受給と遺族年金の一括受給そして所得向上などがもたらした、中間層を中心とした人々へのアメリカ的な消費生活の浸透、⑤同時期からはじまるパイナップル産業の成長、⑥六〇年代半ば以降のベトナム戦争介入にともなう米軍特需と日米両政府による財政援助の増額、といった点に言及している。ただし、櫻澤は、むしろ輸入超過による膨大な貿易赤字を日米両政府の援助金と米軍関係収入で埋め合わせていたのが、この経済成長の実態であったとする。ともあれ、一九六四年の東京オリンピックの沖縄での聖火リレー、オリンピックを契機とした内地のテレビ中継の開始などもあって、先島諸島をのぞく沖縄の人々は内地とのさらなる一体感を経験し、日本復帰への渇望をより強めることになった。一九六七年に、日本政府の沖縄への援助額は、はじめてアメリカ政府のそれを上回った。この時期、米軍統治は、銃剣とブルドーザーによる土地の強制収用から、より融和的かつ経済成長を重視した政策へと転換した。そして、それを、復帰後の日本政府が引き継いでいくのである［新崎 2005: 8-31, 2016: 72-77; 我部 2007; 川平 2012; 鹿野 2011: 184-187; 難波 2017; 宮城 1992; 琉球銀行調査部（編）1984; 櫻澤 2015: 105-109; 屋嘉比 2009: 265-281, 317-353; 吉見 2007］。

上に牛島司令官と長参謀長の木の墓標が立つ、荒涼とした風景をなしていた。沖縄県公文書館には、一九四五年八月九日にアメリカから来た新聞記者三名が、この二柱の墓標の脇に立ってポーズをとっている写真や（写真7-14）、アメリカ人がもちいた英語の沖縄観光ハンドブックなどが保管されている。第一節で、沖縄における戦中・戦後は交錯していると述べた。この写真は、摩文仁の丘が日本のポツダム宣言受諾を待たずに戦後に入っていたことを示すものであると同時に、戦後の戦跡観光の前奏を示すものでもある。アメリカ軍関係者は、南国沖縄の風景をカメラに収め、ドライブを楽しんだ。沖縄各地では、アメリカ人を対象としたみやげ物も製造され、販売された。北村は、「最初期の沖縄観光の主体は、米軍関係者であった」と述べる。その米兵にもっとも人気のあったスポットこそ、日本軍司令官の自決地である摩文仁の丘であった。こうした状況は一九五〇年代前半ころまでつづく。周辺地域の子どもの中には、週末になると、ここを訪れる米軍関係者を丘の頂上まで案内し、一ドルのチップをもらって小遣い稼ぎをする者もいた［北村 2009:278-283; 仲宗根 1983:127; 沖縄県公文書館 2005:2］。

一九五〇年は、六月に朝鮮戦争が勃発し、日本とアメリカの講和締結に向けた動きが進んだ年であり、一一月に沖縄群島政府その他の住民主体の統治機関が成立した年でもある。吉田裕は、この講和条約締結（とくに一一条における東京裁判の受諾）以降、国外向けには戦争責任を認めるとともに、国内的には戦争責任問題を棚上げまたはタブー視するという、日本の戦争観のダブルスタンダードが成立したとする［吉田裕 2005（1995）:178］。重要なのは、こうした戦後の戦争観あるいはそれに支えられた戦後のまなざしにおいては、沖縄が占める場所がほとんどなかったという点である。あったとすれば、それは、あとに述べる「ひめゆり」に集約される、殉国美談という物語に転嫁された、かつてあった戦争の悲劇を想起させる象徴としてであった。目取真が「戦後ゼロ年」というように、また川平が沖縄に「戦後」はないというように、沖縄において実態としての戦後はいまも存在しないといいうるが、内地の人々は、すでにこのころ――経済白書に「もはや戦後ではない」と書かれたのは一九五六年であった――から、経済白書とは異なる意味での「戦後」のまなざしでもって、占領状態のつづく沖縄を垣間見るようになったのである。そのまなざしは、沖縄の復帰直後の海洋博（正式名称は沖縄国際海洋博覧会）が醸し出す明るいイメージへとつながっていくものでもある［川平 2011; 目取真 2006; 小熊 2002:12; 嶋 1974:40-41; 多田 2004, 2008; 田仲 2010:284］。

この一九五〇年ころ、米軍関係者とその家族は、摩文仁の丘とともにひめゆりの塔をも訪れていた。両者の間の距離は

写真7-14　牛島中将と長参謀長の墓標の脇に立つ3名の米新聞記者（1945年8月9日）
[沖縄県公文書館所蔵]
牛島司令官と長参謀長の遺体は、米軍により埋葬された。この摩文仁の丘の頂上は、おおくの人が飛び降り自殺した場所でもある。

7-15

7-16

写真7-15～7-17　ひめゆりの塔
[沖縄県公文書館所蔵]
7-15（1960年）は、1946年4月建立のひめゆりの塔（右）と仲宗根による「いはまくら……」の献花の碑（左）である。その後、当初のひめゆりの塔は十字架つきの納骨堂の正面に設置された（7-16、1950年）。1957年には、この十字架や納骨堂そして鳥居などは撤去され、白いコンクリートの塔に建て替えられ、最初のひめゆりの塔はその手前に設置された（7-17、1959年）。ひめゆり平和祈念資料館20周年に当たる2009年に、この白い塔は新調された。

7-17

数キロと、比較的近い場所にあったからであろう。ひめゆりについては拙論で詳述したので［吉田 2019a］、ここでは慰霊碑建立と慰霊観光に関わる概略のみ述べることにする。米須集落の一角にあるひめゆりの塔は、一九四六年四月に、従軍看護師として動員され戦死した沖縄師範学校女子部（女師）および沖縄県立第一高等女学校（一高女）の生徒と職員を合祀する目的で、米軍のガス攻撃によって数十名が死亡した伊原第三外科壕と呼ばれるガマの上に建立されたものである（写真 7-15 ～ 7-17）。建立の主体となったのは、魂魄之塔を建てた真和志村民であった。先に触れた村長の金城は、ひめゆり学徒の遺族でもあり、魂魄之塔の建立後、このガマで亡くなった娘の遺骨や遺品を村民と収集した。ガマの中の遺体は、すでにドラム缶で焼かれており、遺品も散乱していた。村民は、集めた遺骨・遺髪・遺品を、ひめゆり学徒を率いた教員のひとりである仲宗根政善に託し、おおくの遺族に知らせてほしいと頼んだ。そして、彼らは、糸満高校の生徒数名とともにこのガマの周囲を整えて、（ひめゆりの花はなかったので）テッポウユリを植え、慰霊碑を建て「ひめゆりの塔」と刻んだ。村民と仲宗根らは、簡素な除幕式と慰霊祭をおこなった。米軍の手前、慰霊祭ということを公にはしにくかったので、清掃を目的とする行為であるとした。これが四月七日であった。この地以外の場所で亡くなったひめゆり学徒を含む約二〇〇名を合祀したこの場所には、遺族に加え、地元の人々も訪れるようになった。米軍関係者は、ここをヴァージン・ケイヴなどと呼び、戦跡観光地のひとつとみなした［南風原町史編集委員会（編）2004（1999）:42-47; ひめゆり平和祈念資料館（編）2000; 北村 2009:137-138; 小林照 2010:121-125, 176-177; 仲田 2005, 2008; 仲程 2012; 仲宗根 1983:127-128; 沖縄県生活福祉部援護課（編）1996:57-58; 沖縄タイムス社（編）1998:25; 琉球政府（編）1989（1971）:917; 櫻澤 2015:36; 財団法人沖縄県女師・一高女ひめゆり同窓会（編）2004:80; 吉浜 2017:234-237］。

ひめゆりの塔は、沖縄の人々が訪れる名所ないし観光スポットにもなっていった。当初は、収容所で回し読みされた写本や口コミによってひめゆりの塔に関する情報が広まっていたが、一九四九年に文芸誌に連載された「ひめゆりの塔」という小説が社会に影響を与えた。著者は、那覇市出身の内地在住者であり、沖縄戦を直接経験したわけではない。しかし、近親のメモや記憶をもとに、カナという架空の女性を主人公にして、ひめゆり学徒隊が経験した沖縄戦を描いたこの小説は、沖縄戦あるいは戦争の悲惨さを、内地の人々のみならず沖縄の人々にも訴えるものとなった。さらに、より影響力をもったのが映画「ひめゆりの塔」である。この映画のもととなったのは、一九五一年に東京で出版された仲宗根政善の手記であった。※11 小説ではなく、体験談からなるこの手記は、小説以上の反響を呼んだ。その出版直後から映画化は検討されていたが、占領下においては実現できず、サンフランシスコ講和条約の発効後にようやく映画化は実現し、一九五三年一月に日本と沖縄でほぼ同時に封切られた。ロケは千葉県下でおこなわれた。当時、日本では他にもおおくの戦争関連映画が上映されたが、「ひめゆりの塔」は六〇〇万人を動員し、興行収入一億八〇〇〇万円と、当時の記録を更新する大ヒット作品となった。この映画の監督はレッドパージの対象となっていた前歴があり、公開前には、その政治性や不正確な表現を危惧したり批判したりする論調が内地在住者を含む沖縄の人々の間では支配的であったが、結果的に、映画は内地の人々におなじ日本人として沖縄の人々が被った犠牲にたいする共感を喚起し、彼らにそれまでほとんど認知されていなかった沖縄戦の悲劇のイメージを知らしむるものとなった。映画がもたらしたひめゆりのイメージは、一刻も早い祖国復帰を願う沖縄の人々の一部にとって、利用価値のあるものに映った。だが、ひめゆり学徒の生存者にとって、ひとり歩きする殉国美談のイメージや、フィクションとはいえ当時を想起させる映像は、不快なものにほかならなかった［福間 2011:103-117; ひめゆり平和祈念資料館（編）2000; ひめゆり平和祈念資料館資料委員会 2004:148-149; 石野 2015（1950）; 川村湊 2016:35-44; 北村 2009:138-153, 374; 小林照 2010:167, 172-177; 宮永 1982（1949）:222-241; 森宜 2016:41; 仲田 2005; 沖縄県平和祈念資料館（編）2008:15; 櫻澤 2010:22, 2015:35-37, 72-73; 山田潤 2010］。

ひめゆりの関係者は、ひめゆりの塔周辺が次第に観光地化していくこと、つまりは沖縄戦の悲劇とその後の慰霊が観光資源化していくことにも、強い違和感を覚えていた。摩文仁の丘に加え、ひめゆりの塔も、一九五〇年ころには、週末になると米軍関係者や沖縄の人々が家族連れで、あるいは地域の人々がバス一台を借りて訪れる、行楽地的存在となっていた。花やみやげ物を売る、あるいは押し売りする者も増え、周囲には茅葺きの店も立ちはじめた。一九五〇年四月の新聞には、日曜ともなると、おおくの人々がピクニックを兼ねて、ひめゆりの塔、魂魄之塔、喜屋武海岸、後述する沖縄師範健児之塔、摩文仁の丘などを訪れ、戦跡めぐりと慰霊参拝をしている様子が記事に書かれている。このころから、元日

※11 仲宗根のこの手記は、一九五一年に『沖縄の悲劇——姫百合の塔をめぐる人々の手記』というタイトルで刊行され、一九六八年には「まえがき」や本文の一部を修正し、新たな手記を追加して『実録　あああひめゆりの学徒』と改題されて刊行された。一九七四年にはさらに手記を追加し、「あとがき」を加えた増補版が『沖縄の悲劇』として刊行され、一九八〇年には『ひめゆりの塔をめぐる人々の手記』というタイトルの改訂版が刊行された［中程 2013（1982）: 58-73］。ここでは、一九八〇年版の文庫本版［仲宗根 2008（1982）］をおもに参照している。

の初詣にこうした本島南部の戦跡を訪れる人々も増加し、一九五三年の正月二日間では推定二万人をこえる人々が南部一帯を訪れた。増加した戦跡来訪者は、こうした慰霊と行楽を兼ねた沖縄の人々だけではなかった。吉崎は、一九五〇年ころから内地からの慰霊参拝がはじまったとする。一九五〇年代後半になると、日本遺族会による遺族たちの沖縄巡拝とともに、一般の観光者に相当する日本人も徐々に増えていった。当時、遺族や一般観光者、仕事などで沖縄に来た内地の日本人のほとんどが、摩文仁の丘やひめゆりの塔を訪れていたと考えてよい。一九七二年の日本復帰後、ひめゆりの塔周辺は内地からの観光者でまさにあふれかえるようになっていくが、すでにこの一九五〇年代の摩文仁の丘やひめゆりの塔の状況に、沖縄の人々と内地の日本人による慰霊観光ないし戦跡観光のはじまりを看取することができる［福間 2015:95-96, 109; 北村 2009:137-141; 小林照 2010:176-178; 仲程 2012:205-206; 吉崎 2013:29; 財団法人沖縄県女師・一高女同窓会（編）1987; 財団法人沖縄県女師・一高女ひめゆり同窓会（編）1991, 2004:78-82］。

摩文仁の丘の変容と英霊顕彰碑の乱立

ところで、真和志村民は、女子学徒戦没者を合祀するひめゆりの塔の建立に並行して、男子学徒戦没者を合祀する健兒之塔を、一九四六年に摩文仁の丘に建立していた。健兒之塔も、先のひめゆりの塔とおなじく、高さ五〇センチほどのコンクリート造りで、建立年月の記載もない、シンプルなものである。一九五〇年には、その傍らに、沖縄師範学校男子部等の生徒によって編成された鉄血勤皇隊の犠牲者を祀った沖縄師範健児之塔が建てられた（写真7-18～7-20）。この年には、摩文仁の丘に、琉球列島米国軍政府によって、英語で書かれた説明文をはめ込んだ石碑が設置された。こうした石碑は、他の沖縄の主要な戦跡地にも設置された。一九五一年には、沖縄県知事と県庁職員を合祀する島守之塔が、一九五二年には、牛島司令官と長参謀長の二名の指揮官を顕彰する黎明之塔が建てられた。一九五四年には、平和の像も建てられた。これは、大田昌秀らによる戦争体験記の映画化をきっかけとして、大田らが沖縄師範健児之塔の脇に建てたものである。ほかにも、一九五〇年代には、沖縄師範健児之塔の周辺を中心に、参拝者によっていくつもの卒塔婆や参拝記念の木柱なども立てられた。このように、一九五〇年代は、米軍関係者が訪れる観光スポットから、日本人が訪れる慰霊地へと、摩文仁の丘という場所の性格が変容していく過渡期であった［北村 2009:76, 278-283, 393; 小林照 2010:125; 行政主席官房情報課（編）1957:443 大田 2006:163-172,（編）2016; 吉浜 2017:230-231］。

この日本人訪問者の増加の背景にあるのが、一九五〇年以降に活発化する米軍基地の建設である。中国共産党政府の成立や朝鮮戦争の勃発にともなって、また五〇年代後半には海兵隊の移駐など内地からの基地機能の移転・強化によって、沖縄の米軍基地関連施設はいっそう拡大・強化され、沖縄の米軍基地面積と内地のそれとがほぼ等しくなるまでにいたった。建設事業を請け負う土建業者も日本からおおく訪れ、この「朝鮮特需」を発端とする「沖縄特需」による利益は、おもに内地の大手建設会社が吸い取っていった。内地から来るそうした建設要員は、沖縄滞在中に戦跡をめぐり、あるいは建設作業中に発見された遺骨を住民たちが手づくりした納骨所や慰霊碑の中に納め、住民のおこなう遺骨収集作業に協力した。第二節でも触れた黎明之塔を一九五二年に建立したのも、基地建設のために沖縄にいた内地の土木関係者であった。彼らがおこなったそうした慰霊に関わる行為は、讃えられるべきものではあろう。ただ、彼らが、墓や御嶽を押しつぶして新たな施設を建設し、沖縄を軍事植民地（第三章第三節）として固定化する、軍政の側に立つ当事者であったという点を、見逃すこともできないであろう。その点では、沖縄の人々をのぞく摩文仁の丘の来訪者が、当初の米軍関係者から内地の日本人中心へと次第に転換していったという点は、表層的な問題であるということもいえる。この観光主体の入れ替わりは、戦後の沖縄の植民地的支配の定着と、その下で次第に進

7-18

7-19

写真 7-18 ～ 7-20　沖縄師範健児之塔・平和の像・健兒之塔

沖縄師範健児之塔（7-18）の右隣に平和の像（7-19）があり、この平和の像の右脇に、荒いコンクリート造りのちいさな健兒之塔がある（7-19の丸内および写真 7-20）。これらの後方左の森の頂上に、黎明之塔がある。

7-20

む観光地支配の強化という構造的特徴を示す現象にほかならないからである［新崎 2005:13; 福間 2014; 石原俊 2013:162; 北村 2009:285-286; 鳥山 2010:51, 59, 2013:41-71, 103-127］。

戦後数年もたつと、摩文仁の丘をうっすらと低木や雑草が覆うようになり、サトウキビ畑も周辺で蘇るようになったが、その周囲ではなお遺骨が発見されることもあった。しかし、そうした戦争直後を彷彿とさせる状況は、一九六〇年代に転機を迎えた。前節で触れた霊域整備事業等を受けて、殉国や愛国を賛美し顕彰する碑文が書かれた慰霊碑が乱立し、摩文仁の丘の景観が急速に変貌していったのである。こうした事態は、一九七〇年代になると、沖縄の識者から摩文仁の「靖国化」であると批判されもした。黎明之塔が建て替えられた一九六二年、総理府は、沖縄における新規の慰霊碑の建立を控えるよう各都道府県にもとめ、一九六五年にもあらためて各県ごとの個別的な建立を抑制するようもとめた。しかし、慰霊碑の建立ラッシュは、むしろこのころにピークを迎えた。摩文仁の丘以外の場所に建てる例もあったが、一九六四年に七基（うち摩文仁分六基）、一九六五年に一一基（同七基）、一九六六年には一三基（同一一基）の府県の慰霊碑が建立され、一九六〇年代を通して四二府県が碑を建てた。

こうした中で、一九六四年からは、摩文仁の丘で琉球政府主催の沖縄全戦没者追悼式を「慰霊の日」に開催することが定着した。八月に佐藤首相が沖縄を訪れた一九六五年には、摩文仁周辺の喜屋武半島一帯が「沖縄戦跡政府立公園」の特別保護地区に指定され、琉球政府による用地取得もはじまった。霊域そして観光地としての、いっそうの整備がはかられることになったのである。こうして、周辺のサトウキビ畑や原野は姿を消していく。日本復帰が決まったあとの一九七〇年には、日本政府の拠出金によって平和公園建設のマスタープランが策定され、一九七二年の復帰後には「沖縄戦跡国定公園」の指定を受け、英霊の慰藉と自然景観の保護を目的とした摩文仁の丘の管理・整備がひきつづきおこなわれていく。一九七五年七月開催の海洋博をにらんでここに新たに設けられた目玉が、沖縄県立平和祈念資料館（二〇〇〇年から沖縄県平和祈念資料館）であった。海洋博開催の直前に稼働をはじめたこの資料館は、しかし、当初は靖国神社の資料館を彷彿とさせる軍事博物館的なもので、正面には日の丸が掲げられ、展示品も軍人の遺品が中心であった。沖縄側に配慮のないそのあり方に沖縄の識者から異論が出され、展示が改編され、館は一九七八年一〇月にリニューアルオープンした[※12]。この年には沖縄平和祈念堂も稼働し、一九七九年には国立沖縄戦没者墓苑へと遺骨が集約化された［荒川 2006; 福間 2015:96, 134-140, 163-165, 232, 267; 鹿野 2011:207-208; 北村 2009:286-294, 309-313, 399; 村上重 1974; 沖縄県生活福祉部援護課（編）1996:88-

91; 大城 2002:49-59; 櫻澤 2010:24; 嶋 1974:43-45; 田仲 2010:13-17; 上杉 2006:41-44; 吉本 2015:305-338]。

この六〇年代から進む摩文仁の丘つまりは戦跡国定公園の開発・整備は、沖縄の観光地化と並行し、これと密接に連関していた。この観光地化については、あらためて次節で触れる。ここで注意を払っておきたいのは、こうした摩文仁の丘の戦跡管理体制がここに古くからの聖地（高摩文仁グスク）があったことを忘却するものであった、という点である。戦前は、ここで拝みをする人々もいたと聞くが、聖地は戦争によって壊滅的な打撃を受けたのち、一九六〇年代の各府県の慰霊碑建立によってほぼ破壊されてしまった。いまでは、古老の記憶と自治体の遺跡報告書の記録そして頂上の小ぶりの史跡碑に、そこが地元の人々にとっての信仰の対象であり史跡でもあったことが、残るのみである。鹿児島県の慰霊碑の後方や右手には、わずかな石垣がこの聖地の残骸として残されている（写真7-21）。北村がいうように、戦争のみならず、霊域の整備もまた、聖地の破壊の上に成り立っている［平敷 1995:333-334; 糸満市教育委員会 1981:53-54, 1989:42; 北村 2009:291; 仲宗根 1987:281-282］。

おそらく、一九六四年から六九年にかけておこった慰霊碑荒らしの中には、「不良グループ」の単なるいたずらによるものもあったであろうが、沖縄の人々にとっての慰霊や信仰心とはかけ離れたところで、内地側の論理によって日本軍の足跡を顕彰することを前面に推し出した慰霊空間の改編がおこなわれていくことへの違和感によるものも、またあったと考えられる。たとえば、一九六五年一月には、浦添グスク跡の中に建立された愛知県の慰霊碑（現在は摩文仁に移転されている）の献花台が数度にわたって破壊された。[※13] 一九六八年一二月には、豊見城の海軍戦没者慰霊之塔の階段手すりや花

※12 ただし、若林は、その後の平和祈念資料館の展示が、占領の記憶を脱政治化し、現状肯定的な歴史的事実の理解へと単純化していると批判する。若林が注目するのは沖縄戦後の展示（第五展示室）である。そこでは、占領する側の高等弁務官がおおきく扱われ光を当てられる一方、民衆とその生活がそこから切り離されてまとめられており、支配と被支配あるいは占領と被占領をつなぐ暴力への言及がなされないままになっている、そうした脈絡のない断片の展示は、観光産業にしばしば見られる、受難の記憶の切り詰めと記憶の商品化という傾向と変わりがない、というのである［若林 2009: 31-32］。

※13 浦添グスクは、沖縄の三山統一以前の一三世紀に造営された、首里王権の前身の拠点と考えられる二万平方メートル級の大型グスクである（写真7-2参照）。愛知県の慰霊碑の献花台の破損は、新聞報道では不良グループによるものとされた。このとき、浦添グスク内にある、一九五二年に浦添村民が浄財を供出して建立した浦和の塔――浦添と、津々浦々までの平和を願うという意味が込められており、ディーグガマに収骨された五〇〇〇人の死者の慰霊碑である――は被害を受けなかった。ただし、一九七一年一二月には、浦添グスクに隣接する王墓である浦添ようどれが落書きされるという事件も起きた。

ブロックや国旗掲揚台ポールが破壊され、ごみが撒かれるという事件が起きた。北村は、桜の苗木が引き抜かれ、国旗掲揚台が壊されている点に、メッセージを読み取ることができると考える。摩文仁においても、一九六九年の半年余りの間に、慰霊塔の破壊一件、灯籠の破壊二件、便所の破壊六件、などの被害があった。さらに、沖縄国体を二か月後に控えた一九七三年三月には、黎明之塔に「日本帝国軍」「侵略反対」「大和人帰れ」などの落書きがなされ、大阪府の慰霊碑の碑文が赤ペンキで塗りつぶされた。一九七五年の海洋博開催に際しての皇太子夫妻（当時）の沖縄訪問直前には、摩文仁の丘の各府県の慰霊碑四一基のうち三一基に落書きがなされた。一方で、住民がつくった納骨所や慰霊碑は被害を受けていない。この点で、こうした一連の慰霊碑の破壊や汚損は、国や天皇に殉じた英霊の顕彰にあまりに傾いた慰霊碑が支配的となった、沖縄の戦跡空間にたいする異議申し立てであった可能性が高い[※14]［安里 1998, 2006; 北村 2009:123-127; 琉球新報 1965 年 1 月 31 日朝刊］。

この年七月に、皇太子夫妻の訪沖があった。これを歓迎する沖縄の人々ももちろんいたが、東京や沖縄では過激な反対運動もおこった。そして、ひめゆりの塔を訪れた皇太子夫妻が、一週間前から当地のガマの中に潜んでいた二名によって火炎瓶を投げつけられるという事件が起きた。沖縄出身のそ

写真 7-21　鹿児島県慰霊碑後方の高摩文仁グスク跡
平和祈念公園のもっとも奥に位置する、鹿児島県の慰霊碑「安らかに」の後方にある石積みの垣が、高摩文仁グスク跡の一部である。写真では、黎明之塔に向かう参道階段がこのグスク跡の上につくられている様子がうかがえる。戦前は、ここで拝みをする人々もいたと聞く。現在、そうした拝みはおこなわれていない。

の一名（もう一名は東京出身）は、ひめゆりの霊と寝食をともにするうちに、ひめゆりの霊から復讐を依頼されたのだと、後日語った。実は、東京から来た警備の責任者は、このひめゆりのガマを事前検索することを主張したが、沖縄県側が、ひめゆりは「聖域」であって、ここに土足で踏み込むようなことをしては沖縄戦にたいする怒りをもつ県民の感情が爆発しかねない、それは伊勢神宮の内宮の奥に沖縄人が土足で入るのとおなじであろうとし、断固反対したのである。沖縄側には、県民が過激な行動はしないであろうという楽観論もあった。ただ、一方で、複雑な思いをもつ人々もすくなくなかった。このとき、皇太子らを迎えたひめゆりの関係者二〇名中、戦争体験者は三名にとどまった。とくに仲宗根は、皇太子とひめゆりの塔の前で向かい合うことを辞退した。関係者の中にも、ひめゆり学徒の慰霊の場で皇太子を迎えることにためらいを覚える者はいたのである［福間 2015:186-192; 新川 2012; 知念 1995:206; 北村 2009:174-176; 仲宗根 2002:159-161; 沖縄タイムス社（編）1998:158; 佐々 2011（2009）; 田村 2011（2006）:25-28］。

第四節　慰霊観光地から楽園観光地へ

日本人の沖縄慰霊観光の増加

前節で触れた無言の抵抗がしばしば発生した一九六〇年代は、沖縄観光がさらに定着していく時期に当たる。物見遊山の日本人観光者が「霊域」を訪れることに違和感を覚える沖縄の人々はすくなくなかったと考えられるが、その傍らで、発展していく慰霊観光は次第に脱慰霊化した観光へと水路づ

※14 沖縄側と日本側の間にある、戦後の慰霊をめぐる理念の差異に着目すれば、こうした理解は妥当なものであろう。ただし、一方で、左翼系の過激な組織が複数入り乱れて沖縄問題や皇太子の訪沖阻止闘争が展開されていた当時の時代状況に鑑みれば、慰霊碑の汚損や破壊をあまり単純な枠組みに還元すべきでもない。さらに、当時の沖縄における少年非行の爆発的増大という背景も、無視することはできない。一九六三年は、沖縄の戦後最悪の少年非行の年であったといわれ、四八〇〇をこえる少年事件の中の四割は、強姦、強盗、殺人、放火などの凶悪犯罪であった。こうした非行の増大は、幼児期に沖縄戦とその直後の生活の困難を経験した若者たちに出現したトラウマによるものと理解しうる余地がある。戦後の沖縄では、子どもの貧困、犯罪、浮浪、人身売買や捨て子などが頻発し、一九五三年に琉球政府が児童福祉法を制定した後も、子どもがおかれた劣悪な社会環境はなかなか改善しなかった［蟻塚 2014: 55-56, 160-170; 浅井 2016］。

けられていくのである。以下、このことを確認していきたい。

日本からの沖縄旅行は、先に触れた企業関係者の事業目的の渡航を別にすれば、慰霊の旅としてはじまった。櫻澤によれば、一九四〇年代末には、沖縄と日本の間の行き来が自由になれば、おおくの日本人遺族が沖縄を訪れるであろうという、沖縄側の期待はすでにあったようである。渡航の緩和は一九五九年、完全自由化は一九七二年の復帰の年となるが、すでに触れたように、一九五〇年代はじめには内地からの慰霊訪問が、一九五〇年代後半には日本遺族会による遺族たちの沖縄巡拝が、はじまった。一九五四年一月には沖縄観光協会が再発足し、一九五六年には社団法人となって、観光事業の推進がはかられた。観光は、戦後の復興と外貨獲得の重要な柱と位置づけられた。観光協会は、慰霊観光を中心とした観光事業の展開をはかる上で沖縄独特の文化や自然の活用を重視し、行政の関与や支援の必要性を訴えた。琉球政府行政主席は、一九五四年五月の施政演説で「年々増加の傾向にある外国人訪問客の誘致を期し、観光施設の整備を逐次実現したいと思うのであります」と述べており、内地の日本人を中心とした「外国人」の慰霊訪問の増加を受けた観光推進を政策課題として認識していたことがうかがえる［北村 2005; 琉球政府文教局 1988:361; 櫻澤 2010:24, 2015:115; 下地 2012:109; 上杉 2006:38-41］。


一九五四年四月には、戦後初の戦跡巡礼を目的とした遺族団が北海道から来た。北霊碑巡拝団である。この遺族団は、北海道出身者を合祀する慰霊碑である北霊碑（写真 7-22, 7-23）の序幕式と慰霊祭の催行を目的としていた。この北霊碑巡拝団について簡単にみておこう。

北海道出身者の沖縄戦戦没者は一万人をこえ、他の都府県に比べて圧倒的におおい。これが早期の慰霊碑建立と巡拝団の派遣につながったと考えられる。北霊碑の遺族団は、三年間の交渉を経て、ようやく渡航許可を得た。このころ、日本人はまだ現金を海外に持ち出すこともままならず、遺族団の現地での滞在費用は、琉球遺族連合会と琉球新報社が身元引受人となって受け持った。参加者は、二二名の遺族と、主催者である北海道の新聞社の三名（うち二名は遺族でもある）であった。札幌の護国神社で北霊碑の入魂をおこなったあと、一行は列車で横浜に向かい、ここから船で沖縄まで往復し、帰路には京都や長野にある菩提寺に向かうなどした。沖縄滞在は四日間であったが、全旅程は三週間ほどとなった。滞在費用は沖縄側が負担したが、渡航費用は莫大なものであった。現地滞在中は米軍の監視下におかれた。初日は、南部戦跡の観光である。バスで、白梅之塔、雨宮中将戦没跡（山雨の塔は一九六二年建立）、萬華之塔、ひめゆりの塔、魂魄之塔をまわり、摩文仁の丘にある沖縄師範健児之塔・黎明之塔・島守之塔を参拝した。雨宮中将戦没跡と萬華之塔には、多数の北海道出身兵士も合祀されていた。地元の住民も彼らを歓迎し、戦争当時の様子について説明したり、お茶や菓子で接待したり、手向ける花を用意したりした。二日目は、中部戦跡の巡拝である。まず、真照寺で戦死者の菩提を弔ったのちに、浦添の浦和の塔、首里のずゐせんの塔などを巡拝し、沖縄民政府立首里博物館（沖縄県立博物館の前身）で文化財を見学したのちに、北霊碑の除幕式と慰霊祭に参加した。これには、琉球遺族連合会や琉球政府関係者、一般島民らも参加した。僧侶の読経と弔辞そして参加者の焼香がつづき、北海道から持参したスズランやユリなどを植え、最後にひとりずつ碑前で記念写真を撮った。夕食は、遺族団と沖縄側関係者との懇談会であり、料亭で郷土料理を味わい、琉球舞踊を鑑賞した。三日目は、いわゆる縁故者巡拝であり、遺族団は三班に分かれ、肉親の戦死した場所や肉親が祀られている慰霊碑を訪れた。こうして、遺族団は、遺骨や遺品、戦死者の戦死の状況などが書かれた沖縄住民からの手紙、あるいは住民の語りや記憶を持ち帰った［福間 2015:114-115; 浜井 2006; 北村 2005］。

以上は一例であるが、ここからもわかるように、一般に慰霊巡拝は大なり小なり沖縄での観光行動をともなっていた。それは、内地からの巡拝団を迎え入れる沖縄側の意向によるものでもあった。巡拝者たちは、予想外の大勢の出迎えと心

7-22

7-23

写真 7-22　北霊碑（1961 年）　写真 7-23　現在の北霊碑
［7-22 沖縄県公文書館所蔵］
1954 年に建立された北靈碑は、1972 年に改修された後、1995 年に北海道連合遺族会の創立 50 周年を記念して全面的な改修を受けた。

尽くしの歓待に驚嘆していた。福間は、それを「沖縄側のやや過剰とも思える歓待ぶり」と表現する。一九五〇年代前半の沖縄では、日本への復帰をもとめる声が高まっていた。当時の沖縄では、労働者の権利を保障する法整備がなされておらず、最低賃金も内地とは二倍以上の格差があった。また、日本を研修などで訪れた教育関係者は、急速に整備されていく内地の教育環境との格差を痛感していた。日本復帰による社会体制と日々の生活の改善・向上にたいする期待が、こうした内地から来る慰霊目的の旅行者を歓待しいわば観光客化する背景のひとつであったと考えられる。ただし、他方で、焦土と化した沖縄を救っているのはアメリカであって、むしろ(旧)日本軍・政府は沖縄戦における加害者であった——という認識もあった。沖縄社会において、沖縄と日本のあるべきそもそも、琉球処分以来日本は沖縄を搾取してきた——という認識もあった。沖縄社会において、沖縄と日本のあるべき関係をめぐる議論は複雑に折れ重なっていた。ただ、そのこととは別に、沖縄戦での死者にたいする慰霊と哀悼という共通の価値基盤の存在が、ホスト側とゲスト側をつないでいた[福間 2015:104-116, 144-154; 小熊 1998:483-521]。

この慰霊団の歓待つまりは慰霊における観光要素の介在という点は、一九五六年以降の日本遺族会主催の各都道府県遺族の沖縄巡拝についても、同様に指摘できる。その場合、日本遺族会が戦没者の遺児を地上戦のあった沖縄に派遣し、組織の次世代の継承者として育成しようとした点が注目される。一九六〇年代に入って以降、日本遺族会の青年部やその都道府県支部の青年部などが主催するかたちで、全国各地の遺児が戦跡巡礼ないし巡拝のために沖縄を訪れたのである。彼らを迎え入れたのは、沖縄遺族連合会の青年部であった。両者はバスに同乗し、沖縄側の青年が戦跡や自らの戦争体験について語り、社会の現状を説明した。一九六二年からは、「慰霊の日」に平和祈願慰霊大行進がおこなわれるようになった。これは、当初は那覇から摩文仁の丘までの二四キロメートル、一九七一年の一〇回大会以降は糸満小学校からの約一〇キロの、慰霊碑の点在する道のりを、日の丸を掲げて歩くというものである。参加者は、沿道からの声援を受け、各慰霊碑の前で遥拝しながら、終着点の慰霊祭式場に入場し、平和へ向けた決議文を提起した。内地の遺児は、一九六三年からこの行事に参加するようになった。しかしながら、一九六六年を境にし、沖縄側の参加者が提示する決議文案——復帰を願い、ベトナム戦争に反対し、沖縄からの基地撤去などをもとめる——と、こうした反戦平和の立場を認めがたい日本遺族会側の意向との齟齬が明確化していく。そもそも、内地から来た遺児青年たちは、国に殉じた英霊の顕彰を目的とする日本遺族会から派遣されていたのであり、当然のように行進中に君が代などを歌ったが、沖縄側はこれを軍国主義への賛美として批判的に受け取った。行進において掲げられた日の丸も、前者にとっては国威発揚のシンボルであったが、後者にとっては祖国復帰のシンボルなのであった。中には、出身地の護国神社の石を持参し、これを建設中の沖縄平和慰霊像の台座に収める者もいた。このことが端的に示すように、沖縄に慰霊を目的として内地からやってくる人々の心情とこれを迎え入れる沖縄側の人々の心情とはかならずしも一体ではなく、主体によるずれがあったのである（序論・結論）。そして、後者はそのことを十分認識していたが、前者はそうしたずれに無頓着な傾向があったと推察される。もちろん、沖縄側の論理と内地側の論理をあまり対照的に理解するべきではない。櫻澤が問題提起しているように、沖縄側にも内地側の論理の受け皿や理解者は確実にいたからである［福間 2015:115, 158-163; 北村 2009:180, 198-214; 孝本 2013:206-209; 櫻澤 2010］。

琉球政府は、一九五七年に、観光事業の助成に資する立法措置を講じ、観光ホテル整備法を施行した。また、『琉球要覧』一九五八年版に、それまで文化財の記載が中心であった「文化観光」の章の中に、はじめて「観光」の項を設けた。そこでは、波の上宮、護国寺、霊御殿［＝たまうどぅん］、首里城跡、斎場御嶽、浦添ユードレ［＝ようどれ］といった本島の主要な観光スポットや、慶良間・久米島・宮古・石垣などの離島とともに、白梅之塔・姫百合塔・健児之塔・黎明塔・魂魄之塔などの慰霊碑が紹介されており、慰霊が当時の観光の主要な契機としてあったことがうかがわれる。一九六〇年には、工務交通局陸運課に観光係を新たに設置し、観光事業の本格的な振興に乗り出した。一九六二年には那覇市が首里の第三二軍司令部壕を観光資源化する目的で調査し、一九六八年には沖縄観光開発事業団（一九六七年に沖縄観光協会から改組・改称、日本復帰に伴い財団法人沖縄県観光開発公社となり、その後、一九九六年から沖縄観光コンベンションビューロー）がおなじ目的で同壕を調査したが、いずれも入り口や内部の損傷・崩落から開発を断念するということもあった。沖縄観光開発事業団は、一九六九年に海軍壕の観光資源化開発・整備に取り組み、一九七〇年に公開にこぎつけた。琉球政府は、その後も観光部局の改編や増強をはかり、一九六五年にはＰＡＴＡ（太平洋アジア観光協会）に、一九六七年には日本観光協会に加盟した。また、一九五七年には文化財保護法を制定し、沖縄戦による焼失を免れた文化遺産の保存・活用にも着手した。戦前の代表的な沖縄観光のスポットであった首里城は跡形もなく破壊されていたが、一九五八年にまず守礼門が復元され、観光者をふたたび集めるようになった。この守礼門と波の上宮が、当時の那覇の主要な観光スポットとなった。この年の沖縄への入域者は一万人強であった。そのおおくは行政関係者と建設業者などのビジネス訪問者であったが、慰霊訪問者も増加傾向にあった。客を迎えるホテルとしては、一九四八年に開業した球陽館、一九五一年に再開業（一九四一年に開業したが、沖縄戦で焼失）した沖縄ホテル、一九五二年に開業した琉球ホテルなどがあり、一九五八年から順次、観光ホテル整備法にもとづく琉球政府の登録を受けていった。羽田と那覇とを結ぶ定期航空便は一九五四年からあったが、沖縄来訪の主要交通手段は船であった。一九五八年には、内地からの慰霊団を中心とした観光者の受け入れを担う観光会社も立ち上がった。沖縄ツーリストである。沖縄ツーリストは、日本各地からの慰霊訪問者の旅行手配を引き受け、戦死者の最期に関する情報をできるかぎり収集し、訪問団の対応に当たった。一九五九年六月には、内地からの沖縄渡航制限が緩和され、観光目的で沖縄を訪れることが可能となった。ただし、その後もしばらく、この会社の中心的業務は慰霊訪問団の受け入れであった。このころ沖縄の旅行業界では「観光客」という表現はまだつかわれておらず、「慰霊団一行」と呼ばれていた。しかし、すでにその慰霊訪問の中には、慰霊以外の観光的要素も多分に含まれていた［福間 2015:122-127; 行政主席官房情報課（編）1959:445-452; 那覇出版社編集部（編）1986:200; 沖縄タイムス社（編）1998:72; 琉球政府文教局 1988:361; 琉球政府公報 1957 年第 73 号 , 1958 年第 38 号 ; 下地 2012:11, 110-112; 多田 2004:135-137; 梅田 2003:91-92; 吉田 2013b:306-311; 吉浜 2017:254; 吉崎 2013:21-26］。

多田によれば、戦後初の沖縄団体旅行客は、一九六〇年一月に来沖した京都からの一行であった。[※15] 大手旅行会社の京都支店が募ったこのパックツアーでは、慰霊訪問を目的として査証が申請された。たしかに客の大多数は遺族であったが、そのツアーの内実は四泊五日の沖縄観光であった。このように、慰霊という目的と観光の要素とはすでに分かちがたく結合していた。また、こうした内地からの団体観光者は、一般にバスを利用した。一九五〇年代後半には、沖縄観光協会の主催で観光バスガイドのコンクールがおこなわれており、この点からも当時相当数の客が沖縄の慰霊観光に参加していた様子がうかがえる。当時のバスガイドは、芝居がかったセリフ回しで沖縄戦の悲劇を語り、客の涙を誘った。客の方も、そうした沖縄の悲劇を追体験し感涙することを欲した。若い女性のバスガイドは、ひめゆりの殉国美談のイメージを最大限活用し、内地から来る客にたいして自らをひめゆりの少女たちにオーバーラップさせながら、戦跡と基地が残る沖縄の現在の悲しみを内地から来る客たちに印象づけていた［福間 2015:140-141, 149-150, 152-156; 北村 2009:153-162; 多田 2004:136-137］。

日本人の沖縄観光の伸長

日本では一九六三年に観光基本法が制定され（二〇〇六年に観光立国推進基本法へと改正）、一九六四年に日本人の海外渡航が自由化された。一九六〇年の沖縄入域旅客数は二万人程度であるが、ここから毎年着実に増加していき、一九六七年には一〇万人をこえ、復帰の年の一九七二年には四四万人をこえた。これらの観光者のほとんどは、やはり南部戦跡を訪れていたと考えてよい。慰霊観光は、まぎれもなく沖縄観光の主柱であった。ただし、「霊域」におよそふさわしくない観光者の言動や、その「霊域」に林立する、死者への哀悼よりも都道府県の権威の誇示と競合が前面に出た慰霊碑の群れは、沖縄の人々にも、内地から慰霊に訪れた人々の一部にも、苦い思いをもたらすものではあった。そして、もうひとつの沖縄観光の柱として、革製品・時計・宝石・香水・ウィスキー・タバコといった舶来品のショッピングがあった。一九五八年に通貨が軍票B円からアメリカドルに切り替わり、ドル経済圏に組み込まれた沖縄は、関税の優遇もあり、裕福な日本人にとって、舶来品が安く買える近場の外国という位置づけを獲得した。こうした買い物を目的とした観光者が一定規模に達するのは、一九六〇年代半ば以降である。那覇の国際通りやコザ（沖縄市）の外国人用百貨店が、このショッピングの主要なスポットとなった。一九六九年の沖縄では、観光収入が三三一七万ドルと、一八六八万ドルのパイナップル輸出額をおおきく上回り、四四五八万ドルの砂糖輸出額に次ぐものとなった。ただし、この年の基地関係収入は二億九二〇万ドルであり、観光収入の六倍強であった。大企業が育たず、これといった産業も伸びなかった沖縄では、経済の基地依存体質はこれ以降も強まっていく。戦後の沖縄が軍事植民地とみなされる所以である［福間 2015:127-135, 154-156, 168-170; 北村 2009:164-165, 312; 下地 2012:14-18; 多田 2004:136-137; 平良 2012:315-322; 古村 2015:22; 吉崎 2013:21-34］。

一九六〇年代の沖縄観光は、先島地方にまではまだおよんでおらず、沖縄本島に数日滞在し中南部をまわるというのが基本コースであった。それゆえ、沖縄観光協会は、先島への誘致や滞在日数の拡大をはかることが課題であると認識していた。先島観光が本格化するのは復帰後である。この一九六〇年代当時の観光のモデルルートは、次のようなものであった。まず、初日に南部の戦跡をめぐる。ひめゆりの塔

※15 下地は、戦後初の団体観光者は、一九五〇年に京都から来た一団であり、四日間の日程で南部戦跡をはじめとする本島中南部のスポットを訪れたとする。ただし、下地は資料典拠を示していない。先行研究からは、最初の団体客来訪の年とその人数を確定しがたい［下地 2012: 12; cf. 福間 2015: 124］。

と摩文仁の丘がそのメインスポットである。二日目は那覇を出て本島の中部または北部まで行き、車窓から米軍基地を見つつ、風光明美なスポットを訪れる。そのひとつが万座毛である。名護方面に一泊することもあった。三日目または四日目の最終日は、舶来品ショッピングで物欲を満たす。そして、これら昼間の観光に加えて、夜は沖縄の料亭で食事し、琉球舞踊を鑑賞し、歓楽街に繰り出すのである。とりわけ、かつて遊郭があった那覇の辻地域は、夜のメインスポットであった。日本では、一九五七年に売春防止法が施行されたが、沖縄においてそれが適用されるのは日本復帰を待ってからであり、米軍関係者を相手として定着した売春宿は、当時沖縄を訪れる日本人観光者にとって、いわば合法的な性産業であった。男性観光者や商用・視察など仕事で訪れる人々の中には、昼はひめゆりの塔で殉国した無垢で純潔な少女を思って落涙し、夜は売春街を訪れるという者がいたことになる。このように、一九六〇年代の沖縄観光は、慰霊観光または戦跡観光の要素を含みつつも、熱帯・亜熱帯の楽園観光地が一般に提供する、俗にいう5sの要素（第三章第一節）を取り揃えつつあった［福間 2015:125-127, 138-156; Gössling 2003:6; 北村 2009:164-168; 泉水 2018; 下地 2012:16-18; 菅沼 2017:61-87; 多田 2004:136-137; 田中 2015; 鳥山 2013:156-157］。

こうしてみると、この一九六〇年代に、今日へとつながる沖縄観光の発展に向かう方向性はすでに用意されていたということができる。別言すれば、アメリカによる占領体制下において、今日の沖縄観光の土台と原型はつくられたのである。拙論で与論観光の展開に関連して述べたように、琉球政府は、一九六〇年から一貫して、市町村と連携しつつ沖縄地域の広い範囲に目配りした観光振興に取り組んできた。そして、この体制は復帰後の沖縄県へとそのまま引き継がれていったのである［吉田 2013b:306-311］。

復帰後の観光と慰霊

沖縄の施政権は、一九七二年五月一五日にアメリカから日本に返還された。これに合わせ、沖縄における戦没者遺骨収集は総理府から厚生省（二〇〇一年から厚生労働省）に移管され、また沖縄の振興開発を所管する沖縄開発庁（二〇〇一年から沖縄振興局）が設置された。この復帰の日は、当時二〇世紀最大の発見ともいわれたイリオモテヤマネコが国の天然記念物に指定されるとともに、日本最南端の国立公園である西表国立公園（二〇〇七年に西表石垣国立公園に改称）が指定された――正確にいえば、一九七二年四月一八日に琉球政府が指定した西表政府立公園が、復帰により西表国立公園としてあらためて指定された――日でもあった。このことが端的に示すように、沖縄観光協会そして琉球政府が課題と認識していた先島地方の観光開発は、復帰後に、地上戦の戦禍とその後の基地造成などによる陸海の改編を受けていない、いわば手つかずの美しい自然をアピールすることで、順調な発展を遂げていく。沖縄本島の周辺地域でも、かつて連合軍が上陸した慶良間、渡嘉敷、久米島などの離島の観光開発が本格化する。そして、マリンスポーツやエコツーリズムに相当する新たな観光商品・観光形態が、これらの離島地域を主要な舞台として順次展開されていく。一方、復帰前の免税品ショッピングは、復帰特措法により観光払戻税制度が創出され、二〇〇二年まで維持された（制度廃止にともない、特定免税店が設置された）。復帰の年には、ジャンボジェットが東京と那覇を結んだ。那覇は、離島観光の中継地として、沖縄観光の中心地として、確固たる地位を築いていった。これにより、それまで日本最南端の島であった奄美の与論島は、那覇を中心とした沖縄に亜熱帯の「楽園」というブランドを明け渡すことになった（第三章第三節）。沖縄県は、全国でもっとも早く観光振興条例を制定し（一九七九年）、観光立県宣言をする（一九九五年）など、日本の観光先進地域となっていった。このように、復帰前に構築されていた、沖縄各地を巻き込んだ観光地支配の体制は、復帰後にさらに前へと進んだのである。一九七〇年には首里城復元計画が策定され、一九七三年には官民共同の復元期成会も結成された（一九九二年に正殿が完成し、首里城公園として開園された）。一九七三年の若夏国体（復帰記念沖縄特別国民体育大会）、一九七五年の沖縄海洋博といった国民的イベントの開催は、沖縄の国家統合を象徴的・経済的な次元で推進する仕掛けとなった。また、これにともなって移送手段・道路・宿泊施設などの観光インフラが短期間で整備され、沖縄本島の中長期的な観光開発に資することとなった。多田は、海洋博に焦点を当てつつ、基地の島というもうひとつの現実を圧倒する、亜熱帯の楽園という沖縄イメージのポリティクスを論じている。拙論でもこの沖縄の楽園観光地化の概要には触れた［福間 2015:170-192; 伊佐・寺前 2009; 神田 2012; 鹿野 2011:146-154, 187-189; 松島 2002; 溝尾 2015:73; 森 2010:225-228; 那覇市市民文化部文化財課（歴史博物館）（編）2015; 那覇出版社編集部（編）1986:303; 沖縄県生活福祉部援護課（編）1996:59; 櫻澤 2015:184-187, 192, 209, 260-262; 旅の文化研究所（編）2011:430; 多田 2004, 2008; 寺前 2009:18; 吉田 2009b, 2013b; http://www.env.go.jp/park/iriomote/intro /basis.html］。

一九七二年に四四万人、一九七五年に一五六万人であった沖縄県への入域観光者数は、一九九〇年には二九六万人へと増加し、観光収入も七二年の三二四億円（県民所得の六・五パーセント）から九〇年の二六六八億円（同九・二パーセント）、基地収入の二倍へと増加した。八〇年代には、ゴールドコーストとも呼ばれる恩納村周辺の西海岸にリゾートホテルが次々と建設された。農業基盤や医療・教育面などの社会インフラも八〇年代に改善が進んだ。もっとも、そうした社会基盤の整備や観光業の拡大にともなう経済発展の中でも、沖縄の失業率は復帰前よりも悪化し、公共事業と補助金に依存する経済構造はむしろ固定化されていった［櫻澤 2015:217-222, 351-352］。

さて、この復帰後の沖縄の楽園観光地化の中で、本島南部の摩文仁の丘やひめゆりの塔とその周辺はどのような位置づけとなっていっただろうか。端的にいって、戦死者の霊の慰撫や鎮魂を目的のひとつに組み込んだ慰霊観光地から、かならずしもそうした死者への哀悼の意図をもたない人々が訪れる戦跡観光地へと、それらの場所の意味は再転換していったと理解できるように思われる。あるいは、慰霊の巡礼地から慰霊の観光地へ、といいかえることもできるだろう。慰霊巡拝者がいなくなったということではないが、それらの場所を訪れる人々のおおくが、慰霊を目的とした観光者ではなくなっていったのである。そうした人々も、そこを訪れた結果として慰霊の心情を激しく喚起されたかもしれない。だが、そのこと、つまり目的と結果の位置関係の逆転自体が、かつてのような慰霊のために当地を訪れたおおくの観光者と彼らとの差異を示している。

第三節では、一九七〇年代に摩文仁の丘の整備事業が「靖国化」であると識者によって批判されたことに触れた。そのころ同時に、当地があまりに観光地化され、慰霊の気持ちよりも物見遊山の気持ちをもって訪れる人々の方がおおいことも、問題とされていた。たとえば、高良は、復帰後、観光者が増え、摩文仁の丘が「一大観光地」となり、「戦没者慰霊は、観光商品化され消費されるようになった」と述べる。六月二三日の沖縄県主催の沖縄全戦没者追悼式も、プロが演出し年々華美になっていった［高良 2012:66］。沖縄観光のさらなる発展と拡大の中にあって、本島南部は、慰霊をかならずしも目的としない観光者たちにとっての一般的な観光スポットになっていったのである。ただし、一方で、一九七〇年代はじめに刊行された『沖縄県史』の戦争体験記録を嚆矢として、復帰後に那覇市、本部町、宜野湾市、浦添市などにおいて次々と住民の戦争体験記録を集成した市町村史が刊行され、沖縄返還に相前後して、沖縄戦における日本国家と県民との関係にたいする批判的な視点も沖縄社会の中で確実に醸成されていった［福間 2014:202-204; 沖縄県教育委員会（編）1989（1971）, 1989（1974）; 嶋 1983:108-127］。

一九九〇年代には、歴史学者であり、鉄血勤皇隊として沖縄戦を経験した大田昌秀知事の下、摩文仁の霊域整備はさらに進んだ。ただ、それもまた、第三節で触れた六〇年代と同様に、観光発展の文脈においても意味をもつ整備事業であった。戦後五〇年の節目となった一九九五年の「慰霊の日」には、平和の礎の除幕式がおこなわれ、一九九七年には新しい県立平和祈念資料館の着工もはじまった。一方、一九八九年には、ひめゆりの塔の脇に、平和の大切さを訴え学徒・教師の鎮魂を目的としたひめゆり平和祈念資料館が併設された。この資料館では、開館以来、ひめゆり学徒の生存者たちが戦争体験を伝える「元ひめゆり学徒による講話」が実施された。ひめゆりの塔を訪れ献花する人々は、ほぼかならずこの資料館に入り、ひめゆり学徒の足跡をあらためて学んだ。ひめゆりの塔周辺には、大型バスの駐車場と大規模な食堂を併設したみやげ物店が並び、増えつづける観光者の需要に応えた。新たにできた県立平和祈念資料館および平和の礎を中核施設とした摩文仁の平和祈念公園と、ひめゆりの塔および平和祈念資料館は、いまも沖縄本島南部のゆるぎない二大観光スポットである。※16 ただし、近年、この本島南部の二つの平和祈念資料館の入館者数は減少傾向にある。とくに、沖縄県平和祈念資料館では、小人団体の入館者数は増加傾向にあるのにたいし、個人客および沖縄県内出身の入館者数が顕著な減少傾向を示している［沖縄県平和祈念資料館（編）2014:51］。ここに、慰霊から平和学習へという力点の移行を看取することもできる。また、ひめゆり平和祈念資料館では、証言員の少数化・高齢化にともない、「元ひめゆり学徒による講話」が二〇一五年三月末で終了となった。戦後七〇年は、ひめゆり平和祈念資料館にとっておおきな節目となった［ひめゆり平和祈念資料館（編）2010; 北村 2009:312-323; 櫻澤 2015:267-269; 高良 2012:66; 吉田 2019a; 財団法人沖縄県女師・一高女ひめゆり同窓会（編）2002］。

ここで平和学習観光に触れておく。沖縄県の再三の文部省（当時）への要請もあって、一九八七年以降に修学旅行の飛行機利用制約が緩和された。これにより、平和学習をひとつの柱とした修学旅行先に沖縄を選ぶ学校が飛躍的に増加し、その学校数は一九九〇年の五〇〇校から二〇〇〇年には一六〇〇校になり、二〇〇一年のアメリカ同時多発テロによる落ち込みから回復した二〇〇五年には、二五〇〇校へと増加した。その後も、少子化による学校数や生徒数の減少はあっても、おおむね二五〇〇校前後、四〇～四五万人という数字で推移した［櫻澤 2005:262-263; https://www.pref.okinawa.jp/site/bunka-sports/kankoseisaku/ kikaku/statistics/edtour/documents/h29-

※16 一方、一九九九年に石垣市に設立された八重山平和祈念館（県立平和祈念資料館分館）は、集客力に乏しく、観光スポットになりえておらず、平和学習施設としての県の体制整備も十分とはいえない。八重山平和祈念館は、戦争マラリア犠牲者慰藉事業の一環として設立が決定したが、集客や社会教育の観点から立地場所を勘案する契機がなかったためと考えられる。

shuryo.pdf]。

個人的・集団的な慰霊行為が下火になったというわけではない。六月二三日の沖縄県主催の戦没者追悼式に総理大臣や衆参議長の出席が恒例となった現状は、この「慰霊の日」という公的儀礼のナショナルな定着を示している。沖縄本島の人々にとって、摩文仁の丘は依然として沖縄戦終結の象徴的な場所でありつづけている。おおくの観光者にとって、慰霊という意味が沖縄観光の主目的の背後に退いていったとしても、国や県といった想像の共同体にとっては、沖縄戦－慰霊－摩文仁の丘の結合図式はいよいよ定着している。ギデンズは、近代化の過程における伝統の再創造について論じる中で、繰り返しの儀礼が伝統の正統性を保証するメカニズムと、モダニティの脱伝統遵守・合理化のメカニズムとの並行関係、すなわち「モダニティと伝統との提携」を、近代社会の初期段階に設定し、後期近代つまりは再帰的近代において終了するものとみなした[Giddens 1993（1990）, 1997a（1994）:121-125, 172]。しかし、このギデンズの見立ては、国民国家の死者儀礼という文脈に照らせば妥当性を欠くといえる。戦後の沖縄ではじまった集団的な慰霊行為は、記憶の再確認とその儀礼的実践の意義がいや増す再帰的近代において、むしろ強化されている。個々人の思いに根差した慰霊行為も、ユタの諸活動、「慰霊の日」の行事、各地の慰霊碑の前での人々の祈りや拝みなどを基点としつつ、すくなくともしばらくは未来に継続されていくであろう。問題は、こうした沖縄社会において持続する個人表象のレベルの慰霊の行為や心情が、国民国家の公的な慰霊事業や沖縄観光の発展とやや乖離していることであろう。

先に述べたように、沖縄では三三年忌が死者供養の節目となる。一九七七年は、戦死者の三三年忌に当たる年であった。この年の六月二三日に摩文仁の平和祈念公園でおこなわれた戦没者追悼式は、戦後最大規模の慰霊祭となった。各市町村の慰霊碑の前でも、またひめゆりの塔など主要な慰霊碑の前でも、この日に例年よりも盛大な慰霊祭がおこなわれた。もっとも、三三年忌を迎えて戦死者の供養にひと区切りがついたと感じられる人々は、おおくなかった。たとえば、ひめゆり同窓会主催の慰霊祭では、このウワイスーコーで終わりとせず、みなさんと戦争を忘れず、戦争体験を伝えることが残されたわれわれの使命と考え、恒久平和の新たな出発点と位置づけたい、という追悼の言葉が、同窓会長から述べられた。結局、各地の慰霊祭は次年度以降も継続され、今日にいたっている。また、この年に結成された「沖縄戦を考える会」は、同年県内ではじめて沖縄戦争遺跡・遺物の保存を県に要請した。復帰前後以降に進む開発によって、戦争遺跡の破壊も顕著になったことが背景にある。那覇市は、この年に戦中・戦後の体験記の公募と聞き取りを再度はじめた。ウワイスーコーは、戦争体験とその後の苦難の記憶を再発見する契機となり、これ以降沖縄戦関連書籍の刊行数は増加していった。戦死者の死の場所に行ってそのマブイを墓に導くヌジファ儀礼も、この年をもって収束したわけではなかった。慰霊祭のような集合的な三三年忌は、特定の死者の霊にたいしての三三年忌ではない。戦死者のマブイは、グソーに行けないまま、なおこの世にとどまっている可能性は高い。一九八〇年代以降も、ユタらは、クライアントに依頼されて、あるいはそうした依頼がなくとも自らの使命と考えて自主的に、民間人・軍人が多数死亡したガマなどの場所をまわって、遺骨を掘り出し、戦死者の霊魂を供養している。また、宗教行為としてではなく、ボランティアで遺骨収集に取り組むNPO法人も存在する［具志堅 2012; ひめゆり平和祈念資料館（編）2000:23; 北村 2009:239-240, 246-256, 260-265; 小林照 2010:274-275; 真尾 1986（1981）:219-221; 那覇市企画部市史編集室（編）1981a, 1981b; 仲程 2013（1982）:190-200; 沖縄県援護課・沖縄県立平和祈念資料館（編）1988; 沖縄タイムス社（編）1998:166-167; 高良 2012; 屋嘉比 2009:7-9; 吉浜 2000, 2017:256-259］。

池上は、次のような事例を報告している。一九九七年に、あるユタのもとに、当時二七歳の女性が相談に訪れた。首と肩に鋼鉄を入れたような痛みがあるというのである。このユタのハンジによれば、戦死したこの女性の祖父がいまも苦しんでおり、それを訴えてきたことが原因であった。そこで、この祖父の霊の苦しみを解くために、女性の祖父にゆかりの拝所をひとつにつなぐため、一日がかりで拝みをした。具体的には、この女性が住んでいる土地の神が祀られている拝所、祖父の名が刻まれている平和の礎、この女性の家族の墓をまわって、供物をそなえ拝みをし、これらを儀礼的に結合させたのである。興味深いのは、この祖父の見つかっていない遺骨の代わりに平和の礎で四九個の小石を拾い、これを一族の墓に納めたことである。すなわち、先に触れたヌジファに相当する儀礼が、平和の礎においておこなわれたのである。この事例からは、戦死者の慰霊は過去に終わっているのではなく、現在の問題であること、また、死者の名が刻まれた平和の礎が死者の霊がとどまる場所として選択された——つまり、「宗教的」施設が「宗教」行為に結びついた——ことが、理解される［池上 1999:439-442, 463; 北村 2009:265-266; 佐藤壮 2007:184］。

戦争時のトラウマ記憶は、生き残った人々を苦しめつづける。彼らは、戦死者にたいして自身が生き残ったことにある種のうしろめたさや呵責の念を覚える傾向もある。スタークンがいうように、身体は記憶の受容器であり、記憶の物質的証拠である。沖縄戦を経験した高齢者の四割がトラウマのハイリスク群であるというデータもある。すでに過ぎ去ったはずの過去がホットな現在進行形の記憶としてよみがえり、体の震え・悲しみ・恐怖などをもたらすというトラウマ反応あるいはＰＴＳＤは、戦争が決して過去のものではないということを如実に示す、ひとつの社会病理学的現象である。たとえば、伊江島では、夏祭りのクライマックスともいえる花火大会には老人たちを家に帰すという。花火の音がフラッシュバックや不眠などのトラウマ反応をもたらす可能性があることに、配慮してのことである。ジェット戦闘機の轟音や、事故や災害のテレビ報道が、そうしたトラウマ反応をもたらすこともある。六月二三日ころになると、認知症の老人たちが、日付はわかっていないはずであるにもかかわらず、奇声を上げるなど精神的に不安定になるという指摘もある。一般に認知症は過去の記憶の脱落をもたらすが、戦争トラウマのような記憶はむしろ突出し先鋭化してあらわれる、と蟻塚はいう。戦後何十年もたって、あることをきっかけとして、沖縄戦のトラウマ反応があらわれることもある。蟻塚は、これを「晩発性ＰＴＳＤ」とも呼ぶ。たとえば、北海道で酪農をしていた沖縄戦経験者の男性は、仕事を息子に譲ったのを契機に、沖縄戦のときに自身の目の前で死んだ妹の姿や日本兵による住民虐殺の場面がフラッシュバックするようになった。沖縄在住のある女性は、戦後六〇年以上たって、内地で働いていた息子の訃報を受け取ったあとに、沖縄戦のトラウマ反応が出現するようになり、夜になると戦場を逃げていたときの死体の匂いがし、幻聴や幻視といった症状も出るようになった。先に示した池上が挙げる事例に登場する、体が鉛のようになる麻痺も、トラウマ反応のひとつとして沖縄ではしばしば観察される症状である［蟻塚 2014:12-15, 81-82, 95-96, 112, 118, 121-122, 137, 242-243, 260; 保坂 2014; 北村 2013; 沖縄県平和祈念資料館（編）2008:3; Sturken 2004（1996）:29-34, 39; 田中 2016］。

高齢者ばかりではない。親世代のトラウマが子ども世代のトラウマをもたらすという問題もある。戦争時や戦後の苦しい生活状況の中で母子間の愛着行動障がいが引き起こされ、それが子どもを非行・薬物依存などの反社会的行為に向かわせたり、子どもの発達障がいをもたらしたりすることもある。もちろん、それは、単純な因果関係ではなく、アルチュセールがいう構造的因果性――ある結果が起こったときに、さかのぼってその原因を見出すことはできるが、当の原因があればかならずその結果が生じるとはかぎらない――として捉えられなくてはならないものではある。ナチスのホロコーストに関する欧米の研究では、そうした第二世代・第三世代におけるトラウマの世代間伝達に関する議論も進んでいるが、日本では、沖縄戦に関する第一世代におけるＰＴＳＤについての解明すら十分なされないままに、そうした戦争体験者が次々と亡くなってきている［Althusser 1997（1965）:268-273; 蟻塚 2014:113-114, 259-260; 柄谷 2003:42-50; 吉田 2018b:79-82］。

戦死者の遺骨の発見も、決して収束してはいない。二〇〇九年に、那覇市では工事現場から二〇〇体をこえる遺骨が発見された。この戦争遺跡といってよい場所は、しかし、完全な収骨作業を終えないままに、埋め戻されていった。この年、浦添市でもおおくの遺骨が発見され、中には全身を残した遺骨やかたちの残った脳を残した遺骨もあった。戦後七〇年たった二〇一五年時点で、戦争体験者は人口の一割を切ったとされる一方、沖縄本島における遺骨収集が終息を迎えるにはなお数十年かかるといわれる。二〇一八年には、厚生労働省が、ＤＮＡ鑑定による身元特定のために、慰霊碑内に納められている遺骨についてあらためて調査する方針を示した。不発弾については、残量二〇〇〇トン、処理には今後七〇年ほどかかるとされ、かつ永久不明弾は五〇〇トンと推計される［粟津 2017: 315-337; 具志堅 2012; 比嘉・西谷（編）2010; 川平 2011: 268-269; 栗原 2015a; 内閣府 2013; 大城 2012;「時の眼―沖縄」実行委員会 2012: 90-97; 毎日新聞 2018年3月24日］。とすれば、戦後一〇〇年たっても、沖縄は「戦後ゼロ年」のままということになる。

柳田国男は、東京での大規模空襲の最中に『先祖の話』を書いた。それは、沖縄戦の時期に相当する。柳田は、国のために戦った若者たち（民間人も含む）を無縁仏としてはいけない、ただ、国や府県が靖国神社や護国神社で英霊として祭祀するだけでは祖先祭祀として不十分であって、それぞれの家で直系の子孫が先祖を祀るというこれまでの思想を訂正し、傍系や非血縁関係者を含めて子孫が先祖を祀り家を継承するような仕組みを政治がつくるべきではないか、と主張した。柳田の問題提起は、戦争直後の沖縄の人々が草の根で実践したことにつながるものであろう。その集団的あるいはむしろ結社的——結社は人々が自発的につくりあげる集団である——な死者祭祀＝慰霊の営みは、やがて行政が主体となった公的な慰霊行事へと引き継がれていったが、いまなお戦死者の霊が人々の生に影響力を行使している——そして、なお新たな戦死者の遺骸に直面することもある——沖縄の現状に鑑みれば、後者の「宗教的」行為としての慰霊に受け継がれえない、前者の「宗教」行為としての慰霊のもつ意義は重いと、あらためて考えざるをえない［柄谷 2014a:150-157; 田中丸 2002:43-46; 柳田 2013（1945）:228-229］。

第五節　地上の煉獄と楽園のはざま

楽園観光地への転換と慰霊

以上の議論のおもなポイントをあらためて整理しておこう。

第二次世界大戦において、日本各地から徴兵された軍人そして軍属の多数が、沖縄での地上戦を戦い、没した。同時に、とくに本島南部ではおおくの民間の人々も巻き込まれ、命を落とした。沖縄本島は「血の島」となり［仲宗根 2008（1982）:3, 436］、「神に見放された島」となった［宮城 1992:18］。そして、この戦争の終結直後から、本島南部の主要な戦跡は、観光地という性格を有する場所となった。その戦跡観光のおもな主体は米軍関係者であった。彼らは、先の大戦の勝者として、あるいは戦後の沖縄に君臨する支配者として、敗戦とそれにともなう軍人・民間人の死のモニュメント（跡地、記念碑）を車で訪れ、写真を撮ったのである。このように、第二次世界大戦後の沖縄観光の再出発は、「宗教」や「宗教的」なものとはさしあたり無縁の戦跡観光であった。これが第一点である。

この米軍関係者を中心とした戦跡観光の傍らで、収容所から帰還した人々や帰村できず一時的に別の場所への移住を強いられた地元の住民たちは、暮らしを建て直しながら、生活圏のいたるところに存在する名もなき死者の集合を弔い、可能な範囲でそれらの霊を慰撫し祭祀する営みに携わった。そのひとつのかたちが、村ごとに手づくりで建てられた慰霊碑であり、共同の慰霊祭の開催であった。それは、いうまでもなく観光とは無縁の、「宗教」行為としての慰霊の実践であった。ただ、間もなく、彼ら沖縄の人々の一部も、週末の行楽の一環としてひめゆりの塔などを訪れるようになった。彼らにとっての前者の慰霊行為と、後者の一種の戦跡観光とは、この時点ではかならずしも直接結びついてはいなかったと考えられる。これが第二点である。

一九五〇年代になると、沖縄戦の遺族や関係者が沖縄内外から慰霊目的で訪れるようになった。一九五二年のサンフランシスコ講和条約の発効後、遺骨収集と慰霊碑等の整備事業とともに、慰霊を目的とした日本人の沖縄渡航も本格化し、遺族でない人々が戦死者への哀悼の思いから慰霊碑を建てるということもあった。もっとも、それと並行して、アメリカ軍政の定着、沖縄における基地機能の強化、そのための建設事業の拡大もまた本格化した。日本から沖縄に来たおおくの企業関係者や建設要員の中には、仕事の合間に戦跡観光・慰霊観光をし、住民の遺骨収集作業に協力する者もいたが、こうした彼らの慰霊・観光は、沖縄の軍事植民地化と一体であった。ただ、このときから、観光者つまりゲストのおもな主体が日本人となっていったことにより、このゲスト側と彼らを迎え入れるホスト側とが死者祭祀や慰霊という「宗教」あるいは「宗教的」な動機と文化の枠組みを共有し合うという構図がもたらされることになった。先に例外的な死者祭祀と述べた、現地の人々による、場所や命日も確定しがたい集合的な戦死者の霊を弔う「宗教」行為は、この点で、そのまま慰霊観光者による「宗教」または「宗教的」行為と接続するものであった。これが第三点である。

一九五九年に内地からの沖縄渡航制限が緩和され、日本人が観光目的で沖縄を訪れることが可能となった。一九五〇年代の慰霊観光においても、旅程の中には遊行的要素が盛り込まれていたが、一九六〇年代にはそうした要素がいっそう拡大・強化された。端的にいって、慰霊が主目的となる観光地から、慰霊だけではない、あるいは慰霊以外の要素をむしろ目的とした観光地へと、沖縄は変貌していったのである。一九六〇年代半ばには、各府県による慰霊碑建立も進み、摩文仁の丘を中心とした沖縄戦跡地が政府の肝いりで公園として整備されていったが、この霊域整備事業は戦没者慰霊の観光化を押しとどめるものではなく、むしろ沖縄観光の中に慰霊観光をさらに埋没させるという事態をもたらした。慰霊が日本政府の関与により制度化・合理化され、沖縄への観光者が増加し、沖縄の社会・経済がアメリカ軍政による植民地的支配の中で合理化されていく中で、第三点として挙げたゲスト側とホスト側とに共有されていた「慰霊＝観光」という不可分の行為は、「慰霊」と「観光」というそれぞれ固有の意味をもつ行為へと分離していった。これが第四点である。今日のような沖縄社会における慰霊と観光との乖離は、ここにはじまったのである。

日本復帰に向けた環境整備が整う中、沖縄の楽園観光地としての性格はいっそう固定化され、沖縄本島それ自体がひとつの巨大観光地となる方向に向かう軌道も敷かれていった。その中で、摩文仁の丘も、またひめゆりの塔も、慰霊の地から慰霊観光の地へ、慰霊観光地から戦跡観光の主要目的地へ、あるいは沖縄観光コースの中のひとつの訪問地へと、その性格をすこしずつずらしていった。ただし、その場合、すくなくとも一九九〇年代までの沖縄経済が、観光よりもはるかに基地に依存する体質を深めていたことを、見逃すべきではない。また、沖縄の楽園観光地化が進む時代、B-52が北爆に向けて飛び立った基地を擁した沖縄を、ベトナム人が「悪魔の島」と呼んでいたことも、忘却されるべきではない。

以上のように、二〇世紀半ばの地上戦による廃墟から、アメリカ軍政下での基地優先の復興を経て、地上の楽園イメージを前面に推し出した観光地へといたるこの七〇年余りの沖縄本島南部の歴史をあらためて振り返れば、そこには、①米軍関係者による戦跡観光、②沖縄住民による慰霊行為、③内地の日本人による慰霊行為と慰霊観光、④復帰以降に本格化する楽園観光、⑤その中での慰霊観光者の減少と、慰霊観光地の戦跡観光地化、というおおきな流れを確認することができる。これらはたがいにある時期部分的に重なり合ってもいた。そして、この補論における議論の焦点となった慰霊観光は、先の戦争がもたらしたいわば地上の煉獄から、青い海とサンゴ礁に代表される明るい地上の楽園へと向かう、そのはざまに位置する沖縄観光の過渡期の姿であったと総括できる。これが第五点である。

いまも沖縄で慰霊という宗教行為はつづいている。沖縄の人々の祖先祭祀と密接な連関を有する慰霊は、いまや観光から遠い位置にあるとしても、なお沖縄の社会を貫いている。その背景にあるのは、沖縄戦の集合的記憶が、米軍基地の維持存続とそれがもたらすさまざまな弊害と相まって、なお強く保持されているという点である。また、沖縄を訪れる観光者全体の中ではもはや少数派ではあるものの、慰霊のために沖縄を訪れる人々はいまもいる。ただし、そうした慰霊行為や慰霊観光が沖縄観光の中に占める位置づけは低下してきている。それを象徴するのが、近年のひめゆり平和祈念資料館と摩文仁の沖縄県平和祈念資料館の入館者の減少傾向である。さらに、台湾や中国などから来る外国人観光者の増大や、そうした海外観光者の受け入れが次第に重みを増す沖縄観光の現状に鑑みれば、いまや内外から来る観光者にとっての観光地沖縄は、戦死者の慰霊のために訪れる場所という意味を次第にもたなくなりつつあるといってよい。今日の沖縄では、慰霊や祈りと観光との関係はすでに疎遠なものとなっている。それを端的に示すのが、現在の慰霊の日の光景である。県内各地の慰霊碑の前では、戦死者を追悼する特別な行事が営まれる一方、国際通りをはじめとする県内各地の観光スポットでは、日常と化した観光者の来訪と消費が観察される。この沖縄にとって重要な日において、慰霊と観光とはいわば乖離し断絶しているといってよい。この現状が第六点である。

観光地沖縄の近未来についても触れておこう。沖縄県が二〇一〇年に策定した「沖縄二一世紀ビジョン」は、観光地沖縄の将来像を「希望と活力にあふれる豊かな島」とし、自立型経済の構築に向けた基盤の整備や世界水準の観光リゾート地の形成といった点を基本施策に掲げた。基準年である二〇一一年度は、観光収入三七八三億円、平均滞在日数三・七九日、入域観光者数五五三万人（うち外国人三〇万人）であったが、二〇一四年度の改訂版では、これを一〇年後の二〇二一年度にそれぞれ一兆円、五日、一〇〇〇万人（うち外国人二〇〇万人）に——二〇一七年三月の『第五次沖縄県観光振興基本計画 改定版』によれば、二〇二一年度にそれぞれ一・一兆円、四・五日、一二〇〇万人（うち外国人四〇〇万人）に――押し上げようというのである。二〇一〇年代に入って国内ＬＣＣ利用者と外国人観光者は増加したものの、二〇一九年の韓国人訪日旅行自粛の影響もあって、滞在日数と入域者数の目標値達成は微妙な状況である。二〇一二年には県内全域が「観光地形成促進地域」となるなど、沖縄県と県下の市町村は、観光地沖縄のさらなる発展とそれによる経済の活性化に邁進してきた。ただし、当該の目標値の達成は、現状でさえ問題となっている、自然海岸の減少、ＣＯ２濃度、ごみ・汚水処理などの環境問題と、観光経済の外部資本依存性の、いっそう深刻化をもたらすことは必定であろう。このような観光拡大策は、当該ビジョンで掲げられた、自然環境の保全、持続可能な循環型社会の構築、低炭素島嶼社会の実現といった別の基本施策と、論理的に相容れないはずである。今後の観光政策とボトムアップの観光事業の展開次第では、沖縄各地の観光資源が枯渇し生活基盤が疲弊する蓋然性は高いといわざるをえない。このように、観光地沖縄の持続可能性は不確定的であり、世界水準の楽園リゾート沖縄の構築には高い代償をともなうことも予想される。観光地沖縄は、高いリスクを抱えているのである［伊佐・寺前 2009; Kakazu 2009:201-207, 2011, 嘉数 2017, 2019:51-70; 神谷 2016; マコーマック・敷田 2000; 松島 2005:278, 2010, 2012a, 2012b; 三木 1990; 宮本 2000; 中生 2011; 沖縄県 2017:2-3, 28-29; 沖縄県企画部企画調整課 2012a, 2012b, 2014:4, 169-170; 桜井 2010; 櫻澤 2015:306-307, 314-318, 323-324, 326-328; 多辺田 1991; 宇井 2005; https://www.21okinawa.com/; https://www.pref.okinawa.jp/site/bunka-sports/kankoseisaku/kikaku/statistics/tourists/ documents/r1-4_9gaikyou.pdf; https://www.pref.okinawa.jp/site/shoko/seisaku/kikaku/keizaitokku.html; http://www.pref.okinawa.jp/site/shoko/seisaku/kikaku/documents/kankou.pdf］。また、こうした国際観光地化の経済戦略が、毎年の慰霊の日に語られる平和の希求といかに直接リンクするのかも、かならずしも明確ではない。

＊

では、最後に、あらためて合理化という観点から、この補論の議論を振り返っておこう。戦後の沖縄は、未曽有の危機を脱して経済的・社会的・宗教的・文化的な再生を果たしてきた。その過程は、社会の複合的な合理化の過程にほかならない。その中に、楽園観光地化つまり観光の合理化と、宗教生活の一部分を構成する慰霊の合理化・制度化、そして「宗教」行為としての慰霊と観光との分化の過程があったのである。ただ、この戦後の社会全般におよぶ合理化の過程は、いまから振り返れば、他方で潜在的な次元でさまざまなリスクを深める過程でもあったと考えられる。

伊波普猷は、おそらく絶筆となった未完の著作の最後に、「地球上で帝国主義が終わりを告げる時、沖縄人は「にが世」から解放されて、「あま世」を楽しみ十分にその個性を生かして、世界の文化に貢献することが出来る」と記した[伊波 1974（1947）:457; cf. 外間・比嘉 1974:572; 鹿野 2002:237]。しかし、その告げのときはいまだ到来せず、苦き世と甘き世とが混交しつつ、ますます前者が後者を飲み込もうとしているのが、現状ではないだろうか。こうしてみると、地上の煉獄と楽園のはざまにいわば吊るされた状態は、むしろ現在の沖縄の姿でもあるといってよい。

そして、今後、慰霊と観光との疎遠な関係はますます固定化していくと予想される。なぜなら、今後の楽園観光地沖縄は、アジア周辺国から来る観光者をますます惹きつけようとする方向に向かうと考えられるからである。一九六〇年代に日本人にとって舶来品を安く買える近場の海外観光地となった沖縄は、二〇〇〇年代以降、中国・台湾人にとって品質の良い日本製品（家電、化粧品、医薬品、食品）を安く買える近場の海外観光地としての性格を強めてきた。いまや、那覇の観光中心地である国際通りや公設市場周辺は、ときに日本人よりも中国・台湾人でにぎわう状況にある。こうした観光地沖縄の国際化がいっそう進めば、人々の祖先祭祀や戦争の記憶と密接に連動するものとしての慰霊は、さらに観光と乖離していかざるをえない。いずれにせよ、今日の沖縄における観光と宗教の関係は、なお人々の宗教が観光のコンタクトゾーンにおいて一定の重要性をもつバリのおけるそれとは異なる。

ここで、マックス・ヴェーバーの〈倫理論文〉の結末部分をあらためて想起することは無駄ではない。プロテスタンティズムの禁欲的倫理に由来する資本主義の合理主義的精神が社会に定着し、資本主義のメカニズムが自力で回転しはじめると、もはや禁欲の精神は必要とされなくなって「宗教的信仰の亡霊として、われわれの生活の中を徘徊」するようになった、とヴェーバーは論じた[Weber 1989（1920）:365]。この補論の結論は、ある意味でこれとパラレルなものである。戦争死者を慰撫する「宗教」行為としての慰霊が戦後の沖縄社会の中におおきな意義をもち、次にそれが戦死者への哀悼とそれを介した平和希求という「宗教的」要素——平和の希求は「宗教」そのものではないが、これも序論で触れた「宗教的」なものに入るであろう——を内包する慰霊観光となって復帰以前の沖縄において定着し、観光産業という社会=経済のメカニズムがやがて自力で回転しはじめると、次第に慰霊の心情は沖縄観光において必要とされなくなり、楽園観光の発展に向かうオペレーションが自己生産的に作動していった、と理解することができるからである。ヴェーバーは、過去の歴史の過程と、同時代の資本主義の快楽の中に埋没してしまった宗教倫理に、あらためて光を当てようとした。それにならえば、沖縄の地上戦と戦後の苦難の現代史と、楽園観光地沖縄の成立以前の段階において慰霊が沖縄観光に占めていた意味とに、われわれはあらためて光を当てて考えるべきであろう。

おわりに

補論では、第二次世界大戦後、アメリカ軍政による植民地的支配の中ではじまった沖縄の観光地化を、慰霊観光から楽園観光へという流れに注目して捉えようとした。地上戦により廃墟となった沖縄本島中南部では、住民の尊厳をかならずしも重視しない米軍支配の体制において、人々が社会と生活世界の再生を果たさざるをえなかった。その過程は、社会の全面的といってよい再合理化の過程であるとともに、さまざまな社会的矛盾——ただし、本研究では詳細への言及は割愛した——を露呈させる非合理化の過程でもあった。食うや食わずの生活の中で、人々は、死者祭祀の宗教的営みもまた復活させていった。戦後の沖縄観光の再生は、戦死者への慰霊を重視した現地の人々と、沖縄に慰霊を一義的な目的として訪れた観光者とが、おなじ宗教文化と先の大戦への心情を共有するという構図の中で果たされた。ただし、復帰の前から、アメリカ軍政下の沖縄では楽園観光地化に向けた軌道は確実に敷かれていた。日本への復帰後、それはいっそう全面的なものとなり、その中で慰霊目的の観光者は減少し、観光と慰霊との乖離は固定化していった。今日の沖縄社会において、現地の宗教は、バリにおけるようにホストとゲストが織りなす観光のコンタクトゾーンにおいてなお重要な意義をもつものではなくなっている。

バリについては、観光の合理化と宗教の合理化という二つの異質な合理化が戦前に立ち上がり、戦後の共和国体制下にたがいに連関し合って並走する過程を確認したが、沖縄については、観光と宗教とが一体となった慰霊観光が戦後の荒廃の中から立ち上がり、米軍支配から日本復帰にいたる社会体制の再構築の中で、やがて宗教および宗教的行為としての慰霊と楽園観光地化とがたがいに分離しつつ、後者が肥大化し支配的になっていく過程を、確認することになった。これもまた、楽園観光地における観光と宗教の関係のひとつの具体的なあり方といえる。

バリでも沖縄でも、楽園観光と現地の宗教との関係には今後も不確定な要素がつきまとう。また、前著［吉田 2013b］で論じたように、私は楽園観光という観光形態がそう遠くない時期——たとえば二一世紀の半ば——に転機を迎えるのではないか、と考えてもいる。こうした点を踏まえ、また「長い二〇世紀」や「短い二〇世紀」の議論を参照するならば

[Arrighi 2009（1994）; Hobsbawm1996（1994）; 木畑 2014］、本研究は、この一九二〇年代ころからはじまり二一世紀の半ばあたりまでにひとつの区切りが来るのかもしれない「楽園観光の長い二〇世紀」に関わる二つの事例を描いたものである、ということもできる。

その場合、バリでも沖縄でも、観光と宗教の合理化の過程の中に植民地（的）支配や戦争といった暴力の介在と、合理化の中の／を通しての非合理化の様相を、色濃く見出すこととなった。バリでは植民地支配が先行しその次の段階に大戦の混乱が到来したが、沖縄では逆に大戦後に植民地的支配がはじまったのであって、それぞれの楽園観光地において観光と宗教が巻き込まれていく支配・暴力・非合理化の過程は、それらの強度を含めて、さまざまでありうる。重要なのは、ヴェーバーの生きた時代においては、伝統的であったり非合理的であったりするものが人間を疎外している状況を批判し、ここから決別して合理的に思考し行動することが要請されたのにたいして、われわれが生きる再帰的近代・世界リスク社会・生政治全盛の現代においては、グローバルで普遍的で合理的なものが幅を利かせ人間をある面で疎外している状況にあり、この合理的なものの拡大や深化がもつ非合理性をこそ、われわれは批判し、ただやはり合理的に思考し行動することが要請されている、という点である。その点では、合理的な知の総合としての科学がもつ非合理性をも主題とするような「反科学」の探求と、合理化や合理性というそれ自体二律背反的な含意をもつある種パラドキシカルな概念をより有効な概念へと更新し精緻化していく「科学」の探求とを総合する議論が、今後もとめられる。

観光はグローカル化しつつ世界社会の中で増殖をつづけている。その一環として楽園観光という独特の観光形態もある。ただ、リスク論の観点からすれば、今日あるような観光産業の拡大と消費社会化との結託が二一世紀を通じて持続するという保証はない。すくなくとも世界リスク社会の局所的なあらわれは、観光にもまた宗教にも顕在化するであろう。あるいは、すでに顕在化しつつあるというべきなのかもしれない。ベックやルーマンは、宗教のグローカル化・宗教間の境界の流動化・宗教システムの多数化といった点に注意を向けた［Beck 2008（2002）, 2011（2008）; Beck & Beck-Gernsheim 2014（2011）; 伊藤 2017; Luhmann 2016（2000）:387-394］。同様に、観光もまた流動化・液状化し、多様化・多数化している現状がある。

ただ、観光であれ宗教であれ、人類学的観点からして重要なのは、そうした世界社会の一般的動向が、特定の地域や社会に生きる人々が直面する特定の状況においていかなる具体的なかたちをとって現出するのかを、「歩く者」の立場から叙述し理解する、終わりのない作業であろう。本研究は、この叙述にこだわった理論的考察を踏まえて、バリそして沖縄に関する民族誌的記述をおこない、観光宗教論のオルタナティヴを探求したものである。

琉球政府関係写真資料　176　写真番号 049234（1961 年 7 月）、沖縄県公文書館。
http://www.archives.pref.okinawa.jp/hpdata/DPA/HTML/GRI/R27/049234.html
（2015 年 3 月 25 日取得）
占領初期沖縄関係写真資料　陸軍 24　写真番号 340752（1945 年 8 月 9 日）、沖縄県公文書館。
http://www.archives.pref.okinawa.jp/hpdata/DPA/HTML/USA/U01/05-28-4.html
（2015 年 3 月 8 日取得）

https://ich.unesco.org/en/RL/three-genres-of-traditional-dance-in-bali-00617 （2019 年 3 月 27 日取得）
環境省＞国立公園＞西表石垣国立公園＞公園紹介＞公園区域の概要＞基礎情報
http://www.env.go.jp/park/iriomote/intro/basis.html（2013 年 9 月 10 日取得）
南城市＞なんじょう日記＞ 2011 年 2 月 27 日「2011 第 7 回 東御廻り 国際ジョイアスロン」
http://www.city.nanjo.okinawa.jp/about-nanjo/introduction/nanjo-diary/2011/02/2946.html（2014 年 7 月 15 日取得）
沖縄県＞経済特区沖縄
http://www.pref.okinawa.jp/site/shoko/seisaku/kikaku/keizaitokku.html（2014 年 12 月 11 日取得）
沖縄県＞経済特区沖縄＞「観光・リゾート産業の振興～観光地形成促進地域」
http://www.pref.okinawa.jp/site/shoko/seisaku/kikaku/documents/kankou.pdf（2014 年 12 月 11 日取得）
沖縄県＞「沖縄 21 世紀ビジョン実施計画改訂版（平成 26 年 5 月）」
http://www.pref.okinawa.lg.jp/site/kikaku/chosei/kikaku/jissikeikakukaiteibann.html
http://www.pref.okinawa.lg.jp/site/kikaku/chosei/kikaku/documents/syouraizou12.pdf, http://www.pref.okinawa.lg.jp/site/kikaku/chosei/kikaku/documents/syouraizou3.pdf
http://www.pref.okinawa.lg.jp/site/kikaku/chosei/kikaku/documents/syouraizou45.pdf
http://www.pref.okinawa.lg.jp/site/kikaku/chosei/kikaku/documents/fuzokusiryou.pdf
（いずれも 2014 年 7 月 19 日取得）
沖縄県＞産業・仕事＞観光＞統計・データ・その他刊行物等＞修学旅行＞修学旅行に関する統計観光＞「平成 29 年修学旅行入込状況調査の結果について（平成 30 年 8 月 24 日発表）」
https://www.pref.okinawa.jp/site/bunka-sports/kankoseisaku/kikaku/statistics/edtour/documents/ h29-shuryo.pdf （2019 年 1 月 28 日取得）
沖縄県＞産業・仕事＞観光＞統計・データ・その他刊行物等＞観光客数＞入域観光客数＞令和元年度上半期入域観光客統計概況
https://www.pref.okinawa.jp/site/bunka-sports/kankoseisaku/kikaku/statistics/tourists/ documents/r1-4_9gaikyou.pdf （2019 年 12 月 30 日取得）
沖縄 21 世紀ビジョン
https://www.21okinawa.com/ （2019 年 10 月 27 日取得）
琉球政府公報 1957 年第 73 号（9 月 10 日）、沖縄県公文書館。
http://www.archives.pref.okinawa.jp/kouhou/PDF/ryukyu/1957-09-10-01.pdf（2015 年 3 月 19 日取得）
琉球政府公報 1958 年第 38 号（5 月 13 日）、沖縄県公文書館。
http://www.archives.pref.okinawa.jp/kouhou/PDF/ryukyu/1958-05-13.pdf（2015 年 3 月 19 日取得）
渡嘉敷村＞集団自決について＞慶良間諸島の沖縄戦
http://www.vill.tokashiki.okinawa.jp/wp-includes/pdf/jiketsu01.pdf（2015 年 3 月 29 日取得）
座間味村＞座間味村平和之塔
http://www.vill.zamami.okinawa.jp/info/peace.html（2015 年 3 月 29 日取得）

写真資料

琉球政府関係写真資料　010　写真番号 002598（1963 年 6 月 22 日）、沖縄県公文書館。
http://www.archives.pref.okinawa.jp/hpdata/DPA/HTML/GRI/R27/002598.html
（2015 年 3 月 19 日取得）
琉球政府関係写真資料　154　写真番号 043216（1959 年 1 月）、沖縄県公文書館。
http://www.archives.pref.okinawa.jp/hpdata/DPA/HTML/GRI/R27/043216.html
（2015 年 3 月 25 日取得）
琉球政府関係写真資料　154　写真番号 043244（1959 年 1 月）、沖縄県公文書館。
http: //www.archives.pref.okinawa.jp/hpdata/DPA/HTML/GRI/R27/043244.html
（2015 年 3 月 25 日取得）

財団法人沖縄県女師・一高女同窓会(編)
1987 『ひめゆり——女師・一高女沿革誌』、財団法人沖縄県女師・一高女同窓会。
財団法人沖縄県女師・一高女ひめゆり同窓会(編)
1991 『ひめゆり 女師・一高女写真集』、財団法人沖縄県女師・一高女ひめゆり同窓会。
2002 『ひめゆり平和祈念資料館——開館とその後の歩み』、財団法人沖縄県女師・一高女ひめゆり同窓会。
2004 『続ひめゆり——女師・一高女沿革誌続編』、財団法人沖縄県女師・一高女ひめゆり同窓会。
財団法人沖縄県戦没者慰霊奉賛会(編)
1989 『平成——沖縄県戦没者慰霊奉賛会 30 年のあゆみ』、財団法人沖縄県戦没者慰霊奉賛会。
Zingerle, Arnold
1985(1981)『マックス・ウェーバー——影響と受容』、井上博二他訳、恒星社厚生閣。
Zoete, Beryl de & Walter Spies
1938 Dance and Drama in Bali, New York: Oxford University Press.
Zurbuchen, Mary Sabina
1987 *The Language of Balinese Shadow Theatre*, Princeton: Princeton University Press.

参考ホームページ

Asia Coastal Tourism Destination Development > Indonesia > Bali: Expect domestic tourist arrivals to increase
http://thedevelopmentadvisor.com/news/bali-domestic-tourist-arrivals-increase/ (2016 年 10 月 26 日取得)
Badan Pusat Statistik(インドネシア中央統計局)> Economic and Trade > Tourism > Sectoral Statistic > Number of Foreign Tourist Arrivals to Indonesia by Entrance, 1997-2015
https://www.bps.go.id/linkTabelStatis/view/id/1387 (2017 年 3 月 17 日取得)
Badan Pusat Statistik > Economic and Trade > Tourism > Sectoral Statistic > Arrivals of International Visitor to Indonesia by Nationality, 2000-2015
https://www.bps.go.id/linkTabelStatis/view/id/1394 (2017 年 3 月 17 日取得)
Badan Pusat Statistik > Pariwisata(観光)> Penduduk Indonesia menurut Provinsi 1971, 1980, 1990, 1995, 2000 dan 2010(1971, 1980, 1990, 1995, 2000, 2010 州別インドネシア住民)
http://www.bps.go.id/linkTabelStatis/view/id/1267 (2016 年 10 月 25 日取得)
Badan Pusat Statistik Provinsi Bali(バリ州統計局)> Kependudukan(住民)> Penduduk Provinsi Bali Menurut Agama yang Dianut Hasil Sensus Penduduk 2010(2010 年住民センサス結果にもとづく宗教別バリ州人口)
https://bali.bps.go.id/statictable/2018/02/15/33/penduduk-provinsi-bali-menurut-agama-yang-dianut-hasil-sensus-penduduk-2010.html(2018 年 5 月 19 日取得)
Badan Pusat Statistik Provinsi Bali > Kependudukan > Beberapa Karakteristik Penduduk Menurut Kabupaten/Kota di Bali Hasil Sensus Penduduk 2010(2010 年住民センサス結果におけるバリの県/市別住民諸特徴)
https://bali.bps.go.id/statictable/2018/02/15/35/beberapa-karakteristik-penduduk-menurut-kabupaten-kota-di-bali-hasil-sensus-penduduk-2010-.html(2018 年 5 月 19 日取得)
Badan Pusat Statistik Provinsi Bali > Pariwisata > Jumlah Wisatawan Mancanegara yang datang langsung ke Bali menurut Kebangsaan 2013-2016(2013-2016 国籍別バリ入域外国人観光者数)
https://bali.bps.go.id/statictable/2018/02/09/27/jumlah-wisatawan-mancanegara-yang-datang-langsung-ke-bali-menurut-kebangsaan-2013-2016.html(2018 年 4 月 15 日取得)
Badan Pusat Statistik Provinsi Bali > Pariwisata > Jumlah Wisatawan Asing ke Bali dan Indonesia, 1969-2017(1969-2017 バリおよびインドネシア入域外国人観光者数)
https://bali.bps.go.id/statictable/2018/02/09/28/jumlah-wisatawan-asing-ke-bali-dan-indonesia-1969-2017.html(2018 年 4 月 15 日取得)
Bali Group Organizer > News > UNESCO Appointed 9 Balinese Dances As World Heritage
https://www.baligrouporganizer.com/9-balinese-dances/ (2017 年 9 月 13 日取得)
UNESCO > Culture > Intangible Heritage > Lists > Three genres of traditional dance in Bali

吉浜　忍
2000「沖縄戦後史にみる沖縄戦関係刊行物の傾向」『史料編集室紀要』25: 55-82、沖縄県教育委員会。（http://okinawa-repo.lib.u-ryukyu.ac.jp:8080/bitstream/okinawa/7942/3/No25p55.pdf）（2015 年 9 月 29 日取得）
2017『沖縄の戦争遺跡――〈記憶〉を未来につなげる』、吉川弘文館。
吉原　直樹
2008a（編）『グローバル・ツーリズムの進展と地域コミュニティの変容――バリ島のバンジャールを中心として』、御茶ノ水書房。
2008b「デサとバンジャール――歴史的展開と布置構成」、吉原直樹（編）『グローバル・ツーリズムの進展と地域コミュニティの変容――バリ島のバンジャールを中心として』、pp. 19-43。
2008c「アーバン・バンジャールの一存在形態――デンパサール市バンジャール・グレンチェンの事例」、吉原直樹（編）『グローバル・ツーリズムの進展と地域コミュニティの変容――バリ島のバンジャールを中心として』、pp. 101-143。
2008d「あるイスラム・コミュニティ――カンポン・イスラム・クパオンの事例」、吉原直樹（編）『グローバル・ツーリズムの進展と地域コミュニティの変容――バリ島のバンジャールを中心として』、pp. 143-165。
2016「日本人社会の多様なネットワーク（3）――群立するネットワーク」、吉原直樹・今野裕昭・松本行真（編）『海外日本人社会とメディア・ネットワーク――バリ日本人社会を事例として』、pp. 225-253、東信堂。
吉原　直樹・松本　行真
2016「日本人社会の多様なネットワーク（2）――X 店協賛店をめぐって」、吉原直樹・今野裕昭・松本行真（編）『海外日本人社会とメディア・ネットワーク――バリ日本人社会を事例として』、pp. 207-223。
吉見　俊哉
1992『博覧会の政治学――まなざしの近代』、中央公論社。
2007『親米と反米――戦後日本の政治的無意識』、岩波書店。
吉本　秀子
2015『米国の沖縄占領と情報政策――軍国主義の矛盾とカモフラージュ』、春風社。
吉永　進一
2007「明治期日本の知識人と神智学」、川村邦光（編）『憑依の近代とポリティクス』、pp. 115-145。
吉岡　斉
2015「戦後秩序破壊と科学・技術」、大澤真幸・佐藤卓己・杉田敦・中島秀人・諸富徹（編）『岩波講座現代　第 1 巻　現代の現代性――何が終わり、何が始まったか』、pp. 291-323。
吉岡　政德
2005『反・ポストコロニアル人類学――ポストコロニアルを生きるメラネシア』、風響社。
2010a「秘境と楽園――イメージのなかの南太平洋」、吉岡政徳・石森大知（編）『南太平洋を知るための 58 章』、pp. 18-22、明石書店。
2010b「ゴーギャンの思い描いた「楽園」」、吉岡政徳・石森大知（編）『南太平洋を知るための 58 章』、pp. 224-228。
2010c「比較主義者ニーダムの比較研究」、出口顯・三尾稔（編）『国立民族学博物館調査報告　人類学的比較再考』90: 79-96。
吉岡　政德・遠藤　央・印東　道子他（編）
2009『オセアニア学』、京都大学学術出版会。
吉崎　誠二
2013『職業としての観光――沖縄ツーリスト 55 年編』、芙蓉書房出版。
Yudantini, Ni Made
2012 Natah and Telajakan: The Role and Identity in Indigenous Villages, *Proceedings of International Seminar on Place Making and Identity 2012* : 179-187.（http://www.academia. edu/12738984/NATAH_AND_TELAJAKAN_THE_ROLE_AND_IDENTITY_IN_INDIGENOUS_VILLAGES）（2016 年 10 月 11 日取得）

1998 「現代バリ島の方位認識と象徴分類」『アカデミア』人文・社会科学編 68: 1-19、南山大学。

1999 「マトゥル・バンタン——バリ島のヒンドゥーの供物と儀礼」『アカデミア』人文・社会科学編 70: 311-345、南山大学。

2000 「現代バリ宗教と祈り」『アカデミア』人文・社会科学編 71: 143-167。

2001 「「バリ宗教」の誕生——植民地統治下における宗教表象枠組の素描」『アカデミア』人文社会科学編 73: 89-141。

2003 「民族誌論覚書——20 世紀人類学のパラダイムと民族誌」『アカデミア』人文・社会科学編 77: 1-79。

2005 『バリ宗教と人類学——解釈学的認識の冒険』、風媒社。

2008 「バリ宗教と人類学——人類学的解釈学の探求」、大阪大学大学院博士論文（人間科学）。

2009a「宗教の再選択と経済の選択——バリ島のヒンドゥー・観光・テロ事件」、宮沢千尋（編）『社会変動と宗教の〈再選択〉——ポスト・コロニアル期の人類学的研究』、pp. 33-62、風響社。

2009b「観光地の発展と構造的ポジショナリティ——ゆんぬの島の民族誌的研究」『島嶼研究』9: 1-22、日本島嶼学会。

2011a「世界の夜明けのたそがれ——楽園観光地バリの明と暗」『アカデミア』人文・自然科学編新編 1: 1-30。

2011b「バリ島のエコツーリズムの逆説」『島嶼研究』11: 35-43。

2012 「反観光論に向けてのプロレゴメナン」『アカデミア』人文・自然科学編 3: 175-198。

2013a「シミュラークルと沈黙の絵画——バリ島の観光地ウブドの絵画をめぐって」『人類学研究所研究報告』1: 181-200、南山大学人類学研究所。

2013b『反楽園観光論——バリと沖縄の島嶼をめぐるメモワール』、樹林舎。

2016a「楽園観光地の構造的特徴——シミュラークル、脆弱性、観光地支配」『島嶼研究』17（1）: 1-20。

2016b「地上の煉獄と楽園のはざま——沖縄本島南部の慰霊観光をめぐって」『人類学研究所研究論集』3: 41-94。

2016c「ヴェーバー合理化論の基盤認識と人類学——客観性・因果連関・歴史の叙述」『アカデミア』人文・自然科学編 12: 1-21。

2016d「バリ宗教の合理化論をめぐる再検討——ギアツからヴェーバーへ」『文化人類学』81（2）: 302-311。

2018a「合理化のパラドクスをめぐる覚書」『年報人類学研究』8：137-149。

2018b『人間・異文化・現代社会の探求——人類文化学ケースブック』、樹林舎。

2019a「ひとつになった乙姫と白百合の現存在——恒久平和を念願する時限結社の超越過程」『人類学研究所研究論集』6: 20-57。

2019b「安らかならぬ楽園のいまを生きる——日本人ウブド愛好家とそのリキッド・ホーム」『人類学研究所研究論集』7: 68-109。

2020a「楽園の宗教と観光と私をつないだ食堂——バリ島の忘れえぬ恩人たちとの出会い」、中尾世治・杉下かおり（編）『生き方としてのフィールドワーク』、東海大学出版会。

2020b「ホスト・ゲスト・ツーリスト——21 世紀の液状化のなかで」、市野沢潤平（編）『基本概念から学ぶ観光人類学』、ナカニシヤ出版。

吉田 禎吾
1983 『宗教と世界観——文化人類学的考察』、九州大学出版会。
1992（編）『バリ島民——祭りと花のコスモロジー』、弘文堂。
1994（編）『神々の島バリ——バリ＝ヒンドゥーの儀礼と宗教』、春秋社。

吉田 ゆか子
2016a『バリ島仮面舞踊劇の人類学——人とモノの織りなす芸能』、風響社。
2016b「レプリカの天女様のゆくえ——バリ島天女の舞トペン・レゴンにおける仮面の複製」『国立民族学博物館研究報告』41（1）: 1-36。

吉田 裕
2005（1995）『日本人の戦争観——戦後史のなかの変容』、岩波書店。

吉浜 巌（編）
1994 『久米島住民虐殺事件資料』、不二出版。

山下　晋司（Yamashita, Shinji）
1988 『儀礼の政治学――インドネシア・トラジャの動態的民族誌』、弘文堂。
1992 「『劇場国家』から『旅行者の楽園』へ――20 世紀バリにおける『芸術－文化システム』としての観光」『国立民族学博物館研究報告』 17-1: 1-33。
1996（編）『観光人類学』、新曜社。
1999 『バリ観光人類学のレッスン』、東京大学出版会。
2006 「観光人類学」、綾部恒雄（編）『文化人類学 20 の理論』、pp. 284-301、弘文堂。
2009 『観光人類学の挑戦――「新しい地球」の生き方』、講談社。
2011 「観光学を学ぶ人のために――学際領域としての観光研究」、山下晋司（編）『観光学キーワード』、pp. 2-3、有斐閣。
2015a The Balinese Subak as World Cultural Heritage: in the Context of Tourism, in Putra & Campbell (ed.) *Recent Developments in Bali Tourism: Culture, Heritage, and Landscape in an Open Foretress*, pp. 116-144.
2015b Gema Perdamaian: Tourism, Religion and Peace in Multicultural Bali, in Putra & Campbell (ed.) *Recent Developments in Bali Tourism: Culture, Heritage, and Landscape in an Open Foretress*, pp. 310-325.
山内　裕
2015 『「闘争」としてのサービス――顧客インタラクションの研究』、中央経済社。
山崎　吾郎
2011 「研究動向――生政治と統治性の現在」、檜垣立哉（編）『生権力論の現在――フーコーから現代を読む』、pp. 217-250。
山崎　正和
2006（2003）『社交する人間――ホモ・ソシアビリス』、中央公論新社。
山崎　敏夫
2001a『ヴァイマル期ドイツ合理化運動の展開』、森山書店。
2001b『ナチス期ドイツ合理化運動の展開』、森山書店。
柳田　国男
2013（1945）『先祖の話』、角川学芸出版。
矢野　善郎
2003 『マックス・ヴェーバーの方法論的合理主義』、創文社。
安田　慎
2016 『イスラミック・ツーリズムの勃興――宗教の観光資源化』、ナカニシヤ出版。
安島　博幸
2009 「観光史　外国編」、溝尾良隆（編）『観光学全集第 1 巻　観光学の基礎』、pp. 81-139。
矢内原　忠雄
1965（1957）「世界・沖縄・琉球文学」、『矢内原忠雄全集　第 23 巻』、pp. 366-391、岩波書店。
読谷村史編集員会（編）
2002 『読谷村史　第五巻　資料編 4　戦時記録上巻』、読谷村役場。
2004 『読谷村史　第五巻　資料編 4　戦時記録下巻』、読谷村役場。
与那国　暹
1993 『ウェーバーの社会理論と沖縄』、第一書房。
吉田　竹也
1990 「文化システムとしての祭礼――バリ島のオダランの意味構成」『南方文化』 17: 37-52、天理南方文化研究会。
1991 「現代バリ宗教の様相論――意味システムの複合性に関する予備的考察」『民族学研究』 56-3: 297-307。
1992 「ギアツの文化システム論――その可能性と限界」『ソシオロジ』 36（3）: 21-36。
1994a 「バリの暦とワリゴ」『歴史と構造――文化人類学的考察』 22: 19-30。
1994b 「表層の遊戯――バリの闘鶏に関するもうひとつの解釈」『南方文化』 21: 70-85。
1996 「現代バリ宗教の変容論」『社会人類学年報』 22: 155-169。
1997 「バリ島の観光・伝統・バリ研究――楽園の系譜学」、森部一・大岩碩・水谷俊夫（編）『変貌する社会――文化人類学からのアプローチ』、pp. 102-122、ミネルヴァ書房。

矢口　裕人

2002 『ハワイの歴史と文化』、中央公論社。

屋嘉比　収

2006 「重層する戦場と占領と復興」、中野敏男・屋嘉比収・波平恒男・李孝徳（編）『沖縄の占領と日本の復興――植民地主義はいかに継続したか』、pp. 13-27。

2008（編）『友軍とガマ――沖縄戦の記憶』、社会評論社。

2009 『沖縄戦、米軍占領史を学びなおす――記憶をいかに継承するか』、世織書房。

屋嘉比　収・近藤　健一郎・新城　郁夫・藤澤　健一・鳥山　淳（編）

2008 『沖縄に向き合う――まなざしと方法』、社会評論社。

山田　潤治

2010 「〈脱周縁化〉する記憶――「ひめゆりの塔」の表象」『大正大學研究紀要』95: 154-172。

山田　吉二郎

2010 「マックス・ウェーバーとフォン・クリース――方法論の時代」『メディア・コミュニケーション研究』59: 174-188、北海道大学。

山田　昌弘

2013 「家族のリスク化」、今田高俊（編）『新装増補　リスク学入門4　社会生活からみたリスク』、pp. 13-36。

山口　誠

2007 『グアムと日本人――戦争を埋め立てた楽園』、岩波書店。

2013 「パワースポットの想像力と変容――メディア・ツーリズム研究の可能性」、遠藤英樹・松本健太郎・江藤茂博（編）『メディア文化論』、pp. 97-119、ナカニシヤ出版。

山口　昌男

1975 『文化と両義性』、岩波書店。

1983 『文化の詩学Ⅰ・Ⅱ』、岩波書店。

1990（1979/1971）『人類学的思考』、筑摩書房。

山口　節郎

2002 『現代社会のゆらぎとリスク』、新曜社。

2013 「情報化とリスク」、今田高俊（編）『新装増補　リスク学入門4　社会生活からみたリスク』、pp. 81-108。

山川　鴻三

1995 『楽園の文学――エデンを夢見た作家たち』、世界思想社。

山本　真鳥

2016 「文化の商品化」、内堀基光・山本真鳥（編）『人類文化の現在：人類学研究』、pp. 226-242、放送大学教育振興会。

山本　通

2008 「ヴェーバー〈倫理論文〉における理念型の検討」、橋本努・矢野善郎（編）『日本マックス・ウェーバー論争――「プロ倫」読解の現在』、pp. 61-87。

山中　速人

1992 『イメージの〈楽園〉――観光ハワイの文化史』、筑摩書房。

1993 『ハワイ』、岩波書店。

2002 「「楽園」幻想の形成と展開――ハワイにおける観光とメディアの結合」、春日直樹（編）『オセアニア・ポストコロニアル』、pp. 143-191、国際書院。

2004 『世界史リブレット64　ヨーロッパからみた太平洋』、山川出版社。

山中　弘（編）

2012 『宗教とツーリズム――聖なるものの変容と持続』、世界思想社。

山之内　靖

1997 『マックス・ヴェーバー入門』、岩波書店。

2004 「「再魔術化」する世界をめぐって――ヴェーバーからパーソンズへ、そして再びヴェーバーへ」、富永健一・徳安彰（編）『パーソンズ・ルネッサンスへの招待――タルコット・パーソンズ生誕百年を記念して』、pp. 125-138、勁草書房。

1972c（1920-1921）「世界宗教の経済倫理　中間考察——宗教的現世拒否の段階と方向に関する理論」、『宗教社会学論選』、大塚久雄・生松敬三訳、pp. 97-163。

1972d（1922）『社会学の根本概念』、清水幾多郎訳、岩波書店。

1972e（1922） Wirtschaft und Gesellschaft, 5 Auflage, Tübingen: Mohr.

1974（1972）『法社会学——経済と社会　第２部第１章・第７章』、世良晃志郎訳、創文社。

1976（1972/1922）『宗教社会学』、武藤一雄・薗田宗人・薗田担訳、創文社。

1980（1919）『職業としての学問』、尾高邦雄訳、岩波書店。

1987（1906）「文化科学の論理学の領域における批判的研究」、Meyer & Weber『歴史は科学か』、pp. 99-212、森岡弘通訳、みすず書房。

1988（1951/1922/1903-1906）『ロッシャーとクニース』、松井秀親訳、未来社。

1989（1920）『プロテスタンティズムの倫理と資本主義の精神』、大塚久雄訳、岩波書店。

1990（1922/1913）『理解社会学のカテゴリー』、海老原明夫・中野敏男訳、未来社。

1996（1920）『古代ユダヤ教（上）（中）（下）』、内田芳明訳、岩波書店。

1998（1904）「社会科学と社会政策にかかわる認識の「客観性」」『社会科学と社会政策にかかわる認識の「客観性」』、富永裕治・立野保男訳、折原浩補訳、pp. 23-164、岩波書店。

2003（1892）『東エルベ・ドイツにおける農業労働者の状態』、肥前栄一訳、未来社。

2009（1921）『ヒンドゥー教と仏教——宗教社会学論集 II』、古在由重訳、大月書店。

2013 *Economy and Society: An Outline of Interpretive Sociology,* translated by Ephraim Fischoff et al, edited by Guenther Roth & Claus Wittich, Berkeley, Los Angeles: University of California Press.

2019（1920）『宗教社会学論集　第１巻上』、戸田聡訳、北海道大学出版会。

Wels, Harry
2004 About romance and reality: Popular European imagery in postcolonial tourism in southern Africa, in Hall & Tucker（ed.）*Tourism and Postcolonialism: Contested discourses, identities and representations,* pp. 76-94.

Weltheim, M. F. et al（ed.）
1960 *Bali: Studies in Life, Thought, and Ritual,* The Hague and Bandung: W. van Hoeve Ltd.

Wiener, Margaret
1995 *Visible and Invisible Realms: Power, Magic, and Colonial Conquest in Bali,* Chicago & London: Chicago University Press.
1999 Making Local History in New Order Bali: Public Culture and the Politics of the West, in Rubinstein & Connor（ed.）*Staying Local in the Global Village: Bali in the Twentieth Century,* pp. 51-89.

Wiener, Norbert
2011（1961/1948）『サイバネティックス——動物と機械における制御と通信』、池原止戈夫他訳、岩波書店。

Williams, Adriana & Yu-Chee Chong
2005 *Covarrubias in Bali,* Singapore: Editions Didier Millet.

Wiryomartono, Bagoes
2014 *Perspectives on Traditional Settlements and Communities: Home, Form and Culture in Indonesia,* Singapore: Springer.

Wittgenstein, Ludwig
1975（1969）「確実性の問題」『ウィトゲンシュタイン全集９　確実性の問題・断片』、黒田亘・菅豊彦訳、pp. 1-169、大修館書店。
2013（1953）『ウィトゲンシュタイン全集第８巻　哲学探究』、丘沢静也訳、岩波書店。

Wright, Thomas
2015 Water, Tourism, and Social Change: A Discussion of Environmental Perceptions in Bali, in Putra & Campbell（ed.）*Recent Developments in Bali Tourism: Culture, Heritage, and Landscape in an Open Foretress,* pp. 170-192.

八重山戦争マラリア犠牲者追悼平和祈念誌編集委員会（編）
1997『悲しみをのり越えて——八重山戦争マラリア犠牲者追悼平和祈念誌』、沖縄県生活福祉部援護課。

柳父　圀近
2010『政治と宗教——ウェーバー研究者の視座から』、創文社。

Wall, Geoffrey

2011（1998） Landscape resources, tourism and landscape change in Bali, Indonesia, in Ringer（ed.） *Destinations: Cultural landscapes of tourism*, pp. 51-62.

Wallerstein, Immanuel

1993a（1980）『近代世界システム 1600 ～ 1750――重商主義と「ヨーロッパ世界経済」の凝集』、川北稔訳、名古屋大学出版会。

1993b（1991）『脱＝社会科学』、本多健吉・高橋章監訳、藤原書店。

1999（1998）『ユートピスティクス――21 世紀の歴史的選択』、松岡利道訳、藤原書店。

2004（2003）『脱商品化の時代――アメリカン・パワーの衰退と来るべき世界』、山下範久訳、藤原書店。

2015（2004）『知の不確実性――「史的社会科学」への誘い』、山下範久・滝口良訳、藤原書店。

Warren, Carol

1993 *Adat and Dinas: Balinese Communities in Indonesian State*, Kuala Lumpur: Oxford University Press.

2000 Adat and Discourses of Modernity in Bali, in Vickers & Putra（ed.）*To Change Bali: Essays in Honour of I Gusti Ngurah Bagus*, pp. 1-14.

2005（1998） Tanah Lot: The cultural and environmental politics of resort development in Bali, in Philip Hirsch & Carol Warren（ed.）*The Politics of Environment in Southeast Asia: Resources and Resistance*, pp. 229-261, London & New York: Routledge.

2007 Adat in Balinese discourse and practice: locating citizenship and the commonweal, in Davidson & Henley（ed.）*The Revival of Tradition in Indonesian Politics: The deployment of adat from colonialism to indigenism*, pp. 170-202.

2009 Off the market?: Elusive links in community-based sustainable development initiatives in Bali, in Carol Warren & John F. McCarthy（ed.）*Community, Environment and Local Governance in Indonesia: Locating the commonweal*, pp. 197-226, London & New York: Routledge.

2015 World Heritage and Bali's Development Dilemmas, in Putra & Campbell（ed.）*Recent Developments in Bali Tourism: Culture, Heritage, and Landscape in an Open Foretress*, pp. 145-169.

渡辺　公三

2011「モース人類学あるいは幸福への意志」、モース研究会（編）『マルセル・モースの世界』、pp. 45-66。

渡辺　靖

2015『〈文化〉を捉え直す――カルチュラル・セキュリティの発想』、岩波書店。

渡邊　欣雄

1971「沖縄の世界観についての一考察」『日本民俗学』78: 10-30。

1985『沖縄の社会組織と世界観』、新泉社。

2004『民俗知識論の課題――沖縄の知識人類学』、第 2 版、凱風社。

ワトキンス文書刊行委員会（編）

1994a『沖縄戦後初期占領資料　第 55 巻』、緑林堂書店。

1994b『沖縄戦後初期占領資料　解題・総目次』、緑林堂書店。

Weaver, David B.

1988 The Evolution of a 'Plantation' Tourism Landscape on the Caribbean Island of Antigua, *Tijdschrift voor economische en sociale geografie* 79（5）: 319-331.

Weber, Max

1959（1924/1909）『古代社会経済史――古代農業事情』、弓削達・渡辺金一訳、東洋経済新報社。

1960（1956）『支配の社会学 1――経済と社会　第 2 部第 9 章 1 節－ 4 節』、世良晃志郎訳、創文社。

1962（1956）『支配の社会学 2――経済と社会　第 2 部第 9 章 5 節－ 7 節』、世良晃志郎訳、創文社。

1965（1956）『都市の類型学――経済と社会　第 2 部第 9 章 8 節』、世良晃志郎訳、創文社。

1967（1921）『音楽社会学』、安藤英治・池宮英才・角倉一朗訳、創文社。

1970（1956）『支配の諸類型――経済と社会　第 1 部第 3 章－第 4 章』、世良晃志郎訳、創文社。

1971（1947/1915-1919）『儒教と道教』、木全徳雄訳、創文社。

1972a（1920-1921）「宗教社会学論集　序言」、『宗教社会学論選』、大塚久雄・生松敬三訳、pp. 3-29、みすず書房。

1972b（1920-1921）「世界宗教の経済倫理　序論」、『宗教社会学論選』、大塚久雄・生松敬三訳、pp. 31-96。

梅津　順一
1984 「ウェーバー・テーゼの歴史的批判とその理論的想定――「資本主義の精神」論の検証のための序章」『放送大学研究年報』2: 55-74。（http://lib.ouj.ac.jp/nenpou/no02/NO_02-55-74.pdf　2012年7月5日取得）
浦添市史編集委員会（編）
1983 『浦添市史 第五巻資料編３　浦添の民俗』、浦添市役所。
2009（1984）『浦添市史　第五巻資料編４　戦争体験記録（上）（下）』、浦添市教育委員会。
Urry, John
2002 *The Tourist Gaze*, Second Edition, London: Sage Publications.
2003（1995）『場所を消費する』、吉原直樹・大澤善信監訳、法政大学出版局。
2006（2000）『社会を越える社会学――移動・環境・シチズンシップ』、吉原直樹監訳、法政大学出版局。
2011 *Climate Change &Society*, Cambridge: Polity Press.
2014（2003）『グローバルな複雑性』、吉原直樹監訳、法政大学出版局。
2018（2014）『オフショア化する世界――人・モノ・金が逃げ込む「闇の空間」とは何か？』、須藤廣・濱野健監訳、明石書店。
Urry, John & Jonas Larsen
2014（2011）『観光のまなざし〔増補改訂版〕』、加太宏邦訳、法政大学出版局。
内海　愛子
2007 「日本人の遺骨も放置されている」、内海愛子・上杉聰・福留範昭『遺骨の戦後――朝鮮人強制労働と日本』、pp. 34-54、岩波書店。
宇都宮　京子
2001 「ヴェーバー社会学の構成――リッケルトとヴェーバー」、情況出版編集部（編）『社会学理論の〈可能性〉を読む』、pp. 57-73、情況出版。
宇都宮　京子・小林　純・中野　敏男・水林　彪（編）
2016 『マックス・ヴェーバー研究の現在――資本主義・民主主義・福祉国家の変容の中で　生誕150周年記念論集』、創文社。
Vaal, van et al（ed.）
1969 *Bali: Further Studies in Life, Thought, and Ritual*, The Hague and Bandung: W. van Hoeve Ltd.
Veblen, Thorstein
1998（1899）『有閑階級の理論』、高哲夫訳、筑摩書房。
Vickers, Adrian
1989（2000） *Bali: A Paradise Created*. Singapore: Periplus Editions.（『演出された楽園――バリ島の光と影』、中谷文美訳、新曜社。）
1991 Ritual Witten: The Song of the Ligya, or the Killing of the Rhinoceros, in Geertz（ed.）*State and Society in Bali: Historical, Textual, and Anthropological Approaches*, pp. 85-136.
1996（ed.） *Being Modern in Bali: Image and Change*. New Haven: Yale University Southeast Asia Studies.
2000 I Nengah Metra, 1902-1946: Thoughts on the Biography of a Modern Balinese, in Vickers & Putra（ed.）*To Change Bali: Essays in Honour of I Gusti Ngurah Bagus*, pp. 89-112.
2011 Bali rebuilds its tourist industry, *Bijdragen tot de Taal-, Land-, en Volkenkunde* 167（4）: 459-481.
2013 *A History of Indonesia*, Second Edition, New York: Cambridge University Press.
Vickers, Adrian & I Nyoman Darma Putra（ed.）
2000 *To Change Bali: Essays in Honour of I Gusti Ngurah Bagus*, Denpasar: Bali Post.
Virilio, Paul
2001（1977）『速度と政治――地政学から時政学へ』、市田良彦訳、平凡社。
Virno, Paolo
2004（2001）『マルチチュードの文法』、廣瀬純訳、月曜社。
若林　千代
2009 「現代沖縄における「占領」をめぐって」、鳥山淳（編）『イモとハダシ――占領と現在』、pp. 15-35。
湧上　元雄
2000 『沖縄民俗文化論――祭祀・信仰・御嶽』、榕樹書林。

鳥山　淳
2009「占領と現実主義」、鳥山淳（編）『イモとハダシ――占領と現在』、pp. 71-107、社会評論社。
2010「1950年代の米軍基地問題をめぐって――日本と沖縄の関係を見すえるために」、勝方＝稲福恵子・前嵩西一馬（編）『沖縄学入門――空腹の作法』、pp. 46-61。
2013『沖縄／基地社会の起源と相克　1945-1956』、勁草書房。
2015「沖縄の占領と米軍基地――沖縄戦から一九五〇年代末まで」、林博史（編）『地域の中の軍隊6　大陸・南方膨張の拠点　九州・沖縄』、pp. 180-210。
土佐林　慶太
2017『二〇世紀前半インドネシアのイスラーム運動――ミアイとインドネシア・ムスリムの連携』、風響社。
藤稿　亜矢子
2018『サステナブルツーリズム――地球の持続可能性の視点から』、晃洋書房。
豊田　純志
2004「米軍上陸後の収容所」、読谷村史編集員会（編）『読谷村史　第五巻　資料編4　戦時記録下巻』、pp. 265-332。
辻　泉
2015「遊ぶ――男らしさの快楽とそのゆくえ」、伊藤公雄・牟田和恵（編）『ジェンダーで学ぶ社会学〔全訂新版〕』、pp. 148-160、世界思想社。
Tucker, Hazel & C. Michael Hall
2004 Conclusion, in Hall & Tucker (ed.) *Tourism and Postcolonialism: Contested discourses, identities and representations,* pp. 184-190.
Turner, Victor
1976（1969）『儀礼の過程』、富倉光雄訳、思索社。
1981（1974）『象徴と社会』、梶原景昭訳、紀伊國屋書店。
Tuner, Victor & Edith Turner
2001（1978）*Image and Pilgrimage in Christian Culture,* New York: Columbia University Press.
上地　一郎
2014「共同性の創発――土地整理事業以後の沖縄の村落共同体」『高岡法学』32: 1-26。
上原　健太郎
2014「沖縄大卒者のローカル・トラック」、谷富夫・安藤由美・野入直美（編）『持続と変容の沖縄社会――沖縄的なるものの現在』、pp. 83-105。
植木　豊（編）
2014『プラグマティズム古典集成――パース、ジェイムズ、デューイ』、植木豊訳、作品社。
上村　忠男
2001「証言について――アウシュヴィッツの「回教徒」からの問いかけ」、Agamben『アウシュヴィッツの残りのもの――アルシーヴと証人』、pp. 233-253。
2002（編）『沖縄の記憶／日本の歴史』、未来社。
2003「解題＝闇からの思考」、Agamben『ホモ・サケル――主権権力と剥き出しの生』、pp. 263-275。
上里　隆史
2016『新聞投稿に見る百年前の沖縄――恋愛、悩み、つぶやき、珍事件』、原書房。
上杉　和央
2006「那覇から摩文仁へ――復帰前沖縄における「慰霊空間の中心」」『二十世紀研究』7: 29-52。
上杉　正幸
2008『健康不安の社会学――健康社会のパラドックス』、世界思想社。
宇井　純
2005「柔らかい技術の必要性」、新崎盛暉他（編）『地域の自立　シマの力（上）』、pp. 52-67。
梅田　英春
2003「ローカル、グローバル、もしくは「ちゃんぷるー」――沖縄観光における文化の多様性とその真正性をめぐる議論」、橋本和也・佐藤幸男（編）『観光開発と文化――南からの問いかけ』、pp. 83-111。

寺田　良一
2016 『環境リスク社会の到来と環境運動——環境的公正に向けた回復構造』、晃洋書房。
寺前　典子
2010 「楽器と音律の合理化における〈身体感覚〉の変遷——マックス・ウェーバー『音楽論』再考」『社会学研究科紀要』70: 73-90、慶応義塾大学大学院社会学研究科。（http://www.google.co.jp/url?sa=t&rct=j&q=&esrc=s&source=web&cd=1&ved=0CCoQFjAA&url=http%3A%2F%2Fkoara.lib.keio.ac.jp%2Fxoonips%2Fmodules%2Fxoonips%2Fdownload.php%3Ffile_id%3D69062&ei=h5FhU-qiCMXy8QWU7IKIAg&usg=AFQjCNEe-ir3tKAt4xhhpdEvOoi1lGeSZQ&sig2=Hz-bigZax-fjlyGMeeT-9A）（2013年11月14日取得）
寺前　秀一
2009 「観光政策の意義と役割」、寺前秀一（編）『観光学全集第9巻　観光政策論』、pp. 1-57。
Thomas, Nicholas
2010 *Islanders: The Pacific on the Age of Empire,* New have& London: Yale University Press.
Thornton, Lynne
1994 *The Orientalists: Painter-Travellers,* Paris: ACR Edition.
Timothy, Dallen J. & Daniel H. Olsen (ed.)
2006 *Tourism, Religion &Spiritual Journeys,* London & New York: Routledge.
「時の眼—沖縄」実行委員会
2012 『復帰40年の軌跡「時の眼—沖縄」 比嘉豊光・山城博明写真展　図録集』、琉球新報社。
戸邉　秀明
2010 「「方言論争」をたどりなおす——戦時下沖縄の文化・開発・主体性」、勝方＝稲福恵子・前嵩西一馬（編）『沖縄学入門——空腹の作法』、pp. 25-42、昭和堂。
徳田　匡
2008 「「反復帰・反国家」の思想を読みなおす」、藤澤健一（編）『反復帰と反国家——「お国は？」』、pp. 187-224。
Tollenaere, Herman de
2004 The Theosophical Society in the Dutch East Indies, 1880-1942, in Ramstedt (ed.) *Hinduism in Modern Indonesia: A minority religion between local, national, and global interests,* pp.35-44.
冨田　恭彦
2016 『ローティ——連帯と自己超克の思想』、筑摩書房。
富永　健一
1965 「社会学とヴェーバー」、大塚久雄（編）『マックス・ヴェーバー研究——生誕百年記念シンポジウム』、pp. 9-55。
Tomlinson, John
2000（1999）『グローバリゼーション——文化帝国主義を超えて』、片岡信訳、青土社。
友枝　敏雄
2013 「第二の近代と社会理論」、宮島喬・舩橋晴俊・友枝敏雄・遠藤薫（編）『グローバリゼーションと社会学——モダニティ・グローバリティ・社会的公正』、pp. 163-182、ミネルヴァ書房。
渡名喜　庸哲
2015 「Ｊ＝Ｐ・デュピュイとカタストロフ論的転回」、渡名喜庸哲・森元庸介（編）『カタストロフからの哲学——ジャン＝ピエール・デュピュイをめぐって』、pp. 41-100。
渡名喜　庸哲・森元　庸介（編）
2015 『カタストロフからの哲学——ジャン＝ピエール・デュピュイをめぐって』、以文社。
Tönnies, Ferdinand
1957（1887）『ゲマインシャフトとゲゼルシャフト——純粋社会学の基本概念（上）下）』、杉之原寿一訳、岩波書店。
鳥越　皓之
2017 「社会学者にとって沖縄とは何なのか」『社会学評論』67（4）: 482-495。

高島 淳

1994 「ヒンドゥー文化としてのバリ」、吉田禎吾（編）『神々の島バリ――バリ＝ヒンドゥーの儀礼と宗教』、pp. 59-70。

竹田 青嗣

2017（1995）『ハイデガー入門』、講談社。

武井 基晃

2016 「軍用地返還の経緯と跡地利用の実体験――沖縄県・西原飛行場周辺の土地と生活」、伊藤純郎・山澤学（編）『破壊と再生の歴史・人類学――自然・災害・戦争の記憶から学ぶ』、pp. 183-203。

竹内 啓

2010 『偶然とは何か――その積極的意味』、岩波書店。

竹内 啓二

1991 『近代インド思想の源流――ラムモホン・ライの宗教・社会改革』、新評論。

多木 浩二

1998 『船がゆく――キャプテン・クック 支配の航跡』、新書館。

2000 『ベンヤミン「複製技術時代の芸術作品」精読』、岩波書店。

2007 『肖像写真――時代のまなざし』、岩波書店。

田村 洋三

2011（2006）『ざわわ ざわわの沖縄戦』、光人社。

田中 雅一

2015 「軍隊・性暴力・売春――復帰前後の沖縄を中心に」、田中雅一（編）『軍隊の文化人類学』、pp. 177-212。

2016 「軍事環境問題の文化人類学――在沖・米海兵隊普天間航空基地周辺の聞き取り調査から」『社会人類学年報』42: 1-29、弘文堂。

田中 紀行・吉田 純

2014 「モダニティの変容と公共圏論の展開」、田中紀行・吉田純（編）『モダニティの変容と公共圏』、pp. 1-27。

田仲 康博

2009 「琉球大学とアメリカニズム」、鳥山淳（編）『イモとハダシ――占領と現在』、pp. 37-70。

2010 『風景の裂け目――沖縄、占領の今』、せりか書房。

田中丸 勝彦

2002（1998）「「英霊」の発見」、重信幸彦・福間祐爾（編）『さまよえる英霊たち――国のみたま、家のほとけ』、pp. 13-49、柏書房。

Tarplee, Susan

2008 After the bomb in a Balinese Village, in Connell & Rugendyke (ed.) *Tourism at the Grassroots: Villagers and Visitors in the Asia-Pacific*, pp. 148-163, London & New York: Routledge.

Taylor, Charles

2009（2002）『今日の宗教の諸相』、伊藤邦武・佐々木崇・三宅岳史訳、岩波書店。

Taylor, Frank Fonda

1993 *To Hell with Paradise: A History of the Jamaican Tourist Industry*, Pittsburgh: University of Pittsburgh Press.

Telle, Kari

2014 Changing Spiritual Landscapes and Religious Politics on Lombok, in Hauser-Schäublin & Harnish (ed.) *Between Harmony and Discrimination: Negotiating Religious Identities within Majority-Minority Relationships in Bali and Lombok*, pp. 35-60.

Tenbruck, Friedlich H.

1985（1959）『マックス・ヴェーバー方法論の生成』、住谷一彦・山田正範訳、未来社。

1997a（1975）「マックス・ヴェーバーの業績 I」、『マックス・ヴェーバーの業績』、pp. 11-94、住谷一彦・小林純・山田正範訳、未来社。

1997b（1977）「『経済と社会』からの決別」、『マックス・ヴェーバーの業績』、pp. 95-177、住谷一彦・小林純・山田正範訳、未来社。

1997c（1986）「マックス・ヴェーバーの業績 II」、『マックス・ヴェーバーの業績』、pp. 179-216、住谷一彦・小林純・山田正範訳、未来社。

鈴木　謙介
2007 『ウェブ社会の思想――〈偏在する私〉をどう生きるか』、日本放送出版協会。
2013 『ウェブ社会のゆくえ――〈多孔化〉した現実のなかで』、NHK出版。
鈴木　宗徳
2015a（編）『個人化するリスクと社会――ベック理論と現代日本』、勁草書房。
2015b「社会学史における個人と社会――社会学の課題の変容とそれへの理論的格闘」、鈴木宗徳（編）『個人化するリスクと社会――ベック理論と現代日本』、pp. 27-58。
鈴木　延寿
2002 「条件関係と因果関係」『科学基礎論研究』98: 1-7。
鈴木　富久
2011 『アントニオ・グラムシ――『獄中ノート』と批判的社会学の生成』、東信堂。
鈴木　康治
2015 「抗リスク消費の諸類型――リスク回避に関する消費行為の論理」、間々田孝夫（編）『消費社会の新潮流――ソーシャルな視点、リスクへの対応』、pp. 115-131。
Swatos, Jr., William H. & Lutz Kaelber (ed.)
2005 *The Protestant Ethic Turns 100: Essays on the Centenary of the Weber Thesis,* Boulder & London: Paradigm Publishers.
Swellengrebel, J. L.
1960 Introduction, in Weltheim et al (ed.) *Bali: Studies in Life, Thought, and Ritual,* pp. 1-76.
多辺田　政広
1991 「沖縄のリゾート開発と自然保護」『公害研究』21（2）: 17-25、岩波書店。
旅の文化研究所（編）
2011 『旅と観光の年表』、河出書房新社。
立川　雅司
2019 「分野別研究動向（人新世）――人新世概念が社会学にもたらすもの」『社会学評論』70（2）: 146-160。
多田　治
2004 『沖縄イメージの誕生――青い海のカルチュラル・スタディーズ』、東洋経済新報社。
2008 『沖縄イメージを旅する――柳田國男から移住ブームまで』、中央公論社。
多田　道太郎
1987 「散歩から宇宙旅行まで」、井上俊（編）『風俗の社会学』、pp. 129-162、世界思想社。
平良　好利
2012 『戦後沖縄と米軍基地――「受容」と「拒絶」のはざまで　1945～1972年』、法政大学出版局。
高田　明典
2006 『世界をよくする現代思想入門』、筑摩書房。
高橋　顕也
2014 「機能分化社会と公共圏――メディア論の視点から」、田中紀行・吉田純（編）『モダニティの変容と公共圏』、pp. 57-76。
高橋　哲哉
2012 『犠牲のシステム　福島・沖縄』、集英社。
2015 『沖縄の米軍基地――「県外移設」を考える』、集英社。
高橋　徹
2013 「機能分化と「危機」の諸様相――クライシスとカタストロフィーの観察」、高橋徹・小松丈晃・春日淳一『滲透するルーマン理論――機能分化論からの展望』、pp. 181-212、文眞堂。
高宮　広土
2005 『島の先史学――パラダイスではなかった沖縄諸島の先史時代』、ボーダーインク。
高野　さやか
2015 『ポスト・スハルト期インドネシアの法と社会――裁くことと裁かないことの民族誌』、三元社。
高良　勉
2012 「消費され　政治の渦に」、「時の眼―沖縄」実行委員会『復帰40年の軌跡「時の眼―沖縄」　比嘉豊光・山城博明写真展　図録集』、pp. 65-66。

Stausberg, Michael

2011 *Religion and Tourism: Crossroads, destinations and encounters,* London & New York: Routledge.

Stephen, Michele

2002 Returning to Original Form: A Central Dynamic in Balinese Ritual, *Bijdragen tot de Taal-, Land-, en Volkenkunde* 158: 61-94.

Stiegler, Bernard

2009a（1994）『技術と時間1——エピメテウスの過失』、石田英敬監修・西兼志訳、法政大学出版局。

2009b（1994）『偶有からの哲学——技術と記憶と意識の話』、浅井幸夫訳、新評論。

2010（1996）『技術と時間2——方向喪失』、石田英敬監修・西兼志訳、法政大学出版局。

2013（2001）『技術と時間3——映画の時間と〈難－存在〉の問題』、石田英敬監修・西兼志訳、法政大学出版局。

Stonich, Susan C.

2000 *The Other Side of Paradise: Tourism, Conservation and Development in the Bay Islands,* New York: Cognizant Communication Corp.

2003 The Political Ecology of Marine Protected Areas: The Case of the Bay Island, in Gössling（ed.）*Tourism and Development in Tropical Islands: Political Economy Perspectives,* pp. 121-147.

Strauss, Sophie

2014 Respecting the Lakes: Arguments about a Tourism Project between Environmentalism and Agama, in Hauser-Schäublin & Harnish（ed.）*Between Harmony and Discrimination: Negotiating Religious Identities within Majority-Minority Relationships in Bali and Lombok,* pp. 275-300.

Stuart-Fox, David J.

1982 *Once A Century: Pura Besakih and the Eka Dasa Rudra Festival,* Jakarta: Penerbit Sinar Harapan and Citra Indonesia.

1992 *Bibliography of Bali: Publications from 1920-1990,* Leiden: KITLV Press.

2002 *Pura Besakih: Temple, religion and society of Bali,* Leiden: KITLV Press.

2010 Ritual Arts and Implements of Balinese Priests, in Reichle（ed.）*Balli: Art, Ritual, Performance,* pp. 35-60.

Sturken, Marita

2004（1996）『アメリカという記憶——ベトナム戦争、エイズ、記念碑的表象』、岩崎稔・杉山茂・千田有紀・高橋明史・平山陽洋訳、未来社。

Suasta, Putu & Linda H. Connor

1999 Democratic Mobilization and Political Authoritariarism: Tourism Developments in Bali, in Rubinstein & Connor（ed.）*Staying Local in the Global Village: Bali in the Twentieth Century,* pp. 90-122.

須藤　廣

2010「再帰的社会における観光文化と観光の社会学的理論」、遠藤英樹・堀野正人（編）『観光社会学のアクチュアリティ』、pp. 1-21、晃洋書房。

2012『ツーリズムとポストモダン社会——後期近代における観光の両義性』、明石書店。

須藤　廣・遠藤　英樹

2005『観光社会学——ツーリズム研究の冒険的試み』、明石書店。

2018『観光社会学2.0——拡がりゆくツーリズム研究』、福村出版。

菅沼　文乃

2017『〈老い〉の営みの人類学——沖縄都市部の老年者たち』、森話社。

杉浦　功一

2018「国際観光政策論」、李明伍・臺純子（編）『国際社会観光論』、pp. 81-105。

住谷　一彦；ヨーゼフ・クラナー

1977『南西諸島の神観念』、未来社。

須永　和博

2012『エコツーリズムの民族誌——北タイ山地民カレンの生活世界』、春風社。

Suryani, Luh Ketut & Gordon D. Jensen

1993 *Trance and Possession in Bali: A Window on Western Multiple Personality, Possession Disorder, and Suicide,* Kuala Lumpur: Oxford University Press.

白幡　洋三郎
1996 『旅行ノススメ――昭和が生んだ庶民の「新文化」』、中央公論社。
白石　隆
1986 「学校唱歌、制服、ドラキュラ――インドネシアの国民統合」、原洋之介（編）『東南アジアからの知的冒険――シンボル・経済・歴史』、pp. 69-108、リブロポート。
1992 『インドネシア　国家と政治』、リブロポート。
1996 『新版　インドネシア』、NTT 出版。
白川　千尋
2005 『南太平洋における土地・観光・文化――伝統文化は誰のものか』、明石書店。
白川　千尋・石森　大知・久保　忠行（編）
2016 『多配列思考の人類学――差異と類似を読み解く』、風響社。
Simmel, Georg
1981（1912）『宗教の社会学』、居安正訳、世界思想社。
1994/1976（1911）「流行」『ジンメル著作集 7　文化の哲学』、円子修平・大久保健治訳、pp. 31-61、白水社。
2004（1917）『社会学の根本問題』、居安正訳、世界思想社。
Skwiot, Christine
2010 *The Purposes of Paradise: U.S. Tourism and Empire in Cuba and Hawai'i,* Philadelphia: University of Pennsylvania Press.
Smith, Vallene L.
1977（ed.） *Hosts and Guests: The Anthropology of Tourism,* Philadelphia: University of Pennsylvania Press.
2001a Introduction, in Smith & Brent（ed.） *Hosts and Guests Revisited: Tourism Issues of the 21st Century,* pp. 1-11.
2001b Stone Age to Star Trek, in Smith & Brent（ed.） *Hosts and Guests Revisited: Tourism Issues of the 21st Century,* pp. 15-27.
2001c The Nature of Tourism, in Smith & Brent（ed.） *Hosts and Guests Revisited: Tourism Issues of the 21st Century,* pp. 53-68.
2018（1989）a（ed.）『ホスト・アンド・ゲスト――観光人類学とはなにか』、市野澤潤平・東賢太朗・橋本和也監訳、ミネルヴァ書房。（Hosts and Guests: The Anthropology of Tourism, Second Edition, Philadelphia: University of Pennsylvania Press.）
2018（1989）b「序論」、Smith（ed.）『ホスト・アンド・ゲスト――観光人類学とはなにか』、pp. 1-21。
Smith, Valene L. & Maryann Brent（ed.）
2001 *Hosts and Guests Revisited: Tourism Issues of the 21st Century,* New York: Cognizant Communication Corp.
副島　博彦
1996 「ヴァルター・シュピースとバリ」『ユリイカ』28（14）: 338-339。
Sombart, Werner
1942（1916/1902）『近世資本主義　第 1 巻第 1 册』、岡崎次郎訳、生活社。
2000（1922/1912）『恋愛と贅沢と資本主義』、金森誠也訳、講談社。
Sombir, Yadaf
2004 Cultural and religious interaction between modern india and Indonesia, in Ramstedt（ed.） *Hinduism in Modern Indonesia: A minority religion between local, national, and global interests,* pp. 255-263.
園　知子
2014 「近代と非理性的モメント――公共圏論の理論的基礎づけに向けて」、田中紀行・吉田純（編）『モダニティの変容と公共圏』、pp. 77-96、京都大学学術出版会。
Spivak, Gayatri Chakravorty
1998a（1988）『サバルタンは語ることができるか』、上村忠男訳、みすず書房。
1998b（1985）「サバルタン研究――歴史研究を脱構築する」、R. Guha & G. C. Spivak et al『サバルタンの歴史――インド史の脱構築』、pp. 289-348、岩波書店。
1999（1996/1993）「サバルタン・トーク」『現代思想』27（8）: 80-100、吉原ゆかり訳、青土社。
Spruit, Ruud
1997（1995） *Artists on Bali,* Amsterdam & Kuala Lumpur: The Pepin Press.

泉水　英計

2010「沖縄の地誌研究——占領期アメリカ人類学の再検討から」、坂野徹・愼蒼健（編）『帝国の視角／死角——〈昭和期〉日本の知とメディア』、pp. 147-176、青弓社。

2018「コザにおける住民と米兵の多重性——ロバーソン報告のコメントにかえて」、神奈川大学日本常民文化研究所（編）『歴史と民俗』34: 167-193。

Setia, Putu

2007（2007）『プトゥ・スティアのバリ案内［増補新版］』、鏡味治也・中村潔訳、木犀社。

Setjaja, I Gusti Made

1996 Balinese Transmigrates in Lampung: Language Change and Tradition, in Vickers (ed.) *Being Modern in Bali: Image and Change,* pp. 212-222.

Seyfarth, Constsns

2012「マックス・ヴェーバーの社会学を理解するための一つの接近方法——社会経済学のプログラムの文脈における社会学の形成」、茨木竹二（編）『ドイツ社会学とマックス・ヴェーバー——草創期ドイツ社会学の固有性と現代的意義』、鈴木宗徳訳、pp. 370-394。

Shackelfold, George T. M., Claire Frèches-Thory et al

2004 *Gauguin Tahiti,* Boston: MFA Publications.

Sheller, Mimi

2003 *Consuming the Caribbean: From Arawaks to Zombies,* London: Routledge.

Shepherd, Robert

2012 *Partners in Paradise: Tourism Practices, Heritage Policies, and Anthropological Sites,* New York: Peter Lang.

渋谷　望

2003『魂の労働——ネオリベラリズムの権力論』、青土社。

椎名　重明

1996『プロテスタンティズムと資本主義——ヴェーバー・テーゼの宗教史的批判』、東京大学出版会。

後田多　敦

2018「沖縄の国政参政権に「剥奪」「付与」の近現代史——新領土の沖縄、権利なき臣民・国民としての沖縄人」、神奈川大学日本常民文化研究所（編）『歴史と民俗』34: 209-236。

嶋　津与志

1974「沖縄戦はどう書かれたか——戦争伝説を生み出す土壌」『沖縄思潮』4: 35-53、沖縄思潮編集委員会。

1983『沖縄戦を考える』、ひるぎ社。

島薗　洋介・西　真知・浜田　明範

2017「序　薬剤の人類学——医薬化する世界の民族誌」『文化人類学』81（4）: 604-613。

清水 昭俊

1992「永遠の未開民族と周辺民族——近代西欧人類学点描」『国立民族学博物館研究報告』17（3）: 417-488。

下地　芳郎

2012『沖縄観光進化論——大航海時代から大空海時代へ』、琉球書房。

新藤　雄三

2006『近代性論再考——パーソンズ理論の射程』、世界思想社。

新城　郁夫

2008「攪乱する島——ジェンダー的視点」、新城郁夫（編）『攪乱する島——ジェンダー的視点』、pp. 9-24、社会評論社。

新城 郁夫・宋　連玉・宮城　公子・屋嘉比　収

2006「被植民者の分断・連結・抵抗——新たな方法論と呼びかけのために」、中野敏男・屋嘉比収・波平恒男・李孝徳（編）『沖縄の占領と日本の復興——植民地主義はいかに継続したか』、pp. 143-175。

塩月　亮子

2011「沖縄にみられる宗教の観光資源化」、渡邊直樹（編）『宗教と現代がわかる本 2011』、pp. 136-139、平凡社。

2012『沖縄シャーマニズムの近代——聖なる狂気のゆくえ』、森話社。

澤田　佳世

2014 『戦後沖縄の生殖をめぐるポリティクス――米軍統治下の出生力転換と女たちの交渉』、大月書店。

沢野　雅樹

2016 『絶滅の地球誌』、講談社。

Scafi, Alessandro

2006 *Mapping Paradise: A History of Heaven on Earth,* Chicago: University of Chicago Press.

Schluchter, Wolfgang

1990（1988）『ヴェーバーの再検討――ヴェーバー研究の新たなる地平』、河上倫逸（編）、井上琢也・今井弘道・嘉目克彦・佐野誠・溝部英章訳、風行社。

1996（1988）『信念倫理と責任倫理――マックス・ヴェーバーの価値理論』、嘉目克彦訳、風行社。

2009（1988）『マックス・ヴェーバーの研究戦略――マルクスとパーソンズの間』、佐野誠・林隆也訳、風行社。

Schluchter, Wolfgang & 折原　浩

2000 『『経済と社会』再構成論の新展開――ヴェーバー研究の非神話化と『全集』版のゆくえ』、鈴木宗徳・山口博訳、未来社。

Schor, Juliet B.

2011（2010）『プレニテュード――新しい〈豊かさ〉の経済学』、森岡孝二訳、岩波書店。

Schröter, Susanne (ed.)

2010 *Christianity in Indonesia: Perspectives of Power,* Berlin: Lit Verlag.

Schulte Nordholt, Henk

1996 *The Spell of Power: A History of Balinese Politics 1650-1940,* Leiden: KITLV Press.

2000a From Wangsa to Bangsa: Subaltern Voices and Personal Ambivalences in 1930s Colonial Bali, in Vickers & Putra (ed.) *To Change Bali: Essays in Honour of I Gusti Ngurah Bagus,* pp. 71-88.

2000b The Making of Traditional Bali: Colonial Ethnography and Bureaucratic Reproduction, in Pels & Salemink (ed.) *Colonial Subjects: Essays on the Practical History of Anthropology,* pp. 241-281.

2007 *Bali, An Open Fortress 1955-2005: Regional Autonomy, Electoral Democracy and Entrenched Identities,* Singapore: National University of Singapore Press.

2011 Indonesia in the 1950s: Nation, modernity, and the post-colonial state, *Bijdragen tot de Taal-, Land-, en Volkenkunde* 167 (4) : 386-404.

2015 Representing Taditional Bali: Colonoial Legacies and Current Problems, in Putra & Campbell (ed.) *Recent Developments in Bali Tourism: Culture, Heritage, and Landscape in an Open Foretress,* pp. 1-10.

Schumann, Olaf

2010 Christianity and Colonialism in the Malay World, Schröter (ed.) *Christianity in Indonesia: Perspectives of Power,* pp. 31-81.

Schutz, Alfred

1980（1970）『現象学的社会学』、森川眞規雄・浜日出夫訳、紀伊国屋書店。

1982（1932）『社会的世界の意味構成』、佐藤嘉一訳、木鐸社。

Scott, Daniel; C. Michael Hall & Stefan Gössling

2012 *Tourism and Climate Change: Impacts, Adaptation and Migration,* London & New York: Routledge.

Seebass, Tilman

1996 Change in Balinese Musical Life: "Kebiar" in the 1920s and 1930s, in Vickers (ed.) *Being Modern in Bali: Image and Change,* pp. 71-91.

Selänniemi, Tom

2001 Pale Skin on Playa del Anywhere: Finnish Tourists in the Liminoid South, in Smith & Brent (ed.) *Hosts and Guests Revisited: Tourism Issues of the 21st Century,* pp. 80-92.

Selve, Hans

1988（1978）『現代社会とストレス』、杉靖三郎・田多井吉之介・藤井尚治・竹宮隆訳、法政大学出版局。

Sen, Amartya

2006（2002）「グローバル化をどう考えるか」、『人間の安全保障』、東郷えりか訳、pp. 45-65、集英社。

2009（2000+2001）『グローバリゼーションと人間の安全保障』、加藤幹雄訳、日本経団連出版。

Sennett, Richard

1991（1977）『公共性の喪失』、北山克彦・高階悟訳、晶文社。

2008（2006）『不安な経済／漂流する個人――新しい資本主義の労働・消費文化』、森田典正訳、大月書店。

斎藤　環
2015 「こころのトポスはどう変わったか」、大澤真幸・佐藤卓己・杉田敦・中島秀人・諸富徹（編）『岩波講座　現代　第1巻　現代の現代性——何が終わり、何が始まったか』、pp. 325-353。
坂井　信三
2003 『イスラームと商業の歴史人類学——西アフリカの交易と知識のネットワーク』、世界思想社。
阪本　俊生
2009 『ポスト・プライバシー』、青弓社。
坂野　徳隆
2004 『バリ、夢色の景色——ヴァルター・シュピース伝』、文遊社。
崎山　治男
2005 『「心の時代」と自己——感情社会学の視座』、勁草書房。
佐久間　寛
2011 「交換、所有、生産——『贈与論』と同時代の経済思想」、モース研究会（編）『マルセル・モースの世界』、pp. 181-212。
桜井　徳太郎
1973 『沖縄のシャマニズム——民間巫女の生態と機能』、弘文堂。
櫻澤　誠
2010 「「沖縄戦」の戦後史——「軍隊の論理」と「住民の論理」のはざま」『立命館平和研究』11: 19-28。
2015 『沖縄現代史——米国統治、本土復帰から「オール沖縄」まで』、中央公論新社。
Salazar, Noel B.
2010 *Envisioning Eden: Mobilizing Imaginaries in Tourism and Beyond,* New York: Berghahn Books.
2014 Migrating imaginaries of a Better Life… Until Paradise Finds You, in Benson & Osbaldiston（ed.）*Understanding Lifestyle Migration: Theoretical Approaches to Migration and the Quest for a Better Way of Life,* pp. 119-138.
Salazar, Noel B. & Nelson H. H. Graburn
2014a（ed.） *Tourism Imaginaries: Anthropological Approaches,* New York: Berghahn Books.
2014b Introduction: Toward an Anthropology of Tourism Imaginaries, in Salazar & Graburn（ed.）*Tourism Imaginaries: Anthropological Approaches,* pp. 1-28.
Santikarma, Degung
2001 The Power of "Balinese Culture", in Ramseyer, Urs & I Gusti Raka Panji Tisna（ed.）*Bali, Living in Two Worlds: A Critical Self-portrait,* pp. 27-35, Basel: Museum der Kulturen and Verlag Schwabe & Co. AG.
佐々　淳行
2011（2009）『菊の御紋章と火炎ビン——「ひめゆりの塔」「伊勢神宮」で襲われた今上天皇』、文藝春秋。
佐竹　真一
2010 「ツーリズムと観光の定義——その語源的考察、および、初期の使用例から得られる教訓」『大阪観光大学紀要』10: 89-98。
佐滝　剛弘
2019 『観光公害——インバウンド4000万人時代の副作用』、祥伝社。
佐藤　健二
1994 『風景の生産・風景の解放——メディアのアルケオロジー』、講談社。
佐藤　壮広
2004 「追悼の宗教文化論——沖縄における平和祈念と民間巫者」、国際宗教研究所（編）『新しい追悼施設は必要か』、pp. 233-244、ぺりかん社。
2007 「巫者の平和学——沖縄の霊的感受性と「死をふまえた平和の知」」、川村邦光（編）『憑依の近代とポリティクス』、pp. 179-195。
佐藤　俊樹
2019 『社会科学と因果分析——ウェーバーの方法論から知の現在へ』、岩波書店。
佐藤　百合
2006 「インドネシアの国家制度——スハルト後に何が変わったか」、杉島敬志・中村潔（編）『現代インドネシアの地方社会——ミクロロジーのアプローチ』、pp. 20-39。
2011 『経済大国インドネシア』、中央公論新社。

Ringer, Greg (ed.)
2011 (1998) *Destinations: Cultural landscapes of tourism,* London & New York: Routledge.
Ritzer, George
2001 (1998) 『マクドナルド化の世界——そのテーマは何か？』、正岡寛司監訳、早稲田大学出版部。
2005 (2004) 『無のグローバル化——拡大する消費社会と「存在」の喪失』、山本徹夫・山本光子訳、明石書店。
2009 (2005/1999) 『消費社会の魔術的体系——ディズニーワールドからサイバーモールまで』、坂田恵美・山本徹夫訳、明石書店。
Robertson, Roland
1997 (1992) 『グローバリゼーション——地球文化の社会理論』、阿部美哉訳、東京大学出版会。
Robertson, Roland & Bryan S. Turner
1995 「日本語版への序文」、Robertson & Turner (ed.)『近代性の理論——パーソンズの射程』、中九郎・清野正義・進藤雄三訳、pp. iii-xv、恒星社厚生閣。
Robinson, Geoffrey
1995 *The Dark Side of Paradise: Political Violence in Bali,* Ithaca: Cornell University Press.
Robinson, Richard & Vedi R. Hadiz
2004 *Reorganising Power in Indonesia: The Politics of Oligarchy in an Age of Markets,* London & New York: Routledge.
Rorty, Richard
2014 (1982) 『プラグマティズムの帰結』、室井尚・吉岡洋・加藤哲弘・浜日出夫・庁茂訳、筑摩書房。
Rosanvallon, Pierre
2006 (1995) 『連帯の新たなる哲学——福祉国家再考』、北垣徹訳、勁草書房。
Rose, Geoffrey
1998 (1992) 『予防医学のストラテジー——生活習慣病対策と健康増進』、水嶋春朔他訳、医学書院。
Rose, Nikolas
2014 (2007) 『生そのものの政治学——二十一世紀の生物医学、権力、主体性』、檜垣立哉監訳、法政大学出版局。
2016 (1999) 『魂を統治する——私的な自己の形成』、堀内進之介・神代健彦訳、以文社。
Rossi, Pietro
1992 (1987) 『マックス・ウェーバー講義——歴史主義から歴史社会科学へ』、水沼知一訳、みすず書房。
琉球銀行調査部（編）
1984 『戦後沖縄経済史』、琉球銀行。
琉球政府（編）
1971 『沖縄県史　第 8 巻　各論編 7　沖縄戦後通史』、琉球政府。
1989 (1971) 『沖縄県史　第 9 巻　各論編 8　沖縄戦記録 1』、国書刊行会。
琉球政府文教局
1988 『琉球史料　第 1 集　政治編 1 』（復刻版）、那覇出版社。
琉球政府公報 1957 年第 73 号（9 月 10 日）、沖縄県公文書館。
http://www.archives.pref.okinawa.jp/kouhou/PDF/ryukyu/1957-09-10-01.pdf（2015 年 3 月 19 日取得）
琉球政府公報 1958 年第 38 号（5 月 13 日）、沖縄県公文書館。
http://www.archives.pref.okinawa.jp/kouhou/PDF/ryukyu/1958-05-13.pdf（2015 年 3 月 19 日取得）
Rubinstein, Raechelle
2000 *Beyond the realm of the senses: the Balinese ritual of kekawin composition,* Leiden: KITLV Press.
Rudyansjah, Tony
1986 The Function of the Parisada Hindu Dharma, *International Workshop on Indonesian Studies* 1: 2-34, Leiden: KITLV.
貞好　康志
2016 『華人のインドネシア現代史——はるかな国民統合への道』、木犀社。
Said, Edward
1993 (1978) 『オリエンタリズム（上）（下）』、板垣雄三・杉田英明監修、今沢紀子訳、平凡社。

Raffles, Thomas Stanford
1988（1817） *The History of Jawa,* Complete Text, Oxford: Oxford University Press.
Raj, Razaq & Nigel D. Morpeth（ed.）
2007 *Religious Tourism and Pilgrimage Festivals Management: An International Perspective,* Wallingford: CABI.
Ramseyer, Urs
1986（1977） *Art and Culture of Bali,* New York & Toronto: Oxford University Press.
Ramstedt, Martin
2004a（ed.） *Hinduism in Modern Indonesia: A minority religion between local, national, and global interests,* London: Routledge Curzon.
2004b Introduction: negotiating identities —— Indonesia 'Hindus' between local, national, and global interests, in Ramstedt（ed） *Hinduism in Modern Indonesia: A minority religion between local, national, and global interests,* pp. 1-34.
2009 Regional Autonomy and Its Discontents: The Case of Post-New Order Bali, in Holtzappel & Ramstedt（ed.） *Decentralization and Regional Autonomy in Indonesia: Implementation and Challenges,* pp. 329-379.
Rancière, Jacques
2008（2005）「民主主義への憎悪」『民主主義への憎悪』、松葉祥一訳、pp. 3-130、インスクリプト。
Rátz, Tamara & Anna Irimiás（ed.）
2012 *Risk and Uncertainty in Tourism: Theory and Practice,* Székesfehérvaár: Kodolányi János University of Applied Sciences.
Read, Rupert & Nassim Nicholas
2014 Religion, Heuristics, and Intergenerational Risk Management, *Econ Journal Watch* 11（2）: 219-226.（http://econjwatch.org/articles/religion-heuristics-and-intergenerational-risk-management）（2015 年 3 月 2 日所得）
Reichle, Natasha
2010a（ed.） *Bali: Art, Ritual, Performance,* San Francisco: the Asian Art Museum of San Francisco.
2010b Bali: Art, Ritual, Performance, in Reichle（ed.） *Bali: Art, Ritual, Performance,* pp. 9-34.
Reid, Anthony & Oki Akira（ed.）
1986 *The Japanese Experience in Indonesia: Selected Memoirs 1942-1945,* Athens: Ohio University Center for International Stuies, Center for Southeast Asian Studies.
Reuter, Thomas A.
2002a *Custodians of the Sacred Mountains: Culture and Society in the Highlands of Bali,* Honolulu: University of Hawai'i Press.
2002b *The House of our ancestors: Precedence and dualism in highlands Balinese society,* Leiden: KILTV Press.
2008 Grobal trends in religion and the reaffirmation of Hindu identity in Bali, *Working Paper* 130: 1-23, Centre of Southeast Asian Studies, Monash University.
Revels, Tracy J.
2011 *Sunshine Paradise: A History of Florida Tourism,* Gainesville: University Press of Florida.
Rewald, John
2004（1973）『印象派の歴史』、三浦篤・坂上桂子訳、角川書店。
Ricklefs, M. C.
2007 *Polarizing Javanese Society: Islamic and Other Visions（c. 1830-1749),* Honolulu: University of Hawai'i Press.
Rieger, Meike
2014 "We are one Unit": Configurations of Citizenship in a Historical Hindu-Muslim Balinese Setting, in Hauser-Schäublin & Harnish（ed.） *Between Harmony and Discrimination: Negotiating Religious Identities within Majority-Minority Relationships in Bali and Lombok,* pp. 197-220.

2004 What's in a name? Agama Hindu Bali in the making, in Ramstedt (ed.) *Hinduism in Modern Indonesia: A minority religion between local, national, and global interests,* pp. 56-75.

2005 *Otonomi daerah* in Bali: the call for special autonomy status in the name of *Kebalian,* in Erb, Maribeth; Priyambudi Sulistiyanto & Carole Faucher (ed.) *Regionalism in Post-Suharto Indonesia,* pp. 111-124, London & New York: Routledge.

2009 From 'Kebalian' to 'Ajeg Bali' : Tourism and Balinese Identity in the Aftermath of the Kuta Bombing, in Hitchcock, King and Parnwell (ed.) *Tourism in Southeast Asia: Challenges and New Directions,* pp. 99-131.

2011a Introduction: 'Agama', 'adat', and Pancasila, in Picard & Madinier (ed.) *The Politics of Religion in Indonesia: Syncretism, orthodoxy, and religious contention in Jawa and Bali,* pp. 1-20.

2011b From Agama Hindu Bali to Agama Hindu and back: toward a relocalization of the Balinese religion?, in Picard & Madinier (ed.) *The Politics of Religion in Indonesia: Syncretism, orthodoxy, and religious contention in Jawa and Bali,* pp. 117-141.

2011c Balinese Religion in Search of Recognition: From Agama Hindu Bali to Agama Hindu (1945-1965), *Bijdragen tot de Taal-, Land-, en Volkenkunde* 167 (4) : 482-510.

2015 Balinese Identity as Tourist Attraction: From 'Cultural Tourism' to 'Ajeg Bali,' in Putra & Campbell (ed.) *Recent Developments in Bali Tourism: Culture, Heritage, and Landscape in an Open Foretress,* pp. 39-68.

Picard, Michel & Rémy Madinier (ed.)

2011 *The Politics of Religion in Indonesia: Syncretism, orthodoxy, and religious contention in Jawa and Bali,* London & New York: Routledge.

Piketty, Thomas

2014 (2013) 『21 世紀の資本』、山形浩生・守岡桜・森本正史訳、みすず書房。

Pitana, I Gde

1999 Status Struggles and the Priesthood in Contemporary Bali, in Rubinstein & Connor (ed.) *Staying Local in the Global Village: Bali in the Twentieth Century*. pp.181-201.

2001 Sociology of the Temple: Issues Related to Rivalry in Status and Power, in Ramseyer, Urs & I Gusti Raka Panji Tisna (ed.) *Bali: Living in Two Worlds,* pp.117-127, Basel: Museum der Kulturen Basel.

Pollmann, Tessel

1990 Margaret Mead's Balinese: The Fitting Symbols of the American Dream, *Indonesia* 49: 1-35.

Popper, Karl Raimund

1980 (1963) 『推測と反駁――科学的知識の発展』、藤本隆志他訳、法政大学出版局。

Powell, Hickman

1982 (1930) *The Last Paradise: An American's 'discovery' of Bali in the 1920s,* Singapore: Oxford University Press.

Pratiwi, Wiwik

2009 *Tourism in Traditional Bali Settlement: Institutional Analysis of Built Environment Planning,* Saarbrücken: VDM Verlag Dr. Müller.

Pringle, Robert

2004 *A Short History of Bali: Indonesia's Hindu Realm,* NSW: Allen & Unwin.

Putra, I Nyoman Darma

2007 (2003) *Wanita Bali Tempo Doeloe: Perspektif Masa Kini,* Denpasar: Pustaka Larasan.

2011 *A Literary Mirror: Balinese Reflections on Modernity and Identity in the Twentieth Century,* Leiden: KITLV Press.

2014 Puja Mandala: An Invented Icon of Bali's Religious Tolerance?, in Hauser-Schäublin & Harnish (ed.) *Between Harmony and Discrimination: Negotiating Religious Identities within Majority-Minority Relationships in Bali and Lombok,* pp. 330-353.

Putra, I Nyoman Darma & Michael Hitchcock

2009 Terrorism and Tourism in Bali and Southeast Asia, In Hitchcock, King & Parnwell (ed.) *Tourism in Southeast Asia: Challenges and New Directions,* pp. 83-98.

Putra, I Nyoman Darma & Siobhan Campbell (ed.)

2015 *Recent Developments in Bali Tourism: Culture, Heritage, and Landscape in an Open Foretress,* Denpasar: Buku Arti.

大城　貞俊

2012 「試される想像力」、「時の眼―沖縄」実行委員会『復帰40年の軌跡「時の眼―沖縄」 比嘉豊光・山城博明写真展　図録集』、pp. 91-92。

大田　昌秀

1982 「戦時下の久米島社会についての一考察――米軍記録を中心にして」、沖縄久米島調査委員会（編）『沖縄久米島――「沖縄久米島の言語・文化・社会の総合的研究」報告書』、pp. 225-237。

2006 『死者たちは、いまだ眠れず――「慰霊」の意味を問う』、新泉社。

2007 『沖縄の「慰霊の塔」――沖縄戦の教訓と慰霊』、那覇出版社。

2014（編）『決定版・写真記録　沖縄戦――国内唯一の“戦場”から“基地の島”へ』、高文研。

大田　静男

2014 『八重山の戦争［復刻版］――マップで訪ねる八重山の過去・現在・未来』、南山社。

太田　好信

1998 『トランスポジションの思想――文化人類学の再想像』、世界思想社。

大塚　久雄

1965（編）『マックス・ヴェーバー研究――生誕百年記念シンポジウム』、東京大学出版会。

大塚　和夫

2010 「宗教施設の商品化とその限界」、私市正年・寺田勇文・赤堀雅幸（編）『グローバル化のなかの宗教――衰退・再生・変貌』、pp. 113-132、上智大学出版。

2015（2000）『イスラーム的――世界化時代の中で』、講談社。

Ottino, Arlette

2000 *The Universe within: A Balinese Village through its ritual practices,* Paris: Editions Karthala.

Parker, Lyn

2000 The Introduction of Western-style Education to Bali: Domination by Consent? in Vickers & Putra (ed.) *To Change Bali: Essays in Honour of I Gusti Ngurah Bagus,* pp. 47-69.

2003 *From Subjects to Citizens: Balinese Villagers in the Indonesian Nation-State,* Copenhagen: NIAS Press.

Parsons, Talcot

1974a（1949/1937）『社会的行為の構造　4　M. ウェーバー論（Ｉ）』、稲上毅・厚東洋輔訳、木鐸社。

1974b（1951）『社会体系論』、佐藤勉訳、青木書店。

Pedersen, Lene

2006 *Ritual and World Change in a Balinese Princedom,* Durham & North Carolina: Carolina Academic Press.

2014 Keeping the Peace: Interdependence and Narratives of Tolerance in Hindu-Muslim Relationships in Eastern Bali, in Hauser-Schäublin & Harnish (ed.) *Between Harmony and Discrimination: Negotiating Religious Identities within Majority-Minority Relationships in Bali and Lombok,* pp. 1-31.

Pels, Peter & Oskar Salemink

2000 Introduction: Locating the Colonial Subjects of Anthropology, in Peter Pels & Oskar Salemink (ed.) *Colonial Subjects: Essays on the Practical History of Anthropology,* pp. 1-52, Michigan: The University of Michigan Press.

Peters, Jan Hendrik & Wisnu Wardana

2013 *Tri Hita Karena: The Spirit of Bali,* Jakarta: Kepustakaan Populer Gramedia.

Peukert, Detlev J. K.

1994（1989）『ウェーバー　近代への診断』、雀部幸隆・小野清美訳、名古屋大学出版会。

Picard, Michel

1990 "Cultural Tourism" in Bali: Cultural Performance as Tourist Attraction, *Indonesia* 49: 37-74.

1993 'Cultural tourism' in Bali: National integration and regional differentiation, in Hitchcock, King and Parnell (ed.) *Tourism in South-East Asia,* pp. 71-98, London& New York: Routledge.

1996 *Bali: Cultural Tourism and Touristic Culture,* Singapore: Archipelago Press.

1997 Cultural Tourism, Nation-Building, and Regional Culture: The Making of a Balinese Identity, in Picard & Wood (ed.) *Tourism, Ethnicity, and the State in Asia and Pacific Societies,* pp. 181-214, Honolulu: University of Hawaii Press.

1999 The Discourse of Kebalian: Transcultural Constructions of Balinese Identity, in Rubinstein & Connor (ed.) *Staying Local in the Global Village: Bali in the Twentieth Century,* pp. 15-49.

沖縄戦被災者補償期成連盟
1971 『一家全滅家族調査資料』、沖縄戦被災者補償期成連盟（沖縄県立図書館所蔵資料）。
沖縄タイムス社（編）
1993（1950）『鉄の暴風――沖縄戦記』、沖縄タイムス社。
1998 『改訂増補版　写真記録　沖縄戦後史　1945-1998』、沖縄タイムス社。
沖縄テレビ放送株式会社（編）
1995 『よみがえる戦前の沖縄』、沖縄出版。
Olsen, Daniel H. & Dallen J. Timothy
2006 Tourism and religious journeys, in Timothy & Olsen (ed.) *Tourism, Religion & Spiritual Journeys*, pp. 1-21.
大村　敬一
2017 「絶滅の人類学――イヌイトの「大地」の限界条件から「アンソロポシーン」時代の人類学を考える」『現代思想』45（4）: 228-247、青土社。
翁長　助静
1981 「私の戦後史」、沖縄タイムス社（編）『私の戦後史　第5集』、pp. 179-212、沖縄タイムス社。
小野　隆弘
1985 「M·ウェーバー「経済社会学」における「形式合理性」について――経済計算問題をめぐって」『長崎大学教養部紀要 人文科学篇』25（2）: 47-75。
大野　哲也
2007 「商品化される「冒険」」『社会学評論』58（3）: 268-285。
2012 『旅を生きる人びと――バックパッカーの人類学』、世界思想社。
小野塚　知二
2014a 「第一次世界大戦開戦原因の謎――通説の問題点と現代的意義」、小野塚知二（編）『第一次世界大戦開戦原因の再検討――国際分業と民衆心理』、pp. 1-37、岩波書店。
2014b 「戦争を招きよせた力――民衆心理と政治の罠」、小野塚知二（編）『第一次世界大戦開戦原因の再検討――国際分業と民衆心理』、pp. 215-255。
Oppermann, Martin
1999 Sex Tourism, *Annals of Tourism Research* 26: 251-266.
折原　浩
1965 「Intellektualismus と Rationalisierung」、大塚久雄（編）『マックス・ヴェーバー研究――生誕百年記念シンポジウム』、pp. 243-273。
1988 『マックス・ウェーバー基礎研究序説』、未来社。
1996 『ヴェーバーとともに40年――社会科学の古典を学ぶ』、弘文堂。
2003 『ヴェーバー学のすすめ』、未来社。
2005 『ヴェーバー学の未来――「倫理」論文の読解から歴史・社会科学の方法会得へ』、未来社。
2010 『マックス・ヴェーバーとアジア――比較歴史社会学序説』、平凡社。
Ortega y Gasset, José
2002（1930）『大衆の反逆』、寺田和夫訳、中央公論新社。
大澤　真幸
2008 『不可能性の時代』、岩波書店。
2012 『夢よりも深い覚醒へ――3・11後の哲学』、岩波書店。
2015a（2014）「社会学理論のツインピークスを越えて」、『社会システムの生成』、pp. 11-51、弘文堂。
2015b 「〈民主主義を超える民主主義〉に向けて」、大澤真幸・佐藤卓己・杉田敦・中島秀人・諸富徹（編）『岩波講座　現代　第1巻　現代の現代性――何が終わり、何が始まったか』、pp. 3-41、岩波書店。
2016 「理論社会学」、橋爪大三郎・佐藤郁哉・吉見俊哉・大澤真幸・若林幹夫・野田潤『社会学講義』、pp. 57-105。
大島　幸夫
1982 『新版　沖縄の日本軍――久米島虐殺の記録』、新泉社。
大城　将保
2002 「沖縄戦の真実をめぐって――皇軍史観と民衆史観の確執」、石原昌家・大城将保・保坂廣志・松永勝利『争点・沖縄戦の記録』、pp. 15-59。

岡本　正明
2015 『暴力と適応の政治学――インドネシア民主化と地方政治の安定』、京都大学学術出版会。
岡本　亮輔
2012 『聖地と祈りの宗教社会学――巡礼ツーリズムが生み出す共同性』、春風社。
2015 『聖地巡礼――世界遺産からアニメの舞台まで』、中央公論新社。
岡谷　公二
2005 『絵画のなかの熱帯――ドラクロワからゴーギャンへ』、平凡社。
2006（1983）『アンリ・ルソー　楽園の謎』、平凡社。
沖縄大学地域研究所（編）
2012 『戦争の記憶をどう継承するか――広島・長崎・沖縄からの提言』、芙蓉書房出版。
沖縄県
2017 『第5次沖縄県観光振興基本計画 改定版』、沖縄県。（http://www.pref.okinawa.jp/site/bunka-sports/kankoseisaku/documents/kankoshinkokihonkeikakukaitei.pdf）（2018年1月9日取得）
沖縄県援護課・沖縄県立平和祈念資料館（編）
1988 『県民遺骨収集（報告書）』、沖縄県生活福祉部援護課。
沖縄県平和祈念資料館（編）
2008 『カンポーヌ クェヌクーサー――沖縄　戦後の混乱から復興へ』、編集工房東洋企画。
2014 「入館者状況」『沖縄県平和祈念資料館年報』第14号：50-54、沖縄県平和祈念資料館。（http://www.peace-museum.pref.okinawa.jp/siryokandayori/pdf/nenpou14.pdf）（2015年3月18日取得）
沖縄県遺族連合会記念誌部会（編）
1995 『終戦五十周年記念　いそとせ』、沖縄県遺族連合会。
沖縄県企画部企画調整課
2012a「沖縄21世紀ビジョン基本計画（沖縄振興計画　平成24年度～平成33年度）」（http://www.pref.okinawa.lg.jp/site/kikaku/chosei/keikaku/documents/21kihonkeikaku_1.pdf）（2014年7月19日取得）
2012b「「沖縄21世紀ビジョン基本計画（仮称）案）」に対するご意見の概要と県の考え方」（http://www.pref.okinawa.lg.jp/site/kikaku/chosei/keikaku/documents/kenminikentaiouhousin.pdf）（2015年3月18日取得）
2014 「沖縄21世紀ビジョン実施計画改訂版（平成26年5月）」、沖縄県企画部企画調整課。
（http://www.pref.okinawa.lg.jp/site/kikaku/chosei/kikaku/jissikeikakukaiteibann.html,
http://www.pref.okinawa.lg.jp/site/kikaku/chosei/kikaku/documents/syouraizou12.pdf,
http://www.pref.okinawa.lg.jp/site/kikaku/chosei/kikaku/documents/syouraizou3.pdf,
http://www.pref.okinawa.lg.jp/site/kikaku/chosei/kikaku/documents/syouraizou45.pdf,
http://www.pref.okinawa.lg.jp/site/kikaku/chosei/kikaku/documents/fuzokusiryou.pdf）
（いずれも2014年7月19日取得）
沖縄県企画部統計課
2011 『平成22年国勢調査確報値　沖縄県の人口、世帯、住居（人口等基本集計による市町村別人口、世帯、住居等）』、沖縄県企画部統計課。（http://www.pref.okinawa.jp/toukeika/kokutyou22/H22kakuhou.pdf）（2014年7月9日取得）
沖縄県公文書館
2005 「戦後沖縄の観光のあゆみ」『アーカイブス　沖縄県公文書館だより』27: 2-3、沖縄県公文書館。（http://www.archives.pref.okinawa.jp/press/archives/archives27/archives27.pdf）（2014年7月16日取得）
沖縄県教育委員会（編）
1989（1971）『沖縄県史　第9巻　各論編8　沖縄戦記録1』、国書刊行会。
1989（1974）『沖縄県史　第10巻　各論編9　沖縄戦記録2』、国書刊行会。
沖縄県立図書館史料編集室（編）
1995 『沖縄県史　資料編1　民事ハンドブック　沖縄戦1（和訳編）・（原文編）』、沖縄県教育委員会。
沖縄県生活福祉部援護課（編）
1996 『沖縄の援護のあゆみ――沖縄戦終結50周年記念』、沖縄県生活福祉部援護課。
沖縄県渡嘉敷村役場民生課
2007 「大東亜戦争及び沖縄戦　渡嘉敷村民等戦没者名簿」、渡嘉敷村役場（資料）。

西山　哲郎
2013a（編）『科学化する日常の社会学』、世界思想社。
2013b「現代における科学知と日常知の交流について」、西山哲郎（編）『科学化する日常の社会学』、pp. 13-52。
野口　雅弘
2011『比較のエートス――冷戦の終焉以後のマックス・ウェーバー』、法政大学出版局。
野村　浩也
2005『無意識の植民地主義――日本人の米軍基地と沖縄人』、御茶の水書房。
野中　葉
2015『インドネシアのムスリムファッション――なぜイスラームの女性たちのヴェールはカラフルになったのか』、福村出版。
Noronha, Raymond
1979 Paradise Reviewed: Tourism in Bali, in de Kadt（ed.）*Tourism, Passport to Development? : Perspectives on the Social and Cultural Effects of Tourism in Developing Countries,* pp. 177-204.
Nuñez, Theron & James Lett
1989（2018） Touristic Studies in Anthropological Perspective, in Smith（ed.）*Hosts and Guests: The Anthropology of Tourism,* Second Edition, pp. 265-279.（「人類学的視座からの観光研究」、『ホスト・アンド・ゲスト――観光人類学とはなにか』、市野澤潤平・東賢太朗・橋本和也監訳、pp. 343-362。）
越智　郁乃
2018『動く墓――沖縄の都市移住者と祖先祭祀』、森話社。
小田　亮
1996「ポストモダン人類学の代価――ブリコルールの戦術と生活の場の人類学」『国立民族学博物館研究報告』21（4）: 807-875。
2004「共同体という概念の脱／再構築――序にかえて」『文化人類学』69（2）: 236-246。
大賀　祐樹
2015『希望の思想　プラグマティズム入門』、筑摩書房。
小川　忠
2012『戦後米国の沖縄文化戦略――琉球大学とミシガン・ミッション』、岩波書店。
2016『インドネシア　イスラーム大国の変貌――躍進がもたらす新たな危機』、新潮社。
O'Grady, Ron
1983（1981）『アジアの観光公害』、中島正昭訳、教文館。
小熊　英二
1998『〈日本人〉の境界――沖縄・アイヌ・台湾・朝鮮　植民地支配から復帰運動まで』、新曜社。
2002『〈民主〉と〈愛国〉――戦後日本のナショナリズムと公共性』、新曜社。
小椋　力
2015『沖縄の精神医療』、中山書店。
大橋　亜由美
2019「私は呪術師にはならない――知識とともに生きる」、川田牧人・白川千尋・関一敏（編）『呪者の肖像』、pp. 61-78、臨川書店。
Oja, Carol
1990 *Colin McPhee: Composer in Two Worlds,* Washington: Smithsonian Institute Press.
岡本　健
2010「アニメ聖地巡礼の特徴と研究動向 1――既往研究および調査の整理を通して」、山村高淑・岡本健（編）『観光学高等研究センター叢書』4: 91-109、北海道大学観光学高等研究センター。（http://eprints.lib.hokudai.ac.jp/dspace/bitstream/2115/42930/1/CATS04_017.pdf）（2014年4月6日取得）
2014「メディア・コンテンツ・観光――アニメ聖地巡礼とコンテンツツーリズム」、遠藤英樹・寺岡伸悟・堀野正人（編）『観光メディア論』、pp. 159-182。
2018『アニメ聖地巡礼の観光社会学――コンテンツツーリズムのメディア・コミュニケーション分析』、法律文化社。
2019（編）『コンテンツツーリズム研究〔増補改訂版〕――アニマ・マンガ・ゲームと観光・文化・社会』、福村出版。

難波　孝志

2017 「沖縄軍用跡地利用とアソシエーション型郷友会――郷友会組織の理念と現実」『社会学評論』67(4): 383-399。

波平　勇夫

2006 「戦後沖縄都市の形成と展開――コザ市にみる植民地都市の軌道」『沖縄国際大学総合学術研究紀要』9（2）: 23-60。

2014 「戦後沖縄都市の形成と展開――コザ市にみる植民地都市の軌道」、谷富夫・安藤由美・野入直美（編）『持続と変容の沖縄社会――沖縄的なるものの現在』、pp. 243-279、ミネルヴァ書房。

波平　恒男

2006 「アメリカ軍政下の戦後復興――一九五〇年前後の沖縄、そして奄美」、中野敏男・屋嘉比収・波平恒男・李孝徳（編）『沖縄の占領と日本の復興――植民地主義はいかに継続したか』、pp. 218-253、青弓社。

七尾　和晃

2010 『沖縄戦と民間人収容所』、原書房。

Nancy, Jean-Luc

2001（1999）『無為の共同体――哲学を問い直す分有の思考』、以文社。

直野　章子

2015 『原爆体験と戦後日本――記憶の形成と継承』、岩波書店。

Naradha, Satria（ed.）

2004 *Ajeg Bali: Sebuah Cita-cita,* Denpasar: Bali Post.

Nash, Dennison

1989（2018） Tourism as a Form of Imperialism, in Smith（ed.）Hosts and Guests: The Anthropology of Tourism, Second Edition, pp. 37-52.（「帝国主義の一形態としての観光」、『ホスト・アンド・ゲスト――観光人類学とはなにか』、市野澤潤平・東賢太朗・橋本和也監訳、pp. 47-66。）

Nassehi, Armin

2002 「リスク回避と時間処理――近代社会における時間のパラドクス」、土方透・ナセヒ（編）『リスク――制御のパラドクス』、庄司信訳、pp. 18-51。

Needham, Rodney

1986（1981）『人類学随想』、江河徹訳、岩波書店。

Negri, Antonio & Michael Hardt

2003（2000）『〈帝国〉――グローバル化の世界秩序とマルチチュードの可能性』、水島一憲他訳、以文社。

2005（2004）『マルチチュード（上）（下）――〈帝国〉時代の戦争と民主主義』、幾島幸子訳、日本放送出版協会。

2012（2009）『コモンウェルス（上）――〈帝国〉を超える革命論』、水島一憲・幾島幸子・古賀祥子訳、日本放送出版協会。

NHK 沖縄放送局（編）

2006 『沖縄戦の絵――地上戦　命の記録』、日本放送出版協会。

仁平　典宏

2015 「日本型市民社会と生活保障システムのセカンドモダニティ――二つの個人化と複数性の条件」、鈴木宗徳（編）『個人化するリスクと社会――ベック理論と現代日本』、pp. 256-295。

日本第四紀学会　町田洋・岩田修二・小野昭（編）

2007 『地球史が語る近未来の環境』、東京大学出版会。

西部　忠

2014 『貨幣という謎――金と日銀券とビットコイン』、NHK 出版新書。

西川　潤

2004 「内発的発展の理論と政策――中国内陸部への適用を考える」『早稲田政治經濟學誌』354: 36-43。

西川　潤・松島　泰勝・本浜　秀彦（編）

2010 『島嶼沖縄の内発的発展――経済・社会・文化』、藤原書店。

西村　明

2006 『戦後日本と戦争死者慰霊――シズメとフルイのダイナミズム』、有志舎。

中村　潔
1990 「バリ化について」『社会人類学年報』16: 179-191。
1994a 「バリの儀礼と共同体」、吉田禎吾（編）『神々の島バリ——バリ＝ヒンドゥーの儀礼と宗教』pp. 33-58。
1994b 「バリのカレンダー」、吉田禎吾（編）『神々の島バリ——バリ＝ヒンドゥーの儀礼と宗教』pp. 227-237。
中村　雄二郎
2000 『精神のフーガ——音楽の相のもとに』、小学館。
中西　眞知子
2007 『再帰的近代社会』、ナカニシヤ出版。
2014 『再帰性と市場——グローバル市場と再帰的に変化する人間と社会』、ミネルヴァ書房。
中野　麻衣子
2010a「バリにおける消費競争とモノの階梯的世界」、中野麻衣子・深田淳太郎（編）『人＝間の人類学——内的な関心の発展と誤読』、pp.145-165、はる書房。
2010b「モノの消費のその向こうに——バリにおける顕示的消費競争と神秘主義」、吉田匡興・石井美保・花渕馨也（編）『シリーズ来たるべき人類学③　宗教の人類学』、pp. 37-64、春風社。
中野　敏男
2016 「マックス・ヴェーバーと社会科学の課題変容——生誕一〇〇周年と一五〇周年の間」、宇都宮京子・小林純・中野敏男・水林彪（編）『マックス・ヴェーバー研究の現在——資本主義・民主主義・福祉国家の変容の中で　生誕150周年記念論集』、pp. 3-36。
中生　勝美
2011 「蘭嶼島　津波の島に蓄積される核廃棄物」『世界』812: 194-202、岩波書店。
中尾　真理
1999 『英国式庭園』、講談社。
中岡　成文
2003（1996）『ハーバーマス——コミュニケーション行為』、講談社。
仲宗根 政善
1951 『沖縄の悲劇　ひめゆりの塔をめぐる人々の手記』、華頂書房。
1983 『石に刻む』、沖縄タイムス社。
1987 『琉球方言の研究』、新泉社。
2002 『ひめゆりと生きて』、琉球新報社。
2008（1982）『ひめゆりの塔をめぐる人々の手記』、角川書店。
中谷　文美
2003 『「女の仕事」のエスノグラフィ——バリ島の布・儀礼・ジェンダー』、世界思想社。
2009 「「女の仕事にはきりがない」——バリ女性の働き方」、倉沢愛子・吉原直樹（編）『変わるバリ、変わらないバリ』、pp. 167-185、勉誠出版。
2012 「都市の家族、村の家族——バリ人の儀礼的つながり方の行方」、鏡味治也（編）『民族大国インドネシア』、pp. 79-115。
2016 「儀礼は仕事か？——バリ人にとっての働くことと休むこと」、中谷文美・宇田川妙子（編）『仕事の人類学——労働中心主義の向こうへ』、pp. 127-150、世界思想社。
中谷　哲弥
2004 「宗教体験と観光——聖地におけるまなざしの交錯」、遠藤英樹・堀野正人（編）『観光のまなざしの転回——越境する観光学』、pp. 183-202。
中山　竜一
2013 「リスクと法」、橘木俊詔・長谷部恭男・今田高俊・益永茂樹（編）『新装増補　リスク学入門1　リスク学とは何か』、pp. 87-116、岩波書店。
中山　理
2003 『イギリス庭園の文化史——夢の楽園と癒しの庭園』、大修館書店。
Nala, Ngurah
2004 The development of Hindu education in Bali. in Ramstedt (ed.) *Hinduism in Modern Indonesia: A minority religion between local, national, and global interests,* pp.76-83.

1996b「植民地時代以降における国家・社会・宗教——バリ島、ブサキ寺院をめぐる権力と知」『社会人類学年報』22: 49-80。
1998 『バリ島』、講談社。
2002 「忘却と動員——バリ、政治的暴力に見る民族・国家・文化主義」、黒田悦子（編）『民族の運動と指導者たち——歴史のなかの人びと』、pp. 155-170、山川出版社。
2005 「宗教と多元化する価値——インドネシアにおけるヒンドゥーをめぐる境界線を定める闘争」『国立民族学博物館研究報告』29（3）: 375-428。
2007 『バリ・宗教・国家——ヒンドゥーの制度化をたどる』、青土社。

永野　由紀子
2009 「エスニシティと移住者」、倉沢愛子・吉原直樹（編）『変わるバリ　変わらないバリ』、pp. 146-165、勉誠出版。

長岡　克行
2006 『ルーマン／社会の理論の革命』、勁草書房。

長友　淳
2013 『日本社会を「逃れる」——オーストラリアへのライフスタイル移住』、彩流社。
2017 「グローバル化時代の移住・移民——かつての移住・移民と何が違うのか？」、長友淳（編）『グローバル化時代の文化・社会を学ぶ——文化人類学／社会学の新しい基礎教養』、pp. 128-134、世界思想社。

永積　昭
1980 『インドネシア民族意識の形成』、東京大学出版会。

那覇市企画部市史編集室（編）
1981a『沖縄の慟哭　市民の戦時戦後体験記 1（戦時篇）』、那覇市企画部市史編集室。
1981b『沖縄の慟哭　市民の戦時戦後体験記 2（戦後・海外篇）』、那覇市企画部市史編集室。

那覇市市民文化部文化財課（歴史博物館）（編）
2013 『戦前の沖縄観光〜ディスカバー・オキナワ〜』、那覇市市民文化部文化財課（歴史博物館）。
2015 『海洋博開催 40 周年記念　戦後の沖縄観光〜鎮魂からトロピカルアイランドへ〜』、那覇市市民文化部文化財課（歴史博物館）。

那覇出版社編集部（編）
1986 『写真集　沖縄戦後史』、大田昌秀監修、那覇出版社。
1990 『写真集　沖縄戦』、大田昌秀監修、那覇出版社。

内閣府
2013 「沖縄における不発弾対策の取り組み」（http://www.ogb.go.jp/teireikaiken/h25-0718/No7.pdf）（2015 年 10 月 5 日取得）

仲田　晃子
2005 「「ひめゆり」をめぐる諸言説の研究——アメリカ占領下の沖縄で発行された新聞記事資料を中心に」、『アメリカ占領下における沖縄文学の基礎的研究』、pp. 57-101、平成 13 年度〜平成 16 年度科学研究費補助金基盤研究（B）（2）研究成果報告書。
2008 「「ひめゆり」をめぐる物語のはじまり」、屋嘉比収（編）『友軍とガマ——沖縄戦の記憶』、pp. 107-142。

仲原　善秀
1982 「久米島の歴史」、沖縄久米島調査委員会（編）『沖縄久米島——「沖縄久米島の言語・文化・社会の総合的研究」報告書』、pp. 1-68。

仲程　昌徳
2012 『「ひめゆり」たちの声——『手記』と「日記」を読み解く』、出版舎 Mugen。
2013（1982）『沖縄の戦記』、朝日新聞出版。

中島　義道
2018 『カントの「悪」論』、講談社。

仲村　清司
2012 『本音の沖縄問題』、講談社。

中村　純子
2009 「観光と「伝統文化」」、吉岡政徳・遠藤央・印東道子他（編）『オセアニア学』、pp. 439-450。

森本　豊富・森茂　岳雄
2018「「移民」を研究すること、学ぶこと」、日本移民学会（編）『日本人と海外移住――移民の歴史・現状・展望』、pp. 13-30、明石書店。
森田　敦郎
2015「海と陸からなる機械――気候変動の時代におけるコスモロジーとテクノロジー」、檜垣立哉（編）『バイオサイエンス時代から考える人間の未来』、pp. 27-52、勁草書房。
森田　真也
2006「行楽からふるさと観光へ」、新谷尚紀・岩本通弥（編）『都市の暮らしの民俗学①　都市とふるさと』、pp. 184-215、吉川弘文館。
Morris-Suzuki, Tessa
2014（2004）『過去は死なない――メディア・記憶・歴史』、田代泰子訳、岩波書店。
Morton, Patricia A.
2002（2000）『パリ植民地博覧会――オリエンタリズムの欲望と表象』、長谷川章訳、ブリュッケ。
モース研究会（編）
2011『マルセル・モースの世界』、平凡社。
本柳　亨
2015「「抗リスク消費」と自己充足的消費――リスク社会における「健康リスク」の分析を通して」、間々田孝夫（編）『消費社会の新潮流――ソーシャルな視点、リスクへの対応』、pp. 97-114。
Mulligan, Jackie
2007 Centring the Visitor: Promoting a Sense of Spirituality in the Caribbean, in Raj & Morpeth（ed.）*Religious Tourism and Pilgrimage Festivals Management: An International Perspective*, pp. 113-126.
村井　吉敬・佐伯　奈津子・間瀬　朋子（編）
2013『現代インドネシアを知るための 60 章』、明石書店。
村上　宏昭
2016「英霊礼賛――戦死の神話化と戦争の享楽」、伊藤純郎・山澤学（編）『破壊と再生の歴史・人類学――自然・災害・戦争の記憶から学ぶ』、pp. 113-134、筑波大学出版会。
村上　興匡
2013「序論――近代国家と死者の「記憶」の問題」、村上興匡・西村明（編）『慰霊の系譜――死者を記憶する共同体』、pp. 7-22。
村上　興匡・西村　明（編）
2013『慰霊の系譜――死者を記憶する共同体』、森話社。
村上　重良
1970『国家神道』、岩波書店。
1974『慰霊と招魂――靖国の思想』、岩波書店。
村上　陽一郎
2005『安全と安心の科学』、集英社。
2010『人間にとって科学とは何か』、新潮社。
村松　伸
2016「総説：メガシティと地球環境をめぐる問題群」、村松伸・加藤浩徳・森宏一郎（編）『メガシティ 1 メガシティとサステイナビリティ』、pp. 1-34、東京大学出版会。
Murdock, George Peter
1978（1949）『社会構造――核家族の社会人類学』、内藤莞爾監訳、新泉社。
Murray, Alex
2014（2010）『ジョルジョ・アガンベン』、高桑和巳訳、青土社。
永渕　康之
1988「供物の世界――バリ島、ウォンガユ・グデ村。マンタニン・パディ儀礼」『季刊民族学』45: 32-41。
1994a「1917 年バリ大地震――植民地状況における文化形成の政治学」『国立民族学博物館研究報告』19（2）: 259-310。
1994b「パリに来たバリ――1931 年、パリ国際植民地博覧会オランダ館」『季刊民族学』70: 44-54。
1996a「観光＝植民地主義のたくらみ――1920 年代のバリから」、山下晋司（編）『観光人類学』pp. 35-44。

Miura, Keiko（三浦　恵子）& I Made Sarjana

2016　The World heritage Nomination of Balinese Cultural Landscape: Local Struggles and Expectations, in Victor T. King (ed.) *UNESCO in Southeast Asia: World Heritage Sites in Comparative Perspective*, pp. 274-290, Singapore: Nias Press.

2019　「バリ州の文化的景観——世界遺産登録の過程と地元農民の期待と課題」、海老澤衷（編）『世界遺産バリの文化戦略』、pp. 120-140、勉誠出版。

三浦　謙

2000　「科学における多元性と因果性」『科学基礎論研究』94: 1-5。

三浦　耕吉郎（編）

2006　『構造的差別のソシオグラフィ——社会を書く／差別を解く』、世界思想社。

宮城　栄昌

1975　「固有信仰」、沖縄県教育委員会（編）『沖縄県史　第5巻　各論編4　文化1』、pp. 153-222。

宮城　悦二郎

1982　『占領者の眼——アメリカ人は〈沖縄〉をどう見たか』、那覇出版社。

1992　『沖縄占領の27年間——アメリカ軍政と文化の変容』、岩波書店。

宮城　晴美

2008　『新板　母の遺したもの——沖縄・座間味島「集団自決」の新しい事実』、高文研。

宮城　能彦

2017　「沖縄村落社会研究の動向と課題——共同体像の形成と再考」『社会学評論』67（4）: 368-382。

2018（編）『奥むらの戦世の記録——やんばるの沖縄戦』、榕樹書林。

宮本　憲一

2000　「沖縄の維持可能な発展のために」、宮本憲一・佐々木雅幸（編）『沖縄　21世紀への挑戦』、pp. 1-30、岩波書店。

宮永　次雄

1982（1949）『沖縄俘虜記』、国書刊行会。

宮崎　広和

2009　『希望という方法』、以文社。

三好　和義

2005　『三好和義楽園全集』、小学館。

2013　『死ぬまでに絶対行きたい世界の楽園リゾート』、PHP研究所。

溝尾　良隆

2009　「ツーリズムと観光の定義」、溝尾良隆（編）『観光学全集第1巻　観光学の基礎』、pp. 13-41、原書房。

2015　「交通運輸業の歴史」、林清（編）『観光学全集第6巻　観光産業論』、pp. 63-75、原書房。

水島　司

2010　『グローバル・ヒストリー入門』、山川出版社。

望月　優大

2019　『ふたつの日本——「移民国家」の建前と現実』、講談社。

望月　哲也

2009　『社会理論としての宗教社会学』、北樹出版。

Moeller, Hans-Georg

2018（2012）『ラディカル・ルーマン——必然性の哲学から偶有性の理論へ』、吉澤夏子訳、新曜社。

Mommsen, Wolfgang

1994（1974）『マックス・ヴェーバー——社会・政治・歴史』、中村貞二・米沢和彦・嘉目克彦訳、未来社。

2001（1974）『官僚制の時代——マックス・ヴェーバーの政治社会学』、得永新太郎訳、未来社。

森　正人

2010　『昭和旅行誌——雑誌『旅』を読む』、中央公論新社。

森　宣雄

2016　『沖縄戦後民衆史——ガマから辺野古まで』、岩波書店。

森本　あんり

2015　『反知性主義——アメリカが生んだ「熱病」の正体』、新潮社。

McPhee, Colin
1990（1946）『熱帯の旅人――バリ島音楽紀行』、大竹昭子訳、河出書房新社。
Mead, Margaret
1970（1940） The Arts in Bali, in Belo（ed.）*Traditional Balinese Culture*, pp. 331-340.
目取真　俊
2006 『沖縄「戦後」ゼロ年』、日本放送出版協会。
Mehr, Nathaniel
2009 *'Constructive Bloodbath' in Indonesia: The United States, Britain and the Mass Killings of 1965-1966*, Nottingham: Spokesman Books.
Merleau-Ponty, Maurice
1972（1955）『弁証法の冒険』、滝浦静雄・木田元・田島節夫・市川浩訳、みすず書房。
Merrill, Dennis
2009 *Negotiating Paradise: U.S. Tourism and Empire in Twentieth-Century Latin America*, The University of North Carolina Press.
Merton, Robert K.
1936 The Unanticipated Consequences of Purposive Social Action, *American Sociological Review* 1（6）: 894-904.
Metzl, Jonathan & Anna Kirkland（ed.）
2015（2010）『不健康は悪なのか――健康をモラル化する世界』、細澤仁・大塚紳一郎・増尾徳行・宮畑麻衣訳、みすず書房。
Meyer, Eduard
1987（1906）「歴史の理論と方法」、Meyer & Weber『歴史は科学か』、pp.1-98、森岡弘通訳、みすず書房。
見市　建
2014 『新興大国インドネシアの宗教市場と政治』、NTT 出版。
2015 「イスラームと政治――ユドヨノ期の「保守化」とジョコウィ政権の課題」、川村晃一（編）『新興民主主義大国インドネシア――ユドヨノ政権の 10 年とジョコウィ大統領の誕生』、pp. 245-267。
三上　剛史
2010 『社会の思考――リスクと監視と個人化』、学文社。
2013 『社会学的ディアボリズム――リスク社会の個人』、学文社。
三木　健
1990 『リゾート開発――沖縄からの報告』、三一書房。
2010 『「八重山合衆国」の系譜』、南山舎。
Miller, D. B.
1984 Hinduism in Perspective: Bali and India compared, *RIMA* 18（1）: 36-63.
Milne, Simon
1992 Tourism and Development in South Pacific Microstates, *Annals of Tourism Research* 19: 191-212.
美馬　達哉
2007 『〈病〉のスペクタクル――生権力の政治学』、人文書院。
2012 『リスク化される身体――現代医学と統治のテクノロジー』、青土社。
三尾　裕子・床呂　郁哉
2012 「なぜ「グローバリゼーションズ」なのか」、三尾裕子・床呂郁哉（編）『グローバリゼーションズ――人類学、歴史学、地域研究の現場から』、pp. 1-30、弘文堂。
三荻　祥（編）
2014 『沖縄戦跡・慰霊碑を巡る』、明成社。
三田　知実
2015 「大都市における社会関係と消費志向――友人数に着目した都市消費文化研究」、間々田孝夫（編）『消費社会の新潮流――ソーシャルな視点、リスクへの対応』、pp. 79-96、有斐閣。

丸山 高司
1997 『ガダマー――地平の融合』、講談社。
Marx, Carl
1962（1853）「イギリスのインド支配の将来の結果」『マルクス＝エンゲルス全集　第 9 巻』、pp. 212-218、鈴木正四訳、大月書店。
正村　俊之
2013 「リスク社化論の視点からみた東日本大震災――日本社会の 3 つの位相」、田中重好・船橋晴俊・正村俊之（編）『東日本大震災と社会学――大災害を生み出した社会』、pp. 227-257、ミネルヴァ書房。
2017a（編）『ガバナンスとリスクの社会理論――機能分化論の視座から』、勁草書房。
2017b「科学技術のリスクと無知の螺旋運動」、正村俊之（編）『ガバナンスとリスクの社会理論――機能分化論の視座から』、pp. 145-174。
真尾　悦子
1986（1981）『いくさ世を生きて――沖縄戦の女たち』、筑摩書房。
増渕　敏之
2010 『物語を旅する人々――コンテンツ・ツーリズムとは何か』、彩流社。
増原　綾子
2010 『スハルト体制のインドネシア――個人支配の変容と一九九八年政変』、東京大学出版会。
松田　博
2007 『グラムシ思想の探究――ヘゲモニー・陣地戦・サバルタン』、新泉社。
松井　和久（編）
2003 『インドネシアの地方分権化――地方分権化をめぐる中央・地方のダイナミクスとリアリティー』、アジア経済研究所。
松井　圭介
2013 『観光戦略としての宗教――長崎の教会群と場所の商品化』、筑波大学出版会。
松本　三和夫
2012（2002）『知の失敗と社会――科学技術はなぜ社会にとって問題か』、岩波書店。
2016（1998）『科学社会学の理論』、講談社。
松島　泰勝
2002 『沖縄島嶼経済史――12 世紀から現在まで』、藤原書店。
2005 「内発的発展による経済自立――島嶼経済論の立場から」、新崎盛暉他（編）『地域の自立　シマの力（上）』、pp. 272-288。
2010 「辺境島嶼・琉球の経済学――開発現場の声から考える」、西川潤・松島泰勝・本浜秀彦（編）『島嶼沖縄の内発的発展――経済・社会・文化』、pp. 61-87。
2012a「植民地経済の形成」、沖縄大学地域研究所〈「復帰」40 年、琉球列島の環境問題と持続可能性〉共同研究班（編）『琉球列島の環境問題――「復帰」40 年・持続可能なシマ社会へ』、pp. 196-210、高文研。
2012b「米軍統治時代・「日本復帰」後のシマの発展を問う」、沖縄大学地域研究所〈「復帰」40 年、琉球列島の環境問題と持続可能性〉共同研究班（編）『琉球列島の環境問題――「復帰」40 年・持続可能なシマ社会へ』、pp. 261-283。
Matthews, Harry G.
1978 *International Tourism: a Political and Social Analysis,* Cambridge: Schenkman Publishing.
Mauss, Marcel
1973（1968）『社会学と人類学　I』、有地亨・伊藤昌司・山口俊夫訳、弘文堂。
1976（1968）『社会学と人類学　II』、有地亨・山口俊夫訳、弘文堂。
2014（1923-1924）「贈与論――アルカイックな社会における交換の形態と理由」『贈与論　他二篇』、森山工訳、pp. 51-454、岩波書店。
McKean, Philip Frick
1989（2018）Towards a Theoretical Analysis of Tourism: Economic Dualism and Cultural Involution in Bali, in Smith（ed.）*Hosts and Guests: The Anthropology of Tourism,* Second Edition, pp. 119-138.（「観光の理論的分析に向けて――バリにおける経済二元論と文化のインヴォリューション論」、『ホスト・アンド・ゲスト――観光人類学とはなにか』、市野澤潤平・東賢太朗・橋本和也監訳、pp. 153-178。）

2013a（1981）『社会構造とゼマンティーク 2』、馬場靖雄・赤堀三郎・毛利康俊・山名淳訳、法政大学出版局。
2013b（1989）『社会構造とゼマンティーク 3』、高橋徹・三谷武司・赤堀三郎・阿南衆大・徳安彰・福井康太訳、法政大学出版局。
2014（1991）『リスクの社会学』、小松丈晃訳、新泉社。
2015（2008）『社会の道徳』、馬場靖雄訳、勁草書房。
2016（2000）『社会の宗教』、土方透・森川剛光・渡曾知子・畠中茉莉子訳、法政大学出版局。
2017（2008）『理念の進化』、土方透監訳、新泉社。

Luttikhuizen, Gerard P.（ed.）
1999 *Paradise Interpreted: Representations of Biblical Paradise in Judaism and Christianity,* Leiden & Boston: Brill.

Lyon, David
2002（2001）『監視社会』、河村一郎訳、青土社。
2010（2009）『膨張する監視社会――個別認識システムの進化とリスク』、田畑暁生訳、青土社。
2011（2007）『監視スタディーズ――「見ること」「見られること」の社会理論』、田島泰彦・小笠原みどり訳、岩波書店。

Lyotard, Jean-François
1986（1979）『ポストモダンの条件』、小林康夫訳、書肆風の薔薇。
1988（1986）『こどもたちに語るポストモダン』、筑摩書房。

馬淵　東一
1974「インドネシア民俗社会」『馬渕東一著作集 第二巻』、pp.29-159、社会思想社。

MacCannell, Dean
2012（1999）『ザ・ツーリスト――高度近代社会の構造分析』、安村克己・須藤廣・高雛二郎・堀野正人・遠藤英樹・寺岡伸悟訳、学文社。

MacRae, Graeme
1997 Economy, Ritual and History in a Balinese Tourist Town, Unpublished PhD Thesis, University of Auckland.
1999 Acting Global, Thinking Local in a Balinese Tourist Town, in Rubinstein & Connor（ed.）*Staying Local in the Global Village: Bali in the Twentieth Century,* pp. 123-154, Honolulu: University of Hawai'i Press.
2003 Art and peace in the safest place in the world: A culture of ppoliticism in Bali, in Reuter（ed.）*Inequality, Crisis and Social Change in Indonesia: The Muted Worlds of Bali,* pp. 30-53, London & New York: Routledge Curzon.
2015 Ubud: 'Benteng Terbuka,' in Putra & Campbell（ed.）*Recent Developments in Bali Tourism: Culture, Heritage, and Landscape in an Open Foretress,* pp. 69-79.

真嘉比字誌編集委員会（編）
2014『真嘉比字誌』、真嘉比自治会。

牧野　雅彦
2006『マックス・ウェーバー入門』、平凡社。

Malinowski, Bronislaw
2010（1922）『西太平洋の遠洋航海者』、増田義郎訳、講談社。

間々田　孝夫
2005『消費社会のゆくえ――記号消費と脱物質主義』、有斐閣。
2007『第三の消費文化論――モダンでもポストモダンでもなく』、ミネルヴァ書房。
2016『21世紀の消費――無謀、絶望、そして欲望』、ミネルヴァ書房。

Mann, Ritchard
2013 *The Making of Ubud: Bali's Art, Culture and Heritage Village,* 2nd Edition, Ubud-Bali: Gateway Books.

間苧谷　榮
2000『現代インドネシアの開発と政治・社会変動』、勁草書房。
2005「バリ島における観光業と寺院システム――観光と社会文化変動に関する研究（その一）」『国際関係紀要』15（1）: 53-73、亜細亜大学。

Marcus, George & Michael M. J. Fischer
1989（1986）『文化批評としての人類学――人間科学における実験的試み』、永渕康之訳、紀伊国屋書店。

Lansing, John Stephen
1974 *Evil in the Morning of the World: Phenomenological Approaches to a Balinese Community,* Michigan: Center for South and Southeast Asian Studies, The University of Michigan.
1983 *The Three Worlds of Bali,* New York: Praeger.
Larasati, Rachmi Diyah
2013 *The Dance That Makes You Vanish: Cultural Reconstruction in Post-Genocide Indonesia,* Minneapolis & London: Univerity of Minnesota Press.
Lash, Scott
1997（1994）「再帰性とその分身――構造、美的原理、共同体」、Beck, Giddens & Lash『再帰的近代化――近現代における政治、伝統、美的原理』、pp. 205-315、松尾精文・小幡正敏・叶堂隆三訳。
2006（2002）『情報批判論――情報社会における批判理論は可能か』、相田敏彦訳、NTT 出版。
2010 *Intensive Culture: Social Theory, Religion and Contemporary Capitalism,* London: Sage Publications.
Lash, Scott & John Urry
1994 *Economies of Signs and Space,* London: Sage Publications.
Latour, Bruno
1999（1987）『科学が作られているとき――人類学的考察』、川崎勝・高田紀代志訳、産業図書。
Leed, Eric J.
1993（1991）『旅の思想史――ギルガメシュ叙事詩から世界観光旅行へ』、伊藤誓訳、法政大学出版局。
Legge, John David
1984（1980）『インドネシア　歴史と現在』、中村光男訳、サイマル出版会。
Leite, Naomi
2014 Afterword: Locating Imaginaries in the Anthropology of Tourism, in Salazar & Graburn（ed.）*Tourism Imaginaries: Anthropological Approaches,* pp. 260-278.
Leroi-Gourhan, André
2012（1973/1964+1965）『身振りと言葉』、荒木亨訳、筑摩書房。
Lewis, Jeff & Belinda Lewis
2009 *Bali's Silent Crisis: Desire, Tragedy, and Transition,* Lanham: Lexington Books.
Liefrinck, F. A.
1927 *Bali en Lombok,* Amsterdam: J. H. de Bussy.
Linnekin, Jocelyn
1992 On the Theory and Politics of Cultural Construction in the Pacific. *Oceania* 62（4）: 249-263.
Loti, Pierre
2010（1880）『ロチの結婚』、黒川修司訳、水声社。
Lovric, Barbara
1986 The Art of Healing and the Craft of Witches in a 'Hot Earth' Village, *RIMA* 20（1）: 68-99.
Luhmann, Niklas
1984（1962/1974）「機能と因果性」、『社会システムのメタ理論――社会学的啓蒙』、pp. 3-49、土方昭訳、新泉社。
1990a（1973）『信頼――社会的な複雑性の縮減メカニズム』、大庭健・正村俊之訳、勁草書房。
1990b（1968）『目的概念とシステム合理性――社会システムにおける目的の機能について』、馬場靖雄・上村隆弘訳、勁草書房。
1992（1964）『公式組織の機能とその派生的問題（上）』、沢谷豊・関口光春・長谷川幸一訳、新泉社。
1993（1984）『社会システム理論（上）』、佐藤勉監訳、恒星社厚生閣。
1995（1984）『社会システム理論（下）』、佐藤勉監訳、恒星社厚生閣。
1996（1990）『自己言及性について』、土方透・大沢善信訳、国文社。
2003（1992）「非知のエコロジー」、『近代の観察』、馬場靖雄訳、pp. 109-167、法政大学出版局。
2007（1986）『エコロジーのコミュニケーション――現代社会はエコロジーの危機に対応できるか？』、庄司信訳、新泉社。
2009a（1997）『社会の社会 1』、馬場靖雄・赤堀三郎・菅原謙・高橋徹訳、法政大学出版局。
2009b（1997）『社会の社会 2』、馬場靖雄・赤堀三郎・菅原謙・高橋徹訳、法政大学出版局。
2011（1980）『社会構造とゼマンティーク 1』、徳安彰訳、法政大学出版局。

Krause, Gregor

1988（1920） *Bali 1912,* Wellington: January Books.

Kries, Johannes von

2010（1888）「客観的可能性という概念とその若干の応用について（その1）」『メディア・コミュニケーション研究』59: 137-189、山田吉二郎・江口豊訳、北海道大学。

2011（1888）「客観的可能性という概念とその若干の応用について（その2）」『メディア・コミュニケーション研究』60: 95-126、山田吉二郎・江口豊訳。

2013（1888）「客観的可能性という概念とその若干の応用について（その3－完結）」『メディア・コミュニケーション研究』64: 39-65、山田吉二郎・江口豊訳。

Kruse, Volker

2003「一九〇〇～一九六〇年ドイツにおける歴史社会学の歴史」、鈴木幸壽・山本鎭雄・茨木竹二（編）『歴史社会学とマックス・ヴェーバー（上）――歴史社会学の歴史と現在』、小松君代・齋藤理恵訳、pp. 19-45、理想社。

2012「ドイツにおける社会学とドイツ社会学――一九〇〇年頃の歴史主義の革命と「ドイツ」社会学の成立」、茨木竹二（編）『ドイツ社会学とマックス・ヴェーバー――草創期ドイツ社会学の固有性と現代的意義』、小松君代・齋藤理恵訳、pp. 60-80、時潮社。

久保　明教

2018『機械カニバリズム――人間なきあとの人類学へ』、講談社。

Kuhn, Thomas

1971（1962）『科学革命の構造』、中山茂訳、みすず書房。

九鬼　一人

2008「現象学的理想型解釈の理路」、橋本努・矢野善郎（編）『日本マックス・ウェーバー論争――「プロ倫」読解の現在』、pp. 169-184。

藏本　龍介

2014『世俗を生きる出家者たち――上座仏教徒社会ミャンマーにおける出家生活の民族誌』、法藏館。

倉沢　愛子

1996「開発体制下のインドネシアにおける新中間層の台頭と国民統合」『東南アジア研究』34（1）: 100-126。

2013「序」、倉沢愛子（編）『消費するインドネシア』、pp. 1-13、慶應義塾大学出版会。

2014『9・30 世界を震撼させた日――インドネシア政変の真相と波紋』、岩波書店。

2017「九・三〇事件とインドネシアの華僑・華人社会――レス・プブリカ大学襲撃事件から見えること」『アジアアフリカ言語文化研究』93: 25-64。（http://repository.tufs.ac.jp/bitstream/10108/89806/1/jaas093002_ful.pdf）

倉田 勇

1978「バリ島の家屋敷と場位観――方位〔ke〕と場位〔di〕」『人類学研究所紀要』7: 47-58、南山大学人類学研究所。

1987「慣習法研究の軌跡――インドネシア」、大森元吉（編）『法と政治の人類学』、pp. 75-95、朝倉書店。

栗原　俊雄

2015a『遺骨――戦没者三一〇万人の戦後史』、岩波書店。

2015b『特攻――戦争と日本人』、中央公論新社。

桑原　季雄

1999「バリ島におけるリゾートホテルと地域文化」『人文学科論集』49: 85-108、鹿児島大学法文学部。

桑木野　幸司

2019『ルネサンス庭園の精神史――権力と知と美のメディア空間』、白水社。

LaMashi, Gary

2003 Bali plots its recovery ... someday, *The Asian Times,* October 10, 2003.（http://www.atimes.com/atimes/Southeast_Asia/EJ10Ae01.html）（20014年7月29日取得）

Lanfant, Marie-Françoise & Nelson H. H. Graburn

1992（1996） International Tourism Reconsidered: The Principle of the Alternative, in Smith & Eadington（ed.）*Tourism Alternatives: Potentials and Problems in the Development of Tourism,* pp. 88-112, Philadelphia: University of Pennsylvania Press.（『新たな観光のあり方――観光の発展の将来性と問題点』、安村克己他訳、青山社。）

Kocka, Jürgen
1976a（1973）「カール・マルクスとマックス・ウェーバー（上）」『思想』625（1976 年 7 月）: 20-38、水沼知一訳、岩波書店。
1976b（1973）「カール・マルクスとマックス・ウェーバー（下）」『思想』626（1976 年 8 月）: 98-117、水沼知一訳。
1994（1976）『［新版］ヴェーバー論争』、住谷一彦・小林純訳、未来社。
公益財団法人沖縄県女師・一高女ひめゆり平和祈念財団立ひめゆり平和祈念資料館（編）
2008 『ひめゆり平和祈念資料館　資料集 4 「沖縄戦の全学徒隊」』、公益財団法人沖縄県女師・一高女ひめゆり平和祈念財団立ひめゆり平和祈念資料館。
小池　誠
1998 『インドネシア――島々に織りこめられた歴史と文化』、三修社。
小泉　潤二
1983 「ギアツの解釈」、江渕一公・伊藤亜人（編）『儀礼と象徴――文化人類学的考察』、pp. 47-72、九州大学出版会。
1985 「解釈人類学の実践――中米の事例と還元論」『理想　特集：文化人類学の現在』627: 80-94。
1998 「文化の解釈――合意について」、梶原景昭他（編）『岩波講座　文化人類学　第十三巻　文化という課題』、pp. 175-203、岩波書店。
2018 「クリフォード・ギアツ」、岸上信啓（編）『はじめて学ぶ文化人類学――人物・古典・名著からの誘い』、pp. 134-140、ミネルヴァ書房。
國學院大學研究開発促進センター（編）
2008 『慰霊と顕彰の間――近現代日本の戦死者観をめぐって』、錦正社。
小松　和彦
2002 『神なき時代の民俗学』、せりか書房。
小松　丈晃
2003 『リスク論のルーマン』、勁草書房。
2017 「「リスク・ガバナンス」のフレームワークとその課題」、正村俊之（編）『ガバナンスとリスクの社会理論――機能分化論の視座から』、pp. 71-108。
古村　学
2015 『離島エコツーリズムの社会学――隠岐・西表・小笠原・南大東の日常生活から』、吉田書店。
今野　裕昭
2016 「バリ日本人会と日本人社会の形成――日本人会の運営主体の変遷と日本人社会」、吉原直樹・今野裕昭・松本行真（編）『海外日本人社会とメディア・ネットワーク――バリ日本人社会を事例として』、pp. 55-88。
Koppelkamm, Stefan
1991（1987）『幻想のオリエント』、池内紀・浅井健次郎・内村博信・秋葉篤志訳、鹿島出版会。
Köpping, Klaus Peter
2002 「リスクと宗教――近代・前近代における危険と責任に関する考察」、土方透・ナセヒ（編）『リスク――制御のパラドクス』、岡村圭子訳、pp. 188-241。
Korn, Victor Emanuel
1932（1924） *Het Adatrecht van Bali,* Second revised edition, The Hague: G. Naeff.
1960 The Consecration of Priest, in Weltheim et al（ed.）*Bali: Studies in Life, Thought, and Ritual,* pp.131-153.
孝本　貢
2013 「戦後地域社会における戦争死者慰霊祭祀――慰霊碑等の建立・祭祀についての事例研究」、村上興匡・西村明（編）『慰霊の系譜――死者を記憶する共同体』、pp. 189-210。
厚東　洋輔
1998 「ポストモダンとハイブリッドモダン」『社会学評論』48（4）: 391-406。
2006 『モダニティの社会学――ポストモダンからグローバリゼーションへ』、ミネルヴァ書房。
2011 『グローバリゼーション・インパクト――同時代認識のための社会学理論』、ミネルヴァ書房。
Krastev, Ivan
2018（2017）『アフター・ヨーロッパ――ポピュリズムという妖怪にどう向き合うか』、庄司克宏監訳、岩波書店。

木畑　洋一
　2014 『二〇世紀の歴史』、岩波書店。
　2018 『帝国航路を往く——イギリス植民地と近代日本』、岩波書店。
木村　周平
　2013 『震災の公共人類学——揺れとともに生きるトルコの人々』、世界思想社。
木村　靖二
　2014 『第一次世界大戦』、筑摩書房。
記念誌委員会（編）
　1997 『竹富町立小浜小学校創立百周年記念誌　うふたき』、小浜小学校創立百周年記念事業期成会。
Kipp, R. S. & S. Rodgers (ed.)
　1987 *Indonesian Religions in Transition,* Tucson: The University of Arizona Press.
岸　政彦
　2017 「沖縄の語り方を変える」『社会学評論』67（4）: 466-481。
北村　毅
　2005 「戦死者へ／との旅——沖縄戦跡巡礼における〈遺族のコミュニタス〉」『人間科学研究』18（2）:137-152。
　2009 『死者たちの戦後誌——沖縄戦跡をめぐる人びとの記憶』、御茶ノ水書房。
　2010 「「集団自決」と沖縄戦——戦場における「国民道徳」と「従属する主体」」、勝方＝稲福恵子・前嵩西一馬（編）『沖縄学入門——空腹の作法』、pp. 249-269、昭和堂。
　2013 「沖縄戦の後遺症とトラウマ的記憶」、福間良明・野上元・蘭信三・石原俊（編）『戦争社会学の構想——制度・体験・メディア』、pp. 111-138。
Kleen, Tyra de
　1970 *Mudrās: The Ritual Hand-poses of the Buddha Priests and the Shiva Priests of Bali,* New York: University Books.
Klein, Naomi
　2011（2007）『ショック・ドクトリン——惨事便乗型資本主義の正体を暴く（上）（下）』、幾島幸子・村上由見子訳、岩波書店。
　2019（2018）『楽園をめぐる闘い——災害資本主義者に立ち向かうプエルトリコ』、星野真志訳、堀之内出版。
Kneer, Georg & Armin Nassehi
　1995（1993）『ルーマン社会システム理論』、舘野受男・池田貞夫・野崎和義訳、新泉社。
小林　純
　2010 『ヴェーバー経済社会学への接近』、日本経済評論社。
小林　誠
　2009 「海面上昇に対する認識——ツヴァル離島部の人々の観点から」、吉岡政徳・遠藤央・印東道子他（編）『オセアニア学』、pp. 187-189。
小林　紀由
　2006 「観光とポストコロニアル状況における文化蝕変について——宗教変容の観点から」『総合社会科学研究』2（8）: 43-57。
小林　傳司
　2004 『誰が科学技術について考えるのか——コンセンサス会議という実験』、名古屋大学出版会。
　2007 『トランス・サイエンスの時代——科学技術と社会をつなぐ』、NTT 出版。
小林　照幸
　2010 『ひめゆり——沖縄からのメッセージ』、角川書店。
小林　多寿子
　2010 「オーラル・ヒストリーと地域における個人の〈歴史化〉——沖縄戦体験を語る声と沖縄県米須の場合」『三田社会学』15: 3-19。
小林　寧子
　2008 『インドネシア　展開するイスラーム』、名古屋大学出版会。
　2016 「1920～30年代のインドネシアのイスラーム系定期刊行物——IPO に基づいて」、小林寧子（編）『アジアのムスリムと近代（3）——植民地末期の出版物から見た思想状況』、SIAS Working Paper Series 26: 83-107、上智大学アジア文化研究所・イスラーム研究センター。

柄谷　行人
1988（1980）『日本近代文学の起源』、講談社。
2003 『倫理21』、平凡社ライブラリー。
2006 『世界共和国へ――資本＝ネーション＝国家を超えて』、岩波書店。
2010 『世界史の構造』、岩波書店。
2014a『遊動論――柳田国男と山人』、文藝春秋。
2014b『帝国の構造――中心・周辺・亜周辺』、青土社。
笠原　政治
1989 「沖縄の祖先祭祀――祀る者と祀られる者」、渡邊欣雄（編）『環中国海の民俗と文化3　祖先祭祀』、pp. 65-94。
樫村　愛子
2007 「参加型福祉社会／感情労働／感情公共性」、宮永國子（編）『グローバル化とパラドックス』、pp. 9-43、世界思想社。
春日　直樹
1999（編）『オセアニア・オリエンタリズム』、世界思想社。
2001 『太平洋のラスプーチン――ヴィチ・カンバニ運動の歴史人類学』、世界思想社。
2007 『〈遅れ〉の思考――　ポスト近代を生きる』、東京大学出版会。
加藤　陽子
2016 『戦争まで――歴史を決めた交渉と日本の失敗』、朝日新聞社。
川田　侃・鶴見　和子（編）
1989 『内発的発展論』、東京大学出版会。
河合　洋尚
2013 『景観人類学の課題――中国広州における都市環境の表象と再生』、風響社。
2016（編）『景観人類学――身体・政治・マテリアリティ』、時潮社。
川合　康三
2013 『桃源郷――中国の楽園思想』、講談社。
河合　利光
2015 『神が創った楽園――オセアニア／観光地の経験と文化』、時潮社。
川上　周三
1993 『現代に生きるヴェーバー』、勁草書房。
川北　稔
2016（2001）『世界システム論講義――ヨーロッパと近代世界』、筑摩書房。
川森　博司
2018 「観光と文化」、桑山敬己・綾部真雄（編）『詳論　文化人類学――基本と最新のトピックを深く学ぶ』、pp. 205-217、ミネルヴァ書房。
河村　英和
2013 『観光大国スイスの誕生――「辺境」から「崇高なる美の国」へ』、平凡社。
川村　晃一
2015a（編）『新興民主主義大国インドネシア――ユドヨノ政権の10年とジョコウィ大統領の誕生』、アジア経済研究所。
2015b「2014年選挙とインドネシアの民主主義」、川村晃一（編）『新興民主主義大国インドネシア――ユドヨノ政権の10年とジョコウィ大統領の誕生』、pp. 1-11。
川村　邦光
2007 「近代日本における憑依の系譜とポリティクス」、川村邦光（編）『憑依の近代とポリティクス』、pp. 15-85、青弓社。
川村　湊
2016 『君よ観るや南の島――沖縄映画論』、春秋社。
嘉陽　安男
1971 「戦時下の沖縄県民」、琉球政府（編）『沖縄県史　第8巻　各論編7　沖縄戦後通史』、pp.241-458。
Keyes, Charles F.
2002 Weber and Anthropology, *Annual Review of Anthropology* 31: 233-255.

鏡味 治也

1992 「ジャカルタのバリ人」『東南アジア研究』30（3）: 315-330。

1995 「儀礼の正装論議に見る現代バリの宗教事情」『民族学研究』60（1）: 32-52。

2000 『政策文化の人類学』、世界思想社。

2005 「共同体性の近代――バリ島の火葬儀礼の実施体制の変化から考える」『文化人類学』69（4）: 540-555。

2006 「地方自治と民主化の進展――バリの事例から」、杉島敬志・中村潔（編）『現代インドネシアの地方社会――ミクロロジーのアプローチ』、pp. 89-116、NTT 出版。

2012 「首都に暮らすバリ人ヒンドゥー教徒」、鏡味治也（編）『民族大国インドネシア』、pp. 285-311、木犀社。

Kahn, Miriam

2011 *Tahiti Beyond the Postcard: Power, Place, and Everyday Life,* Seattle & London: University of Washington Press.

Kakazu, Hiroshi（嘉数　啓）

2009 *Island Sustainability: Challenges and Opportunities for Okinawa and Other Pacific Islands in a Globalized World,* Victoria: Trafford Publishing.

2011 Sustainable Island Tourism: the Case of Okinawa, in Carlsen & Butler（ed.）*Island Tourism: Sustainable Perspectives,* pp. 171-185.

2017 『島嶼学への誘い――沖縄からみる「島」の社会経済学』、岩波書店。

2019 『島嶼学』、古今書院。

Kalberg, Stephen

1999（1994）『マックス・ヴェーバーの比較歴史社会学』、甲南大学ヴェーバー研究会訳、ミネルヴァ書房。

Kam, Garrett

2010 Offerings in Bali: Ritual Requests, Redemption, and Rewards, in Reichle（ed.）*Balli: Art, Ritual, Performance,* pp. 87-116.

神谷　大介

2016 「島嶼地域における社会環境と災害リスク」、琉球大学国際沖縄研究所「新しい島嶼学の創造」プロジェクト（編）『島嶼型ランドスケープ・デザイン――島の風景を考える』、pp. 93-108、沖縄タイムス社。

Kammen, Douglas & Katharine McGregor

2012a（ed.）*The Contours of Mass Violence in Indonesia, 1965-68,* Honolulu: University of Hawai'i Press.

2012b Introduction: The Contours of Mass Violence in Indonesia, 1965-68, in Kammen & McGregor（ed.）*The Contours of Mass Violence in Indonesia,* 1965-68, pp. 1-24.

姜　尚中

2003 『マックス・ウェーバーと現代』、岩波書店。

金井　新二

1991 『ウェーバーの宗教理論』、東京大学出版会。

神田　孝治

2012 『観光空間の生産と地理的想像力』、ナカニシヤ出版。

金菱　清

2014 『震災メメントモリ――第二の津波に抗して』、新曜社。

金子　栄一

1972 『マックス・ヴェーバー研究』、創文社。

環境と開発に関する世界委員会

1987 『地球の未来を守るために』、環境庁国際環境問題研究会訳、福武書店。

鹿野　政直

2011 『沖縄の戦後思想を考える』、岩波書店。

加納　啓良

2001 『インドネシア繚乱』、文藝春秋。

伊豫谷　登士翁
2014a「移動のなかに住まう」、伊豫谷登士翁・平田由美（編）『「帰郷」の物語／「移動」の語り――戦後日本におけるポストコロニアルの想像力』、pp. 5-26、平凡社。
2014b「移動経験の創りだす場――東京島とトウキョウ島から「移民研究」を読み解く」、伊豫谷登士翁・平田由美（編）『「帰郷」の物語／「移動」の語り――戦後日本におけるポストコロニアルの想像力』、pp. 293-327。
井澤　友美
2017　『バリと観光開発――民主化・地方分権化のインパクト』、ナカニシヤ出版。
和泉　浩
2003　『近代音楽のパラドクス――マックス・ウェーバー『音楽社会学』と音楽の合理化』、ハーベスト社。
Jaakson, Reiner
2004　Globalization and neocolonialist tourism, in Hall & Tucker (ed.) *Tourism and Postcolonialism: Contested discourses, identities and representations,* pp. 169-183.
Jafari, Jafar
2001　The Scientification of Tourism, in Smith & Brent (ed.) *Hosts and Guests Revisited: Tourism Issues of the 21st Century,* pp. 28-41.
James, William
2010（1907）『プラグマティズム』、桝田啓三郎訳、岩波書店。
Janoschka, Michael & Heiko Haas
2017（2014）　Contested spatialities of lifestyle migration: Approaches and research questions, in Janoschka & Haas (ed.) *Contested Spatialities, Lifestyle Migration and Residential Tourism,* pp. 1-28, London & New York: Routledge.
Jaspers, Karl
1964（1949）『歴史の起源と目標』、重田英世訳、理想社。
1966（1920）「マックス・ウェーバーの追憶」、『マックス・ウェーバー』、pp. 117-145、樺俊雄訳、理想社。
Jensen, Casper Bruun
2017　「地球を考える――「人新世」における新しい学問分野の連携に向けて」、藤田周訳、『現代思想』45-22: 46-57。
Jensen, Gordon D. & Luh Ketut Suryani
1992　*The Balinese People: A Reinvestigation of Character,* Singapore: Oxford University press.
Johnson, Chalmers
2004（2004）『アメリカ帝国の悲劇』、村上和久訳、文藝春秋。
2012（2010）『帝国解体――アメリカ最後の選択』、雨宮和子訳、岩波書店。
Jong, J. P. B. de Joselin de
1987（1935）「民族学的研究領域としてのマライ諸島」、宮崎恒二・遠藤央・郷太郎（編訳）『オランダ構造主義』、pp. 43-64、せりか書房。
Jong, P. E. de Joselin de (ed.)
1983　*Structural Anthropology in the Netherlands,* Leiden: Foris Publications Holland.
川平　成雄
2011　『沖縄　空白の一年　一九四五－一九四六』、吉川弘文館。
2012　『沖縄　占領下を生き抜く――軍用地・通貨・毒ガス』、吉川弘文館。
2018　「沖縄　占領直後の住民生活」、神奈川大学日本常民文化研究所（編）『歴史と民俗』34: 15-39、平凡社。
門田　岳久
2012　「斎場御嶽――公共空間としての聖地へ」、星野英紀・山中弘・岡本亮輔（編）『聖地巡礼ツーリズム』、pp. 90-93。
2013　『巡礼ツーリズムの民族誌――消費される宗教経験』、森話社。
Kadt, Emanuel de (ed.)
1979　*Tourism, Passport to Development? : Perspectives on the Social and Cultural Effects of Tourism in Developing Countries,* Washington D. C.: UNESCO and the International Bank, Oxford University Press.

石田　正治
1998 「沖縄における初期軍政――間接統治と復帰運動」『年報日本現代史――アジアの激変と戦後日本』4: 43-86。
石原　孝二・佐藤　亨司
2012 「統合失調症の「早期介入」と「予防」に関する倫理的問題――「早期介入」の多義性とARMSをめぐって」『社会と倫理』27: 135-151、南山大学社会倫理研究所。
石原　昌家
1986 「沖縄戦体験記録運動の展開と継承」『沖縄文化研究』12: 239-266。
2011 「沖縄戦前夜」、財団法人沖縄県文化振興会史料編集室（編）『沖縄県史　各論編　第5巻　近代』、pp. 614-633、沖縄県教育委員会。
2016 『援護法で知る沖縄戦認識――捏造された「真実」と靖国神社合祀』、凱風社。
石原　昌家・大城　将保・保坂　廣志・松永　勝利
2002 『争点・沖縄戦の記録』、社会評論社。
石原　俊
2013 『〈群島〉の歴史社会学――小笠原諸島・硫黄島、日本・アメリカ、そして太平洋世界』、弘文堂。
石野　径一郎
2015（1950）『ひめゆりの塔』、講談社。
石澤　良昭・生田　滋
2009（1998）『世界の歴史13――東南アジアの伝統と発展』、中央公論新社。
石塚　昌家
2005 「識者の視点 「国体護持」の沖縄戦――住民守らない軍隊」『琉球新報』2005年6月23日。
磯野　真穂
2015 『なぜふつうに食べられないのか――拒食と過食の文化人類学』、春秋社。
板垣　武尊
2018 「アジア地域におけるバックパッカーの目的地の変遷」、李明伍・臺純子（編）『国際社会観光論』、pp. 161-182、志學社。
糸満市教育委員会
1981 『糸満市の遺跡――詳細分布調査報告書』、糸満市文化財調査報告書第1集、糸満市教育委員会。
1989 『糸満市の文化財』、糸満市教育委員会。
糸満市史編集委員会（編）
1993 『糸満市史　別巻　写真資料　写真と年表に見る糸満市の現代の歩み――1945年～1991年』、糸満市役所。
1998 『糸満市史　資料編7　戦時資料　下巻――戦災記録・体験談』、糸満市役所。
2003 『糸満市史　資料編7　戦時資料　上巻』、糸満市役所。
伊藤　邦武
2016 『プラグマティズム入門』、筑摩書房。
伊東　光晴
2016 『ガルブレイス――アメリカ資本主義との格闘』、岩波書店。
伊藤　美登里
2008 「U．ベックの個人化論――再帰的近代における個人と社会」『社会学評論』59（2）: 316-330。
2017 『ウルリッヒ・ベックの社会理論――リスク社会を生きるということ』、勁草書房。
伊藤　俊治
2002 『バリ島芸術をつくった男――ヴァルター・シュピースの魔術的人生』、平凡社。
伊藤　嘉高
2008 「ポスト開発主義期地域住民組織の社会的文化的ポテンシャル――バリ島南部観光開発地域の事例より」、吉原直樹（編）『グローバル・ツーリズムの進展と地域コミュニティの変容――バリ島のバンジャールを中心として』、pp. 167-248、御茶の水書房。
Iwahara, Hiroi（岩原　紘伊）
2015 Sustainable Tourism Discourse and Practice: A Case Study of Village-Ecotourism in Southern Bali, in Putra & Campbell (ed.) *Recent Developments in Bali Tourism: Culture, Heritage, and Landscape in an Open Foretress,* pp. 193-213.

市野沢　潤平
2003 『ゴーゴーバーの経営人類学——バンコク中心部におけるセックスツーリズムに関する微視的研究』、めこん。
2014 「楽園のコンシェルジュ——プーケットの日系ダイビング・ガイドの事例にみる「楽園」の裏側」、日本文化人類学会第 48 回研究大会発表、於幕張メッセ国際会議場（2014 年 5 月 17 日）。
Ida Bagus, Mary
2014 Ethnicity, Religion and the Economic Imperative: Some Case Studies from the Fringes of the West Bali, in Hauser-Schäublin & Harnish（ed.）*Between Harmony and Discrimination: Negotiating Religious Identities within Majority-Minority Relationships in Bali and Lombok,* pp. 303-329.
井口　貢
2015 「観光の両義性とその本義」、井口貢（編）『観光学事始め——「脱観光論的」観光のススメ』、pp. 2-16、法律文化社。
伊波　普猷
1974（1947）「沖縄歴史物語——日本の縮図」『伊波普猷全集　第二巻』、pp. 329-457。
飯島　正
1973 「インドネシアの土地改革と村落共同体」『アジア研究』20（2）: 1-26、アジア政経学会。（http://www.shachi.co.jp/jaas/20-02/20-02-01.pdf）（2014 年 2 月取得）
飯島　裕一（編）
2009 『健康不安社会を生きる』、岩波書店。
池田　浩士
2019 『ボランティアとファシズム——自発性と社会貢献の近現代史』、人文書院。
池上　惇・植木　浩・福原　義春
1998 「文化経済学の拓く世界」、池上惇・植木浩・福原義春（編）『文化経済学』、pp. 1-23、有斐閣。
池上　良正
1999 『民間巫者信仰の研究——宗教学の視点から』、未来社。
Illich, Ivan
2006（1981）『シャドウ・ワーク——生活のあり方を問う』、玉野井芳郎・栗原彬訳、岩波書店。
今田　高俊
2013 「リスク社会への視点」、今田高俊（編）『新装増補　リスク学入門 4　社会生活からみたリスク』、pp. 1-11、岩波書店。
今村　仁司
2016（2000）『交易する人間（ホモ・コムニカンス）——贈与と交換の人間学』、講談社。
井野瀬　久美恵
1996 「旅の大衆化か、差別化か？——トマス・クック社発展の影で」、石森秀三（編）『二〇世紀における諸民族文化の伝統と変容 3　観光の二〇世紀』、pp. 27-42、ドメス出版。
井上　俊
1977 『遊びの社会学』、世界思想社。
Interim Consulative Group on Indonesia
2002 *Vulnerabilities of Bali's Tourism Economy: A Preliminary Assessment,* Informal World Bank Staff Paper.（http://fama2.us.es:8080/turismo/turismonet1/economia%20del%20turismo/turismo%20zonal/lejano%20oriente/vulnerability%20of%20Bali's%20tourism%20economy.pdf）（2015 年 2 月 6 日取得）
印東　道子
2017 『島に住む人類——オセアニアの楽園創世記』、臨川書店。
犬飼　裕一
2003 「歴史家としてのマックス・ウェーバー」『北海学園大学経済論集』51（1）: 15-41。（http://econ.hgu.jp/books/pdf/511/inukai_58788.pdf）（2014 年 5 月 13 日取得）
2009 『マックス・ウェーバー　普遍史と歴史社会学』、梓出版社。
伊佐　良次・寺前　秀一
2009 「沖縄に関する観光政策とその評価」、寺前秀一（編）『観光学全集第 9 巻　観光政策論』、pp. 139-167、原書房。
石田　英敬
2003 『記号の知／メディアの知——日常生活批判のためのレッスン』、東京大学出版会。

Holleman, J. F.（ed.）

1981 *Van Vollenhoven on Indonesian Adat Law,* translated by J. F. Holleman, Rachel Kalis & Kenneth Maddock, Dordrecht: Springer Science + Business Media.

Holton, Robert J. & Bryan S. Turner

2011（1989） *Max Weber on Economy and Society,* London & New York: Routledge.

Holtzappel, Coen J. G.

2009 Introduction: The Regional Governance Reform in Indonesia, 1999-2004, in Holtzappel & Ramstedt（ed.）*Decentralization and Regional Autonomy in Indonesia: Implementation and Challenges,* pp. 1-56.

Holtzappel, Coen J. G. & Martin Ramstedt（ed.）

2009 *Decentralization and Regional Autonomy in Indonesia: Implementation and Challenges,* Singapore: ISEAS Publishing.

本城　靖久

1996 『トーマス・クックの旅――近代ツーリズムの誕生』、講談社。

本名　純

2013 『民主化のパラドクス――インドネシアにみるアジア政治の深層』、岩波書店。

Hooykaas, C.

1963 Books made in Bali, *Bijdragen tot de Taal-, Land-, en Volkenkunde* 119: 371-386.

1973 *Religion in Bali,* Leiden: E. J. Brill.

堀米　庸三

1965 「歴史学とヴェーバー」、大塚久雄（編）『マックス・ヴェーバー研究――生誕百年記念シンポジウム』、pp. 57-75。

Horkheimer, Max & Theodor W. Adorno

1990（1947）『啓蒙の弁証法――哲学的断想』、徳永恂訳、岩波書店。

Hornbacher, Annette

2011 Remarks on ritual trance-possession and its decline in Bali, in Picard & Madinier（ed.）*The Politics of Religion in Indonesia: Syncretism, orthodoxy, and religious contention in Jawa and Bali,* pp. 167-191.

保坂　廣志

2014 『沖縄戦のトラウマ――心に突き刺す棘』、紫峰出版。

星野　英紀・山中　弘・岡本　亮輔（編）

2012 『聖地巡礼ツーリズム』、弘文堂。

Howe, Leo

2000 Risk, Ritual, and Performance, *Journal of the Royal Anthropological Institute*（N. S.）6: 63-79.

2001 *Hinduism &Hierarchy in Bali,* Oxford: School of American Research Press.

2004 Hinduism, identity, and social conflict: the Sai Baba movement in Bali, in Ramstedt（ed.）*Hinduism in Modern Indonesia: A minority religion between local, national, and global interests,* pp. 264-280.

2005 *The changing world of Bali: religion, society and tourism,* New York: Routledge.

2014 Chess and an Indonesian Microcosm: A Glimpse of a Nation's Social Dream?, in Hauser-Schäublin & Harnish（ed.）*Between Harmony and Discrimination: Negotiating Religious Identities within Majority-Minority Relationships in Bali and Lombok,* pp. 354-373.

Howe, Richard H.

1978 Max Weber's Elective Affinities: Sociology Within the Bounds of Pure Reason, *American Journal of Sociology* 84（2）: 366-385.（http://www.jstor.org/stable/2777853）（2013 年 6 月取得）

Hume, David

2012（1739）『人間本性論　第 1 巻　知性について』、木曾好能訳、法政大学出版局。

茨木　竹二

2003 「マックス・ヴェーバーにおける独断論の克服と歴史社会学の生成――その特性としての理想型的決疑論と形式主義」、鈴木幸壽・山本鎭雄・茨木竹二（編）『歴史社会学とマックス・ヴェーバー（下）――歴史社会学の歴史と現在』、pp. 1-92、理想社。

2008 『「倫理」論文の解釈問題――M. ヴェーバーの方法適用論も顧慮して』、理想社。

市野川　容孝

2016 「権力論と社会的なものの概念――ヴェーバーとフーコーから」、宇都宮京子・小林純・中野敏男・水林彪（編）『マックス・ヴェーバー研究の現在――資本主義・民主主義・福祉国家の変容の中で　生誕 150 周年記念論集』、pp. 207-239。

土方　透
2012 「あとがき」、土方透（編）『マックス・ヴェーバーの遺したもの――現代社会におけるポスト合理性の問題』、pp. 257-259、聖学院大学出版会。
ひめゆり平和祈念資料館（編）
2000 『ひめゆりの戦後』、ひめゆり平和祈念資料館。
2010 『ひめゆり平和祈念資料館20周年記念誌　未来へつなぐひめゆりの心』、財団法人沖縄県女師・一高女ひめゆり同窓会立ひめゆり平和祈念資料館。
ひめゆり平和祈念資料館資料委員会
2004 『ひめゆり平和祈念資料館　ガイドブック（展示・証言）』、財団法人沖縄県女師・一高女ひめゆり同窓会。
平井　智尚
2008 「アニメーション，ゲームファンと「聖地巡礼」――メディア・コミュニケーション論からのアプローチ」『社会学研究科紀要』66: 109-112、慶応義塾大学大学院社会学研究科。
広井　良典
2008 「「環境と福祉」の統合――「持続可能な福祉社会」への視座」、広井良典（編）『「環境と福祉」の統合――持続可能な福祉社会の実現に向けて』、pp. 1-18、有斐閣。
2015a『生命の政治学――福祉国家・エコロジー・生命倫理』、岩波書店。
2015b『ポスト資本主義――科学・人間・社会の未来』、岩波書店。
廣重　徹
1965 『科学と歴史』、みすず書房。
2002（1973）『科学の社会史（上）』、岩波書店。（『科学の社会史――近代日本の科学体制』、中央公論社。）
2003（1973）『科学の社会史（下）』、岩波書店。（『科学の社会史――近代日本の科学体制』、中央公論社。）
2007（1979）『近代科学再考』、朝日新聞社。
蛭川　久康
1998 『トマス・クックの肖像――社会改良と近代ツーリズムの父』、丸善。
昼間　賢
2011 「全体的な芸術は社会事象である――民族音楽学者シェフネル」、モース研究会（編）『マルセル・モースの世界』、pp. 213-245。
菱山　宏輔
2017 『地域セキュリティの社会学――バリ島の近隣住民組織と多元的共同性』、お茶の水書房。
Hitchcock, Michael & I Nyoman Darma Putra
2007 *Tourism, Development and Terrorism in Bali,* Hampshire: Ashgate.
Hitchcock, Michael, Victor T. King and Michael Parnwell（ed.）
1993 *Tourism in Southeast Asia,* London: Routledge Press.
2009 *Tourism in Southeast Asia: Challenges and New Directions,* Honolulu: University of Hawai'i Press.
Hitchcock, Michael & Lucy Norris
1995 *Bali: The Imaginary Museum, The Photographs of Walter Spies and Beryl de Zoete,* Kuala Lumpur: Oxford University Press.
Hobart, Angela
1987 *Dancing Shadow of Bali: Theatre and Myth,* London & New York: KPI.
Hobsbawm, Eric
1996（1994）『20世紀の歴史――極端な時代（上）（下）』、河合秀和訳、三省堂。
Hobsbawm, Eric & Terence Ranger（ed.）
1992（1983）『創られた伝統』、前川啓治・梶原景昭他訳、紀伊国屋書店。
Hochschild, Arlie R.
2000（1983）『管理される心――感情が商品になるとき』、石川准・室伏亜希訳、世界思想社。
外間　守善
1994 『南島の神歌――おもろさうし』、中央公論社。
1999 『海を渡る神々――死と再生の原郷信仰』、角川書店。
2000（校注）『おもろさうし（上）（下）』、岩波書店。
外間　守善・比嘉　実
1974 「改題」、『伊波普猷全集　第二巻』、pp. 557-579、平凡社。

橋爪　大三郎
2016 「社会学概論」、橋爪大三郎・佐藤郁哉・吉見俊哉・大澤真幸・若林幹夫・野田潤『社会学講義』、pp. 15-56、筑摩書房。
Hauser-Schäublin, Brigitta
1998 Temples and Tourism: Between Adaptation, Resistance and Surrender? *RIMA*（*Review of Indonesian and Malaysian Affairs*）32（1）: 144-178.
2011 Spiritualized politics and the trademark of culture: Political actors and their use of adat and agama in post-Suharto Bali, in Picard & Madinier（ed.）*The Politics of Religion in Indonesia: Syncretism, orthodoxy, and religious contention in Jawa and Bali,* pp. 192-213.
Hauser-Schäublin, Brigitta & David D. Harnish
2014a（ed.）*Between Harmony and Discrimination: Negotiating Religious Identities within Majority-Minority Relationships in Bali and Lombok,* Leiden & Boston: Brill.
2014b Introduction: Negotiating Religious Identities within Majority-Minority Relationships in Bali and Lombok, in Hauser-Schäublin & Harnish（ed.）*Between Harmony and Discrimination: Negotiating Religious Identities within Majority-Minority Relationships in Bali and Lombok,* pp. 1-31.
林　博史
2001 『沖縄戦と民衆』、大月書店。
2009 『沖縄戦――強制された「集団自決」』、吉川弘文館。
2012 『米軍基地の歴史――世界ネットワークの形成と展開』、吉川弘文館。
2014 『暴力と差別としての米軍基地　沖縄と植民地――基地形成史の共通性』、かもがわ出版。
2015 「日本軍と沖縄社会」、林博史（編）『地域の中の軍隊６　大陸・南方膨張の拠点　九州・沖縄』、pp. 156-179、吉川弘文館。
林　勲男
1999 「南海の失楽園――西欧近代におけるタヒチへのまなざし」、春日直樹（編）『オセアニア・オリエンタリズム』、pp. 53-80。
Hefner, Robert W.
2011 Where have all the abangan gone?: Religionalization and the decline of non-standard Islam in contemporary Indonesia, Picard & Madinier（ed.）*The Politics of Religion in Indonesia: Syncretism, orthodoxy, and religious contention in Jawa and Bali,* pp. 71-91.
Henley, David & Jamie S. Davidson
2007 Radical conservatism　― the protean politics of adat, in Davidson & Henley（ed.）*The Revival of Tradition in Indonesian Politics: The deployment of adat from colonialism to indigenism,* pp. 1-49.
平敷　令治
1995 『沖縄の祖先祭祀』、第一書房。
比嘉　政夫
2010 『沖縄の親族・信仰・祭祀――社会人類学の視座から』、榕樹書林。
比嘉　実
1991 『古琉球の思想』、沖縄タイムス社。
比嘉　豊光・西谷　修（編）
2010 『フォトドキュメント　骨の戦世――65年目の沖縄戦』岩波書店。
比嘉　康雄
1990 『神々の古層④　来訪する鬼〔パーントゥ・宮古島〕』、ニライ社。
1991 『神々の古層③　遊行する祖霊神ウヤガン〔宮古島〕』、ニライ社。
1992 『神々の古層⑥　来訪するマユの神〔マユンガナシー・石垣島〕』、ニライ社。
1993a『神々の原郷　久高島　上巻』、第一書房。
1993b『神々の原郷　久高島　下巻』、第一書房。
檜垣　立哉（編）
2011 『生権力論の現在――フーコーから現代を読む』、勁草書房。
東方　孝之
2015 「ユドヨノ政権期経済の評価――所得と雇用、格差の分析」、川村晃一（編）『新興民主主義大国インドネシア――ユドヨノ政権の10年とジョコウィ大統領の誕生』、pp. 185-216。

Hall, Colin Michael

2011（1998） Making the Pacific: globalization, modernity and myth, in Ringer（ed.）*Destinations: Cultural landscapes of tourism*, pp. 140-153.

Hall, Colin Michael & Hazel Tucker

2004a（ed.） *Tourism and Postcolonialism: Contested discourses, identities and representations*, London: Routledge.

2004b An Introduction, in Hall & Tucker（ed.）*Tourism and Postcolonialism: Contested discourses, identities and representations*, pp. 1-24.

Hall, Colin Michael & Stephen J. Page（ed.）

1996 *Tourism in the Pacific: Issues and Cases*, London: International Thomson Buisiness Press.

Hall, Stuart

1958 A Sense of Classlessness, *Universities and Left Review* 5: 26-32.（http://amielandmelburn. org.uk/collections/ulr/index_frame.htm）（2011 年 4 月取得）

浜田　明範

2017「魔法の弾丸から薬剤の配置へ――グローバルヘルスにおける薬剤とガーナ南部における化学的環境について」『文化人類学』81（4）: 632-650。

浜井　和史

2006「北の果てから南の島へ――北霊碑巡拝団の沖縄渡航とそのインパクト」『二十世紀研究』7: 53-77。

2014『海外戦没者の戦後史――遺骨帰還と慰霊』、吉川弘文館。

Hanna, Willard A.

1990（1976） *Bali Profile: People, Events, Circumstances（1001-1976）*, New York: American Universities Field Staff.

Harari, Yuval Noah

2018（2016）『ホモ・デウス――テクノロジーとサピエンスの未来（上）』、柴田裕之訳、河出書房新社。

Hardt, Michael

1996（1993）『ドゥルーズの哲学』、田代真・井上摂・浅野俊哉・暮沢剛巳訳、法政大学出版局。

Hardt, Michael & Antonio Negri

2003（2000）『〈帝国〉――グローバル化の世界秩序とマルチチュードの可能性』、水島一憲他訳、以文社。

2005（2004）『マルチチュード（上）（下）――〈帝国〉時代の戦争と民主主義』、幾島幸子訳、日本放送出版協会。

Harnish, David D.

2006 *Bridges to the Ancestors: Music, Myth, and Cultural Politics at an Indonesian Festival*, Honolulu: University of Hawai'i Press.

2014 Balinese and Sasak Religious Trajectories in Lombok: Interactions, Tensions, and Performing Arts at the Lingsari Temple Festival, in Hauser-Schäublin & Harnish（ed.）*Between Harmony and Discrimination: Negotiating Religious Identities within Majority-Minority Relationships in Bali and Lombok*, pp. 61-83.

Harvey, David

1999（1990）『ポストモダニティの条件』、吉原直樹監訳、青木書店。

橋本　和也

1999『観光人類学の戦略』、世界思想社。

2010『観光経験の人類学――みやげものとガイドの「ものがたり」をめぐって』、世界思想社。

2018『地域文化観光論――新たな観光学の展望』、ナカニシヤ出版。

橋本　和也・佐藤　幸男（編）

2003『観光開発と文化――南からの問いかけ』、世界思想社。

橋本　健二

2018『新・日本の階級社会』、講談社。

橋本　努・矢野　善郎（編）

2008『日本マックス・ウェーバー論争――「プロ倫」読解の現在』、ナカニシヤ出版。

橋本　佳恵

2015「「観光」の意味の変遷」、前田勇（編）『新現代観光総論』、pp. 15-16、学文社。

Graburn, Nelson H. H.

1989（2018） Tourism: The Sacred Journey, in Smith（ed.）*Hosts and Guests: The Anthropology of Tourism, Second Edition*, pp. 21-36.（「観光――聖なる旅」、『ホスト・アンド・ゲスト――観光人類学とはなにか』、市野澤潤平・東賢太朗・橋本和也監訳、pp. 25-46。）

2001 Secular Ritual: A General Theory of Tourism, in Smith & Brent（ed.）*Hosts and Guests Revisited: Tourism Issues of the 21st Century*, pp. 42-50.

Gramsci, Antonio

2011a（1992） *Prison Notebooks Vollume I*, edited by Joseph A. Buttigieg, translated by Joseph A. Buttigieg & Antonio Callari, New York: Columbia University Press.

2011b（1996） *Prison Notebooks Vollume II*, edited and translated by Joseph A. Buttigieg, New York: Columbia University Press.

2011c（2009/1975/1934） 『グラムシ『獄中ノート』著作集Ⅶ　歴史の周辺にて「サバルタンノート」注解』、松田博編訳、明石書店。

Green, Marcus E.

2011（2002） Gramsci cannot speak: Presentations and interpretations of Gramsci's concept of the subaltern, in Green（ed.）*Rethinking Gransci*, pp. 68-89, London & New York: Routledge.

Green, Robert W.

1959（ed.） *Protestantism and Capitalism: The Weber Thesis and Its Critics*, Boston: D. C. Heath and Company.

Grinde Jr., Donald A. & Bruce E. Johansen

2006（1991）『アメリカ建国とイロコイ民主制』、星川淳訳、みすず書房。

Gulbenkian Commission on the Restructuring of the Social Sciences

1996（1996）『社会科学をひらく』、山田鋭夫訳、藤原書店。

具志堅　隆松

2012 『ぼくが遺骨を掘る人「ガマフヤー」になったわけ。――サトウキビの島は戦場だった』、合同出版。

行政主席官房情報課（編）

1957 『琉球要覧　1957』、行政主席当間重剛。

1959 『琉球要覧　1958』、行政主席当間重剛。

Habermas, Jürgen

1985（1981）『コミュニケーション的行為の理論（上）』、河上倫逸他訳、未来社。

1986（1981）『コミュニケーション的行為の理論（中）』、藤沢賢一郎他訳、未来社。

1987（1981）『コミュニケーション的行為の理論（下）』、丸山高司他訳、未来社。

1994（1990/1962）『第２版　公共性の構造転換――市民社会の一カテゴリーについての探求』、細谷貞雄・山田正行訳、未来社。

2000（1981）「近代――未完のプロジェクト」、『近代――未完のプロジェクト』、pp. 3-45、三島憲一訳、岩波書店。

Habermas, J. / Niklas Luhmann

1984（1971）『批判理論と社会システム理論（上）』、佐藤嘉一・山口節郎・藤沢賢一郎訳、木鐸社。

1987（1971）『批判理論と社会システム理論（下）』、佐藤嘉一・山口節郎・藤沢賢一郎訳、木鐸社。

南風原町史編集委員会（編）

2004（1999）『南風原町史　第３巻　戦争辺ダイジェスト版（一部改訂）　南風原が語る沖縄戦』、沖縄県南風原町。

南風原　英育

2012 『マラリア撲滅への挑戦者たち』、南山舎。

Hägerdal, Hans

1995a Bali in the Sixteenth and Seventeenth Centuries: Suggestions for a Chronology of the Gelgel Period, *Bijdragen tot de Taal-, Land-, en Volkenkunde* 151: 101-124.

1995b Reply to Dr. Helen Creese, *Bijdragen tot de Taal-, Land-, en Volkenkunde* 151: 292-293.

2001 *Hindu Rulers, Muslim Subjects: Lombok and Bali in the Seventeenth and Eighteenth Centuries*, Bangkok: White Lotus.

Halbwachs, Maurice

1989（1950）『集合的記憶』、小関藤一郎訳、行路社。

Geertz, Clifford & Hildred Geertz

1964 Teknonymy in Bali: Parenthood, Age-grading and Geneological Amnesia, *Journal of the Royal Anthropological Institute* 94（2）: 94-108.

1989（1975）『バリの親族体系』、鏡味治也訳、みすず書房。

Geertz, Hildred

1995 *Images of Power: Balinese Paintings Made for Gregory Bateson and Margaret Mead,* Honolulu: University of Hawaii Press.

2004 *The Life of a Balinese Temple, Artistry, Imagination, and History in a Peasant Village,* Honolulu: University of Hawai'i Press.

Gennep, Arnold van

2012（1909）『通過儀礼』、綾部恒雄・綾部裕子訳、岩波書店。

Gerdin, Ingela

1975 Ruinous Feasting: Changed Effects of the "Big Feast" among Balinese in Lombok, *Ethnos* 40: 185-193.

Giddens, Anthony

1993（1990）『近代とはいかなる時代か？――モダニティの帰結』、松尾精文・小幡正敏訳、而立書房。

1997a（1994）「ポスト伝統社会に生きること」、Beck, Giddens & Lash『再帰的近代化――近現代における政治、伝統、美的原理』、pp. 105-204、松尾精文・小幡正敏・叶堂隆三訳。

1997b（1994）「応答と批判――リスク、信頼、再帰性」、Beck, Giddens & Lash『再帰的近代化――近現代における政治、伝統、美的原理』、pp. 335-359、松尾精文・小幡正敏・叶堂隆三訳。

1999（1985）『国民国家と暴力』、松尾精文・小幡正敏訳、而立書房。

2000（1993）『社会学の新しい方法基準』、第二版、松尾精文・藤井達也・小幡正敏訳、而立書房。

2001（1999）『暴走する世界――グローバリゼーションは何をどう変えるのか』、佐和隆光訳、ダイヤモンド社。

2002（1994）『左派右派を超えて――ラディカルな政治の未来像』、松尾精文・立松隆介訳、而立書房。

2005（1991）『モダニティと自己アイデンティティ――後期近代における自己と社会』、秋吉美都・安藤太郎・筒井淳也訳、ハーベスト社。

2015a（1984）『社会の構成』、門田健一訳、勁草書房。

2015b（2014）『揺れる大欧州――未来への変革の時』、脇阪紀行訳、岩波書店。

宜野湾市史編集委員会（編）

1982『宜野湾市史　第三巻資料編二（市民の戦争体験記録）』、宜野湾市。

Gonzalez, Vernadette Vicuña

2013 *Securing Paradise: Tourism and Militarism in Hawai'i and the Philippines,* Duke University Press Books.

Goodlander, Jennifer

2016 *Women in the Shadows: Gender, Puppets, and the Power of Tradition in Bali,* Athens: Ohio University Press.

Goris, R.

1960a the Religious Character of the Village Community, in Weltheim et al（ed.）*Bali: Studies in Life, Thought, and Ritual,* pp. 77-100.

1960b The Temple System, in Weltheim et al（ed.）*Bali: Studies in Life, Thought, and Ritual,* pp. 101-111.

1960c Holidays and Holy Days, in Weltheim et al（ed.）*Bali: Studies in Life, Thought, and Ritual,* pp. 113-129.

1960d The Position of the Blacksmiths, in Weltheim et al（ed.）*Bali: Studies in Life, Thought, and Ritual,* pp. 291-297.

Goris, R. & P. L. Dronkers

1953 *Bali: Atlas Kebudajaan/ Cults and Customs/ Cultuurgeschiedenis in Beeld,* Jakarta: the Ministry of Education and Culture of the Republic Indonesia.

Gössling, Stefan

2003 Tourism and Development in Tropical Islands: Political Ecology Perspectives, in Gössling（ed.）*Tourism and Development in Tropical Islands: Political Economy Perspectives,* pp. 1-37, Cheltenham & Northampton: Edward Elgar.

Gouda, Frances

1995 *Dutch Culture Overseas: Colonial Practice in the Netherlands Indies, 1900-1942,* Amsterdam: Amsterdam University Press.

深井　智朗
2016 「近代と宗教――禁欲的プロテスタンティズムと神秘主義」、宇都宮京子・小林純・中野敏男・水林彪（編）『マックス・ヴェーバー研究の現在――資本主義・民主主義・福祉国家の変容の中で生誕150周年記念論集』、pp. 73-101、創文社。
深見　純生
1995 「歴史的背景」、綾部恒雄・永積昭（編）『もっと知りたいインドネシア』第2版、pp. 1-45、弘文堂。
福井　栄二郎
2006 「観光における伝統文化の真正性――ヴァヌアツ・アネイチュム島の事例から」『日本オセアニア学会NEWSLETTER』84: 1-16。
2012 「想像の「オセアニア」――ヴァヌアツ・アネイチュム島観光におけるローカリティ」、須藤健一（編）『グローカリゼーションとオセアニアの人類学』、pp. 275-302、風響社。
福間　良明
2011 『焦土の記憶――沖縄・広島・長崎に映る戦後』、新曜社。
2014 「沖縄の本土復帰運動と戦争体験論の変容」、難波功士（編）『米軍基地文化』、pp. 183-216、新曜社。
2015 『「戦跡」の戦後史――せめぎあう遺構とモニュメント』、岩波書店。
福岡　まどか
2016 『インドネシア上演芸術の世界――伝統芸術からポピュラーカルチャーまで』、大阪大学出版会。
福島 真人
2002 『ジャワの宗教と社会――スハルト体制下インドネシアの民族誌的メモワール』、ひつじ書房。
福武　慎太郎・堀場　明子（編）
2013 『現場〈フィールド〉からの平和構築論――アジア地域の紛争と日本の和平関与』、勁草書房。
古川　彰
2004 『村の生活環境史』、世界思想社。
我部　政明
2007 『戦後日米関係と安全保障』、吉川弘文館。
Gabriel, Markus
2018（2013）『なぜ世界は存在しないのか』、清水一浩訳、講談社。
Galbraith, Kenneth
2014（1992）『満足の文化』、中村達也訳、筑摩書房。
Gane, Nicholas
2002 *Max Weber and Postmodern Theory: Rationalaization versus Re-enchantment,* Basingstoke & New York: Palgrave.
Geertz, Clifford
1959 Form and Variation in Balinese Village Structure, *American Anthropologist* 61: 991-1012.
1960 *The Religion of Java,* Chicago & London: The University of Chicago Press.
1963 *Peddlers and Princes: Social Development and Economic Change in Two Indonesian Towns,* Chicago: University of Chicago Press.
1964 Tihingan: A Balinese Village, *Bijdragen tot de Taal -, Land -, en Volkenkunde* 120: 1-33.
1972 Religious Change and Social Order in Soeharto's Indonesia, *Asia* 27: 62-84.
1973a（1987） *The Interpretation of Cultures,* New York: Basic Books.（『文化の解釈学Ⅰ・Ⅱ』、吉田禎吾他訳、岩波書店。）
1973b Thick Description: Toward an Interpretive Theory of Culture, in *The Interpretation of Cultures,* pp. 3-30.
1973c（1966） Religion As a Cultural System, in *The Interpretation of Cultures,* pp. 87-125.
1973d（1964） "Internal Conversion" in Contemporary Bali, in *The Interpretation of Cultures,* pp. 170-189.
1973e（1966） Person, Time, and Conduct in Bali, in *The Interpretation of Cultures,* pp. 360-411.
1973f（1972） Deep Play: Notes on Balinese Cockfight, in *The Interpretation of Cultures,* pp. 412-453.
1983（1991） *Local Knowledge: Further Essays in Interpretive Anthropology,* New York: Basic Books.（『ローカル・ノレッジ――解釈人類学論集』、梶原景昭他訳、岩波書店。）
1990（1980）『ヌガラ――十九世紀バリの劇場国家』、小泉潤二訳、みすず書房。
2001（1963）『インボリューション――内に向かう発展』、池本幸生訳、NTT出版。
2002 『解釈人類学と反＝反相対主義』、小泉潤二編訳、みすず書房。

Evans-Pritchard, Edward Evan

1970（1962）「社会人類学——過去と現在」、Evans-Pritchard, Firth et al『人類学入門』、pp. 1-35、吉田禎吾訳、弘文堂。

2000（1937）『アザンデ人の世界——妖術・託宣・呪術』、向井元子訳、みすず書房。

Fagence, Michael

2001 Tourism as a Protective Barrier for Old Order Amishu and Mennonite Communities, in Smith & Brent（ed.）*Hosts and Guests Revisited: Tourism Issues of the 21st Century*, pp. 201-209.

Fanon, Frantz

1996（1961）『地に呪われたる者』、鈴木道彦・浦野衣子訳、みすず書房。

1998（1952）『黒い皮膚・白い仮面』、海老坂武・加藤晴久訳、みすず書房。

Fasseur, C.

2007 Van Vollenhoven and the struggle between adat law and Western law in Indonesia, in Davidson & Henley（ed.）*The Revival of Tradition in Indonesian Politics: The deployment of adat from colonialism to indigenism*, pp. 50-67.

Featherstone, Mike

2009（1995）『ほつれゆく文化』、法政大学出版局。

Feyerabend, Paul K.

1975（1975）『方法への挑戦——科学的創造と知のアナーキズム』、村上陽一郎・渡辺博訳、新曜社。

Fisch, Arnold G.

2002（1988）「琉球列島の軍政 1945-1950」、財団法人沖縄県文化振興会公文書管理部史料編集室（編）『沖縄県史　資料編 14　現代２（和訳編）』、宮里政玄訳、沖縄県教育委員会。（Military Government in the Ryuky Islands 1945-1950, Washington D. C.: US Army Center of Military History.）

Folliet, Luc

2011（2009）『ユートピアの崩壊　ナウル共和国——世界一裕福な島国が最貧国に転落するまで』、林昌宏訳、新泉社。

Foote, Kenneth E.

2002（1996）『記念碑の語るアメリカ——暴力と追悼の風景』、和田光弘他訳、名古屋大学出版会。

Forge, Anthony

1980 Balinese Religion and Indonesian Identity, in J. J. Fox（ed.）*Indonesia: the Making of a Culture*, pp. 221-233, Canberra: the Australian National University.

Foucault, Michel

1969（1963）『臨床医学の誕生——医学的まなざしのアルケオロジー』、神谷美恵子訳、みすず書房。

1974（1966）『言葉と物——人文科学の考古学』、渡辺一民・佐々木明訳、新潮社。

1977（1975）『監獄の誕生——監視と処罰』、田村俶訳、新潮社。

1986（1976）『性の歴史Ⅰ　知への意志』、渡部守章訳、新潮社。

2006（1979）「生体政治の誕生（一九七八－一九七九年度）」『フーコー・コレクション　フーコー・ガイドブック』、石田英敬訳、pp. 190-201、筑摩書房。

Frey, Edward

1989（1986）*The Kris: Mystic Weapon of the Malay World*, Second Edition, Singapore: Oxford University Press.

藤垣　裕子・廣野　喜幸（編）

2008『科学コミュニケーション論』、東京大学出版会。

藤井　正雄

1989「沖縄における墓供養——供物を中心として」、渡邊欣雄（編）『環中国海の民俗と文化３　祖先祭祀』、pp. 311-330。

藤川　美代子

2017『水上に住まう——中国福建・連家船漁民の民族誌』、風響社。

藤田　結子

2008『文化移民——越境する日本の若者とメディア』、新曜社。

深井　慈子

2005『持続可能な世界論』、ナカニシヤ出版。

Dwyer, Leslie & Degung Santikarma
2003 "When the World Turned to Chaos": 1965 and Its Aftermath in Bali, Indonesia, in Robert Gellaty & Ben Kiernan (ed.) *The Specter of Genocide: Mass Murder in Historical Perspective,* pp. 289-305, Cambridge: Cambridge University Press.
Eagleton, Terry
1998（1996）『ポストモダニズムの幻想』、森田典正訳、大月書店。
江口　信清
1998『観光と権力——カリブ海地域社会の観光現象』、多賀出版。
江口　信清・藤巻　正巳（編）
2010『貧困の超克とツーリズム』、明石書店。
Eiseman Jr., Fred. B.
1990a *Bali: Sekala &Niskala,* Volume 1; Essays on Religion, Ritual, and Art, Singapore: Periplus Editions Ltd.
1990b *Bali: Sekala &Niskala,* Volume 2; Essays on Society, Tradition, and Craft, Singapore: Periplus Editions Ltd.
1999 *Ulat-ulatan: Traditional Basketry in Bali, Bangkok*: White Lotus.
2005 *Babantenan: Offerings and their Role in the Daily Lives &Thoughts of the People of Jimbaran,* Bali, Fred. B. Eiseman Jr..
Eisenstadt, Shmuel Noah
1991a（1987）『文明としてのヨーロッパ——伝統と革命』、内山秀夫訳、刀水書房。
1991b（1983）『文明形成の比較社会学——ヴェーバー歴史理論の批判的展開』、梅津順一・小林純・田中豊治・柳父圀近訳、未來社。
2002（2000） Multiple Modernities, in Eisenstadtt (ed.) *Multiple Modernities,* pp. 1-29, New Brunswick & London: Transaction Publishers.
2003 The Civilizational Dimentions in Sociological Analysis, in *Comparative Civilizations and Multiple Modernities,* Part 1, pp. 33-56, Leiden & Boston: Brill.
エルドリッヂ，ロバート・D（Eldridge, Robert D.）
2003『沖縄問題の起源——戦後日米関係における沖縄 1945-1952』、岩波書店。
Elliott, Anthony & John Urry
2016（2010）『モバイル・ライブズ——「移動」が社会を変える』、遠藤英樹監訳、ミネルヴァ書房。
遠藤　英樹
2013「恋愛と旅の機能等価性——「虚構の時代の果て」における聖なる天蓋」、遠藤英樹・松本健太郎・江藤茂博（編）『メディア文化論』、pp. 59-76。
2014「「再帰性」のメディア——近代を駆動させるドライブとしての観光」、遠藤英樹・寺岡伸悟・堀野正人（編）『観光メディア論』、pp. 257-274。
2017『ツーリズム・モビリティーズ——観光と移動の社会理論』、ミネルヴァ書房。
2018「ツーリズム・モビリティーズ研究の意義と論点」、須藤廣・遠藤英樹『観光社会学 2.0——拡がりゆくツーリズム研究』、pp. 213-235。
遠藤　英樹・堀野　正人（編）
2004『観光のまなざしの転回——越境する観光学』、春風社。
遠藤　英樹・寺岡　伸悟・堀野　正人（編）
2014『観光メディア論』、ナカニシヤ出版。
遠藤　薫
2007（編）『グローバリゼーションと文化変容——音楽、ファッション、労働からみる世界』、世界思想社。
遠藤　貢
2015『崩壊国家と国際安全保障——ソマリアにみる新たな国家像の誕生』、有斐閣。
柄本　三代子
2010『リスクと日常生活』、学文社。
Esposito, Elena
2002「リスクとコンピューター——制御の欠如の制御の問題」、土方透・ナセヒ（編）『リスク——制御のパラドクス』、pp. 52-68、徳安彰訳、新泉社。

Dahles, Heidi & Karin Bras (ed.)
1999 *Tourism &Small Entrepreneurs, Development, National Policy, and Entrepreneurial Culture: Indonesian Cases,* New York: Cognizant Communication Corporation.
Danielsson, Bengt
1984 (1975) 『タヒチのゴーギャン』、中村三郎訳、美術出版社。
Darmaputera, Eka
1988 *Pancasila and the Search for Identity and Modernity in Indonesia Society: A Cultural and Ethical Analysis,* Leiden: E. J. Brill.
駄田井　直子
2011 「宗教の観光資源化に関する特徴と視点について」『国際文化研究論集』5: 237-248、西南学院大学大学院。(http://seinanmi.seinan-gu.ac.jp/insei/kojin/datai/2011.pdf)(2014年4月6日取得)
Davidson, Jamie S. & David Henley (ed.)
2007 *The Revival of Tradition in Indonesian Politics: The deployment of adat from colonialism to indigenism,* London & New York: Routledge.
Davis, Fred
1990 (1979) 『ノスタルジアの社会学』、間場寿一・荻野美穂・細辻恵子訳、世界思想社。
Davis, Mike & Daniel Bertrand Monk (ed.)
2008 *Evil Paradises: Dreamworlds of Neoliberalism,* New York: The New Press.
Dean, Mitchell
1995 Governing the unemployed self in an active society, *Economy and Society* 24 (4) : 559-583.
Debord, Guy
1993 (1983) 『スペクタクルの社会』、木下誠訳、平凡社。
Debray, Régis
1999 (1994) 『メディオロジー宣言　レジス・ドブレ著作選1』、西垣通監修・嶋崎正樹訳、NTT出版。
Delanty, Gerard
2006 (2003) 『コミュニティ――グローバル化と社会理論の変容』、山之内靖・伊藤茂訳、NTT出版。
Deleuze, Gilles
2007 (1990) 「追伸――管理社会について」『記号と事件　1972 − 1990年の対話』、宮林寛訳、pp. 356-366、河井出書房新社。
Delumeau, Jean
2000 (1992) 『楽園の歴史Ⅰ　地上の楽園』、西澤文昭・小野潮訳、新評論。
Dewey, John
2011 (1934) 『人類共通の信仰』、栗田修訳、晃洋書房。
Diderot, Denis
2007 (1989/1796) 「ブーガンヴィル航海記補遺」、『ブーガンヴィル　世界周航記　ディドロ　ブーガンヴィル航海記補遺』、中川久定訳、pp. 153-214、岩波書店。
土井　清美
2015 『途上と目的地――スペイン・サンティアゴ徒歩巡礼路　旅の民族誌』、春風社。
Douglas, Mary & Aaron Wildavsky
1983 *Risk and Culture: An Essay on the Selection of Technological and Environmental Dangers,* Berkeley & Los Angels: University of California Press.
Douglas, Norman & Ngaire Douglas
1996 Tourism in the Pacific: Historical factors, in Hall & Page (ed.) *Tourism in the Pacific: Issues and Cases,* pp. 19-35.
Dragojlovic, Ana
2016 *Beyond Bali: Subaltern Citizens and Post-Colonial Intimacy,* Amsterdam: Amsterdam University Press.
Dupuy, Jean-Pierre
2012 (2002) 『ありえないことが現実になるとき――賢明な破局論にむけて』、桑田光平・本田貴久訳、筑摩書房。

知念　功
1995 『ひめゆりの怨念火』、インパクト出版会。
千野　境子
2013 『インドネシア　9・30クーデターの謎を解く』、草思社。
Clifford, James
2003（1988）『文化の窮状——二十世紀の民族誌、文学、芸術』、太田好信他訳、人文書院。
Clifford, James & George Marcus（ed.）
1996（1986）『文化を書く』、春日直樹他訳、紀伊国屋書店。
Cohen, Erik
1982 Marginal paradises: Bungalow Tourism on the Islands of Southern Thailand, *Annals of Tourism Research* 9: 189-228.
1988 Authenticity and Commoditization in Tourism, *Annals of Tourism Research* 15: 371-386.
1996 Thai Tourism: Trends and Transformations, in *Thai Tourism: Hill Tribes, Islands and Open-ended Prostitution,* Studies in Contemporary Thailand No. 4, pp. 1-28, Bangkok: White Lotus Press.
1998 Tourism and Religion: A Comparative Perspective, *Pacific Tourism Review* 2: 1-10.
2005（1996/1979） A Phenomenology of Tourist Experiences, in Apostolopoulos, Leivadi & Yiannakis（ed.） *The Sociology of Tourism: Theoretical and Empirical Investigations,* pp. 90-111, London & New York: Routledge.
Coleman, Simon & John Eade（ed.）
2004 *Reframing Pilgrimage: Cultures in Motion,* London & New York: Routledge.
Collins, Randall
1988（1986）『マックス・ウェーバーを解く』、寺田篤弘・中西茂行訳、新泉社。
Colón, Cristóbal et al
1965 『航海の記録　大航海時代叢書Ⅰ』、林屋永吉・野々山ミナコ・長南実・増田義郎訳、岩波書店。
Connerton, Paul
2011（1989）『社会はいかに記憶するか——個人と社会の関係』、芦刈美紀子訳、新曜社。
Connor, Linda H.
1996 Contesting and Transforming the Work for the Dead in Bali: The Case of Ngaben Ngirit, in Vickers（ed.） *Being Modern in Bali: Image and Change,* pp, 179-211.
Corbin, Alain
1992（1988）『浜辺の誕生——海と人間の系譜学』、福井和美訳、藤原書店。
2000（1995）（ed.）『レジャーの誕生』、渡辺響子訳、藤原書店。
Couteau, Jean
2015 After the Kuta Bombing: In Search of the Balinese 'Soul' with 2015 Postscript, in Putra & Campbell（ed.） *Recent Developments in Bali Tourism: Culture, Heritage, and Landscape in an Open Foretress,* pp. 271-309.
Covarrubias, Miguel
1937（1991） *Island of Bali,* London: KPI.（『バリ島民』、関本紀美子訳、平凡社。）
Creese, Helen
1991 Balinese Babad as Historical Sources: A Reinterpretation of the Fall of Gelgel, *Bijdragen tot de Taal-, Land-, en Volkenkunde* 147: 236-260.
1995 Chronologies and Chronograms: An Interim Response to Hägerdal, *Bijdragen tot de Taal-, Land-, en Volkenkunde* 151: 125-131.
Creese, Helen; Darma Putra & Henk Schulte Nordholt（ed.）
2006 *Seabad Puputan Badung: Perspektif Belanda dan Bali,* Jakarta: Pustaka Larasan.
Cukier, Judith
2011（1998） Tourism employment and shifts in the determination of social status in Bali: the case of the "guide", in Ringer（ed.） *Destinations: Cultural landscapes of tourism,* pp. 63-48.
Cuthbert, Alexander
2015 Paradise lost, Sanity gained: Towards a Critical Balinese Urbanism, in Putra & Campbell（ed.） *Recent Developments in Bali Tourism: Culture, Heritage, and Landscape in an Open Foretress,* pp. 326-368.

Boorstin, Daniel J.
1964（1962）『幻影（イメジ）の時代：マスコミが製造する事実』、後藤和彦・星野郁美訳、東京創元社。
Borch, Christian
2014（2011）『ニクラス・ルーマン入門——社会システム理論とは何か』、庄司信訳、新泉社。
Bougainville, Louis-Antoine de
2007（1771）「世界周航記」『ブーガンヴィル　世界周航記　ディドロ　ブーガンヴィル航海記補遺』、山本淳一訳、pp. 1-152、岩波書店。
Bougnoux, Daniel
2010（2001/1998）『コミュニケーション学講義——メディオロジーから情報社会へ』、西兼志訳、書籍工房早山。
Bourdieu, Pierre
1989（1979）『ディスタンクシオン〔社会的判断力批判〕Ⅰ』、石井洋二郎訳、新評論。
1990（1979）『ディスタンクシオン〔社会的判断力批判〕Ⅱ』、石井洋二郎訳、藤原書店。
Boyer, Marc
2006（2000）『観光のラビリンス』、成沢広幸訳、法政大学出版局。
Bremer, Thomas S.
2004 *Blesed with Tourists: the Borderlands of Religion and Tourism in San Antonio,* Chapel Hill & London: University of North Carolina Press.
Brendon, Piers
1995（1991）『トマス・クック物語——近代ツーリズムの創始者』、石井昭夫訳、中央公論社。
Brentano, Lujo
1941（1923）『近世資本主義の起源』、田中善治郎訳、有斐閣。
Brown, Iem
2004 The revival of Buddhism in modern Indonesia, in Ramstedt（ed.）*Hinduism in Modern Indonesia: A minority religion between local, national, and global interests,* pp. 45-55.
Brubaker, Rogers
2006（1984）*The Limits of Rationality: An Essay on the Social and Moral Thought of Max Weber,* London & New York: Routledge.
Buck, Elizabeth
1993 *Paradise Remade: The Politics of Culture and History in Hawai'i,* Philadelphia: Temple University Press.
Burns, Peter
2007 Custom, that is before all law, in Davidson & Henley（ed.）*The Revival of Tradition in Indonesian Politics: The deployment of adat from colonialism to indigenism,* pp. 68-86.
Butler, Judith; Jürgen Habermas; Charles Taylor & Cornel West
2014（2011）『公共圏に挑戦する宗教——ポスト世俗化時代における共棲のために』、箱田徹・金城美幸訳、岩波書店。
Byczek, Christian
2010 *Community-Based Ecotourism for a Tropical Island Destination: The Case of Jaringan Ekowisata Desa - a Village Ecotourism Network on Bali,* Saarbrücken: VDM Verlag Dr. Müller.
Caillois, Roger
1990（1967/1958）『遊びと人間』、多田道太郎・塚崎幹夫訳、講談社。
Campbell, Colin
2005（1987）*The Romantic Ethic and the Spirit of Modern Consumerism,* York: Alcuin Academics.
Carlsen, Jack & Richard Butler
2011a（ed.）*Island Tourism: Sustainable Perspectives,* Wallingford: CABI.
2011b Introducing Sustainable Perspectives of Island Tourism, in *Island Tourism: Sustainable Perspectives,* pp. 1-7.
Carpenter, Bruce W.
1997 *W. O. J. NIEUWENKAMP: First European Artist in Bali,* Jakarta & Singapore: Periplus.
Certeau, Michel de
1987（1980）『日常的実践のポイエティーク』、山田登世子訳、国文社。

Beck, Ulrich & Elisabeth Beck-Gernsheim
2014（2011）『愛は遠く離れて――グローバル時代の「家族」のかたち』、伊藤美登里訳、岩波書店。
Beck, Ulrich・鈴木　宗徳・伊藤　美登里（編）
2011『リスク化する日本社会――ウルリッヒ・ベックとの対話』、岩波書店。
Bell, Daniel
1975（1973）『脱工業社会の到来（上）（下）』、内田忠夫他訳、ダイヤモンド社。
Bellah, Robert N.
1991（1970）*Beyond Belief: Essays on Religion in a Post-Traditional World*, Berkeley & Los Angeles: University of California Press.
Belo, Jane
1949 *Bali: Rangda and Barong*, Monographs of the American Ethnological Society, No.16, New York: J.J.Austin Publisher.
1953 *Bali: Temple Festival*, Monographs of the American Ethnological Society, No.22, Seatle and London: University of Washington Press.
1960 *Trance in Bali*, New York: Columbia University Press.
1970（ed.）*Traditional Balinese Culture*, New York: Columbia University Press.
Bendix, Reinhard
1987（1962）『マックス・ウェーバー――その学問の包括的一肖像（上）』、折原浩訳、三一書房。
1988（1962）『マックス・ウェーバー――その学問の包括的一肖像（下）』、折原浩訳、三一書房。
Benjamin, Walter
1995（1936）「複製技術時代の芸術作品〔第二稿〕」、『ベンヤミン・コレクションⅠ　近代の意味』、浅井健二郎・久保哲司訳、pp. 583-640、筑摩書房。
Benson, Michaela
2011 *The British in rural France: Lifestyle migration and the ongoing quest for a better way of life*, Manchester & New York: Manchester University Press.
Berger, Asa
2013 *Bali Tourism*, New York & London: The Haworth Press.
Bernal, John D.
1981（1939）『科学の社会的機能』、坂本昌一他訳、勁草書房。
Berque, Augustin
1990『日本の風景・西欧の景観――そして造景の時代』、篠田勝英訳、講談社。
Biagini, Emilio
1999 Island Environments, in Biagini & Hoyle（ed.）*Insularity and Development: International Perspectives on Islands*, pp. 17-41.
Biagini, Emilio & Brian Hoyle
1999 Insularity and Development on an Oceanic Planet, in Biagini & Hoyle（ed.）*Insularity and Development: International Perspectives on Islands*, pp. 1-14, London & New York: Pinter.
Blanchot, Maurice
1997（1983）『明かしえぬ共同体』、西谷修訳、筑摩書房。
Bloembergen, Marieke
2006 *Colonial Spectacles: The Netherlands and the Dutch East Indies at the World Exhibitions, 1880-1931*, translated by Beverley Jackson, Singapore: Singapore University Press.
Boer, Fredrik E. de
1996 Two Modern Balinese Theatre Genres: Sendratari and Drama Gong, in Vickers（ed.）*Being Modern in Bali: Image and Change*, pp. 158-178.
Boholm, Åsa
2015 *Anthropology and Risk*, London & New York: Routledge.
Boon, James
1977 *The Anthropological Romance of Bali, 1597-1972: Dynamic Perspectives in Marriage and Caste, Politics and Religion*, Cambridge: Cambridge University Press.
1986 Between-the Wars Bali: Regarding the Relics, in Stocking, Jr.（ed.）*Malinowski, Rivers, Benedict and Others: Essays on Culture and Personality*, pp. 218-247, Madison: The University of Wisconsin Press.

Bagus, I Gusti Ngurah

2004 The Parisada Hindu Dharma Indonesia in a society in transformation: the emergence of conflicts amidst differences and demands, in Ramstedt (ed.) *Hinduism in Modern Indonesia: A minority religion between local, national, and global interests*, pp. 84-92.

Bakker, Frederik Lambertus

1993 *The Struggle of the Hindu Balinese Intellectuals: Developments in Modern Hindu Thinking in Independent Indonesia,* Amsterdam: VU University Press.

Balandier, Georges

1983（1963）『黒アフリカ社会の研究――植民地状況とメシアニズム』、井上兼行訳、紀伊国屋書店。

Bandem, I Made & Fredrik de Boer

1981 *Kaja and Kelod: Balinese Dance in Transition,* Kuala Lumpur: Oxford University Press.

Barth, Fredrik

1993 *Balinese Worlds,* Chicago & London: The University of Chicago Press.

Bateson, Gregory

1970（1949） Bali: The Value System of a Steady State, in Belo（ed.） Traditional Balinese Culture, pp. 384-401.

Bateson, Gregory & Magaret Mead

1942（2001） *Balinese Character: A Photographic Analysis,* New York: the New York Academy of Science.（『バリ島人の性格――写真による分析』、外山昇訳、国文社。）

Baudrillard, Jean

1984（1981）『シミュラークルとシミュレーション』、竹原あき子訳、法政大学出版局。

1995（1970）『消費社会の神話と構造』、今村仁司・塚原史訳、紀伊国屋書店。

Baum, Vicky

1937（1997） *A Tale from Bali,* Singapore: Oxford University Press.（『バリ島物語』、金窪勝郎訳、筑摩書房。）

Bauman, Zygmunt

2001（2000）『リキッド・モダニティ――液状化する社会』、森田典正訳、大月書店。

2008a（2001）『個人化社会』、澤井敦・菅野博史・鈴木智之訳、青弓社。

2008b（2005/1998）『新しい貧困――労働、消費主義、ニュープア』、伊藤茂訳、青土社。

2009（1993） Postmodern Ethics, MA: Blackwell.

2011（2011）『コラテラル・ダメージ――グローバル時代の巻き添え被害』、伊藤茂訳、青土社。

2012（2006）『液状不安』、澤井敦訳、青弓社。

Bauman, Zygmunt & Lyon, David

2013（2012）『私たちが，すすんで監視し，監視される，この世界について――リキッド・サーベイランスをめぐる７章』、伊藤茂訳、青土社。

Baumol, William J. & William G. Bowen

1994（1966）『舞台芸術――芸術と経済のジレンマ』、池上惇・渡辺守章訳、芸団協出版部。

Beck, Ulrich

1997（1994）「政治の再創造――再帰的近代化理論に向けて」、Beck, Giddens & Lash『再帰的近代化――近現代における政治、伝統、美的原理』、pp. 9-103、松尾精文・小幡正敏・叶堂隆三訳。

1998（1986）『危険社会――新しい近代への道』、東廉・伊藤美登里訳、法政大学出版局。

2003（2002）『世界リスク社会論――テロ、戦争、自然破壊』、島村賢一訳、平凡社。

2005（1997）『グローバル化の社会学』、木前利秋・中村健吾監訳、国文社。

2008（2002）『ナショナリズムの超克――グローバル時代の世界政治経済学』、島村賢一訳、NTT 出版。

2011（2008）『〈私〉だけの神――平和と暴力のはざまにある宗教』、鈴木直訳、岩波書店。

2013（2012）『ユーロ消滅？――ドイツ化するヨーロッパへの警告』、島村賢一訳、岩波書店。

2014（1999/1993）『世界リスク社会』、山本啓訳、法政大学出版局。

2017（2016）『変態する世界』、枝廣淳子・中小路佳代子訳、岩波書店。

Beck, Ulrich; Anthony Giddens & Scott Lash

1997（1994）『再帰的近代化――近現代における政治、伝統、美的原理』、松尾精文・小幡正敏・叶堂隆三訳、而立書房。

新崎　盛暉・比嘉　政夫・家中　茂（編）
2005 『地域の自立　シマの力（上）』、コモンズ。
2006 『地域の自立　シマの力（下）』、コモンズ。
Aritonang, Jan S.
2009 「イスラーム社会におけるインドネシアのキリスト教」『基督教研究』71（1）: 1-20。
蟻塚　亮二
2014 『沖縄戦と心の傷――トラウマ診療の現場から』、大月書店。
Armstrong, David
1995 The rise of surveillance medicine, *Sociology of Health and Illness* 17（3）: 393-404.
2002 *A New History of Identity: A Sociology of Medical Knowledge*, New York: Palgave Press.
Arnold, David（ed.）
1999（1996）『環境と人間の歴史――自然、文化、ヨーロッパの世界的拡張』、飯島昇藏・川島耕司訳、新評論。
Arrighi, Giovanni
2009（1994）『長い20世紀――資本、権力、そして現代の系譜』、土佐弘之・柄谷利恵子・境井孝行・永田尚見訳、作品社。
Asad, Talal
2004（1993）『宗教の系譜――キリスト教とイスラムにおける権力の根拠と訓練』、中村圭志訳、岩波書店。
浅井　春夫
2016 『沖縄戦と孤児院――戦場の子どもたち』、吉川弘文館。
浅川　泰宏
2008 『巡礼の文化人類学的研究――四国遍路の接待文化』、古今書院。
安里　英子
2008 『凌辱されるいのち――沖縄・尊厳の回復へ』、御茶ノ水書房。
安里　進
1998 『グスク・共同体・村――沖縄歴史考古学序説』、榕樹書林。
2006 『琉球の王権とグスク』、山川出版社。
2011 「琉球王国の陵墓制――中山王陵の構造的特質と思想」『周縁の文化交渉学シリーズ3　陵墓からみた東アジア諸国の位相――朝鮮王陵とその周縁』: 195-213、関西大学文化交渉学教育研究拠点（ICIS）。（http://kuir.jm.kansai-u.ac.jp/dspace/bitstream/10112/5908/1/08_ASATO% 20Susumu.pdf）
安里　進・高倉　倉吉・田名　真之・豊見山　和行・西里　喜行・真栄平　房昭
2012 『沖縄県の歴史』第2版、山川出版社。
Ashcroft, Bill; Gareth Griffiths & Helen Tiffin
1998（1989）『ポストコロニアルの文学』、木村茂雄訳、青土社。
新　睦人
2004 『社会学の方法』、有斐閣。
2006（編）『新しい社会学のあゆみ』、有斐閣。
粟津　賢太
2013a「ポイエティークとしての慰霊と戦跡――戦死者表象をめぐる社会学・人類学」、福間良明・野上元・蘭信三・石原俊（編）『戦争社会学の構想――制度・体験・メディア』、pp. 343-366、勉誠出版。
2013b「地域における戦没碑の成立と展開」、村上興匡・西村明（編）『慰霊の系譜――死者を記憶する共同体』、pp. 159-188。
2017 『記憶と追悼の宗教社会学――戦没者祭祀の成立と変容』、北海道大学出版会。
東　浩紀
2017 『ゲンロン0　観光客の哲学』、ゲンロン。
東　賢太朗・市野澤　潤平・木村　周平・飯田　卓（編）
2014 『リスクの人類学――不確実な世界を生きる』、世界思想社。
馬場　公彦
2018 『世界史のなかの文化大革命』、平凡社。
馬場　靖雄
2015 「訳者あとがき」、Niklas Luhmann『社会の道徳』、pp. 406-414、馬場靖雄訳、勁草書房。

Allen, Pamela & Carmencita Palermo
2005 Ajeg Bali: Multiple Meanings, Diverse Agendas, *Indonesia and Malay World* 33(97): 239-255.（http://eprints.utas.edu.au/918/01/MW_article.pdf）（2012 年 2 月取得）
Althusser, Louis
1997（1965）「『資本論』の対象」、Althusser, L., Eienne Balibar, & Roger Establet『資本論を読む（中）』、今村仁司訳、pp. 15-288、筑摩書房。
Amelung, Bas; Sarah Nicholls, & David Viner
2007 Implications of Global Climate Change for Tourism Flows and Seasonality, *Journal of Travel Research* 45: 285-296.
Anandakusuma, Sri Reshi
1986 *Kamus Bahasa Bali, BALI-INDONESIA, INDONESIA-BALI,* CV Kayumas.
Anderson, Benedict
1987（1983）『想像の共同体――ナショナリズムの起源と流行』、白石隆・白石さや訳、リブロポート。
1995（1990）『言葉と権力――インドネシアの政治文化探求』、中島成久訳、日本エディタースクール出版部。
Anderson, Kevin B.
2015（2010）『周縁のマルクス――ナショナリズム、エスニシティおよび非西洋社会について』、明石英人・佐々木隆治・斉藤幸平・隅田聡一郎訳、社会評論社。
安藤　英治
1965 「ヴェーバーにおける Rationalisierung の概念――一つの Motivenforschung」、大塚久雄（編）『マックス・ヴェーバー研究――生誕百年記念シンポジウム』、pp. 209-241。
1966a「マックス・ウェーバーの「音楽社会学」をめぐって」、『成蹊大学政治経済論叢』16（1）：141-164、成蹊大学政治経済学会。
1966b「マックス・ウェーバーの「音楽社会学」をめぐって（続）」、『成蹊大学政治経済論叢』16（2）：254-283。
1967 「マックス・ウェーバーと音楽」、Weber『音楽社会学』、pp. 243-278、創文社。
2003（1979）『マックス・ウェーバー』、講談社。
安仁屋　政昭
1989 『裁かれた沖縄戦』、晩聲社。
2002 「太平洋戦争と沖縄戦」、読谷村史編集員会（編）『読谷村史　第五巻　資料編 4　戦時記録上巻』、pp. 21-50。
Antoni, Carlo
1973（1940）『歴史主義から社会学へ』、讃井鉄男訳、未来社。
青木　澄夫
2017 『日本人が見た 100 年前のインドネシア――日本人社会と写真絵葉書』、じゃかるた新聞社。
Appadurai, Arjun
2004（1996）『さまよえる近代――グローバル化の文化研究』、門田健一訳、平凡社。
新垣　清輝
1956 『真和志誌』、眞和志市役所。
新川　明
2012 「試される個々の意識」、「時の眼―沖縄」実行委員会『復帰 40 年の軌跡「時の眼―沖縄」　比嘉豊光・山城博明写真展　図録集』、pp. 17-18。
荒川　章二
2006 「新沖縄県平和祈念資料館設立をめぐって」『国立歴史民俗博物館研究報告』126: 133-190。
荒川　敏彦
2017 「宗教とリスクの交錯――世俗化論の変容をとおしてみた諸相」、正村俊之（編）『ガバナンスとリスクの社会理論――機能分化論の視座から』、pp. 109-143。
蘭　信三
2013 「戦後日本をめぐる人の移動の特質――沖縄と本土の比較から」、安田常雄（編）『社会の境界を生きる人びと――戦後日本の縁』、pp. 42-70、岩波書店。
新崎　盛暉
2005 『沖縄現代史　新版』、岩波書店。
2016 『日本人にとって沖縄とは何か』、岩波書店。

参考文献

Abalahin, Andrew J.

2005 A Sixth Religion? Confucianism and the Negotiation of Indonesian-Chinese Identity under the Pancasila State, in Andrew C. Willford & Kenneth M. George (ed.) *Spirited Politics: Religion and Public Life in Contemporary Southeast Asia*, pp. 119-142, Ithaca: Cornell Southeast Asian Program Publications.

阿部　潔

2006 「公共空間の快適――規律から管理へ」、阿部潔・成実弘至（編）『空間管理社会――監視と自由のパラドクス』、pp. 18-56、新曜社。

阿部　小涼

2008 「集団自決」をめぐる証言の領域と行為遂行」、新城郁夫（編）『攪乱する島――ジェンダー的視点』、pp. 25-73。

Abercrombie, Niklas; Stephen Hill & Bryan S. Turner

2005（2000）『新版　新しい世紀の社会学中辞典』、丸山哲央（編）、丸山哲央監訳、ミネルヴァ書房。

Acri, Andrea

2011 A new perspective for 'Balinese Hinduism' in the light of the pre-modern religious discourse: A textual-historical approach, in Picard & Madinier (ed.) *The Politics of Religion in Indonesia: Syncretism, orthodoxy, and religious contention in Jawa and Bali*, pp. 142-166.

2013 Modern Hindu Intellectuals and Ancient Texts: Reforming Śaiva Yoga in Bali, *Bijdragen tot de Taal-, Land-, en Volkenkunde* 169: 68-103.

Aditjondro, George Junus

1995 Bali, Jakarta's Colony: Social and Ecological Impacts of Jakarta-Based Conglomerates in Bali's Tourism Industry, *Working Paper* 58: 1-30, Asia Research Centre on Social, Political, and Economic Change, Murdoch University.

Adorno, Theodor L.

1996（1966）『否定弁証法』、木田元他訳、作品社。

Agamben, Giorgio

2001（1998）『アウシュヴィッツの残りのもの――アルシーヴと証人』、上村忠男・廣石正和訳、月曜社。

2003（1995）『ホモ・サケル――主権権力と剥き出しの生』、高桑和巳訳、以文社。

2012（2009）『裸性』、岡田温司・栗原俊秀訳、平凡社。

2016（2014）『身体の使用――脱構成的可能態の理論のために』、上村忠男訳、みすず書房。

赤江　達也

2017 『矢内原忠雄――戦争と知識人の使命』、岩波書店。

Akama, John S.

2004 Neocolonialism, dependency and external control of Africa's tourism industry: a case study of wildlife safari tourism in Kenya, in Hall & Tucker (ed.) *Tourism and Postcolonialism: Contested discourses, identities and representations*, pp. 140-152.

赤嶺　政信

1989 「沖縄の霊魂観と他界観」、渡邊欣雄（編）『環中国海の民俗と文化 3　祖先祭祀』、pp. 421-447、凱風社。

Alexander, Jeffrey C.; Philip Smith & Matthew Norton (ed.)

2011 *Interpreting Clifford Geertz: Cultural Investigation in the Social Sciences*, New York: Palgrave Macmillan.

82, 84, 94, 133, 288, 295
リフォルマシ（reformasi）……208, 212, 223, 292
琉球化……311
倫理論文＝「プロテスタンティズムの倫理と資本主義の精神」……24, 28, 29, 51, 55, 56, 59, 60, 61, 63, 77,78, 82, 86, 113, 293, 356

る

ルーマン……13, 14, 27, 31, 55, 61, 79, 80, 86, 93, 101, 103, 108, 109, 111, 112, 113, 114, 118, 360

れ

霊域……316, 319, 326, 334, 335, 337, 343, 346, 353

プロ・デソ（Pura Desa）……41, 200, 229
プロ・プサ（Pura Puseh）……41, 200, 229

へ

平和の礎……318, 324, 325, 347, 349
ベック、ウルリッヒ……12, 27, 30, 89, 93, 98, 102, 104, 105, 111, 112, 113, 115, 118, 213, 253, 275, 360
ベトナム戦争……141, 142, 221, 327, 340
ベル、ダニエル……27, 94, 108
ベロ、ジェイン……37, 170, 173, 175, 235

ほ

ボードリヤール……94, 121, 130
保護領（Gouvernementslandschap / Protectorate）……152, 153, 154
ポストフォーディズム……93, 94, 95, 97, 249

ま

マードック……101, 311
〈マイヤー論文〉＝「文化科学の論理学の領域における批判的研究」……48, 53, 57, 58, 59, 60, 63
前田高地……312, 315
マスジッド（masjid）……201, 237, 273, 275
マブイ……322, 323, 349
摩文仁の丘……311, 312, 317, 320, 327, 328, 329, 331, 332, 333, 334, 335, 336, 338, 340, 344, 346, 348, 353
マルクス……27, 86, 97, 98, 196
マントラ、イダ・バグス……195, 198, 199, 203, 230, 231, 258
マントロ（mantra）……39, 40, 167, 195, 201, 203, 205

み

未完のプロジェクト……219, 294

め

メガワティ……221, 274

も

モース、マルセル……10, 14, 64, 98, 126
目的合理的行為……80, 245, 247
門中……306, 307, 315

や

八重山平和祈念館……347
屋敷寺（sanggah/ merajen）……41, 236, 244, 245, 254, 261
ヤスパース……46, 87
柳田国男……351

ゆ

ユタ……305, 306, 307, 322, 323, 326, 348, 349

ら

ライフスタイル移住……267
ラッシュ……19, 101, 102, 103, 106, 173, 235, 248
ラッフルズ……37, 150, 195
ラメ（rame）……18, 243, 245, 246, 248, 249, 250, 261, 262, 293, 297, 298, 299

り

リーフリンク……153, 157, 158
理解社会学……25, 51, 57, 60
リキッド・モダニティ……93, 219, 275
リスク
　人工リスク……110
　世界リスク社会……111, 275, 285, 360
　楽園観光地の高リスク性→観光の項参照……136, 265, 290
　リスク化……30, 31, 32, 34, 92, 93, 110, 113, 114, 265, 275, 284, 288, 289, 290, 293, 299
　リスク対策のパラドクス→パラドクスの項参照
　リスクの自己生産性……112, 115, 284
リッツァ……12, 27, 95, 118, 120, 131, 238, 246
理念型……5, 6, 24, 28, 56, 57, 58, 59, 61, 62, 65, 68, 75,

な

仲宗根政善……330
何ものでもないもののグろーバル化（grobalization of nothing）……131, 232, 234, 281
南冥の塔……317, 318

に

二次葬（nyekah, memukur/ngasti/marigia）……223, 249, 250
二〇世紀人類学のパラダイム……64
ニュピ（Nyepi）……204, 205

ぬ

ヌジファ……322, 323, 326, 349

は

ハーヴェイ……49, 118
パーソンズ……13, 14, 55, 60, 76, 80
ハーバーマス……12, 27, 30, 93, 95, 101, 102, 105, 219
ハーレクリシュナ（Hare Krishna）……35, 83, 200, 208, 295
ハイブリッドモダン……118, 265
ハウトマン、コルネリス・デ……148, 149, 177
バガヴァッドギータ……189, 194, 203
バタヴィア政庁……149, 153, 163, 164
パラドクス
　エピメニデスのパラドクス……81
　合理化のパラドクス→合理化の項参照
　世俗化のパラドクス……89, 253
　パラドクスの持続／脱パラドクス化／再パラドクス化……88, 90, 91
　パラドクスの脱パラドクス化……80, 86, 89, 90, 180, 219, 224, 291, 300
　民主化のパラドクス……220, 224
　リスク対策のパラドクス……113
バリアゴ（Bali Aga）……151, 226
『バリアドニャノ』（Bali Adnjana）……185, 186, 187, 188, 189, 191, 210
バリアン（balian）……42, 43, 218, 239
バリ化（Baliseering）……165, 169, 181, 207, 311
パリサド・ダルモ・ヒンドゥー・バリ（Parisada Dharma Hindu Bali, PDHB）……71, 210, 211, 212, 298
〈バリ宗教Ａ〉……296, 297, 299
〈バリ宗教Ｂ〉……296, 297, 298, 299
バリ植民地博覧会……169
バリ人らしさ（kebalian）……159, 185, 186, 274
バリ地方自治宗教庁（Kantor Agama Otonoom Daerah Bali）……71, 196, 197, 199
バロン（Barong）……161, 162, 167, 174, 175, 226, 262
パンチャシラ（Panca Sila）……194, 196, 197, 205, 209, 214, 215, 218
パンチョヤドニョ（Panca Yadnya）……195
パンチョワリクラモ（Panca Walikrama）……166, 203
パンディット・シャストリ（Narendra Dev. Pandit Shastri）……194
ハンナ……175, 311
反＝反相対主義……49, 78
反＝反普遍主義……48, 49
反ビジネス的志向……276, 277, 281

ひ

PDHB→パリサド・ダルモ・ヒンドゥー・バリの項参照
ひめゆり学徒隊……319, 330

ふ

風景の発見……119
フーコー……14, 27, 61, 93, 106, 107, 126, 179
複製技術革命……120, 123, 130, 131, 133, 141
ブサキ寺院（Pura Besakih）……162, 163, 164, 165, 166, 167, 180, 203, 204, 209, 247, 248, 255, 263
プダンド（pedanda）……39, 155, 190, 202, 211, 216
プチャラン（pecalang）……41, 224, 273
復帰の日……344
ププタン（puputan）……154, 155, 168, 170
普遍史的諸問題……48
ブルデュー……27, 101, 241
プロ・ダラム（Pura Dalem）……17, 41, 193, 200, 260, 262

178, 234, 266
消費社会化……12, 19, 93, 94, 95, 97, 115, 120, 123, 129, 140, 216, 237, 240, 255, 290, 360
消費の殿堂……120, 246
情報社会化……93, 94, 95, 102, 107, 115, 120, 290
植民地状況……102, 142, 143, 148, 161, 168, 176, 190
神義論（theodicy）……76, 81, 180, 211, 272
人新世（anthroposcene）……6
親密圏……95, 105, 115
ジンメル……12, 107, 247
信頼のメカニズム……30, 108, 109, 112, 113, 118, 119, 123

す

水田の水利組合（subak）……41, 155
スカルノ……188, 192, 197, 198, 199, 220, 221, 222, 224, 227, 266
スハルト……198, 199, 200, 204, 206, 208, 209, 212, 216, 221, 222, 223, 224, 226, 241, 246, 255, 270, 292, 294
スミス、ヴァレン……12, 116
『スルヨカント』（Soerya Kanta）……185, 186, 187, 188, 189, 191, 246

せ

生活世界の植民地化……93, 98, 99, 101, 102, 115, 116, 143, 289, 290
生権力……93, 95, 107, 108, 115, 116, 123, 124, 173, 179, 215, 289
制度化された慰霊……305, 325
世界遺産……136, 255, 256, 257, 307
世俗内禁欲……82, 107, 235
戦後ゼロ年……328, 351
戦争マラリア……313, 347
全体的社会事実……10, 14, 117, 126, 142, 143, 145, 176
選択的親和性……55
戦没者中央納骨所……317, 319, 326

そ

創出環境……103, 104
存在論的安心……109

た

第三二軍司令部……310, 341
第二次観察……14, 80, 87, 90, 112
脱埋め込み……28, 118, 123
タナロット（Tanah Lot）……149, 226, 257, 263

ち

地域文化（kebudayaan daerah）……228, 241, 292, 296
「ちいさな人」（orang kecil）……239, 240, 255, 271
地上戦（沖縄地上戦）……141, 305, 309, 311, 315, 327, 340, 345, 352, 353, 357, 359
地上の楽園……19, 127, 128, 129, 130, 131, 174, 276, 353, 354
チャナン（canang）……40, 41, 252, 253, 254
チャロナラン（Caron Arang）……153, 167, 170, 174, 175

つ

通貨危機……223, 240, 257, 265, 268, 270, 272, 284, 292

て

適合的因果連関……54, 55, 139
デュルケーム……13, 27, 98

と

トゥカン・バンタン（tukang banten）……251
闘鶏（tajen）……67, 238, 239, 245
トラウマ……337, 349, 350
トリサンディオ（tri sandya）……195, 203, 215, 216, 246, 293
トリ・ヒタ・カラナ（Tri Hita Karana）……256, 257

き

北霊碑……316, 338, 339
〈客観性論文〉＝「社会科学と社会政策にかかわる認識の「客観性」」……48, 50, 54, 55, 56, 57, 58, 59, 60, 61
強制集団死……313, 315, 321
行政村（gouvernementsdesa）……155, 226, 266
儀礼中心主義……38, 39, 67, 68, 158, 217
金城和信……317, 319

く

偶然的因果連関……54, 55, 138, 139, 198
グソー……322, 349
クビャール（kebyar）……171
供物の外部化……248, 251, 297, 298
軍事植民地……142, 143, 333, 343, 352

け

劇場国家論……67, 165, 235, 297
G30SPKI →インドネシア共産党9月30日事件
ケチャッ（Kecak）……175
ゲルゲル（Gelgel）……148, 149, 150
ゲンシ（gengsi）……236, 237, 238, 240, 242, 243, 246, 248, 250, 255, 297

こ

コヴァルビアス……149, 173, 174, 177
構造化理論……25, 26
構造的因果性……350
合理化
　慰霊の合理化……300, 320, 355
　芸術文化の合理化……173, 227, 230, 234
　合理化のパラドクス……31, 32, 46, 85, 86, 87, 88, 89, 90, 91, 113, 180, 213, 219, 224, 292, 300
国立沖縄戦没者墓苑……317, 318, 327, 334
個人化……93, 95, 97, 102, 104, 105, 106, 107, 114, 115, 116, 267, 290
個性記述的（ideographisch）……25, 49, 58, 59, 65, 178
コルン……157, 158, 166

さ

再帰性
　観光再帰性……103
　行為作用の自己再帰性……103, 107
　制度的再帰性……103, 175
再帰的近代……6, 10, 19, 31, 32, 89, 92, 102, 104, 107, 108, 113, 115, 124, 265, 289, 290, 348, 360
サイババ（Sri Sathya Sai Baba）……35, 36, 83, 200, 208, 295
サイバン（saiban）……40, 41, 252
差別化のダブルバインド……133, 144
サレカットイスラーム（Sarekat Islam）……184
三三年忌……322, 325, 348, 349
サンティ（Santi/Santy/Shanti）……184, 185, 186, 247
サンヤン・ドゥダリ（sanghyang dedari）……21, 161, 167

し

寺院祭礼（odalan）……15, 17, 21, 40, 41, 42, 168, 202, 205, 215, 216, 228, 236, 238, 243, 245, 248, 254
時空間の圧縮……118, 123
支配の社会学化……91
資本主義世界経済システム……65, 99, 130
シミュラークル……94, 130, 131, 177, 219, 232, 233, 234, 265, 268, 275, 284, 290, 292, 298
ジャガトナト大寺院（Pura Agung Djagatnatha）……201, 203, 263
「社交」……247
ジャワォ人（orang jawa）……273, 274, 281
『宗教社会学論集』……28, 29, 47, 48, 60, 62, 63, 64, 75, 78, 79, 85,86
「宗教的」……12, 21, 295, 296, 297, 299, 300, 305, 320, 324, 349, 351, 352, 353, 356
宗教の客体化……23, 300
宗教の発見……23, 155, 158, 159, 161
集合的記憶……326, 354
十・十空襲……310
シュピース、ヴァルター……170, 172, 173, 174, 175,

え

エコダソルドロ（Eka Dasa Rudra）……203, 204, 247

お

オーソプラクシィ……59, 68, 73, 195, 218
大田昌秀……332, 346
沖縄遺族連合会……319, 321, 340
沖縄観光開発事業団……341
沖縄観光協会……310, 338, 341, 342, 343, 345
沖縄県平和祈念資料館……319, 334, 347, 354
沖縄視察団……308, 309
沖縄全戦没者追悼式……320, 321, 334, 346
沖縄戦没者慰霊奉賛会……319
沖縄ツーリスト……342
沖縄 21 世紀ビジョン……354
沖縄の高度経済成長期……327
オルタナティヴツーリズム……231

か

解釈学的認識……24, 25, 27, 29, 31, 43, 46, 58, 65, 66, 76, 85, 90, 91, 115, 288, 289, 290
解釈人類学……24, 25, 32, 46, 60, 65
〈改宗論文〉=「同時代のバリにおける「内在的改宗」」……10, 26, 66, 67, 68, 71, 72, 74, 75, 77, 81, 82, 84
外発的発展……65, 67, 99, 132, 288, 290
開発独裁……222, 224, 233
海洋博（沖縄国際海洋博覧会）……328, 334, 336, 345
カスト（Kasta）……7, 70, 155, 156, 157, 158, 166, 167, 178, 179, 180, 181, 182, 183, 184, 185, 186, 187, 188, 191, 192, 193, 198, 200, 207, 208, 210, 212, 217, 242, 247, 291, 296
　ウェシオ（Wesia）……155, 156, 157, 199
　サトリオ（Satria,Ksatria）……155, 156, 157, 199
　ジャボ（Jaba）……155, 184, 185, 186, 187, 189, 190, 191, 192, 196, 197, 198, 200, 208, 213, 217, 273, 291
　スドロ（Sudra）……155, 156, 157, 158, 179, 181, 184, 186, 235, 247, 254
　トリワンソ（Triwangsa）……155, 156, 185, 188, 190, 196, 197, 198
　ブラフマノ（Brahmana）……16, 39, 70, 83, 155, 156, 157, 167, 186, 189, 190, 192, 193, 197, 199, 200, 201, 205, 207, 208, 215, 217, 218, 223, 229, 247, 254, 291, 296
火葬（ngaben/plebon）……15, 16, 18, 21, 38, 169, 203, 223, 229, 235, 243, 244, 247, 248, 249, 250, 251, 254, 258, 259, 277
家族的類似性……191
価値合理的行為……245, 247
価値自由……49, 78, 81, 87
ガベン・マッサル（ngaben massal）……247
ガマ……307, 315, 316, 317, 330, 336, 337, 349
カヤンガン・ティゴ（Kahyangan Tiga）……200, 201, 202
カリスマ……31, 77, 136, 198, 217, 221
観光
　慰霊観光→慰霊の項参照
　観光再帰性→再帰性の項参照
　観光者のまなざし……21, 22, 137, 175, 234, 259, 300
　観光振興の偶有性……124, 138
　観光地支配……143, 144, 176, 177, 182, 239, 264, 265, 291, 292, 294, 298, 300, 334, 345
　観光の語源……117
　観光の発見……176
　戦跡観光……327, 328, 330, 332, 344, 346, 352, 353, 354
　反観光論……126, 139
　楽園観光地の時限性……135, 285
　楽園観光地の高リスク性……136, 265, 290
観光地ウブド……241, 265, 266, 269, 270, 277, 280, 281, 283, 284, 298
監視社会化……93, 102, 104, 105, 106, 107, 115, 116, 140, 289, 290
慣習衣装……33, 36, 227, 229, 230, 235, 236, 237, 241, 243, 244, 245
慣習法（adatrecht）……150, 153, 157, 158, 160, 161, 166, 247, 269, 272
感情労働……96
間接的イスラーム化……72, 293

索引

あ

アイゼンシュタット……27, 80, 87, 88, 89, 90, 91, 92
アガマ（agama）……33, 70, 71, 72, 73, 75, 159, 160, 161, 182, 183, 185, 186, 187, 188, 189, 190, 191, 192, 194, 196, 197, 198, 201, 203, 205, 207, 209, 210, 211, 212, 213, 214, 215, 217, 227, 242, 251, 271, 275, 291, 292, 293, 294, 295, 296, 297, 298
アガマ・ヒンドゥー（Agama Hindu）……73, 197, 207, 211
アガマ・ヒンドゥー・バリ　バリヒンドゥー教……184, 187, 189, 197, 210, 211, 220
アガンベン……93, 105, 108
アジェグ・バリ（Ajeg Bali）……210, 257, 274
アダット（adat）……33, 72, 75, 159, 160, 161, 182, 184, 185, 186, 187, 188, 189, 190, 191, 192, 210, 211, 212, 213, 215, 251, 293, 294, 295, 296, 297, 298
厚い記述……25, 58, 59, 60, 63, 65
アドルノ……27, 105, 106, 114
アポステリオリ……5, 6, 10, 24, 26, 31, 77, 79, 288
「歩く者」……139, 145, 239, 361

い

イダ・サンヤン・ウィディ・ワソ（Ida Sanghyang Widhi Wasa）……73, 194, 195, 217
意図せざる結果……55, 113, 138, 151, 218
位牌（トートーメー）……306, 324
伊波普猷……356
意味の問題（problem of meanings）……69, 76, 81
意味問題（Sinnproblem）……76, 77, 81
医療化……96
慰霊観光……301, 304, 305, 330, 332, 337, 338, 342, 343, 344, 352, 353, 354, 356, 359
慰霊の観光化……325, 327, 353
慰霊の日……313, 320, 321, 324, 325, 334, 340, 347, 348, 354, 355
慰霊碑
　沖縄師範健児之塔……320, 321, 331, 332, 333, 338
　健児之塔……332, 333, 341
　魂魄之塔……316, 317, 318, 321, 326, 330, 331, 338, 341
　島守の塔……321, 338
　黎明之塔……320, 322, 332, 333, 334, 336, 338, 341
　ひめゆりの塔……321, 328, 329, 330, 331, 332, 336, 337, 338, 341, 343, 344, 346, 347, 348, 352, 353
　インヴォリューション（involution）……22, 235, 293
インドネシア共産党九月三〇日事件　G30SPKI（Gerakan 30 September Partai Komunis Indonesia）……221, 257
インドネシアヒンドゥー教評議会（Parisada Hindu Dharma Indonesia, PHDI）……71

う

ヴェーバー・テーゼ……47, 236
ヴェーバリアン……27, 49, 59, 79, 85, 289
ウォーラーステイン……14, 25, 27, 49, 65, 96, 130
御嶽……305, 306, 307, 312, 314, 315, 333, 341
ウブド王宮（Puri Ubud）……16, 17, 152, 154, 173, 174, 184, 193, 202, 244, 266
浦添グスク……312, 335

著者略歴

吉田 竹也（よしだ・たけや）

1963 年、三重県四日市市生まれ。
1994 年、南山大学大学院文学研究科文化人類学専攻博士後期課程満期退学。
2008 年、博士（人間科学、大阪大学）。
現在、南山大学人文学部人類文化学科教授。
おもな著書に、『バリ宗教と人類学 ――解釈学的認識の冒険』（単著、風媒社、2005 年）、『反楽園観光論――バリと沖縄の島嶼をめぐるメモワール』（単著、樹林舎、2013 年）、『人間・異文化・現代社会の探究　人類文化学ケースブック』（単著、樹林舎、2018 年）などがある。

地上の楽園の観光と宗教の合理化

――バリそして沖縄の100年の歴史を振り返る――

南山大学学術叢書

2020年3月16日　初版1刷発行

著　者　吉田竹也

発　行　樹林舎
〒468-0052　名古屋市天白区井口1-1504-102
TEL:052-801-3144 FAX:052-801-3148
http://www.jurinsha.com/

発　売　株式会社人間社
〒464-0850　名古屋市千種区今池1-6-13　今池スタービル2F
TEL:052-731-2121 FAX:052-731-2122
e-mail:mhh02073@nifty.com

印刷製本　モリモト印刷株式会社

ISBN978-4-908627-51-4
＊定価はカバーに表示してあります。